A Guide to the Standard
EMDR Therapy Protocols
for Clinicians, Supervisors, and Consultants 2nd ed.

EMDR標準プロトコル
実践ガイドブック

臨床家，スーパーバイザー，コンサルタントのために

アンドリュー・リーズ［著］

太田茂行／市井雅哉［監訳］

誠信書房

The original English language work:
A Guide to the Standard EMDR Therapy Protocols
for Clinicians, Supervisors, and Consultants, 2nd edition
9780826131164 by Andrew M. Leeds PhD
has been published by:Springer Publishing Company
New York, NY, USA
Copyright © 2016. All rights reserved.
Japanese translation rights arranged with Springer Publishing Company
c/o John Scott & Company, Pennsylvania through Tuttle-Mori Agency, Inc., Tokyo

第 2 版の日本語訳刊行にあたって

このたび，本書の第 2 版が日本語で出版されることは，日本における 20 年以上の EMDR コミュニティの歩みがもたらした協働と創造性の賜物です。

日本での EMDR セラピーは，市井雅哉教授のパイオニア的業績により始まりました。市井教授は EMDR セラピーについての初期の研究論文に触発され，米国にてトレーニングを受けました。その後，10 年以上にわたり，私を EMDR の講師として毎年招いてくれたのです。

当時，ほぼ毎回私と共に日本でのトレーニングに参加してくれたのは，今は亡き同僚であるキャロル・ヨーク（Carol York）さんです。彼女は日本の仲間たちの今回の仕事を，とても誇りに感じてくれることでしょう。

北村雅子さんも，この翻訳の完成を見ずに亡くなってしまいました。北村さんは日本の EMDR コミュニティの草創期において，皆を結びつける「かすがい」として貢献され，また，絶えず励ましを与えてくれました。

すでにいろいろなところで述べていますが，私は日本でのトレーナー経験によって，EMDR セラピーの理論と実践の重要点をいかに伝達するか，大いに鍛えられました。ですから，通訳を介して EMDR セラピーのエッセンスを伝えることに悪戦苦闘する初期の私を支えてくれたこれらの同僚と友人たちに，今でも感謝の念を持っています。講演者であり書き手でもある私の成長は，多くはこうした体験のおかげなのです。

市井教授と太田茂行さんは，日本の臨床家のための本書に，監訳者として貢献してくれました。お二人が多くの方による訳文を監修したのです。彼らはまた，本文の一部と前書き，索引などを翻訳してくれました。市井教授と太田さんがこの企画を立派に完成まで導いてくださったことに厚く感謝しています。EMDR の訓練を受けた多くの臨床家の皆さんが翻訳作業を分担されました。①緒川和代，②福井義一，③林百合，④森香奈子，⑤白川美也子，⑥岡田太陽，⑦大塚美菜子，⑧福田シェシャドゥリ育子，⑨竹内伸，⑩新井陽子，⑪中原由望子，⑫國吉知子，⑬天野玉記，⑭三浦かおり，⑮吉川久史，⑯太田茂行，⑰市井雅哉，付録 A：水口啓吾，付録 B：上田英一郎，付録 C：太田茂行の諸氏です（数字は担当章）。お一人お一人に，深く感謝いたします。

また，大澤智子さんと菊池安希子さんの，長年にわたる通訳としてのご尽力に敬意を表します。同様に，本多正道医師も，日本における EMDR セラピーの発展に寄与し，長年の貢献をされています。ありがとうございます。

さらに本書の版元である誠信書房および，編集者の中澤美穂氏と楠本龍一氏にも感謝申し上げます。お二人はこの企画に揺るぎない熱意をもって取り組んでくださいました。

本書が EMDR セラピーのトレーニングを終えている方や，現在トレーニングを受けている方，さらにこれから受ける方にとって大事な支えと励ましとなり，EMDR セラピーの理論と実践の基本要素が深く理解されるようになることを切に願っています。

2018 年 5 月 22 日　カリフォルニア州サンタローザにて

アンドリュー・リーズ博士
Andrew M. Leeds, Ph.D.

第 2 版　序文：変化の進展

　過去 6 年間，EMDR について，査読付きジャーナルへの掲載や専門書の出版が活発になっている。2009 年に本書の第 1 版が発行されて以来，EMDR についての章も含めた一般向けの書籍以外に，EMDR セラピーについて書かれた英文学術書は 22 冊も出版されている。また，同時期に，査読付きジャーナルの EMDR に関連する英語論文が 600 件以上も登場しているのは，特筆すべきである。

　この目まぐるしい出版のペースにもかかわらず，EMDR セラピーの理論，原理，および手順の基本は変わってはいない。したがって，本書の基本的枠組みも不変であり，章の編成も第 1 版と同じである。とはいえ，専門的分野においては多くの進展があり，それに伴い第 2 版の出版は必要かつ時宜を得たものとなった。

　EMDR セラピーの適用範囲は拡大し続けており，広場恐怖を伴うパニック障害，広場恐怖を伴わないパニック障害，また，治療中および治療後のガン患者などの対象に対しても，持続性曝露療法と同じ程度の効果がうかがえるという多くの重要な研究が出ている。EMDR セラピーは，心的外傷後ストレス障害（PTSD）や部分的 PTSD に苦しむクライエントのうつ病の症状を軽減，または消失させることに重要な効果を有することは長年にわたって知られていた。しかし，最近の 2 年間に発表された 2 件の統制研究により，EMDR は大うつ病障害（MDD）に対する有効な治療法としても役立つであろうことが示唆された。これら二つの統制研究において，クライエントは通常の治療（それぞれ力動的精神療法または認知行動療法）と EMDR セラピーの両方を経験した。その結果，EMDR セラピーを受けていたクライエントは治療終了時およびフォローアップ時に，抑うつ症状の低下が認められた（Hase et al., 2015；Hofmann et al., 2014）。ヨーロッパで現在進行中の多機関参加の無作為統制研究（multisite randomized controlled studies）による EMDR セラピーのうつ病に対する研究も含め，これらの発見は今後のうつ病に対する心理療法のあり方と EMDR セラピーに対する認識に，大きな転換が訪れていることを示唆するものだ。こういった EMDR セラピーの進歩および臨床応用における発展は，第 1 章「EMDR セラピーの歴史と進化」に記述されている。EMDR セラピーの神経生理学および神経心理学に関する研究は，EMDR セラピーのメカニズムについて探求する一連の論文とともに劇的に拡大している。その結果，EMDR セラピーの作用機序に焦点を当てた第 2 章「適応的情報処理（AIP）モデル」については，大幅な書き直しが必要となった。本書のすべての章は，参考文献および最新の専門分野における進展を反映するために，大幅に手を加えた。

　2013 年に発表された DSM-5 と一致させるため，本文中の診断に関するすべての表現と説明を更新した。用語解説集は 28 項目から 60 項目に拡張し，参考文献は 250 以上の新規または改訂された文献を追加した。三つの付録および参考情報はすべて手順スクリプト，書式，参考資料，および現行のオンラインウェブサイトへのアクセス情報として追加または更新した。しかし，最善の努力にもかかわらず，インターネットの急速な変化のために，一部のウェブサイトは正確ではない可能性がある。いくつかの用語体系の技術的な誤り，代替手順の記述，および第 1 版に見られた印刷ミス等の問題は，大幅に修正した。これはひとえに 2009 年にいくつかのご指摘やフィードバックを提供してくださった，EMDRIA[†訳注1] トレーニングおよびスタンダード委員会の有能なメンバーたちのおかげである。

　本書は英語以外の言語にも翻訳され続けている。Olaf Holm 氏は，2013 年に Desclée De Brouwer から出版された第 1 版のスペイン語訳，*Guía de protocolosestándar de EMDR para terapeutas, supervisores y consul-*

---

† 訳注 1　（以降，†はすべて訳注）　EMDR International Association。

tores を精緻に編集してくださった。フランスおよび日本の仲間たちは，すでに第2版の翻訳作業の準備を整えてくださっている。これらの方々には深い感謝の意を捧げたい。

The Journal of EMDR Practice and Research (『EMDR 実践と研究』) 編集長の Louise Maxfield 氏は，2012 年から 2013 年にかけて，私を第7巻第3号のゲスト編集者として迎えてくださった際に，私が書き手，編集者，さらに研究方法の学び手として成熟できるきっかけを与えてくださった。大変感謝している。EMDR セラピスト，および学者としてのここ数年における私の成長は，Anabel Gonzalez 氏と私の友人である Dolores Mosquera 氏との協働作業，Onno van der Hart 氏からの適宜な洞察に満ちたコメント，さらに Jim Knipe 氏との議論によって大いに影響を受けてきた。

　第2版が学術的にも高い評価を得るとともに，EMDR の進化し続ける過程を確実に反映するものとなるため，勤勉に努力してきたつもりではあるが，拙稿に残る欠陥，不足，その他の不備はひとえに筆者個人の責任である。

第Ⅰ版　序文：EMDR セラピストとしての私の歩み

　すべての本には始まりがある。本書の場合，1991 年に私が EMDR セラピーのベーシックトレーニングの
パート 1 とパート 2 を修了したときに遡る。以来，私は開業の臨床家として EMDR セラピーを適用した初期
の多くの成功例に基づき，EMDR セラピーに対する強い信頼を感じていた。1991 年の後半から，私は EMDR
セラピートレーニングの実習部分のスーパーバイザーとなった。EMDR セラピーの臨床実習をファシリテー
トさせていただく機会は，概念的にも手法的にも，私の EMDR に対する理解を深めることにつながった。私
はそこで，通常の事例のみでなく，標準的な EMDR セラピーの手順に当てはまらない数多くの事例を観察す
ることができた。これら多種多様な事例を EMDR の枠組みという観点から言語化する努力と，理論的モデル
から合理的理解を見出す努力は，EMDR セラピーの教育者としての私の技術と概念的理解を高めてくれた。

　1993 年には米国とカナダ，そしてその後ヨーロッパと日本において EMDR セラピートレーニングを開始
した。2008 年までに，私は EMDR セラピーのベーシックトレーニングを延べ 15,000 人以上の臨床家に行っ
た。これは私にとって信じられないほど価値のある経験であった。1996～2000 年までの間，A. J. Popky 氏
の助けを借り，EMDR セラピーに特化した電子メールによるディスカッションフォーラムの世話人を務めさ
せていただいた。私は世界中の訓練を受けた EMDR セラピストたちからの，延べ 15,000 通以上の電子メー
ルを拝読し，それに対し 2,500 通以上の返事を送信した。議論されたテーマとしては，EMDR セラピーの基
本手順，治療計画，ならびに増え続ける EMDR 関連文献などがある。2001～2003 年にかけては，EMDRIA
スタンダードおよびトレーニング委員会に加わり，2003～2005 年にかけては EMDRIA 理事会のメンバーに
選出された。2003 年以来，年間 4 回発行の *EMDRIA Newsletter* を執筆する形で，直近に発表された EMDR
についての諸研究の要旨紹介をさせていただいている。このような長年にわたる EMDR コミュニティおよび
EMDRIA との深い関わりは，私の EMDR セラピーに対する理解を高めるうえで不可欠であった。

　私が EMDR セラピーに対する理解を発展するうえで，手助けをしてくださった私の同僚の諸氏に，ここで
深く感謝の意を表するとともに，本書に残る欠陥，不足，その他の不備は私個人の責任であることを，あら
かじめ読者にご了解いただきたい。

はじめに

　本書は，標準的かつ研究によって支持されている EMDR セラピーのプロトコルを，大学院生，臨床家，コンサルタント，スーパーバイザー，インストラクター，研究者のために，使いやすい形で提供することを目的としている。本書は同時に，EMDR セラピーに関わるすべての臨床家のための以下の必要事項を補完するものとなることを意図している。Francine Shapiro（2001）*Eye Movement Desensitization and Reprocessing, Basic Principles, Protocols and Procedures* を精読すること，EMDRIA 認定の EMDR セラピーのベーシックトレーニングを受講すること，EMDRIA 認定コンサルタントによる EMDR セラピーに関するコンサルテーションを受けること。

　1995 年の Francine Shapiro 氏による著作の出版と EMDRIA の創設以来，EMDR セラピーにおけるコンサルテーションの重要性はさらに高まり，ベーシックトレーニングと EMDRIA の資格認定プログラムの両方でそれは必須となったにもかかわらず，EMDR セラピー訓練を受けた臨床家およびコンサルタントのためのガイダンスや指針についての出版物は，あまり提供されていないのが現状である。近年 EMDR セラピーは，大学，非営利団体，コミュニティ精神保健センターなどの臨床現場において，ますます重要な役割を果たしつつある。こういった現場において，臨床スーパーバイザーが EMDR の治療計画，標準手順，症例結果などを記録する方法を必要としているのは必然であり，本書はこれらの課題解決を目指すとともに，EMDR セラピーの臨床応用を記録するための基本となる書式も提供している。

● 本書の構成

　標準的な EMDR セラピーのプロトコルガイドを企画する際に，どの分野を含み，どの分野を除外すべきかをまず決定しなければならなかった。それには，経験的妥当性を持つエビデンスとして何をどの程度含むか，行動療法の文献に示されて広く受け入れられている治療原理との整合性，EMDRIA で承認された EMDR セラピーのベーシックトレーニングに必要な内容，そして書物としての実用的な長さなどが基準となった。これらの基準とうまく合わないために，臨床応用のための EMDR セラピーの手順およびプロトコルとして有望ではあるが，除外されたものも多々ある。

　本書の第Ⅰ部は，EMDR セラピーの概念的枠組みをテーマにしており，第 1 章「EMDR セラピーの歴史と進化」，第 2 章「適応的情報処理（AIP）モデル」，第 3 章「EMDR セラピーの標準 8 段階モデルと 3 分岐プロトコルの概要」で構成されている。本書の第Ⅱ部は 3 章からなり，それぞれケース・フォーミュレーション，治療計画，および EMDR 再処理法のためのクライエントの準備について述べている。

　第Ⅲ部は 6 章からなり，PTSD の標準プロトコルの第 3～8 段階をカバーしている。PTSD のための標準的 EMDR セラピーのプロトコルは，部分的に PTSD の基準を満たしてはいるが，基準 A（米国精神医学会〈APA〉，2013；Mol et al., 2005；Wilson et al., 1997）とは合致せず，一連の逆境的人生体験から発症しているクライエントに対しても，同等の有効性で適用することができる。これらの手順と PTSD 向け標準プロトコルは，PTSD において常にある程度存在する，第 1 次構造的解離を有するクライエントにも適用される（van der Hart, 2007）。複雑性 PTSD，境界性パーソナリティ障害，または他の特定される解離性障害（OSDD）などを持つ第 2 次構造的解離のクライエントの場合，さらに解離性同一性障害（DID）などを有する第 3 次構造的解離のクライエントに対しては，さらなる介入による複雑な治療計画が必要であり，それらは本書では扱われていない。

　第Ⅳ部は特定の恐怖症とパニック障害に特化した章として，PTSD 以外の状態への EMDR セラピーの適用

v

はじめに

について述べている。第6章に記載されているように，十分な安定化が達成され，その事例の概念化によって薬物乱用がPTSDに二次的であると判断された場合，EMDRセラピーによるPTSDプロトコルをクライエントに適用できるということを留意していただきたい。薬物乱用が最初の状態である場合，すなわちPTSDが二次的と判断された場合においては，治療初期の焦点としてクライエントの薬物乱用自体が課題となるならば，EMDRセラピーの標準プロトコルではなく，代替的用法が選択肢となりうるだろう。薬物乱用自体に対するEMDRセラピーとして最も広く使用されている治療法は，The Desensitization of Triggers and Urge Reprocessing（DeTUR）プロトコル（Popky, 2005；Vogelmann-Sine et al., 1998）である。しかし，EMDRセラピーの薬物乱用への適用は，DeTURおよびその他のEMDRアプローチもまだ初期段階であるため（Brown & Gilman, 2007；Brown et al., 2008；Hase, 2010；Hase et al., 2008），本書には含まれていない。唯一，Cravex（Hase, 2010）のみが，予備的な統制研究により支持されている（Hase et al., 2008）。

第V部は，臨床家がEMDRセラピーの基本的な訓練を受け，EMDRセラピーの臨床応用についてのコンサルテーションやスーパーバイザーから指導を得る際の，専門的能力の開発に関する問題に取り組んでいる。付録では，本文中で参照されている忠実度チェックリスト，およびその他の書式や参考資料を提供している。

● 熟練への道

　何年もEMDRセラピーのトレーニングを指導してきた私は，過去に一度トレーニングを受けた臨床家が，数カ月から数年経過した後に次のフェーズのトレーニングを受講しに戻ってくる際に，実際はEMDRセラピーをまったく臨床に適用していなかったと告白するのを幾度となく目の当たりにしてきた。私はそういった臨床家が数多くいることに驚きを隠せないでいた。私はEMDRIA理事であったときに，EMDRセラピーのベーシックトレーニングの一環として，講習を終えた受講生に対する臨床コンサルテーションを含めるという案を支持していた。これは後に実現した。また，トレーナーとして，講習の受講者が早期段階からEMDRセラピーを実践的に導入し，それを継続するよう奨励する方法も模索した。そのようななか，日本でEMDRセラピーのトレーニングを指導している間に，私はEMDRを学ぶプロセスに当てはまる次のような例えを思いついた。あなたが，ろくろの前で土を操る熟練の陶工と，その下積みの見習いが同時に壺を作ろうとしている光景を想像すれば，次の私の言葉を容易に理解できるだろう。「EMDRセラピーは，上手にできた場合とても簡単に見える。しかし，決してそうではない」。

　師匠である熟練した陶工を真似ようと，見習いは土をこねる。しかし，上手にこねることがまだできないため，土には空気の気泡が入る。その土を使って作品を作り，釜に入れて焼くと，作品は破裂してしまう。見習いは，ろくろを操るのにも苦労する。中心を取ることができずに，土が滑り落ちてしまう。見習いはそれに焦ってしまい，さらに失敗を繰り返す。中心を取る技術を習得した後も，見習いは依然として均等な厚さの壁が作れず，左右対称にならないために作品はすべて見栄えが悪く，焼くのをあきらめるか，廃棄しなければならない。

　経験豊富な陶工は，気泡を押し出しながら粘土をこねる。陶工はしっかりと粘土をろくろの中心に置く。その後，両側を持ち上げ，均等の厚みで，しなやかな壁を作り上げる。みるみるうちに，いとも簡単に，見事な壺が完成する。

　これは一見シンプルに見えるが，決して簡単な作業ではない。では，見習いはどのように熟練した陶工になるのか。実践あるのみである。学ぶことの中心にあるのは，より多くの経験を持つ人から自分の作品に対するフィードバックを得ることである。自分の間違いや弱点をさらけだすことや，他人のフィードバックを受け入れるといった共同作業を通じて，優雅でしなやかな結果をもたらす技術をやっと身につけることができる。科学的進歩や，私たちの指導を受ける臨床家，学生，そして最も重要なこととして，私たちのクライエントたちがまさにその実りを受け取ってくれるのである。

監訳者まえがき

　Andrew M. Leeds 博士の *A Guide to the Standard EMDR Therapy Protocols for Clinicians, Supervisors, and Consultants: Second Edition*（2016）を全訳してお届けするのは，初版を読んで以来の私の夢であった。このたび，EMDR 学習を通して知己となった市井雅哉氏を共同監訳者に得て出版が実現したのは本当に大きな喜びである。本書は EMDR のベーシックトレーニングをすでに終えている初心の方および中級の方にとって，多大な支えとなってくれるだろう。

　EMDR の創始者である F. Shapiro による「教科書」の学習，EMDRIA 認定の「ベーシックトレーニング受講」，そして「本書の活用」は，EMDR セラピーを身につける際の「三種の神器」と言いたい。教科書とトレーニングだけでは不足がちになる理論と実践の詳細を，本書は見事にうめてくれるからだ。内容の包括性においても，これを越えるものは今まで出されていない。

　原著者の Leeds 博士は 1997 年から 10 年あまり毎年 1-2 回来日し，トレーニングを担当してくださった。市井氏のあとがきにもあるように，日本の EMDR の大恩人である。本書は彼の教育者，臨床家，研究者としての長年の成果であり，他に類を見ないものとなっている。たとえば，EMDR の歴史と背景，適応的情報処理（AIP）モデルの詳細，眼球運動と記憶処理の関連，愛着の形成不全や解離への臨床対応，見立てと治療計画の実際，脱感作や再処理過程のコツ，パニック症や他の精神疾患への適用，EMDR 関連の資格取得とコンサルテーション，豊富な事例紹介などなど，EMDR セラピストとしては，ビギナーのみならず，興味と関心が尽きないテーマが満載されている。私も，EMDR のメカニズムの理解や，症状に基づくプロトコルの方法，パニックや恐怖症など PTSD 以外への適用の要点（第Ⅳ部に圧倒！），コンサルタント養成の課題等大いに学びと参考になった。

　また，主要用語解説に加えて，付録としてクライエントさんの安定性評価や治療計画作成，未来の鋳型，事例提供フォーム，プロトコルの忠実度チェックなどさまざまな臨床や研修場面で役立つ書式サンプル，および関連する多種多様な心理検査や関連情報なども惜しげもなく紹介されている。これだけでも実践ガイドとしての具体性と利便性は目を見張るものである。

　本書の活用は必ずや読者の EMDR セラピーの質の向上につながるだろう。一人でも多くの EMDR ビギナー及び"中級"セラピスト（中程度の第 2 次構造的解離の症状に対応が可能）の方が，EMDR 標準プロトコルの理解と実践を深め，必要ならばコンサルテーション等も活用しつつ，さまざまなクライエントさんのニーズにより的確な治療的対応が可能となることを願っている。

　最後に，原著者の Leeds 博士にあらためて深い敬意と感謝を表するとともに，ご多忙のなか，決して平易ではない各章の翻訳を担当してくださった多くの EMDR 学会の皆さま，そして私と共にこの大著の監訳作業を担ってくださった市井氏にあらためて感謝申し上げる。本書は学術書でもありまた実践ガイドでもあるので，読者の読み易さと内容の正確さのバランスのために，皆様の労作に一部手を加えさせていただいた。どうかご了承いただきたい。訳文に不備不足があれば，それはまったく監訳者の責任である。

　誠信書房の中澤美穂氏と楠本龍一氏の温かで的確な励ましと専門的編集作業がなければ，本書はありえなかった。大変に感謝している。

2019 年 3 月　桜の咲き始めた東京にて，沢山のクライエントさんとの出会いを思い浮かべつつ

太田　茂行

目　次

第 2 版の日本語訳刊行にあたって …… *i*
第 2 版　序文：変化の進展 …… *ii*
第 1 版　序文：EMDR セラピストとしての私の歩み …… *iv*
はじめに …… *v*
監訳者まえがき …… *vii*

第 I 部　EMDR セラピーの概念的枠組み

第 1 章　EMDR セラピーの歴史と進化　　*2*

心的外傷後ストレス症候群に対する現代の理論と
　治療 …… *2*
催眠 …… *2*
精神力動的アプローチ …… *3*
行動療法 …… *4*
認知行動療法 …… *4*
情動的情報処理の認知行動モデル …… *5*
段階志向合意モデル …… *7*
簡単な歴史：EMD から EMDR へ …… *8*
発見と実験研究 …… *8*
EMD を定義しテストする …… *9*

EMD パイロットスタディのデザインと
　手続き …… *9*
EMD パイロットスタディの結果, 限界, 貢献 …… *10*
標準的 EMDR プロトコルの進化，明確化，
　妥当性 …… *10*
研究者や臨床家に EMDR のトレーニングを
　提供する …… *11*
両側性刺激の代替法 …… *12*
EMDR セラピーの査読論文の増加 …… *13*
EMDR を心理療法の一般的なモデルへと
　広げる …… *15*
本章のまとめ …… *16*

第 2 章　適応的情報処理（AIP）モデル　　*18*

AIP モデル …… *18*
記憶ネットワーク …… *21*
トラウマが情報処理に及ぼす影響 …… *23*
早期の発達上の障害が情報処理に及ぼす
　影響 …… *24*
作用メカニズムについての仮説 …… *25*
二重注意 …… *26*
臨床的変化と因果関係の神経生物学的相関 …… *29*

マインドフルネス，目撃するというスタンス，注意
　の柔軟性，メタ認知 …… *29*
半球間のコミュニケーションの強化, 記憶の再検索,
　REM 類似仮説 …… *31*
定位（探索）反応 …… *34*
二重注意：関心・感情脱抑制効果による恥
　（情報処理の抑制）の克服 …… *37*
ワーキングメモリー …… *37*

時間的結合による情報処理：視床機能に対する
　　EMDR セラピーの効果……40
オピオイド拮抗薬（ナロキソンまたはナルトレキソ
　　ン）：EMDR セラピーにおける情動的な情報再処
　　理の強化 vs. 曝露−消去の抑制……41

複雑性を増すことで過剰なコヒーレンスを
　　低下させる……42
随伴的要素：その他の要素の役割……42
理論とデータ結果から刺激モードの違いによる
　　効果を予測する……43
本章のまとめ……44

第3章　EMDR セラピーの標準8段階モデルと 3分岐プロトコルの概要　　46

第1段階：生育歴・病歴聴取，選択，治療計画
　　……46
解離性障害……48
抑うつ……48
成人愛着状態，感情変化耐性，感情強度耐性……49
不適応的スキーマ，感情恐怖症，強固な防衛……50
治療計画と3分岐プロトコル……50
第2段階：準備……51

第3段階：評価……52
第4段階：脱感作……54
第5段階：植えつけ……55
第6段階：ボディスキャン……55
第7段階：終了……56
第8段階：再評価……56
本章のまとめ……57

第II部　ケースフォーミュレーション，治療計画， EMDR 再処理のためのクライエントの準備

第4章　ケースフォーミュレーションと治療計画　　60

概要：治療結果に対するケースフォーミュ
　　レーションの重要性……60
EMDR セラピーの初心者は情報に圧倒されがちに
　　なる……60
治療計画の展開とそれに従うことの難しさ……61
ケース概念化に不可欠の要素……62
生育歴・病歴聴取……62
生育歴聴取のための標準化されたツールと
　　治療計画……63
治療計画に必要な情報収集を開始する……67
ケースフォーミュレーションの要素……67
基準 A とその他の逆境的体験を尋ねる……68
現在の記憶ネットワークから架け橋技法を使って
　　連想記憶を探る……68

感情，ソマティックおよび防衛衝動の架け橋
　　技法……68
生育歴・病歴聴取の補完としての架け橋
　　技法……69
初期のターゲットは一般的に効果的で効率的な
　　ターゲットになる……69
回復した記憶をめぐる問題と架け橋技法の
　　使用……70
記憶の可塑性……71
愛着の分類……71
ストレンジシチュエーションでの子どもの
　　愛着状態……72
成人の愛着検査法……73
成人愛着面接法（AAI）……73

ix

成人愛着投影法（AAP）……74

4分類愛着スタイル尺度
　　（関係性質問紙（RQ））……74

成人愛着スタイル尺度改訂版（ECR-R）……75

成人の愛着状態の臨床的評価……75

ケースフォーミュレーションにおける成人愛着
　　分類の意義……76

広い視野を持つ：クライエントはなぜ治療に
　　来るのか……78

治療ゴールがEMDR再処理とは
　　相容れないとき：ジュリーの事例……78

症状に基づく（Symptom-Informed）治療計画
　　モデル……80

治療計画の第1原理：
　　より古い記憶から始める……81

治療計画の第2原理：
　　最悪の症状から始める……81

治療計画の第3原理：
　　活性化している記憶の選択……81

治療計画の第4原理：
　　治療計画は共同作業である……82

治療に関わる心配や恐れにどう取り組むか……82

EMDR再処理のためのターゲットの選択と
　　配列……83

24歳のレイプ被害者の典型的治療計画……85

EMDR治療計画に欠かせない要素……86

第5章　再処理の準備性の評価　　　　　89

概要……89

クライエントの安定性と準備性を評価する……89

2次的利得と2次的損失……89

治療同盟：信頼と真実の語り……92

外的危機……93

経済的不安定さ……93

健康上のリスク……94

双極性うつ……95

自殺念慮と企図……95

自傷……95

他害……95

ハイリスク行動……96

診断の否認……96

事故傾性的自己……96

薬物乱用……96

強迫的性行動……97

強迫的行動：浪費とギャンブル……97

失感情症……97

感情の氾濫……97

離人感と非現実感：第1次構造的解離……97

健忘，遁走，解離性同一性障害（DID）および，他
　　の特定される解離性障害（OSDD）：第2次構造的
　　解離，第3次構造的解離……98

標準化されたアセスメントツールの使用……99

客観的自記式症状アセスメント……99

トラウマ症状のアセスメント……99

解離症状のアセスメント……102

クライエントの記録とフィードバックの
　　役割……103

トラウマ再処理のための安定性と準備性を
　　評価する……103

第6章　準備段階　　　　　104

第2段階の概要……104

安定化と合意モデル……104

治療同盟……105

治療同盟を強化する臨床的スキルおよび
　　行動……105

クライエント教育……106

EMDR の治療におけるインフォームド
　コンセント …… 106
トラウマ的もしくは逆境的な記憶における再体験の
　側面 …… 107
忘れ去られた，抑圧された，もしくは解離された
　題材を思い出す …… 107
感覚侵入の鮮明さが低下する傾向 …… 108
トラウマに基づく心理療法の枠組みを
　確立する …… 109
トラウマ的経験にさらされた後の PTSD の発症を
　ノーマライズする …… 109
「百聞は一見にしかず」：治療前後の
　PTSD クライエントの脳画像 …… 110
トラウマと記憶の神経生物学 …… 110
列車に乗る：マインドフルな気づきのための
　比喩 …… 111
治療の段階 …… 111
両側性刺激の導入とテスト …… 112

刺激の種類 …… 112
選択 …… 113
両側性刺激を施すための補助器具 …… 114
両側性刺激の種類と方法に対する言語的な
　フィードバックと反応 …… 115
不安，気分変動，衝動制御および解離症状の
　安定化 …… 115
不安緩和のための方法 …… 116
落ち着く（穏かな）場所のエクササイズ …… 118
抑うつ的気分を管理する方法 …… 120
解離を減少させる方法 …… 122
後頭部尺度（The Back-of-the-Head-Scale）…… 123
自傷や不適応的な緊張緩和行動を
　低減する方法 …… 125
薬物療法 …… 130
日誌 …… 131
医師および医療ケア専門家との協働 …… 131
本章のまとめ …… 132

第 III 部　PTSD のための EMDR 再処理の標準的手続き段階：第 3 段階から第 8 段階までの標準プロトコル

第 7 章　評価段階 　　　　　　　　　　　　　136

概要：標準プロトコルの第 3 段階 …… 136
評価段階における主な二つの目的 …… 136
クライエントが「この 1 週間の出来事」について
　訴えたときの治療計画 …… 136
プロセスノートをとる …… 138
映像（感覚記憶）…… 138
クライエントが映像ではない回答をしたときの
　対応 …… 138
「映像」という言葉とその詳細は，通常評価段階で
　のみ使用される …… 138
「映像」の詳細は不要 …… 139
NC, PC の選択 …… 139

NC の主な二つの目的 …… 139
NC を引き出す …… 139
肯定的認知を引き出す …… 143
認知の妥当性 …… 146
特定の感情 …… 146
自覚的苦痛単位 …… 146
身体感覚の場所 …… 147
クライエントの身体感覚の場所を特定するための
　簡単な方法 …… 147
防衛行動の衝動 …… 148
本章のまとめ …… 149

xi

第8章　脱感作段階：基本的手続き　　*150*

第4段階の概要：基本的手続き …… *150*
再処理のオリエンテーション …… *150*
クライエントが明らかに不快で付加的な内容を
　報告したとき …… *156*

クライエントがあいまい，中立，あるいは肯定的な
　内容を報告したとき，SUD を調べる …… *157*

第9章　脱感作段階における効果的な再処理の維持と調整　　*158*

概要 …… *158*
EMDR セラピーの学習中における，起こりうる範囲
　の臨床的反応に圧倒される感覚への対処 …… *158*
脱感作段階における標準的な手順と流れ …… *159*
持続する激しい情緒的反応への対応 …… *161*
大きな課題を扱う場合の，十分な事前準備の
　重要性 …… *162*
激しい情緒的，身体的反応時に二重注意を維持する
　2 組の戦略 …… *162*
両側性刺激の 1 セットあたりの往復回数を
　増やす …… *162*

励ます声かけの頻度を増やす …… *163*
効果的な再処理の証拠を観察しながら，穏やかに
　支持的でマインドフルなあり方と対応をする
　…… *163*
臨床家自身の感情耐性をモニターする …… *163*
再処理が起きていない 4 通りの場合の認識と
　対応 …… *164*
シャロンのケース：同じテーマおよび異なる
　テーマのより早期の記憶を見つける …… *171*
本章のまとめ …… *182*

第10章　植えつけ，ボディスキャン，終了段階　　*183*

第 5・6・7 段階 …… *183*
第 5 段階：植えつけ …… *183*
より良い肯定的な認知を確認することから
　始める …… *183*
VoC が 7 まで上がらない場合 …… *185*
植えつけ段階で，感情の架け橋を用いて問題を
　解決する …… *185*
VoC が 7 未満でも承認できる場合 …… *186*
第 6 段階：ボディスキャン …… *187*

第 7 段階：終了 …… *187*
不完全なセッションの終了手続き …… *188*
メンタライゼーションの援助を必要とする
　クライエントのために時間をとること …… *189*
構造的包み込みが必要なクライエントのために
　時間をとること …… *189*
完全なセッションを終了するための手順 …… *189*
日誌 …… *190*

第11章　再評価段階および治療計画の完了　　*191*

概要 …… *191*
第 8 段階：再評価 …… *191*

クライエントの反応の「マクロ」再評価で
　治療計画のチェックを行う …… *191*

幼少期のネグレクトもしくは虐待を経験したクライ
　エントは，自己観察スキルが欠けている場合があ
　る……192
症状または適切な行動をとる能力の軽い退行後，
　再処理を続ける場合……192
「ミクロ」レベル：前回のセッションから再処理を
　再評価する……193
不完全な脱感作後の再処理の再開……193
不完全な植えつけ後の再処理の再開……193
不完全なボディスキャン後の再処理の再開……193
完了した再処理セッション後の再評価……195
完了したセッション後，SUD もしくは VoC の
　変化で次のターゲットを探す……195
過去：苦痛記憶を評価しターゲットにする……195
現在：現在の刺激を評価しターゲットに
　する……196

持続的トラウマにさらされてきたクライエントが
　治療成果を認知できるよう助ける……196
治療成果を積み上げる……196
夢による統合……197
新しい適応的行動……197
未解決の症状への対応……198
フラッシュバックや他の侵入的再体験……199
回避行動……200
未来：未来の鋳型の適用……200
以前は回避していた刺激に対処する……201
新しいスキルのリハーサル……203
新しいアイデンティティの統合……204
開かれたドア……205
本章のまとめ……205

第12章　EMDR による PTSD 治療事例の実際　　*206*

グラディス：成人期の単回性トラウマが，過去の隠
　された問題を掘り起こす……206

エヴァ：アルコール乱用と子ども時代の性的虐待の
　再演の解決……218
準備段階の延長……218

第 IV 部　他の障害や場面に対する，研究に支持された標準的 EMDR セラピーのプロトコル

第13章　特定の恐怖症の治療　　*228*

概要……228
特定の恐怖症の特質……228
特定の恐怖症のトラウマ的起源と非トラウマ的
　起源……228
トラウマ的起源の特定の恐怖症に EMDR セラピー
　を適用する理論的根拠……230
PTSD と特定の恐怖症との違い……234
特定の恐怖症の治療計画……235
第1段階：生育歴・病歴聴取と治療計画……236

第2段階：準備段階……239
第3段階：ターゲットの評価……242
第4～6段階：特定の恐怖症の再処理の
　手続き……242
第7段階：終了の手続き……243
第8段階：再評価……243
過去から現在へ治療計画の移行……243
未来の鋳型と合体させる……245
本章のまとめ……246

第14章 パニック障害の治療 248

概要……248

パニック障害および広場恐怖を伴うパニック
障害……248

広場恐怖の縦断的推移およびパニック障害との
関連性……249

パニック障害の治療法……249

既存の治療法の限界……250

パニック障害のEMDRセラピーに関する
研究……250

GoldsteinとFeske（1994）による最初のパニック
障害事例シリーズ……250

回復への障壁を打ち砕くこと：Goldstein
（1995）……251

数時間持続するパニック発作……252

パニック障害のEMDRセラピーにおける精神力
動的視点の提供……254

ShapiroとForrest：未解決のトラウマ的喪失の
事例におけるPD……255

FernandezとFaretta（2007）：PDA事例における
分離不安の解決……255

EMDR集中セラピーのパイロット研究：
Grey（2011）……256

統制群を用いた研究：FeskeとGoldstein
（1997）……257

Goldsteinら（2000）の報告……259

単回セッションにおける高い忠実性と適切な
治療計画との対比……260

パニック障害治療におけるEMDRとCBTの比較：
Faretta（2013）……261

PDからPDA，2次的パニック，PTSDまでの
スペクトラム……262

第1段階：生育歴・病歴聴取と治療計画の
課題……264

パニック発症に先立つ原体験の
スクリーニング……264

養育者の養育機能障害および親子役割逆転体験の
スクリーニング……265

第2段階：準備段階の課題……268

パニック発作に関する心理教育……268

準備段階における不安管理法……269

落ち着く場所エクササイズもしくは資源の
植えつけに両側性刺激を導入する……270

第3段階：ターゲットの評価……270

第4段階：再処理と中核素材への移行判断の
タイミング……270

第5段階：植えつけ段階……272

第6段階：ボディスキャン段階……273

第7段階：終了手続き……273

第8段階：再評価……274

モデルⅠ：ターゲットを過去から現在へ移行させる
治療プラン……274

モデルⅡ：寄与する幼少期体験にターゲットを
移行する……275

現在の刺激を再処理する……275

未来の鋳型を組み込む……276

現実曝露によるフィードバックの評価および
対応……276

本章のまとめ……277

第15章 パニック障害に対するEMDRセラピーの事例解説 278

はじめに……278

ハンナのケース……278

ジャスティンのケース：離人症を伴うパニック
障害……292

xiv

目　次

第 V 部　専門的能力の開発

第16章　臨床における専門的能力の開発　*304*

はじめの一歩：EMDR セラピーを臨床現場で
　適用していく …… *304*
他のヘルスケア専門家との協働 …… *305*

補助療法としての紹介と EMDR セラピー …… *305*
再処理セッションの長さ …… *307*
臨床技能向上の諸段階 …… *309*

第17章　EMDR におけるスーパービジョンとコンサルテーション
314

事例検討を通して EMDR における臨床スキルを
　向上させる …… *314*
臨床的訓練のなかでのコンサルテーションや
　スーパービジョンの中心的役割 …… *315*
言葉の定義：コンサルテーションとスーパー
　ビジョンの違い …… *316*
関連した倫理的モデルと原理 …… *317*
EMDR ベーシックトレーニングのための
　EMDRIA の基準 …… *317*

EMDR ベーシックトレーニングの一部としての
　コンサルテーションの基準 …… *318*
EMDRIA 認定 EMDR セラピー臨床家になるための
　コンサルテーション基準 …… *329*
EMDRIA 認定 EMDR セラピーコンサルタントに
　なる …… *340*
認定コンサルタントになるにあたってのコンサル
　テーションの基準 …… *340*
本章のまとめ …… *346*

付録 A：忠実度チェックリスト …… *347*
付録 B：治療計画立案と記録のためのスクリプトおよび書式 …… *358*
付録 C：用語集 …… *385*
参考情報 …… *390*
文　　献 …… *397*
邦訳文献 …… *430*
監訳者あとがき …… *433*
索　　引 …… *434*

xv

第 I 部

EMDR セラピーの概念的枠組み

第1章
EMDR セラピーの
歴史と進化

第2章
適応的情報処理
（AIP）モデル

第3章
EMDR セラピーの
標準8段階モデルと
3分岐プロトコルの
概要

物理学で最も重要な基礎的法則と事実はすべて発見され，今やあまりにも確固としている。そのために，新たな発見によって何かが補われるという可能性は，限りなく遠のいている。

―― Albert Abraham Michelson

発見が独創的であればあるほど，後になるとそれらはいっそう自明なことのように見えるのだ。

―― Arthur Koestler

あなたがある物事を観察できるかどうかは，あなたの使う理論に依るのだ。観察されうるものを決定するのは，理論なのである。

―― Albert Einstein

第1章

EMDR セラピーの歴史と進化

心的外傷後ストレス症候群に対する現代の理論と治療

　20世紀の他の心理療法とは異なり，眼球運動による脱感作と再処理法（EMDR）は，ある特定の理論的見地からではなく，直接的・経験的観察から始まった（Shapiro, 1995, 2001）。とはいえ，他の療法と理論がEMDR セラピーの進化とその理論的枠組みに，四つの主要な時期を通して影響を与えていることは明らかだ。四つの時期とは，①一つのシンプルな技法（眼球運動）から，②一連の手続き（EMD）へ，そして③一つの条件（心的外傷後ストレス障害，つまりPTSD）の治療プロトコル（EMDR）へ，さらに④すべてを含んでいる一つの総合的な治療法という段階，である。EMDR セラピーは最初，理論的というよりはむしろ経験的な起源から始まったのだが，適応的情報処理モデル（AIP：Shapiro, 2001）として知られるその理論的枠組みの理解は，EMDR セラピーが成功するための中核をなすといえる（Greenwald & Shapiro, 2010, 2011；Shapiro, 2009）。AIP モデルは事例概念化を導き，治療計画を示し，治療的行き詰まりを解決する助けとなり，治療結果と新たな臨床的適用を見通すものである。

　第Ⅰ部では EMDR セラピーを理解するための概念的枠組みを紹介する。第1章では，EMDR セラピーの進化を理解するうえで，歴史的に最も中心的支えとなった，四つの心理療法モデルの視点を見直すことから始める。それらは，催眠療法，精神力動的療法，行動療法，認知行動療法である。これらのPTSD 治療としてのモデルと研究基盤の概観は，*Effective Treatment for PTSD*（Foa et al., 2000；Foa et al., 2009）に見ることができる。本章では，この四つのモデルをレビューしたのち，EMDR の進化の歴史をまとめる。そして第2章では，AIP モデルを紹介し，さらに EMDR セラピーの治療メカニズムを説明する主だった考え方を提示する。

催眠

　過去125年にわたる心理療法の歴史は Charcot, Janet, Breuer, Freud, なかでも Prince による催眠の使用に始まる（Whalen & Nash, 1996）。心理療法の歴史の当初から，催眠はトラウマと解離の関係を理解し扱うための探求と密接に関連してきた（Cardeña et al., 2000；van der Kolk & van der Hart, 1989）。ひるがえって EMDR セラピーの初期の歴史と進化も，トラウマと解離の関係を理解し扱うための探求と強く関連している（Fine et al., 1995；Lazrove & Fine, 1996；Nicosia, 1994；Paulsen, 1995）。

　20世紀の催眠モデルは Milton Erickson に強く影響された（Lankton, 1987；Rossi, 1980a, 1980b）。その催眠モデルは EMDR セラピーの理論と実践に関連する鍵概念として貢献してきた。**ラポール**とは被催眠者と催眠治療者との間の関係において必要とされる信頼，つながり，そして随伴的やりとり（contingency）（Siegel, 2012）の質を指している（Frederick & McNeal, 1999）。**参照枠**（frame of reference）と**注意の狭窄化**は，

ともに催眠反応の中核現象を指し，環境認知と身体認知における変性につながる。**催眠感受性**は個人により大きく異なる。催眠によって首尾一貫し，測定可能な変性意識状態ができるのか否かは，まだ議論の余地が残されている（Kirsch & Lynn, 1995）。予備的研究のエビデンス（Nicosia, 1995）では，Shapiro（1995, 2001）や本書で述べているような標準的EMDRセラピー手続きを使用して，催眠状態にあると認められる脳波様式に似た脳の変性意識状態を引き起こすことはないと示された。手続きとしても，催眠現象と暗示はEMDRセラピーの治療効果の中核をなすものではない（Barrowcliff, Gray, & MacCulloch, 2002；MacCulloch & Feldman, 1996）。暗示性はEMDR治療の反応に相関していないことが判明している（Hekmat et al., 1994）。正式なトランスと暗示はEMDR治療の中核ではないが，**ユーティライゼーション**（utilization），**自然技法**，**隠喩**を含むエリクソン原理は，「準備段階」および**うまくいかない再処理**に取り組むときの方略において，重要な役割を果たしている。命令暗示を基本とする催眠の初期モデルとは対照的に，Milton Ericksonは情報を引き出し，それぞれのクライエント固有の経験と症状を解決への資源として**利用しながら，相互交流的**で応答的であった。EMDRセラピーの準備段階では，これらの原理が資源の開発と植えつけ（RDI）プロトコル（Korn & Leeds, 2002；Leeds, 1997, 2001；Leeds & Shapiro, 2000）の創造的な適用を導いており，適応的記憶ネットワークへのアクセスを刺激し，高め，強めるものである。これらの原理は，クライエントが強い感情的苦痛を再処理する際に助けとなり，不適応的記憶と適応的記憶ネットワーク間の統合を育むための**編み込み**（Shapiro, 1995, 2001）における自然技法方略についても教えてくれている。

精神力動的アプローチ

　PTSD治療の精神力動的アプローチは長い歴史と多様性を持ち，豊かな色合いのタペストリーとなっている。精神力動的アプローチに見られる諸概念と原理の多くは，EMDRセラピーとの類似と相違を示している。Freud（1955）はトラウマ的な出来事を，刺激障壁を打ち破り，回避と侵入的再体験とが交互に起きる**反復強迫**を導くものであると記述した。当初Freudは，CharcotとJanetによって開拓され（van der Hart & Friedman, 1989），さらに指導的立場にあったBreuerによって支持もされていた催眠の構造的活用を模索していた（Breuer & Freud, 1955）。彼らのアプローチは，まずクライエントの機能を強め，次にトラウマ的出来事をナラティブに理解するために催眠を用いることに集中していた。しかし本書で説明できる範囲を超えたさまざまな理由により，Freudはクライエントから文字どおり顔を逸らし，**自由連想法**へと転向した。そして，自らが**中立的立場**（neutrality）をとっている間は，直接的指導は何もせず，ただクライエントが関心事を語ることを求めた。この技法上の転向は，トラウマ的出来事のナラティブな理解を深めることから，症状の内的意味（防衛的目的）の探求へと転向することと重なっていた。治療的関係を強めるためにセッションは頻回であり，セラピストの反応は最低限に限られた（不安に対して随伴的応答をしないことの効果については，Siegel〈2012〉を参照）。これはまた，**転移素材への投影**を刺激することであり，クライエントの未解決な**内的葛藤**を表すと考えられた。症状の防衛的な意味，言語や記憶の間違い，そして投影された事象の転移を解釈することが，第一の積極的介入とされた。

　EMDからEMDR（Shapiro, 1991a）へと進化する間に，Shapiroは**自由連想法**の原理を組み入れ，**持続性曝露モデル**からかなり距離を置いた。しかしながら，**解釈**はEMDRセラピーの標準モデルでは明確に退けられた。また，純粋な中立性よりはむしろ，クライエントのプロセスへの反応性がEMDRセラピーでは強調されている。転移と逆転移は認められてはいるが，再処理中に転移が現れたときは，通常は明白な解釈やコメントをしないまま，それらは再処理の焦点として扱われる。しばしば，転移材料は自然に解決し，あるいは投影された転移素材の源である個人的記憶が再処理が続くにつれ自発的に現れる。もし現れなければ，EMDRセラピーの訓練を受けた治療者は，クライエントを感情的，身体的，認知的つながりを通してか，または注意の集中を再処理の抵抗へと移して，さらに**両側性眼球運動**のセッ

第Ⅰ部　EMDR セラピーの概念的枠組み

トを加え，個人的記憶の連想を探るようクライエントに働きかけることができる（Knipe, 2014；Mosquera et al., 2012）。

行動療法

　古典的な行動療法は，条件づけのレンズを通してPTSD を見る。強度に**条件づけられた連想**は，嫌悪刺激あるいはトラウマ的体験をしたときに存在した**特定のきっかけ**（外的，内的刺激）と，それらの体験から引き起こされた激しい警告状態（恐怖および／または恥）との間で形成されている。系統的脱感作法とフラッディング（インプロージョン）は，行動療法家によって提案された最も有力な二つの治療方法であった（Keane et al., 1989；Stampfl & Levis, 1967；Wolpe, 1954, 1958）。系統的脱感作法では，クライエントは低い不安から高い不安までのきっかけ（cues）となる事象の階層表を得る。それから，**漸進的弛緩法やバイオフィードバック補助つきのリラクセーショントレーニング**のような構造化されたセルフコントロールテクニックを通して，深いリラックス状態を達成できるよう練習する。次にクライエントは，不安を引き起こすきっかけに集中しても落ち着いた状態が維持できるまで，リラックスの練習をするよう指導される。最も強く不安を喚起するきっかけに焦点づけしても落ち着いていられるまで，徐々にこの階層を登っていく。この過程が必要なだけくり返される。PTSD 治療としての系統的脱感作法の研究は6 本しかない。一つには，これは時間がかかり，多くのクライエントにとって他の療法のほうがより効果的で有益であることが明らかになってきたからであろう（Foa et al., 2000；Solomon et al., 1992；van Etten & Taylor, 1998）。

　フラッディングあるいは**インプロージョン療法**（Stampfl & Levis, 1967）は，**イメージによる曝露法**の一形態である。フラッディングは消去の原理に基づいており，脳神経はある限られた期間しか，激しい覚醒状態を生み出し続けられないとするものである。その期間の後に，恐怖を引き起こすきっかけに更にさらされても，もはや恐怖反応を生み出すことはないとされる。このフラッディングと**持続イメージ曝**

露（PE）の形態は，PTSD 治療として広く研究されてきた。Foa ら（2000），Follette と Ruzek（2006），Rauch ら（2012）のレビューを参照してほしい。初期の研究報告では，退役軍人らの治療において PE は50％ のドロップアウト率を示し（Cooper & Clum, 1989），感情鈍麻や社会的回避にはほとんど効果がないことが示された（Keane et al., 1989）。後の研究報告では，曝露療法，認知療法，ストレス免疫訓練，EMDR でも，同様なドロップアウト率があると示されている（Hembree et al., 2003）。しかしながら別のレビューでは，PE の無反応率とドロップアウト率は幅がさまざまであり（ある行動療法の研究では50％ まで），おそらく研究対象によって異なっているのだが，PTSD の治療におけるそれらの率をはっきりさせるために，より良いデータの調査報告が求められている（Kar, 2011；Schottenbauer et al., 2008）。Najavits（2015）は最近のレビューで，「黄金律」（gold standard）を満たすランダム化比較試験（RCTs）と「現実世界」の PTSD 治療設定におけるドロップアウト率と残留率を調査し，PE と認知処理療法（CPT）でのかなり低い完遂率を報告している。たとえば Watts ら（2014）によると「適量」（adequate dose）と感じた人は 2％ だけであり，Mott ら（2014）によると完遂率は 10％ 以下であった。

　PE は恐怖関連症状を減じる効果が見出されているが，恥や罪悪感の感情を解決する効果に関しては疑問が残る（Adshead 2000；Pitman et al., 1991；Stapleton et al., 2006）。これが，CPT（Resick & Schnicke, 1993）やストレス免疫訓練（Meichenbaum, 1985）のように，PE を認知療法と合体させた療法につながっている。フラッディングの効果は，ある程度，クライエントが意図せず解離（感情鈍麻）を身につけることによるのかもしれない。その結果，クライエントはもはや不安を喚起するきっかけに新しい連想を形成するどころか，その素材すら感じなくなることが可能となる（Lanius, 2014；Merluzzi et al., 1991；Rogers & Lanius, 2001）。

認知行動療法

　認知行動療法は，心的外傷後症候群（および他の

不安障害）を理解する基盤として古典的条件づけのパラダイムを取り入れているが，**情報処理モデル**の方向に変化し，そして，不利な出来事による条件づけをいかに形成し直すかのモデルである**情動処理**の概念へと変化している。不合理な信念や否定的スキーマに介在する変数に焦点づける認知行動モデルは，Ellis（1994）の論理情動行動療法（REBT）と Beck（Beck et al., 2005）の認知療法の臨床家には馴染みのあるものかもしれない。しかしながら，**情動的情報処理**の認知行動モデルが，EMDR セラピーの標準モデルの根底にある原理を理解するための軸であることはあまり広く知られてはいない。情動的情報処理の認知モデルを支える鍵概念は Lang（1977, 1979），Rachman（1980），Bower（1981），Foa と Kozak（1985, 1986）や Foa と Riggs（1995）の研究に基づいている。

情動的情報処理の認知行動モデル

Lang（1968）は，生理的活動，顕在的行動，主観的報告の三つのシステムにおける行動的反応を含むものとして，不安の概念を操作的に定義した。Lang（1977, 1979）は（現実曝露の治療とは対照的に）**イメージ**を使って不安障害を治療する一般的モデルを提唱した。最初に，**恐怖構造**における情動的記憶を含む反応が活性化されなければならない。イメージによる治療では，まず**情動的に反応しやすい記憶構造**を活性化せねばならないという考えは，図 1-1 に示された Bower（1981）の**状態特異的モデル**に対応している。Bower は**再想起**と情動的情報の修正へのアクセスは，そのとき個人が置かれた感情状態（気分）次第であると提唱した。

Lang は恐怖構造を，①恐怖刺激，②言語的，生理的，行動的反応，③刺激と反応の意味に関する情報，を含むものとして記述した。図 1-2 を見てほしい。Lang の「感覚記憶」は，AIP モデルのなかで記憶ネットワークにおける「イメージ」と「考えと音」として表現されている。Lang の「個人的意味」は，AIP モデルでは否定的認知と表現されている。Lang の「反応」では，感情をはっきりと言葉にすることは除外されているのだが，AIP モデルでは「感情」と「身体感覚」として表されている。Lang が最も強

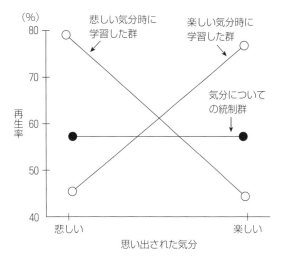

図 1-1 Bower の状態特異的記憶
幸せな言葉と悲しい言葉のリストによる記憶再生率のテスト。催眠誘導可能な被験者 3 グループで実施された。学習および再生中の気分は催眠イメージにより誘導された。テスト中の気分は横軸に示されている。気分についての統制群は，学習および再生中のテストにおいては中立的な気分であった。学習からテストにおいて気分が逆転している交差線は，学習効果が感情状態に左右されることを示している。同様な効果が自伝的記憶の想起でも見られた。〔Bower（1981）Copyright 2000. Reprinted with permission〕

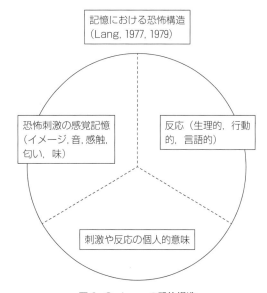

図 1-2 Lang の恐怖構造

調した顕在的な「行動上の」反応は，AIP モデル（Shapiro, 1995, 2001）のなかでは，はっきりとは示されていない。この削除については，第 2 章の「記憶ネットワーク」でさらに考察する。

「リラクセーションの一つの効果は，脱感作の間に

イメージで経験されたものの鮮明さを増すことかもしれない」という Mathews（1971, p.88）の仮説に始まり，Rachman（1980）は，**最初に恐怖イメージへのより強い生理的反応を引き起こすことによって**，リラクセーションの結果増したイメージの鮮明さが，恐怖の減弱につながると提唱した。彼はこの一連の効果を**情動処理**と呼んだ。Rachman は，恐怖イメージの**確認テスト**を実施して，情動処理が起こった程度を測定することも必要だとした。**記憶ネットワーク**に再アクセスし，再処理が起きている程度を評価するためにターゲットに戻るという EMDR セラピーの手続きには，この確認テストの考えが直接反映している。後になって Foa と Kozak（1985, 1986）は，図 1-3 に示されるように，恐怖の情動処理が起こるためには，恐怖と合致しない（認知的および情動的）情報が活用可能となり，統合されて，恐怖構造を修正する新しい記憶が形成されなければならないとした。この概念は EMDR セラピーにおいては，適応的記憶ネットワークが存在し，アクセス可能となっている必要性として記述されている。この必要性が満たされることで，選択された不適応的記憶ネットワークと適応的記憶ネットワークとの間に，統合が起こるとされている。

臨床的不安に対する認知行動モデルは，治療と研究に力強い成果を示している。心的トラウマ後症状の治療への認知行動的アプローチはまだ発展中であるが，以下の 3 点を含む。つまり，①最もトラウマ的な記憶から始めるというフラッディングの初期行動モデルから発生した持続性曝露の原理，②最小限の不快要素から始め，今ここでの覚醒の低下（リラクセーション）の練習を含む系統的脱感作の要素，③認知再構成法の要素，である。とはいえ，認知行動モデルのなかにどのように PTSD の治療をマニュアル化するかに関しては，まだ合意に至っていないようだ。曝露に基づく PTSD 治療のモデルを研究している異なる研究チームが，それぞれ異なる治療マニュアルを呈示している。

Foa と Kozak（1986）が記したように，情動処理の認知行動モデルには，いくつかの理論的疑問が浮かび上がる。まず，恐怖構造が活性化され，恐怖と合致しない情報が存在するときに，その情報の統合を妨げたり，促進したりするものは何だろうか。Rachman（1980）は，情動処理のカギとなる要素は，おそらくリラクセーションであろうと述べた。では，リラクセーションが唯一の要因だろうか。他にどんな要素が，情動処理を増幅したり抑制したりするのだろうか。自分または他人の死や受傷を想起させる恐怖記憶に集中するよう言われているときに，どのよ

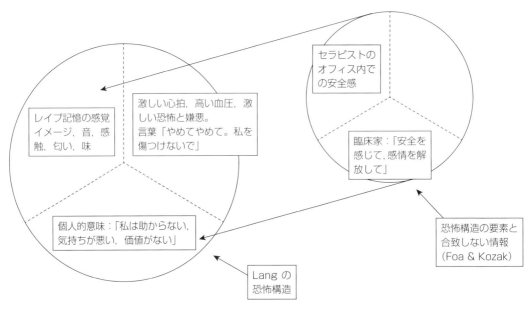

図 1-3　イメージ曝露に伴う恐怖の情動処理
（Foa & Kozak, 1985, 1986；Foa & Rothbaum, 1998 をもとに原著者作成）

うにしたら情動処理を促進する要因となるだけのリラクセーションを呼び起こせるだろうか。

　系統的脱感作とストレス免疫訓練は，不安喚起的イメージの持続曝露にかわる構造化された不安調節テクニックを提供する。これらのアプローチはEMDRセラピーとは対照的である。EMDRセラピーにおいて，クライエントは最初に自発的に自分の不安喚起的イメージに注意を向け，そして「強制的リラクセーション反応」(Barrowcliff et al., 2003；Wilson et al., 1996, p.227) を持つとされる中立的な両側性感覚刺激に注意を向けさせられる。しかしながら，EMDRの再処理中に，不安喚起的イメージに注意を維持し続けるように言われたり，要求されたりすることはない。実際には，クライエントの多くは，両側性眼球運動（または代替の両側性感覚刺激）の間，もともとの不安喚起的イメージに辛抱強く注意を向け続けることは困難だと報告する。そのかわり，クライエントの多くが，もともとの不安喚起的イメージからのさまざまな連想を報告し始める。それらは不快であったり，中立的であったり，または肯定的でさえあるような，別のイメージ・感覚・感情・考えにつながりうるものである。このように，精神生理学的な覚醒が，過覚醒ゾーンから，もともとはRachman (1980) によって最初に記載された情動的情報処理を促進する適切な覚醒ゾーンへと移る傾向があるのだ。第2章の図2-2「ヤーキース・ドッドソンの法則」を参照してほしい。

　情動処理への認知的アプローチでは，恐怖反応と合致しない情報を統合するための二つの中核戦略は，①新たなそれほど怖くない記憶が形成されるまで，自発的なイメージ曝露の宿題を毎日クライエントに繰り返させる，②クライエントがイメージ曝露に取り組んでいる間，治療者は何かコメントや質問をすること，である。これらの戦略は，クライエントに何も宿題を出さず，さらに，両側性眼球運動（または代替の両側性感覚刺激）の最中には，治療者は必要最小限の言葉かけだけで再処理を励ます，という標準的なEMDRセラピーとは対照的である。EMDRセラピーのケースフォーミュレーション戦略は第4，5，6章に述べられているのだが，EMDR再処理を開始する前に，クライエントが適応的反応

および**恐怖反応と合致しない**情報を保持し，アクセスできる状態であるか評価することが臨床家に求められる。これらが無い，あるいはアクセスが困難である場合，EMDRセラピーの臨床家は，治療の準備段階と再処理段階において，積極的統合が起こるのを確実にするための手段をとらなくてはならない。

段階志向合意モデル

　現在，トラウマ治療をするほぼすべてのアプローチは，Pierre Janet (1889, 1977) の先駆的業績から重要な要素を引き継いでいる。Janetの多くの貢献のなかに，段階志向アプローチの基礎的原理があり，①安定化と症状減少，②トラウマ記憶の蓋を取り変化させること，③パーソナリティの再統合，の三つである。Judith Herman (1992a, 1992b) はこれら三つの段階を，①安全の確立 (safety)，②想起と服喪追悼 (remembrance and mourning)，③再結合 (reconnection)，と表現している。似たモデルは Briere (1996)，Brownと Fromm (1986)，Chu (1998)，Courtois (1988, 1999)，Gil (1988)，Horowitz (1979, 1986)，Kluft (1993, 1999)，McCann と Pearlman, (1990)，Putnam (1989)，Scurfield (1985)，van der Hart と Friedman (1989)，van der Kolk ら (1996a) にも述べられている。Christine Courtois は *Recollections of Sexual Abuse：Treatment Principles and Guidelines* (1999, p.176) において，この心的トラウマ後治療の進化する**合意モデル**の多くの面をとらえて，「順序性があり，滴定化され，症状安定と機能強化に焦点が向けられている」と特徴づけた。

　EMDRセラピーの原理 (Shapiro, 1995, 2001) も，この合意モデルの一つに位置づけられる。EMDRセラピーでは，安定化と症状低減というゴールを支えるために，いろいろな戦略が使われる。EMDRセラピーで一般的に使われる安定化の戦略のいくつかは，**漸進的弛緩法** (Jacobson, 1938) や自己催眠 (Eisen & Fromm, 1983；Sanders, 1991)，バイオフィードバック (Brown et al., 1997)，瞑想 (Benson, 1975；Goldstein, 1994) のような伝統療法のなかで発展してきた。落ち着くまたは安全な場所技法 (Shapiro, 2001, pp.125-127) やRDI (Leeds, 1998a, 1998b；Leeds & Shapiro, 2000) のよう

第Ⅰ部　EMDR セラピーの概念的枠組み

な安定化戦略は，催眠の特定の安定化手続きとイメージ誘導法（guided imagery）を EMDR セラピー固有の方法で統合させたものである。PTSD を扱うに際してどの安定化の戦略が使われようと，合意モデルは，John Briere（1996, p.11）のいう「治療の窓からはみ出す」（Overshooting the therapeutic window）ことを避けるためにも，トラウマ記憶の蓋を取って問題を解決する前とその最中に，適切な安定化を提供することが不可欠だという認識をしている。この Briere の言葉は，クライエントの認知的，感情的，行動的なコーピングスキルを超えるペースで不快記憶の詳細に触れること，または強い否定的感情にさらすことを意味している。**クライエントのコーピングスキルを圧倒する**という問題は，治療の**処理**段階においてだけでなく，治療の**生育歴・病歴聴取**段階においても起こりうる。トラウマを扱うという心理療法であるならば，そのゴールは「治療の窓」内で目指される必要があるのだ。治療の窓内で作業をすることで，クライエントの認知的，感情的，行動的なコーピングスキルを超えずに，症状や現在の機能不全のもとである不適応的記憶のネットワークに十分な**アクセス**が得られる。

● 簡単な歴史：EMD から EMDR へ

EMDR セラピー発展の歴史は，次の四段階にまとめられる。

(1) 一つのシンプルな技法（眼球運動）の発見と調査研究。
(2) EMD 手続きの定義とテスト。
(3) PTSD および関連症状の治療法としての標準的 EMDR セラピーのプロトコルの進化，明確化と妥当性の増加。
(4) 一般的な心理療法の一モデルとして，EMDR セラピーの理論と適用がより多くの臨床症状へと拡充。現行の EMDR セラピーの状態は，上記のステージ 3 から 4 への移行過程にある。

---

†2　1 点から 1 点へ飛ぶような動き。

● 発見と実験研究

1987 年，公園を歩いていた Francine Shapiro（1995, pp.2-14；2001, pp.7-16）は，不快な思考に対して，サッケード[†2]眼球運動が効果を持つことに気がついた。眼球を動かしたときに，不快な思考の感情的内容が速やかに，そして自然に消えていったのである。彼女は他の人にも同じ効果があるか調べてみることにした。最初にわかったのは，多くの人にとって，同様の効果をもたらすに至る十分なサッケード眼球運動をするのが難しい，ということだった。そこで彼女は，相手の顔の前 30cm 前後のところで手を左右に動かし，その動きを目で追うというかたちで眼球運動に取り組むよう頼んだ。

およそ 70 人の非公式な実験を通し，Shapiro は，さまざまな人にとって不快思考の感情的内容を同じように減らす手助けとなる要因をいくつか発見した。人によっては眼球運動の速度を加減する必要があり，縦方向の眼球運動がより効果的だった人もいた。あるいは，より広い，または狭い範囲の水平方向の眼球運動がより効果的だった人もいた。一つのイメージに集中する必要がある人や，身体感覚，考え，感情に集中する場合もあった。別の人にはこれら諸要素の複合が必要だった。こうした要因を巧みに段階的に組み立てることによって，特定の障害を持たない広範囲の人々の不快感情を確実に減らすことができると，彼女は気がついた。

次に彼女は，特定の出来事に関連した，しつこいトラウマ関連症状を持っている戦争トラウマのサバイバーにこの手続きを提供した。簡単なたった 1 回の手続きで感情の障害の解決につながり，記憶に関連した侵入思考の消去につながった。病的ではない人々の一般的な不快思考に対してだけでなく，戦争トラウマによる深刻な不快記憶に対してもこの手続きが明らかな効果を持ったことで，Shapiro は PTSD に苦しむ人たちを対象にして統制研究を行う勇気を得た。

EMD を定義しテストする

　トラウマと不安治療における文献を探索するなかで，Shapiro は Wolpe（1954）の系統的脱感作法とフラッディング（Fairbank & Keane, 1982；Stampfl & Levis, 1967）を調べた。Wolpe は，リラクセーションと不安との間の逆制止が，系統的脱感作法および神経症に効果のあるすべての心理治療の第一の基礎となると考えていた。しかし彼のアプローチでは，低レベルの不安しか反応しないと認められていた。フラッディングと同様に，Shapiro は眼球運動の手続きを，対象となるトラウマの最も不快な面に集中した。フラッディングと異なるのは，この新しい手続きでは持続的曝露や激しい除反応が不可欠ではないということであった。かわりに，Shapiro はトラウマ記憶のなかの条件づけられた不快感情と眼球運動の特有な効果の間に，逆制止のようなものを発見した。後に，EMDR セラピーの最初の生理学的研究で，David Wilson（Wilson et al., 1996, p.227）はこれを「強制的リラクセーション反応」と述べている。消去よりも逆制止がメカニズムに見えたので，彼女は Wolpe の系統的脱感作法に敬意を表して，この手続きを「眼球運動による脱感作法」あるいは EMD と名付けることに決めた（Shapiro, 1989a, 1989b）。

EMD パイロットスタディの デザインと手続き

　1980 年，PTSD が初めて『精神疾患の診断・統計マニュアル（第 3 版）』（3rd ed.；DSM-Ⅲ；American Psychiatric Association, 1980；Parrish, 1999）に，はっきり記載された。1998 年までに，この障害および従来の治療法のさまざまな問題が広く知られるようになった。Shapiro は PTSD 治療中の人に対して，この新しい EMD という方法を使う実地研究に力を注ぐことにした。EMD がすべての PTSD 関連症状を解決できるのか，という大きな課題に取り組むよりも，このパイロットスタディにおける謙虚なゴールは，

単回性のトラウマ記憶に関する侵入的障害が 1 セッションで解決まで至るかをみることにあった。彼女はレイプ，性的虐待，ベトナム戦争トラウマに関連した PTSD 症状に取り組む治療者たちから，11 〜 53 歳まで 22 人の被験者を集めた。

　Shapiro（1989a, p.202）は，被験者の半数を EMD 条件群に，残りの半数を眼球運動のない曝露手続きを受ける統制群（「プラシボ条件群」と記述されている）に，ランダムに割りあてた。すべての被験者が侵入思考や睡眠障害といった今抱えている困りごとを述べ，その程度が測定された。それぞれが，一つの記憶と，その出来事または出来事全体のなかで最悪の部分を代表するイメージを選択した。そして，「その映像に最もぴったりくるあなた自身についての，またはその出来事についての言葉は？」（Shapiro, 1989a, p.204）と尋ねられると，「私はもうだめだ」や「私はコントロールできない」といった否定的な信念が述べられた。そして被験者は，トラウマ的なイメージと否定的な言葉とに集中するよう言われ，0 〜 10 の自覚的苦痛単位[†3]尺度（SUD scale：Wople, 1954）を評価するよう言われた。次に，その選択されたイメージに対してどんな言葉を添えたいかを尋ね，さらにイメージに集中しながらその肯定的な自己に関する言及を，1 〜 7 までの認知の妥当性尺度（VoC：Shapiro, 1989a）で評定するよう求められた。被験者は，治療セッション中に苦痛レベル（SUD）が定期的に尋ねられると伝えられ，「何が起こっても，起こるに任せて」（Shapiro, 1989a, p.204）と告げられた。

　EMD 条件群の被験者はトラウマ的な場面をイメージするよう言われ，Shapiro が 10 〜 20 往復の両側性でリズミカルな眼球運動を誘導する間，否定的な言葉を心の中で復唱するよう言われた。そして眼球運動の各セット後に，「（その映像を）消して，深呼吸して」と言われた（Shapiro, 1989a, p.205）。眼球運動の各セット後に，映像と否定的な言葉に集中し，0 〜 10 の尺度で自分の障害の辛さを測定した。両側性眼球運動の合間に被験者はときおり，「今，何がありますか」という質問に対して，気づいていることを報告するよう求められた（Shapiro, 1989a, p.205）。他

---

†3　Subjective Units of Disturbance：自覚的障害単位と訳されることも多いが，本書では，当事者の主観により即した表記として障害ではなく苦痛，という訳語をあてている。

第Ⅰ部　EMDR セラピーの概念的枠組み

のトラウマ記憶も浮かばず，不快な思考も報告され
ず，SUD レベルが 0 か 1 と言われるまで両側性眼球
運動が加えられた。これには 3～12 セットを要し
た。それから被験者はより好ましい言葉について
1～7 までの VoC 尺度で評価するよう言われた。VoC
が 6 以下の被験者は，選択された記憶と自己に関す
る肯定的な文言に集中するよう言われ，VoC が 6 か
7 に到達するまで，さらに 2，3 回の眼球運動が加え
られた。

　統制群の被験者は，トラウマ記憶にまつわる関係
者，状況，出来事の詳細を述べるよう言われた。EMD
条件群における SUD 評価回数とそろえるため，統
制群が話しているときも途中で SUD 評価を尋ねる
ために，1～1 分半の間隔で 7 回の中断がなされた。
被験者は映像が変化したか，何か他のことが思い浮
かんだか尋ねられた。それから記憶の詳細を続けて
述べるよう指示された。7 回目の SUD 評価の後，被
験者の自己に関する肯定的な文言が VoC でチェッ
クされた。このプラシボ統制条件が終わると，Sha-
piro はこのグループの被験者全員に EMD 治療を提
供し，このグループを「遅延治療条件群」と名付け
た（Shapiro, 1989a, p.206）。

EMD パイロットスタディの結果，限界，貢献

　両グループの被験者は 1 回の治療セッションの 1
カ月後と 3 カ月後に 30 分のインタビューを受けた。
SUD と VoC はそれぞれの被験者が現在もまだ抱え
る困難について評価された。ほとんどのケース（22
人中 18 人）で，現在抱える困難に対する変化の自己
報告は，紹介元の治療者か家族によって確認された。

　このパイロットスタディ（Shapiro, 1989a, 1989b）の
デザインは，いくつかの欠点があるといえる。標準
的心理測定や診断がない，つまり自己報告の測定に
頼りすぎていること／生理学的測定が不完全である
こと（いくつかの条件では脈拍のみが測定されてい
る）／標準的でない，治療が直後に続く統制群である
ことがいえる。だが，パイロットスタディは，実験
（そして遅延治療の）条件では実に重要な効果を生み
だした。持続曝露や持続除反応がないまま，選択さ

れたトラウマ記憶の苦痛の自己報告（SUD）は有意に
減少した（p＜.001）。より好ましい自己に関する言
葉への確信度（VoC）は，有意に増加した（p＜.001）。
最初に存在していた困難感のほとんどすべてが解消
され，残ったものにも改善が見られた。これらの結
果はフォローアップでも維持され，または改善して
いたのである。

　当時存在した治療効果についての研究は少ないう
え，治療効果の速さと大きさが報告されたので，フォ
ローアップ研究が続くと期待されていた。しかし実
際は，十分な研究デザインのフォローアップ研究が
報告されるまでに 5 年かかった（Wilson et al., 1995）。
とはいえ，このパイロットスタディは相当な注目を
集めた。Shapiro は 1989～1991 年の間，初期の概
念と手続きを絶えず再検討した。この再検討によっ
て，概念的枠組みと標準的手続きステップの一連の
変化が生まれた。それはまた，EMD から EMDR へ
という手続き名称の変化にもつながった。

標準的 EMDR プロトコルの進化，明確化，妥当性

　1989～1991 年の間，いくつかの要素が EMDR セ
ラピーの概念的モデルと標準的手続きステップの進
化につながった。Shapiro モデルの進化の一つの要
因は，このような結果を生んでいる基本的原理につ
いての説明が切望されたことだった。曝露-消去も，
単なる脱感作も，EMD で報告された結果を適切に
説明することはできていなかった（Rogers & Silver,
2002）。研究助手であった Mark Russell（Russell, 1992；
Shapiro, 1995, p.iv）に影響を受け，Shapiro は Lang
（1977, 1979），Rachman（1980），Bower（1981），Foa
と Kozak（1985, 1986）による，情動処理と情報処理
のモデルに関する著述に目を向けた。こうして，脱
感作のパラダイムから情報処理モデル（Shapiro,
1991a）への転換と，EMD から EMDR へと改名した
ことを記述した論文が発表された。

　もう一つの要因は，手続きがもたらす効果のさら
なる考察によってもたらされた。Shapiro は，覚醒，
感情，感覚，認知構造において，同時的に並行して
起こる変化に注目した。彼女は，選択されたトラウ

マ記憶に直接の関連が薄い周辺のことにも，驚くべき変化が起こることに感銘を受けていた。これらの連想的変化は，選択されたトラウマ記憶への集中を逸らしてしまう。しかし，Shapiroはこの速い自由連想を許したとき，選択されたトラウマ記憶と，関連した記憶やきっかけの両方に，般化的な治療効果が現れることを発見した。この発見は，彼女を「自己治癒」(self-healing) パラダイムの原理 (Shapiro, 1995, p.31) へと導いた。トラウマ記憶と適応的記憶ネットワーク間の連結を作ることで，不快な経験を適応的解決状態へと変化させる生来の情報処理能力というものが存在する，というのが彼女の考えだった。この手続きとその進化しつつある理論モデルが，曝露-消去と系統的脱感作法の両方からはっきりと分岐したことを示すために，彼女はこの手続きを「眼球運動における脱感作と再処理法」と改名した。同じ時期に，彼女は一連の重要な手続きにおける変更と明確化も行った。

それぞれの治療セッションを確立するにあたって，Shapiroは「評価段階」と呼ぼうと決めていたものを，いくつかの方向に広げた。イメージと否定的な自己に関する言葉（現在は「否定的認知」）を決めた後，彼女はクライエントにより好ましい信念（「肯定的認知」）を決めるよう言った。そしてクライエントに最初のSUD得点を尋ねる前に，記憶と否定的「認知」を同時に想起して，少なくとも一つ特定の感情を決めるように言った。さらに，情動的または身体的苦痛を身体のどこで感じるかを特定するよう聞くことで，評価段階を完了とした。脱感作の間，連想が自然に続くように，彼女は両側性眼球運動のセットの後に，記憶の最悪の部分を代表する映像に注意を戻すことは取りやめた。かわりに，治療者たちにもそう訓練したのだが，連想が中立的か肯定的だと報告されたとき，または，両側性眼球運動の後に報告された内容に変化がないか，あるいは混乱し始めたときにのみ，選択されたターゲットに戻るようクライエントに伝えた。

彼女は肯定的な自己言及の文言にしっかり集中する段階を作ろうと決め，「植えつけ段階」と名付けた。ターゲット記憶のSUDが0か1にたどり着いた後，すべてのクライエントはVoCが6か7にな

り，もう変化しないところまで肯定的認知とターゲットの残余を代表するものとをペアにするよう導かれた。それから「ボディスキャン段階」を加えた。目を閉じてターゲット記憶を代表するものに集中し，より好ましい自己言及の言葉を浮かべつつ頭から足先までの感覚をスキャンし，「緊張，こわばり，異和感」(Shapiro, 2001, p.162) があれば報告するよう伝えられた。ボディスキャン段階は，ある人々にとっては解決すべき最後の要素が，情動的または身体的にターゲット記憶と共鳴していることを示す身体感覚に含まれている，という観察から生まれ出たものである。ときにこれらの感覚は，ターゲット記憶への防衛的身体反応を表していた。あるいはまた，まだ解決されていない記憶につながっていたときもあった。または，安堵，喜び，あるいはターゲット記憶が解決したときに湧き上がる，他の肯定的経験の感情であった。彼女はクライエントに身体感覚に集中するよう言い，その感覚が中立的かそれ以上肯定的にならないところまで，両側性眼球運動のさらなるセットを提供した。

研究者や臨床家にEMDRのトレーニングを提供する

EMDRセラピー手続きにおけるこの進化の期間に，Shapiroは新しい手続きを習うことに興味を持った有資格臨床家や研究者にトレーニングを提供し始めた。クライエントの苦痛を減らし，科学的理解を深める願望に突き動かされて，彼女は1990年に約250人の臨床家や研究者に一連の小規模なトレーニングを提供した。EMDRセラピーの研究推進に関心を持っているが，トレーニング費用を払えないという有資格研究者には，全額の奨学金が与えられた。EMDRセラピートレーニングへの関心は，誰も予想できなかったほど急速に広がった。

1990年の終わりまでに，EMDRセラピーによって害を受けたというクライエントの問題報告 (Shapiro, 1991b) が，Shapiroのもとに届き始めた。これらの報告は，EMDRセラピートレーニングを受けたばかりの臨床家が，すぐに自分自身がEMDRセラピートレーニングを教え始めたことを示していた。

あまり経験のない EMDR セラピー指導者から学ん
だ生徒による治療を受けたクライエントは，その治
療によりマイナスの影響を報告した。それらは，
Shapiro が教えていた手続きや原理からひどく逸脱
していることが，調査で明らかになった。当初は，
クライエントを守るというプロとしての倫理感があ
ると想定していた。しかし，彼女はこれらの危険か
らクライエントを適切に守るために（Principle 1.16,
American Psychological Association, 1992），トレーニング
を受けたすべての参加者に，書面による許可証なし
でトレーニングを提供しないという同意書が必要だ
という結論に至った。一般的な倫理的基準に対応し
たもので，しかもクライエントの保護を意図したも
のであるのに，この条件設定は EMDR セラピート
レーニングを商業的マーケットとして Shapiro がコ
ントロールしているという主張を招いた。このト
レーニング制限は 1995 年まで続いたが，その年
Shapiro は基礎テキスト（Shapiro, 1995）の初版を出版
した。このテキストは，EMDR セラピーとして適切
なトレーニングや治療内容が実施されているかを臨
床家やクライエント，資格機関，専門機関が評価で
きるような枠組みを与えてくれた。上記の制限条件
は改められ，教える資格を得るまでは他人にトレー
ニングを提供しないことを求める同意書が策定され
た。やがて彼女のトレーニングを受けた臨床家たち
は，EMDR セラピーの研究，トレーニング，臨床的
適用の基準を設定する専門機関を創始するよう，彼
女を励ました。これが EMDR 国際学会（EMDRIA,
2008b）の設立につながった。

両側性刺激の代替法

この初期の期間（1989 ～ 1991 年）に，目に関し
て医学的所見がある，片方または両方の目が見えな
い，繰り返し両側性の眼球運動をしようとすると不
利益な反応が出る（たとえば眼精疲労），といったク
ライエントの状況に合わせ，さまざまな技法が発展
した。聴覚的トーンと手のタッピングが，両側性刺
激の代替形として提案された。最初は，クライエン
トの頭部両側で交互に指を鳴らすことや，クリッ
カーを使うことが代替法として出現した。のちに，

スピードを簡単に変えられるコントローラーのつい
た電動のトーン発生器とヘッドセットが使われた。
手（または肩）へのタッピングは，眼球運動のもう
一つの変形として提案された。それは当初，臨床家
がクライエントの手の甲を自分の指先やコルクのつ
いた短い棒で軽くタッチする方法で実施された。の
ちに，リモコンボックスに接続された小さなヘラ状
のものが市販で入手可能になり，クライエントが手
で持っている間，種々の振動を発生できるように
なった。眼球運動のための電動装置がいろいろと製
品化され，臨床家が同じ動きをくり返すことで肩，
肘を痛めたり，疲労したりすることを避けられるよ
うにもなった。トーンやタップ（や振動）は，おそ
らく眼球運動と同等の効果があるという（そして，
おそらく視覚に困難を持つクライエントには，唯一
の実用的代替法である）興味深い報告がなされてい
るが，それを結論づけるだけの十分な統制研究はな
い（Servan-Schreiber et al., 2006）。EMDR セラピー効果
のワーキングメモリー説の支持者たちは，**記憶の鮮
明さと情動の強さ**（van den Hout et al., 2010a, 2010b,
2012）を減らすにあたって，交互のトーンより交互
の眼球運動が優れているという研究を発表してい
る。一方，PTSD クライエントの大半が効果の少な
いトーンのほうを好んだことが観察された（de Jongh
et al., 2013）。

1991 年までには，EMDR セラピーのほぼすべて
の手続き的および理論的要素が，Shapiro 博士の
1995 年のテキストに表されるかたちにまで進化し
ていた。1991 年より後にトレーニングを受けた研究
者らは，EMDR 研究所（EMDR Institute）のトレーニ
ングで提供されている手続きステップを用いるよう
奨励された。1990 年の初期には 1 日ワークショップ
だったものが，1991 年の中頃までに，13 時間のスー
パービジョンを受けられる実習練習を含む 34 時間
のトレーニングから成る，2 週にわたる週末トレー
ニングへと成長した。トレーニングのパート 2 は，
基本的手続きステップを復習するとともに，**認知の
編み込み**と，急性ストレスやトラウマ起源の恐怖症
を含むさまざまな心的トラウマ後症状の治療に適用
するための原理を紹介することに焦点を置いてい
る。1999 年，EMDRIA は Shapiro が発展させたト

レーニングプログラムをモデルにして，EMDR ベーシックトレーニングの標準カリキュラムを策定した。ベーシックトレーニングの他の提供者たちもじきに認可を得て，EMDRIA の基準に合ったかたちで，さまざまなフォーマットやモデルによるトレーニングを開始した。2007 年に EMDRIA は，標準カリキュラムを部分改訂した。ベーシックトレーニングの一部として 10 時間のコンサルテーションが含まれることが，最大の変化であった（EMDRIA, 2008 b）。

EMDR セラピーの査読論文の増加

EMDR セラピーについての専門的査読論文は，1989 年に 2 本であったが，1995 年までに累積 79 本に増え，2001 年の終わりには 257 本になった（Baldwin, 2002）。2015 年初頭に Francine Shapiro Library (2015) でキーワード「EMDR」を検索すると，699 本の査読論文が出てきた。本書でこれらすべての急増する論文のレビューを試みるのは不可能であるし，適切でもない。EMDR セラピーによる PTSD 治療効果についての研究のランダム化比較試験は，2015 年までにおよそ 26 本完成している（EMDRIA, 2015c）。EMDR セラピーの PTSD 治療効果についてのデータ量は急速に増加し続けており，今や PTSD の治療効果研究において最も大きなコホートであり，PTSD 治療に関する特定の方法としては最も大きな文献数である。力強い文献がそろい，一般的には矛盾のない大きな治療効果サイズを持っているにもかかわらず（Maxfield & Hyer, 2002），EMDR セラピーの地位は，特にアメリカにおいて，科学者や第三者支払機関[†4] の間で確立しないままである。ヨーロッパや世界の他の地域においては，EMDR セラピーは政府のヘルスケアシステム，病院，学者らによって，PTSD に対する実証性を伴う安定性のある治療法として受け入れられている。アメリカにおける EMDR セラピーに関する論争と誤解についての優れたレビューは，Perkins と Rouanzoin（2002）を参照してほしい。いくつか出版されているメタ分析

（Lee & Cuijpers, 2013；Maxfield & Hyer, 2002；Rodenburg et al., 2009；Sack et al., 2001；Spector & Read, 1999；van Etten & Taylor, 1998）は，EMDR セラピーを PTSD に対する効率的で効果的な治療として報告している。さらに実験的研究と臨床的研究の両方において，EMDR セラピーにおける眼球運動の役割について重要な効果が指摘されている（Lee & Cuijpers, 2014）。

国際トラウマティックストレス学会（ISTSS）は，すべての PTSD 治療に関する初版レビューで（Foa et al., 2000, p.333），「EMDR は PTSD に対し，待機群，通常治療群，積極的治療群などの統制群よりも効果がある」という意味で，A/B ランクと評価した。その第 2 版（Foa et al., 2009, p.575）では，「EMDR は大人への使用に関しレベル A の治療と評価された。良質な臨床試験が PTSD クライエントへの使用を支持する」と述べている。子どもと未成年者に対してはレベル B と評価し，さらなる研究が必要とされた（Foa et al., 2009, p.576）。2009 年の ISTSS 報告以来，子どもへの EMDR セラピーについて，さらに 3 本の質の高いランダム化比較試験研究が公刊されている（de Roos et al., 2011；Kemp et al., 2010；Wanders et al., 2008）。公刊されたすべての PTSD に対する心理学的研究と投薬治療効果についての試験 59 本の論文のメタ分析（van Etten & Taylor, 1998, p.140）は，「現存する研究の結論は，EMDR は PTSD に効果があることを示唆しており，他の治療よりも効率的であるといえる」と締めくくった。

2004 年，アメリカ精神医学会は『急性ストレス障害と PTSD のクライエントの治療ガイドライン』を出版した。そこにはこう述べられている。

> EMDR は急性と慢性的 PTSD 症状の改善に効果的であるようだ。
> 　　　（American Psychiatric Association, 2004, p.35）

EMDR は曝露系治療と認知行動的治療の連続体に属する。クライエントにとって，EMDR は曝露体験よりも自己コントロール感を与える技術である（EMDR では言葉によるやり取りに重きが置かれないため）。曝露治療の脅威的な雰囲気に対し

---

†4　州や保険会社。

て，EMDRでは不安をコントロールする技術を提供している。したがって，トラウマ経験を言葉にするのが困難なクライエントだけでなく，持続曝露に耐えられないクライエントにも有利といえるかもしれない。

(American Psychiatric Association, 2004, p.36)

2004年にはまた，アメリカ合衆国退役軍人省とアメリカ国防総省が『トラウマ後ストレスのマネージメントにおける臨床的ガイドライン』を出版し，そこではEMDRセラピーは他の三つの治療法と並んで，効果のエビデンスレベルが最も高い評価を与えられ，PTSDの治療として推奨された。オーストラリア・ポストトラウマティック・メンタルヘルスセンター（2007）や，コクランデータベース（Bisson et al., 2013），オランダ国立運営委員会メンタルヘルスケアガイドライン（2003），英国国立医療技術評価機構（NICE）（2005）を含む内外の組織が，同じような結論に至っている。

2013年，WHOによる『特にストレスに関連した状態のマネージメントに関するガイドライン』が発行され，トラウマ焦点化認知行動療法とEMDRのみが子ども，未成年者，そして大人のPTSDに推奨される心理療法であるとされた。

トラウマ焦点化認知行動療法のように，EMDRセラピーは自覚的苦痛を軽減し，トラウマ的出来事に関連した適応的な認知を強める目的を持つ。トラウマ焦点化認知行動療法とは異なり，EMDRは①出来事の詳細を述べること，②信念に対して直接挑むこと，③持続された曝露，④宿題，を含まない。 (World Health Organization, 2013, p.1)

EMDRセラピーに対する一般の臨床的関心，学術的認識，制度的な受け入れは，ヨーロッパの国々では徐々に広まっている。それに比べアメリカでは，一般の興味は一定の割合で伸びてきてはいるものの，学術的論争と制度的受け入れへの無定見さは根強い。EMDRセラピーの地位やメタ分析を誤解させ

るような不正確な記述の文献が現れ続けている。その一つ，米国医学研究所（Institute of Medicine：IOM, 2007）からの論文は，強く反駁されている（Lee & Schubert, 2009）。EMDRセラピーを巡るアメリカでの論争と，ヨーロッパと他国，たとえば日本や韓国，南アメリカなどにおけるEMDRセラピーの広い受け入れとの間の不均衡さを十分に分析することは，本章の範囲外のことである。このような受け入れの不均衡さは，科学的変革の周辺にはある程度よくある問題かもしれない（Kuhn, 1996）。Mark Russell （2008c）による徹底的なレビューは，Kuhn（1996）とBarber（1961）にならい，科学的発見への科学者の抵抗の分析を探究している。話を複雑にしているのは，標準的ではない風変わりな呼称[5]の使用を，開発者が強調し続けていることだろう。この呼称のあり方は，AIPモデルが，学識者らが構築してきた情報処理モデルの一つであるというよりも，むしろ，初期の情報処理モデルとは根本的に異なるものであるという考え方を強調するために役立ってきた。

加えて，物質乱用とメンタルヘルスサービス機関 (Substance Abuse and Mental Health Services Administration：SAMHSA）の，エビデンスに基づくプログラムと実践の国内登録（National Registry of Evidence-Based Programs and Practice：NREPP）による連邦レベルのEMDRセラピー承認の機会が，うまくまとまらないという不利があった。多くの州または連邦の財源による臨床計画と研究承認組織は，どの療法を許可し資金供給をするか決めるにあたって，SAMHSAによって実証的に支持された療法のリストを参考にするからだ。この流れは，2008年のEMDRIAによる申請でようやく修正され，2010年10月に見直しがなされ，公刊された（National Registry of Evidence-Based Programs and Practice, 2010）。この遅れによりアメリカで働く臨床家たちは，地域メンタルヘルスケア（CMHC）プログラムや，退役軍人治療センター（VA）におけるEMDRセラピーの使用を上司から許可をしてもらえない人たちと，使用を強く推してもらえる人たちに分かれた。重大な構造上の壁が，現役と退役軍人がEMDRセラピーの治療を受けることを

---

[5] 眼球運動を強調する名称のこと。

制限しているのだ（Russell, 2008a）。他方いくつかの地域プログラムは，現役と退役軍人に積極的にEMDRセラピーを提供している。FBIおよび他の連邦あるいは地方の法的執行機関では（McNally & Solomon, 1999；Wilson et al., 2001），EMDRセラピーを，致死性の出来事に対してのストレスマネジメントプログラムの一部として取り入れているが，まだ普及した実践には至っていない。

EMDRを心理療法の一般的なモデルへと広げる

2001年以来，EMDRセラピーはその発展におけるステージ3から4へと移行してきた。この移行期間に，研究は一般の人々（健康問題を含む）と，戦闘トラウマ関連の急性ストレス障害に対して（Fernandez, 2008；Jarero et al., 2011；Krause & Kirsch, 2006；Kutz et al., 2008；Ladd, 2007；Russell, 2006；Todder & Kaplan, 2007；Zaghrout-Hodali et al., 2008），およびPTSDに対して（Abbasnejad et al., 2007；Ahmad et al., 2007；Arabia et al., 2011；Brown & Gilman, 2007；Capezzani et al., 2013；Carlson et al., 1996；Chemali & Meadows, 2004；Chemtob et al., 2002；de Roos et al., 2011；Edmond & Rubin, 2004；Elofsson et al., 2008；Heber et al., 2002；Högberg et al., 2007, 2008；Ironson et al., 2002；Jaberghaderi et al., 2004；Kelley & Selim, 2007；Kemp et al., 2010；Kim & Kim, 2004；Konuk et al., 2006；Lamprecht et al., 2004；Lansing et al., 2005；Lee et al., 2002；Lee et al., 2006；Nijdam et al., 2012；Oh & Choi, 2004；Oras et al., 2004；Pagani et al., 2007；Power et al., 2002；Propper et al., 2007；Ricci et al., 2006；Rothbaum et al., 2005；Sack et al., 2008；Schneider et al., 2005；Sprang, 2001；Tufnell, 2005；van der Kolk et al., 2007），EMDRセラピーの効果に関するエビデンスを広げ続けている。

この作業はまた，二つのさらなる最前線に向けて進行中である。一つは，EMDRセラピーで使われる両側性眼球運動または代替の両側性刺激手続きの効果に関する実証的研究により，EMDRセラピーの効果メカニズムを明らかにすることである（Bergmann, 2010, 2012；Gunter & Bodner, 2009；Maxfield, 2008のレビューを参照）。二つ目は，一般心理療法モデルとし

て，EMDRセラピーの適用をさまざまな臨床症状へ広げる研究である。これらの分野でなされてきた豊富な研究をレビューすることは，本書の範囲を超える。以下に，こうした分野の研究の要旨を簡単に述べる。

トラウマ関連症候群に対してEMDRセラピーは十分確立された治療効果を示しており，そのメカニズムに関する諸理論は本書の第2章にまとめられている。近年急増している多くの論文は，心理学的，精神生理学的，神経学的にEMDRセラピーの効果の説明を探究している（Aubert-Khalfa et al., 2008；Barrowcliff et al., 2003；Barrowcliff et al., 2004；Bergmann, 2001, 2008；Bossini et al., 2011；Christman et al., 2003；El Khoury-Malhame et al., 2011；Elofsson et al., 2008；Frustaci et al., 2010；Grbesa et al., 2010；Gunter & Bodner, 2008；Harper et al., 2009；Hornsveld et al., 2010；Kapoula et al., 2010；Kavanagh et al., 2001；Kristjánsdóttir & Lee, 2011；Kuiken et al., 2001-2002；Landin-Romero et al., 2013；Lansing et al., 2005；Lee et al., 2006；Lilley et al., 2009；Nardo et al., 2009；Oh & Choi, 2004；Ohtani et al., 2009；Pagani et al., 2011, 2012a, 2012b；Richardson et al., 2009；Sack et al., 2008；Sack et al., 2008；Schubert et al., 2011；Stickgold, 2002；van den Hout & Engelhard, 2012；van den Hout et al., 2001；van den Hout et al., 2010a, 2010b）。これらの論文は，20世紀以来の初期研究と理論的論文に基づいている（Andrade et al., 1997；Armstrong & Vaughan, 1996；Dyck, 1993；MacCulloch & Feldman, 1996；Merckelbach et al., 1994；Nicosia, 1994）。この一連の研究は，標準的EMDRセラピーで使われる両側性眼球運動が，以下を含む効果を示すことを明らかにしている。それは，①自伝的記憶の想起を強化しその鮮明さを減じること，②注意の柔軟性が増すことで古い記憶に関する新たな連想が促進されること，③否定的な自伝的記憶に伴う精神生理学的覚醒を減らすこと，である。標準化された自己記入式の効果測定尺度が示す肯定的な結果は，いくつかのケースレポート，ケースシリーズ，前述の統制群のある研究における，精神生理学的測定（Bergmann, 2010；Gunter & Bodner, 2009）からだけでなく，単一光子放射断層撮影法（SPECT），脳波記録法，近赤外線分光法（NIRS），機能的磁気共鳴画像法（fMRI）（Pagani et al., 2013）による顕著な発

第Ⅰ部　EMDR セラピーの概念的枠組み

見によって，はっきり確認されるものになってきている。

　多くの事例報告によって，EMDR セラピーは学習，条件づけ，ストレスといった環境要因による症状に対する心理療法の一般的なモデルの一つと見なされるといえる。それらの症状のなかでも，EMDR セラピーが有効な治療法として潜在的可能性を持つとして注目されているのは，うつ（Bae et al., 2008；Hofmann et al., 2014；Rosas Uribe et al., 2010；Song & Wang, 2007），**複雑性 PTSD と解離性障害**(van der Hart et al., 2013, 2014)，**物質乱用と嗜癖的強迫行為**（Amundsen & Kårstad, 2006；Bae & Kim, 2012；Besson et al., 2006；Brown & Gilman, 2007；Brown et al., 2008；Hase et al., 2008；Miller, 2010, 2012；Popky, 2005；Vogelmann-Sine et al., 1998），**強迫性障害**（Böhm & Voderholzer, 2010；Marr, 2012；Nazari et al., 2011），**慢性疼痛と偏頭痛**を含むさまざまな**身体表現性障害**（Gauvry et al., 2013；Grant, 2009；Grant & Threlfo, 2002；Konuk et al., 2011；Marcus, 2008），**幻肢痛**（de Roos et al., 2010；Flik & de Roos, 2010；Russell, 2008b；Schneider et al., 2008；Tinker & Wilson, 2005；Wilson et al., 2000），**てんかん**（Chemali & Meadows, 2004；Schneider et al., 2005），**慢性湿疹**（Gupta & Gupta, 2002），**胃腸障害**（Kneff & Krebs, 2004），**醜形恐怖症と自己臭症**（Brown et al., 1997；Dziegielewski & Wolfe, 2000；McGoldrick et al., 2008）がある。加えて，初期のケースレポートと戦略として，EMDR セラピーを**人格障害**の治療に適用したことが述べられている（Bergmann, 2008；Brown & Shapiro, 2006；de Jongh et al., 2010b；Egli-Bernd, 2011；Grand, 2003；Korn & Leeds, 2002；Knipe, 2003；Mosquera & González-Vázquez, 2012；Mosquera & Knipe, 2015；Mosquera et al., 2014）。また，**夫婦と家族システム**への適用（Shapiro et al., 2007），一般的に普及している種々の心理療法と EMDR セラピーとの統合（Shapiro, 2002b），**複雑性 PTSD と境界性パーソナリティ障害と解離性障害**の治療における EMDR セラピーの役割（Forgash & Copeley, 2008；Gonzalez & Mosquera, 2012；International Society for the Study of Trauma and Dissociation, 2011；Knipe, 2014；Lanius et al., 2014）などを述べた多くの本が出版されている。

● 本章のまとめ

　EMDR セラピーは，20 年もしない間に単なる両側性眼球運動の効果観察から，標準化された手続きへ，そして急性ストレスや PTSD の治療として国際的に認識される方法へと，急速に変化してきた。EMDR セラピーについての実証主義的な立場からの論争や誤解は根強い（主にアメリカにおいて）が，EMDR セラピーは人間の苦痛を緩和するための新しいパラダイムを提供する，経験に裏づけられた治療法として世界的に受け入れられるようになっている。世界各国で 175,000 人以上の臨床家が，EMDR セラピーのトレーニングを受けている。EMDR 治療により，数百万もの人々が自然災害や人為災害，自動車・電車・飛行機事故，内戦，戦闘トラウマ，テロ，性的暴行，児童虐待，重篤な終末期の病と診断されることによるトラウマ，幻肢痛，慢性的物質乱用，および一連の身体表現性障害の影響から回復してきた。EMDR セラピーの専門家機関は五大陸に存在し，学会は 20 カ国で毎年開催されている。

　これらの業績は Francine Shapiro の先見の明と粘り強さを反映している。彼女は直接 EMDR セラピーを世界中で教えてきた。彼女は大学院生や臨床家，研究者たちに，事例研究，治療の効果研究をして発表するように奨励してきた。また，たゆまず著作を出版してきた。彼女は，メンタルヘルスのインフラがない，あるいは専門家になるトレーニングに支払う基金がない地域や人々に，EMDR トレーニングと治療を届ける人道支援プログラムを，アメリカとヨーロッパで発展させた。さらにアメリカと海外で，EMDR セラピーのトレーナーとコンサルタントになる多くの臨床家たちを育成した。20 年にも満たない期間で彼女がいったいどのようにこれらすべてを成し遂げたのか，それ自体が語り継がれるに値する驚くべき物語である（Luber & Shapiro, 2009）。

　Francine Shapiro の献身とビジョンによって，EMDR セラピーの専門家たちの組織が，世界の 20 カ国以上に設立されている。これら専門機関の業績だけでも一つの章が書けるであろう。たとえば，オランダの心理学者の 90％以上が EMDR の訓練を受

けていること，イタリアとスペインでトレーニング
を受けている臨床家数の飛躍的増加，ヨーロッパで
の研究出版の増大（子どもの研究，精神疾患と
PTSD，大うつ病治療の多地域多国間研究プロジェ
クト），世界に広がる発展途上国人道支援プロジェク
ト，などの成果がある。UNITAR（国連訓練調査研
究所）の研究員であり，UNICEF（ユニセフ）の元
米国代表であった Rolf C. Carriere は，「四つの暴
力」[†6] に打ち勝つ「潜在的に大規模展開が可能な介
入」としての EMDR セラピーの，「世界的規模での
発展計画の推進」を呼びかけている。アメリカでは，
EMDR セラピーへの国の研究基金が 21 世紀の初頭
に制限されてしまったのだが，EMDR のトレーニン
グを受けた臨床家や他の寄付者からの根強い資金支
援のおかげで，EMDR 研究の主な資金援助の源とし
て EMDR 研究財団（EMDR Research Foundation）が誕
生している。

　しかしながら，EMDR セラピーの驚くべき進化と
成長は，Francine Shapiro 個人が成し遂げた，ある
いは EMDR セラピー専門機関の世界的ネットワー
クの功績によるもの以上である。それは EMDR セ
ラピーをトレーニングプログラムや個人療法で体験
し，意識の変化という人生の体験によって変容を遂
げた数百万人ものクライエントはもちろん，数千人
もの研究者，臨床家，大学院生の話でもあるのだ
（Krystal et al., 2002）。この意識の変化は，EMDR セラ
ピーによってすべての人に起こるわけではないが，
EMDR の再処理を体験する人にきわめて高い確率
で起きることである。この変化を体験した者にとっ
て，EMDR の再処理は，私たち人間の潜在的能力は
個人としても種としても進化し成長もするのだとい
う，何とも魅力的な思いを抱かせる。EMDR セラ
ピーの治療効果の体験は，「あの苦痛はどこにいった
のだ。あの恐怖，恥，怒りはどこへ消えたのだろう
か。私はそれが自分の一部だと思っていた。それら
がなければ本当に多くのことが可能になる。今や私
は自由に行動できる」と言わしめる何かを，私たち
の内に目覚めさせる。この体験は多くの人にとって
否定し難いものであり，自分の新しい可能性を見出
していこうという，限りのないエネルギーと刺激を
もたらしてくれるのである。

---

†6　身体的暴力，心理的暴力，性的暴力，経済的暴力。

第2章

適応的情報処理（AIP）モデル

　本章は，適応的情報処理（AIP）モデルの考察である。AIP は心理療法としての EMDR アプローチの理論的基盤である。**記憶ネットワーク**という概念が，第1章でも述べられた起源から，EMDR セラピーで用いられる方法に至るまでの間にどのように発展してきたかを検証する。また，トラウマや早期の発達的障害が情報処理に及ぼす特異的な影響についても考察する。続いて，EMDR セラピーのエビデンスに基づいた治療効果を説明する有望な仮説と，それらの一つひとつを支持する研究で入手可能なものについてとり上げる。最後に，EMDR の再処理における両側性感覚刺激の異なるモードの効果に関して，理論や結果のデータが示唆することについて考察する。

AIP モデル

　表2-1に要約したように，三つの原則が AIP モデル（Shapiro, 1995, 2001）の中核を担っている。第一に，ヒトには古来から進化した情報処理システムが本来備わっており，苦痛をもたらす出来事に対する反応は，不均衡で機能不全な初期状態から適応的な解決状態に向けて再組織化が可能だ，ということ（原則1）。これは図2-1に図示されている，正常な情動処理である。健康な大人は，苦痛をもたらす出来事（たとえば，友だちや上司から思いがけず怒鳴られた）にさらされると，動揺や恐れ，恥，怒りなどの初期のストレス反応と同時に，心拍や血圧，ストレスホルモンなどの生理的指標の上昇を経験する。さらに，

不合理な考えや過度な自己批判が生じたり，あるいは逃げたり，誰かを傷つけたり，服従したいという衝動を経験する。ストレッサーや自分の反応について考えたり，夢に見たり，感情に気づいたり，それについて書いたり，友だちや愛する人に話したりすることで，苦痛を解消し，適応し，そこから学習する。生理学的なシステムは，健康で安定したベースラインに戻る。情動状態もバランスのとれた状態に戻り，認知的な物事の見方も適応的になる。「自分が何か悪いことをした」とか，「あんなふうに言うべきではなかった」などと考えるかわりに，「そうか，彼は離婚で難しい時期にいるのだな。それで部署の誰に対しても声を荒げたり，怒り口調になったりしてしまうのだ。僕は大丈夫だ」と気づく。情動や生理

表2-1　適応的情報処理モデル（AIP）の三つの原則

ストレッサーに適応する生来的システムが存在している。
この生来的システムは，苦痛をもたらす出来事に対する反応を，初期の不均衡な機能不全状態から適応的な解決状態へと再組織化することを可能にする。
トラウマや持続的なストレスは，経験を不適応的な形で貯蔵されたままにしてしまう。
発達段階におけるトラウマティックな出来事や持続的なストレスは，この情報処理システムを妨害して，未解決の経験を不適応的で状態特異的な形のままにしてしまう。
EMDR セラピーは，バランスを回復して，急速な自己治癒に導く。
EMDR セラピーの手続きステップと両側性の眼球運動は，バランスを回復する。再処理は適応的な解決を続ける。回復は身体的なけがと同様に急速で安定的でありうる。

第 2 章　適応的情報処理（AIP）モデル

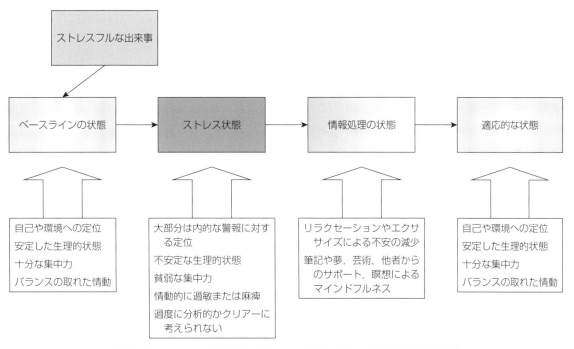

図 2-1　ストレスフルな経験にさらされた健康な成人における正常な情動処理

的状態，思考がバランスのとれた状態に戻るだけでなく，また同じ状況が生じたとしても違うように対処できることを認識する，という適応的な鋳型が形成される。たとえば，優しいが断固とした口調で以下のように述べることができる。「あなたが大変な時期を過ごしていることについては遺憾に思います。私がうまくコントロールできない物事のせいで，あなたが動揺を感じるのはわかります。でも，私があなたの問題の原因なのではありません。私と話すときには，落ち着いた口調で話してもらえるとありがたいです」。

　第二に，Shapiro（1995, 2001）は，人生の発達段階におけるトラウマ経験や持続的なストレスが，この情報処理システムを混乱させうることを提唱した（原則2）。この 2 番目の原則は，解離の結果としての激烈な情動についての Pierre Janet の初期の仮説（van der Hart & Horst, 1989）と，不安レベルに対するパフォーマンスについてのヤーキース・ドッドソンの法則にも符合している（Yerkes & Dodson, 1908）。図 2-2 を見てほしい。ヤーキース・ドッドソンの法則は，覚醒の高低という概念を表すために，Ogden と Minton（2000）によって再び言及された。これは**最適な**

覚醒の範囲といって，Briere（1996）によって描写されたセラピーの窓と同等のものである。

　情動的情報処理が妨害されると（適応的な反応を制約してしまうトラウマや，持続的なストレッサーによる過度な覚醒のせいで），トラウマ的な経験や持続的なストレッサーに関連する情報は，不適応的で**状態特異的**なかたちで貯蔵されてしまい（Bower, 1981），適応的な解決にたどり着くことができなくなる。トラウマや持続性のストレッサーに対する脳の反応に関する文献には，この仮説を支持する研究が少なからず存在する（Joseph, 1998；Osuch et al., 2001；Stickgold, 2002；van der Kolk et al., 1996a）。これらの研究では，トラウマ的記憶は潜在的な短期記憶システムに貯蔵され，感覚的な印象や，全体的な情動的・生理学的ストレス反応を保持することが示唆されている。非トラウマ的で，しかし重要な自伝的記憶や情報の記憶は，潜在的で短期的な右半球を基盤とした記憶システムから，顕在的で物語的で長期的な左半球の記憶システムに段階的に移行する（van der Kolk et al., 1996）。

　第三に，Shapiro（1995, 2001）は，標準的な EMDR セラピーの手続き段階と両側性の眼球運動の組み合

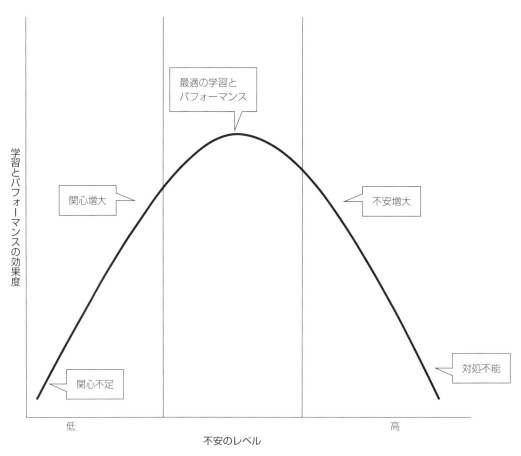

図 2-2 ヤーキース・ドッドソンの法則
Diamond, D.M., Campbell, A.M., Park, C.R., Halonen, J., & Zoladz, P.R.（2007）をもとに原著者作成．The temporal dynamics model of emotional processing：A synthesis of the neurobilogogical basis of stress-induced amnesia, flashbulb and traumatic memories, and the Yerkes-Dodson law. *Neural Plasticity*, 60803. doi：10. 1155/2007/60803.

わせがAIPシステムの**バランスを回復**し，その結果として情報処理を再開させ，その個人にとって適応的な解決に到達するまでそれが続く（原則3）と提唱した。機能不全的に貯蔵された経験が，数年から何十年にもわたって状態特異的なかたちで保持されていると，結果として起こる再組織化の処理は，ときに劇的に早くて広範なものになりうる。しかしながら，その経験を解決するのに十分な**リソース**へのアクセスがその人に欠けていると，情動的・生理的・心理学的状態の一時的な悪化を招きうる。

この第3の原則の中心は，自己治癒の概念であり，これは，身体的な損傷で起こることと似ている。外科医は異物や腫瘍のような治癒の障害となるものを取り除くことができるが，その後は「自然がその道筋をたどるようにする」しかない。傷を治せる医者は誰一人としていない。身体それ自体にしかそれを成し遂げることはできない。この力はDNAにコード化されており，身体の生得的な修復システムを通して実現されるのである。

心の傷によってトラウマ的経験が未解決で状態特異的なかたちで残ると，臨床家の治療によってその人を回復**させる**ことはできないし，その癒しのプロセスの**詳細**を管理することもできない。臨床家にできる最善のことは，十分なリソースがあることを保証し，除去する必要のある付加的な治癒の妨害物がないか正確に把握するため，注意深く観察することである。EMDRセラピーを使うことを学ぶと，臨床家が助産師のような態度をとる助けとなる。助産師は，何かが自然なプロセスを撹乱して介入が必要とならない限りは，出産の自然なプロセスに対して外

的な介入を避けて，励ます。このあり方は，信号機が壊れて機能しない交差点の真ん中で，渋滞にはまったクルマに指示を与えている交通整理の警官の役割をモデルとするよりも，EMDRセラピーの臨床家の役割モデルとしてしっくりくるものである。

言葉中心の心理療法のトレーニングと経験を積んだ臨床家とクライエントが，EMDRセラピーによって最適な反応を初めて経験すると，その反応の速さと包括性に驚くかもしれない。しかし，こうした反応を期待しすぎると，別の臨床場面で同じような反応が起こらなかった場合に，乗り越えることが難しくなるかもしれない。心理療法の領域にEMDRセラピーがより広範囲に受け入れられるにあたっても同じことが起こりうる。マスメディアや一般紙，うわさに導かれ，劇的で速効的で包括的な解決を期待して来るクライエントの場合は，慢性のストレスや持続性のトラウマ，早期のネグレクト，あるいは慢性の医学的合併症があるときに必要となる，より複雑で時間がかかる回復過程に我慢できなくなるかもしれないのである。

EMDRとは異なる治療のパラダイムに基づいて，何十年も専門性を深めている臨床家や研究者は，EMDRに伴うしばしば荒削りで過熱気味の主張を嫌い，そのためにEMDRを門前払いしたり実証的データの検討すらしていない。その一方で，いくつかのレビュー論文のなかの誤解をもたらすような否定的結論（PerkinsとRouanzoin〈2002〉，SchubertとLee〈2009〉，Shapiro〈1996, 2002a〉によって詳細な論議が加えられた）にもかかわらず，EMDRセラピーの治療効果についての実証的な文献は，EMDRセラピーが心的外傷後ストレスや関連する障害に対する従来の治療モデルを超えて，治療効果の迅速さと治癒過程におけるクライエントの快適さ（comfort）において画期的なものである，という結論を支持している（Altmaier, 2002；American Psychiatric Association〈APA〉, 2004；Schubert & Lee, 2009；van Etten & Taylor, 1998；World Health Organization, 2013）。

● **記憶ネットワーク**

Shapiro（1995, 2001）は，一つの記憶ネットワーク

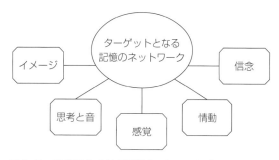

図2-3　EMDRにおける記憶ネットワーク（Shapiroによる）

のモデルについて記述している。これは，EMDRの再処理の最中に起こっていることの観察を体系づけ，**効果的でない再処理**を認識して，それに対応することを助けてくれる概念的基盤となるものである。Shapiroの記憶ネットワークモデルには，五つの構成要素がある。イメージ，思考と音，身体感覚，情動，そして信念である。これらは図2-3に示している。最初の四つの構成要素は，すべて記憶の知覚的な側面に相当する。**イメージ**という言葉は，その出来事につながっている感覚記憶のなかでも，主に視覚的な要素に相当する。**思考と音**は，思い出された聴覚的な知覚を表す。この場合の思考とは，「何てこった」とか「彼に殺される」のような，そのときに知覚された内的な自己陳述の記憶に相当することに注意してほしい。これらは，「私は無力だ」などの「信念」に分類されるような，現在保持されている自己評価とは区別されるものである。**身体感覚**は，運動感覚性の知覚の記憶であるか，一次情動に対しての身体的反応といえるだろう。それらは思い出して語られるというよりも，通常は実感のある体感によってのみ特定される感覚である必要がある。**情動**は，そのターゲット記憶に関連して現在湧きおこる情動を表す。第五の要素は自己評価であり，手続きステップにおける**否定的認知**を表す。これは，本人がターゲット記憶に関連して形成するものである。Shapiro（1995, 2001）は，最初の四つの構成要素は感覚的な記憶や気づきを含んでいるため，「知覚」（perceptions）であるとしている。彼女は，自己評価は体験の知覚の解釈であるため，それを「メタ知覚」（meta-perception）と見なしている（Shapiro, 2001, p.44）。

再処理の間には，記憶ネットワークのこれら五つ

の構成要素は，同時平行的に再組織化されていく。認知行動療法のほとんどのモデル（Beck et al., 2005；Ellis, 1994）とは対照的に，Shapiro のモデルにおいては信念の陳述の役割は，まったく目立たない。もし，Shapiro のモデルにおいてこれらの五つの構成要素間に中心的な要素があるとするなら，それは感情[†7]（affect）であると考えられるであろう。「それゆえ，言葉を通じて表明される信念は臨床的に有用な経験の蒸留物であるとしても，病理の中枢の構成要素となっているのは，それらに養分を与える感情（affect）なのだ」（Shapiro, 1995, p.43）。

EMDR セラピーにおける記憶ネットワークの拡張モデルは，6 番目の構成要素を含んでいる。それは行為，衝動，状態であり，2001 年に提案された（Leeds, 2001）。図 2-4 を見てほしい。6 番目の構成要素は，Lang（1977, 1979）の恐怖のネットワークの側面を取り入れている。これは，その人の**言語的，生理的，行動的**反応と同様に，**表出されなかった衝動**についての情報を保持している。記憶ネットワークのこの第 6 の要素は，理論や神経生物学的研究，そして次のような臨床的観察に対応するために取り入れられた。それは，効果的でない再処理が，実際には行為に移されなかった衝動を示す記憶の側面，あるいは恥や罪の感覚と結びついている記憶や，思い起こせば思慮不足とか不適切であったと感じられる可能性のある対処行為の記憶と，しばしば関連しているという観察である。Lee ら（1996, pp.169-170）は，Lang を支持するいくつかの研究を引用し，記憶ネットワークのより大きな精神生理学的な活性化を引き起こすために，生理的な「反応情報」という要素を含めるよう強調している。

たとえば，レイプを受けたとき，被害者は最初は凍りつき，それから屈従してしまったかもしれない。そのときに，逃げたり抵抗したりする衝動が意識的または無意識的に抑制されている可能性があるだろう。後に，再処理の間にこれらの抑制されていた衝動が特定され，想像のなかで表現を許されるまで，再処理は効果的にならない。加えて，レイプのサバイバーは，死や大けがを避ける最も賢い選択として屈従したのかもしれない。退役軍人は，戦場における合法な命令に従って行動したことにより，「倫理的な傷」を経験するかもしれない。武器を取り上げた未成年に応戦して殺したという行為に対して，深い疑問が残っているかもしれない（Drescher et al., 2011；Flipse Vargas et al., 2013）。こうした対処行動の生理的な記憶は，決まって罪や恥と関連している。これらの感覚は最初に取り扱われる必要がある。やむを得なかった行動選択が，生存のための妥当な決定であったと受け取り直すためのみならず，押し殺された怒りや，逃げ出したり，攻撃者を撃退しようとする衝動が解放される必要があるのだ。あるいは，強い悲嘆の感覚と深く取り組み，養育や愛着システムがより力強く再出現することを可能にするために必要なのだ（Wright & Russell, 2012）。

第六の記憶ネットワークの構成要素（行為，衝動，状態）を理解することは，発達を制限したり歪めたりする持続性・反復性のストレスを経験した人にEMDR セラピーを適用する際に，決定的に重要である（Gonzalez et al., 2012b；van der Hart et al., 2013, 2014）。持続性ストレスの明白な例としては，深刻なネグレクトや言語的・身体的・性的虐待がある。また，よりわかりにくいストレスとしては，抑うつ状態にあ

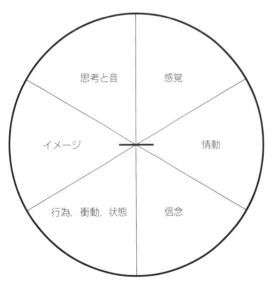

図 2-4　Leeds（2001）による単回性のトラウマ的出来事の記憶ネットワークの図式

[†7] 情動は感情のより強度の強いものと考えられる。

る養育者や，パーソナリティ障害による自己愛性や他の特性を持つ養育者によってもたらされるようなものもある。発達的な制約はある種の**行動システム**を導き，服従的態度や世話焼きのように過度に助長されるものもあれば，愛着の希求や激怒（怒りの自己主張）のように過度に抑制されるものもある（行動システムについては，Lanius et al., 2014；Panksepp & Biven, 2012；van der Hart et al., 2006 の議論を参照）。複雑性心的外傷後ストレス障害（Complex PTSD）および人格障害や解離性障害のような，より複雑な事例に EMDR セラピーを拡大適用するには，制約を受けた行為システムに関連した恐怖症や防衛を認識し，それらを取り扱う必要性がある（Gonzalez & Mosquera, 2012；Knipe, 2014 における議論を参照）。

　生育歴・病歴聴取と治療計画の段階において，ターゲット記憶と手がかり記憶一つひとつに関して，行為や衝動，状態の表現を特定するべきである。**アセスメント段階や再処理の段階に進む前に，臨床家は少なくともクライエントの行為や生理的な状態について，あらゆる抑制または否認された衝動はもちろんのこと，記憶が再処理されるときに生じうる行動的反応について，予備的な理解を発展させておく必要がある**。PTSD に対する EMDR セラピーの標準プロトコルのアセスメント段階では，記憶ネットワークの他の構成要素とは違って，行為や衝動，状態にアクセスするための，あるいはそれらを評価するための手続きは何も指示されていない。一般に，行為，衝動，状態を保持する記憶ネットワークの構成要素は，視覚映像や他の感覚記憶（音，信念，情動，感覚）といった，記憶ネットワークの他の五つの構成要素を特定するための標準的なスクリプトを通して，再処理されるのに十分な程度にアクセスされるだろう。行為，衝動，状態に関わる介入は，標準的な EMDR セラピーのプロトコルの 4，5，6 段階において効果的でない再処理を取り扱うために，第 9 章で検討する。しかしながら，解離性障害と人格障害の場合には，恐怖症や防衛に関連した行為，衝動，状態を直接的に特定してターゲットにするために，代替的な EMDR セラピー手続きが必要となる可能性がある（Gonzalez & Mosquera, 2012；Knipe, 2014）。

● トラウマが情報処理に及ぼす影響

　トラウマ的な出来事は PTSD を生み出す可能性があり（6 歳かそれ以上の場合），『精神疾患の診断・統計マニュアル（第 5 版）』（5th ed.；*DSM-5*；American Psychiatric Association, 2013）で定義されているように，危うく死ぬ，深刻な怪我を負う，性的暴行を受けるなどが含まれる。直接的にその出来事を経験する，または他人にその出来事が起こったのを目撃する，家族のメンバーや親しい友人にトラウマ的な出来事が起こったことを知る，警察や他の初期対応者がトラウマ的な出来事にくり返しまたは強烈にさらされることなどで症状が生じる。興味深いことに，*DSM-IV*（4th ed.；American Psychiatric Association, 1994；4th ed., text rev.；DSM-IV-TR；American Psychiatric Association, 2000）では不安障害だった PTSD を，*DSM-5* では新しく「トラウマ，ストレス関連障害」の項目に移動するにあたって，その出来事が起こったときに「強い恐怖や無力感，戦慄」という情動的体験をその出来事が誘発した，という *DSM-IV* の基準が除外された。その結果，主観的なトラウマ生成の構成要素である「激烈な情動」という Janet の概念との本質的で病因論的なつながりが切れてしまった（van der Hart & Horst, 1989）。一方で，軍の兵士や警察，消防，その他の初期対応者は，異常な環境に備えるための過度なトレーニングのせいで，トラウマ的な出来事に曝露されたときには強い情動を経験していなかったのに，累積性や遅延性の PTSD を発症することがある（Utzon-Frank et al., 2014）。「持続性の否定的情動状態」（恐れ，恐怖，怒り，罪悪感，恥など）は D 基準の一部にだけ残って，「トラウマ的な出来事に関連する認知と気分の否定的な変化は，トラウマ的な出来事が起こった後に始まるか，悪化する」（APA, 2013, pp.271-272）とされた。

　単回性のトラウマ的出来事に対する反応は，表 2-2 に要約したように，神経系・自律神経系・免疫系や，認知的・情動的・身体的・社会的機能における劇的な変化を生み出しうる（van der Kolk et al., 1996）。しかしながら，同じ出来事に曝露されても，機能が持続的に混乱する人もいれば，機能的混乱から徐々

第Ⅰ部　EMDR セラピーの概念的枠組み

表 2-2　情報処理に対するトラウマの影響

過覚醒	過剰なノルエピネフリン，不十分なセロトニンとグルココルチコイドに関連する慢性的な生理的覚醒。自律神経の調整不全，睡眠障害，免疫反応。海馬が媒介する短期記憶の障害，集中力。
注意の狭窄	眼窩前頭皮質と前帯状皮質の損傷は，注意の柔軟性欠如，無関係な刺激を区別することの不能，複雑な判断に基づく行動の順序を維持することの不能を導く。
刺激弁別の障害	聴覚的な驚愕反応に対する馴化の欠如。音の強度に対する反応閾値の低下。トラウマにわずかしか似ていない中立的な刺激に対する反応性。
状態依存的記憶の侵入的な再体験	過剰なノルエピネフリンとヴァゾプレッシンは海馬の機能を損傷し，扁桃体を介した右半球におけるトラウマ記憶の過剰な固着を生み出し，想起ではなく再体験を招くに至る。
回避，麻痺，解離的コーピング，薬物乱用	内因性のオピオイドやオキシトシンが中立的な刺激（わずかしかトラウマに似ていない）に反応して過剰に産出され続け，持続性の麻痺や健忘に至る。
意味の喪失	仮定的基盤（世界は善的で意味があり，自分には価値がある）の喪失。①トラウマ性の強い情動や知覚に耐える能力の損傷，②一貫したナラティブを生成する能力の損傷（ブローカ野の抑制）。周囲からの反応の欠如は，恥を主体とした損傷した自己感を残す。

に「自発的に」回復する人もいる（Kessler et al., 1995 ; Perkonigg et al., 2005）。曝露した人の 25% は，PTSD の発症が遅れ（Bryant et al., 2013），特に職業的な初期対応者においては，そうでない人の 2 倍の遅延発症リスクがある（Utzon-Frank et al., 2014）。PTSD を発症させるリスクに寄与するトラウマ以前の要因としては，精神医学的な既往歴や，社会的・教育的・知的な不利といった先行する逆境的体験がある。トラウマ的経験の最中またはその後の要因のほうが，先行要因よりも強い影響があり，そのなかにはトラウマ周辺解離や緊張性の不動状態（Lanius et al., 2014），トラウマ曝露のひどさ，他の生活上のストレス，ソーシャルサポートの欠如などがある（Brewin et al., 2000）。持続性の心的トラウマ後反応の脆弱性に関係する複雑な保護的要因は，以下の二つのカテゴリーに分類できる。①体験の最中や後に外的なリソースを活用し，対処行動をとる能力，②脅威の余波がまだ残る時期に，内的機能の再安定化や自己調整（生理的・認知的・情動的）のために，自己の容量（self-capacities）を活用する能力である（van der Kolk et al., 1996）。

　出来事の性質によって，これらの要因は役立ったり，立たなかったりする。事故現場において，救急救命士は，善意で救助しようと停車した通りすがりのドライバーよりも，より良く熟達した外的なコーピング反応を示す。それというのは，救急救命士は特別なトレーニングを受けており職業的経験によって，事故現場を評価するために開発された知覚的・認知的カテゴリーを活用でき，コーピング反応をしっかりと予行練習しているのに対して，通りすがりのドライバーは初めてそのような場面に出くわしているからだ。この "善きサマリア人[8]" のドライバーはすぐに，他者に生じた容易ならざる身体の傷に対する感覚知覚と，自分の生理的な内的変化に圧倒されて，ショック状態に陥るだろう。他方，レイプや政治的な拷問のサバイバーは，外的（闘争・逃走）なコーピング方略を用いるあらゆる試みは，望みがないか効果的でないだけでなく，加害者からのより危険な反応を引き出すきっかけになることを思い知らされているだろう。そのようなケースでは，内的な自己容量を促すような，より受動的なコーピング方略が生き残るための唯一の道となる（Janoff-Bulman, 1992 ; van der Kolk et al., 1996）。一方，その直後の期間におけるソーシャル・サポートの利用可能性がより重要になる可能性がある（Brewin et al., 2000）。そこには，援助の手を伸ばす側と，そのようなサポートを受け取る側の両者の愛着に関連する能力が関係している（Ortigo et al., 2013）。

早期の発達上の障害が情報処理に及ぼす影響

　PTSD は成人において情報処理に多くの影響を及ぼし，注意や集中力，記憶，刺激弁別の問題などが生じる（APA, 1994, 2000, 2013 ; van der Kolk et al., 1996）。

加えて，子ども時代早期のネグレクトや虐待は，情報処理や情動の自己調整によりいっそう甚大な影響を及ぼしている。これらには，行動上の抑制不能と刺激に対する過剰な反応性，時空間的な地図との結びつきが貧弱な記憶，他の記憶群との関連が薄いままに分類された記憶，さらに，右半球はトラウマ記憶を想起している最中に左半球を抑制し，左半球は肯定的な記憶を想起している最中に右半球を抑制する，という大脳半球の抑制の問題などが含まれる（Bremner et al., 1995；Bremner et al., 2008；Rauch et al., 1996；Teicher et al., 1997；van der Kolk et al., 1996）。慢性的で早期のトラウマに曝露されたサバイバーの左前頭前野（PFC）における抑制は，「目撃する自己の喪失」として記述されてきた（van der Kolk et al., 1996）。Schore（1996）は，生まれて1年の間に肯定的な感情を適切に共有してもらえないことの影響として，右半球と右前頭を介する能力の欠損，扁桃体における肯定・否定的両方の覚醒の調整不全，そして不安定な愛着形成を記述している。これらの影響についてのより包括的な考察は，Bergman（2012），Fonagyら（2002），Laniusら（2014），Schore（1994, 2003a），Teicher（2000, 2002）を参照してほしい。

　治療効果についての研究では，子ども時代のトラウマおよび成人期に始まるトラウマが情報処理に及ぼす特異的な影響も，標準的なEMDRセラピーのプロトコルと手続きで成功裏に解決しうることが明確に示されている（Bission et al., 2013；Rodenburg et al., 2009；van der Kolk et al., 2007）。しかしながら，重篤な早期のネグレクトや慢性的な虐待のより広範な影響がある場合は，深刻な情動調整不全（Korn, 2009；Korn & Leeds, 1998, 2002；Leeds, 2001, 2006；Leeds & Shapiro, 2000；Linehan, 1993；Mosquera & Gonzalez, 2014；Mosquera et al., 2014）や，構造的解離（Forgash & Copeley, 2008；Gonzalez & Mosquera, 2012；Lanius et al., 2014；Putnam, 1989；van der Hart et al., 2006）の問題に対処するために，付加的で特別な介入を必要とする。これらの付加的で特別な介入についての議論は，本書の範囲を超えている。

作用メカニズムについての仮説

　セラピーにおける，とりわけEMDRセラピーにおける作用の**調整変数**や**媒介変数**，メカニズムに関する綿密な議論は簡潔な概論の範囲を超えている。このトピックの説明としてKazdin（2007）は，はっきりと以下のように述べている。「何十年も心理療法の研究が行われたとしても，最もよく研究された介入であっても，それがなぜ，どのように変化をもたらすのかについて，エビデンスに基づいた説明を提供することはできないだろう」（Kazdin, 2007, p.1）。EMDRセラピーの作用メカニズムを探索する30以上の研究，レビュー論文や論述，さらに肯定的な治療結果と生理的・神経生物学的な関連について報告する多くの研究論文や論述があるにもかかわらず，同上の結論がEMDRセラピーにも適用される。しかし，このような仮説を探求することについての関心の広がりや，多数の相関研究，さらにはEMDRの文献において形成された複数の説明の主張があるために，さまざまな提案を一望しておくことは重要である。本節は，EMDRセラピーがどのように効いているのかについてのよくある質問に，臨床家が答えるのを助けてくれるに違いない。EMDRセラピーが，なぜこれほど効果的で頑健な治療法になっているのかについての説明を考えるにあたって，手続き的要素それ自体の構造と，両側性の眼球運動やタッピング・音の特異的な効果の，どちらも考慮に入れる必要がある。

　EMDRセラピーの作用メカニズムに関して，多くの仮説が提案されているが，六つが特に際立っている。なぜなら，その六つは慎重な研究においてすでに検討されてきたものであるか，今後の研究が実施可能なものであるからである。図2-5「EMDRセラピーのメカニズム」は，これら六つの仮説が並存的メカニズムである可能性を示しており，それらにとって主要な媒介変数が，二重注意の原理であることを示している。

---

†8　起源はイエスの説法にあり，「自分が不利益を被るリスクを顧みず人助けをする行為」を指している。

第Ⅰ部　EMDRセラピーの概念的枠組み

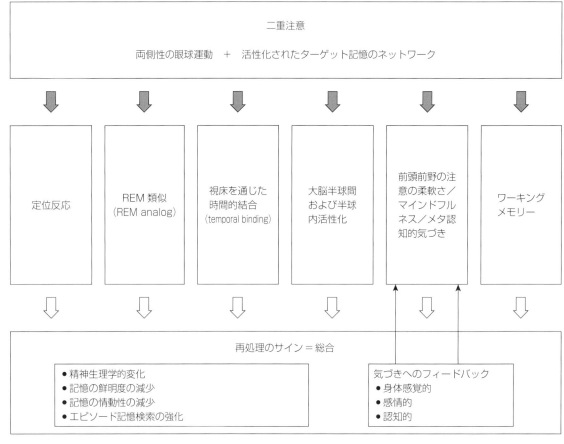

図2-5　EMDRセラピーのメカニズム

二重注意

　EMDRセラピーを他の心理療法や心的外傷後ストレス症候群の治療と対比するうえで重要なのは，再処理されるために**過去から選択されたターゲット記憶**と，両側性の眼球運動やタッピング，音によってもたらされる**現在における感覚刺激**に対する二重の注意集中である（Corrigan, 2004；Lee, 2008；Shapiro, 2001, pp.31, 32, 55, 69, 92, 141-142, 173, 177-178, 199, 306, 324）。二重注意の概念は，意識のバランスがとれていて，注意が現在の感覚的知覚と，関連する記憶ネットワークとの間を流れるように移行する状態と見な

すことができる。バランスのとれた意識のこの健康な状態を図2-6に「意識のシーソー・モデル」として図示している。このバランスのとれた状態にあるときには，**現在の変化に富んだ感覚的知覚**と，**記憶に貯蔵されている過去からの情報**，スキル，自己感覚などの間を容易に意識が移行できる[*原注]。

　トラウマ的な体験の最中には，そうした出来事に対処するために，今この瞬間における体験の現在の感覚的知覚が，過去経験から得られるはずの行動的・情動的・認知的な容量（capacities）を圧倒してしまう。そして，図2-7に示されるように，注意のシステムの諸側面をバランスの崩れたものにしてしまうのである。体験が過ぎ去ったとき，これらのトラ

＊原注　単純化された「シーソー」モデルでは，適応的に貯蔵されている記憶も，不適応的に貯蔵されている記憶も，ともに過去の領域に含まれている。AIPが機能しているときの記憶の再組織化については，この「シーソー」モデルには描かれていない。現在の領域での感覚知覚についての脳の容量（capacities）は，（たとえば形を認識したり，距離を判断したり，言語を解析したりなど）記憶に貯蔵されている過去の学習に依存している。

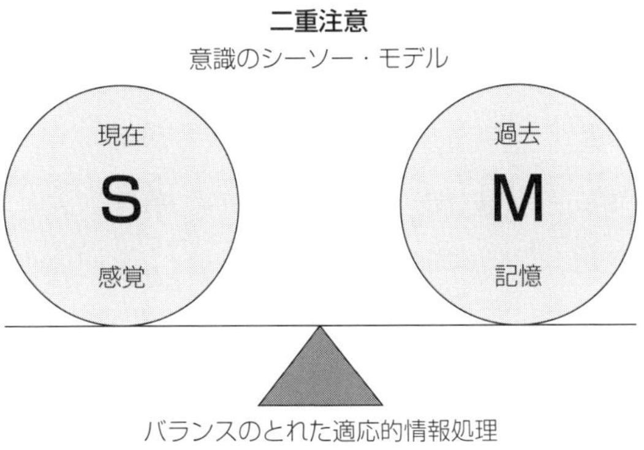

第 2 章　適応的情報処理（AIP）モデル

図 2-6　現在の感覚的な知覚と記憶内に貯蔵されている過去からの知識やイメージ，スキルの間の健康なバランスのとれた意識状態

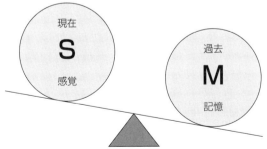

図 2-7　トラウマ的な出来事の最中に，現在の感覚入力が過去の行動的・情動的・認知的な対処のための容量を圧倒している

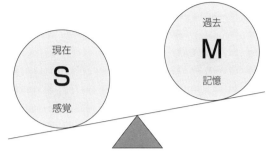

図 2-9　ワーカホリックや物質依存，緊張緩和行動は，記憶内に貯蔵され機能不全的に符号化されたトラウマ的なイメージや感覚，信念，行動傾向を避ける方法として，トラウマ的な経験の後に現れる可能性がある

ウマ的な追想は，記憶のなかで**不適応的に貯蔵され**，トラウマ体験の望まれざる侵入的な再体験として戻ってくる傾向がある。トラウマ体験の余波のなかにいるときには，図 2-8 に示されるように，外的・内的な手がかりによって，過去からの記憶ネットワークの侵入的再体験の活性化が徐々に学習されていく。このため，図 2-9 に示されるように，気を紛らわせるような現在の感覚に耽ることで，過去からの痛みを伴う記憶の再活性化を引き起こしうる既知の手がかりを避ける試みとして，回避行動が発展する。

Kazdin（2007）によると，二重注意は媒介変数であって，作用メカニズムではなく，情動的な情報処理を促進することが示されている**マインドフルネスな状態**を育むようである（Rachman, 1980；Teasdale, 1999）。注意の二重集中は，EMDR セラピーにおいて，情動的な情報処理を促進するために不可欠である。PTSD の持続性曝露（PE）を基盤とした行動療法において，トラウマ記憶の各要素に極度の集中が要求されることとは好対照である。PE 療法の最中には，クライエントはトラウマ記憶を「再訪問」するように言われる。

図 2-10 に示したように，PE ではクライエントは目を閉じて，できるだけ鮮明にトラウマ記憶を思い出して，できるだけ詳細に起こったことを声に出して物語るように言われる。不快感から曝露を止めようとする衝動は，強く制止されることになる（Roth-

図 2-8　トラウマ的な経験の後に，記憶内に貯蔵され機能不全的に符号化されたイメージや感覚，信念，行動傾向からの侵入が，現在に焦点づけられた感覚的知覚を撹乱する

第Ⅰ部　EMDRセラピーの概念的枠組み

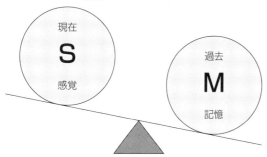

図2-10　持続性曝露の最中に，記憶に貯蔵されている機能不全的に符号化されたイメージや感覚，信念，行動傾向が現在の感覚的注意に完全に取ってかわる

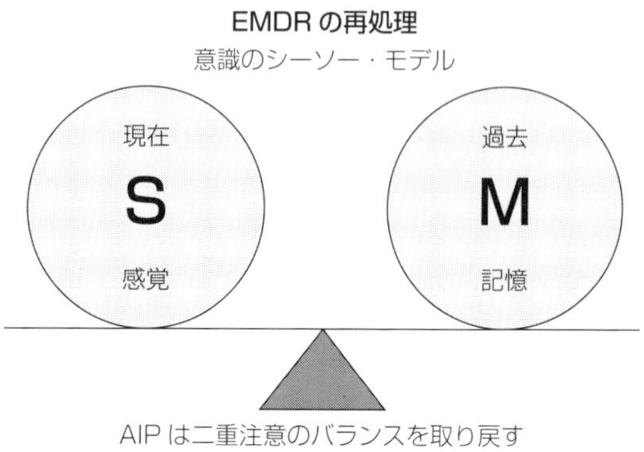

図2-11　EMDRセラピーは現在の感覚的な知覚と過去からの記憶要素の等しく重みづけられた注意により，AIPのバランスを取り戻す

表2-3　情動処理の三つのモデル

マインドレスな情動化
情動体験の「喪失」あるいは「没頭」 Linehan：情動的なこころ
概念化／すること
経験や自己を対象であると「考える」，目標に関連した不一致への焦点化 Linehan：論理的なこころ
マインドフルに経験すること／あること
今この瞬間の気づきと共に直接的に親密に感情や感覚思考を経験すること Linehan：賢いこころ

Emotional Processing, Three Modes of Mind and the Prevention of Relapse in Depression J.D. Teasdale, 1999, *Behabiour Research and Therapy*, 37 (suppl 1), pp.S53-S77. Copyright 1999 by Elsevier. Reprinted with permission.

baum et al., 2007, p.49)。そのため，PEセラピーでは，Linehanが「情動的なマインド」と呼んだものや，Teasdaleが「マインドレスに感情を表に出すこと」(mindless emoting) (Teasdale, 1999) と呼ぶものを育むようである。表2-3を参照してもらいたい。

PEとは対照的に，EMDRの再処理でトラウマ記憶に曝露されている期間は短くなる傾向があり，強く気を逸らす両側性の眼球運動（あるいは代替の両側性感覚刺激）によって定期的に妨害される。EMDRの再処理の最中は，クライエントは頻繁に他の肯定的あるいは否定的な記憶を連想する。クライエントはよく，両側性の眼球運動の最中には，意識的にはトラウマ記憶に気づいていなかったと報告す

る。クライエントは過度に怖くなったり，壊れそうになったり，圧倒されたりしていると感じたときには，いつでも再処理を止めることが許されている。クライエントにはストップサインが教えられ，いつでもこのストップサインを使ってもかまわないと伝えられている。クライエントは詳細な語りを要求されない。臨床家はクライエントのトラウマ体験の細部を知ることなく，トラウマ記憶の再処理を手伝うことが可能である (Blore et al., 2013)。

APAの『急性ストレス障害とPTSDのクライエントの治療ガイドライン』には，以下のように書かれている。

> EMDRはクライエントに曝露体験に対するコントロールをより多く与えるような技術を用いており（EMDRは言葉による説明をあまり求めないので），曝露治療で心配されるような状況においても，不安を加減する技術を提供している。その結果として，EMDRは長期間の曝露に耐えられないクライエントや，トラウマ体験を言語化するのが難しいクライエントに有利であることが示されている。
> (APA, 2004, p.36)

APAの『治療ガイドライン』や多くの信頼されている研究者が，EMDRは「曝露療法」の変法であると見なしている。しかしながら理論的，観察的，実験的にもEMDRセラピーを曝露療法と見なすことはできない (Rogers & Lanius, 2001 ; Rogers & Silver,

2002；Schubert et al., 2011）。むしろ図2-11に示されるように，EMDRはマインドフルネスの状態を促進するということがLang（1977, 1979），Rachman（1980），Teasdale（1999），Shapiro（1995, 2001）によって支持されている。EMDRセラピーとは情動的な情報処理の原則に基づいた一つのアプローチであると見なすことができる。これらについては次節で検討する。

臨床的変化と因果関係の神経生物学的相関

EMDRセラピーで用いられる手続き段階や教示，情報処理の原則的な流れは，PTSDを治療する他の心理療法的アプローチで用いられているものとは明らかに違っている。それにもかかわらず，EMDR治療における主要なメカニズムの要素還元的な分析としては，両側性の眼球運動，触覚刺激，聴覚刺激に特異的な効果があるのではないかと推測され注目されてきた。

現代の記憶モデルは，構成的で再組織化するプロセスを強調している。それらの過程は，その人の状態や，記憶が再検索されているときに利用可能な情報によって影響される（Freyd & DePrince, 2001）。適切な科学的理解と技術をもってすれば，心理学的な機能面で観察された変化は，明らかに脳の機能や構造の変化と結びつけられるに違いない。

実際，PTSDに対してEMDRを用いた効果的な治療の前後に，単一光子放射断層撮影（SPECT）や近赤外線分光法（NIRS）によるイメージングを行った予備的な報告によると，実験協力者が標準化されたトラウマ・スクリプトを聞いているときの局所血流（RBF）の観察可能な変化が特定されてきている（Lansing et al., 2000；Levin et al., 1999；Oh & Choi, 2004；Ohtani et al., 2009；Pagani et al., 2007）。心理学的・神経認知学的なデータは，トラウマ記憶の過剰な固着を示している（van der Kolk et al., 1996）。それゆえ，PTSDに対する治療が効果的であるときには，①トラウマ記憶の過覚醒を伴う侵入的な再体験を持続させている強い連合の減少，②治療前には弱かった適応的反応との連合の増大，この両者と関連する神経系での処理や変化があるはずである。

しかしながら，EMDRセラピー前後で神経生物学的な機能変化を観察すると，心理テストによって測定された臨床的な利益とは関連しているものの，メカニズムの原因となる作用や直接のエビデンス，あるいはそのような変化がもたらされたメカニズムの存在は立証されていない。Kazdin（2007, pp.4-6）は，あるメカニズムが特定されたと結論する前に適用するべき七つの基準（強い連合，特異性，一貫性，実験的な操作，時系列，勾配，もっともらしさか論理の破綻のなさ）を詳述した。文献中で特定されているEMDRセラピー（どころか他のいかなるセラピーでも）のメカニズムの仮説のなかで，Kazdinの基準のすべてに合うものはほとんどない。

たとえば，Shapiro（1995, pp.315-319；2001, pp.327-332）は，シナプス電位の変化や，扁桃体におけるタンパク質合成の抑制，強い連合より弱い連合を選好する右半球の働きといった，EMDR治療効果に関連しているであろう細胞内や局所的な脳のプロセスを推測した。Rasolkhani-KalhornとHarper（2006）は，両側性の眼球運動によって誘発される低周波数の脳への刺激がEMDRの基盤であることを，動物を用いた研究を引き合いに出して提唱した。Rossi（1999, 2000）も同様に，遺伝子の最初期の活性化の役割を提案した。脳の構造や機能における細胞内や局所的な変化に基づいたメカニズムによってEMDRの治療効果を説明しようとする試みは，明白なデータやモデルが限られているため，まだ推測段階と考えるべきである。しかしながら，EMDRの文献に見られる仮説のいくつかを補強する新しいデータが示されつつある。

マインドフルネス，目撃するというスタンス，注意の柔軟性，メタ認知

EMDRセラピーにおける手続きの流れは，他のいかなる治療ともかけ離れている。たとえ両側性の眼球運動や，代替の両側性の感覚刺激を除いたとしても，手続き段階は多くの治療的な利益を生みだす。手続き上の重要な要素として，言語的な教示の性質や，**評価段階**において釣り合いのとれた順序でトラウマ記憶のネットワークのすべての側面を故意に活

第Ⅰ部　EMDR セラピーの概念的枠組み

性化すること，再処理の最中における言葉のやりと
りの範囲と特質を制限することがある（4，5，6 段
階）。トラウマ体験のサバイバーに見られる**トラウマ
周辺解離**（Shalev, 1996）や，回避のプロセス（Wegner,
1994）のため，トラウマ関連記憶のネットワークの
各構成要素は，互いに他からかなり解離されてしま
うことがよくある（Bergmann, 2012；Lanius et al., 2014）。
評価段階の各ステップは，右半球によって媒介され
る感覚的・感情的・身体的な知覚を喚起する気づき
と，左半球と前頭前皮質によって媒介される評価的
で言語的なプロセスの間をしっかり行き来する。こ
の流れは脳全体の活性化を確実なものとして，マイ
ンドフルな気づきを生じやすくしてくれる。

　「マインドフルな気づき」の概念は，仏教徒の瞑想
実践において長い伝統がある（Goldstein, 1994；McMa-
han, 2008）。Teasdale（1999）はマインドフルネスの認
知モデルを操作的に定義して，Rachman（1980）が最
初に記述したように**情動的処理**を育むのに欠かせな
いものとして提案した。Teasdale は情動を処理する
効果的なモードを**マインドフルな体験・あり方**と呼
び，Linehan（1993）が「賢いこころ」（wise mind）と
呼んだものと本質的に同じものであると述べてい
る。ちなみに Linehan の実践も仏教徒の瞑想原理に
由来している。

　マインドフルな気づきと自由連想は，準備段階お
よび EMDR セラピーの各セッション前や，両側性
の眼球運動のセット間にも与えられる特異的な教示
によって，さらに促進される。EMDR セラピーの準
備段階では，心理教育や「電車の比喩」の使用を通
じて，クライエントは両側性の眼球運動の間，評価
しないマインドフルな気づきのスタンスを受け入れ
るように奨励される（第 6 章，表 6-1 参照）。クラ
イエントは，「時には何かが起こるかもしれないし，
起こらないかもしれません。何が起こるべきだとか，
起こるべきではないなどとできるだけ評価しない
で，正確にフィードバックしてください。起こるこ
とは起こるままにしてください」と言われる。この
スタンスは再処理が始まる直前にも再度，念押しさ
れる。眼球運動のセット間には，クライエントは「た
だそれに気づいて続けましょう」と言われる。これ
らの教示は Teasdale による「マインドフルな体験・

あり方」という状態を支えてくれるようであり，「あ
るがままの注意」（Goldstein, 1994）として知られてい
るマインドフルな気づきの状態を奨励するために，
伝統的な仏教徒の瞑想で与えられるものと似てい
る。

　神経生物学的研究によると，EMDR セラピーの準
備段階とその最中にクライエントに与えられる言語
的な教示に加えて，EMDR セラピーに使用される
両側性の眼球運動が直接的に注意の柔軟性や実行機
能の改善に寄与していることが示されている。注意
の柔軟性と実行機能の改善はマインドフルな気づき
に欠かせないものである（Raffone et al., 2007；Tzan-Fu
et al., 2004）。Keller ら（2014, p.114）は，これを扁桃
体−前帯状皮質（ACC）と前頭皮質（PFC）の結合モデル
と呼び，以下の言葉を引用している。

　　①トラウマ的な出来事の感情的体験に関する扁
　桃体の過剰活性化が生じ，②本来ならば，PTSD
　においてトラウマ的な出来事の認知的処理とシナ
　プス長期抑圧（depotentiation）を可能にするはずの
　ACC と PFC の脱活性化や脱結合がもたらされ
　る，という増え続けるエビデンスがある。

　　　　　　　　　　　　　　（Francati et al., 2007）

　最近では，Yaggie ら（2015）は，Keller ら（2014）
の ACC/PFC 結合モデルを EMDR の二段階皮質コ
ヒーレンス・モデルに拡張しているが，彼らはこれ
が本章で考察している他のモデルのいくつかを説明
し，統合すると信じている。

　Gunter と Bodner は，EMDR セラピーの作用メカ
ニズムに関する有望なモデルの 2009 年のレビュー
において，「注意の柔軟性仮説（と他の実行コント
ロールのプロセス）は，二重注意課題が実施された
前後で評価することでさらに検証すべきである」こ
とを提案した。そのような研究の一つが 2013 年に
公刊された。大学院生による非臨床群の研究で，両
側性の眼球運動のセットに 30 秒さらされるのだが，
Edlin と Lyle（2013）はこのように報告している。

　　単にくり返し左右を見る[†9]という行為は，その
　後の認知（発散的思考や視覚的配列から一致する

文字の検出，記憶の再検索）を増強する。これら
の発見は，サッケードが注意のコントロールを改
善するのに効果的な手段であることを示唆してい
る。理論的により重要なのは，注意の強化という
ことが一つの潜在的メカニズムとして確立された
ことだ。サッケードが認知の他の側面を強化する
メカニズムなのである。　　（Edlin & Lyle, 2013, p.345）

　特に，彼らは，「サッケードが実行機能ネットワー
クの作用を増加させ，それが注意コントロールを含
んでいる」ことを見出した（Edlin & Lyle, 2013, p.349）。
　しかし，実際の EMDR セラピーの最中に，注意
の影響はどうなっているのだろう。Ohtani ら（2009）
は，数週間にわたって EMDR 治療を受けた PTSD
患者 13 名を対象に研究した。彼らは，多チャンネル
NIRS を用いて，マインドフルな気づき時に適正に
機能していなくてはならない外側 PFC（the lateral
PFC）を評価した。彼らは，PTSD 尺度（Blake et al.,
1995）で評価された臨床的改善の程度と，外側 PFC
における過剰活性の減少の間に直接的な相関を発見
した。そして，「想起中の眼球運動の実施は外側 PFC
の過剰活性化を減少させ，これが PTSD に対する
EMDR の有効性についての生理学的な基盤の一部
である可能性がある」（Ohtani et al., 2009, p.375）と結論
づけた。13 名のクライアントを対象としたこの研究
結果は，Levin ら（1999）の単一事例報告から得られ
た初期の発見の正しさを確認している。そこでは，
標準的な心理テストと Rorschach のインクブロッ
トテストおよび SPECT による神経イメージングが
用いられた。Levin ら（1999）は，前帯状回と左の前
頭葉の両方における活性化の正常化と，注意の柔軟
性とマインドフルな気づきの改善にとって必須であ
る変化について報告した。これらの神経生物学的な
発見は，ロールシャッハ・テストのデータによって
確認された。そこでは，「過覚醒指標が陽性から陰性
に転じると，実験協力者が環境内の脅威を探査する
のに費やす時間が少なくなり，自我の資源も増える
ことが示唆された（これらは現実体験の変数によっ
て測定された）」（Levin et al., 1999, p.159）。

---

†9　サッケード／saccade。訳注 2 参照。

　Gunter と Bodner の治療メカニズムに関する
2009 年のレビューでは，EMDR がどのように働い
ているのかを，「とらわれのないマインドフルネスの
概念は，EMDR において生じているとらわれない処
理ときわめて似ているようであり，メタ認知的な気
づきも育んでいる可能性があることが示唆される」
（Gunter & Bodner, 2009, p.163）とコメントしている。し
かし，EMDR セラピーでは，メタ認知的な治療に必
要とされる長期にわたるトレーニングがなくてもそ
れが実現している（Wells, 2009）。短い EMDR セラピー
の教示や両側性の眼球運動を通じてマインドフルネ
スを強化し，前帯状回や PFC における機能を正常化
するという仮説は，EMDR セラピーの効果研究から
も，両側性の眼球運動の効果に関する実験研究から
も，予備的な支持が得られており，さらなる実験的
な検討の価値がある。

半球間のコミュニケーションの強化，記憶の再検索（memory retrieval），REM 類似仮説

　トラウマ関連症状に対する EMDR の治療効果を
説明する別の仮説としては，左右の大脳半球間のコ
ミュニケーションを強化した結果として，機能的な
神経学的変化が起こることを提案するものがある。
両側性のメカニズムの初期モデルは，まず Russell
（1992）によって，後に Servan-Schreiber（2000, p.38）
によって提唱された。Russell は，EMDR セラピー
が「左右の大脳半球間において，そしておそらくは
それぞれの半球内においても，同期的な神経系の活
性化を背景で誘発する」可能性を提唱した。彼の半
球間コミュニケーション仮説（ihC）は，Nicosia（1994）
による未公刊の定量的脳波検査（QEEG）を用いた単
一事例の EMDR 治療の報告によって引き継がれた。
Nicosia は，心因性健忘の急激な解消は，左右の半球
の対応する領域におけるデルタ波とシータ波のコ
ヒーレンスの増大（位相を異にして 4.99〜0.1 標準
偏差）を伴って生じることを報告した。彼は，この
両半球間の同位相のコミュニケーションの増加は，

第Ⅰ部　EMDRセラピーの概念的枠組み

眼球運動の部分的効果であり，網様体の外側橋領域から生じて上下行する同期的な（シータ波）ペースメーカーの信号を生成していると推測した。長期増強（LTP）は広く記憶の根底にあるシナプス機能を調整すると仮定されている。Nicosiaは，刺激が200ミリ秒（5ヘルツ），つまりシータ波の周波数によって分離されるときに優先的にLTPが誘発されると指摘した。彼は，海馬のN－メチル－D－アスパラギン酸（NMDA）受容体の活性化における急速眼球運動（REM）とシータ波のリズムの役割に関するWinson（1990, 1993）のモデルを引用した。彼の要点は，EMDRセラピーはREM睡眠類似のシステムを活性化して記憶の再組織化をもたらす，という仮説である。Bergman（1998, 2001）も，EMDRセラピーにおける注意の反復的な（両側性の）再方向づけが，脳のREM睡眠システムのスイッチをオンにして，それが①帯状回のフィルタリング機能，②外側小脳によってサポートされる認知的・言語的機能，③左背外側前頭皮質の統合機能を活性化することによって，トラウマ記憶を一般的意味ネットワークへと統合することを提唱した。

それに続いて，半球間コミュニケーション仮説について二つの実験的な検証が，Propperら（2007）と，Samaraら（2011）によって行われたが，いずれも半球間仮説を支持しなかった。しかしながら，実験デザインと方法における深刻な限界があった。Propperら（2007）では眼球運動に関連する電気的な乱れを統制しておらず，Samaraら（2011）では実際のエピソード記憶を想起させる条件がなかったことである。そのためKellerら（2014）は，「実験参加者が個人的に意味のあるエピソード記憶のことを考えているときの両側性刺激の最中，または直後に半球間コミュニケーションが測定されるまでは，EMDRのトラウマ記憶の再処理に対する効果についての半球間コミュニケーション仮説は検証されないままである」（Keller et al., 2014, p.116）と述べている。

EMDRの治療効果に関するREM類似モデルは，記憶の定着化における睡眠の役割についての第一線の研究者であるStickgold（2002, 2008）によって提唱された。Stickgoldは，EMDRセラピーは，通常は睡眠依存的な記憶処理の一形態を活性化し，そして，

「睡眠に依存する記憶の処理のなかでも最も重要であると考えられた記憶の側面を特定，統合，増強する」（Stickgold, 2008, p.290）ため，単なる「記憶の定着化」以上のものであると提唱している。

　　われわれのモデルでは，EMDRの左右両側性の視覚・聴覚・触覚刺激によってもたらされる持続的な注意の再方向づけが，この再方向づけを促進する脳のメカニズムを自動的に賦活する。これらのシステムの活性化は，REM睡眠における記憶の処理と似たようなモードに脳を切り替える。このREMに似た状態は，海馬に媒介されるエピソード記憶の想起によって起こる妨害を伴わずに，トラウマ記憶を連想的な皮質のネットワークに統合できるようにする。
　　　　　　　　　　　　（Stickgold, 2002, p.71）

ハノイの塔のパズルに関する睡眠実験で観察された無意識的学習（就寝の直前にアルコール飲料を何杯か飲むことによって，学習はブロックされた）を引用して，Stickgoldは「睡眠依存的なプロセス（REM）は，あるセッションから次回のセッションまでの進歩を維持するのに重要な役割を担っている可能性がある」（Stickgold, 2008, p.291）と指摘した。Stickgoldは，「『REM』睡眠はノンREM睡眠や通常の覚醒状態に比べて，より遠い連想の活性化を促進するようである」と提唱し，「興味深いことに，ここで提唱されたEMDR作用の（REM睡眠類似）モデルでは，関連の弱い記憶の侵入の頻度や強度と治療成果が正の相関を示すことが予測される。しかしながら，曝露療法では間違いなく負の相関が予測される」（Stickgold, 2008, p.295）と加えた。

Stickgoldは，EMDRセラピーで最も普通に用いられるスムーズな追尾的眼球運動と，REM睡眠で見られる（および次段落で触れる実験研究における左右交互の視線移動の手続きで用いられた）サッケード眼球運動の間の区別に焦点を当てた。彼は，くり返されるサッケード眼球運動は，「脳幹のREMを誘発するメカニズムを『けしかける』」（Stickgold, 2002, p.70）と述べた。一方，EMDRセラピーで用いられるスムーズな持続的追尾的眼球運動や，左右交互の両側性の音や触覚刺激が，どのようにしてトラウマ

記憶の再組織化を促進する REM 類似の脳の状態を誘発するのかを説明するのに，異なるメカニズムを必要とする，と結論づけた。彼はそのようなメカニズムの有望な候補として定位反応（OR：Pavlov, 1927；Sokolov, 1990）を提案し（次節で論じる），この仮説を検証する研究モデルについて述べている（Stickgold, 2002, p.72）。彼の研究が示唆するところによると，交絡変数を避けるために，いかなる凝視的視線方向も含まない統制条件を選んで，凝視条件を使用しないように警告している。

エピソード記憶の再検索は，半球間相互作用の増加によって強化されることを示唆する早期の研究（Christman & Propper, 2001）がある。これに続いて多くの実験研究が，**サッケード眼球運動**と**スムーズな追尾的眼球運動**の記憶再検索への効果について行われてきた。Christman ら（2003）は，両側性の水平サッケード眼球運動の後に，エピソード記憶の再検索が促進されることを見出した。彼らは，両側性のサッケード眼球運動が半球間の相互作用を増強し，EMDR のクライエントがトラウマ体験のエピソード記憶を再検索するのを助ける可能性があることを示唆した。Propper と Christman（2008）は，EMDR セラピーで用いられているのと同じく，両側性のサッケード眼球運動の効果に関する一連の研究を要約して，単語リストのより正確な再生，個人的な日記内容の正確な想起，といった幅広い記憶テストにわたってエピソード記憶の有意な改善を認めた。彼らはまた，Compton と Mintzer（2001, p.276）の研究に基づいて，「半球間の相互作用はストレスや不安を減らすのに役立ち」，EMDR はトラウマ記憶の想起に関する苦痛を下げる可能性があることを示唆した。

Lyle と Jacobs（2010, p.581）は，サッケード眼球運動で記憶の改善が見られた二つ以上の実験を報告しており，そのなかで「実験協力者は犯罪の描かれたスライドショーを見せられ，出来事の詳細について矛盾した付加的な偽の情報を与えられた」。凝視条件と比較して，「サッケードでは，偽の情報が提示されたか，どんな偽の情報が提示されたかにかかわらず，実際に見た出来事の詳細と見ていない出来事の詳細を区別する力が増した」と述べている。

サッケードの水平眼球運動に関するこれらの実験

的検証において，「実験協力者は 30 秒間，コンピューターのスクリーンの左右の端に現れる一つの点を見ている。その間に，500 ミリ秒毎に左右が入れ替わる点滅映像が映されている」（Propper & Christman, 2008, p.269）。しかしながら，Propper と Christman（2008）は，これらの効果は他の研究で用いられ，また EMDR セラピーでより一般的に使われているスムーズな追尾的眼球運動によっては生み出されなかった，と強調している。Christman ら（2006）は，サッケード水平眼球運動の後では，参加者は眼球運動無し条件よりも，より早期の子ども時代のエピソード記憶を思い出すことを見出した。Jeffries と Davis（2012）は，EMDR セラピーにおける眼球運動の役割に関するレビューのなかで，サッケード（読みや REM 睡眠，左右の点を交互に見ること）と，EMDR セラピーで一般に用いられるスムーズな追尾的眼球運動の間の効果の違いについて，検証研究がもっと必要であると述べた。

両側性眼球運動がもたらすさらなる半球効果についての研究は，以下の Lyle と Martin によるものである。

実験参加者は片側ずつの文字の配列を見て，ターゲットの文字が二つの探している文字と一致するかを決定する。ターゲット文字と探している文字は，同じ半球（半球内試行）か別々の半球（半球間試行）に提示された……（略）……，実験参加者は，サッケードと統制のための凝視条件の後に文字一致課題を実施した。サッケードは，半球内試行においてのみ一致検出の正確性を増加させた。これは仮説とは反して，サッケードは**半球間相互作用**ではなく，**半球内の処理**を増強するということを示唆していた。しかしながら，右利きの者に比べると，利き手の度合いがそれほど強くない実験参加者では，半球間での正確性が増加していた。右利きの度合が低いことは，半球間相互作用の増強を反映していると思われる。

(Lyle & Martin, 2010, p.128)

Keller ら（2014）による脳波記録法（EEG）を用いた実験研究では，**肯定的記憶**に対する両側性の眼球

第Ⅰ部　EMDR セラピーの概念的枠組み

運動の効果を検討したが，やはり**半球間**モデルに対する支持は見出されなかった。しかし，EMDR の効果についての半球内コヒーレンスモデルは支持され，同時に凝視，点滅する光点，両側性の眼球運動という三つの条件すべてにおいて，**記憶の強度と鮮明度が増加した**ことがわかった。先述したように，Stickgold（2002）は，交絡効果を生じる可能性が高いために，凝視条件を統制条件として用いることに反対している。Yaggie ら（2015）による，**不快な自伝的記憶**に対する両側性の眼球運動に関連している脳波のコヒーレンスを検証した最近のフォローアップ研究でも，EMDR セラピーに対する**半球内**コヒーレンスモデルへの支持が得られている。彼らは，両側性の眼球運動条件において「ほとんど有意傾向とは言えないが，前頭のベータ波の半球間コヒーレンスの増加」（Yaggie et al., 2015, p.90）も観測し，これを明らかにできるほど十分に統計的な検出力を持たせるために，より大きなサンプルサイズが必要であると示唆している。そのような大がかりな研究はまだ行われていない。

　Farnia ら（2014）による一連の臨床事例研究は，実際の EMDR セラピーセッションの前後で，6 人のクライエントのトラウマ記憶の想起中に脳波のコヒーレンスと心拍変動（HRV）を測定することで，トラウマ記憶の統合を検討したものである。先に引用した実験研究と同様に，彼らは半球間の連合についての有意なエビデンスを発見することに失敗した。他方で，EMDR セラピーの後にトラウマ記憶を想起している間に，「ベータ波の周波数帯で，前頭頭頂と側頭皮質領域の間で，左の**半球内脳波**のコヒーレンスの高まりが見出された。さらに，左下側頭回における脳波のアルファ波の有意な増加も観測された」（Farnia et al., 2014, p.5）。彼らはまた，HRV の高周波の要素における増加を報告したが，これは，迷走神経の活性化を反映しており，「この発見は EMDR セッション後の副交感神経系の活動の増加を示唆している」と結論づけた。半球内コヒーレンス値の変化は，HRV の変化と直接的に相関しており，SUD の得点の低下と負の相関があった。彼らは，「まとめると，我々の結果は，EMDR が皮質の結合を増強し，その結果として過覚醒症状を減少させることによってト

ラウマ記憶の適応的な統合を助ける，という仮説を支持するといえる」（Farnia et al., 2014, p.7）と結論づけた。

　両側性の眼球運動の半球間効果に関する文献のさらなるレビューについては，Jeffries と Davis（2012），Parker ら（2013），Keller ら（2014），Yaggie ら（2015）を参照してほしい。実験研究からは，水平眼球運動は半球間相互作用か半球内相互作用，あるいはその両方を促進することでエピソード記憶の想起を増加させるようであり，前帯状皮質と前頭前皮質（PFC）における機能を強化することで，注意のコントロールプロセスを増強する可能性がある。それによって，マインドフルネスやメタ認知的気づきが増す。これらの結果のいくつかは，EMDR セラピーの効果研究と臨床実践で一般的に用いられるスムーズな追尾的眼球運動を用いた研究よりもむしろ，サッケードの水平眼球運動（EMDR セラピーでは滅多に用いられない）を用いた実験的研究で実証されてきた。他方で，EMDR セラピーを受けた健常な実験参加者とクライエントのどちらも，スムーズな追尾的眼球運動をしようとしているときに，追いつこうとしてサッケードになっていることが多くある。EMDR セラピーを受けている当初はスムーズな追尾的眼球運動を維持するのが困難で，サッケードになることがある。セッションが進展して，報告される SUD レベルが下がるにつれて，このようなサッケード眼球運動はそれほど頻繁には生じなくなる（Kapoula et al., 2010）。したがって，スムーズな追尾的眼球運動を用いた EMDR セラピーを受けているクライエントも，正中線を横切っているという意味で，サッケード眼球運動もしていることになる。Kapoula ら（2010）は，「後頭頂皮質は多くのタイプの眼球運動の生成と密接に関連している」こと，および「前後帯状回と楔前部は，注意深いターゲットの追跡に関連しているようであり，スムーズな目の持続的な眼球運動を導く」（Kapoula et al., 2010, p.8）ことを指摘している。

● 定位（探索）反応

　定位（探索）反応（OR）は，EMDR セラピーによる肯定的効果を説明するために提唱されたメカニズ

ムのなかで, 最もよく引用された最初のものであり, 今でもそうあり続けている。定位反応仮説の有利な点の一つは, 両側性の眼球運動と代替の触覚・聴覚といった両側性刺激の, どちらの効果も説明できることである。定位反応は最初に Pavlov (1927) によって記述され, Sokolov (1990) の実験的・理論的業績によって洗練された。定位反応や「おや何だ?」反応 (Pavlov, 1927, p.12) は, あらゆる新奇な環境刺激に伴って生じる。定位反応は特異的な一連の変化を生じ, 危険に反応する準備性を増す。これらの変化のなかには, 頭や目, 耳, 鼻を刺激に向けるという身体動作や, 血流や心拍, 皮膚コンダクタンスの増加を伴う自律神経系の変化がある。定位反応と関連する眼球運動には以下の二つのタイプがある。「一つは外的刺激によって誘発される『警戒反応』で, もう一つは環境の活発な探索によって誘発される『探索反応』眼球運動である」(Jeffries & Davis, 2012, p.6)。前者の定位反応では, 脳内の電気活動の幅広い非同期化も見られる。刺激がより**穏やかな**ときには探索反応が生じ, 似てはいるが緊張の強度は低く, 皮質では非同期化が**より限定された**反応として現れ, **脳の特異的な感覚処理の領域**で生じる。脅威がない刺激のときには, 定位反応は二相性の反応を生じる。新奇な刺激に対する最初の定位の間には覚醒がまず上がり, 辺縁系における皮質下の評価がそれに続く (Siegel, 2012)。皮質下の評価が危険の不在を確認すると, 対処行動をするための初期の準備性は, 自律神経系の反応の脱活性化に取って代わられる。脅威のない刺激が続く限りは, 辺縁系は速やかにその刺激に慣れて, 脳の徐波の同期と β–エンドルフィンの分泌を導く。これらは痛みを低減させ, 安全と安寧の感覚を増すのである。

Lipke (1992, 1999) は, 定位反応が EMDR の治療効果において情報処理を増強するという重要な役割を演じていると, 最初に提唱した人である。Armstrong と Vaughan (1994, 1996) も, EMDR セラピーで観察される効果の速度と程度を説明するのに定位反応に注目した。彼らは, EMDR セラピーにおける眼球運動によって引き金を引かれた定位反応が, ①回避を止めさせ, ②トラウマ記憶に対する継続した注意を促進し, ③情動的な処理 (中心となる分析機能〈central analyzers〉) を活性化し, ④新しい, トラウマに関連した情報の編入を促進し, ⑤β–エンドルフィンの分泌を通じて痛みを減少させるということを提唱した。Armstrong と Vaughan (1994) は情報処理効果として, 以下の二つを明確に区別した。一つは, 十分な刺激によって注意が喚起されているという定位反応の状態であり, もう一つは, 刺激の水準が最適水準を超えて過剰となり, (恐怖構造からの) 防衛反応としての気逸らし状態である。後に, Becker ら (1998) による実証的な研究において, 両側性眼球運動が最適速度の場合の効果と, 不十分または速すぎる場合の効果の違いが確かめられた。Becker らの仮説では認知的負荷 (気逸らし) モデルであったにもかかわらず, データの結果は EMDR セラピーの定位反応モデルについても支持しているようである。

MacCulloch と Feldman (1996) による初期の理論的な分析でも, 探索反応が EMDR セラピーにおける両側性の眼球運動や, 代替の両側性感覚刺激に関連する治療効果の主要な基盤であることを, 他の研究者とは無関係に提案している。

Wilson ら (1996) では, EMDR セラピーの最中の自律神経反応を最初に研究し, 眼球運動を伴う EMDR 治療前後に生理学的な覚醒の有意な低下を確認したが, EMDR 中に自分でタッピングをした場合と眼球運動を伴わない EMDR のときには, そうした効果は見られなかった。後の, Elofsson ら (2008) と, Sack ら (2008) のどちらの精神生理学的研究でも, EMDR セラピーは治療セッションを通じて生理的な覚醒の有意な低下を導くことが示された。交感神経から副交感神経優位への自律神経系のバランスの移行は, 心拍や呼吸数, 皮膚コンダクタンスの低下や, HRV の増加によって示された。しかしながら, どちらの研究でも, 両側性の眼球運動の開始時には最初に呼吸数の増加を見ている。この初期の呼吸数の増加はまだ説明されていないが, 初期の定位反応や, 前章で記述したような記憶へのアクセスの増加と関連しているのだろう。Sack らは, 「二重刺激の開始時に気づきの焦点を方向づけし直すことで, 関連する心理生理的な覚醒の低下を伴う定位反応を誘発する可能性がある」(Sack et al., 2008, p.2) と結論づけた。

第Ⅰ部　EMDR セラピーの概念的枠組み

MacCulloch らによる付加的な精神生理学的な研究では，探索反応が EMDR セラピーの治療効果の中心要素であることが示されただけではなく，認知的負荷（すなわち気逸らし）はこれらの効果の背後にあるメカニズムではないと結論づけている（Barrowcliff et al., 2001a；Barrowcliff et al., 2001b；MacCulloch & Barrowcliff, 2001）。この結論は，後の節で論じるワーキングメモリー仮説の支持者からは異議を唱えられた。EMDR セラピーにおける定位反応の役割に関するさらなる議論について，および実際の臨床適用では両側性眼球運動が認知的負荷（すなわちワーキングメモリー）に影響を持つであろうという認識については，Barrowcliff ら（2003）を参考にしてほしい。

Wolpe（1954）の系統的脱感作のモデルや，Rachman（1980）の情動処理のモデルと同様に，MacCulloch によって提唱されたモデルは，脱感作の効果を生み出すにあたってリラクセーションの役割を強調している。Wolpe の系統的脱感作のモデルでは，逆制止が中心的なメカニズムであるとされている。EMDR に対して当初提案された名前（EMD）は，Wolpe に敬意を表したものであり，Shapiro（1991a, 1995, 2001）は，両側性眼球運動によるリラクセーション反応を，EMDR セラピーの作用メカニズムの有望な仮説であると見なしていた。Sondergaard と Elofsson（2008）は，生理学的なデータは逆制止と REM 仮説を支持しており，定位反応は速やかな馴化が生じるはずであり，支持されないと結論づけた。Sack らは，この問題について以下のように述べている。

　　曝露の最中に観察される二相性の精神生理学的反応についてのありうる説明として，われわれは二つの異なる影響が重なっていると仮定している。最初に，ごく早い段階では，定位反応により心拍の短期間の低下と迷走神経の緊張の急激な増大に特徴づけられる状態が優位となる。次に，さらに曝露が続いていくと，ストレスに関連して精神生理学的な覚醒の増大が現れるのだ。

（Sack et al., 2008, p.1279）

EMDR セラピーの精神生理学的効果についての

まとめのなかで，Schubert らは以下のようにコメントしている。

　　逆制止のプロセスを通して，リラクセーション反応が苦痛をもたらす記憶への曝露とセットにされると，苦痛をもたらす記憶に対する否定的な評価が弱まり，トラウマ記憶の処理に対する回避も減る。二重注意課題としての眼球運動は，苦痛を耐えられるレベルに減少させ，トラウマ情報の効果的な処理が生じる認知的・生理的状態を作り出す。EMDR における眼球運動に関連するリラクセーション反応は，治療セッションを通してほどよい覚醒をもたらすため，臨床的に有意義である。それゆえ，EMDR は曝露に伴う高いストレスに耐えられないクライエントに，とりわけふさわしいかもしれない。

（Schubert et al., 2011, p.8）

MacCulloch は自分の発見を，情報処理モデルや関連する脳のシステムという観点から考察しなかった。Rachman（1980）や，Foa と Kozak（1986）は，情報処理モデルという観点から説明している。MacCulloch によって提唱された脱感作モデルは，PTSD の侵入症状や過覚醒症状に対する EMDR セラピーの特異的な効果を非常によく説明するが，トラウマ記憶の再処理において観察される自発的な認知的再構成や，探索反応がトラウマ記憶へのアクセスをより促進する過程，資源の開発と植えつけ（RDI）の手続き（Korn & Leeds, 2002；Leeds, 1998a, 2001）による適応的情報の取り込みの，どれについても明確に説明していない。Rachman（1980）が，リラクセーション（覚醒の低下）が情動処理や，両側性眼球運動・音・運動感覚刺激を通じて探索反応を活性化することによって，「強制的リラクセーション反応」（Wilson et al., 1996）の引き金を確実に引く能力を生み出す中心要素であると提唱したことを思い返してみよう。すると，探索反応が，EMDR の再処理と RDI の観察された有効性のどちらをも説明する対抗馬として現れてくる。探索反応はまた，他の臨床的な観察を説明するのを助けてくれる。たとえば，再処理に際して刺激の特性を変化させても効果があることや，コーピングスキルを強化するための RDI や落ち着

36

く場所の手続きを用いるときに，なぜより短い刺激のセットのほうが優れているのかについての説明である。

二重注意：関心・感情脱抑制効果（Interest Affect Disinhibition Effects)による恥（情報処理の抑制）の克服

1998年に，Nathansonは EMDR 治療を説明する情動モデルについて発表した。そのモデルは探索（定位）反応モデルと似通っている。Nathanson の理論は検証可能な仮説ではないようだが，定位反応仮説を情動面からより深く理解できるのでここで触れる。Foa と Kozak（1986）は，過剰な恐怖はそれ自体が情報処理を妨げることを提唱した。Tomkins（1962a, 1991）の生来的感情に関する早期の研究に基づき，Nathanson（1998）は，脅威刺激を和らげたり，十分に適応的な反応をすることができなかったりすると恥の感情が誘発されること，恐怖ではなく恥の感情が情報処理を抑制することを提唱した。Tomkins による生来的な恥感情の構成概念は，罪悪感や屈辱感に由来するものだと広く誤解されてしまった。そのため Leeds（2001）は，恥の感情は「中核的抑制」（central inhibition）という，より中立的に記述された語と同等と考えるべきであると提唱した。

Tomkins（1962a, 1962b, 1991）のモデルでは，「興味−興奮」の感情は覚醒を段階的に高め，恐怖は急速に高めるが，恥感情は覚醒に対して急速な抑制効果をもたらす。このモデルは，フラッディングが恐怖に対しては効果を有するが，恥や罪悪感には効果がない理由を説明する助けになる。「興味−興奮」の感情の覚醒に対する刺激効果は，カテコールアミン（エピネフリンやノルエピネフリン）の分泌によってもたらされると思われる。そのため，恐怖はカテコールアミンやコルチゾール，ヴァゾプレッシン，オキシトシンを即座にかつ広範囲に放出させる。恥の抑制効果は，それに対応して内因性オピオイドが広範囲かつ即座に放出されることによってもたらされるのだろう（van der Kolk, 1996）。そのため，トラウマ的な出来事によって誘発された恐怖や無力感，戦慄のような強い感情状態において，強い覚醒（恐怖はカ

テコールアミンや糖質コルイコイド，オキシトシン）と，抑制（恥は内因性オピオイド）のメカニズムが，高いレベルで引き起こされる。

表情や姿勢を通じた感情の模倣によっても，模擬的感情の体験が引き起こされることが示されてきた（Nathanson, 1992）。そのため Nathanson は，EMDRセラピーにおける追尾的眼球運動は，環境に対するスキャン行為を真似ることを反映しており，「興味−興奮」という穏やかな覚醒の感情を引き起こすこと，それによって，恥（中核的抑制）による情報処理の妨害が解除されることを提唱した。恥の感情は，期待と一致しない反応に出会ったときにも生じる。そのため，EMDRの再処理中の治療手続きでは，臨床家が解釈や質問，示唆などによってクライエントのプロセスを邪魔することや，クライエントの期待と一致しないようなことを徹頭徹尾避けていることは，特筆すべきである。標準的な EMDR セラピーの手続きは，情報処理を撹乱しないように，いかなる恥を刺激する引き金をも可能な限り避けるように練られている。

ワーキングメモリー

「ワーキングメモリー」のモデル（Baddeley, 1986；Baddeley & Hitch, 1974）は，中央実行系と二つのサブシステムの「一時保存機能」（buffers）について述べている。中央実行系は情報を保持し，後から利用することができるのだ。これらのバッファの一つが音韻ループであり，言語的・聴覚的情報を保持する。もう一つは視空間スケッチパッド（VSSP）であり，視空間情報を保持する。Andrade ら（1997）は，EMDRの再処理セッション中に記憶は VSSP に保持されていること，および，苦痛をもたらすイメージは，VSSPにおける処理資源の利用が眼球運動によって制限されることで薄れていくことを示唆した。Jeffries とDavis による考察では，以下のように説明されている。

これらのイメージは，眼球運動が処理のための資源を使い切るのと同時に薄れる。ワーキングメモリーは，一度に二つ以上の課題をするときに足

第Ⅰ部　EMDRセラピーの概念的枠組み

りなくなる。そのため，クライエントがトラウマ
的な記憶と，他の競合する課題に注意を分割する
ように迫られると，恩恵がもたらされる。

(Jeffries & Davis, 2012, p.8)

Andradeら（1997）とKavanaghら（2001）のどち
らも，（中央実行系に最も負荷をかける）眼球運動
は，他の二重注意刺激よりも効果的な可能性がある
と述べている。というのも，眼球運動は視覚的・空
間的な要素のどちらも含んでいるが，タッピングや
聴覚刺激には空間的要素しか含まれていないためで
ある。

Van den Houtら（2001）は，Andradeら（1997）の
ワーキングメモリーの実験を追試した。ただし，二
重注意課題のセットをより長くした。彼らは，眼球
運動は記憶の鮮明度を減少させたが，タッピングに
はそのような効果がなかったことを報告した。しか
しながら，彼らはAndradeらの研究で用いられたも
のよりも負荷の弱いタッピング方法を用いていた。
Lilleyら（2009）は，ワーキングメモリーの効果を最
大化するためには，トラウマ記憶のモダリティと一
致させる（たとえば，両側性の音は苦痛をもたらす
聴覚記憶をよりうまく妨害するかもしれない）必要
があることを示唆した。しかしながら，Kristjánsdót-
tirとLee（2011）による研究では，記憶のモダリティ
とは無関係に，眼球運動は数唱を聞かせたときより
も記憶の鮮明度がより減少することが見出された。
これは，ワーキングメモリー仮説の役割を支持した
が，モードに特異的な効果は支持しなかった。

GunterとBodner（2008）は，探索反射や大脳半球
間コミュニケーション（IHC）の増大といった他の仮
説と比較したうえで，ワーキングメモリー仮説を検
証する実験を報告した。彼らは，探索反射や大脳半
球間コミュニケーションの増大という仮説のどちら
と比較しても，ワーキングメモリー仮説に対する支
持が得られると結論づけた。しかしながら，われわ
れは彼らの発見の解釈については慎重であるべきで
ある。

彼らの研究デザインは，他のワーキングメモリー
仮説の研究と同様に，非臨床群を対象としている。
加えて，標準的なEMDRセラピーの手続きが再現

されていない。たとえば，彼らは実験協力者に眼球
運動をさせることによって探索反応を検証したのだ
が，両側性の眼球運動の最中に苦痛をもたらす記憶
を心に浮かべていなかった。標準的なEMDRセラ
ピーの手続きでは，両側性眼球運動を**しているとき**
には，ターゲット記憶のネットワークに**アクセスを
かけること**が明確に要求される。そのため，実験協
力者に両側性の眼球運動をした**後に**ターゲット記憶
にアクセスするように求めるような実験では，実際
のEMDRセラピーのセッションと等価の条件が提
供されない。

Maxfieldら（2008）も，非臨床群の実験参加者に
苦痛をもたらす記憶を心に浮かべてもらいながら，
眼球運動なし／遅い眼球運動／速い眼球運動という
3条件で比較した。遅い眼球運動と速い眼球運動で
は，眼球運動なし条件に比べて，苦痛をもたらす記
憶の鮮明度と情動的強度の減少がより大きいこと，
さらに，速い眼球運動のほうが遅い眼球運動よりも
減少効果がより大きいことが示された。彼らは，こ
れは速い眼球運動は遅い眼球運動よりも実行が大変
であり，そのためVSSPにとってより負荷が大きい
という事実のためであることを示唆した。Maxfield
ら（2008）とLilleyら（2009）のどちらも，Andrade
ら（1997）やKavanaghら（2001）が述べていたのと
同様に，眼球運動は，他の両側性の課題（触覚的・
聴覚的両側性刺激〈BLS〉）が空間的情報処理しか含
んでいないのに対して，視覚的・空間的情報処理の
両方を含むため，最高の二重注意課題となりうるこ
とを示唆した。van Veenら（2015）も，速い眼球運
動は遅い眼球運動や眼球運動なしと比べて，苦痛を
もたらす自伝的記憶の鮮明度や情動の強さに対し
て，有意により高い効果があることを示した。

Van den Houtら（2010a）は，健康なボランティア
を対象として，眼球運動と聴覚的なビープ音に対す
る反応時間と否定的な記憶の鮮明度を検討した。眼
球運動は聴覚課題に対する反応時間を遅くしたのに
対して，ビープ音は視覚課題に対する反応時間を遅
くしなかった。眼球運動とビープ音はどちらも否定
的記憶の鮮明度を下げたが，眼球運動の効果のほう
が大きかった。De Jonghら（2013）はPTSDや他の
障害の患者を対象に研究し，音は苦痛をもたらす自

伝的記憶の情動を弱めるが，眼球運動よりも効果が低いことを報告した。逆説的ではあるが，彼らは実験協力者の64％が，音による刺激を続けることを好んだと注釈した。

Smeets ら（2012）は健康な実験協力者を対象に，眼球運動条件と眼球静止（ES）条件で，不快な自伝的記憶の鮮明度と情動強度の変化の時間的な流れを検討した。静止条件と比較すると，眼球運動は2秒以内に鮮明度を薄れさせるのに対して，情動強度が低下し始めるには74秒以上かかったことを報告した。彼らは，「情動強度の減少が鮮明度に後れをとるのは因果関係を意味している」ことを示唆したが，「そのような因果関係を適切に評価するには実験的なアプローチが必要になるだろう」（Smeets et al., 2012, p.355）と認めている。しかしながら，van Veen ら（2015）の最近のワーキングメモリー研究では，イメージの鮮明度は観察された情動強度の減少と，どの時点でも相関しなかった。これは実験の予測と一致しておらず，Smeets ら（2012）の以前の知見を支持しなかった。一方で van Veen らは，速い眼球運動は遅い眼球運動に比べると情動を低下させ，鮮明度を薄れさせ，思い出すのを難しくすることをしっかりと報告している。

視覚イメージの鮮明度に対するワーキングメモリーの効果が原因となって，情動強度の低下を招く可能性があるとしても，他のメカニズム（たとえば，定位反応や本章で議論された他のもの）も，独立した経路で情動強度の低下を招くこともありそうである。未解決の逆境的・トラウマ的な人生経験に起因する慢性の症候群を患う人が，おしなべて鮮明なイメージに悩むわけではないことは注目に値する。脅威の手がかりに情動的・行動的に反応してしまう人たちのなかには，その反応性の起源としてより早期の人生経験を認識していない人たちもたくさんいる。なかには曖昧なイメージしかなくても，強い聴覚的・嗅覚的・身体的記憶を報告する人たちもいる。

ワーキングメモリーが EMDR の治療効果における主要な，または唯一のメカニズムであるという論者に対するもう一つの異議申し立ては，以下のような多種多様な実験研究である。Christman ら（2003），

Christman と Propper（2001），Lyle と Jacobs（2010），Propper と Christman（2008）らの間で，前述のとおり，眼球運動は自伝的記憶の想起を強化することが発見されている。たとえば，Nieuwenhuis ら（2013）は，両側性のサッケード眼球運動と触覚刺激は記憶の再検索を強化するが，聴覚刺激では強化されないことを見出した。彼らは，「ワーキングメモリーによるこの説が，通常の記憶の再検索に及ぼす水平眼球運動の積極的な影響を説明できているかは不明である」と結論づけている。想起の強化は，両側性の眼球運動の結果として生じる（前節で論じた）半球内・半球間相互作用の増加や，（次節で論じる）時間的結合（temporal binding）のような他のメカニズムによっても起こりそうである。臨床実践では，想起された記憶の種類は他の適応的（肯定的）記憶だけではなく，以前には健忘障壁の背後に隠されていた非常に高い苦痛をもたらす視覚イメージも含みうる。そのようなことは，Lipke（1995）や Paulsen（1995）によって，EMDR の歴史において早くから報告されていた。

Andrade ら（1997）や，Gunter と Bodner（2008），van den Hout ら（2001）などにあるように，多くの実験研究からは，ワーキングメモリー仮説の要素が EMDR セラピーの治療効果に寄与していることは明らかである。現象学的には，EMDR セラピーによって治療を受けるクライエントは，両側性の眼球運動の最中に選択されたターゲット記憶のすべての要素を思い浮かべていることは難しいこと，さらにそれらの記憶の感覚的側面が薄まっていくことを，しばしば報告する。Maxfield（2004）や Becker ら（1998）による研究が示すところでは，眼球運動は「速過ぎはしないが VSSP を妨害するのに十分な速さ」で，十分に気逸らしをするものである必要があるようだ。しかしながら，ワーキングメモリー仮説を研究するほとんどすべての実験において，①実験参加者が PTSD の診断基準を満たしていないこと，②条件が標準的な EMDR セラピーのプロトコルで使われるものと完全には一致していないこと，③実験デザインが他のメカニズムによる影響を完全に排除できないことから，現存するワーキングメモリー研究は，他のメカニズムが EMDR の治療効果に寄

第Ⅰ部　EMDR セラピーの概念的枠組み

与する程度については解明できていない。

時間的結合による情報処理：視床機能に対する EMDR セラピーの効果

　視床は，脳の中央に近く，両側にある一対の構造体である。脳幹の真上にあり，感覚統合と意識において中心的な役割を担っている。視床は脳の多くの領域と互いに結合していて，脳の至るところに神経構造を同調させる能力を持った中継基地を提供するとともに，それぞれが固有の周波数を持って振動している（Bergmann, 2012）。Lanius と Bergmann（2014）は，EMDR セラピーで用いられる交互の両側性感覚刺激や感覚的な気づきは，視床に直接的に作用し，脳の振動的な活動を調整したり，多重的な脳の下位システム間でダイナミックな神経ネットワークの同期に寄与したりすることで，AIP[†10] における重要な役割を担っていることを示唆した。彼らは，以下のように明確に述べている。

　これが時間的結合に相当している。このプロセスは，時間領域で内的・外的現実の断片化された側面を統合するもので，解離的働きを相殺する。これは大脳半球の側性化だけではなく，記憶や体性感覚，情動，認知の統合にも影響している。
（Lanius & Bergmann, 2014, p.217）

彼らは，以下のような理由から視床の役割に注目している。

　視床はトップダウン（皮質からの情報）とボトムアップ（脳幹からの情報／皮質への求心性入力）の処理を介した中継基地であるだけではなく，情報の統合にも関わっている。視床は前頭前皮質や大脳基底核，体性感覚野，連合野，聴覚野，視覚野，運動野，小脳，脳幹，辺縁系とも相互に内部結合している。　（Lanius & Bergmann, 2014, p.218）

さらに，以下のように記述している。

†10　Adaptive Information Processing：適応的情報処理。

　それぞれ固有の周波数を持って振動しているさまざまな神経結合を，脳の至るところで機能的なネットワークの調和のとれた無数の組み合わせへと同期する視床の能力は，視床を知覚・認知・記憶・体性感覚の統合と，時間的・認知的な結合の基盤としているといえよう。
（Bergmann, 2008；Llinas, 2001）

　Shapiro（1995, 2001）は，慢性的な逆境的な体験やトラウマ経験は，記憶を代謝する AIP のシステムの能力を圧倒してしまうと述べた。Lanius と Bergmann（2014, p.214）は，「覚醒増大による特定の視床核の脱活性化は，体験の感覚的構成要素を統合された記憶に統合するのを邪魔し」，記憶要素の解離をもたらすことを示唆した。彼らはこの統合の失敗の背後にある神経学的プロセス，すなわち視床皮質のリズム異常（TCD）として知られており，Llinás と Ribary（2001）が多くの神経学的・精神医学的状況の背後にある可能性があると示唆したものを解明した。TCD を正し，反転させるセラピープロセスは，（PTSD に限らず）さまざまな状態に適用可能であろう。

　Lanius と Bergmann は，感覚的統合と意識の両方に起こる，解離的な機能停止に関連する神経学的な段階の複雑な事象を詳細に描きだした。詳しくは第 4 章を参照してほしい。まとめると，圧倒するような逆境体験は，ドーパミンやノルエピネフリン，エピネフリンの過剰な分泌により交感神経系の過剰活性化を招く。そこに不十分な他者との関わりや，不十分な腹側迷走神経（ほ乳類に見られる系統学的に新しい迷走神経）の興奮しか存在しなければ，抑制系の神経伝達物質（内因性オピオイドやカンナビオイド）が放出され，背側迷走神経系（より古くて原始的な迷走神経系）の反応が，交感神経系の過覚醒を相殺するようになる（迷走神経についてもっと知りたい場合には Porges（2011）を参照してほしい）。交感神経系の過剰な覚醒と背側迷走系の副交感神経の同時覚醒は視床の過分極化を招き，それにより，圧倒的な経験の感覚処理に関連する重要な皮質領域で，重大な分離（解離）が生じていく。

Lanius と Bergmann は，EMDR セラピーで用いられる左右交互の両側性刺激が，この視床核の脱活性化をひっくり返すと述べている。

とりわけわれわれは，内受容性の気づきと外受容性の気づきの意図的な結合とともに，状態依存記憶へのアクセスをとることと，その結果として生じる神経系の揺らぎ活動の調整が，EMDR 治療の効果を説明する可能性があることを示している。われわれは，内受容的および外受容的な気づきが交互的に起きることにより，状態依存的なトラウマ記憶にアクセスしたときの意識変容が妨げられるようであり，それゆえ，トラウマ体験の自伝的記憶への統合が可能になると仮定している。このプロセスが情報処理と自己感覚の基盤にあると仮定しているのである。

(Lanius & Bergmann, 2014, p.228)

視床の結合仮説は，Shapiro (1995, 2001) の AIP モデルによって提唱された，生理学的な基盤を持つ情報処理システムの神経生物学的基礎を提供してくれる。視床結合仮説はまた，Shapiro (1995) による，視覚・聴覚・触覚的両側性刺激はどれも効果的なモダリティとなりうるという提案にも矛盾しない (Servan-Schreiber et al., 2006)。視床皮質の結合仮説と他の神経生物学的モデルのどちらか一つを選ばなければいけないわけではない。そうではなく，定位反応や神経統合の大脳半球間の相互作用仮説（トップダウンもボトムアップも前後の相互作用も）モデルと矛盾しておらず，そのなかで状態特異的で機能不全的に符号化された記憶（または記憶の連なり）に連合している TCD の脳のリズムはリセットされ，総合や統合，マインドフルな注意が可能になるのである。

オピオイド拮抗薬（ナロキソンまたはナルトレキソン）：EMDR セラピーにおける情動的な情報再処理の強化 vs. 曝露−消去の抑制

Rogers と Lanius (2001) は，恐怖症の実験協力者を対象に，EMDR の再処理を促進する (Ferrie & Lanius, 2001；Lanius, 2004, 2005) が，曝露−消去をブロックする (Egan et al., 1988；Merluzzi et al., 1991) と思われる，オピオイド拮抗薬（ナロキソンとナルトレキソン）によって生み出される特異的な治療効果について研究した。Rogers と Lanius (2001) は，将来，統制研究によって PTSD に対する曝露療法と，EMDR セラピーの治療効果に対するオピオイド拮抗薬の治療前投与の影響について検証されるべきであると示唆している。Rogers と Lanius (2001)，Lanius (2005) のどちらにおいても，EMDR の再処理に対するオピオイド拮抗薬の治療前効果の観察結果を説明するのに，PTSD における解離の役割を強調している。定位反応の節で論じたように，EMDR セラピーで用いられる眼球運動は，徐波の同期化とベータエンドルフィンの分泌をもたらすようだ。過度に条件づけられたベータエンドルフィンの分泌は構造的解離の要因となるようであり (van der Hart et al., 2006)，Lanius (2005, 2014) は，内因性のオピオイドの過剰分泌の引き金を引く学習性無力感のメカニズムが，少なくともその一部として介在していると指摘した (Hemingway & Reigle, 1987)。EMDR セラピーにおいて，定位反応によって生じた遅い脳波の同期が，記憶ネットワークを再組織化するのに及ぼす治療的影響は，第3次構造的解離の場合のように，内因性オピオイドの条件づけられた過剰分泌が生じている人ではブロックされてしまうようである (Lanius, 2005)。PTSD 患者は第1次構造的解離を伴っており，オピオイドを遮断する必要はなく，EMDR から明らかに恩恵を得ることができる。第2次および第3次構造的解離を持つ人たちは，構造的解離の重症度を減らすような拮抗条件づけの戦略を学ぶことで，過剰なオピオイドの分泌を遮断するための投薬がなくても，トラウマ記憶のネットワークの統合が徐々に可能になるようである (Fine et al., 2001；International Society for the Study of Trauma and Dissociation, 2011；Paulsen, 1995)。Gonzalez と Mosquera (2012) は，第2次および第3次構造的解離を持つ人に EMDR セラピーを適用するための段階的な戦略を提案し，治療経過の最初から応用的な EMDR セラピー手続きを用いることを紹介した。最初からトラウマ体験の記憶を再処理することに熱心になりすぎると，過剰なオピオイドの分泌を招くので，それよりはむしろかなり準備段階

を拡大することになる。彼らの「漸進的アプローチ」は、自分をケアし大切にする力（self-compassion）を高めて、解離的な恐怖症（パーソナリティの他の部分に対する恐怖症など）に対する再処理から始める。こうした恐怖症が構造的解離を維持していると仮定されている（van der Hart et al., 2006）。その後、一歩ずつ漸進的なやり方で、トラウマ記憶に徐々にアプローチしていくのだ。

複雑性を増すことで過剰なコヒーレンスを低下させる

意識（内省的で、マインドフルな、連想的な気づき）は、知覚や記憶、反応セットの異なる側面が処理される、脳内の幅広く分散された領域における同調的な電気活動の活性化に依存するようである。しかしながら、同調的な電気活動の過剰なコヒーレンスがあると、発作のようになったり、実際に部分的な複雑性の発作になったりすることが生じうる。特に子ども時代の虐待は、同調的な電気活動の過剰なコヒーレンスを生じることが知られており、側頭葉てんかん（Teicher, 2000）や、非てんかん性（偽性）発作を思わせるような症候群のリスクを高める。これらの症候群は、深刻な早期のトラウマを持つ人々において、一つの転換症状として生じる（Bowman, 2006；Bowman & Coons, 2000）。EMDRセラピーにおけるリズミカルな両側性の眼球運動や、代替の両側性感覚刺激のペースは、治療効果の必須の変数であることが観察されてきた（Becker et al., 1998；Maxfield et al., 2008）。Shapiro（1995, p.178）は、効果的でないトラウマ記憶の再処理が起こるときに最初にすべき手続きは、眼球運動の速度や方向、幅、高さを変えることであると提唱した。このような速度や他の特性の変更が、新たな定位（探索）反応を誘発することが概念化されうるとはいえ、それらの変更は脳の活性化された領域における電気活動のペースや位相の相互作用をもたらすと見ることも可能であり、そこでは記憶の不適応的なトラウマ的要素と適応的要素と対処反応のどれもが保持されている。感覚刺激の割合や他の特性の変更は、不適応的な記憶ネットワークが符号化される脳の領域の電気活動のテンポ

の変動を誘発したり、リズムと位相の相互作用を誘発したりすることで、脳波活動の過剰なコヒーレンスを減らしたり、複雑性を増したりするかもしれない。これは、低エネルギーのニューロフィードバック系（LENS：Ochs, 2007）によって生じるものと似たものといえるようだ。このような脳の活動の複雑性の増加は、新しい連合のパターンや新しい対処反応が現れる可能性を増してくれるのかもしれない。

随伴的要素：その他の要素の役割

情動的な自己調整のキャパシティやパターンは、養育者と乳児の間の随伴性のあるやりとり（contingency）の質により強く影響を受ける（Siegel, 2012）。発達の最早期に、乳児はシンプルな感覚的手がかりを頼りにしている。それらは、養育者の声のトーンやイントネーションの変化と表情の変化を基盤とした外的調整に左右される（Schore, 1996, 2001a）。トラウマ後ストレス状態では、内的な自己調整に失敗するので、サバイバーは自己調整を増強するために、外的な資源の利用可能性に依存するようになる。両側性の眼球運動（両側性の聴覚刺激や触覚刺激も同様）の役割は、単に機械的だとかリズミカルなだけではない。EMDRセラピーにおけるトラウマ記憶の効果的な再処理において重要な別の要素は、臨床家による**随伴的で臨機応変な応答の役割**である。臨床家は、クライエントの目が眼球運動のセットの途中で止まってしまったときには、それに応じて眼球運動を維持したり再開させたりするのを奨励するために、眼球運動の長さやペースを変えるように教えられている。臨床家は、「そうです」とか、「いいですよ」「ただ、気づいていて」のような非特異的で支持的な声かけを、両側性の眼球運動のセットの途中でするように教示されている。あるいは、眼球運動のリズムに合わせて、「そう、そう、そう」のように。音韻的・言語的な励ましのペースは、情動的・身体的な再体験の強度が増したときには、より重要となる。

このように、クライエントの表情や呼吸のパターン、皮膚の色などのわずかな（あるいははっきりした）変化に対して柔軟に応じることは、臨床家がクライエントの内的状態の変化に気を配っていて、関

第2章　適応的情報処理（AIP）モデル

心を持っており，支持的で，理解してくれている，とクライエントが感じるのに非常に大きな助けとなる。情動的・生理学的にもより強い記憶の処理が起こっている最中に，クライエントの覚醒が高まったときには，記憶の要素はクライエントの定位づけを圧倒したり，対処反応にアクセスしたりすることへの脅威になりかねない。先に視床の結合仮説について論じたが，トラウマをもたらした体験に加えて，関係性の関わりや，腹側迷走神経系の活性を活用できないときの過剰な覚醒は，より原始的な背側迷走神経系の反応の活性化を招き，結果として記憶ネットワークの各要素の解離に至る。高い交感神経系の活性化が起こっているとき，特に背側迷走神経系の活性化に関連する記憶ネットワークを扱っているEMDRの最中には，臨床家が偏りのない臨機応変（contingent）な反応によって適切に関わることが欠かせない。それによって，関係的な関わりや腹側迷走神経系の活性化を支えることができるのである。こうしたときに臨床家からのさまざまな反応は，単にトラウマ記憶と感覚による現在の刺激についての二重注意を維持することの助けとなるだけにとどまらない。そうすることによって，最大限の注意と反応性を持って，自分に合わせて反応してくれる支持的な人に見てもらっているという体験をもたらすのである。これらの臨機応変な反応は，自己体験の現れの根底にある，二者関係を通じた情動調整の最も基本的な側面を再構築する（Dworkin, 2005；Schore, 1994, 1996, 2001a）。

● 理論とデータ結果から刺激モードの違いによる効果を予測する

EMDR治療における両側性の眼球運動と聴覚的・触覚的刺激の効果の違いについては，極端に限られた統制研究のデータしかない。さらに，現存するデータは結論が先にあるようなものばかりである。これらは，臨床群ではなく健常者を対象に実験をしていたり，サンプルサイズやセルサイズが小さすぎたり，EMDRセラピーの治療プロトコルを完全に再現しないまま，両側性の眼球運動と代替の両側性感覚刺激を用いていたりする（Maxfield, 2003；Maxfield &

Hyer, 2002）。数少ない臨床的なEMDRセラピーの研究の一つでは，両側性刺激の代替手段を用いているが，聴覚刺激と触覚刺激の両方を組み合わせており（Servan-Schreiber et al., 2006），両側性の眼球運動を用いたEMDRセラピーと，眼球運動以外の左右交互の両側性刺激を用いたそれを比較しているわけではない。この研究では，断続的な左右交互の両側性刺激が，持続的な左右交互のあるいは断続的な左右同時の刺激よりも効果的であることを示したにすぎない。さまざまな実験研究と理論的考察に基づくと，どの刺激モードがより効果的であるかは対象者によって異なる，ということを信じるに足る理由がある。

本章の前半でレビューしたように，両側性の眼球運動は，非臨床群を対象とした実験研究において，苦痛をもたらす自伝的記憶の鮮明さや情動強度により強い効果を及ぼすこと，さらに速い眼球運動のほうが遅いものよりも効果が高いこと（Maxfield et al., 2008；van Veen et al., 2015），速すぎないほうが良いこと（Becker et al., 1998；Maxfield, 2004）が示された。他の実験研究（Andrade et al., 1997；van den Hout et al., 2001）では，両側性の眼球運動は自伝的記憶の鮮明度と情動強度を低下させるという点で，両側性の触覚刺激よりも効果的であることが示されてきた。Wilsonら（1996）による臨床研究では，両側性眼球運動による有意な精神生理学的効果が示されているが，タッピング条件ではそのような効果は見られなかった。van den Houtら（2010a）による実験研究では，両側性の眼球運動は否定的な自伝的記憶の鮮明度を低下させるという点で，両側性のビープ音よりも効果的であることが報告された。

眼球運動は，ワーキングメモリーのVSSPの視覚的要素と空間的要素の両方に特異的な影響を及ぼし，その結果として，記憶の鮮明度や視覚的要素の細部（Andrade et al., 1997），情動強度（van den Hout et al., 2010b）を撹乱させるようである。トラウマ記憶の視覚的な侵入的要素から逃れられないクライエントにとって，この効果はとりわけ救いになる。しかしながら，（おそらく，慢性の対人関係上の脅威に人生早期からさらされたことによって）外的な視覚的手がかりによって容易に気持ちが逸れやすくなっている

43

第Ⅰ部　EMDRセラピーの概念的枠組み

クライエントや，苦痛をもたらす記憶表象に十分にアクセスをかけてそれを維持する能力が制限されているクライエントにとっては，触覚的（または聴覚的）な両側性刺激の最中に目を閉じていることにより，記憶に十分なアクセスをかけたり，アクセスを維持することが容易になるだろう。このようなクライエントにとっては，左右交互の両側性の触覚的（または聴覚的）刺激は，両側性刺激の最中に目を閉じても大丈夫になるだけではなく，セルフコントロールの感覚を増進してくれるかもしれない。こうしたセルフコントロール感覚の高まりは，臨床家による臨機応変な対応によって臨床家に対する不安を減らし，また，臨床家の評価に対する恐怖を減らすことで，さらに増強できるだろう。閉眼時の両側性の聴覚刺激や触覚刺激の最中にセルフコントロールを高めたり，不安を低減したりすることは，記憶の視覚要素への影響は少ないとしても，ターゲット記憶のさまざまな要素の想起を容易にし，必要な情動的処理を促進してくれるだろう。いったん，これらのクライエントが効果的な再処理に到達すれば，臨床家は両側性刺激の間に目を開け続けるように誘うことができる。目を開けるのは，とりわけ，腹側迷走神経系から背側迷走神経系の活性化へのシフトが生じるリスクのある高いレベルの情動的覚醒のサインが見られたり，二重注意が失われてしまった可能性が示されたりするときにも用いることができる。

実験研究では両側性の眼球運動だけが（両側性の触覚刺激や聴覚刺激にはない），エピソード記憶や自伝的記憶のさらなる想起を増強し，新しい連想につながる傾向を高め（Christman et al., 2003；Christman et al., 2004；Propper & Christman, 2008），記憶の処理を増強する脳の活性化の変化を作り出すことが知られている（Christman et al., 2003, 2004, 2006）。代替の触覚・聴覚的両側性刺激が，半球間・半球内効果を通じて，あるいは視床による結合を通じて，どの程度の統合を促進できるのかということは研究されてこなかった。EMDRにおいて両側性の触覚刺激を使用することは，あまりに急速に解離や他の防衛の障壁を突破せずに，苦痛をもたらす他の記憶要素や他の記憶群を急速に想起するリスクを低減する可能性がある。同時に，ターゲット記憶の構成要素の鮮明度や情動

強度を低下させるという，両側性の眼球運動が持つ利点も部分的には備えていると想定される。これは複雑な事例においては有利であると思われるが，これらの多面的な臨床的印象が適切かどうかは，統制研究が必要である。

高いレベルの恐怖や，軽度から中程度の離人感があり，過剰な覚醒状態に陥る傾向のあるクライエントにとっては，感覚刺激の密度を高めることが役立つだろう。つまり，触覚刺激を加えたり，視覚＋聴覚刺激を同時に与えたり，聴覚＋触覚刺激を同時に与えたりすることである（Servan-Schreiberら（2006）で行われたように）。このように多重モードの感覚刺激の密度を追加していくことは，クライエントが恐怖感情や無力感，凍りつき反応の再体験のなかに迷い込んでしまうことなく，今ここの感覚に対するより強い二重注意を維持するのを助けてくれるだろう。

本章のまとめ

実験研究や臨床研究の包括的な結論は，両側性の眼球運動を用いたEMDRセラピーは，機能不全的に保存された自伝的記憶の鮮明度や情動強度を低下させ，（以前には苦痛をもたらしていた自伝的記憶を考えているときの）精神生理学的な脱覚醒を生み，自伝的記憶への（適正な）アクセスを高め，認知的な柔軟性を増し，半球間・半球内の活性化を増加し，視床による結合や最適化された前頭の活性化を通じて，脳の至るところで起きるダイナミックな神経ネットワークの同期化を増し，それによりメタ認知的な能力（capacities）やマインドフルな気づきをサポートする。こうした力強い効果は，構造的解離の防衛を中和する力があるようであり，顕著な治療効果をもたらす。同時に，準備が不適切だったクライエントにおいては，重篤な代償不全をひきおこす可能性がある（Gonzalez & Mosquera, 2012；International Society for the Study of Trauma and Dissociation, 2011；Paulsen, 1995）。落ち着く場所技法やRDI（Korn & Leeds, 2002；Leeds, 2009）に関して，提唱されてはいるがほとんど研究されていない効果を第6章で論じるが，これは両側性の眼球運動や触覚的・聴覚的刺

激の効果に由来するのかもしれない。その効果は，精神生理学的な覚醒を低下させ，適応的なイメージや自伝的記憶の想起（と続いて起こるアクセス）と，半球間・半球内活性化の増加，より柔軟な注意の方向づけと行動をひきおこす，最適な前頭の活性化を増強する。

　両側性の眼球運動を用いた EMDR セラピーに比較すると，両側性の触覚刺激を用いた EMDR セラピーは，強力ではないが同じように自伝的記憶の鮮明度や情動強度，精神生理学的な覚醒レベルを下げるという効果を持っている。両側性の眼球運動と比較して，両側性の触覚刺激は自伝的記憶に対してのアクセスを増加させることはないか，あっても微小であるようだ。両側性の聴覚刺激を用いた EMDR セ

ラピーは（両側性の眼球運動や両側性の触覚刺激のどちらと比較しても），自伝的記憶の鮮明度や情動強度を弱める効果は最小であり，自伝的記憶へのアクセスを増すという効果も最小限であるようである。EMDR セラピーで用いられる両側性刺激のこれら三つのモードの異なる効果について，実験研究と臨床研究がともに必要である。実験研究では，EMDR セラピーの背景にあるさまざまなメカニズムの効果および，それらの関連性をはっきりさせることが課題である。臨床研究では，EMDR セラピーで用いられるさまざまな両側性刺激のモードから最も多くの恩恵を得ることができるのは，それぞれどのようなクライエントであるのかを検討することが重要である。

第3章

EMDRセラピーの標準8段階モデルと3分岐プロトコルの概要

眼球運動による脱感作と再処理法（EMDR）は，原理，手続き，およびプロトコルを包括した統合的心理療法アプローチである（Shapiro, 1995, 2001）。第2章では，適応的情報処理（AIP）モデルの根拠とEMDRセラピーの適用原則を紹介した。心理療法へのEMDRのアプローチは，八つの段階からなるといわれている（EMDRIA, 2015a；Shapiro, 1995, 2001）。本章では，EMDRセラピーの標準8段階モデル（表3-1に要約）と，3分岐プロトコルの概要について説明し，この治療マニュアルで扱う診断群に特有の治療プロトコルの枠組みを提供する。とはいえ，標準8段階モデルで，準備段階（第2段階）に行うと説明されているタスクの一部は，ほとんどの場合，生育歴・病歴聴取（第1段階）で行うものと重なり，場合によっては後の段階まで及ぶ。これは主に，安定化や資源構築の介入をクライエントに行う必要性が幅広いためである。EMDRセラピーの標準8段階モデル（Shapiro, 1995, 2001）では，こうしたスキル構築の介入は，準備段階（第2段階）で行うものと説明されている。実際の臨床実践では，クライエントの多くは，生育歴・病歴聴取および治療計画立案（第1段階）の前および，その最中に準備が必要であり，また，トラウマとなっている出来事の記憶を再処理している間にも，安定化の介入に戻る必要があるだろう。さらに，3分岐プロトコルに基づく治療計画の一般原則を，最初から**反転プロトコル**（Hofmann, 2004, 2005, 2010）と入れ替えなくてはならない臨床状

況についても簡潔に触れる。反転プロトコルとは，まず未来におけるターゲットの再処理から始め，その次に現在の刺激を扱い，そして，有意な治療効果が得られてはじめて過去のターゲットに取り組む，という治療計画のことである。

後の各章では，標準EMDRセラピープロトコルの各治療段階で使用される手続きの詳細な説明と，このアプローチの土台となる原則を統合し，具体的な臨床例を提示している。全体的な治療計画ならびに個々のセッション計画と記録用書式を提供し，さらに，心的外傷後ストレス障害（PTSD），特定の恐怖症，およびパニック障害のための標準EMDRセラピー手続き段階と，標準EMDRセラピープロトコルに忠実で効果的な臨床判断を支える手順を図示し，検討していく。

第1段階：
生育歴・病歴聴取，選択，治療計画

第1段階では，包括的な治療計画を立てるために必要な情報を収集することから始める。情報には，クライエントの治療目標の特定，主訴，医学的・社会的・経済的・法的・精神医学的な問題のスクリーニング，包括的で協働的な治療計画を作成するのに十分なクライエントの生育歴・病歴の理解を深めることが含まれる。スクリーニングと生育歴・病歴聴取の範囲は，**インデックストラウマ**[†11] 以前の社会適

---

†11　主訴とされているトラウマ的出来事。

第３章　　EMDR セラピーの標準 8 段階モデルと 3 分岐プロトコルの概要

表 3-1　EMDR 療法の 8 段階

段階	目標	課題
第 1 段階： 生育歴・病歴聴取	●治療同盟の確立 ●心理社会的経歴と病歴収集 ●治療計画とケースフォーミュレーションの作成 ●除外基準による除外	●物語形式または構造化による生育歴・病歴の入手 ●症状の客観的評価を行う ●再処理のためのターゲットを同定する 　①現在の症状と因果関係のある過去の出来事 　②現在の引き金 　③未来の目標
第 2 段階：準備	●セラピーへのインフォームドコンセントを得る ●心理教育の提供 ●セルフコントロール法の練習 ●クライエントに毎週の日誌を始めてもらう ●治療同盟の強化	●トラウマに基づく EMDR セラピーの課題にクライエントを方向づける ●再処理中のマインドフルな気づきのためのメタファーを提供する ●セルフコントロール法がクライエントに役に立っていることを日誌から確かめる
第 3 段階：評価	●EMDR 再処理計画から選ばれたターゲットの主要な面にアクセスする ●SUD と VoC のベースラインを得る	●イメージ，現在の否定的信念，望ましい肯定的信念，現在の感情と身体感覚を引き出す ●SUD と VoC のベースラインを記録する
第 4 段階：脱感作	●SUD＝0 によって示される適応的解決までターゲット体験を再処理する	●両側性刺激のセットを与え，クライエントの短い報告によって変化を評価する ●進歩を評価し，残留素材を特定するために，定期的にターゲットに戻る ●明らかにブロックが起こっている場合だけ，さらに介入を加える
第 5 段階：植えつけ	●望ましい信念をはっきり意識してターゲットの再処理を続ける ●VoC＝7 で示されるような望ましい信念を記憶のネットワークに完全に統合する	●望ましい肯定的信念とともにターゲットに集中している間，両側性刺激のセットを与える ●VoC＝7 または「生態学的な」6 に到達するまで続ける
第 6 段階： ボディスキャン	●ターゲットに結びつくわずかな残余的苦痛も完全に再処理されているか確かめる ●クライエントがより高レベルの統合に到達できるようにする	●残っている身体感覚の再処理にクライエントが集中している間，両側性刺激のセットを加え，体感が中性的または肯定的感覚のみになるまで継続する
第 7 段階：終了	●各再処理セッションの終了時に，クライエントの安定性と，現在への方向付けを確実にする	●安定性と現在への方向付けを確実にする必要があるなら，セルフコントロール技法を使う ●治療効果についてクライエントに概要を伝える ●次のセッションまで自己観察日誌をつけるよう要請する
第 8 段階：再評価	●治療計画のすべての側面が処理されているか確認する	●クライエントの日誌の報告に基づいて必要に応じて治療計画を調整する ●安定した治療効果を確保するためにターゲットを再確認する

SUD（Subjective Units of Disturbance：自覚的苦痛単位），VoC（Validity of Cognition：認知の妥当性）
（From *EMDR Institute Training Manual*, by F. Shapiro,〈Jan, 2008 & Jan, 2005〉Watsonville, CA：EMDR Institute. Copyright 2008, 2005 by EMDR Institute. Adapted with permission. From *Handbook of EMDR and Family Therapy Processes*〈pp.3-34〉by F. Shapiro, 2007, Hoboken, NJ：Wiley. Copyright 2007 by Wiley. Adapted with permission.）

応，臨床像の複雑さ，幼少期の体験と発達の質，トラウマ歴の程度と種類，愛着状態および現在の環境の安定性を含む多くの要因によって決まる。

　EMDR セラピーは時間効率のよい療法であるという実証的証拠と理解が広くいきわたっているために，クライエントは再処理段階にすぐに入ることを期待したり，そう要求するかもしれない。しかし，臨床家は，プレッシャーを感じてこの治療段階を端折ったり省略したりせず，十分に生育歴・病歴を聴取することが重要である。急いで再処理に入ってしまうことで，次のような潜在的な課題や禁忌を見落とす可能性がある。

第Ⅰ部　EMDR セラピーの概念的枠組み

- 医学的危険因子の評価や，精神医学的症状の安定を助ける薬物治療の必要を査定するために医師に紹介する必要性。
- 診断が確定していない解離性障害の徴候。
- 不適応的な緊張緩和行動（たとえば，物質乱用，自傷，ハイリスク行動）の危険性に対処するため，より幅広い安定化の必要性。
- より脆弱，もしくは不安定なクライエント特有のニーズに適した治療同盟を築くために，より多くの時間をかける必要性。

　一方，EMDR 国際学会（EMDRIA）認定の EMDR セラピー・ベーシックトレーニング（EMDRIA, 2015a）を修了した臨床家は，ただ単に自分自身のスキルをめぐって個人的な不安や疑念を感じるという理由だけで，EMDR セラピーの恩恵を得られるクライエントに EMDR セラピーを行うのを控えるべきではない。Edmond ら（1999）による対照群を置いた比較試験では，EMDR セラピーのトレーニングを受けたばかりの臨床家が，自分の EMDR セラピースキルに自信を持てないか，EMDR セラピーについて懐疑的であったとしても，標準的手続きに適切な忠実性を保っている場合には（たとえば，必要に応じて用意しておいたスクリプトを読むことによって），EMDR セラピーの経験が豊富で自信を持つ臨床家が，EMDR 再処理の手続きをより低い忠実性で実践する場合よりも，セラピーの有効性がより高くなることが立証されている。

　EMDR セラピーにおける専門的能力の開発を取り巻く課題は，第Ⅴ部（第 16 章と第 17 章）で考察する。

　適切な治療計画を確実にするには，生育歴・病歴を十分に入手しなければならない。たとえば，Lazarus と Lazarus（1991），そして McCullough（2001）が述べるような多面的評価の実施を奨励する。生育歴・病歴聴取，およびクライエントのスクリーニングと選択の問題は第 4 章と第 5 章で詳述する。ここでは，考慮すべき特定の注意事項をいくつか述べる。

解離性障害

　トラウマターゲットまたは資源の植えつけのために EMDR 再処理を加える前に，解離性障害の可能性をスクリーニングすることは，きわめて重要である。『精神障害の診断・統計マニュアル』に記述されている解離性障害は，離人感／現実感消失障害，解離性健忘から身体表現性解離性障害，解離性同一性障害に及ぶ（5th ed.：DSM-5：American Psychiatric Association, 2013）。解離性障害の診断基準を満たしながら，EMDR 処理の前にはそれらが認識されていなかったクライエントの場合，EMDR セラピーが連想の連鎖に急速な触媒作用を及ぼし，解離の防壁が破られ，クライエントを不穏な身体感覚，感情，およびトラウマイメージで氾濫させる可能性があるという報告がある（Paulsen, 1995）。これは，クライエントを再び傷つけるだけでなく，潜在している危険な衝動，つまり行動化，自殺未遂，自殺行為，攻撃的行動をも引き起こしうる。EMDR セラピーは，解離性障害のクライエントの治療にうまく組み入れることができる（Gonzalez & Mosquera, 2012；国際トラウマ解離研究学会, 2011；Knipe, 2014；Lanius et al., 2014）のだが，EMDR セラピーおよび解離性障害の治療は共に，適切な専門教育，トレーニング，スーパービジョンの経験を有する者によってのみ行われるべきである（Fine et al., 1995；Lazrove & Fine, 1996；Paulsen, 1995；van der Hart et al., 2013, 2014）。

抑うつ

　PTSD のクライエントは，不安と抑うつ症状を伴う過覚醒および回避のエピソードを周期的にくり返しやすいので，抑うつ気分それだけでは，標準 EMDR セラピープロトコルの使用が禁忌となる訳ではない（van der Kolk et al., 1996b）。EMDR セラピーは PTSD にも部分的 PTSD 症候群にも関連する抑うつ症状を軽減するという，対照研究からの実証的データがある。たとえば，Wilson ら（1995, 1997）を参照のこと。さらに最近の研究は，EMDR セラピーが大うつ病性障害に有効な補助的あるいは主要な治

療となりうることも示唆している。(Hase et al., 2015；Hofmann et al., 2014)

すべての抑うつ症状が心的外傷後症候群と関連するわけではない。抑うつがより深刻なクライエントには，多くの場合，心理療法に十分に参加できるくらい安定するのに抗うつ剤が役に立ち，また，必要となることがある (Feldman, 2007)。親の慢性的な抑うつ状態のために生じた幼少期のネグレクトを生き延びてきた人は，早期発症の抑うつ，あるいは生涯にわたる気分変調症や，反復性の大うつ病性障害を呈する可能性がある。たとえば，養育者が抑うつ状態であるための不十分な愛着体験は，遺伝的要因に比べて，10代での早発性うつ病の強力な発症因であることが示されている (Tully et al., 2008)。

このような人たちは，満足な「病前」期を一度も経験したことがないかもしれず，それゆえ，標準EMDRセラピー（PTSDプロトコル）に積極的に反応するために必要な適応的資源がほとんどないという可能性がある。こうしたクライエントのなかには，資源の開発と植えつけという特別なアプローチが有用であるという報告 (Ichii, 2003；Korn & Leeds, 2002；Leeds, 1997；Wildwind, 1994) があるが，このアプローチの有効性，リスク，および適用範囲を査定するための対照研究が必要である。自殺予防，もしくは，自殺企図のための入院歴を含め，自殺のリスクがあるクライエントには慎重な管理が必要である (Mosquera, 2014)。このようなクライエントへの再処理は，適切なトレーニングと経験を持つ臨床家だけが行うべきである。特定のケースでは，安全な環境での集中的な作業を可能にする入院もしくは施設治療が，実際的な選択肢となる。

早期ネグレクトと虐待体験が広汎にわたる一部のクライエントは，最初からトラウマ再処理に基づくアプローチに取りかかると，苦痛に圧倒されるかもしれない。このようなケースでは，治療の初期段階で，マインドフルネスやその他のセルフキャパシティの開発に基づくスキルに焦点化した治療アプローチや，自己と愛着に対する中核的信念の修正 (Fonagy et al., 2002；Gold, 2000；Korn & Leeds, 2002；Linehan, 1993；Segal et al., 2002) を行うことが適切であろう。一方，早期ネグレクトと関連してセルフキャ

パシティが機能不全である一部のクライエントにとって，特定の限定的なトラウマ関連症状は，標準的なEMDRセラピー（PTSDプロトコル）の改訂版を用いて解決できることがあると臨床経験は示している (Mosquera & Gonzalez, 2014；Mosquera et al., 2014)。どのようなクライエントに長期安定化の介入が必要か，あるいはEMDR再処理を早期に適用するほうが利益を得るのかを識別する基準は，第5章と第6章で検討する。EMDRセラピーのトレーニングを受けたばかりの臨床家は，再処理のためのクライエントの安定性と準備性に確信が持てないケースについては，コンサルテーションを受ける必要があるだろう。

● 成人愛着状態，感情変化耐性，感情強度耐性

感情の状態および強度の変化に耐える能力は，しばしば，自我強度という概念に組み込まれたり (Frederick & McNeal, 1999)，セルフキャパシティとして説明される (McCann & Pearlman, 1990)。これらの能力の評価は，標準EMDRセラピープロトコルを始める前の準備性評価の中心となる。第5章では，以下のツールと原則を詳細に説明している。トラウマ症状調査票-2 (Trauma Symptom Inventory-2：TSI-2：Briere, 1995；Runtz et al., 2008) と Inventory of Altered Self-Capacities (IASC：Briere, 2000) は，こうした懸念事項の程度を把握できる自己報告尺度である。成人の愛着状態 (Cassidy & Shaver 1999；Main, 1996) は，感情の強度と変化への耐性と連動して異なる傾向がある。成人の不安定型愛着は，明らかに中核的信念における特異的な障害と関係がある。治療目標，戦略，およびケースフォーミュレーションは，成人の**愛着分類**の臨床評価によってしばしば方向づけられる。安定した家族や婚姻関係を持つクライエントの多くが不安定型愛着に当てはまるので，成人の愛着状態と成人の対人関係のあり方とは混同されるべきではない (Slade, 1999；Stein et al., 1998)。

第Ⅰ部　EMDR セラピーの概念的枠組み

不適応的スキーマ，感情恐怖症，強固な防衛

　スキーマ理論（Young, 1999）は認知行動療法を拡張したもので，不適応的行動と信念パターンが浸透しているクライエントとの取り組みのために開発された。Young のモデルにおいて，スキーマは，自分自身や他者との関係についての記憶，身体感覚，感情，信念で構成されている。スキーマ理論と AIP モデルの不適応的記憶ネットワーク概念には，重要な類似点がある。スキーマ理論は，幼少期における一定の中核的な欲求が満たされていないときに，不適応的スキーマが形成されると主張する。スキーマ療法は，認知的，行動的，愛着，対象関係，そして経験的アプローチを包含している。クライエントのスキーマプロフィールを査定する自己評価質問紙が，いくつか公表されている。巻末の参考情報で質問紙の入手方法を説明している。Young ら（2002）は，スキーマ焦点化療法と EMDR セラピーを組み合わせることによる潜在的利点について述べている。

　クライエントの中核的スキーマが機能不全であるとき，より強固な防衛を示したり，パーソナリティ障害の基準を満たす可能性が高い（American Psychiatric Association, 2013）。その結果，セラピーはより複雑で長期にわたる傾向がある。Leigh McCullough のテキスト（1996），*Changing Character：Short-Term Anxiety-Regulating Psychotherapy for Restructuring Defenses, Affects, and Attachment* では，パーソナリティ障害の問題を持つクライエントが防衛を再構成するための力動的モデルが記述されているが，EMDR セラピーと大いに両立できる。彼女のテキストは心理療法の文献への多大な貢献であり，Silvan S. Tomkins の情動理論の最良の要約の一つを含んでいる。この研究に裏づけられたアプローチは，治療マニュアル（McCullough et al., 2003）に詳しく記載されている。クライエントがパーソナリティ障害に特徴的な強固な防衛を示すとき，EMDR の治療計画では，セルフキャパシティとスキーマの観点から，クライエントに最も必要で，取り組みに最も耐えうるターゲット配列を慎重に考慮する必要がある。こ

の問題については後の章で触れるが，より複雑なケースに EMDR セラピーを適用する方法を詳述することは本書の範囲を超えている。Mosquera と Gonzalez（2014），Mosquera ら（2014），Mosquera と Knipe（2015）を参照のこと。

治療計画と 3 分岐プロトコル

　第 1 段階は生育歴・病歴聴取と治療計画の段階である。ここで臨床家は，EMDR セラピーモデルでは**ターゲット**と呼ばれる，治療に適した焦点を同定する。EMDR セラピーの標準モデルにおいて治療を組み立てるための基本計画は，3 分岐プロトコルと呼ばれる（Shapiro, 1995, 2001）。3 分岐とは過去，現在，未来であり，EMDR セラピーの標準モデルでは，その順序で取り組まれる。過去分岐におけるターゲット選択では，臨床家とクライエントが症状の土台を形成していると見なされる過去の出来事を同定し，優先的に再処理を行う。EMDR セラピーの標準モデルでは，過去のターゲットが再処理された後にのみ，現在の分岐に注意を向け，病的反応を依然として引き起している現在の刺激を再処理する。

　現在の刺激に対する不適応対処反応のきっかけ，状況，頻度および強度などのベースライン情報は，インテーク時に確認され，クライエントの日誌からのフィードバックを使って，治療の間じゅう留意される。これについては第 6 章で説明する。過去のターゲットが解決されたら，主症状と現在の刺激をチェックして，機能不全の原因が残っていれば現在の分岐からターゲットを選択し，再処理する。プロトコルの三つ目の分岐では，クライエントが将来必要とするであろう新しいスキルとアイデンティティが，クライエントの対処能力と自己概念にしっかり統合されるよう，**未来の鋳型**として再処理される。

　同定された過去のトラウマ的出来事と現在の引き金は，すべて個別に再処理される必要があるとは限らない。相互に関連のあるトラウマ的な出来事および刺激がクラスターにまとめられ，同時に代表的なターゲットが再処理されると，治療効果の般化によって，代表的なターゲットに関連する複数のターゲットの機能的解決と，広い範囲での症状の軽減が

50

もたらされる。このことは臨床経験と対照研究によってくり返し示されている。再処理するターゲットの選択と順序についての戦略は，第4章で説明する。

第2段階：準備

セラピーの第2段階では，臨床家はいくつかの方法でクライエントの準備を進展させていく。

● 治療同盟

最も重要なことは支持的な治療同盟を確立することである。真の協力関係は，クライエントと臨床家との間に率直で偽りのないコミュニケーションを可能にする。適度に心が開かれるのに要する時間は，クライエントの過去の信頼スキーマの傷つきの程度と解決すべき問題の質によって大いに異なり，2～3回のセッションから数カ月までかかることがある。

● 心理教育と治療へのインフォームドコンセント

クライエントには，治療の選択に関するインフォームドコンセントを行うために，十分な情報が与えられる。それには，手続きの説明，治療の理論的根拠，EMDRセラピーに対して報告されている一般的ならびに稀な反応，そして，クライエントの生育歴・病歴や危険因子にとって妥当性があるその他の治療法の説明が含まれる。

● 比喩（metaphors）とモデル

治療プロセスについての有用な比喩とモデルを提供してクライエントに見通しを与え，新しい経験を取り入れる不安を軽減していく。

● 両側性刺激の紹介

クライエントがEMDR再処理で使用される両側性の眼球運動を確実に実施できるよう，臨床家は両側性の眼球運動を紹介し，さまざまな速度や方向を試す。眼球運動が不快感を引き起こしたり，使用できない場合には，両側性のタッピングや音（聴覚刺激）を試行する。通常，臨床家は両側性刺激を簡単に試したあと，安全な場所のエクササイズや資源の植えつけを行う。

● セルフコントロール

現在の機能の安定性を高める（あるいは確立する）ために，さまざまなセルフコントロールの手続きをクライエントに教える。これには，構造的呼吸法，リラクセーションやグラウンディングエクササイズ，自己観察スキル，感覚フォーカシング，誘導イメージ法の練習が挙げられる。セルフコントロールの練習の一環として，また，肯定的体験に両側性刺激を導入するために，EMDRセラピストのほとんどは，準備段階のなかでクライエントに落ち着く場所のエクササイズを教えたり，資源の開発と植えつけ（RDI）を実施する。

● ストップサイン

クライエントは，トラウマ記憶の再処理中のコントロール感覚を高めるために，ストップサイン（手振り）を教えられる。ストップサインは，たとえば「やめて」とか「つらすぎる」といった再処理中の言語反応をめぐる誤解を減らすのにも役立つ。多くの場合，このような言葉での表現は実際に再処理をやめてほしいという意味ではなく，記憶に登場している人物に向けられているか，現在の苦痛レベルの表現を反映している可能性がある。一方，ストップサインは，電車の緊急停止コードのように明瞭な合図であり，すぐに両側性刺激による再処理をやめてほしいというクライエントの要求を示す。

標準EMDRセラピー（PTSDプロトコル）の第2段階で必要な作業の範囲は，それぞれのクライエントの特徴に応じて大きく異なる。単回性エピソードのクライエントで，発症前の適応が良好な成人の場合，安定性と準備性を確保するための準備段階は，たった1回のセッションで終わるかもしれない。複雑性PTSD（Herman, 1992a, 1992b）に苦しむ，たとえば監禁や拷問といった長期に及ぶトラウマの成人サバイバーには，十分な安定化やセルフコントロールおよび情動調整法を適切に使えるようになるために，準備段階でより多くの作業が必要になるだろう。幼少期早期からのネグレクトによって複雑性PTSD

第Ⅰ部　EMDR セラピーの概念的枠組み

や不安定型愛着関連症候群（Barach, 1991；Gold, 2000；Liotti, 1992；Main, 1996）に苦しんでいる成人サバイバーにとって，準備段階は長期間にわたるものとなり，それ自体が治療の中心となるまでに拡充する必要もあるかもしれない。このようなクライエントには，多くの場合，セルフケアのために基本的なセルフキャパシティを開発し，否定的および肯定的情動における変化と強さに耐え，自傷や自殺行為への衝動を抑制するために，広範囲の支援が必要である。

● 第 3 段階：評価

　評価段階では，セラピストはクライエントに再処理するターゲットを選択するよう導く。ターゲットは，ケースフォーミュレーションと治療計画に基づいて同定された一連のターゲットから選ばれる。選択されたターゲットの不適応的記憶ネットワークの主な要素が，最も代表的なものとして特定される。それは，イメージ，信念，感情，および感覚である。ターゲットのベースライン評価は，評価段階でも行われる。これらの手続きステップの構成要素，各ステップのために工夫された文言，およびその配列は，臨床家たちの幅広く何年にもわたるフィードバックに基づいて，一連の標準的手続き（Shapiro, 1995, 2001）として最適化されている。その有効性はメタ分析によって認められている。標準的な手続きをより高い忠実性で実施した場合に，より顕著な治療効果が得られるということが示されている（Lee & Cuijpers, 2013；Maxfield & Hyer, 2002）。両側性の眼球運動または代替の両側性刺激による再処理に先行して，評価段階の各手続きステップは治療過程に必要不可欠な部分であり，全般的な治療効果にさまざまに寄与することを心にとめておくことは重要である。

　選択された治療ターゲットについての要素把握および評価は，その体験の最も情緒的に苦痛な部分の視覚イメージを同定することから始まる。視覚イメージがないときは，音や臭いなど，ターゲットを表す他の感覚記憶を選ぶ。未解決のトラウマ記憶の感覚的側面は，主に右半球に貯蔵されていると報告されている（van der Kolk et al., 1997）。

　次に，臨床家は，クライエントがその体験の結果

として持つようになった，自己に関しての中核的で否定的属性を同定するのを手伝う。これは，否定的認知（NC）と呼ばれる。EMDR セラピーでは，NC は次のようなきわめて否定的な自己評価のことである。

　（1）「私が悪い」
　（2）「私は価値がない」
　（3）「私は愛されない」
　（4）「私は無力だ」

　心理学的には，このステップはクライエントにとって，体験の認知的解釈の非合理性を認識するのに役立つ。神経学的には，クライエントの左半球におけるブローカ領域の活性化を求めている。この部位は，内省的，意味論的自己陳述を組織化する左眼窩前頭皮質（Schore, 1994）と同様，トラウマ記憶が活性化されたときに機能が阻害されることが明らかになっている（Rauch et al., 1996）。NC は，機能不全の記憶ネットワークの別の面，すなわち不穏感情を活性化するために，イメージと併せて評価段階の後半で使われる。

　次のステップでは，クライエントが苦痛を伴う体験との関係で，より適応的な自己の属性を開発するのを手助けする。この，より適応的な自己陳述は，肯定的認知（PC）として知られている。PC は，次のような肯定的な自己評価である。

　（1）「私はできる限りの努力をした」
　（2）「私は価値のある人間だ」
　（3）「私は十分に愛される」
　（4）「私は自分を守れる」

　PC を開発することで，心理的にもともとの評価とは相容れない修正情報が取り入れられる。PC を同定するプロセスによって，それと結びつく適応的記憶ネットワークを部分的に活性化することができる。PC はまた，セッションの治療目標を示し，感情をかき立てる素材の再処理を続けるようクライエントを励ますのに役立つ。神経学的には，PC を導き出すことは，脳の左半球と左前頭前野を媒介する

領域を活性化させることをクライエントに求める。この領域は，感覚に基づく体験とはあまり連結しない分析的能力を備えており，より象徴的で概念的な情報処理を提供してくれる（van der Kolk et al., 1997）。臨床的には，PC を引き出して評価するプロセスは，クライエントがどれほど肯定的な見通しをイメージできるかを臨床家が査定するのに役立つ。慢性あるいは複雑性 PTSD のクライエントにとっては，半球間抑制の深刻さ（Teicher et al., 1997）から，適切かつ生態学的に妥当な PC の同定は困難となりうるだろう。しかし，それは治療の最重要な部分でもある。

　クライエントは，適応的な陳述が 1（完全に誤りと感じる）～7（完全に本当であると感じる）の尺度で，どのくらい本当であると**感じる**かを評価するよう求められる。認知の妥当性（VoC）を評価する間，クライエントは，左半球を活性化する PC と一緒に，右半球を活性化する不穏なイメージを意識し続け，かつ，前頭葉の活性化を必要とする情動の評価を行うよう求められる。この VoC ベースライン評価は，セッションの後半で治療効果を評価するためのさらなる評価基準となる。このベースライン基準は，トラウマ素材の再処理を複数の治療セッションにわたって延長しなければならない場合に特に有用である。VoC が 7 に向かって部分的にしか増加しなくても，クライエントが困難な素材を通して漸進しているという証拠を得られるからだ。

　ここで注目すべきことは，評価段階における手続きステップの最初の一連の手続きは，選択された視覚イメージを好ましい信念と結びつけるクライエントの能力を促進することである。事前にこうすることによって，トラウマ素材に結びついている不穏な感情がはっきりと刺激される。そして強烈な情動覚醒が起きる可能性が減らされる。

　次にクライエントは，選択したイメージと NC に集中して，現在体験している感情を挙げるよう求められる。現在の感情を明確に指定することで，進捗評価に役立つさらなるベースライン情報が確定される。トラウマ記憶の再処理中に，トラウマ記憶に対する感情反応が何度か変化することは珍しいことではない。セッションの終わりに，全般的な感情障害レベル（後述の自覚的苦痛単位〈SUD〉を参照）が変化しない（または増加する）場合，セッションの感情反応のベースラインを知ることで，クライエントと臨床家は前進しているかどうかを明らかにすることができる。たとえば，感情反応では，セッション開始時の激しい恐怖と無力感が，セッションの終わりには怒りに変わっているかもしれない。NC だけでなく，現在のベースラインの情動を知ることは，臨床家として必要な支援を提供したり，効果的な再処理を妨げる可能性のある潜在的信念を特定する助けになる。

　現在の情動を同定したら，クライエントは，特定の記憶や状況が 0（穏やかまたは苦痛がない）～10（クライエントが想像できる限り最大の苦痛）の尺度で，**今**，どのくらい苦痛を感じるかを評価するように求められる。この SUD 尺度（Shapiro, 1995, 2001；Wolpe, 1958）は，1 回から複数の治療セッションにわたって，治療反応を観察する際に，クライエントにも臨床家にとっても有益なベースライン情報を与える。たとえば，感覚イメージ，否定的自己表現，不穏な情動，および身体感覚の変化が，ほとんど，あるいはまったくないと報告されるような珍しい状況では，SUD 尺度上の強度の変化が，再処理が起こっているか否かを示す唯一の証拠になることがある。

　最後に，クライエントは，今の苦痛を身体のどこに感じるかを報告するよう求められる。特定された身体の場所は，身体接触や傷害の記憶，もしくはトラウマ記憶に呼応した身体的反応や衝撃の記憶とともに，上述の感情要素と対応していると考えられる。再処理前および再処理中に身体感覚の場所を同定することは，記憶ネットワークの未解決な側面をさらに活性化する。身体の場所を尋ねることは，クライエントが何かを本当に感じているのかを確かめるのに役立つ。クライエントが臨床家からの問いを単に満たすためだけに，ありそうな感情を適当に挙げているかをチェックできるのだ。身体部位を言葉で特定することで，クライエントにとっては，判断や詳細な説明をせずに再処理中に起きていることを観察していくあり方が得られる。この，マインドフルな気づきという観察姿勢は，何かが感じられている身体の**場所**に気づくことをクライエントに求めるだけであるが，治療目標に向かっての前進となる。多く

第Ⅰ部　EMDR セラピーの概念的枠組み

のクライエントが経験するが，それは，トラウマ記憶の苦痛に満ちた側面の再体験を回避しようとして，自己判断あるいは過度な言語化にとらわれる傾向を軽減するのに役立つ。

クライエントによっては，評価段階の最後のステップで言語化される身体感覚の場所は，不適応的記憶ネットワークのまったく異なる側面を表している場合がある。身体感覚それ自体が，関連する感情の一側面を表しているかもしれない。それらは，おそらくトラウマとなった出来事の最中に引き起こされた感覚記憶につながっている可能性がある。身体感覚はまた，その出来事があったときに意識の外で生起していた生理的，行動的反応（Lang, 1977, 1979），もしくは衝動行為の記憶を表しているかもしれない。ケースによっては，もっと早い生育歴聴取の段階でこうした反応や衝動行為について尋ねることが，その後の再処理中に対処する必要がある不適応的記憶ネットワークの重要な側面を同定するのに役立つ。とはいえ，評価段階では通常，報告された感覚の場所が実際どのようなカテゴリーかを見きわめるための詳しい質問を行うことは，必要でも有用でもない。むしろ，クライエントが感覚の場所を見つけ出せることを確認できれば十分である。

● 第 4 段階：脱感作

EMDR セラピーの次の三つの段階（脱感作，植えつけ，ボディスキャン）は，情報処理を強化するための諸手続き要素（Shapiro, 1995, 2001）とともに，両側性眼球運動あるいは代替の両側性刺激が取り入れられ，総称して再処理と呼ばれる。不適応的記憶ネットワークの一部あるいはすべての側面は，これら三つの段階を通して同時に変化する可能性がある。それは，感覚記憶の鮮明さや内容の変化，情動の質や強さの変化，記憶をめぐる自己評価と考えの変化，身体感覚の特徴と場所，行為の衝動の変化である。これらはクライエントから報告されるか，臨床家によって観察される。

両側性眼球運動（あるいは代替の両側性刺激）を始める直前に，扱われるターゲットが想起されて評価されると，臨床家はターゲットの重要な要素を簡潔に言い直して活性化されていることを確認し，そしてクライエントに，個人的予見を避け，両側性刺激の間は何が起こってもただ気づいているように求める。EMDR セラピーの三つの再処理段階全体を通して用いられる手続きは，治療過程全般にわたりクライエントの安定性と安全感およびコントロール感覚を維持しながら，治療効果の効率を高めようとするものである。たとえば，両側性刺激を始める前の「何が起こっても起こるままにしていてください」（Shapiro, 2001, p.145）という教示は，トラウマやその他の記憶と関連して自然に生じる連想に注意深く気づくことを強化しながら，要求特性およびクライエントの「失敗」恐怖を減少させることを意図している。EMDR セラピーの重要な特徴の一つは，連想の連鎖を促進することで，クライエントにとって適応的な記憶ネットワークとの新しい連合の形成をもたらすことである。このような自発的な連合は，非常に有意義かつ，展開が予測不能でもある。そのような連合作用に対して，否定的な判断や回避反応をせず，開放的であろうとするクライエントの意欲は，好ましい治療効果にとって不可欠である。

両側性眼球運動（あるいは代替の両側性刺激）の各セットの終わりに，クライエントに「休んで，深呼吸をして。今，何に気づいていますか」と尋ねる。これらの教示と「深呼吸をする」要請によって取られる小休止は，最初から決まっている何かを探そうとしない態度をさらに促進するように思われる。これはまた，クライエントが現在へのアクセスを保ちつつ，ターゲット素材に関連して新たに浮上した側面にも再びアクセスするという二重注意をしっかり維持するのを助けてくれる。

同時に，両側性眼球運動の各セット間の，予想可能で最小限の臨床家による言葉かけは，クライエントが不適応的記憶ネットワークにおける情動覚醒にアクセスし続けることを可能にする。クライエントの短い口頭での報告の後，情動覚醒の種類や程度に関連があるどのような状態依存的情報処理（Bower, 1981；Demos, 1988）も，持続されあるいは再開されていく。クライエントの言葉による報告は，浮かび上がっている素材が効果的に再処理されていると判断できるだけのものであれば十分である。

両側性眼球運動の各セット中や，その後のクライエントの言語的かつ非言語的な反応は，たとえば両側性刺激の長さ，速度，形態，その他の特性などの手続き要素を変更する可能性についての臨床的判断を得るのに有効である。刺激の形態を変えるだけではクライエントの効果的な再処理が達成できず，また維持されないように見える場合，浮上している素材内容とは合致しない，より適切な情報を思い出させるものをクライエントに与えてもよい。これは，統合不足に対処するための編み込みの使用として，第9章で説明されている。

Shapiro（1995, 2001）は当初，EMDRセラピーの第4段階を「脱感作」と明示したが，それは不安，苦痛，および鮮明に呼び起こされた感覚が，適応的な自己認知の高まりとともに減少していくという，典型的な治療効果の傾向を反映している。AIPモデルにおいて，「脱感作」効果は情動的情報処理の結果であると仮定される。「脱感作」段階では通常，古典的脱感作手続き（Wolpe, 1958）の所見では典型的ではない，洞察，記憶の構成，関連する情動，そして自己概念において一連の急速な変化が起こる。多くのクライエントは，不安，苦痛，感覚記憶の鮮明さの減少を即時に体験する。しかし，一部のクライエントにとって，とりわけ回避プロセスや解離によって重要な素材が意識から遠ざけられている場合は，こうした要素が解決されるまでは，悲痛な記憶のより多くの側面にアクセスした結果，苦痛レベルが著しく上昇する可能性がある。眼球運動のセットを行った後，ターゲット記憶や状況に焦点を当てて，SUDレベルが0，あるいは第8章で述べるようにSUDレベルが1と評価されるようになったときに，脱感作段階が完了したといえる。

第5段階：植えつけ

植えつけ段階では，ターゲット記憶に適応的な自己評価陳述を意図的に連合させることに重点が置かれる。植えつけでは，ターゲット体験に気づきつつ，同時に適応的な自己評価陳述を思い浮かべ，両側性眼球運動（あるいは代替の両側性刺激）を加えていく。第3段階のターゲット評価で選ばれたPCより

も，もっと適切で適応的な信念を表す別の陳述が脱感作段階の間に出現することは珍しくない。選択された自己評価陳述のVoCが特定されたら，その適応的な信念の情緒的妥当性評価が7に，またはクライエントの状況にとって生態学的に妥当であるなら6に上昇するまで，両側性眼球運動（あるいは代替の両側性刺激）のセットが加えられる。手続き的に植えつけ段階は，脱感作段階（第4段階）およびボディスキャン（第6段階）とは異なっている。両側性刺激の各セット後に自然に発生する連想の連鎖について，問いかけることはしない。植えつけ段階では，両側性眼球運動（あるいは代替の両側性刺激）の各セット後に，VoCを確認するのである。

第6段階：ボディスキャン

ボディスキャンは，EMDRセラピーによる再処理の最終段階である。ボディスキャン段階には二つの目的がある。一つは，ターゲットに関連するわずかな残余的障害物を明らかにし，それらが完全に再処理されるのを確実にすることである。二つ目は，クライエントがより高いレベルの統合に達することを可能にすることである。ボディスキャン段階は，時には短時間で，身体的緊張や違和感が少しも残っていないことを確認するだけの場合もある。または，残っている不適応的素材の広範にわたる再処理や，自己の肯定的な面における有意な臨床的利益につながる場合もある。第4，第5段階を完了してはじめて，クライエントは次のように言われる。

（1）選んだターゲット記憶あるいは状況に集中してください。
（2）植えつけ段階で使ったPCを心にとめてください。
（3）何らかの感覚があるか，頭から足先まで全身を隈なくスキャンしてください。

もし不快な緊張感が見つかったら，ターゲット記憶と肯定的信念とを対にして思い浮かべながら，クライエントが不快な身体感覚はまったくないと報告するまで，両側性眼球運動（あるいは代替の両側性

刺激）を続ける。複数のトラウマを負ったクライエントがボディスキャン中に不快な感覚を報告し，それが他のトラウマ記憶と関連しているとわかることは珍しくない。時間が足りず，この不快な感覚とそれに関連する不適応的記憶ネットワークは，次のセッションで再処理する必要があるかもしれない。

最初に選択されたターゲットの処理は，他の不穏な記憶や現在の刺激に関連しているものも含め，クライエントがそれ以上の不快感覚を報告しなくなるまで，完了したとは見なされない。ボディスキャンで同定された不快感覚のすべてが，両側性眼球運動（または代替の両側性刺激）できれいに取り除かれるわけではない。たとえば，最近の，または慢性的な痛み，もしくは，座り心地の悪い椅子による不快な感覚は，不適応的な記憶のネットワークとは関連がないかもしれない。

ボディスキャンの最中に肯定的な感覚に気づいたら，その心地良い感覚がもうこれ以上心地良くはならないとクライエントが報告するまで，両側性眼球運動（または代替の両側性刺激）を続ける。ボディスキャン段階に十分な時間を割くことは，残存する不快な感覚をきれいに取り除くことと，肯定的な感覚を強化することの両方において重要である。最も意義深い治療上の前進のいくつかは，ボディスキャン段階で肯定的感覚の再処理が継続されているときに起こるかもしれない。

第7段階：終了

第1章と第2章で述べたように，不適応的記憶ネットワークを修正するには，クライエントが不適応的記憶ネットワークの感情状態にアクセスし，ある程度までその状態に入っていくことが不可欠である。各再処理セッションが終了に近づいたら，クライエントの苦しみや痛みが低減しているか，そして十分な見当識が保たれ，現在うまく機能できるかを確認するためのチェックを行う。各セッションが終了する前に，クライエントは再処理の完了によって，あるいは，準備段階（第2段階）で開発した情動調整とセルフコントロール法を用いて，適応的な感情の均衡状態に戻るように導かれる。

クライエントが快適でしっかり適応しているかを臨床家が確認した後，クライエントは，主症状，ターゲット記憶，感情，そして信念に関して，肯定的または否定的なさらなる変化の徴候について，次のセッションまで引き続き注意を払い，観察日誌をつけるよう求められる。その他にも，宿題が出されたり，次回の約束や電話での簡略な状況確認の予定が立てられる。終了の手続きは，セッション間のクライエントの安定性と対処法を確保することを意図している。

第8段階：再評価

次のセッションの最初に，臨床家はクライエントの現在の機能レベルを，クライエントが記した日誌のフィードバックとともに再評価する。前のセッションで取り組んだターゲットについて，治療効果の安定性を確かめるために再評価するのである。新たな問題が発生しているか，あるいはさらなるセルフケアや対人関係スキルを開発する必要があるかどうかをチェックする。観察された治療反応に基づいて，治療計画を調整する必要があるかもしれない。情動状態，行動，自己概念の変化に耐えられるクライエントの能力に応じて治療の作業を調整することは，クライエントの主要な社会システムによる反応を治療効果に統合することと同様，必要不可欠である。

治療の成功は，十分な再評価によってのみ判断することができる。セッション中に見られる治療効果は，治療の成功を確証する十分な根拠とは見なされない。クライエントが治療目標に到達し，維持することができたら，セラピーが完了したと見なされる。通常これには，①心をかき乱す記憶の侵入と再体験，回避行動，過覚醒が取り除かれている，②現在の刺激はもはや不適応的な反応を引き起こしえない，③クライエントはレジリエンスと自信を持って，未来の状況への心構えができているなど，クライエントの主症状の解決が含まれる。慢性および複雑性の場合では，現在のストレス要因に直面しても適応的に機能し，もはや過去でなく新たな可能性に基づいて生きる新しい能力に結びついた自己意識が開発

されている，という証拠が一貫して得られるまで，EMDR セラピーは継続されるべきである。

本章のまとめ

　EMDR セラピーの標準的 8 段階モデルは，EMDR セラピーが，両側性眼球運動（あるいは代替の両側性刺激）を見境なく無差別に適用すればよいというような，単純な技法ではないことを強調している。EMDR セラピーは，生育歴・病歴聴取，治療計画，そして逆境的人生経験の影響を解決することへの独自のアプローチを持つ，ユニークな形態の心理療法である。EMDR セラピーは連想過程や感情状態に急速な変化を引き起こす可能性があるため，臨床家はクライエントに EMDR セラピーを提供する前に，EMDR 国際学会 (EMDRIA) 認定 EMDR セラピーベーシックトレーニング，あるいは他の専門的諸団体による EMDR セラピーの適切な教育，およびスーパービジョンによるトレーニングを受けることが必要不可欠である。

　第 1 章で述べたように，EMDR セラピーのアプローチは，広範囲にわたる臨床的問題やクライエントの症状に対して適用可能である。しかしながら，すべてのクライエントやすべての状態を，PTSD のための EMDR 標準プロトコルで取り扱えるとは限らない。応用が必要な多くの場合，標準 EMDR セラピーの手続きステップや，標準 EMDR セラピー（PTSD プロトコル）を部分的に修正する必要があり，また，EMDR セラピーと他の心理療法との統合が必要となるであろう。本書は，研究によって裏打ちされている標準 EMDR セラピープロトコルの適用に焦点を当てている。第 II 部では，EMDR 再処理のためのケースフォーミュレーション，治療計画，そして PTSD およびその他の心的外傷後症候群のクライエントの選択と準備の取り組みについて，理論的および実践的側面を探究する。

.

第II部

ケースフォーミュレーション，治療計画，EMDR再処理のためのクライエントの準備

第4章　ケースフォーミュレーションと治療計画

第5章　再処理の準備性の評価

第6章　準備段階

簡単であることは正しい。正しいことから始めれば，心も楽である。簡単なことを続けると，正道を進める。簡単に正道を行くには，正道を忘れること，そして進むのが簡単であることを忘れることだ。
　　　　　　　　　　　　　　　　　　　　　　　　　　　　　　　　　── Chuang Tzu/ 荘子

どんな難解な問題にも，単純で，明快で，しかも間違っている答えがある。　　　── H. L. Mencken

希望とは，生きているという状態に内在する，最も原初的で不可欠の美徳である。自信が傷つき信頼が損なわれても，命がある限り希望は残されなければならない。
　　　　　　　　　　　　　　　　　　　　　　　　　　　　　　　　　── Erik H. Erikson

……もしすべてが完璧に準備できる瞬間まで待つのなら，始めることは不可能だ。
　　　　　　　　　　　　　　　　　　　　　　　　　　　　　　　　　── Ivan Turgenev

第4章

ケースフォーミュレーションと治療計画

概要：治療結果に対するケースフォーミュレーションの重要性

　眼球運動による脱感作と再処理法（EMDR）を行う場合，標準的プロトコルの忠実さや技術の妥当性だけではなく，適切なケースフォーミュレーションと治療計画が臨床結果を左右する。最適の順序で，最もふさわしいターゲットを選ぶことが不可欠である。必要に応じてこれらの厳選されたターゲットを複数回のセッションにわたり再処理をし，問題を完全な解消に導く。不適切なケースフォーミュレーションおよび治療計画は，次のような混乱を招くことになる。①再処理中あるいは各セッションの間に，フォーカスすべき事柄を頻繁に変更する，②再処理中に効果的ではない反応が増加する危険が増す，③進展が見られない場合にクライエントが失望し，治療が中断する，などである。

　新しいクライエントに出会うたびに，臨床家は自分のやり方でセラピーを開始していく。心理検査などの通常的な内容から始める人もいる。構造的臨床面接を好む臨床家もいるし，クライエントごとにアプローチを変える臨床家もいる。インテーク面接の時点では，クライエントのニーズは驚くほど多様である。クライエントのなかには，全般的に行動が安定している人もいる。一方で，衝動性のコントロールや極度の不安，離人症状を呈する人もおり，臨床家は構造的な生育歴・病歴聴取の以前に，安定化のための介入（第5章と第6章に記載）をするかどう

かの決断を迫られることもある。臨床家は柔軟に経過の聞き取り方法や治療計画を変化させながら，それぞれのクライエントのニーズに最適な対応をしなければならない。

　本章では，EMDR セラピーのトレーニングを受けたばかりの臨床家が直面する，治療計画に関わるさまざまな問題を考察する。さらに，構造的解離の度合いおよび愛着の分類を含む，一連の本質的なケース概念化の要素を検討していく。つまり，生育歴・病歴聴取として標準化されているツール，EMDR 固有の臨床的戦略と架け橋技法，回復された記憶や記憶の可塑性をめぐる問題，愛着理論の歴史と概念についての簡略な紹介，愛着のあり方が心理療法の過程に与える影響，成人の愛着スタイルを査定するツールと臨床的戦略について，である。最後に，研究によって支持されている，症状に基づくモデル（symptom informed model）による EMDR セラピーのターゲット配列を詳細に検討し，レイプ被害者の典型的治療事例をもとに治療計画を例示している。まずは EMDR セラピー初心者にありがちな，治療計画の問題から始めよう。

EMDR セラピーの初心者は情報に圧倒されがちになる

　EMDR セラピーのトレーニング中の臨床家，または EMDR セラピーのトレーニングを終えたばかりの臨床家は，潜在的に情報過多という大きな困難に見舞われる。なぜならば，複数の技能や幅広い知識

第4章　ケースフォーミュレーションと治療計画

表4-1　EMDR セラピー初心者にとっての臨床家の潜在的情報過多の源

- 標準手続きステップの手順が直観に反するように感じる。
- 鍵となる手続きステップの標準的なフレーズを覚える（読む）必要性があり，恥ずかしく感じたり，思慮に富んだ臨床的な決定に集中できなくなる。
- 再処理中に発生する臨床的素材の急展開や激しさに圧倒されるかもしれない。
- 築き上げてきた共感的言語反応，解釈やリフレーミングをモニタリングして棚上げしておく精神的努力が，慣れ親しんだ能力のフェルトセンスを邪魔するかもしれない。
- 次にすることの選択肢がたくさんありすぎるように感じるかもしれない。
- 手続きステップに対する忠実性が強調されているために，自信と能力のフェルトセンスの低下した自己評価に至るかもしれない。

をEMDRセラピーの治療モデルと統合して，臨床に応用していくことになるからだ。これらの問題は表4-1に要約されている。EMDRセラピーの治療に不慣れな臨床家にとって，標準化されたプロトコル手続きの連続は，直観に反するものと感じられるかもしれない。鍵となる手順の標準化されたフレーズを覚える（読む）のは，これまでに培った臨床家としての見方，判断や技術といった認知的資源が，一時的に妨げられるように感じるだろう。再処理の最中に現れる急速で強烈な展開に，はじめは圧倒されるかもしれない。すでに身についている共感的理解を示す言葉かけや解釈を保留にしつつ観察するという精神的な努力は，慣れ親しんだ能力のフェルトセンスに支障をきたすかもしれない。選択肢がありすぎて，次にするべきことを決めるのが難しいと感じるかもしれない。手続き手順を厳密に適用する重要性が強調されているがために，自信や従来の自己能力の感覚（felt sense）が弱まってしまうかもしれない。EMDRセラピーの初心者にはこれらの初期の課題があるために，EMDRセラピーのケースフォーミュレーションと治療計画に，適切な注意を維持するのが困難となる事態が生じうる。こうした課題が，トレーニング中やEMDRセラピーを臨床に応用する際のコンサルテーションにおいて見過ごされてしまった場合，セラピーの失敗や問題の複雑化といった結果をもたらすのである。

治療計画の展開とそれに従うことの難しさ

異なる理論でセラピーを実施してきた臨床家の人々が，EMDRセラピーのトレーニングを受けに来る。これまでの治療計画へのアプローチやそれらによって身についた習慣が，EMDRセラピーのケースフォーミュレーションや治療計画の重要点の理解を困難にしている場合がある。これらは表4-2に要約されている。以下に示す困難例は，これらの治療計画に関する特定の問題が，EMDRセラピー以外のアプローチに固有のものだという意味ではない。また，EMDRセラピー以外の背景を持つ臨床家のみに見られるという意味でもない。強調したいのは，EMDRセラピーのトレーニングとコンサルテーションのセッションで，これらが共通して観察されるということだ。

来談者中心療法のアプローチでは，それぞれのセッションは，クライエントがその週に考えていたことを開示していく場として使われることがあるだ

表4-2　EMDR 初心者の臨床家が陥りがちな治療計画の共通した間違い

- 来談者中心アプローチ（ロジャリアン，ゲシュタルト，精神力動的）の臨床家は
  - クライエントの現在の心配に応答するとき，治療計画を手放すかもしれない。
  - その週の問題を新しいターゲットとして選ぶかもしれない。
  - 不完全な再処理をされたターゲットの残存症状をそのままにするかもしれない。
- 認知行動的な背景の臨床家は
  - 主として現在の不適応的信念を基盤としたケースの見立てを行うかもしれない。
  - 現在の刺激からターゲットを選ぶかもしれない。
  - 不適応的な信念の源である病因的体験を同定するのに失敗するかもしれない。
  - より初期の記憶を同定していないため，非効率的な再処理となるかもしれない。
- 行動（療法）的背景の臨床家は
  - 主として現在の不適応的行動を基盤としたケースの見立てを行うかもしれない。
  - 現在の刺激からターゲットを選ぶかもしれない。
  - 不適応的な行動の源である病因的体験を同定するのに失敗するかもしれない。
  - より初期の記憶を同定していないため，非効率的な再処理となるかもしれない。

第Ⅱ部　ケースフォーミュレーション，治療計画，EMDR再処理のためのクライエントの準備

ろう。この場合，セッションごとに「今週の課題」として新しいターゲットが浮かび上がるだろう。前回のターゲットの再処理が完全に終わっていない場合，それは残存症状として残されてしまう。臨床家が初期の時点で，ターゲットにする順番を治療計画に立てていても，クライエントの現在の関心事を扱うだけで終わってしまうだろう。

　認知行動療法のアプローチに慣れている臨床家は，ケースフォーミュレーションに基づいた治療計画の作成よりも，クライエントの目立った不適応的な信念が気になってしまうかもしれない。不適応的な信念を刺激する直近のものをターゲットに選択しがちとなるかもしれない。結果として，これらの信念の発症と強化の源になっているであろう初期の原因的体験を特定して再処理することが，できなくなってしまうかもしれない。同様に，行動を注視する立場の場合も，現在の不適応的な行動を再処理する方向に偏りがちで，これら不適応的な行動の鋳型を決定づけた土台となる体験の特定や再処理に至らないことがあるのだ。

■ ケース概念化に不可欠の要素

　ケースの概念化には，適応的情報処理（AIP）モデルに基づいた心理モデルを作り上げるために，クライエントの現在の症状（不適応的態度，思考，行動，防衛的感情反応）を超えた思考力が必要とされる。この心理モデルではクライエントの症状の原因について，複数の仮説を提供する。これらの仮説は，治療計画を立てる輪郭を与えてくれる。仮説が的確で技法が適切に応用されているならば，クライエントの症状は改善するはずである。治療中には治療計画に多少の修正を要する新しい情報が，しばしば得られるものだ。たとえば，再処理が必要な新しい記憶が明らかになることもあるし，クライエントに深刻な構造的解離症状が見られた場合（van der Hart et al., 2006）は，ケースフォーミュレーションの大幅な変更が必要になることもある。構造的解離の次元については表4-3に要約してある。治療の進捗状況が思わしくない場合，標準的EMDRセラピー手続きが的確に応用されていないか，ケースフォーミュレー

表4-3　構造的解離の次元

● 第1次構造的解離	● 急性ストレス障害
	● PTSD
● 第2次構造的解離	● 複雑性PTSD-DESNOS
	● 境界性パーソナリティ障害
	● 他の特定される解離性障害
● 第3次構造的解離	● 解離性同一性障害

DESNOS（Disorders of Extreme Stress Not Otherwise Specified：他に特定されない極度のストレス障害），PTSD（Post Traumatic Stress Disorder：心的外傷後ストレス障害）
（From *The Haunted Self*：*Structural Dissociation and the Treatment of Chronic Traumatization* by O. van der Hart, E. R. S. Nijnhuis, & K. Steele, 2006, New York：W.W. Norton & Company, Inc. Copyright 2006. Adapted with permission）

ションに不備や間違いがあるということを示唆している。

　ケースフォーミュレーションには『精神疾患の診断・統計マニュアル』（5th ed.：DSM-5：American Psychiatric Association, 2013）または，『疾病及び関連保健問題の国際統計分類第10版（ICD-10）』（World Health Organization, 2004）によって診断されているものや，そうでないものも入る。心的外傷後ストレス障害（PTSD）を含むほとんどの診断は，複数の症状が少なくとも一定の基準を超えていることで判断される。異なるタイプのクライエントが同じ診断名に分類されることもある。加えていうならば，多くのクライエントには複数の併存した診断名がついている。PTSDの場合はそれが顕著である（Kessler et al., 1995）。それぞれのクライエントには異なる経過があり，発症前や現在の機能レベルにも差があり，ソーシャルサポートのレベルも同じではない。ケースフォーミュレーションはクライエントの症状，病因，現状の機能分析と，適応的・不適応的な記憶ネットワークの構造についての仮説を基礎としている。

■ 生育歴・病歴聴取

　AIPモデルは，クライエントの現在の問題の原因となる体験を特定するように臨床家を導いてくれる。まず，クライエントの主要な治療ゴールを特定することから始める。これは明らかな症状（不安症状，パニック発作，悪夢など）を減じることと，新しい体験や能力（回避を克服する，自己主張性を高める，自信をゆるぎないものにするなど）を増大す

ることの，双方を含むゴール設定のことである。

　幅広いモデルは，四つの主要な領域（行動面，情動面，認知面，身体面）から体験をとらえている。行動，情動，認知的，あるいは身体的体験として，クライエントが増したい，または減らしたいと欲していることは何なのか。クライエントができるようになりたいことなのに，実際にはできない，感じられない，体験できないというものは何なのか。クライエントと臨床家はこれらのゴールについて，どのような懸念を見出しているのだろうか。治療のゴールと懸念事項についての表は，これらの問題の概要をわかりやすく示している（表4-4）。

　一般的に，クライエントは自分の主要な症状については説明できるが，言語的な報告は複数の理由で不完全であるといわざるを得ない。PTSDに関連する症状は，経過とともに増したり減ったりする。クライエントにとっては症状があるのが日常になっていたり，完治しないものとしてとらえていたり，または羞恥心が強かったりして，特定の症状について開示するのに気が進まないということもあるかもしれない。2次解離あるいは3次解離が生じている場合は，治療に来談している人格パートに健忘があり，重要な出来事やひどいトラウマ経験，あるいは最近のことについても思い出さないかもしれない。これらの理由から，構造化面接や標準化されたアセスメントツールは，より完全な全体像を得る一助になるといえよう。子ども時代の虐待を体験したクライエントは，治療の初期において，言語的な質問をされるよりも質問紙に回答するほうが，不安や恥をあまり感じないですむようだ。以下の簡便な二つの書式（表4-5，4-6）は，臨床家がクライエントに「人生の良い体験と悪い体験」や，引き金に対する現在の反応について尋ねる際に使える。しかしながら，まず初めに臨床的なアセスメントを施して，これらの書式導入がクライエントを不安定にさせたり，治療の時期尚早な終結といった事態を引き起こしたりしないと判断してから，これらの実施を決めるように心掛けなければならない。

　次項では，クライエントの生育歴や主訴，治療ゴールなどの情報収集に使える三つの標準化されたツールについて検討する。症状の重症度，構造的解離のスクリーニング，治療結果を観察するための追加的な標準化されたツールは，第5章で詳しく述べられている。これらのツールを取得できるサイトなどの情報は巻末の参考情報を参照のこと。

生育歴聴取のための標準化されたツールと治療計画

● 心理療法アセスメントチェックリスト用紙

　心理療法アセスメントチェックリスト（PAC）用紙（McCullough, 2001）には，クライエントの肯定的および否定的な人生経験，主訴，および*DSM-5*（APA, 2013）の診断システムに関連した包括的な症状についての情報収集を行う際に，臨床家に役立つ包括的な質問が組み込まれている。PAC用紙，PAC要約用紙（McCullough, 1998），使用上の心得（directions for use）（McCullough, 2003）はサイト上（http://affectphobiatherapy.com/forms/）で無料入手できる。クライエントはインテーク前にPAC用紙を自宅で記入できる。臨床家はPAC用紙を再検討し，PAC要約用紙にまとめることができる。PAC用紙とPAC要約用紙は初回面接とアセスメントの指針として利用できる。PAC用紙とPAC要約用紙は，『感情恐怖症治療マニュアル』（McCullough et al., 2003）に基づいた治療の準備をするために作成されたものだ。EMDR治療のトレーニングを受けた臨床家にとっても，クライエントの生育歴聴取と，主訴や特定の治療ゴールのアセスメントの端緒として，非常に貴重なツールであると実感されるだろう。

● マルチモーダル生育史質問票

　マルチモーダル生育史質問票（Lazarus & Lazarus, 1991）は成人用の質問紙で，①全般，②個人史および社会史，③問題となる症状，④治療に期待すること，⑤現在の問題のモダリティ分析（行動，情動，身体的感覚，イメージ，思考，対人関係，生物学的要因）で成り立っている。この包括的な質問用紙は，より複雑なケースの治療計画を組み立てるのに必要な，しっかりした土台を提供してくれる。記入には1〜2時間が必要である（Lazarus, 1989）。

第Ⅱ部　ケースフォーミュレーション，治療計画，EMDR 再処理のためのクライエントの準備

表4-4　治療ゴールと懸念事項

名前＿＿＿＿＿＿＿＿＿＿　　日付＿＿＿＿＿		
行動面：増やしたいこと	減らしたいこと	懸念・心配
感情面：増やしたいこと	減らしたいこと	懸念・心配
認知面：増やしたいこと	減らしたいこと	懸念・心配
身体面：増やしたいこと	減らしたいこと	懸念・心配

第4章　ケースフォーミュレーションと治療計画

表4-5　クライエントへの配布資料：記憶のリスト

名前_____　　　　日付_____

記憶のリスト

　幼い頃から始めて，良い体験であれ悪い体験であれ，**重要**な人生経験を列挙してください。否定的な体験の場合，それに対処できるように助けてくれた人，状況，体験が一つでもあれば記入してください。

年齢	継続的なストレッサーとトラウマ的人生体験	重要な成功体験，恩人，対処するのに助けとなった体験

第Ⅱ部　ケースフォーミュレーション，治療計画，EMDR再処理のためのクライエントの準備

表4-6　クライエントへの配布資料：現在の刺激リスト

名前＿＿＿＿＿＿＿＿＿＿＿＿　　　　日付＿＿＿＿＿＿＿				
現在の引き金リスト	これらの刺激への反応			
映像，音，におい，身体感覚，人，場所，活動，夢など強い感情やマイナスの対処反応を引き起こすもののリスト	情動	身体感覚の場所	衝動	思考

● ジェノグラムと Genogram-Maker Millennium Software

ジェノグラムは，家族システムの広範な情報を視覚情報に落とし込むツールとして，広く用いられている。「システム的な見方を持つことで，家族問題を空間と時間を通してたどるのに役立ち，ジェノグラムによって面接者は感情を含んだ問題をリフレーム，解毒化，中和することもできる」（McGoldrick et al., 2008, p.2)。ジェノグラム作成ミレニアムソフトは，ウィンドウズとマック OSX の両方で使用できる。臨床家にとって，わかりやすく読みやすいジェノグラム作成に便利なツールであろう。

治療計画に必要な情報収集を開始する

クライエントが初めてあなたのオフィスに来たとき，あなたはどう始めるだろうか。臨床家は自分のアプローチを編み出しているものだ。筆者の場合は，クライエントの状況に応じ，くつろいだ感じで始めてから，徐々に構造化面接に移っていくというスタイルをとっている。クライエントが複雑な問題や傷つきやすさを抱えている場合，ラポール形成に集中して信頼を得るところから始める。「私はどのようなお手伝いができるでしょうか（How can I help you?)」と言うのが，多くの場合の私の第一声となる。クライエントのニーズや関心を知るごとに，私のアプローチもそれに応じて変化させている。

交通事故や労働災害での外傷など，法的問題が絡んだケースでは，正確な事故の日時や治療関係者の氏名などの客観的情報を得ておく必要がある。記録やケースに関わった他の専門家との情報交換についての同意を，文章で取りつけておく必要もある。第5章に取り上げた標準化されたアセスメントツールも，症状の深刻度や客観度を文章化して診断するのに役立つであろう。

ネグレクトや虐待を経験して大人になった人々は，過去に複数回の心理治療の歴史があるものだ。クライエントにとって以前の治療が役に立つ体験だったのかどうか，また，新しい臨床家に対してどのような心配を持っているかを見きわめる必要があ

る。「今回はどんなきっかけで相談にいらしたのですか」といった質問は，現在のストレッサー，最近の危機や症状の再燃のエピソードを話し始める糸口になるかもしれない。発病前の機能が良好で，単回性のトラウマ出来事後による急性ストレス障害，または PTSD に苦しんでいるクライエントの場合には，一般的に単純で簡潔な生育歴の聴取とケースフォーミュレーションでもよいが，漏れがないように注意深くなされるべきである。

● ケースフォーミュレーションの要素

しっかりしたケースフォーミュレーションは，EMDR セラピーの治療計画とターゲット配列を展開させるための基礎である。EMDR セラピーのケースフォーミュレーションの要素は，表4-7に要約されている。AIP モデル（Shapiro, 1995, 2011）でケースフォーミュレーションをする際に，クライエントの症状の病因を理解することが最も重要である。なぜならば，記憶ネットワークは健康と病理の根本的な基盤と見なされており，体験が記憶ネットワークにコード化された順番が，ケース概念化と治療計画の基礎となっているからである。PTSD の *DSM-5* 基準 A (APA, 2013) に当てはまる体験は，一般に鮮明で持続する記憶で，かつ侵入的な再体験と過覚醒を伴い，明白な症状をもたらす。しかしながら，人生におけるその他の体験による悪影響もあり（Mol et al.,

表4-7　ケースフォーミュレーションの要素

EMDR セラピーのケースフォーミュレーションは次の要素を含む。
- 適応的情報処理モデルに依拠する。
- クライエントの愛着のあり方を十分考慮する。
- クライエントの構造的解離の度合いに基づく。
- クライエントの現在の症状を超えて，病因となる体験に着目する。
- 症状の病因，症状の維持，および現在の病的反応の機能分析によって，症状と関連した適応的および逆境的な体験についての仮説を導く。
- 根本的な鍵となる適応的および不適応的な記憶ネットワークを同定する。
- 新しい情報が出てきたら，ケースフォーミュレーションの修正が必要かもしれない。
- ケースフォーミュレーションが適切であったら，巧みな再処理で症状が低減される。

2005)，個人にとって特別に際立った意味を持つ体験とは見えないにもかかわらず，機能不全な記憶ネットワークとしてコード化されている可能性もあるのだ。これらの人生経験は，Shapiro（2001, p.4）によって「スモール t」出来事と呼ばれ，特定の診断に合致するような生活上の持続的な困難を引き起こしかねない。そして，後に基準 A の出来事に曝露された際に，追加的な症状や，治療が必要な脆弱性を引き起こすことになりうる。

基準 A とその他の逆境的体験を尋ねる

　基準 A とその他の逆境的体験は，どちらも持続的な症状の病因となりうるので，臨床家は症状の病因を探るときは，どちらのタイプの出来事についても尋ねる必要がある。それぞれの重大な症状について，「それが始まったのはいつ頃ですか」と標準的な質問をする。クライエントが症状の始まりとしての重大な体験を特定できたら，再処理ターゲットの基本治療計画リストに加えてよい（後述の表 4-14 参照）。クライエントが特定の重要な体験を探り当てることができなくとも，症状が継続していた時期を思い出すことができれば，「あなたの人生や家族のことで，その頃どんな種類のストレスフルな経験が起きていましたか」と尋ねるとよいだろう。

現在の記憶ネットワークから架け橋技法を使って連想記憶を探る

　クライエントは関連する症状についての体験を思い起こせない場合がある。臨床家はクライエントの現在の反応パターンから，**脅威刺激**（threat cues）に対する反応についての情報を探り続けるべきである。現在の反応に関して収集しておくと役立つ情報としては，反応の頻度，状況，強度，そして関連性がある不適応的記憶ネットワークの要素などが挙げられる。現在の刺激にリンクした不適応的な記憶ネットワークは，それ以前の関連する記憶を探るときのスタート地点として使える。ほぼすべての外的刺激および内的刺激が，脅威刺激となりうる。

　外的刺激には以下のようなものがある。

- 他者の表情，動作または発言
- 音
- におい
- 味
- 誰かが傷ついた，見捨てられた，怒っているなどのような，生活や映画のなかの情景
- 特定の触れられ方をしたとき
- ストレス出来事の記念日
- 逆境的体験が起こった子ども時代と同じ年齢に達した子どもがいること

　内的刺激には以下のようなものがある。

- 激しい息づかい
- 激しい心拍音
- 発汗
- 熱や冷たさを感じる
- 空腹やのどの渇きを感じる
- 特定の感情や身体的な感覚を感じる

　症状の引き金となる状況を特定する記憶ネットワークの要素は，以下も含む。

- 最悪の部分を含む映像や他の感覚記憶
- 体験された考えや音
- 体験と関連のある現在の否定的な自己評価
- 感情
- 身体感覚の場所
- 体験の最中に感じられたり抑制されたりした防衛的衝動

感情，ソマティックおよび防衛衝動の架け橋技法

　構造的な生育歴聴取のなかで，クライエントが重大な症状についての病因的体験を同定することができないとき，現在の刺激からの記憶ネットワークの要素をスタート地点として，**感情**および**ソマティックな架け橋技法**（Watkins, 1971, 1990, 1992），あるいは防衛衝動をもとにした架け橋技法が使える。EMDRセラピーのアプローチでは，これらの技法は**漂い戻**

第4章　ケースフォーミュレーションと治療計画

表4-8　架け橋技法を使うとき

感情，ソマティック，防衛衝動の架け橋技法は，EMDRセラピーのアプローチで，次の四つの場合によく用いられる。

第1，生育歴聴取や標準化された生育歴聴取用紙などで，クライエントが症状の病因的体験を同定できないときに，体験を同定するために補完的に用いる。

第2，初期の記憶に関連した，同定されていない記憶のために再処理が停滞しているとき，効果的な再処理を回復させるために用いる（第9章参照）。

第3，未来の鋳型（第11章参照）の評価段階で自覚的苦痛単位（SUD）評価が著しく高くなったときに用いられる。

第4，資源の開発と植えつけの手続き（第6章参照）で適応的記憶を明らかにし，自我強化またはパフォーマンスを増大させる目的で使われる。

り技法（Shapiro, 2001, pp.433-434；Young et al., 2002, p.195）と呼ばれる。

記憶ネットワークにアクセスして初期の記憶ネットワークを思い出してもらうときには，感情の架け橋技法は感情に，ソマティックな架け橋技法は身体感覚が体験されている身体の場所に焦点が置かれる。また，第2章と第7章に記載されているような防衛的衝動が記憶ネットワークのなかに同定されたとき，架け橋技法を使って初期の関係する記憶に戻ることもできる。これらの技法は，表4-8に要約した四つの状況で，最もよく用いられる。

生育歴・病歴聴取の補完としての架け橋技法

感情およびソマティックな，ならびに防衛衝動の架け橋技法は，標準的に構造化された生育歴・病歴聴取を補完する目的で使われるべきであって，主要なアプローチとして使うべきものではない。症状の原因や基盤となっている**具体的**体験を生育歴・病歴聴取段階で特定するのに，架け橋技法が必ずしも役立たない場合は複数ある。まず，架け橋技法によって同定された記憶が，実際の出来事を忠実に反映していると確かめる方法は通常ない。次に，複数の逆境的体験として相互に関連がある一連の記憶のグループが存在する可能性がある。それゆえに，感情やソマティックな架け橋技法で同定された記憶は，症状の単一の原因を示しているのでなく，記憶グ

ループを代表する記憶なのかもしれない。最後に，一番重要なことであるが，架け橋技法を用いて同定された記憶は，元来の記憶ネットワークの些末な周辺部に関連しているだけかもしれないのだ。その場合には，症状解消のターゲットとするには効率的とはいえないだろう。感情，ソマティックおよび防衛衝動の架け橋技法を通じて同定された記憶はターゲットの同定と選定に役立つ可能性がある。しかしながら，臨床家は架け橋技法で特定された記憶が，再処理の最も効率的なターゲットであるに違いないと考えてはならない。架け橋技法で同定された記憶は，あくまでも，生育歴の聞き取りにおいて特定された初期記憶をより精査する助けとなるものなのである。つまり，臨床的なスキルと判断を伴って用いられたとき，架け橋技法は，EMDRセラピーの治療計画の最適なターゲットを同定する一助となるのだ。

初期のターゲットは一般的に効果的で効率的なターゲットになる

再処理段階の標準的なEMDRセラピーのPTSDプロトコルでは，現在の反応パターンではなく，初期の不快記憶の再処理から始めるのが一般に効果的かつ効率的である。単発のトラウマ的体験が起きるまではクライエントの健康状態は非常に良かった，という単回性のトラウマの場合，感情の架け橋技法を使って初期の苦痛な記憶を同定する必要はない。複雑で不安定なケースに**反転プロトコルモデル**（Hoffmann, 2004, 2005, 2010）を使うときは，生育歴・病歴聴取段階やEMDR再処理の最初の段階において，架け橋技法のように隠れたものを露わにする技法の使用は避けるべきである。

3種類の架け橋技法の原則は，当初の記憶ネットワーク内の一つまたは複数の汎化性のある記憶要素を用いて，より早期の記憶へと「漂い戻り」をしていくことだ。そして，「漂い戻り」によって同定された記憶に焦点化した生育歴の聞き取りを行い，再処理に最も適したターゲットを見つけるようにする必要がある。架け橋技法を始めるときに，一般的には現在の脅威刺激への反応を手がかりにするわけだ

69

第Ⅱ部　　ケースフォーミュレーション，治療計画，EMDR 再処理のためのクライエントの準備

が，それらの感覚的内容はしばし脇に置くのがいい。そしてクライエントが否定的な認知，感情，身体的感覚の合わさったものにフォーカスしやすくなるようにサポートをしていく。表4-9 にある感情，ソマティックおよび防衛衝動の架け橋技法のスクリプトを見てほしい。はじめの記憶ネットワークに関係する防衛行動の衝動は，早期の記憶を呼び起こすのに利用できる。これらの防衛行動の衝動には，離人感や非現実感と同じように，闘争，逃走，服従も含まれる。

● 回復した記憶をめぐる問題と架け橋技法の使用

感情の架け橋技法などのような方法を使うとき，回復した記憶の正確さが問題となる場合がある。この問題は，20 世紀最後の 10 年間にくり返し話題になった。また，この問題に触発された APA（米国心理学会：American Psychological Association, Working Group on Investigation of Memories of Childhood Abuse, 1998）および国際トラウマティック・ストレス学会（ISTSS：

表4-9　EMDR セラピーにおける，感情，ソマティック，防衛衝動の架け橋技法

【EMDR セラピーにおける感情の架け橋技法】

クライエントに対する質問

「その体験の最悪の部分を代表する映像は何ですか」＿＿＿＿＿＿＿＿＿＿

「現在の自分に関しての，否定的信念を代表する言葉は何ですか」＿＿＿＿＿＿＿＿＿＿

「その映像と否定的な言葉＿＿＿＿＿＿に焦点を当てると，今どんな感情を感じますか」＿＿＿＿＿＿＿＿＿＿

「その感情と考えに気づきながら，一番昔に同じような考えと感情を持ったときに心を漂い戻らせてください。どんな記憶が今，浮かびますか」

【EMDR セラピーにおけるソマティックな架け橋技法】

クライエントに対する質問

「その体験の最悪の部分を代表する映像は何ですか」＿＿＿＿＿＿＿＿＿＿

「現在の自分に関しての否定的信念を代表する言葉は何ですか」＿＿＿＿＿＿＿＿＿＿

「その映像と否定的な言葉＿＿＿＿＿＿に焦点を当てると，今どんな感情を感じますか」＿＿＿＿＿＿＿＿＿＿

「身体のどこにそれを感じますか」＿＿＿＿＿＿＿＿＿＿

「その考えと身体の感覚のその場所に気づきながら，一番昔に同じような考えと身体の部分の感覚を持ったときに心を漂い戻らせてください。どんな記憶が今，浮かびますか」

【EMDR セラピーにおける防衛衝動の架け橋技法】

クライエントに対し，アセスメントの段階から次のように始まる標準的質問をする

「その体験の最悪の部分を代表する映像は何ですか」＿＿＿＿＿＿＿＿＿＿

「現在の自分に関しての否定的信念を代表する言葉は何ですか」＿＿＿＿＿＿＿＿＿＿

「その映像と否定的な言葉＿＿＿＿＿＿に焦点を当てると，今どんな感情を感じますか」＿＿＿＿＿＿＿＿＿＿

「身体のどこにそれを感じますか」＿＿＿＿＿＿＿＿＿＿

「その映像と否定的言葉，身体感覚を感じる場所に焦点を当てながら，何かしたいという行動的衝動や切迫感がないかどうか，気づいてみてください。何に気づきますか」＿＿＿＿＿＿＿＿＿＿

「その行為の衝動や切迫感に気づいて，一番昔に同じような衝動や切迫感を持ったときに心を漂い戻らせてください。どんな記憶が今，浮かびますか」＿＿＿＿＿＿＿＿＿＿

（Adapted from the *affect bridge*〈Watkins, 1971, 1992〉and the *floatback* technieque〈Shapiro, 2001, pp.433-434；Young et al., 2002, p.195〉）

第4章　ケースフォーミュレーションと治療計画

Roth & Friedman, 1997) によって問題が研究され，報告書が相次いだ。こうした報告の要約は，まだウェブサイト (APA-Questions and answers About Memories of Childhood Abuse, n.d.；ISTSS-Remembering Childhood Trauma, n.d.) で閲覧可能である。この問題についてより詳しく知りたい臨床家は，上記サイトで文献を読んでみることをお勧めする。EMDR セラピーの訓練を受けた臨床家には，他の技法を使用したときと比べて EMDR の再処理中に記憶の回復が顕著となる傾向があるという，Lipke（1995）の調査がある。第2章では，**エピソード記憶**の正確さと再検索についての急速な両側性のサッケードの目の動きがもたらす効果の実験研究（Christman et al., 2003；Christman & Propper, 2001；Lyle & Jacobs, 2010）を論じた。クライエントが治療に来たときに，持続的な記憶または以前に回復した記憶をすでに持っていたのか，あるいはセッションの最中またはセッション間に新たに思い出した記憶なのか，臨床家としてはこれらの記憶の歴史的な正確さの吟味については完全に中立であるべきだとされている（Pope & Brown, 1996）。

記憶の可塑性

　APA および ISTSS からの報告にあるように，記憶の可塑性については多くのことがわかっている。記憶は当初のコード化，回復，回復後の再コード化という，複数の要素で構成されている。実際には起こらなかった出来事や複数の出来事が，夢や，伝え聞いたり読んだりした話，映画で見た映像などから引き出された材料と組み合わさって，記憶として残る場合もある。結果として，確証となる複数の独立した情報源なしには，記憶がどの程度事実に基づいているのか知ることは不可能である。

　架け橋技法を用いる場合は，特定の記憶回復を目的とするのではなく，症状の病因と関連のある記憶の同定を促す目的で実施する。治療を求めてやって来るクライエントの多くは，生育歴・病歴聴取と架け橋技法の双方から選ばれたターゲット記憶については，持続的な記憶を持っている。しかしながら，**裏切られトラウマ**の過去があるクライエントや，解離性同一性障害がある場合，過去のトラウマ的記憶の一部または全部に健忘が起こることがある（Becker-Blease et al., 2011；Dorahy et al., 2014）。クライエントがまだ準備できていないような形で解離防衛の壁を壊してしまう可能性があるので，このタイプの健忘のあるクライエントには架け橋技法は適さないかもしれない（van der Hart et al., 2013）。架け橋技法の目的は，それが症状の原因であるとは認識されていない記憶の同定をすることであって，忘れられた記憶を回復することではない。EMDR セラピーの目的は，記憶を回復することでも，その正確性を決定することでもなく，クライエントの現在の主訴を解消する一助となることなのである。記憶の正確性について中立の立場を貫くのは，複数の理由から困難なことではあろうが，治療を成し遂げるのには必須の事柄である。

愛着の分類

　愛着の分類は，EMDR セラピーのケースフォーミュレーションにおいて中心的な要素である（Slade, 1999）。AIP モデルでは，初期の体験がその後の体験における反応の型を確立するということが明示されている。愛着の体験はこの反応パターンを確立する土台であり，初期の最も影響の強い体験である。初期の養育者から受けた体験が愛着パターンを形作り，感情の自己調整と外界および対人関係のリソースを活用できる能力の基礎となる。それが適応的であれ不適応的であれ，のちのコーピング反応に影響を及ぼすのだ。クライエントの愛着状態について十分な「ワーキングモデル」を描けると，臨床家は治療計画と手続き選択の際の不必要な誤りを最小限に減らすことができる。そして，クライエントに寄り添い，共感を示しながら，より良い準備とより良い形で，避けがたい問題の修復ができるのだ。

　紙面の都合上，本項では EMDR ケース概念化における愛着の分類の役割を紹介するだけとなる。追加的な論考は Wesselmann と Potter（2009），Wesselmann ら（2014），そして Gomez（2012）を参照してほしい。

　後述の節では，成人の愛着アセスメントのツールについて検討している。これらのツールは，成人の

愛着分類を臨床的に査定する方法として客観的な標準化や規格化はなされていない。愛着の分類は，EMDRセラピーのケースフォーミュレーションとして欠かせない要素であると考えられ，それには複数の注目すべき根拠があるので，この状況は残念なことである。自己調整能力の神経生物学的研究では，レジリエンスの発達は決定的な度合いで，初期の愛着体験に依存している（Fonagy et al., 2002；Schore, 1994, 1996, 1997, 2000, 2001a, 2001b, 2003a, 2003b；Siegel, 2012；Teicher, 2000, 2002；Teicher et al., 1993, 1997）。

AIPモデルでは，土台となる早期体験が，後にトラウマにさらされた際の反応に影響をもたらす可能性を強調している。したがって，成人の愛着分類がケースフォーミュレーションの大事な側面であると考えるのは当然である（Leeds, 2001）。長期の愛着研究は，子ども時代の愛着パターンが青年期や大人になってからも持続することを示している（Carlson & Sroufe, 1995；Demos, 1988）。愛着研究の文献をAIPモデルの観点から考察してみると，初期の養育者との経験で形成された愛着パターンが，後の適応的または不適応的なコーピング反応に影響することが示唆されているといえる。

● ストレンジシチュエーションでの子どもの愛着状態

1960年代にAinsworthが実施した実験方法はストレンジシチュエーションと呼ばれ，初期の養育者との分離が幼児に及ぼす影響を研究するものであった（Ainsworth et al., 1978）。生後12カ月の子どもを，目新しいおもちゃで20分間遊ばせる。そこに養育者と見知らぬ他者が出たり入ったりする，という状況を作り，観察がなされた。どの子も，①養育者が出て行ったときと，戻って来たときの行動および情動反応，②新しいおもちゃを探索して遊ぶのに集中した時間の長さ，という二つの面が注意深く観察された。Ainsworthはこれらの簡易な行動観察をもとに，安定型，抵抗－葛藤型，回避型の三つの群に分類した。のちに，Ainsworthの3分類に入りきらない子どもたちはMainとSolomon（1986）によって無秩序－無方向型として追加された。これは他の三つの愛着類型とは異なって，ストレスに対するコーピングとして秩序だった戦略が欠如している群である。Ainsworthら（1978）とMainとSolomon（1986）が愛着の4分類を導き出した観察の主要点は，表4-10

表4-10 子どもの愛着分類

ストレンジシチュエーションにおける子どもの愛着分類
安定型（グループB） 幼児の多くが，ストレンジシチュエーションにおける養育者の不在に対して泣いたり抵抗を示し，再会するとすぐに落ち着いた。これらの幼児は，養育者がいる場面では新しいおもちゃで遊べるし，見知らぬ他人とも関われる。
不安定－回避型（グループA） ストレンジシチュエーションで養育者が不在のときにほとんどストレスを見せない幼児がいる。彼らは戻って来た養育者を積極的に避ける。素っ気なく挨拶をするかもしれない。これらの幼児は養育者に対するのと同じ態度で見知らぬ人と関わりを持つ。養育者は家庭では積極的な愛着行動を拒否している。SroufeとWaters（1997）の生理学的研究によると，心拍音のモニターによって，これらの幼児は分離時に生理的ストレスを実際は強く長く体験しているとわかったが，再会の後も表情や行動には変化を表さない。
不安定－抵抗／葛藤型（グループC） 分離に対して強いストレスレベルを示す幼児である。しかし，再会のときには養育者との接触を求めながらも抵抗するという，葛藤した態度を見せる。この幼児の養育者との関わり行動には明確な怒りがある。養育者の行動としては，応答や対応があてにならず，また，子どもの探索行動に対して過度に侵入的であるのが観察される。したがって，これらの幼児はほとんど新しいおもちゃで遊ばないし，養育者がいるときでも他人に慎重な態度を示す。
不安定－無秩序／無方向型（グループD） 一部の幼児は意図に反して顔をそむけながら養育者に近づいて行ったり，その場の状況に対して適応できず，ぼんやりとして急に静止したりする奇妙な葛藤的行動パターンを示す。これらの幼児は，同じ時期の同じ状況でも，他の養育者のときは適応的でまとまったパターンを示すこともある。MainとSolomon（1986），Barach（1991）とLiotti（1992）はこれらの幼児が養育者の表情や行動を恐ろしいもの（frightening），または，怯えたもの（frightened），あるいはその両方として体験しており，そのために，接近－回避というパラドクスに閉じ込められて，それが安全と不安の源となっている，ということを示唆した。このパラドクスはこれらの幼児に観察された「固まり」（stilling）行動とぼうっとした表情の源かもしれない。

に要約している。ケースフォーミュレーションで関係性の愛着研究を参考にするとき，12 カ月の子どもは同じ時期の同じ状況のなかで，もう一方の親に対しては異なった愛着パターンを見せることもある，ということを心にとどめておくことは重要である。つまり愛着分類とは，全般的傾向を示すものではなく，また，子どもの気質と相関があるわけでもなく，むしろ特定の保護者との関係性の体験を反映しているのである（Solomon & George, 1999 b, p.293）。

成人の愛着検査法

　愛着関連の問題が強調されることが増え，近年では成人の精神病理学の分野で，脆弱性に対する愛着プロセスの役割をテーマとする研究が急増している（Barone et al., 2011；Cassidy & Shaver, 1999；Fonagy et al., 1996, Schore, 1994, 2003 a, 2003 b；Solomon & George, 1999 a）。しかしながら，混乱型の愛着と不安定型の愛着類型は，現在のところ，愛着障害やその診断の構成要素ではないと認識しておくことは大切である。混乱型と不安定型の愛着は，Levy ら（2015）が論じたように，むしろパーソナリティ障害を含む成人の精神病理の展開に関連していると考えるべきである。回避型の愛着がある場合（Shedler et al., 1993）に顕著なように，自己報告（自記式）という構造には根本的な限界と複雑さがある。そのために，成人の愛着分類全般を網羅するような，単一で簡便な検査法は存在していない。

　まず，成人の愛着を測定する四つの検査法について触れておく。その後，EMDR セラピーの訓練を受けた臨床家が，成人の愛着分類をケースフォーミュレーションに当てはめていく際に使える戦略を検討する。成人の愛着査定法の系統的な報告は，Shaver と Fraley（n.d.）そして Stein ら（1998）が参考になる。成人の愛着の自己報告方式における限界に関する議論や，愛着の査定における，次元モデルとカテゴリーモデルとの間の議論については，Crowell ら（1999）と Waters ら（2002）を参考にするとよい。Waters らは，「しかしながら，AAI と愛着スタイル測定の自己報告との間に相関性はほとんどないと認められたうえ，それらの間に互換性があるどころか，類似して

いるという十分な根拠さえ見つからない」（Waters et al., 2002, p.7）と述べている。本書では，成人愛着面接法（AAI），成人愛着投影法（AAP），4 分類愛着スタイル尺度（RQ），成人愛着スタイル尺度改訂版（ECR-R）の，四つの成人愛着の検査法に焦点を当てる。

成人愛着面接法（Adult Attachment Interview）

　AAI は成人の愛着分類の発達（George et al., 1996）において，初期の検査方法として用いられてきた。これは，自分の愛着体験について本人が話す際の語りの構造が，自らの愛着状態と関係があるということを明らかにしている点で特筆すべき方法である。しかしながら，AAI は研究用の検査方法であり，個人適用のために標準化されているわけではない。面接方法を学ぶために，多くのトレーニング，コーディング，スコアリング，構造化された 20 の質問に対するナラティブが生み出す反応の統語解釈（interpretation of syntax）などが必要とされる。これら 20 の質問は臨床家にとって有益であるが，AAI のスコアは語りの統語分析であり，内容分析ではないことを十分注意する必要がある。

　AAI ナラティブの統語分析は，ギャップ，内的矛盾，質問にそぐわない回答，詳細の欠如した曖昧な回答，詳細すぎる内容，激しい情動反応，ナラティブの情動的特徴とかけ離れた反応などを示す。AAI はそのような統語的特徴から，成人の愛着分類を同定することができる。なぜならば，生後数カ月の愛着体験が，脳の前頭前野の神経組織に反映されるからである。Siegel（2012）による *The Developing Mind* の第 3 章には，AAI と AAI の主要な質問リストが記載されている。本書の巻末の参考情報には，Main の「成人愛着面接プロトコル」の入手方法とリンクが記載されている。表 4-11 には Slade（1999）によって説明された，不安定−回避／拒否型，安定型，不安定−抵抗／とらわれ型，という成人のナラティブ構造と感情調整の関係が要約されている。

第Ⅱ部　ケースフォーミュレーション，治療計画，EMDR再処理のためのクライエントの準備

表4-11　感情調節と構造の連続体としての愛着分類

回避／拒否	安定／自律	抵抗／とらわれ
否定的および肯定的感情のどちらの表現も最小限度	構造と情動はバランス良い	特に否定的感情の自由な表現の高まり
感情を抑圧する構造は固く，きわめて組織的	情動は柔軟で一貫したナラティブで表明され，認識される	感情調整の構造の欠落

Summarized from Slade（1999）.

成人愛着投影法（Adult Attachment Projective）

AAPは成人愛着分類システム（George & West, 2001）であり，AAIと同様に四つの分類を用いる。AAPは，一連の愛着関連の図版に対しての言語反応を分析するものである。成人の愛着理論の中心となる心理的表象や防衛プロセスに焦点を当てている。AAPによって，研究者や臨床家はAAIのような面接法における実施と分析上の限界の多くを回避できる。AAPは実施，スコアリング，解釈にかなりの訓練を必要とするが，AAIほどではない。AAPについての情報は，巻末の参考情報を参照のこと。

4分類愛着スタイル尺度（関係性質問紙（Relationship Questionnaire））

RQはBartholomew（1990, 1997）による成人の愛着分類の類型化モデルに基づいてはいるが，元来のAAI研究による類型化のあり方とは根本的に異なっている。Ainsworthによるストレンジシチュエーションで見出された「安定」「回避」「葛藤」の愛着パターンを，成人の類似する三つの状態として要約し発展させたHazanとShaver（1987）の初期研究を，Bartholomewが拡張させたものである。ストレンジシチュエーションは行動観察記録のビデオをもとに分類されているが，HazanとShaverは成人に自らをこの三つのパターンによって分類するよう求めた。BartholomewとHorowitz（1991）は，回避型に，「恐怖」（fearful）と「拒否」（dismissing）の二つの下位グループを同定した。これにより，二つの次元（自

己モデルと他者モデル）に依拠する四つの類型モデルが示され，いずれもが肯定的な場合と否定的な場合がありうるとされた。Bartholomewの類型化モデルは，混乱型愛着については言及しておらず，また完全に自己報告によるものである。四つの分類は，AAIの分類やストレンジシチュエーションにおける子どもの愛着分類に直接的に重なるわけではない。重要な利点は，迅速に施行し解釈ができることだ。

以下，BartholomewとHorowitzによるRQの四つの状態を記す。

安定：「私は他者と感情的に近しい関係になるのは簡単である。他者に頼ったり頼られたりすることを心地良く感じる。一人になったり，他者に受け入れられなくても心配しない」

とらわれ：「私は完璧に他者と感情的に親しくなりたいが，自分が思うのと同じほどに他者はそれを望まないようだ。近しい関係がないと心地良く感じないが，自分が他者を評価しているようには他者は私を評価していないのではと心配になる」

恐怖：「私は他者と親しくなるのは心地良く感じられない。感情的に親しい間柄になりたいが，他者を完全に信頼したり頼ったりすることが難しい。他者に近づきすぎると，自分が傷つくのではないかと心配になる」

拒否：「私は感情的に親しい人がいなくても快適だ。独立していて自分でやれていると感じられることが大切で，他者に頼ったり頼られたりするのは好まない」

（Bartholomew & Horowitz, 1991, p.244）

成人愛着スタイル尺度改訂版（ECR-R）

ECR-R は，**成人対人関係不安回避**の自己報告尺度である。Fraley ら（2000）によって開発された 36 項目からなる愛着尺度によって構成されている。ECR-R の項目は，複数の成人向けロマンティック愛着の自己報告型尺度を分析して導き出されたものだ。ECR-R は，回避（または接近の不快と，他者への依存の不快）と，不安（または拒絶や見捨てられの不安）という，二つの下位尺度によって採点される。ECR-R の自己評価版は www.yourpersonality. net や www.web-research-design.net/cgi-bin/crq/crq.pl で入手可能である。成人愛着スタイル尺度（Experiences in Close Relationships-Relationship Structures ECR-RS）は，複数の関係から愛着の個人差を評価するようデザインされた，ウェブ上のアプリケーションである。親，パートナー，友人を含む複数の異なる関係性における不安と回避を評価できるようデザインされている。複数の関係に見られる愛着度合いの，個人内での相関的構造を導き出すのだ。www. yourpersonality.net/relstructures にて確認できる。

Shaver と Fraley は以下のようにコメントしている。

ロマンチックな愛着の自己報告検査法と AAI は，もともと別の目的でまったく関係なく開発された。一方はロマンチックな状況，または親密な関係での個人の感情と行動を尋ねるものだ。他方は，成人の現在の心理的防衛と，子ども時代の親との関係性の関連を推測するのに用いられている。原理的にこれら二つは大いに関係があったかもしれないが，少なくとも現在は，わずかしか関係していないと評価されている。

（Shaver & Fraley, n.d）

ロマンチックな関係性における態度の自己評価法は，混乱型愛着についての情報を得られないという欠点と，子ども時代の体験パターンからその人の愛着構造の仮説を発展させるような利用が難しい，といった欠点がある。

成人の愛着状態の臨床的評価

AAI の施行およびスコアリングと解釈の訓練によって，養育者との初期体験パターンを類推でき，成人の愛着分類を行ううえで重要かつ有益な情報の収集をしっかりと行うことができる。成人のロマンチックな関係性パターンの自己報告測定法（RQ や ECR-R など）は，施行が簡易であるが，AAI による知見と強力な相関があるわけではない。それゆえに，それらは子ども時代の愛着体験を重要視するケースフォーミュレーションに用いるには，おのずと限界がある。ケースフォーミュレーションに成人の愛着分類を用いて考えたい臨床家には，いくつかの非公式な方法がある。まず，クライエントによって語られた生育歴のなかで，愛着対象との相互交流のパターンを考察することができる。表 4-12 は，重要な愛着対象との相互交流のパターンと関連のありそうな愛着の分類である。二つ目として，AAI の質問を生育歴聴取や治療計画の段階でとり入れることができるだろう。これらの質問は，「両親に愛されて育った」「子ども時代はかなり普通だった」など，クライエントの紛らわしい確信的な言葉を，うっかりとそのまま受け入れてしまうのを避けられる点で重要である。より詳細な半構造的な質問は，初期の養育パターンについての情報を得るのに必要なのだ。巻末の参考資料では，AAI 質問項目を簡易に得る方法が記載されている。三つ目は，クライエントのナラティブそのものの質を，先に論じた AAI の正式なやり方と同じ方法（Main, 1996；Cassidy & Shaver, 1999）で，巻末の参考資料のリストにある AAI の情報を用いて，臨床家が主観的に評価をする方法である。表 4-11 は，クライエントのナラティブが，情動調節と構造に関してどのように構成されているのかを考える一助になるかもしれない。上記の通り，愛着分類は特定の親との関係を反映しているのであり，包括的なものではないことを，くれぐれも心にとどめておくことは重要である。つまり愛着分類は，初期の子ども時代に，それぞれの親や養育者との関係ごとに異なるのである。それぞれの親や人生初期の養育者との個別で異なる愛着分類の発達は，後の成人期

第Ⅱ部　ケースフォーミュレーション，治療計画，EMDR再処理のためのクライエントの準備

表4-12　子ども時代と大人の愛着パターンを基礎とした成人愛着状態の臨床アセスメント

報告された歴史	首尾一貫した臨機応変で支持的な行動	臨機応変で支持的な行動は少なく，多くは非支持的で批判的	臨機応変で支持的な行動がずっと欠落している	長期にわたる怯えたまたは怖がらせる行動	身体的または性的虐待のある，混乱した愛着を示唆する歴史
その愛着対象との愛着分類	安定的愛着を示唆	不安定型とらわれを示唆	不安定型回避を示唆	混乱型を示唆	第2次，第3次構造的解離を示唆
母親やその他子ども時代初期の主要養育者					
父親やその他子ども時代初期の主要養育者					
初期の家族構成での，その他の重要な愛着対象					
成人してから初めての恋愛対象					
成人してから2番目の恋愛対象					
最も最近の恋愛対象					

のロマンチックな関係から発生する愛着パターンへと置き換わっていくことがありうるのだ。

ケースフォーミュレーションにおける成人愛着分類の意義

治療段階における「安定型」愛着状態の影響

　安定的／自律的な愛着状態の人は，治療を「安全な」方法で役立てることができる。彼らは治療者とともに一貫したナラティブをつむぎ，トラウマ的出来事に取り組める安全でサポーティブな環境として治療同盟を体験できる準備が整っている。必要とあらば，すべての個人史やトラウマの過去をさらけ出すことができる。彼らのほとんどは，最低限の準備で十分である。「落ち着く場所」を簡単に見つけられるし，落ち着く場所のエクササイズにも良好に反応する。彼らのEMDR再処理は，一般的に率直でシンプルである。彼らはEMDRセラピーにとって，「最適な反応を示す人々」となる傾向がある。

治療段階での「拒否型」愛着状態の影響

　不安定型愛着拒否（回避）状態クライエントの治療初期においては，臨床家が肯定的な効果（価値や達成）や，強力な治療同盟（的確な共感と親密性）を増加させようと試みても，それが拒否的反応や不安と不信を増加させるかもしれない。もし資源の開発と植えつけ（RDI）ができたとしても，RDIは表立った反応を起こさず（内部ではかなりの生理的苦痛がありつつ），あるいは混乱とパニックなどの逆効果となることがある。達成感の記憶についてのRDIは，資源的対人関係のRDIよりも，効果的かもしれない。特にサポーティブな他者の記憶を資源として使うとき，不安定型愛着拒否（回避）状態の人は，反依存的姿勢のために強い不安を示すかもしれない（RDIの詳細については第6章を参照）。肯定的感情耐性プロトコル（PAT：Leeds, 2006, 2015）を用いて，他者と共有された肯定的感情を受け入れるキャパシティを増加させる働きかけは，クライエントが他者との本物のつながりに対する耐性をつけるのをサポートし，構造を徐々に調節していくのに有効かも

しれない。標準的なEMDRの再処理段階において，自分の内的体験と連想について尋ねられるとき，このタイプのクライエントは，連想や感情とは切り離されたいくつかの感覚だけを報告するかもしれない。原家族由来の中核的な**病因的体験**の再処理は，単純なケースやある程度複雑なケースでは効果的であろうが，理想化と最小化（minimization）の防衛によって，効果がなかったり未完了となるかもしれない（Knipe, 2014）。治療の中盤では，これらのクライエントは，治療同盟のなかで愛着葛藤が発生する体験をすることになるかもしれないし，強い抵抗（怒り）を示し始める他，平静を装い，表面的なもっともらしい理由で面接予約を間違えたり，忘れたり，変更したりするといった形で，回避的な行動を示すかもしれない。彼らはEMDR再処理に対して，中程度から最小限度の反応を示しがちであり，実際の苦痛の強さを初期には見せない傾向がある。したがって，臨床家は当初の予想を超えて，より多くの忍耐とスキルが必要なのである（Shedler et al., 1993）。

● 治療段階での「とらわれ型」愛着状態の影響

とらわれ型のクライエントが，治療同盟のなかで愛着を再構築しようと試みるとき，多くの場合，強度の不安，しがみつきが生じる。さらに適切な治療的中立性を拒絶と解釈するような下地を伴うものだ。情動調律の乱れや，臨床家の軽率な自己開示に対する反応が予想以上に強く，また感情的なものになったりする。彼らはEMDR再処理による早急な介入を望むかもしれないが，まだ治療同盟や十分な準備ができる前に，クライエントの要求に沿って再処理を始めてしまうと，初期の治療段階で慢性的に不完全なセッションが続くこととなる。ひいては早期の治療中断のリスクが高まる。中度から高度に複雑なケースの場合は，毎週生じる課題（危機）によって，治療計画のなかから選択されたターゲットを完了していくための組織的な取り組みが，容易に妨げられてしまう。このように複雑性の高い事例では，準備段階の仕事として，現在の危機管理とセルフキャパシティーを広げることが必要となるかもしれない（Hofmann, 2010）。一般的に，RDIはうまく受け入れられ，感謝されることも多い。しかし，RDIへ

の肯定的反応の一方でしつこい危機的状況が続いていると，臨床家は準備段階に過剰にとどまってしまい，クライエントの「病因的体験」を再処理することを避けてしまうことにもなりうる。場合によっては，標準的なEMDRを早期に適応していくことが，これらのクライエントにとって日々のコーピング改善となる最適な方法である（Mosquera et al., 2014）。

● 治療段階での「無秩序-無方向型」愛着状態の影響

無秩序-無方向型（不決断-無秩序的）愛着のクライエントはさまざまで，しばしば反応も予想しがたい。事実を隠す傾向や，実際の内的混乱の度合いを説明する能力が欠如しているため，人格の構造的解離の内的システムは，はじめの印象よりも複雑である。人生初期の感情的ネグレクトや，身体的または性的虐待被害の歴史があるクライエントは，2次的または3次的構造的解離を示すことが多く，解離性障害や解離性同一性障害を呈することになる。集中的な生育歴聴取と標準的EMDR手続き段階による再処理は，臨床家が構造的解離の度合いを見きわめ，パーツとのやりとりやパーツ間の協力をとる方法を定め，日常生活の機能向上に取り組み，解離性恐怖症と取り組むまで先延ばしにするべきである（Gonzalez & Mosquera, 2012；Lanius et al., 2014；van der Hart et al., 2013, 2014）。構造的解離の程度と複雑性を正しく評価できていない場合，これらのケースへのEMDRセラピー適用には広範な問題が残されてしまう（Paulsen, 1995；Ross, 2015）。修正されたEMDR手続きは，**漸進的アプローチ**（Gonzalez & Mosquera, 2012）の準備段階で，多くの介入を統合的に導入している。この準備段階の仕事のなかで，重要な前進が達成される。それを前提に，クライエントは修正されたEMDR手続きによって，厳密な滴定化の原則で，記憶ネットワークと関連する事柄の活性化と連想を制御しつつ，漸進的にトラウマ記憶にアプローチして再処理をしていけるのである。

第Ⅱ部　　ケースフォーミュレーション，治療計画，EMDR再処理のためのクライエントの準備

広い視野を持つ：クライエントはなぜ治療に来るのか

　EMDRセラピーを求めてクライエントがあなたのオフィスにやって来たらば，より広い視野を心に置いて，責任ある対応をするのが基本である。そもそも，なぜクライエントは治療に来ているのだろうか。EMDRセラピーの効果にとって，手続きの忠実さ（Maxfield & Hyer, 2002）が重要であるのと同様に，心理療法の目的は方法やモデルにあるのではない。広い視野を持つとは，クライエントが求めていることを達成する助けを第一とするということである。

　心理療法家による治療を望んで来るクライエントには，それぞれ異なった理由がある。変わりたいからという人もいれば，誰も彼らを変えられないと証明したいから，という人もいる。苦痛を終わりにしたい，あるいはせめてそれを減らしたいという人もいる。もう自分そのものになってしまった痛みを抱えたまま，その自分を他の誰かに慰めてほしいという人もいる。包括的な変化がほしい人もいる。肝心な問題は避けつつ，特定の症状について控えめな利得を得たい人もいる。

　クライエントは臨床家の催眠，精神分析，認知行動療法，EMDRセラピーなどの技術の高さに対する評判を述べて，臨床家を喜ばそうとするかもしれない。評判の高さがクライエントにとって治療に来た理由である，と述べるかもしれない。とはいえ，それは理由ではない。臨床家の方法は心理治療の目的ではないのだ。治療を始める理由はいつでも，クライエントが何かを変えたかったり，人生の何かをより多くあるいはより少なくしたかったり，何かが変わってしまわないよう防ぎたいということなのだ。

　限定的な目的を示すクライエントは，それが達成された後に，大きい問題について話題にするようになるかもしれない。最初の治療契約の話し合いで，臨床家はクライエントに，異なるまたはより大きな治療ゴールの契約をするようにはっきりと勧めるのが良いだろう。クライエントは同意するかもしれないし，断るかもしれない。目立った症状や，治療を必要とする深刻な物質乱用などの問題を無視して，

クライエントの限定されたゴール設定で治療をするのは不可能，または倫理的に問題があると，臨床家が断ることもできる。臨床家はクライエントのゴール設定を忘れて，治療の方法や理論を優先してはいけない。治療契約やクライエントが求めている治療ゴールを少しずつ変更して，臨床家の好みの理論や技術の応用に合わせてしまうようなことは避けなければならない。

　クライエントの望んでいることについて「包括的な展望」を持つことは，EMDRセラピーの適用を考える際には，二重に重要であることを心にとめておいてほしい。重要な理由の一つは，多くのクライエントにとってEMDR再処理の心理療法の範囲を限定するのは，難しいことかもしれないからだ。一部のクライエントには，EMDR再処理は，その人の人生の中心的な問題の解決に向けて働きかけるものになるかもしれない。別のクライエントは，原家族の問題や他の人生の中心的問題については話したくないかもしれない。臨床家は，クライエントが再処理の間に出てくる素材の範囲を限定するようサポートする手段を用いるとはいえ，EMDRセラピーのなかで出てくる素材は臨床家が制御できるものではない。他の問題や記憶に関連している事柄が，臨床家がどんな技術を持っていても発生してくるからである。EMDRセラピーは，クライエント自身の無意識下の資源や心配事を明るみに出してくる傾向がある。クライエントが包括的な結果を求めてはいないとき，EMDR再処理は彼らにとっては適切ではないかもしれない。

治療ゴールがEMDR再処理とは相容れないとき：ジュリーの事例

　ここに挙げる事例では，クライエントが限定的な治療ゴールを持っており，このための特定の治療としてはEMDR再処理が不向きであった場合である。ジュリーは春の初め頃，不安，悪夢，不眠，パニック発作と広場恐怖といった，漸進的に悪化する症状と苦闘した後で治療に訪れた。初回のセッションでは，子どもの頃にひどい扱いを受けていて，身体的および性的虐待を両親から受けていたのだ，と私に

言った。彼女は何年間かひどい不安から解放されていたが、長年会わないようにしていた両親と再会するようになってから、症状が変わってきたのだと説明した。

　10年前、結婚直後に、彼女はこの不運な出来事から発生した多くの心理的感情的問題を、勇気を出して治療しようと決めた。誰かを信頼することは彼女にとってとても困難だったけれど、努力をして心理療法家を信頼した。子ども時代の虐待で受けたダメージの影響に対しては、症状がなくなるまであらゆる詳細を話すことが肝心なのだと、彼女の臨床家は説明した。ジュリーは臨床家に言われた通り、求められたことをしようと試みた。不幸にも、彼女が体験したことの詳細を話し始めたとき、彼女が解離させていたより詳細な記憶が表面化してきた。不安は悪化し、小さな解離性遁走エピソード、時間経過の見当識の喪失のため、日常生活をやり遂げる困難が大きくなり始めた。彼女はひどく抑うつ的になった。

　この危機を何とかするために、彼女の臨床家はセッションの頻度を上げて、週2回とした。彼女の症状は悪化を続け、臨床家は彼女を服薬のために精神科医に紹介した。精神科医は1種類の薬を与え、2番目の薬も与えた。副作用が出てきたので3番目、そして4番目の薬が処方された。彼女の症状と機能は引き続き悪化した。彼女は、もし治療を続けたら最終的には入院させられてしまうだろうと考える時点まできた。そこで心理治療をやめて、数週間かけて薬をすべてやめた。心理療法と服薬から離れてみたとき、残っている侵入的記憶、悪夢、その他の症状はずいぶんと扱いやすいものであると気がついた。彼女は、活動的なライフスタイルが、症状を抑えるのに役立つと発見した。彼女には安定した愛のある結婚生活があった。彼女が家の外での仕事に出るようになると、症状は次第に低下して、耐えられるレベルになった。

　両親と10年ぶりに連絡を再開してみようという考えが出てくる11月までは、彼女は比較的うまくやっていた。彼女は子ども時代に何が起きたのか、両親がついに認めてくれるのではないかと想像した。しかし彼らを訪問してみて、何も変わっていな

かったとわかり、ショックを受けた。両親は複数の事実はあったと認めたが、最悪の虐待を認めず、それは彼女のせいだと責めたのだ。この訪問の後で、彼女の症状は再発した。子ども時代の虐待の悪夢を毎晩見るようになった。不眠症となり、4～5時間以上眠ることはほとんどなかった。彼女は一日に最大で3～4回のパニック発作に見舞われるようになった。家から出るのを避けるようになった。彼女と夫が助けを求めると決めたとき、私のオフィスへ来るために、夫に運転を頼まなければならない状態であった。

　彼女の話を聞いた後、私は初めの心理治療と精神科治療が、再度トラウマ的な体験となって彼女を苦しめたことについて詫びた。そして、私のところへ心理治療に来た目的を尋ねた。両親に再会しようと決める前の、快適だった自身の機能レベルを取り戻したいだけだ、とはっきり述べた。パニック発作を止めたいということであった。不安で衰弱することなく、家を出て自由に移動できるようになりたい、と言った。彼女は子ども時代の虐待の記憶を扱わないやり方で、これらのゴールを達成させたい、ということであった。

　私は、彼女がゴールを達成できるよう手伝うし、トラウマ記憶を詮索することなく6～8週間でやることを伝えた。そして、安定した機能を達成した後で終わりにするか、過去の不運な出来事を以前とは別のやり方、すなわち、彼女の虐待の詳細を詳しく話すのではなく、EMDRセラピーで取り組む契約をするかを彼女が決めればいい、とつけ加えた。症状が良くなったからといって、過去のことに焦点を当てなければならない義務はないことも強調して伝えた。

　私はジュリーに、本当にそうしたいと思い、準備ができていると感じるまで、治療のなかで私が質問することには絶対答えないでほしい、と依頼した。何について話し合っていたとしても、落ち着いていてほしいと頼んだ。彼女はこれらに同意した。過去をくり返す必要がないと知って、彼女は非常に安心した。セッションのなかで、ジュリーが子ども時代の記憶について掘り下げようとしたことが何回かあった。そのとき私は、本当に彼女にこれらの詳細

第Ⅱ部　ケースフォーミュレーション，治療計画，EMDR再処理のためのクライエントの準備

を話したい希望や必要があるのか，話に割って入って確認した。彼女の過去の門番の役割を，彼女自身にさせたのだ。彼女は私の信頼と症状の急速な回復の予想に感謝したが，症状が急激に弱まることには懐疑的だった。

それから，セルフコントロールの練習の一環として，第6章に出てくるスクウェア・ブリージング（Square breathing）を教授し，通常のEMDRセラピーの典型的な目の動きは使わないで，安全な場所のイメージ練習を行った。睡眠健康法の基礎を教え，家の近くから始めて長距離を散歩することを含む，段階的な行動課題を与えた。次の数週間は，不安と悪夢を彼女がコントロールできるようにサポートした。両親に否定されたことで，彼女の落胆し傷ついた怒りの気持ちについて，子ども時代の記憶やトラウマ的体験の詳細を掘り下げることなく話し合った。数週間たつと，彼女が車を運転できる範囲は広がり，ジュリーは長いこと放っておいた学士資格を取るために大学のコースに戻ることを決めた。8週目には，教えられなくても，彼女の機能を阻害していた回避性の症状や不安から解放された。数回の除去できない悪夢はあっても，睡眠が妨げられることはなかった。ほぼ毎晩よく眠れた。

ジュリーは心理療法を続けて，EMDR再処理をする可能性を表明した。しかしながら，結局は，学校の勉強が忙しすぎると彼女は判断した。彼女は，もし症状が再発したらまた私のところに戻れるか尋ねた。私はいつでもドアは開いている，というポリシーを強調した。また，彼女の成果を喜ぶとともに，いつでも必要なときは戻って来てください，大歓迎ですと伝えた。

ジュリーの事例は，治療計画を練るときに包括的な展望を持っていることの重要さを示している。経験を積んだEMDRセラピーの臨床家として，私は**原理的には**，ジュリーの恐怖症的不安や子ども時代のトラウマ的記憶を再処理して，症状を半永久的に解消することはできるかもしれない。治療されていないPTSD症状は，現在のストレッサーへの反応として再浮上するので，私はジュリーのPTSDの核心部分そのものを治療せず，不安症状を行動的に管理しただけで，彼女が将来のストレッサーに対して脆

弱なままであることを心配した。しかしながら，以前の治療体験のために，今は彼女自身が自分の責任者となることを強化し，自身が決めた治療ゴールを達成することが大切だったのである。私の道具箱にEMDRセラピーの技術があるからといって，それによって私との心理治療における彼女の役割が決まるということではないのだ。彼女が戻ってくるかどうかはわからない。しかし，もしそうなったとしても，どのような治療が必要となるかは，私の方法論ではなく，彼女のゴールが何であるかによって決定されることである。

症状に基づく（Symptom-Informed）治療計画モデル

AIPモデル（Shapiro, 2001）が，EMDRアプローチの治療計画の基礎となっている。症状は，不適応的で再処理が必要な記憶ネットワークにコード化された知覚とコーピング反応の表現と見なされる。EMDRセラピーはPTSDの治療として広範囲にわたり研究され，大うつ病性障害（Hase et al., 2015；Hofmann et al., 2014）やパニック障害（Faretta, 2013）のような他の障害に対しても，有望な治療効果を示している。PTSDの治療にフォーカスするときは，症状に基づくアプローチが治療計画として有用である（Korn et al., 2004；Leeds, 2004）。

症状に基づく治療計画モデルは，PTSD（およびうつ）の治療法としては詳細なターゲット順による唯一のモデルであり，統制研究によって実証的に支持されている。このターゲット順のモデルは，van der Kolkら（2007）によってなされた国立精神衛生研究所（NIMH）の画期的な研究である。PTSDが始まった大人と子どもが対象であり，EMDRセラピー，プロザック，プラセボ治療が比較研究された。これはのちに2010年に「第一の方法（first method）」としてde Jonghらによって示されたものや，2014年にHofmannらによってなされた，うつのEMDRセラピーの統制研究とも類似している。症状に基づくモデルは，以下の場合には不適格であるか大幅な修正が必要となる。パーソナリティ障害が中核の問題であるとき，あるいはすべての診断基準を満たしてい

る強迫性障害，広場恐怖を伴うパニック障害（PDA），複雑性 PTSD（DESNOS）や，より深刻なケースである。第 14 章を PDA 用の修正 EMDR について参照してほしい。症状に基づくモデルのターゲット選定は，以下四つの AIP の基礎原理から成り立っている。

治療計画の第 1 原理：より古い記憶から始める

第 1 の原理は，より初期の体験が，後の体験の反応の土台になるということである。だからこそ，後の体験の記憶よりも，より初期のトラウマ体験の記憶をまず先に再処理するのである。過去の病因的体験が完全に解決した後でも，現在の刺激に対する不適応的反応が多少残りうる。次の再処理の焦点は，現在の刺激である。現在の刺激が不適応的反応を引き起こさなくなったら，次の治療ゴールとして，未来の行動の範囲を広げる想像上のリハーサルを実施し，新しいスキルを統合してから，新しい自己イメージの植えつけを行うのである。

親による身体的虐待などのように複数回の類似したトラウマ的出来事があるようならば，過去から始めて，これらの体験をクラスターとしてグループ化していく。関連する体験のクラスターのなかの一番初期の体験を再処理することから始め，その体験についての記憶の再処理が完了するまで続けるのだ。クラスターのなかでの最も初期の記憶をターゲットとすることで，クライエントが無意識のまま初期の素材が活性化する機会を少なくできる。この初めての体験に対するコーピング反応は，発達段階，身体の大きさ，知識，そしてクライエントのコーピング能力によって限定されているかもしれない。だからこそ，記憶のなかにコード化された限定的な知覚とコーピング能力の要素は，ノーマライズされ，意識化されることが重要である。そしてこれらの初期記憶は，後に獲得された適応的記憶ネットワークと統合されていくのが不可欠なのである。

クラスターのなかの初めの体験の再処理が完全に終わった後で，次に，クラスターのなかで最悪の記憶に焦点を当てて再処理を続け，その体験の記憶を完了させる。もし最悪の体験がない場合，その記憶を代表するものを処理するのだ。その次に，その体験のクラスターのなかでの最後の記憶に焦点を当てて，再処理を進め完了させる。最終的に，クライエントにクラスター内の体験の記憶をスキャンしてもらって，嫌な感じが残っていないかどうかを確認し，完全に解消するまで再処理を進める。

治療計画の第 2 原理：最悪の症状から始める

第 2 の原理は，クライエントを最も衰弱させていることに関連のある記憶（または記憶群）から再処理を始めることで，クライエントの機能を最大に改善することだ。一番苦痛な症状が緩和された後，その次に大きな苦痛に関連のある記憶（または記憶群）に移る。この原理の意味するところは，われわれ治療者は，クライエントの有害な体験やトラウマ体験のすべてを，単純な時系列のリストに従って順を追って再処理する訳ではないということだ。かわりに，体験の記憶群のなかで，最悪の症状の病因として考えられるものを扱っていくということである。この関連する体験のクラスターのなかで，第 1 原理に従い，最も初期の記憶の再処理を完了させてから，最悪の記憶に移行する。

治療計画の第 3 原理：活性化している記憶の選択

第 3 の原理は，クライエントにとって明らかにストレスとなっている，有害でトラウマ的な出来事に焦点を向けるべきである，ということだ。これは「活性化している」記憶（Korn et al., 2004）として報告されている。治療者は，ある逆境的な出来事の記憶が現在の症状の病因となっている，と仮説を立てるのもよいだろう。しかしながら，もしこの記憶がクライエントにとって明らかな障害になっていない場合は，初期の治療計画には入れる必要はない。

治療計画の第4原理：
治療計画は共同作業である

　第4の原理は，治療計画は臨床家とクライエントの共同作業でなければならない，ということである。多くのクライエントが耐えてくれているとはいえ，トラウマの解決に焦点の当たっている心理治療は，かなりストレスフルなものである。クライエントの多くは恐怖を感じる。クライエントはトラウマ的な過去と取り組むことに恐れと心配を持っても不思議ではない。クライエントは，子ども時代の初期の記憶について取り組むよりも，明らかな症状が現れたときの最近のトラウマ記憶から開始したいと思うかもしれない。EMDRセラピーの臨床家にとっては，初期の子ども時代の記憶が，クライエントの症状に何らかの関係があることは明らかであるとはいえ，クライエントの意識のうえでは，それほどはっきりとしたつながりがない場合があるのだ。それゆえに，症状の始まりまたは著しい悪化に関連する最近のトラウマ体験を先に再処理し，クライエントがこれら初期の記憶を扱うことで，完全に症状から解放されると気づいてはじめて，土台となる記憶について取り組むことができるようになるかもしれないのだ。

治療に関わる心配や恐れに
どう取り組むか

　治療に関わる恐れや心配が，ターゲットの選定や進展を妨げることがある。この恐れについて扱われない限り，クライエントは病因となっている体験の記憶再処理を開始する準備が整わないだろう。臨床家は，この治療に関わる心配や恐れについて，①心理教育，②問題解決，③RDI，④記憶の再処理，といった四つの戦略を考慮すると良いだろう。

● 心理教育，インフォームドコンセント，問題解決

　心配や恐怖が知識不足で起きているのだとすると，心理教育とインフォームドコンセントが第一になされるべきであろう。たとえば，EMDRセラピー

が，一部の宗教の宗派では禁止されている催眠の一つではないか，といった宗教的な心配や，治療者に支配されるといった恐れ，クライエントが言いたくない詳細まで明らかにされてしまうのではないかという不安，発狂してしまうかもしれないという恐怖，完治の見込みなしと拒絶される恐れ，良い思い出まで失ってしまうのではないかという心配，などが含まれる。一部の恐怖には，心理教育とインフォームドコンセントの双方を提供するのが良い。例としては，法律／犯罪がらみの場合，鮮明な記憶が低下することの不安や，より苦痛な記憶を思い出してしまうことの恐怖がある。これらの恐怖や心配を扱うには，第6章の「準備段階」を参考にしてほしい。心配事のなかには現実に即しているものもある。その場合は，再処理を始める前に，問題解決が必要となる。例としては，治療全体の費用が捻出できない場合や，パートナーによる暴力被害の危険が家庭内に残っている場合などが挙げられる。

● RDIで恐怖を減らす

　クライエントが再処理を行うのに適した安定に至っておらず，適切な心理教育と問題解決の後でも恐れと心配が続いているときは，安定性を高めて再処理をするための準備をしながら，RDIで恐怖の低減と心配の解決を行ってもよい。第6章の「準備段階」にあるRDIプロトコルを参照のこと。一つの例として，自己価値，勇気，自己主張を強化するリソースの植えつけをして，妥当である賃上げや未払いの給与支払いを求めたり，または別の仕事を探せるように支持し，治療の全過程をクライエントが支払えるようにサポートしていくのだ。別の例では，治療に引きつけられながらも，臨床家に見込みがないと拒否される恐れを抱く，両価的な人生初期のネグレクトの歴史を持つクライエントの場合などがある。適切な心理教育の後でもこの恐れが持続するときは，初期の放置やネグレクトの体験を処理する試みがきっかけとなって，時期尚早の相談終結となってしまうリスクを減らすために，無条件の受容や承認を資源とした植えつけを検討する。

第4章　ケースフォーミュレーションと治療計画

● 現在の恐怖と関連のある条件づけ体験を再処理する

クライエントの現在の安定性が十分に基準を満たしていて、適切な心理教育、インフォームドコンセント、問題解決の後でもなお恐怖が持続していたら、その恐怖を EMDR 再処理で直接扱ってもかまわない。これらのケースの場合、その恐れに関係しているいくつかの体験を同定し再処理して、現在の主訴に関連する再処理ができるように、恐怖を十分に解消することが重要である。例として、子ども時代に祖父から受けた性的被害のエピソードを思い出し始めたところで、前治療者によって4カ月の治療を終えさせられたクライエントの場合がある。「取り戻された記憶」をいかに扱うのかという、リスクマネジメントに関わる不安があったために、臨床家が突然にかつ一方的に治療終結をしたのだ。このクライエントは、記憶の取り戻しは EMDR セラピーでもよく起こることだと言われたので、もし他の苦痛な記憶を思い出したら、EMDR 治療者も彼女を拒否するのではと恐れていたのだ。他の例では、飛行機恐怖症を主訴としているクライエントが、病院に入院させられてしまうのではないかと取り乱した。この恐怖の源を探っていくと、クライエントが8歳のときに、母親が産後うつとして精神科病院に数週間入院させられてしまったことが浮上した。そして、母親が病院に入る前に泣き続けていたのを、クライエントは思い出したのだ。この体験に基づいたクライエントの信念は、「もし泣いたり怒ったりしたら、コントロールを失って病院に入れられてしまう」であった。

このように恐怖の源になっている関連記憶を同定することと、それを EMDR 再処理の一番初めのターゲットにすることで、現在の恐怖を解消したり低減できる。そうすることでクライエントは気持ちを切り替え、臨床家が同定し推奨した治療計画に沿って、主要な病因となっているターゲットに集中して取り組めるようになる。

■ EMDR 再処理のためのターゲットの選択と配列

次のアウトラインは、先に述べた四つの原理を症状に基づく治療計画モデルに沿って要約したものだ。この症状に基づくモデルは、複雑な解離障害のケースの場合は大幅に修正を加える必要がある。第5章にある解離障害の査定を参照のこと。一般的に、強迫性障害、PDA、複雑性 PTSD (DESNOS)、パーソナリティ障害、他のより複雑なケースのクライエントを治療する際は、大幅に修正されたモデルが別途必要であろう。図4-1では、この同じモデルをフローチャートで示してある。

● 1. 最悪の症状から始める

(1) 最悪の症状から始め、一番苦しい症状と関連のある、アクセス可能な最早期の不快記憶を完全に処理をする。このアクセス可能な最早期の不快記憶は単一であったり、情動、信念、行動、衝動に関連した一連の体験や体験群であるかもしれない。最早期の記憶は、一般的に生育歴を通して見つけられるが、表4-9にある感情やソマティックな架け橋技法を使って補うこともできる。

(2) もし (1) の体験を再処理しているときに、より以前の体験であったり、効果的な再処理を妨げている防衛的信念にリンクしているような他の関連的体験を処理する必要が生じてきたら、そちらにシフトして完全に再処理をする。

(3) 再処理を続け、完了させていく。関連した記憶のクラスター（記憶群）のなかでまだ苦痛な記憶が残っていれば、それらも再処理する。この時点では、最悪の症状の深刻さはかなり低減しているはずである。

(4) 最悪の症状に関連するすべての記憶が苦痛でなくなった後、症状が部分的に持続していたら、生育歴のなかで明らかになった現在の刺激や、この症状に関連しているクライエントの日誌（第6章に記載）のなかから最近の刺激を確認して、再処理をする。最も不穏でクライエント

83

第Ⅱ部　ケースフォーミュレーション，治療計画，EMDR再処理のためのクライエントの準備

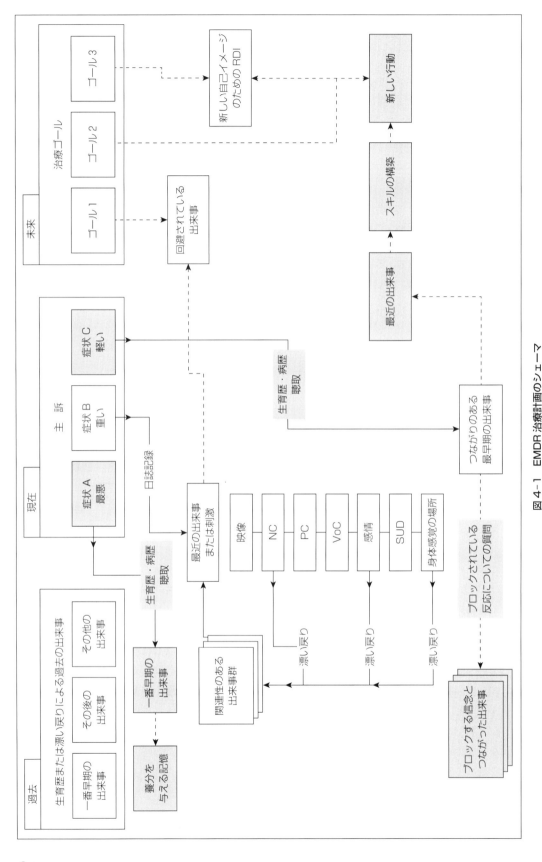

図4-1　EMDR治療計画のシェーマ

NC (Negative Congnition：否定的認知)，PC (Positive Cognition：肯定的認知)，RDI (Resource Development and Innstallation：資源の開発と植えつけ)，VoC (Validity of Cognition：認知の妥当性)

第4章　ケースフォーミュレーションと治療計画

を混乱させている現在の刺激から始めること。

（5）最近の刺激が不適応的反応を引き起こさなくなっても，症状が部分的に持続していたら，未来の鋳型を使ってこれらの回避を下げるよう再処理し，未来の行動範囲を広げ，新しいスキルを統合する。

● 2. 続いて2番目に苦しい症状を扱う

（1）2番目に苦痛な症状を扱う。2番目に不快な症状と関連がある不快記憶はすべて扱う。最も初期の記憶から再処理をする。

（2）続いて，現在の刺激として2番目に不快な症状に関連するものを再処理する。

（3）その後，2番目に不快な症状として残っているものを，未来の鋳型で再処理する。

（4）さらに3番目に不快な症状に関して，以上の処理をくり返す。

● 3. 新しいアイデンティティーを強める

（1）クライエントがしっかりとした自信やスキルを発展させる必要のある不適応的反応や，予期不安に関連した行動，体験，刺激に対して，未来の鋳型の再処理（想像上のリハーサル）を続ける。臨床的に必要であると判断された場合は，RDIプロトコル（第6章に記述）を用い，治療で達成した事柄と新しい自己イメージとを統合して強めることを考慮する。

▍**24歳のレイプ被害者の典型的治療計画**

24歳の女性が，見知らぬ男性による2年前のレイプ被害のEMDR治療を希望して来談した。彼女はレイプ被害の後で，デートすることもやめ，レイプの悪夢に悩まされて不眠症になったと話した。12歳頃から始まって，これまでに何回か発生していたパニック発作が，深刻度と頻度を増大して再発していると訴えた。また，人生を通して権威を象徴するものを恐れ，それが教師や職場の上司との関係に影響しているとも報告した。家族の歴史を紐解くと，彼女の子ども時代，パートタイムで働いていた母親は優しく支持的であり，父親は忙しい職業人でしば

ば不在で距離があり，家にいるときは厳しく，常に批判的な人だったとのことであった。彼女が9歳のときに，突如父親は心臓発作で他界した。母親は18カ月後に再婚した。11歳頃から年上の義理の兄による言語的，身体的な虐待を受けた。それは，彼女が15歳のときに義兄が家を出ていくまで続いた。義兄からの虐待のエピソードの際には，彼女はおびえ，閉じ込められ，凍りついたように感じられた。彼女の生育史からは，以下の順で，不運でトラウマ的な体験のクラスターが同定された。

● 1〜9歳：しばしば父親によって厳しい基準で批判を受けた。
● 11〜15歳：義兄による長期のいじめと身体的虐待。
● 22歳：見知らぬ他人からのレイプ被害1回。

このケースにおけるEMDRセラピーのターゲットの順序の基礎となるのは，時系列か症状のどちらであろうか。純粋なShapiroの時系列モデル（2001, p.118）では，父親と義兄が関係した，子ども時代の「試金石」となる出来事から始めるだろう。しかしながら，Kornら（2004）やLeeds（2004）が提唱し，van der Kolkら（2007）が研究に使った症状に基づくモデルでは，最悪の症状に関連した体験のターゲットをまず優先する。そうなると，ではどの症状が最悪なのかという疑問が生じる。

● 権威を象徴するものに対する恐れは，最近の経済的ストレスに関連している。より良い給与の職務にクライエントは適任で，おそらく採用されると思われる。しかし，上司と話したり報告するのを彼女が恐れているために，その地位を自分から要求するのは避けてしまうのだ。
● 激しいパニック発作は1日に1回から複数回起こり，15分程度持続する。
● くり返されるレイプの悪夢に対する恐れと関係する不眠症は，眠りにつく時間を午前1〜2時まで遅くした。彼女は悪夢の後にまた眠りにつこうともがいている。疲労を回復させるための睡眠は，一晩で平均4〜5時間となっている。

第Ⅱ部　ケースフォーミュレーション，治療計画，EMDR再処理のためのクライエントの準備

健康的に機能できて，レイプのトラウマから回復できる睡眠の確実性ということを考えると，レイプの悪夢と関連する不眠症が，彼女の健康にとって衝撃が強く，すなわちパニック発作よりも「悪い」と判断された。結果として，クライエントに提示されたターゲット順は，22歳時の1回のレイプ事件から始めることであった。クライエントには，EMDR再処理はくり返される悪夢を終わりにし，疲労回復効果のある睡眠を改善し，それによってパニック発作の頻度や強さを低減できるであろうと伝えた。レイプの記憶，関連した引き金，デートの恐怖がすべて解消した後は，義兄によるいじめの記憶群が次のターゲット群になった。初めのエピソード，最悪のエピソード，そして最後に起こったときのエピソードである。その次は，パニック発作の記憶がターゲットとなる。初めのパニック発作，最悪のパニック発作，現在のパニックの内的外的引き金，そして未来の鋳型である。最後に，3番目の記憶群として，父親の厳しさに圧迫されていた1〜11歳までの記憶を3段階に分けて扱う。第1段階は，父親との最初，最悪そして最後のエピソード。第2段階は，最初と最悪を含んだ，回避の歴史と権威的なものに対する恐れを扱う。最後となる第3段階は，現在の仕事のスーパーバイザーを避ける過去のエピソードを扱ってから，雇用主に彼女に適任な仕事を要求できるよう，未来の鋳型を実施する。この順序は，予想通りの成果と治療過程の成功を導いてくれるのだ。

EMDR治療計画に欠かせない要素

　EMDR治療計画は，クライエントの現在の主訴について情報を収集することから始まる。現在の症状がいつから始まって，時間経過に伴い，どのように変化したり進行したのか，治療のゴールは何かなどをよく知る必要がある。治療計画では徹底した生育史を把握することも大事だ。初期の子ども時代の愛着パターンを考慮した生育史が必要である。子ども時代，青年期，成人期を通しての不運なトラウマ的体験と，基本的なクライエントの家族の布置構造を押さえておく必要がある。過去と現在の医療および健康問題を同定しておく必要がある。それには，以前の手術や命の危険のある病気，EMDR再処理の危険因子となりうる現在の健康問題，現在や将来の向精神薬の必要性などが含まれる。軍隊経験，成功体験（過去の学校や仕事，その他趣味など），法的問題，アルコールや物質乱用の過去などが同定されなければならない。治療計画では，クライエントの現在のコーピングスキル，ソーシャルサポート，自我強化，情動耐性，情動と行動の自己調整能力などの査定が必要である。構造的解離の存在やその性質も明らかにされなければならない（van der Hart et al., 2006, 2013, 2014）。現在のパーソナリティ障害の影響も考慮されなければならない（APA, 2013）。二次的利得や二次的損失の問題も確認し，もし認められるのならば，問題解決を図らなければならない。これらの治療計画にとって重要な要素は，表4-13に要約している。

　どの臨床家も教育的背景，トレーニング，臨床経験から導き出された，治療計画に必要な情報収集の

表4-13 治療計画の要素

- クライエントの現在の主訴と治療ゴールを同定する。
- クライエントの現在の症状を同定。
  - 現在の症状はいつから始まったのか。
  - 時間の経過に伴い，症状はどう推移したのか。
- 完全な生育歴を把握。
  - 子ども時代の愛着パターン。
  - 子ども時代，青年期，成人期の逆境的，またはトラウマ的体験。
  - 家族歴と家族布置の概観。
- 過去と現在の医療／健康問題を同定。
  - 初期の手術や命に関わる病気。
  - EMDR再処理のリスク要因となりうる現在の健康問題。
  - 現在または将来的に必要な向精神薬。
- 軍隊経験の影響を考慮。
- 何かに熟達し体得した経験の同定（過去の学校や仕事，趣味などの成功）。
- 過去と現在の法的問題のスクリーニング。
- 過去のアルコールや物質乱用の同定。
- 現在のクライエントのコーピングスキルとソーシャルサポートの査定。
  - 大人の愛着分類。
  - 自我強化。
  - 感情耐性。
  - 情動と行動の自己調節能力。
- 構造的解離の存在とその性質をスクリーニング。
- パーソナリティ障害の問題の存在とインパクトを考慮。
- もし存在するのならば，二次的利得や二次的損失の問題を考慮し解消。

第4章　ケースフォーミュレーションと治療計画

表4-14　ターゲットの基本治療計画（Master Treatment Plan）リスト

基本治療計画表

記憶と資源を最早期のもの（上）から最近のもの（下）の順に列挙する。

名前＿＿＿＿＿＿＿＿＿＿＿＿＿＿　＿＿＿ページ中＿＿＿

ID	年齢（年）	トラウマ記憶または持続的ストレッサー；治療日：治療後のSUDS	ID	年齢（年）	資源となる記憶；治療日：資源の開発と植えつけ後のVOR
1			A		
2			B		
3			C		
4			D		
5			E		
6			F		
7			G		
8			H		
9			I		
10			J		

症状および関連する現在の刺激要因のリスト。頻度（F）と深刻度（S）0-7

ID	症状	現在の刺激	インテークFとS	望ましいFとS	終了時FとS
a					
b					
c					
d					
e					
f					
g					

第Ⅱ部　ケースフォーミュレーション，治療計画，EMDR 再処理のためのクライエントの準備

ための独自のアプローチを持っている。ある臨床家は必ず心理テストを用いるし，別の臨床家はテストをほとんど使わない。標準化された構造化臨床面接を使う臨床家もいる（McGoldrick et al., 2008）。ジェノグラムを家族歴と家族の布置構造の同定に用いる臨床家もいる。第5章では，治療計画とクライエントの EMDR 再処理の準備状態の査定に役立つような，標準化された査定ツールを検討する。

このようにして集められた情報を，どのように用いて治療計画を作成したらよいのだろうか。各事例の複雑さは一つひとつ大いに異なる。あるクライエントは，限定されたトラウマ的曝露の被害だけで，安定した家族歴がある。このようなケースでは，得られる情報を把握したり計画を立てるのは比較的簡

単である。別のケースでは，トラウマ的曝露が異なる複数の時点で発生しており，臨床家も圧倒されてしまい，どこに焦点を当てるべきなのか分からなくなってしまうこともあるだろう。

表 4-14 に示されたターゲットの基本治療計画リストは，臨床家がクライエントの生育史からの情報を，手短な形で保持するのに役立つだろう。また，ターゲットの基本治療計画リストによって，治療計画全体のなかで，いつどのような取り組みがなされたかを明らかにすることも可能である。第 12 章では，主要なターゲットの治療計画リストを利用して臨床事例を見ていく。

第5章は，クライエントの EMDR 再処理の準備性（readiness）を評価する方法を吟味する。

第5章

再処理の準備性の評価

概要

本章では，標準的な眼球運動による脱感作と再処理法（EMDR）の手続きにおいて，クライエントの安定性と準備性を評価するときの基準を吟味する。また，臨床家が症状の重篤さを査定し，解離性障害のスクリーニングを行い，治療の進捗と結果を観察できるような標準化されたアセスメントツールについて検討する。

クライエントの安定性と準備性を評価する

臨床家はクライエントの個人史に関する情報を集めると同時に，標準的な EMDR 再処理への適性に関する潜在的な懸念を評価する必要がある。標準的再処理への適性と準備性を考慮するにあたり，以下5領域の問題を検討する必要がある。①医学的懸念，②社会的・経済的安定性，③行動的安定性，④気分の安定性，⑤複雑な人格や解離性障害，生命の危険を伴う薬物乱用，および双極性障害，強迫性障害，統合失調症などの重度（すなわち器質性の）精神疾患。臨床家はこの5領域すべてを見直し，評価するための自分なりの方略と流れを構築しておく必要がある。表5-1のワークシート「再処理のための安定性と準備性の評価」と，その注釈である表5-2は，臨床家が上記事項の記録用紙として役立てられるようになっている。ただし，このワークシートはクラ

イエントの自記式用の質問紙でもなく，構造化面接実施のために作られたわけでもない。表5-1の太字項目は，標準的再処理に向けたクライエントの安全性や準備度に対する潜在的な影響がより深刻な項目を示している。また，表5-2の注釈は，本章で述べる内容をまとめたものとなっている。

2次的利得と2次的損失

現在の主訴に関わる潜在的な利得と損失という課題は，インテーク面接で簡単に同定できることもあれば，治療の後の段階でしか現れてこないこともある。この課題はそれほど一般的ではないものの，実際に現れると EMDR 再処理に対する反応を制限する可能性がある。インテーク面接において2次的利得や損失に関する問題が現れた場合，なるべく早くそれを同定し，再処理を検討する前に問題解決のための介入を行う必要がある。たとえば，あるクライエントが精神的症状のために障害者手当を受給しているとする。そのクライエントが職を得られるようなスキルを持っておらず，もし症状が改善したら障害年金が打ち切られ，ホームレスになってしまうという恐れを持っていたならば，トラウマ関連症状の治療の前に，クライエントがリハビリや教育・職業再訓練の機会などについて知り，利用できるようになるなどの問題解決のための介入が必要となる。他の例では，労災補償に関わるケースのなかに2次的利得の問題が見られるかもしれない。また，この後に出てくる事例では，2次的利得や損失は治療の後

第Ⅱ部　ケースフォーミュレーション，治療計画，EMDR 再処理のためのクライエントの準備

表 5-1　再処理のための安定性と準備性の評価

名前＿＿＿＿＿＿＿＿＿＿＿　　　　　　　　　　日付＿＿＿＿＿＿

課題に関わる**既歴**については，最悪のエピソードにおける重症度を選ぶ。
現在の状況については，評価実施日における重症度を選ぶ。
安定性への影響：0 なし；1 軽度；2 中度；3 重度。

課題	既歴	重症度				現在の状況	重症度			
2 次的利得／損失		0	1	2	3		0	1	2	3
信頼または真実の欠如		0	1	2	3		0	1	2	3
外的な危機		0	1	2	3		0	1	2	3
経済的な不安定さ		0	1	2	3		0	1	2	3
健康上のリスク		0	1	2	3		0	1	2	3
双極性うつ		0	1	2	3		0	1	2	3
自殺念慮		0	1	2	3		0	1	2	3
自殺企図		0	1	2	3		0	1	2	3
自傷		0	1	2	3		0	1	2	3
他害		0	1	2	3		0	1	2	3
ハイリスク行動		0	1	2	3		0	1	2	3
診断の否認		0	1	2	3		0	1	2	3
事故傾性的な自己		0	1	2	3		0	1	2	3
薬物乱用		0	1	2	3		0	1	2	3
強迫的性行動		0	1	2	3		0	1	2	3
強迫行動（金銭に関する）		0	1	2	3		0	1	2	3
失感情症		0	1	2	3		0	1	2	3
感情の氾濫		0	1	2	3		0	1	2	3
離人感と非現実感		0	1	2	3		0	1	2	3
健忘または遁走		0	1	2	3		0	1	2	3
DID あるいは OSDD		0	1	2	3		0	1	2	3

DID（Dissociative Identity Disorder：解離性同一性障害），OSDD（Other Specified Dissociative Disorder：他の特定される解離性障害）
（注：太字の項目は，クライエントの安全性や標準的な再処理に対する準備性に与える潜在的影響がより大きい）

の段階になって現れ，その課題が認知された後に，問題の解決とさらなる再処理の両方が必要となることになる。

　臨床家をしばしば混乱させる懸念として，自動車事故や職場でのけがなどの被害に関して，民事訴訟として係争中の場合がある。そうしたケースでは，法的あるいは経済的な問題が満足のいく形で解決するまで，クライエントが継続的に感情的苦痛を感じ続ける可能性がある。しかし，これらによって

EMDR セラピーの実施を延期したり控えたりする必要はない。法的問題が関わるケースにおいては，侵入的記憶の鮮明さが薄れてしまう可能性などに関して，インフォームドコンセントを行うことを考慮する必要がある。こうした問題については第 6 章で詳しく述べる。経済的補償について係争中の問題があったとしても，EMDR 再処理は提供されるべきである。しかし，そうした社会的認識に関する問題が継続中であるため，クライエントが満足のいく形で

第5章　再処理の準備性の評価

表 5-2　再処理のための安定性と準備性の評価に関する注釈

2次的利得／損失	2次的利得が中等度もしくは重度であった場合，再処理は不完全となりやすく，問題解決が求められる場合がある。不完全な再処理が治療の早期の中断につながらなければ再処理を行ってもよい。
信頼または真実の欠如	クライエントが正直かどうか十分信頼できないときや，さらに加えて，危険または治療を妨げるような行動が見られる場合，再処理は延期すべきである。明白に危険な徴候がない場合でも，不十分な信頼と開示（真実を話すこと）を伴う場合，ターゲットを再処理しようと試みることは，危険な行動化や，将来的に再処理をできなくする混乱につながりうる。
外的な危機	外的な，職場，個人または家族の危機が，クライエントの最大の関心を引くとき，再処理は延期されるべきである。関連する早期の記憶についての迅速な再処理が，効果をみるクライエントもいる。
経済的な不安定さ	治療をやりとげることができないこと，または，基本的な経済的安定が失われそうだという現実的な恐れは，再処理の前に扱う必要がある。
健康上のリスク	感情的な再処理によって悪化する可能性のある，生命を脅かす健康上のリスクや，眼科的な病歴は，再処理を行う前に医師によって診断され，対応されるべきである（例：脳卒中や心臓発作のリスク）。また，妊娠している場合の，未確認だが潜在的なリスクに対して，説明と同意および医師の許可が必要である。
双極性うつ	双極性のうつは，自殺企図の大きな危険をはらんでいる。
自殺念慮	自殺念慮は，その強さ，計画，致死性について注意深いアセスメントと持続的なモニタリングを必要とする。
自殺企図	現在のリスクを評価するためには，過去の自殺未遂を十分に理解する必要がある。治療の間中ずっとモニタリングを必要とする。リスクが今もあるときは，臨床家は，再処理を考慮する際に注意すべきである。クライエントを守るために，治療契約と必須の対処行動を明示すべきである。
自傷	命の危機や自傷行為のリスクに備えて，自己を傷つける行動を注意深く評価する必要がある。危険な自傷行為は，再処理の前に十分に安定させ，再処理の間，注意深くモニターされる必要がある。クライエントを守るために，治療契約と必須の対処行動を明示すべきである。
他害	過去および現在の行為と衝動は，リスクと致死性を注意深く評価，モニターするべきである。臨床家は，リスクファクターがある場合は，再処理を注意深く考慮すべきである。クライエントを守るために，治療契約と必須の対処行動を明示すべきである。
ハイリスク行動	ハイリスクな行動に対する現在の脆弱性は，注意して評価され，扱うべきである。それは，危険な自傷行為，再外傷化，他害からクライエントを守るためである。
診断の否認	クライエントが，物質依存，解離性障害，双極性障害あるいは他の精神疾患のような主要な診断の否認をする場合，再処理を進めようとすると，危険な状態に至る可能性がある。
事故傾性的自己	事故を起こしやすい傾向があることは，無意識の自傷行為や暴力行為を引き起こす可能性があり，現在のリスクを慎重に評価すべきである。
薬物乱用	命や健康の脅威になりうる物質乱用のタイプには，安定した回復が達成されるまで再処理は延期すべきである。これらのクライエントに対する EMDR セラピーの研究論文は限られており，治療上の問題点として，注意深い考察とインフォームドコンセントが必要である。
強迫的性行動	自身および他者に対する危険性は注意深く考慮されるべきである。
強迫行動（金銭に関する）	強迫的な浪費およびギャンブルは，情動的な再処理により不安定になり，悪化することがある。統制された研究がないことは，インフォームドコンセントに含まれるべきである。安定化の介入が考慮される必要がある。
失感情症	（感情に名前をつけることができないといったような）軽度の失感情症は再処理を邪魔しない。 （情動にアクセスできない）中等度～重度の失感情症は，再処理を妨げる傾向がより強く，再処理の手続きにおいて修正を必要とすることがある。失感情症それ自体は，EMDR セラピーを留保する理由には滅多にならない。しかし，他の要因があるときには留保する理由になることがある。
感情の氾濫	言語セラピーの間に長く続く強い泣き，怒り，恐怖，恥がある場合は，再処理ができないことが予測されるかもしれない。感情耐性と感情マネジメントスキルの構築がとても重要になるかもしれない。現時点の再処理における失敗が将来再処理を受けることの拒否につながるようでなければ，標準的な再処理は保留されるべきではない。
離人感と非現実感	離人感と非現実感の体験が，クライエントにとって強い苦痛で脅威で恥ずかしいと感じられる可能性がある。言語セラピーにおいて，離人感と非現実感を頻繁に経験するクライエントは，再処理中はさらにそれらが強くなる傾向がある。セルフコントロールと感情マネジメントのための戦略を，再処理が成功する前に実践することが必要である。
健忘または遁走	過去もしくは現在の遁走や健忘症の徴候（時間の喪失）がある場合は，再処理の前に，クライエントに害を与えるリスクを避けるために，解離の完全な評価が必要である。
DID あるいはOSDD	DID（解離性同一性障害）や OSDD（他の特定される解離性障害）の診断が現在ある場合は，クライエントに害を与えるリスクを避けるために，再処理の前に解離のより注意深い評価が必要である。コントロールされていない人格の急速なスイッチング，コントロールされていないフラッシュバック，パーソナリティのパート間の乏しい協力やコミュニケーションといったような形で現れる DID や，その他の解離性障害における安定化の欠如があれば，再処理を延期する必要がある。ISST-D や EMDR セラピーガイドラインに従わなければならない。

DID (Dissociative Identity Disorder：解離性同一性障害)，ISST-D (International Society for the Study of Trauma and Dissociation：国際トラウマ解離研究学会)；OSDD (Other Specified Dissociative Disorder：他の特定される解離性障害)
（注：このチェックリストと注釈は，最も一般的な問題のみを反映している。臨床家は自身の常識や専門教育，トレーニング，そして臨床経験をベースにして，再処理に注意が必要だったり，延期すべき理由となったりする他の問題についても注意を怠らないようにする必要がある。太字の項目はクライエントの安全性や，標準的な再処理に対する準備性に対して，潜在的な影響がより大きい）

91

第Ⅱ部　ケースフォーミュレーション，治療計画，EMDR再処理のためのクライエントの準備

法的あるいは経済的問題を解決するまで，感情に関わるすべての問題の処理は完了しない可能性があることに，臨床家は気づいておく必要がある。

　臨床家は，過剰な自己批判や，自己コントロールを失わせるほどの激しい怒りのエピソードを伴うような否定的感情（たとえば，不適応的な怒りや衰弱させるような恥）と，通常の適応的感情（たとえば，法的手続きのなかに不当性があったときに感じる怒りなど）の違いについての，自分の考えを明確にしておく必要がある。EMDR再処理は，ネガティブな体験の不適応的な側面しか解消することができない。しかし一方で，指標となるトラウマとは関係がないが，**要因となりうる体験**（たとえば，過去の高校時代の不正行為）は，現在のストレッサーに対して一定の反応を活性化してしまうことがある。そうした要因となりうる体験に対してEMDRの再処理を行うことが，しばしば現在のストレッサーへの耐性を高めてくれることもある。

　2次的利得と損失の問題のいくつかがインテーク面接で同定され，最初の治療計画のなかで考慮されていたとしても，治療の進行に伴い，他の問題が2次的症状として出てくることもある。長く続く症状を持つクライエントに，そうした症状が同定されることがある。症状の原因となった体験の効果的な再処理によって，現在の主訴の重症度が下がると，それまでの症状のために失われてしまった時間に対する喪失感情や，症状を失うことへの2次的な不安が出てくることがあるのだ。そのような場合，途中から現れた2次的損失の問題が，次の面接において新しい再処理のターゲットになりうる。

　2次的損失の問題が途中で現れた例を，長く続く社交不安と孤独を体験してきたブリアンナに見ることができる。彼女は幼少期の性的虐待のサバイバーであり，彼女にとっての唯一の社会的支援は，同じような虐待とネグレクトを体験した女性サバイバーの自助グループであった。メンバーは全員，くり返す悪夢や身体的なフラッシュバック，意味や帰属感の喪失，そして恋愛関係に対しての強い回避といった症状を共有していた。ブリアンナは，幼少期の性的虐待のトラウマ記憶を扱った2カ月間のEMDR再処理が成功すると，くり返す悪夢や身体的な再体験はなくなり，希望や楽観的な感覚を感じられるようになってきた。しかし逆に，まだ症状が残るサポートグループの女性たちとの間で，疎外感や罪悪感などの混乱するような感覚を体験するようになった。ブリアンナはEMDR再処理を続けるかについて両価的な感情を持ち始めたが，その感情の原因がどこにあるのかよくわかっていなかった。

　このように，途中で表面化してくる2次的損失の問題についての可能な解決策を生み出すためにも，これらの問題はきちんと同定される必要がある。サバイバーは他の人たちを助けたり，効果的な支援を心理療法によって得るように，励ましたいと望むかもしれない。他の仲間たちが必ずしもそうした助けを必要としなかったり，彼女ほどポジティブに反応しない場合には，罪悪感を強めていくかもしれない。また，現在の興味（学校や芸術活動）や宗教（教会活動に積極的になったり）などを通じて，新たなサポートシステムを形成し，もっと大きな意味での自己意識を育みたいと思うサバイバーもいるかもしれない。妹を虐待から守ってあげられなかったというような，サバイバーゆえの罪悪感（survivor guilt）に関連している問題が背景にある場合，その問題を再処理することで，罪悪感を減らすことができる人もいるだろう。

● **治療同盟：信頼と真実の語り**

　治療同盟は，心理療法の効果を力強く予測するものとされてきた（Horvath et al., 1993；Summers & Barber, 2003）。また，トラウマを持つクライエントと関わる臨床家にとっては，潜在的に強い逆転移が起こる可能性があるために，治療同盟はしばしば大きな課題となってきた（Dalenberg, 2000；Dworkin, 2005；Pearlman & Courtois, 2005）。少なくとも臨床家は，クライエントが正直で正確な自己開示を行える程度の強さの治療同盟を形成している必要がある。そうした正直で正確な自己開示は，クライエントの安定性や治療への反応をアセスメントしたり，モニタリングしたりするのに必要だからである。単回のトラウマ的出来事の前の病前機能が高いクライエントであれば，1〜2回のセッションで適切な治療同盟を構築す

ることができ，EMDR再処理を始められることが多い。一方，養育者や教師，その他の権威的人物から信頼を裏切られるなどの背景を持つクライエントについては，十分な関係が構築できているかの判断がずっと難しくなる可能性がある。EMDR再処理を始めるために十分な関係が作られ，真実を話したり十分な信頼を構築したりするのに，何週間も何カ月もかかってしまうこともある。適切なレベルの信頼や真実の語りがなされる前に，EMDR再処理によるトラウマ記憶の処理に入ってしまうと，気分の不安定さ，自殺念慮や衝動，自傷やその他の緊張低減行動の高まりや，薬物乱用の再開などのリスクにクライエントを追いやってしまう可能性がある。適切な治療同盟構築前に再処理を始めてしまうと，かつて信頼の裏切りを経験したことのあるクライエントにとっては，再処理が効果的でなくなってしまい，治療の中断リスクの高まりや，その後のEMDRセラピーの拒否につながることもある。

臨床家は，初回面接の段階からEMDR再処理を強く要求される場合のプレッシャーと，クライエントの症状がすぐに軽減しないと治療を中断されてしまうかもしれないという逆転移的な恐れからくるプレッシャーの双方について，注意深くあるべきである。臨床家は，十分に強い治療同盟が構築され，クライエントの安定度や治療への反応に対する正確で包括的なアセスメントができてから，再処理を開始するべきである。

外的危機

クライエントによっては，インテーク面接時に離婚の危機にあったり，家庭内虐待による暴力の脅威のなかにいたり，今にも仕事や住居や経済的安定を失いそうな差し迫った状況にあるなど，外的な危機に直面している場合がある。EMDR再処理は，そうした危機が過ぎてクライエントが安全で安心な状態になるまで，延期する必要があるかもしれない。それ以外にも，仕事の締切や，大きな家族イベント，引越しなども環境的なストレス要因となりうる。そうしたストレス要因と，クライエントの現在の強さやレジリエンスの状態を注意深く検討することは，

EMDR再処理が必要以上に延期されたり，不適切な時期にトラウマ解消のワークを始めてしまい，クライエントを過剰なストレスにさらすような事態を防ぐために，きわめて重要である。

経済的不安定さ

クライエントは経済的ニーズに対処できるよう，経済的に十分安定している必要がある。そこには心理療法の費用をまかなうことも含まれる。クライエントが治療を完了するのに十分な経済的余裕がなかったり，基本的な経済的ニーズを充足できていないようであれば，治療途中の不完全な形での中断を防ぐためにも，EMDR再処理が始まる前にそうした問題について話し合っておく必要がある。時には問題解決と肯定的資源の開発と植えつけ（Resource Development and Installation：RDI），あるいは経済的な問題に関わるEMDR再処理の実施が，その後の安定的な治療展開につながることもある。

たとえばリタは，幼少期の性的虐待のサバイバーで，くり返す抑うつの症状を呈していたが，限られた回数の治療分しかお金を持っていないと話していた。臨床アセスメントから，彼女には非営利団体の仕事で支払われる最低賃金の給料でカバーできる回数以上の治療が必要だとわかった。一方，リタは本来持っているスキルや熱意に見合った給料が支払われていないのに，自信が低すぎるために，自分にふさわしいもっと良い給料の仕事に応募できていないことがわかった。最初の6回の面接の間，私は彼女の生育歴の聞き取りと，治療関係と治療計画の構築をしながら，RDIと段階的行動課題設定（graded behavioral task assignment），そして認知再構成を組み合わせて提供し，もっと良い仕事に応募する手助けをした。

そして私は，これからリタが直面する問題は，良い仕事のオファーが得られないことではなく，数え切れないオファーのなかから，賃金と社会保障内容，仕事の内容と今後の昇進の可能性などを見比べて，賢い選択をすることだろうという予言をした。リタが適切な履歴書を用意して，自身で選んだ三つの低給料の職に応募すると，そのすべてから採用の通知

第Ⅱ部　ケースフォーミュレーション，治療計画，EMDR 再処理のためのクライエントの準備

を得た。その三つとも今の仕事と大差ないものだった。しかし，三つの採用を得たことで，リタはもっと良い給料でやりがいがある職に応募する自信をつけた。すぐにリタは，今の 1.5 倍以上の給料で，メンタルヘルスも含む充実した社会保障がついた職を得ることができた。またその時期に，過去に服用して効果のあった SSRI 系抗うつ薬の処方も受けた。薬によって気分が安定し，エンパワーされ，自己肯定できるようなステップを進み，経済的にも安定して気分が向上した。そして，それまでずっと臨床家に話したいと思っていたのに話すことができなかった幼少期の性的虐待や，その他のつらい体験をターゲットとする EMDR 再処理へと，うまく焦点を移すことができた。

　クライエントの経済的問題をすぐに解決する方法がなく，限定的な治療ゴールを選択しなくてはいけないこともある。また，問題解決によって，家族にセラピー料金を払ってもらえるようになり，経済的に難しい時期を乗り越えるための他のサポート手段を見つけられることもある。さらに他のケースでは，「セラピーショッピング」をして，クライエントが自分の払える以上のお金をかけているのに，治療のためのお金が足りないと主張する場合もある。どんな形であっても経済的困難がある場合には，そうした問題をアセスメントし，適切な介入によって対処しておく必要がある。

● 健康上のリスク

　EMDR セラピーは，さまざまな医学的合併症状に適用され，概して安全でなじみが良いとされている。常識ある慎重な治療を進めることで，医師への相談を必要とするクライエントの健康状態や医学上の懸念に気づくことができるだろう。自明なことだが，もし過去あるいは現在，眼に問題があったとしたら，医師の確認なく眼球運動を行うべきではない。一般的に，健康上の問題を考慮すべきかどうかは担当医の判断による。一般的に考慮されるべき健康上の問題は，トラウマ記憶の処理によって刺激される心理身体的活性化のレベルが，担当医が医学的リスクになりうると考える範囲かどうかである。担当医に相

談すべき状況の例としては，心臓疾患や高血圧，心筋梗塞や心臓発作の経験やリスクなどがある。

● EMDR セラピーと妊娠

　妊娠中の女性に対する EMDR セラピーの安全性については，科学文献においても短くしか触れられていない（Forgash et al., 2013）。これまでに発表された報告には，EMDR セラピーによる危険を示すものはない。しかし，EMDR セラピーの面接後に不安定な妊娠状態になり，EMDR セラピーが医学的介入や安静の必要性を喚起する要因になったという苦情がいくつか出た，というエピソード報告がある。それらの報告はリスクの科学的証拠とはならないが，軽く見過ごすこともできない。一方で，2 件の小規模な研究においては，過去の出産により PTSD 症状を呈していた女性が，EMDR セラピーによってストレスが低減され，PTSD の症状も少なくなり，出産に向けての自信を高めたという結果が出ている（Sandstrom et al., 2008；Stramrood et al., 2012）。インフォームドコンセントの一部として，妊娠へのリスクは恐らく低いがゼロとはいえないこと，特に過去に不安定な妊娠があった女性については，産婦人科主治医に相談してから EMDR 再処理を受けるのが良い，ということを伝えたほうが良い。

● EMDR セラピーとてんかん

　てんかんを持つ人への EMDR セラピー適用についても，いくつかの研究で検討されている（Lipke, 1995, p.382；Schneider et al., 2005）。得られたデータからは，EMDR は真性のてんかん発作の発生可能性を高めることはなく，安全に適用できると思われる。偽性てんかん発作を起こすクライエント（転換性障害）に対する EMDR セラピーも成功しているが（Chemali & Meadows, 2004；Kelley & Selim, 2007），臨床家はそうした潜在的な偽性てんかん発作の可能性を持つクライエントに EMDR 再処理を行う前に，解離性障害の診断と治療に関する適切な教育と訓練および経験を持っておくべきであり（Bowman, 2006；Bowman & Coons, 2000），関連する治療ガイドライン（Fine et al., 2001；International Society for the Study of Trauma and Dissociation, 2011）と，先端的な治療方針（Conzalez &

Mosquera, 2012；van der Hart et al., 2013, 2014) を参照すべきである。

双極性うつ

何件かの報告によると，未認識の双極性障害またはある種の双極性障害は，高い自殺企図リスクを示している (Galfalvy et al., 2006；Muzina et al., 2007；Schneck, 2006)。一方で，一連のケースと一つの対照研究によると，EMDR セラピーは「おそらく，トラウマを持つ双極性クライエントの亜症候群性気分やトラウマ症状を治療するために，効果的で安全な介入である」とされている (Novo et al., 2014, p.122；Oh & Kim, 2014)。自殺念慮と自殺企図歴については次節を参照のこと。

自殺念慮と企図

自殺リスクのアセスメントと予測に関しては，多くの文献が存在する (Briyan & Rudd, 2006；Jacobs & Brewer, 2006；Rudd et al., 2006)。臨床家は自殺リスクのアセスメント手順を熟知している必要があるが，最も高い自殺の予測要素は（もちろん決してそれがすべてではないが），過去の自殺企図である (Oquendo et al., 2004, 2006)。自殺念慮自体は自殺企図の強い予測因子ではないが，より包括的なアセスメントの必要性を示す。Fowler (2012) による最近の自殺リスクアセスメントに関するレビューを参照のこと。自殺リスク因子があり，そのリスクが高まりを見せている場合，臨床家は EMDR 再処理を延期し，プライマリケアの医師や精神科医との協働を含む，適切な臨床介入を行うべきである (Comtois & Linehan, 2006；Jobes et al., 2005)。クライエントにリスク因子がある場合，臨床家は治療契約を明確にし，どのようなことが起こったときにクライエントを守るための義務としての行動をとるか，を示しておくべきである。クライエントの抑うつレベルと自殺リスクが下がり，臨床家がクライエントとの間に強い治療関係を結べるようになると，辛い出来事に対する標準的 EMDR 再処理に進んだり，自我の強化や，気分の向上のための RDI の適用を行うことができるようになるだろう (Korn & Leeds, 2002；Spector & Kremer, 2009；Wildwind, 1994)。

自傷

自傷行為の危険性レベルは一連の連続性の上にあり，その目的はクライエントによって異なる。多くの場合，自傷は自殺を意図しているものではないが，自殺意図がなくても手足を失ったり，致命的な結果につながることがある (Brown et al., 2002；Hyman, 1999)。自傷は境界性パーソナリティ障害 (borderline personality disorder：BPD) の診断基準に該当するケースにおいて，より一般的に見られる。しかし BPD の治療はこの本の対象範囲外である (Clarkin et al., 2007；Giesen-Bloo et al., 2006；Linehan, 1993；Mosquera et al., 2014)。

深刻な自傷のリスクが低い場合（たとえば，前腕を軽く爪でひっかくなど），すぐに EMDR 再処理に進んでもよいだろう。もっと深刻な自傷によって（たとえば，切る，焼くなど），手足を失ったり，生命を脅かすようなけがをするリスクがある場合，標準的 EMDR 再処理を検討する前に，そうした自傷行為をコントロールできるようになることを介入の最初の焦点にすべきである (Mosquera, 2014；Walsh, 2006)。危険な自傷は標準的な再処理の前に完全に安定化しておく必要があり，再処理の間，注意深く観察しておく必要がある。自傷を行っていることがわかったら，臨床家は治療同盟の確かさについてより一層の注意を払い，クライエントの現在の自傷的エピソードやその欲求について，正確に観察できるようにしておくべきである。臨床家は治療契約を明確にし，どのようなことが起こったときに，クライエントを守るための義務としての行動をとるかを示しておくべきである。自傷を含む緊張低減行動を安定化するための，RDI の効用に関する予備的エビデンスについては，Korn と Leeds (2002) に説明されている。

他害

他害的行動の既往や危険がありそうなクライエントは，現在のリスクについてアセスメントと観察が

95

第Ⅱ部　ケースフォーミュレーション，治療計画，EMDR再処理のためのクライエントの準備

必要である（Connor et al., 1998；Crouch & Behl, 2001；McEwan et al., 2007；Piquero et al., 2006）。臨床家は暴力的行動のリスクがあるクライエントとの間の治療関係および，クライエントに対する理解が十分に形成できるまで，EMDR再処理の開始を延期し，最初の介入を安定化とスキル構築に焦点を当てるべきかもしれない。あるいはそうしたことの要因となる出来事を処理し，クライエントのコントロールを失わせる記憶のネットワークが解消する可能性があるかを見きわめる必要がある。臨床家はクライエントとの間で治療契約を明確にして，報告義務が必要になる場合もあることをはっきりさせておかねばならない。家庭内暴力の治療におけるEMDRセラピーと家族療法についての考察はStowasser（2007）を参照のこと。

ハイリスク行動

　ハイリスク行動をとるクライエントには，EMDR再処理を行う前に，自己や他者への危険性リスクと可能性のある合併症のアセスメントを行う必要がある。「ハイリスク行動」という言葉はここでは幅広い意味で使われており，たとえば，過激なスポーツ（ロッククライミング，急流でのカヤック，バンジージャンプなど）といった，比較的コントロール可能な活動から，もっと病的で攻撃的な高速での運転や，避妊なしの見境のない性行為，極端に急激なアルコール摂取をする飲酒ゲームなども入る。ハイリスク行動は，トラウマ的曝露やトラウマの再行動化に関わる自己処罰の一つの形であったり，解離性障害や注意欠陥多動性障害（ADHD）やその他による，判断機能の障害を表している可能性もある。

診断の否認

　クライエントが主要な診断，たとえば薬物乱用や解離性同一性障害（DID），双極性障害，あるいは，すべての精神病性障害や生命の脅威となる物質乱用を否認するときは，EMDR再処理を延期するのが最適である。

事故傾性的自己

　事故傾性的なクライエントは，脳の損傷や協調運動の問題を持っている可能性があるが，事故による怪我は，その人のパーソナリティの情動的パート（emotional parts：EPs）からの侵入を表している可能性があり（van der Hart et al., 2006），BPDや他の特定される解離性障害（OSDD）に見られる第2次構造的解離や，DIDに見られる第3次構造的解離と関連している可能性がある。臨床家はEMDR処理に進む前に注意深いアセスメントを行い，クライエントの事故傾性的行動の力動に関する仮説を構築しておく必要がある。

薬物乱用

　生命や健康を脅かすタイプの薬物乱用については，安定的な回復に至るまで再処理を延期すべきである。この対象へのEMDRセラピー研究はまだ少ないが，そのなかでも臨床的な問題に対する注意深い検討とインフォームドコンセントが必要だとされている。薬物乱用が始まる前にトラウマへの曝露があり，そのため慢性的な薬物乱用の再発を繰り返すケースでは，臨床家として薬物乱用は自己治療の一形態と見なすかもしれない。重複診断があるケースで，主たる診断がPTSDであり，以前の薬物乱用を焦点にした治療がくり返し失敗していた場合，臨床家は適切なインフォームドコンセントにより，EMDR再処理の提供を判断するかもしれない。しかし，重複診断のケースで，薬物乱用が先行しそれがトラウマへの曝露リスクを高めている場合，薬物乱用が主たる診断だと考えられる。予備的研究によると，特定の認知行動療法的アプローチ（Seeking Safety）が，そうしたクライエントの助けになりうるとされる（Najavits et al., 1998, 2005；Zlotnick et al., 2003）。この研究では，重複診断があるクライエントには，安定化とトラウマに焦点化した治療の組み合わせが助けになるという新しいモデルを支持している（Najavits et al., 2006）。薬物乱用が主となる診断のクライエントに対してEMDRセラピーを行う試験的手続きにつ

いても，何人かの研究者によって論じられているが（Popky, 2005；Vogelmann-Sine et al., 1998），洗練された研究の数はまだ限られており（Brown et al., 2008；Hase et al., 2008；Perez-Dandieu & Tapia, 2014；Tsoutsa et al., 2014），その結果もさまざまである。

強迫的性行動

強迫的性行動は，多様な精神疾患と関連している可能性があり（Carnes, 2000；Mick & Hollander, 2006），自己や他者への危険性を注意深く検討する必要がある。薬物乱用の節で説明したように，臨床家はEMDR 再処理を提供する前に，そうした強迫的性行動の原因と力動について注意深く仮説を立てる必要がある。強迫的性行動が一種のトラウマの再演を表しているとしたら，EMDR セラピーによりその問題を解消する手助けができるかもしれない（Cox & Howard, 2007；Miller, 2010）。

強迫的行動：浪費とギャンブル

強迫的な浪費（Black, 2007）やギャンブル（Dannon et al., 2006）は，さまざまな原因や力動，サブタイプ，併発疾患があり，標準 EMDR 再処理が役立つこともあれば，不安定な状態にとどまらせてしまったり，あるいは悪化させたりする可能性もある。いくつかの予備的ケースは，修正版 EMDR セラピーの手順が助けになることを示唆している（Miller, 2010；2012；Popky, 2005）。インフォームドコンセントのなかで，対照研究がないことを述べておく必要がある。修正版 EMDR セラピーと安定化のための介入の両方が考慮されうる。

失感情症

軽度の失感情症（感情名を言えないなど）は，クライエントがターゲットとなる素材の処理に関わる身体感覚の場所を同定できさえすれば，EMDR 再処理を控える理由にはならない（Sifneos, 1975, 1988；Taylor et al., 1985）。中度から重度の失感情症（情動にアクセスできない）は再処理を阻害するため，手順

の修正が必要となる（第 9 章）。失感情症自体がEMDR セラピーの標準的再処理を控える理由になることはほとんどないが，意図的な自傷と関連のある他の要因と一緒になっている場合には，懸念材料となることがある（Bedi et al., 2014）。

感情の氾濫

言語面接内で長い時間激しく泣いたり，怒ったり，怖がったり，恥を感じたりすることは，クライエントの処理能力の欠如を予測させる。なぜなら再処理においては，クライエントが内的な体験と外的な刺激に対して，それがどんなものであってもマインドフルに二重注意による気づきを向ける必要があるからである。そのため，感情への耐性や対処スキルを構築することを焦点にする必要があるだろう。RDIが助けになるとも考えられる（Korn & Leeds, 2002）。標準的な処理の失敗によって，クライエントのその後の EMDR 再処理が拒否されるような恐れがなければ，標準的な EMDR 再処理の実施は控えるべきではない。

離人感と非現実感：第 1 次構造的解離

離人感と非現実感は，クライエントによっては大きな苦痛を伴い，恐ろしく恥ずかしい体験となりうる。第 1 次構造的解離（van der Hart et al., 2006）の表現としての離人感と非現実感は，しばしば PTSD クライエントの唯一の解離的症状であることが多い。心理療法において，クライエントがどの程度まで離人感や非現実感を再体験しても大丈夫と思っているか，またそれに耐えうる能力を持っているかどうかは，そのクライエントによって異なる。言語面接において頻繁に離人感や非現実感を体験するクライエントは，再処理の過程でも離人感や非現実感を体験することがあり，時にその程度が強まることもある。再処理を始める前に，離人感や非現実感を低減させるための方法を練習し，準備しておく必要があるだろう。後頭部尺度（Back-of-the-Head Scale）を含む準備方法は，第 6 章で述べられている。

クライエントがさらに重い第 2 次構造的解離，第

3次構造的解離（van der Hart et al., 2006）ではないことがわかり，安定化スキルをきちんと身につけ，再処理中に離人感や非現実感を再体験する可能性についてのインフォームド・コンセントを行えたら，こうした症状は，EMDR再処理を保留する理由にはならない。離人感や非現実感エピソードが同定されたら，臨床家は十分に網羅的な生育歴・病歴の聞き取りや治療計画の作成を行い，そうした離人感や非現実感などの脆弱性の形成につながった，初期の基礎的でアタッチメントに関わる体験の潜在的な役割について，注意深く検討する必要がある。しかし，離人感や非現実感は，トラウマ周辺期の解離の一部であることが多い。EMDR再処理中にそれがくり返し起こったとしても，基盤となる逆境的な体験の存在を反映しているわけではなく，必ずしも治療計画の一貫として注意を向ける必要があるわけではない。一方，最近の指標となるトラウマ後に生じた離人感や非現実感は，標準的介入による再処理の最中に解消されることが多い。これは第8章と第9章で触れる。

● 健忘，遁走，解離性同一性障害（DID）および，他の特定される解離性障害（OSDD）：第2次構造的解離，第3次構造的解離

過去や現在における遁走や，現在の健忘エピソード（時間の欠落〈American Psychiatric Association, 1994, 2013〉や，第2次構造的解離，第3次構造的解離〈van der Hart et al., 2006〉の存在を示唆する症状など）がある場合，クライエントを傷つけるリスクを避けるために，EMDR再処理の開始前に，より十分な解離のアセスメントを行う必要がある（Paulsen, 1995；Shapiro, 1995, 2001；van der Hart et al., 2013）。現在，DIDやOSDD（American Psychiatric Association, 2013）の診断可能性がある場合，再処理に入る前に注意深い解離のアセスメントを行い，クライエントを傷つけるリスクを回避しなくてはならない。より重篤な解離性障害の可能性を除外するための最低限のスクリーニング手続きには，解離体験尺度（the Dissociative Experiences Scale-II: DES-II: Carlson & Putnam, 1993），DESタ

クソン計算ツール（Waller & Ross, 1997），身体表現性解離質問紙（the Somatoform Dissociation Questionnaire：SDQ-20：Nijenhuis et al., 1996），またはSDQ-5（Nijenhuis et al., 1997）そしてフォーカストメンタルステート検査（focused mental status examination：Lowenstein, 1991）の使用が含まれる。DESタクソン計算ツールは，DES-II(28項目)の平均値をマイクロソフトExcelに対応したファイルを使って計算し，クライエントが解離性タイプのカテゴリに該当する可能性があるか判断するための得点を出す。しかし，忠実度を示す下位尺度がないため，DES-IIはかなりの割合のケースにおいて解離性障害の存在を同定することができず，脆弱なツールとなっている。臨床家は，クライエントの臨床歴や臨床症状に解離性障害のリスクの可能性が示唆されるものがあったら，解離の多次元評価表（The Multidimensional Inventory of Dissociation：MID）か，下記に示した構造化臨床面接のどれか一つを行うことを検討すべきである。SDQ-20とSDQ-5は，DES-IIではうまく把握できない身体表現性解離をスクリーニングする。Richard Loewenstein の1991年の論文 An Office Mental Status Examination for Complex Chronic Dissociative Symptoms and Multiple Personality Disorder は，解離性障害の症状をスクリーニングするための診断的面接を行うための手引きとして，今でも最もよく引用されている。構造化臨床面接を含むその他のスクリーニングツールについては，**解離性症状のためのツール**の項目を，そして，それらのツールの入手方法は，巻末の参考情報を参照のこと。

解離性障害の存在に関する未解決の疑いがあれば，それがどんなものであれ，さらなるアセスメントとスクリーニングを行い，さらに解離性障害のクライエントの診断や治療についてのトレーニングと臨床経験を積んでいる臨床家によるコンサルテーションを受けることを検討する必要がある。DIDやOSDD（他の特定される解離性障害）において，制御不能な速いスイッチングや，制御不能なフラッシュバック，人格パーツ間の協働やコミュニケーションの乏しさなど，安定性が欠如している様子が見られる場合，標準的EMDRの手順やRDIの使用を延期する必要がある。国際トラウマ解離研究学会

（International Society for the Study of Trauma and Dissociation：ISST-D, 2011）と，EMDR 課題班の提言（Fine et al., 2001）を参照すべきである。ISST-D 治療ガイドラインは，巻末の参考情報のリストに掲載された web サイトから無料で入手できる。

標準化されたアセスメントツールの使用

標準化されたアセスメントツールは，症状の特定に際し，臨床の聞き取りでは効率的に得られなかったような追加情報を提供してくれる。クライアントによっては，最初は紙と鉛筆を使うほうが，症状や悩みの全体をより簡単にはっきりと伝えることができるだろう。しかし臨床家は，自記式のツールでは，症状の特定に限られた情報しか得られない場合もあることを心得ておくべきだ（Shedler et al., 1993）。自記式ツールが経験を積んだ臨床アセスメントのかわりになると考えてはいけない。標準化されたアセスメントは，解離性障害のスクリーニングに有用である。また，治療の質を確認する目的や，法的あるいは科学的な目的のための公的報告書を作る際にも，標準化されたアセスメントは重要である。次節では，本書でカバーする EMDR セラピーのさまざまな適用において，臨床家にとって有用だと思われる標準化アセスメントツールをまとめた。これらのツールを入手するための情報は，巻末の参考情報に掲載してある。

客観的自記式症状アセスメント

症状チェックリスト 90-R（The Symptom Checklist 90-R：SCL-90-R）は，90 項目の包括的な症状スクリーニングツールで，特定の下位尺度と全体尺度からなる。The Brief Symptom Inventory（BSI）はその簡易版で，18 項目からなる。両方とも高い再テスト信頼性を持つため，治療の進捗を判断したり，研究や報告のために治療効果を確認するのに役立つ。

トラウマ症状のアセスメント

成人 PTSD の自己記入式ツールはたくさんある（Carlson, 1997）。それら数多くのツールのまとめは，アメリカ国立 PTSD センター（the National Center for PTSD）を通じて入手できる。資格のある臨床家は，下記 Web サイトにあるリクエストフォームから，多くのツールを低料金で手に入れることができる［www.ptsd.va.gov/professional/assessment/ncptsd-instrument-request-form.asp］。

● PTSD チェックリスト：民間人用（The Post-traumatic Checklist-Civilian：PCL-C）

PTSD チェックリスト：民間人用（PCL-C）は，17 項目の自記式チェックリストで，『精神疾患の分類と診断・統計マニュアル』（4th ed.；DSM-IV；American Psychiatric Association, 1994）による PTSD の診断基準に対応している。このリストはアメリカ政府の公有文書（public domain[†12]）となっている。研究によって内的整合性，再テスト信頼性，収束的妥当性，弁別的妥当性が確認されている（Walker et al., 2002）。短いので再テストにも使いやすく，治療効果や結果を確認するのに役立つ。ジョージタウントラウマ＆コミュニティセンター（The Georgetown Center for Trauma and the Community）の Web サイトのツールキット用のページから，直接ダウンロードできる。

● 出来事インパクト尺度（The Impact of Events Scale：IES）

出来事インパクト尺度（IES と IES-R）は，PTSD の侵入，回避といった症状をアセスメントするために広く使われている，15 項目の自記式尺度である（Horowitz et al., 1979）。IES-R は，過覚醒に関する 7 項目を追加した 22 項目の改訂版自記式尺度で，PTSD の侵入，回避，過覚醒の症状をアセスメントできる（Weiss & Marmar, 1997）。両方ともさまざまな Web サイトから入手することができる。IES-R と IES は，それ以外の臨床的アセスメントなしに単独で PTSD

---

†12　自由閲覧ができる文書。

第Ⅱ部　ケースフォーミュレーション，治療計画，EMDR再処理のためのクライエントの準備

の診断を行うことを意図したものではないが，多くの文献においていくつかのカットオフスコアが記載されている（Coffey et al., 2006）。IES においては27〜29点，IES-R においては33〜35点が PTSD の予備的診断とされている。IES-R は EMDR セラピー期間中の PTSD 症状の変化を観察するのに，信頼できる簡便なツールである[13]。

⬤ トラウマ症状調査票（The Trauma Symptom Inventory：TSI）

トラウマ症状調査票（TSI）は，市販の100項目からなるトラウマ症状の網羅的スクリーニングツールで，三つの妥当性尺度を持つ（Briere, 1995）。TSI は，DSM をベースにした正式な PTSD 診断テストではないが，トラウマに関連する症状の重さを，症状に関するいくつかの下位尺度によって示してくれる。その妥当性尺度は，司法関連の報告書作成にとって，反応様式のアセスメントに役立つものである。TSI には，継続的で長期化したトラウマへの曝露に影響されて機能不全となった自己機能をアセスメントする，三つの下位尺度が含まれる。

⬤ PTSD 臨床診断面接尺度（The Clinician-Administered PTSD Scale for DSM-5）

PTSD 臨床診断面接尺度 DSM-5版（CAPS-5）は，PTSD 診断面接を行うための構造化ツールで，長期的および現在の PTSD 症状と診断的状態を評価する（Blake et al., 1995；Weathers et al., 2013）。クライエントの症状の程度によって，CAPS の実施には40分〜60分かかる。この尺度は，以下のアドレスよりアメリカ国立 PTSD センターに問い合わせると入手できる[14][www.ptsd.va.gov/professional/assessment/ncptsd-instrument-request-form.asp]

⬤ ライフイベントチェックリスト DSM-5版（The Life Events Checklist for DSM-5：LEC-5）

ライフイベントチェックリスト DSM-5版（LEC-5）は，PTSD や苦悩を引き起こす可能性があると考

えられている16の出来事と，それ以外の非常にストレスが高い出来事へ曝露された経験があるかをスクリーニングするために設計された自記式尺度である。この尺度は下記からダウンロードできる［www.ptsd.va.gov/professional/assessment/te-measures/life_events_checklist_asp.］。

⬤ 戦闘への曝露尺度（The Combat Exposure Scale：CES）

戦闘への曝露尺度（The Combat Exposure Scale：CES）は，7項目からなる自記式尺度で，兵士の戦場におけるストレス体験をアセスメントする。回答者は敵への発砲や，危険な任務の経験など，戦闘状況に対する曝露に関して点数をつけることを求められる。アメリカ国立 PTSD センターからダウンロードできる［www.ptsd.va.gov/professional/assessment/te-measures/ces.asp］。

⬤ 変性セルフキャパシティ評価（The Inventory of Altered Self-Capacities）

変性セルフキャパシティ評価（The Inventory of Altered Self-Capacities：IASC）は，63項目の自記式アセスメントツールで，BPD の特徴でもあるアイデンティティの問題や，感情調整不全，対人葛藤など（Briere, 2000），7タイプの「自己に関係した」困難をアセスメントするツールである。くり返され長期化したトラウマへの曝露の経歴があるとき，こうしたセルフキャパシティの変性は，「複雑性 PTSD」の一部であると考えられる（Herman, 1992a, 1992b；Pelcovitz et al., 1997）

⬤ トラウマアセスメントパケット（The Trauma Assessment Packet）

トラウマアセスメントパケットは，四つのテストツールと三つの調査・臨床論文からなり，それらを合わせると異なる年代に及ぶ包括的なトラウマの歴史のアセスメントが可能になる。付随したマイクロソフト Excel ベースのスコアリングシステムを使うことで，臨床家はクライエントの治療的変化をたどる

---

[13]　日本版 IES-R のカットオフは24／25点。

[14]　日本語版 CAPS は，講習を受けてから入手できる［http://www.igakuken.or.jp/mental-health/ptsd.html］。

ことができる。四つのテストツールとは，トラウマ先行体験に関する質問紙（The Traumatic Antecedents Questionnaire：TAQ）；修正版 PTSD 症状尺度（The Modified PTSD Symptom Scale）；極度のストレス障害のための構造化面接（The Structured Interview for Disorders of Extreme Stress：SIDES）および極度のストレス障害のための自記式ツール（Self-Report Instrument for Disorders of Extreme Stress：SIDES-SR）；トラウマフォーカスト成人向け初回臨床評価（The Trauma-Focused Initial Adult Clinical Evaluation）であり，以下に説明されている。これらは，Justice Resource Institute のトラウマセンターから入手できる（巻末の参考情報参照）。

● トラウマ先行体験に関する質問紙（The Traumatic Antecedents Questionnaire：TAQ）

TAQ は，以下の人生の 10 領域における発達上の情報を集めるための，自記式アセスメントツールである。①強み（competence），②安全性，③ネグレクト，④分離，⑤家族の秘密，⑥葛藤解決，⑦身体的トラウマ，⑧性的トラウマ，⑨トラウマの目撃，⑩薬物やアルコールへの曝露。これらの領域は，誕生〜6歳まで，7〜12歳，13〜18歳，そして成人という四つの年代ごとにアセスメントされる。TAQ はケースフォーミュレーションや治療計画を作成するのに不可欠の，発達ベースの情報を提供してくれる。

● 修正版 PTSD 症状尺度（The Modified PTSD Symptom Scale）

修正版 PTSD 症状尺度は 17 項目の尺度で，過去 2 週間の間に体験した DSM-Ⅳ に基づく PTSD 症状（侵入，再体験，回避と麻痺，過覚醒）の頻度と強度を，クライエントに評価してもらうものである。

● 極度のストレス障害のための構造化面接（The Structured Interview for Disorders of Extreme Stress：SIDES）

SIDES と SIDES-SR は両方とも 45 項目からなる，他に特定されない極度のストレス障害（disorders of extreme stress not otherwise specified：DESNOS）の存在

や重篤度をアセスメントする尺度である。DESNOS は「PTSD に関連する特徴」（Associated Features of PTSD）に含まれている（American Psychiatric Association, 1994）。臨床家の聞き取りによる評価バージョンは，PTSD のための DSM-Ⅳ のフィールドトライアルのなかで使われ，DESNOS の診断尺度として妥当性があるとされている。自記式バージョンは現在の DESNOS の重篤度に対して，適切な行動評価と内的信頼性が認められている。SIDES の両バージョンとも，以下の六つの主要な尺度と関連下位尺度で構成されている。①感情と衝動の調節，②注意または意識，③自己認知，④他者との関係，⑤身体化，⑥意味体系。

● トラウマフォーカスト成人向け初回臨床評価（The Trauma-Focused Initial Adult Clinical Evaluation）

トラウマフォーカスト成人向け初回臨床評価は，構造化された臨床面接で，新規クライエントに対する包括的なインテーク面接を容易にするために使われる。この評価は，トラウマ歴，関連する症状，現在の内的資源，社会的サポート，薬物乱用，そして治療歴について尋ねるものである。

● パニックと広場恐怖尺度（The Panic and Agoraphobia Scale：PAS）

パニックと広場恐怖尺度（PAS）は 14 項目の自記式ツールで，パニック（あるいは広場恐怖を伴うパニック）の診断がなされた後に，パニック発作や病的回避，予期不安，対人関係や仕事における機能不全，そして仮定される身体疾患をアセスメントする。このツールは Bandelow（1995）に掲載されているが，無料のオンライン版も以下から入手することができる〔http://psychology-tools.com/pas〕。

● 恐怖心性質問紙（The Fear Questionnaire：FQ）

恐怖心性質問紙（The Fear Questionnaire：FQ：Marks & Mathews, 1979）は，34 項目からなる自己評価式質問紙で，よく見られる恐怖症や関連する症状を評価する。この質問紙は以下からダウンロードできる

第Ⅱ部　　ケースフォーミュレーション，治療計画，EMDR 再処理のためのクライエントの準備

[http://at-ease.dva.gov.au/professionals/files/2012/11/FQ.pdf]。

解離症状のアセスメント

解離体験尺度（The Dissociative Experiences Scale：DES-Ⅱ）

解離体験尺度（DES-Ⅱ）は 28 項目からなる自記式アセスメントツールで，主に認知的解離症状（Bernstein & Putnam, 1986）のスクリーニングに使われる。このツールは著作権で保護されているが，公開されている。この尺度は非病理的な構成概念と，構造的解離の徴候を示す項目が混ざって構成されているため，臨床家は DES-Ⅱ 全体の平均スコアだけでなく，DES タクソン計算ツール（マイクロソフト Excel 97 によるエクセルシート）を使って，DES タクソンスコア（DES Taxon score：DES-T：Waller & Ross, 1997）を計算することを強く推奨する。このエクセルシートは以下から無料でダウンロードできる［www.isst-d.org/default.asp?contentID=66］。

身体表現性解離質問紙（The Somatoform Dissociation Questionnaire：SDQ）

身体表現性解離質問紙（SDQ-5 と SDQ-20）は，解離プロセスの身体性表現を把握することができ，DES-Ⅱ（Nijenhuis et al., 1996, 1997）には現れない構造的解離の側面を発見することができる。20 項目からなる SDQ-20 は，身体表現性解離の重さを評価することができる。5 項目からなる SDQ-5 は DSM-Ⅳ の解離性障害をスクリーニングする。両方とも下記から無料で入手できる［www.enijenhuis.nl/sdq.html］。

多次元解離尺度（The Multidimensional Inventory of Dissociation：MID）

多次元解離尺度（MID）は 218 項目からなる自記式の多尺度ツールで，病的解離をアセスメントし，解離性障害の診断を行う（Dell, 2006a, 2006b）。MID のコピーを請求すると，①MID，②Excel ベースのスコアリングプログラム，③スコアリングプログラムの使用方法，④MID のミニ・マニュアルを受け取ることができる。MID は，解離と PTSD，そして境界性の混合症状を持つクライエントに対する，臨床研究と診断的アセスメントの両方に役立つ。MID は現時点で，病的解離に対する最も包括的な評価尺度である（Dell & Lawson, 2009）。内的信頼性と，時間的，収束的，弁別的，構成概念妥当性に加え，DES に対する増分的妥当性も確認されている。DES-T や SDQ および臨床的観察などの簡便なスクリーニングによって，さらなる包括的アセスメントが必要だと判断された場合に，MID は診断を明らかにするために非常に有用である。MID はパブリックドメインに置かれているため，国際トラウマ・解離研究学会に関係するメンタルヘルス専門家であれば誰でも，www.isst-d.org/ から得るか，PFDell@aol.com にリクエストすることで，無料で利用することができる。

DSM-Ⅳ 版解離性障害のための構造化臨床面接-改訂版（The Structured Clinical Interview for *DSM-Ⅳ* Dissociative Disorders-Revised：SCID-D-R）

DSM-Ⅳ 版解離性障害のための構造化臨床面接：改訂版（SCID-D-R：Steinberg, 1994）は，米国やその他の国のいくつかの研究で（Steinberg, 2000），良好ないしきわめて優良な信頼性と妥当性を持つと報告されてきた。司法関連の評価の際にも広く受け入れられ，治療計画や鑑別診断において有用とされている。このツールは市販されている。

解離性障害面接スケジュール（The Dissociative Disorders Interview Schedule：DDIS）

解離性障害面接スケジュール（DDIS）は，身体化障害，BPD，大うつ病性障害や，五つの解離性障害すべての DSM-Ⅳ 診断をサポートするための構造化面接である（Anderson et al., 1993；Ross & Joshi, 1992）。これには，統合失調症の陽性症状，DID の 2 次的特徴，超感覚的体験，薬物乱用，そして解離性障害に関わる症状に関する質問が含まれる。Ross Institute の web サイトから入手できる［www.rossinst.com/ddis.html］。

第５章　再処理の準備性の評価

クライエントの記録とフィードバックの役割

　クライエントの治療計画を作成し調整していくとき，臨床家はクライエントから得られる現在の症状，ストレッサー，そして治療への反応についての正確な情報を頼りにしている。クライエントのなかには，次の面接に訪れたときに，具体的で正確なまとめを提供できる人もいるかもしれないが，多くのクライエントは臨床家に不十分な情報しか与えてくれない。それは，面接中の感情状態に大きく影響されている結果かもしれない。そのため，現状の症状やストレッサーに対する反応について，クライエントに文書による短い記録を残してもらうことは非常に役立つ。

　詳細な宿題や課題の実施が毎日求められる持続エクスポージャーとは異なり（Foa et al., 2007；Foa & Rothbaum, 1998），心理療法へのEMDRアプローチでは，クライエントに対して詳細な宿題を求めることはない。EMDRセラピーで求められるのは，クライエントによる単純な自己観察と，現在の問題について短く記録することだけである。2種類の自己観察が有効だと考えられる。一つには，悪夢やパニック発作など主要な症状を選び，その頻度と程度を確認することである。そうした自己観察は通常，選択した症状の発生とその程度を，毎日1～2分使って記録する形で行われる。もう一つの自己観察方法は，現在のストレッサーと症状のすべてを簡単に記録する日誌記録（log）をつけることである。こうした自己観察法は，いずれも短い記録で行うことができる。記憶のネットワークの要素をベースとした簡単なクライエントの日誌については，次章で説明する。

トラウマ再処理のための安定性と準備性を評価する

　本章では，EMDR再処理のためのクライエントの安定性と準備性を評価するときに考慮すべき，基本的な基準について見てきた。表5-1は，そうした主要な基準を，評価尺度とともに1ページにまとめたものである。しかしこの表は，質問紙でも構造化面接のツールでもない。臨床家がクライエントのEMDR再処理への準備性に関する臨床アセスメントをまとめ，自身の記録にしたり，臨床におけるコンサルタントやスーパーバイザーに見せるためのものである。各項目の評価尺度は項目内容の相対的な重症度を示すが，各尺度得点を合算することに意味はない。一般的に，太字項目は，クライエントの安定性の評価において，より重要な項目だと考えられる。しかし，「再処理のための準備性と安定性の評価」表によって，仮に太字項目においてすべて0を示したとしても，そうした結果が必ずしも処理に対する準備性の高さを示しているわけではない。経済的不安定さや，診断の拒否，信頼や真実性の欠如といったリスト上の項目どれか一つだけでも，標準的EMDR再処理の延期と安定化への焦点づけの必要性を示している可能性もある。いつであれ，より良い臨床的判断が，EMDR再処理に進むかどうかの最終的な判断を導いてくれるだろう。クライエントのなかには，面接2回目でEMDR再処理に進むのに十分な安定性を見せる人がいるかもしれない。他方ではもっと長期の準備を必要とする人もいるであろう。第6章では，準備段階（第2段階）に注意を向ける。そしてPTSDに悩むクライエントのための，標準的EMDR再処理の準備のための一連の基本的方略について考えていきたい。

第6章

準備段階

第2段階の概要

　本章では，眼球運動による脱感作と再処理法（EMDR）セラピーの，再処理段階のためにクライエントの準備を整える方法を検討する。準備段階における最も重要な要素には，クライエントにインフォームドコンセントの必須情報について説明すること，標準的なEMDRの再処理手続きにクライエントを導くためのメタファーや助言を提供すること，効果的な再処理に役立つマインドフルな意識を促進することが含まれる。他の重要な課題としては，クライエントの両側性眼球運動または代替両側性刺激に対する耐性を確認するためにクライエントに両側性刺激を導入することと，クライエントが現在の症状やEMDRセラピーの治療プロセスに対処するスキルや能力を有することを確実にするための追加的な技術を提供することがある。

安定化と合意モデル

　心理療法のためのEMDRアプローチの準備段階は，第1章で論じたトラウマ治療の合意モデルにおける治療初期の安定化または自我強化段階に対応している（Briere, 1996；Brown & Fromm, 1986；Chu, 1998；Courtois, 1988, 1999；Gil, 1988；Horowitz, 1979, 1986；Kluft, 1993, 1999；McCann & Pearlman, 1990；Putnam, 1989；Scurfield, 1985；van der Hart & Friedman, 1989；van der Kolk et al., 1996a）。トラウマ治療の合意モデルは，

Pierre Janet（1889, 1977）の研究に基づいており，覆いをとる（生育歴・病歴聴取）段階および，EMDRによってトラウマ記憶を再処理し解決していく段階の，前，最中，後を通して，十分な安定化を提供することの重要性を強調している。安定化に加えて，準備段階の主なタスクには以下のものがある。

- 治療同盟の形成
- トラウマ体験を解消するためのEMDRアプローチについての心理教育
- 両側性刺激の方法に対する反応の評価

　EMDR再処理のために必要な準備は，クライエントによって大きく異なる。たとえば，一部のクライエントはEMDR治療を進めるための情報として，トラウマとEMDRセラピーについての基本的な情報のみを必要とする。他のクライエントは，セラピーに同意するために必要な情報として，EMDRセラピーの研究基盤，メカニズムの理論，およびEMDRセラピーを感覚的に理解してもらうための事例説明，といった広範なものを求める。

　単回性のPTSDを有するほとんどのクライエントは，不安，気分変動，または解離症状を呈するが，1回または2回のセッションによる限られた安定化介入で十分である。しかし，深刻な不安や気分変動，または解離性症状を伴う複数の複雑なトラウマ歴を持つクライエントは，異なる種類の準備が必要である。彼らは，治療の再処理段階のなかで，あるいは生育歴の聴取および治療計画の段階やその前後で，

広範な安定化介入を必要とする可能性がある。ほとんどのクライエントは臨床的な両側性刺激手続きに対する準備を整えるために，両側性眼球運動，タッピング，または音刺激のために2～3分の練習しか必要としない。しかし，目に医療的な問題を抱えていたり，両側性刺激のやり方や臨床家との距離の近さなどへの慣れが必要なクライエントの場合，準備が整うまでにさまざまな配慮と時間が必要となることがある。

● 治療同盟

治療同盟は，すべての心理療法の基盤である（Hovarth et al., 1993；Pearlman & Courtois, 2005；Summers & Barber, 2003）。治療同盟の強さは，臨床家の方法や経験の長さよりも心理療法における肯定的な結果とより強く関連していることが，研究によって一貫して示されている（Seligman, 1995）。PTSD に罹患しているクライエントの場合，EMDR 治療効果に関わる治療同盟の役割についての正式な研究はまだない。特に単一エピソードのトラウマ曝露の場合には，治療同盟よりも EMDR セラピー適用における忠実度のほうが重要な可能性があるという意見をめぐり活発な議論が EMDR コミュニティーでは行われている。しかしながら，治療同盟尺度（the Working Alliance Inventory：Horvath & Greenberg, 1989）を用いた PTSD クライエントの EMDR セラピー治療効果についての研究（Riberto et al., 2010）によると，クライエントと臨床家の両者にとって，治療同盟はきわめて重要な要因であることがわかった。研究者間では，症例の複雑性が増すにつれて治療同盟の役割はより重要になると考えられている。（Pearlman & Courtois, 2005；Spinhoven et al., 2007）

EMDR セラピーは治療同盟にあまり依存しない「技法」（technique）であると，誤って考える向きもあるかもしれない。しかし，EMDR セラピーは，心理療法の一つのアプローチ[†15]であり，それぞれのクライエントの固有のニーズに十分対応できているかによって，成功の度合が変わってくる。正確な共感，

適切なペーシング，表現された懸念や不同調の瞬間への対応は，他の形態の心理療法と同様に，構造化された EMDR 治療計画の成果を上げるうえで重要なのである。治療同盟を確立するために必要な時間および注意の量は，特定の方法論またはアプローチの違いによるよりも，クライエントの特性およびニーズの違いに基づいて変化する。

再処理を開始する前に十分な治療同盟を確立するために必要な時間は，数分から数カ月までさまざまである。災害対応および都市部で生じたテロなどの状況では，急性期のケアに適した簡略な治療同盟アプローチによる改変された EMDR セラピープロトコルが使用される（Fernandez, 2008；Konuk & Zat, 2015；Kutz et al., 2008；Shapiro & Laub, 2015）。標準的な EMDR セラピープロトコルが使用される場合，臨床家は，最初のターゲット記憶の再処理を開始する前に，第1段階および第2段階の必須課題を達成するために，最低2セッションを使うことを一般的に計画すべきである。クライエントが信頼を何度も裏切られてきたという歴史がある場合（Freyd, 1996；Freyd & Birrell, 2013），臨床家は適切な治療同盟を確立し，適切な治療計画を立てるためにかなりの時間を必要とするだろう。治療同盟の確立と維持に関連するその他の問題は，以下の節でさらに検討する。

● 治療同盟を強化する臨床的スキルおよび行動

治療同盟を強化する臨床家のスキルおよび行動には，以下の要素が含まれる。

- 正確な共感
- クライエントが理解できる明確な事例の全体像を伝えること
- クライエントの準備への介入のペーシング
- 文化的感受性と妥当性
- クライエントの不同調体験を修復する意欲と能力

最低限のこととして，EMDR 再処理を開始する前

---

†15　単なる技法以上の包括的方法の意。

第Ⅱ部　ケースフォーミュレーション，治療計画，EMDR再処理のためのクライエントの準備

に，クライエントが自分の症状や治療に対する反応を現在進行形で正確に報告できるだけの，十分な治療同盟が保証されている必要がある。クライエントが，薬物使用，自傷，危険な行動化への衝動または実際の再発を正直に言えない場合は，再処理を開始することは安全ではない。第5章で述べたが，リスクファクターの存在が大きければ大きいほど，十分な治療同盟を構築する必要性が高くなる。EMDRの再処理を提供する前に，クライエントのニーズに合わせて治療同盟を構築するために必要なセッションの数は，わずか1セッションから数カ月までと幅広い。クライエントの生育歴・病歴が，多くの信頼の裏切られ体験，不安定な愛着，社会的操作[†16]の被害経験を伴うほど，適切な治療上の同盟を形成するのに必要な時間がますます長くなる。

クライエント教育

準備段階の本質的な側面は，クライエント教育である。クライエントは以下のことを理解する必要がある。

- 自分の診断
- 自分の症状
- 逆境的でトラウマ的な経験の影響
- 治療計画の段階
- EMDR再処理中に期待できること

これらの要素は，法的に必要なインフォームドコンセントであり，EMDRセラピーによる治療中に，クライエントが直面する可能性のある体験のための準備としても不可欠である。

トラウマの影響，その治療，特にEMDRセラピーについてクライエントの教育を支援する豊富なweb情報と印刷物が利用できる。これらの資源の一覧は，巻末の参考情報に記載している。EMDR国際学会（EMDRIA）は，クライエントをEMDR治療に方向づけるために役立つパンフレットを作成している。EMDR人道支援プログラム（EMDR HAP）のオンラインストアは，EMDRセラピーに関する有用な視聴覚資料を提供している。

多くのクライエントにとって有益な本には以下のようなものがある[†17]。

The Rite of Return：*Coming Back From Duty-Induced PTSD* by Lansing（2012）.

The Wounds Wihthin：*A Veteran, a PTSD Therapist, and a Nation Unprepared* by Nickerson and Goldstein（2015）.

The Instinct to Heal：*Curing Stress, Anxiety, and Drpression Without Drugs and Without Talk Therapy* by Servan-Schreiber（2004）.

Getting Past Your Past：*Take Control of Your Life With Self-Help Techniques From EMDR Therapy* by Shapiro（2012）.

EMDR：*The Breakthrough Therapy for Overcoming Anxiety, Stress and Trauma* by Shapiro and Forrest（1997）.

EMDRの治療におけるインフォームドコンセント

インフォームドコンセントの問題は，臨床家にとって明瞭ではないかもしれない。一部の臨床責任者や臨床家は，クライエントが治療同意書に署名をしていれば法的，専門的基準は十分であり，危機管理の問題も生じないと考える場合もあるようだ。これは正しくない。クライエントは署名前に文書を読んでいないかもしれないし，署名を余儀なくされていると感じているかもしれないし，文書の意味がわかっていないかもしれない。また，文書内容がクライエントの固有の心配や状況に適合していないかもしれない。インフォームドコンセントにおいては，治療過程について臨床家とクライエント間で話し合いがなされていることが重要になるのだ。この対話では基本的な事柄が扱われる必要がある。インフォームドコンセントを得るためには，この話し合いにおいてクライエントがこれらの基本的事柄を理

---

†16　特定の利益を誘導する目的で個人や集団に対して，それとなく働きかけること。

†17　Shapiro（2012）とShaprio & Forrest（1997）については邦訳文献（pp.430-431）も参照のこと。

解しており，治療方針に同意しているということを臨床家が確認する必要がある。この対話の質とクライエントの同意または拒否について，臨床家は文書記録を残しておく。署名されたインフォームドコンセントはそれ自体で，クライエントが関連事項を話し合い，あるいは了解しているということを示しているのだ。さらに，インフォームドコンセントは，新しい問題が現れ，治療計画の範囲や焦点が変化するのに応じて，適宜改変される必要がある。本書の読者は Pope & Vasquez (2010) による *Ethics in Psychothreapy and Counselling*：*A Practical Guide, Fourth Edition* の第 14 章 Informed Consent and Informed Refusal を参照して，こうした問題の十分な議論に触れてほしい。本書では，EMDR セラピーに特化したインフォームドコンセントに焦点を当てている。

EMDR セラピーは，トラウマ性および，その他の逆境的生活経験にさらされた後に発症する障害に対する，経験的に支持され，エビデンスもある治療である（Cloitre, 2009；Schubert & Lee, 2009）。治療効果の無作為化比較試験の研究の増加に加えて，第 1 章で説明したように，さまざまな症例報告の公開は，EMDR セラピーが幅広い臨床事例において有用でありうることを示唆している。EMDR セラピーは持続的曝露療法（PE）と同じ程度に効果的であることが示されているが，2 点において PE よりも優れていると思われる。第一に，EMDR セラピーの治療時間は PE よりも短い（van Etten & Taylor, 1998）。第二に，EMDR セラピーのクライエントは，PE のような毎日の曝露練習という宿題を必要としない。EMDR セラピーのクライエントは PE とは異なり，トラウマ記憶を日々再体験する必要がないのである。治療からの離脱率は，PE と比して EMDR セラピーのほうが少ない，という報告もある（Schubert & Lee, 2009）。さらに，EMDR セラピーでは**再固定化**と呼ばれる過程によって，トラウマ記憶が再構成されることが示唆されている。これに対して，PE では**消去**と呼ばれる過程によって，新しい記憶が古い記憶と競合していくのである。PE 治療の後では，特定の刺激条件がある場合に，もともとのトラウマ記憶がそのまま蘇るかもしれない（Brewin & Holmes, 2003）。これらの

利点に加えて，EMDR セラピーにおけるインフォームドコンセントは，以下に論じる少なくとも三つの主要な潜在的問題に触れなければならない。それらは，トラウマ的出来事の再体験の側面，抑圧された，または解離した事柄（material）を思い出すこと，および記憶の思い出され方の変化である。インフォームドコンセントおよび心理教育のさらに広範な問題については，本章で詳しく説明する。

トラウマ的もしくは逆境的な記憶における再体験の側面

インフォームドコンセントの第一の問題は，トラウマ関連の，もしくはトラウマに焦点を当てたさまざまなアプローチと同様に，EMDR による再処理のなかでは，トラウマ的および有害な記憶の中心的側面を再体験する準備が必要であることだ。これは痛みの感覚を伴う，激しい感情的再体験につながる可能性もある。元の経験がケガによる物理的痛みの感覚を含んでいた場合，痛みが再体験されるかもしれない。元の経験に望まない性的興奮が含まれていた場合，クライエントは再処理中に再びこの感覚を再体験するかもしれない。元の体験でクライエントが筋緊張による動作不能や，トラウマ関連の解離（peritraumatic dissociation：Lanius et al., 2014）を体験していた場合には，再処理のなかでこれらが再体験される場合もあるだろう。一般に，再体験の長さは最大でも数分の程度である。クライエントがこの可能性を知り，十分に準備することが不可欠である。彼らが直面する可能性が最も高い再体験の種類についてクライエントと検討し，準備することができなければ，クライエントは心構えができず，不必要な恥や苦痛，恐怖を体験することになる。再処理が成功した後は，クライエントにはこのような鮮明なレベルで再体験が起こる危険性が劇的に少なくなる。

忘れ去られた，抑圧された，もしくは解離された題材を思い出す

第二に，第 2 章と第 4 章で検討したように，忘れ去られ，抑圧され，そして解離された題材が EMDR

第Ⅱ部　ケースフォーミュレーション，治療計画，EMDR 再処理のためのクライエントの準備

セラピーの間に意識上に再燃する傾向はきわめて大きい（Lipke, 1995；Lyle & Jacobs, 2010；Paulsen, 1995；Propper & Christman, 2008）。クライエントは，最小限に抑えられた，または忘れられた記憶の有害な側面を思い出し，忘れてしまった他の記憶が現れる可能性を受け入れる準備ができている必要がある。この問題に対処する方法の指針については，本書の第4章内の，アメリカ心理学会（APA）と国際トラウマティックストレス研究学会（ISTSS）による記憶の性質と可塑性についての報告に関しての論考，そして「治療に関わる心配や恐れにどう取り組むか」についての考察を参考にしてほしい。

感覚侵入の鮮明さが低下する傾向

　第三に，トラウマ的および逆境的な人生経験の記憶の感覚的側面は，通常問題のない記憶がそうであるように，再処理後には色あせる傾向がある。再処理が成功した後，いつもは侵入的な場面，匂い，または特定の記憶に関連する身体感覚を有するクライエントは，それらを鮮明な知覚体験として引き出すことができなくなる可能性がある。一部のクライエントが作り上げたかもしれない誤解とは逆に，EMDR セラピーは記憶を消去しない。クライエントは記憶を失うことはないが，再処理が成功した後，再体験としてではなく「ただの古い記憶」として体験されるのだ。

　感覚的鮮明度の減退という傾向は，クライエントが EMDR 再処理後に司法的な証言をするよう求められるかもしれない状況においては，懸念事項となりうる。これは，部分的には催眠と EMDR セラピーとの間の類似可能性についての単なる思い込みによって生じている懸念であるかもしれない。催眠療法では，回想と催眠療法の強化により，一部の司法領域における目撃証言が「汚染」される可能性がある（Webert, 2003）。しかし，学者は標準的な EMDR 再処理を，催眠の一形態とは見なしていない（Nicosia, 1995）。

　刑事および民事訴訟では，EMDR 再処理を開始する前に，これらの問題を検察や弁護士と協議してもかまわないという書面による許可を，クライエント

から得ておくのが賢明であるかもしれない。注目を浴びる法的事案においては，クライエントの記憶内容を変更するために催眠療法や他の示唆的な介入を使用していないというさらなる証拠を提供するために，EMDR セラピーによる再処理開始の前に宣誓証書を提示し，さらにその場面を録画したりすることもありうる。心理療法セッション自体を録画または録音することもできる。

　そのような法的状況におけるインフォームドコンセントが必要になるからといって，臨床家のほうから治療を拒否してはならない。脚が骨折しているクライエントは X 線を受け，脚が正しくセットされ，ギプスで固定される。整形外科医は裁判後まで適切な医療を延期することはしない。同様に，EMDR 治療に関する関連情報を提供し，インフォームドコンセントを得て，必要に応じて問題と手続きについて弁護士と確認し，適切な治療を提供するように進めていけばよい。

　記憶が不鮮明になる傾向に関わるもう一つの潜在的な問題は，一部のクライエントにとって，自分に非常に意味のある経験に関する唯一の記憶が失われるのではないかという恐れである。これは，家族の一員をトラウマ的体験で失ったクライエントや，部隊の一員を失った退役軍人の場合に当てはまる可能性がある。退役軍人によるこれらの恐怖や，その他の恐怖に対処するための論考については，Silver と Rogers (2002, p.84, pp.111-114) を参照のこと。EMDR セラピーはトラウマ記憶の鮮明さを減じ，侵入的ではないようにする傾向があるが，これらの記憶が忘れられるわけではない。さらに重要なことに，トラウマ性の喪失の場合，肯定的な記憶にアクセスすることができなくなっている可能性がある。成功した再処理では，クライエントがトラウマ性の喪失に関連する気分状態から抜け出すにつれて，これらの肯定的な記憶が再浮上し，よりアクセスしやすくなる傾向がある。こうした情報を提供することで上記の恐怖を軽くすることができる。

トラウマに基づく心理療法の枠組みを確立する

心理教育における最も重要な問題は，クライアントが衰弱する症状として経験していることは，逆境的な出来事に対する正常な反応だということをクライアントが理解することである。PTSD に苦しんでいるクライアントは，治療に入ったときに診断を知っているかもしれないし，知らないかもしれない。トラウマ体験にさらされた結果，その症状が現れていることを知っている人の多くは，自分自身の力で回復できないことや，「さっさと克服する」ことができないために，自分は欠陥があり弱いと思っている。慢性的 PTSD に苦しんでいる多くの人々は治療を受ける際に，その症状の原因に気づいていない，もしくは十分には理解できていない。これは，児童虐待の成人サバイバーと，戦闘関連 PTSD のサバイバーの両方に該当する。これらのクライアントは，過去の逆境的な出来事とその症状との関連性を完全には認識していないため，自分は本質的に欠陥があるか，または「狂っている」と信じてしまうことがある。特に，慢性的な児童虐待のサバイバーの多くは，自らを「虐待の犠牲者」と見なして治療に来るわけではない。彼らは自分の状態の特質をわかっていないのだ。彼らは回復プロセス（Hansen, 1991）に入り，「被害者」（victim）から「生存者」（survivor）そして最終的に「強く成長する者」（thriver）となっていく前に，まず自らの状態の原因を認識することを学ぶ必要がある。

トラウマ的経験にさらされた後のPTSD の発症をノーマライズする

トラウマ的な生活経験にさらされたことのある人のために，PTSD の進行をノーマライズすることは不可欠である。クライアントの生育歴の詳細な探索や，現在の機能や症状のアセスメントを開始する前であっても，これらのクライアントの準備として心理教育が基本要素なのだ。『精神疾患の診断・統計マニュアル（第 4 版）』（DSM-Ⅳ: American Psychiatric As-

sociation, 1994）の基準によれば，1995 年の全米併存症調査（National Comorbidity Survey）は，トラウマ的な出来事への曝露率は男性で 60 %，女性で 50 % であり，大多数は複数のトラウマ的な出来事にさらされていたと報告している（Kessler et al., 1995）。DSM-5（American Psychiatric Association, 2013）の A 基準によれば，全国的ストレス調査（National Stress Events Survey；Kilpatrick et al., 2011）では，全米の曝露率は 89.7 % であった。あらゆる形態の対人暴力（児童期の身体的虐待，武器または殺意や深刻な脅しを伴う暴行，レイプまたはその他の性的暴行を含む）への直接的曝露経験は，女性では 58.6 %，男性では 47.1 % であった。性的暴行被害への曝露率は，女性で 42.4 % であり，男性では 15.8 % であった（Kilpatrick et al., 2013, p.541）。子ども時代の虐待やネグレクトにさらされた人々にとっての PTSD 発症リスクは，男性では 30 % 以上，女性では 60 % 近くであった（Kessler et al., 1999）。戦闘トラウマにさらされた男性の PTSD 発症のリスクは 30 % 近くと報告されたが，レイプ後の発症リスクは，男性と女性の両方で 45 % 以上であった（Kessler et al., 1999）。誰かが重傷を負ったり死亡する出来事を目撃した人と，火災，洪水，自然災害といった生命を脅かすような出来事に遭遇した人の危険率は共通して低く，10 ～ 23 % であるが，それでも重大な値である（Kessler et al., 1999）。PTSD を発症する実際のリスクは，これらの数字が示している数値よりもさらに高くなる可能性がある。臨床現場では一般的なことであるが，複数のトラウマ経験に対する曝露の累積効果というものが，これらの数値には反映されていないためである。

人生上の逆境的な体験への曝露は，PTSD 発症の危険因子であるだけでなく，一般的な早期死因要素のすべてに対する脆弱性を高めもする。これは，成人の健康に及ぼす子ども時代の逆境的体験（ACE）の影響に関する，一連の画期的研究（Felitti et al., 1998）に記載されている。ACE 研究は，カリフォルニア州サンディエゴのカイザー・パーマネント予防医学部門と，米国疾病対策予防センターとの協力によって継続されている。巻末の参考情報で子ども時代のトラウマに関する資料を参照のこと。

第Ⅱ部　ケースフォーミュレーション，治療計画，EMDR再処理のためのクライエントの準備

「百聞は一見にしかず」：治療前後の PTSD クライエントの脳画像

しばしば，脳の防御システムが逆境的な出来事およびトラウマ的出来事にどのように反応するかについての簡単な説明によって，トラウマ後のストレス反応が脳に対して神経化学的傷として影響することを，クライエントに認識してもらうことができる。臨床家は既存の種々の資源を利用して，脳構造の基本をクライエントに手短に教えることができる。巻末の参考情報の「脳と EMDR セラピーについて学ぶ」を参照してほしい。さらに，トラウマサバイバーの単一光子放射断層撮影（SPECT）によるトラウマサバイバーの脳画像検査の画像は，クライエントが実際の傷によって苦しんでいるという理解を助けてくれる。これらの傷は肉眼では見えないが，現代の技術によって見ることができるのだ。さらに重要なことは，Lansing ら（2005），Pagani ら（2013），Siracusano（2013），Richardson ら（2009）に示されるように，PTSD クライエントの効果的な治療前後の SPECT 画像比較は，治療によって効果的な回復が可能であるという安心をクライエントに与えてくれる[†18]。

トラウマと記憶の神経生物学

一部のクライエントは，正常な記憶が脳にどのように記憶されているか，そしてトラウマ記憶はどのように記憶されているかという違いに関する，基礎的な情報からも恩恵を受ける可能性がある。トラウマの神経生物学の要約については van der Kolk（1996），さらに Bergmann（2012）の Neurobiological Foundations for EMDR Practice を参照されたい。正常な記憶は，主に左大脳半球および海馬で，一貫した経験の物語としてコード化される。海馬は脳幹にあり，複雑な記憶の指標センターとなる。海馬は，体験した出来事が「いつ」「どこで」生じたかについての情報を保持してもいる。

トラウマ記憶は，まず主として脳の右半球で感覚記憶としてコード化され，扁桃体においてコード化される。扁桃体は，主として闘う，逃げる，および服従反応が行われる脳内の防御の中心である。感覚的脅威刺激（視覚，音，身体感覚，および嗅覚）の手がかりは，扁桃体にコード化される。扁桃体は，すべての脅威刺激のデータベースを保持しており，**考えをはさまずに**それらに迅速に対応することができる。トラウマサバイバーは脅威を感じる刺激を識別することが難しく（おそらく，前帯状皮質の活性変化に関連があるのであろう〈Keller et al., 2014；Levin et al., 1999〉），比較的無害な刺激に対しても持続的な過剰防衛反応をくり返す。扁桃体によって分泌されるストレスホルモンは，トラウマサバイバーの海馬の機能阻害をもたらし，治療しなければ，海馬の大きさの実際の収縮をもたらす。扁桃体における過度の活性化は，両眼の上部にあたる額部分にある眼窩前頭前領域の活性化を弱め，衝動に対する慎重な制御を行使する，通常の実行機能を阻害する傾向がある。このように，トラウマ記憶が侵入すると，「言葉にならない（speechless）恐怖」（van der Kolk, 1996）状態が作り出される傾向があり，「思い出している」（remembering）というのではなく，無力のままにトラウマ体験の再体験にさらされるのである。

適応的情報処理（AIP）モデルは，脳がどのようにトラウマ的および逆境的な生活体験の記憶を，この不適応的な一時的記憶システム（潜在的記憶とも呼ばれる）から，物語として固定される適応的な長期記憶（顕在的記憶システム）へと動かしていくか（Schacter, 1987）ということに関する，神経生物学の知見と同じことを示唆している。この再組織化と連合作用は，夢見の状態や急速眼球運動（REM）睡眠中に起きている。これは，EMDR セラピーが効果を生む背景的メカニズムの一つかもしれない（Stickgold, 2002, 2008）。

現在の多くの心理療法は，主にクライエントに新しい思考について考えさせたり，リハーサルさせたりすることに頼っているが，EMDR セラピーは，適応的情報処理という脳の生来的な能力を刺激するこ

---

†18　日本においては福井大学 友田明美氏の研究を参照のこと。

とに依拠している。この能力は，入念な思考によってではなく，経験に適応して学ぶという，脳のより深い，生来的な構造的能力によってもたらされる。実際，EMDRの再処理における眼球運動，タッピング，または音を伴う両側性刺激の間，ほとんどのクライエントは特定の考えを念頭に置くことができない。意識的に画像や思考を保持することができないということは，正常なのだ。クライエントが，EMDRセラピーを正しくできなかった，もしくは失敗したという誤解をしないように，準備段階の一部としてよく説明する必要がある。一方，再処理中には，鮮明なイメージ，身体感覚，感情，他の記憶との関連，洞察，邪魔をするもしくは心地良い思考，さらには匂いなどの豊富な経験をするクライエントもいる。

● 列車に乗る：マインドフルな気づきのための比喩

EMDRセラピーの説明としてクライエントに役立つ方法の一つに，電車に乗る比喩がある。表6-1

には，そのスクリプトが紹介されている。この比喩は，クライエントが自分に対してプレッシャーをかけたり，良い悪いなどの判断をしないで，あるがままの反応に気づいていくことを助ける。この比喩によって，臨床家はクライエントがEMDRの再処理を開始するにあたって，どのような心づもりでいればよいかについて，基本的な情報を提供できるようになる。

● 治療の段階

準備段階では，トラウマの性質に関する心理教育と，EMDR再処理中に期待できることに加えて，臨床家はクライエントに推奨する治療計画の治療段階の概要を提示する必要がある。ほとんどの場合，治療計画は第3章で説明した過去，現在，未来の3分岐モデルに従う。この治療モデルを説明することは，適切なインフォームドコンセントの一部であるだけでなく，クライエントの失敗感や劣等感を防ぐのにも役立つ。治療の3段階をクライエントに説明する

表6-1　電車に乗る比喩

EMDRの再処理を始めるにあたって役立つことは，電車に乗る例えを考えてみることです。あなたは，まず駅で電車に乗って座席を見つけます。電車の窓から外を見て，電車が旅を始める前に窓から見えるものを確認します。これは，あなたのトラウマ記憶が，EMDR再処理を始める前のあなたにとって，どのように見えるかを意味しています。あなたが気づいている，もしくは何らかの感覚を伴っているような記憶部分があるかもしれないし，この時点では隠されている記憶部分もあるかもしれません。列車が駅から出発すると，町中の建物，樹木，乗り物などが目に映り，いろいろな景色が電車の窓を過ぎて，急速に変化して飛び去るように見えるかもしれません。時折，あなたは山々を遠くから見るときと同じように，景色がほとんど変化しないように感じるかもしれません。他のときには，トンネル内にいて，もう景色が見えず，動いている感覚だけが感じられるようになるかもしれません。

私たちは約45～60秒間程度の眼球運動（またはタッピングもしくは音刺激）を行い，その後停止します。それは，列車が次の駅で停止するようなものです。その時点で休息し，深呼吸をして，あなたが気づいていることを教えてください。列車が軌道に乗って動いている間に気づいたことを説明する必要はありません。そうではなくて，電車が駅に着いているときに気づいていることを教えてください。それから，その時点で気づいていることから再度始め，さらに進むように指示します。変化がないように見える場合，眼球運動の方向または刺激の速度を変えることもあります。列車が進み始めたら，あなたは特に何かを考えようとする必要はありません。

ときどき，あなたの注意を元の記憶に戻すように言いますし，そして，それが今あなたをどれほど苦しめているか評価するよう求めるかもしれません。ときどき，評価は変わるかもしれないし，または変わらないかもしれません。それはより苦痛になるかもしれないし，または楽になるかもしれません。何が起こるべきかという先入観を持たず，できるだけありのままを明確にフィードバックしてください。EMDRの再処理中に「～すべき」または「～が期待されている」はありません。それが起こるべきか否かを判断せずに，何が起こってもただ気づいているだけです。あなたはEMDRで間違えることはありえません。何が起きても，私たちは出現している素材を通して前進することができるのです。

あなたが再処理をやめる必要があると感じたら，このように手を上げてください。（最初に手のひらを下にしてクライエントに向き合って，一方の手の指の先端が他方の手の手のひらに触れるように「タイムアウト」信号を表示する[19]。ちょっと試してみましょう。はい，いいですよ。他に何か質問や話したいことはありますか？

---

†19　軽く片手で挙手の動作をするだけでも可。

第Ⅱ部　ケースフォーミュレーション，治療計画，EMDR再処理のためのクライエントの準備

表6-2　治療の三つのステージを説明する

> 　標準的なEMDRの治療計画は，EMDR再処理を三つのステージで適用します。これらのステージでは，過去，現在，そして未来に焦点を当てていきます。
>
> 　第1ステージでは，トラウマ的出来事の記憶に再処理が適用されます。一つまたはいくつかのトラウマ性記憶を有する人にとって，一つの記憶を完全に解決するには，典型的には1〜3回の再処理セッションが必要です。幼児期の慢性的なトラウマ経験を有する人の場合には，いくつかのトラウマ性の記憶は，もう少し作業を必要とするかもしれませんが，ほとんどの個々の記憶は1〜3回のセッションで解決されます。同じような種類のトラウマ経験がくり返されているときは，個々の記憶を個別に再処理する必要はありません。通常は，発生した最初，最悪，最後にあたる三つの記憶を再処理し，そのまとまりの中に残存する他の妨害記憶があるかどうかを確認するだけで十分です。また，あらゆる侵入的な記憶と関連がある悪夢を再処理することもあるでしょう。体系的かつ柔軟な方法で，私たちは対象とすべきあらゆる記憶を扱い，それらがもはや苦痛でなくなるまで取り組んでいきます。
>
> 　次に，苦痛な思考，感情，または行動衝動を刺激する現在の引き金に注意を向けます。防衛的に反応するこれらの持続的傾向は，トラウマ体験のなかで扁桃体と呼ばれる感情的な脳の一部においてコード化されています。扁桃体は，闘争，逃走，および服従反応のセンターとしても知られています。扁桃体は，常に過去の脅威的な刺激を覚え，意識的な思考なしに素早く反応できるように進化してきたものです。これらの防衛反応は，トラウマ記憶が完全に色あせた後でさえも持続することがあります。したがって，治療の第2ステージでは，苦痛となる思考，感情，または行動衝動を引き起こす外的手がかり（例えば，映像，音，または匂い）および内的手がかり（例えば，速い心拍または急速な呼吸）を再処理します。そのような反応の簡単な記録をつけていれば，治療へのあなたの反応を見守りつつ，治療の第2ステージで注意が必要なものを計画するのに役立ちます。
>
> 　私たちが現在の手がかりを再処理し，もはや苦痛が引き起こされないようになった後は，未来に注意を向けます。一緒に，私たちは将来起こる可能性のある状況に対処するメンタルリハーサルを行います。残っている予期不安を解決し，未来に対する心の準備が整うまで，効果的に対処するための新しいスキルをリハーサルすることができます。

スクリプトのサンプルが，表6-2に記載されている。

　クライエントのかなりの割合が，トラウマ体験の過去記憶を成功裏に再処理した後でさえ，現在の引き金に対する反応を経験し続けるであろう。過去の不快な記憶と現在の手がかりが完全に再処理された後でも，クライエントは未来の鋳型によって予期不安を解決したり，あるいは肯定的な鋳型によって新しいスキルを強化するリハーサルが必要かもしれない。準備段階において治療の3段階を簡単に説明しておくと，一連の治療セッションの間に何が起こるかについての期待を適正化するのに役立つ。この心理教育が準備段階で提供されると，その後，治療の途中でクライエントが特定の症状の持続で悩むようになった場合，治療の三つの段階と治療計画によって，彼らの懸念がどのように完全に対処されるかを思い出させることが容易になる。

● **両側性刺激の導入とテスト**

　準備基準を満たし，長期の安定化を必要としない

クライエントの場合，まずは記憶に焦点を当てることなく，クライエントを両側性刺激にテスト導入する。眼球運動が問題ないとわかるか，あるいは別の刺激の種類が選択されると，臨床家は一般に，クライエントに落ち着く場所のエクササイズ（後述の表6-6に記載）を提供し，同時にこの両側性刺激の方法が十分に受け入れられ，効果的であることを確認する。

● **刺激の種類**

　EMDR治療セッションでは，三つの両側性交互刺激の様式がある。それらは，①眼球運動，②触覚刺激，③聴覚刺激である。EMDRセラピーにおいて，両側性の交互刺激と他の手続きを組み込むことの目的は，クライエントの注意を外部刺激に対して安全かつ許容的に関与させることによって，新しく適応的な連想を促進する情報処理を強化することである。ほとんどのEMDRセラピーの効果研究では，条件として眼球運動だけが使用されている。眼球運動以外の異なる様式を調べる実験的研究のほとんど

112

は，非臨床的被験者によるものであり，実験結果を臨床治療に一般化していくのは難しいかもしれない。これらのアナログ研究は，眼球運動が認知の柔軟性の増大と新規の連想を高めるうえでより効率的であり（Edlin & Lyle, 2013；Kuiken et al., 2001-2002），不快記憶の鮮明さと情動の強さを減少させ（Jeffries & Davis, 2012），エピソード記憶の再検索を強化する（Christman et al., 2003）ことを示唆しており，したがって，両側性の眼球運動の使用を推奨する傾向を示している。実際の臨床において，特定タイプの刺激効果を調べる研究はほとんどないため，眼球運動以外の両側性刺激も同じ程度に有効であると結論づけるのは時期尚早である。このため，一般に，**クライエントが眼球運動を許容できる場合，それを両側性刺激の主要な方法と考えるべきである**。臨床家は，運動感覚刺激または聴覚刺激を，それら代替刺激を導入する費用がより安いからとか，個人的に好みだからという理由だけで選択するべきではない。とはいえ，クライエントの安全性と快適性，および治療反応に留意しつつ刺激の様式を選ぶ，という臨床的判断は大切である。めまい，吐き気，または目の不快感によって眼球運動にクライエントが耐えられない場合は，別の様式の両側性刺激を使用する必要がある。実験的研究によって聴覚刺激は効果が低いとされているので，触覚刺激が第2の選択肢となるべきであろう。聴覚刺激は，クライエントにとって眼球運動も触覚刺激も耐え難いときに利用できる。

● 選択

Shapiro（1989a, 1989b, 1995）によって記載された，眼球運動を起こすための元来の方法は，臨床家の座席をクライエントの座席の側面にわずかに近づけて配置することから始まる。臨床家はクライエントの視界の中心に自分の顔がくることを避け，クライエントの正面に座ることはしない。そうすると，目の動きを作るために「腕が直線になる」位置を回避することもできる。次に，臨床家の手はクライエントの顔から適度に離れた場所に示され，おおよそ本を読むのと同じくらいの距離に置かれる。その後クライエントは，臨床家の手が左右に動くのを目で追いながら，追尾的な眼球運動を始める。それはクライエントの視界の中心から開始され，中心で終了する。必要であれば，クライエントは目だけを動かすために，頭は静止したままにするように指示される。一般に，眼の動きの幅は，クライエントの水平視野の3分の2から4分の3をカバーすべきである。これらの眼球運動を実施するのに必要な腕の動きの程度は，臨床家の手がクライエントの顔にどれほど近いかに依存する。

眼球運動を容易にし，侵入的になることを避けるために，臨床家は，動かしている手の指先をクライエントの目に向けることを控えるべきである。かわりに，クライエントにとって目の動きを容易にするために，臨床家は前腕を30〜45度ほど曲げて，いくつかの指または手のひら全体をクライエントの顔に垂直に保持する必要がある。この結果として生じる手の動きは，直線に近づくはずである。半円形または「車のワイパー」タイプの動きは，クライエントにとってかなりの眼の緊張を引き起こし，直線的な眼の動きよりも効果が低いことが観察されているので，一般的には避けるべきである。過度の緊張，疲労，または痛みなどを避けるために，臨床家は肘をロックして肩からの動きをつくるのではなく，あたかも指先が滑らかな手すりに沿ってスムーズに滑っていくように，肘からの動きによって前腕を動かしていく必要がある。この場合，一般に，足を組むのではなく，両足を平行に床につけておくほうがやりやすい。このタイプの腕の動きのために，臨床家は前腕を椅子の肘掛けまたはテーブルの上に置いて動きの練習をすると良い。

一部のクライエントには，EMDRセラピーにおける身体的近接性[20]に関する懸念に対処するために，ほとんどの精神療法で見られる慣習的距離よりもかなり近くに座る必要性について，事前に話し合う必要がある。臨床家の腕の緊張をさらに軽減するため，または身体的近接性に伴うクライエントの不快感に対応するために，手に持って動かせる伸縮可能なポ

---

[20] クライエントと臨床家が物理的に近い距離に座っていること。

第Ⅱ部　ケースフォーミュレーション，治療計画，EMDR再処理のためのクライエントの準備

インターや定規，または他のそれほど重くない物などを前腕の延長としてクライエントの顔の前で動かすこともできる。これにより，臨床家はクライエントからさらに離れて座り，比較的小さい腕または手首の動きによって，十分な幅の追尾的眼球運動を作りだすことが可能になる。

　滑らかで追尾的な眼球運動は，上記の基本的な方法を使用しても，一部のクライエントにとっては実施困難な場合がある。これらのメカニズムの初期の苦労を軽減するために，臨床家は，クライエントに「あなたの目で私の指を押して，私の指がそれに従うと想像してみましょう」と勧めてみるのも一つの方法かもしれない。もう一つの方法として，臨床家が両腕をクライエントの顔の左右両側に広げて，片手ずつ指を数本立てる動きを左右交互に行い，クライエントは左右に立てられる指を交互に凝視していく，というのもある。

　さまざまなテクノロジーによる器具の登場の前には，手で触れることによる代替刺激が，触覚刺激の最も一般的な形態であった。この選択肢の場合，臨床家はクライエントに触れられるほど近くに座る必要がある。クライエントの手は，一般的に，いすの肘掛またはクライエントの膝の上に置かれる。臨床家は，1本または2本の指を使って，クライエントの手の甲を静かに左右交互に触れていく。臨床家は，この両手への接触または穏やかなタッピングを両手または片手で行うことができる。両手を交互にタッピングする場合は，臨床家がクライエントの前に座ることを必要とする。片手で行う方法は，わずかに側面から行うとよい。クライエントに直接触れることを避けるために，先が柔らかいまたは先端に布製の球のような小さくて柔らかい物体のついた軽い棒状の物でクライエントの手の甲に触れることもできる。クライエントがショートパンツまたは短いスカートなどを着用している場合，臨床家はクライエントの膝および大腿部を覆う膝掛け，スカーフ，またはきれいなタオルなどを提供する。

　聴覚刺激の場合には，横に座った位置から，クライエントの顔の両横に手を伸ばして穏やかに指を鳴らしたり，二つの小さな紙コップの底面を軽く叩いたり，小さなカチカチ鳴るものを鳴らしたりすることで，交互の聴覚刺激を容易につくることができる。臨床家のなかには，先がコルク素材などになっている長めのポインターのような道具によって，クライエントの座席の肘掛けを交互にタップする，という方法を述べている者もいる。

両側性刺激を施すための補助器具

　EMDRセラピーのトレーニングを受けた臨床家が両側性刺激を使うのを助けるために，現在ますます多くのテクノロジーが利用可能となっている。これらの選択肢は，臨床家の疲労を回避し，臨床家の身体的ハンディキャップを補ったり，クライエントの特別なニーズに対応したりするのに役立つ。異なる技術が臨床的効果に及ぼす影響に関する統制されたデータがないので，補助器具の選択肢を決定する主な要因は，コスト，同時に複数の刺激を使える可能性，臨床家の好みなどである。

　ニューロテック社（NeuroTek Corporation）は，このような製品を提供しEMDR治療を支援するために最も広く使用されている道具を販売している。Eye-Scan 4000は，24個の緑色（または青色や多色）のLEDライトが横一列に配置された長方形の棒であり，三脚に取り付けられている。これらは，装置の端から端へライトが動くように設定したり，装置の両端で交互に点灯したりするように設定できる。速度は，ワイヤレスリモコンを使用して，眼球運動を始める前でも最中でも調整することができる。装置の端についている表示画面は，自動的に1セットあたりの刺激の回数を記録する。EyeScan 4000は，オプションのヘッドセットで音刺激を，二つの小さな触覚プローブ[21]を介して触覚刺激を交互に行うこともできる。速度と刺激の回数はリモコンで簡単に調整できる。これらの三つの代替刺激は，別々にまたは任意の組み合わせで使用できる。ニューロテック社はまた，腿の上に置けるものや触覚および聴覚，もしくは聴覚のみの刺激を出すことができる，簡単

---

[21]　左右の手のひらに収まる小さな振動体。

第6章　準備段階

でより安価な装置を提供している。

　他の会社でも，EMDRセラピーのための両側性の視覚，触覚，聴覚刺激が使用できる機器を販売している。これらの製品の宣伝は，*EMDRIA Newsletter*やEMDRIAおよびEMDR Europe年次大会の展示ホールで一般的に見られる。Go With That社のような会社は，追尾的な眼球運動や左右交互性の音刺激や触覚刺激のためのソフトウェアを開発している。これらのソフトは，対応可能なパソコンを所持している人にとっては，廉価なテクノロジーとして活用できるだろう。ソフトによって多様な視覚的および聴覚的な刺激選択が可能であり，セッションを自動的に記録することも可能となっている。とはいえ，EMDRセラピーの場合に最適な眼球運動の動き幅を得るためには，クライエントがパソコン画面にかなり近く座ること，十分に大きなモニター画面，あるいは，壁やスクリーンなどに投影するプロジェクターの使用が必要となってくる。これらの利用可能なテクノロジーのなかでは，EyeScan 4000だけが，EMDRセラピートレーニングのスーパーバイザーたちによる幅広い実践試用テストを経ており，手技による眼球運動の実施と同じ程度に効果的かつクライエントにも受け入れられると見なされている。EMDR治療の一部として使用する代替刺激の種類，頻度，および持続時間に対するクライエントの変数，および反応性を評価するために，統制された研究が必要であることは明らかである。

両側性刺激の種類と方法に対する言語的なフィードバックと反応

　臨床家は，肯定的または否定的な記憶にアクセスする前に，異なる速度や刺激様式に対するクライエントの耐性についてまず調べるべきである。肯定的または否定的な記憶にアクセスする前に，クライエントの両側性眼球運動（またはタッピングや音）に対しての耐性がわかっていれば，その後の否定的反応は両側性刺激そのものに対しての苦痛ではなく，否定的関連素材が活性化しているために生じているのだろう，と考えることができる。次に，最初の刺激の種類を選択した後，臨床家は，落ち着く場所の

エクササイズまたは資源の開発と植えつけ（RDI）に選択された，両側性刺激の種類に対するクライエントの反応を評価すべきである。臨床家は，脱感作段階で最初の苦痛記憶の再処理中に選択されている両側性刺激の種類および，速度に対するクライエントの反応を引き続きチェックしていなければならない。感覚内容，感情，身体感覚，およびクライエントの思考の変化は，刺激の種類が有効であるという徴候である。

不安，気分変動，衝動制御および解離症状の安定化

　深刻な不安，気分変動，衝動制御，または解離症状を持つクライエントは，EMDR再処理の準備が整う前に，さらなる安定化介入が必要となる。これらの不安定要素について，以下に検討する。

　深刻な不安またはパニック発作に苦しんでいるクライエントは，EMDRによる再処理を開始する前に，不安を軽減するスキルを開発する必要がある。クライエントがPTSDに苦しんでいるとき，重度の不安症状は，EMDRの再処理が提供されるまで，セルフコントロールスキルによっては完全に排除されない可能性が最も高い。しかし，クライエントが不安な状態に対して，何らかの自己コントロール感を持つことは重要である。最初のEMDR再処理セッションが不完全である場合，またはセッション間にさらなる侵入症状を経験した場合，クライエントは準備段階で実施された方法を使用して，自分の状態を穏やかな状態に移行できる必要がある。

　クライエントは一般に，トラウマ的記憶についてEMDR再処理を開始することを心配している。心配を軽減する方法を実践することによって，クライエントは再処理へと移行する準備を感じられるようになる。これを説明するための一つの比喩は，自動車の比喩である。ブレーキがうまく機能していると知っていれば，自信を持って加速できるし，安全に減速または停止することもできる。もしブレーキがうまく効かないとわかっていれば，ゆっくり進むときでさえ完全に制御できず，まして速いスピードの際に安全を感じることはないだろう。セルフコント

115

第Ⅱ部　ケースフォーミュレーション，治療計画，EMDR再処理のためのクライエントの準備

ロールの練習は「ブレーキを修理する」ことであり，クライエントが再処理を始めるのに際し，十分な自己コントロール感を提供してくれる。落ち着く場所のエクササイズやRDIを実践することは，両側性刺激を利用することで再処理がすでに始まったようにも感じられるため，特に有益である。

　不安を調整するためのさまざまな方法に対する反応は，クライエントによって異なる。したがって，現在の不安を減少するための有効なツールを一つ以上得られるまで，いろいろな方法を提供してみることが重要である。不安を調節する方法は，能動的方法（漸進的弛緩法など）と，受動的方法（マインドフルネス瞑想など）の二つの大きなカテゴリーに分類される。能動的な方法は，逆説的な不安反応のリスクがより低く（Heide & Borkovec, 1983），一般的には受動的な方法よりも，より迅速に正の効果を生じる。

不安緩和のための方法

　漸進的筋弛緩法（PMR）は，行動主義の文献に広く記載されているストレスマネジメントの技法であり（Conrad & Roth, 2007；Lehrer et al., 2007），1920年代初期に，アメリカの医師 Edmund Jacobson によって開発された（Jacobson, 1938）。漸進的筋弛緩法は，過覚醒や不安などの自律神経系の機能よりも筋緊張に対して大きな影響を与えるといういくつかのエビデンスがあるが（Lehre et al., 1994），多くのクライエントがとても役立つと認めている。漸進的筋弛緩法では，身体の一部の筋肉の小さなグループを一度に，意図的かつ穏やかに緊張させ，次いでこの増加した緊張を故意に緩和することを行う。この緩やかな緊張と解放を身体全体に漸進的に適用していく。一般的に足から始まり頭部にまで行う。臨床家は，セッション中に漸進的筋弛緩法をクライエントに直接トレーニングすることができる。もしくは漸進的筋弛緩法の理論的根拠についてセッション中に説明しておき，クライエントがあらかじめ録音されたカセットテープまたはCDを使用して自宅で練習することもできる。PMRの要約は表6-3にある。

　自律訓練法は脳生理学者である Oskar Vogt によって最初に開発され，その後ドイツの精神科医 Johannes Schultz（Schultz & Luthe, 1959）によって拡張されたストレスマネジメント技法である。自律訓練法は，特に腕と脚に重さと温かさを報告した催眠被験者の観察に基づいている。視覚的な想像と口頭の合図による六つの標準的なエクササイズによって，身体を温かく，重く，リラックスさせていく。4〜6カ月の長期間にわたる毎日の練習が必要とされる。したがって，そうした練習をするのに十分に動機づけられた，熱心なクライエントに最適である。自律訓練法はストレスに関連するいくつかの健康問題に効果があることが示されており，自律神経失調症の場合にはより有効である可能性がある（Lehrer et al., 2007）市販の録音されたCDは容易に入手可能であり，自律訓練法が向いているクライエントの役に立つ。

　呼吸法は，不安を急速に減少させ，自己コントロール感を高めることができる，手短かで簡便な介入法である。

　横隔膜呼吸は，不安障害（Telch et al., 1993）および突発性てんかん（Fried et al., 1990）における自己調節の改善に役立つことが判明している。しかし，不安症状の長期間にわたる安定した治療のためには，呼吸再訓練と認知行動的方法（Craske et al., 1997；Eifert & Heffner, 2003；Schmidt et al., 2000），またはEMDRセラピー（Farima et al., 2015；Fernandez & Faretta, 2007；Goldstein & Feske, 1994；Lobenstine & Courtney, 2013）との組み合わせが必要となることが研究によって示されている。横隔膜呼吸は一般に容易に学習され，比較的迅速に効果をもたらす。横隔膜呼吸の指導法は表6-4に記載されている。

　スクウェアブリージング[†22]（square breathing）は，不安を急速に減らし，クライエントの健康感を高めるのに役立つように思われるもう一つの簡単な方法である（McCraty et al., 2001）。スクウェアブリージングは，**プラナヤマ**（Iyengar, 1981）として知られる古代のヨガの呼吸法に由来している。スクウェアという名前は，呼吸サイクルの四つの構成要素の長さを

---

†22　正方形を描くように，1辺で吸い，1辺で止め，1辺で吐き，また1辺で止める。各々の辺を4秒程度で行う。

第 6 章　準備段階

表 6-3　漸進的筋弛緩法

- 漸進的筋弛緩法（PMR）は，意図的かつ穏やかに特定の筋肉群を緊張させ，緊張を解放する方法です。毎日 PMR を 10 分ほど練習し，10～14 日間続けてください。各練習セッションはリラクセーション手がかりで終了してください。以下の手続きを参照してください。
- バックグラウンドミュージックの流れる穏やかで気を散らすもののない場所で，PMR を練習してください。履いている靴を脱いで，ゆったりとした服を着てください。食後よりも食前に練習してください。練習前に薬やアルコールを使用しないでください。
- 快適ないすに座ったり横になったりしてもいいです。ただし，眠らないようにして練習をしてください。
- 緊張−緩和

　①ステップ 1　　　緊張。まず，筋肉群に意識を向けます。それから息を吸い込み，筋肉を 6 秒間しっかりと緊張させます。たとえば，右手で始める場合，右手でしっかりと握りこぶしを作ってください。
　②ステップ 2　　　緊張を解放する。約 6 秒後に息を吐き出すのと同時に，緊張を解放します。息が外に出ていくのを感じると，すべての緊張が筋肉から流れ出るようにしてください。例えば，息を吐き出すときに指先から緊張感が流れ出ていくところを想像してください。筋肉がリラックスして緩むのを感じましょう。
　③ステップ 3　　　次の呼吸サイクルの間に休息します。あなたの身体のその部分（この例なら，右手）に緊張と解放を通して，どのような違いがあるかに気づいてみましょう。

- 練習をしていくと，意図した領域以外の筋肉も緊張させていることに気づくかもしれません。これに気がついたら，できる限りベストを尽くしてください。たとえば，あなたは右手だけでなく，右腕と肩の筋肉も緊張させているかもしれません。その場合は，右手だけを緊張させるように頑張りましょう。あなたが練習を続けると，筋肉をより弁別できるようになるでしょう。
- 足から始めて体系的に主要なすべての筋肉群に対して行っていきます。以下に推奨される順番を提示します。

○右足	○右腕全体
○右足と右脚	○左手
○右脚全体	○左手と左腕
○左足	○左腕全体
○左足と左脚	○腹
○左脚全体	○胸
○右手	○首と両肩
○右手と右腕	○顔

- リラクセーション手がかり　　　PMR の順番を完了したら，筋肉のリラックス状態に気づいてください。その後，リラクセーション手がかりとリラックスした状態を一緒（pair）にします。たとえば，利き手ではない方の手の親指と人差し指に同時に優しく触れます。リラクセーション手がかりとして言葉やフレーズを使用することもできます。少なくとも 10 日間，毎日リラクセーション手がかりを練習して，条件付けされた反応を確立しましょう。その後，必要に応じて，リラクセーション手がかりをリラックスするための素早い身体的な手がかりとして使用できます。
- 練習を終えたら，しばらく目を閉じてゆっくりします。それからゆっくりと起きましょう。深いリラクセーションによる血圧の低下は，起立性低血圧を招きえます。急に立ち上がると血圧の急激な低下を招き，めまいや失神の原因にもなるので注意しましょう。

均等化することに基づいている。私は自分の臨床実践において，この方法が気に入っている。幅広い年齢層とさまざまな主訴のクライエントに役立つように思われるからである。これはほんの数分で教えることができ，長期の練習を必要とせずに自己コントロールの効果を得ることができる。表 6-5 に指導方法が記載されている。

　心拍コヒーレンストレーニングは，うつ病，線維筋痛症，受験不安，およびパニックを含む多数のストレス関連障害の治療に役立つことが示されている，

バイオフィードバックトレーニングの一形態である（Bradley et al., 2007；Hassett et al., 2007；Karavidas et al., 2007；McCraty et al., 2001b；McCraty & Schaffer, 2015）。心拍コヒーレンストレーニングは，認知的側面および自律神経的側面の両方の効果をもたらすようである。臨床家は，Heart-Math 研究所（www.heartmath.org）から心拍コヒーレンストレーニングのシステムを取得することができ，クライエントが自分の内的な状態に対してセルフコントロール感を増大させる助けとして使うことができる。David Servan-Sch-

第Ⅱ部　ケースフォーミュレーション，治療計画，EMDR再処理のためのクライエントの準備

表6-4　横隔膜呼吸

- 横隔膜は，肺の基底にある大きなドーム型の筋肉です。
- 1日2〜3回程度，横隔膜呼吸を5〜10分間行います。
- 平らな床に横たわって練習する。
  (1) 膝を曲げて仰向けになります。膝の下に枕を置いてもよいです。胸の上部に片手を置きます。胸郭の下にもう一方の手を置き，呼吸をする際に横隔膜が動くのを感じるようにします。
  (2) お腹があなたの手に向かって動くように，鼻からゆっくりと息を吸ってください。胸の上に置かれている手はできるだけ静止していなければなりません。
  (3) 息を吐き出すために，穏やかにお腹の筋肉を締め，鼻孔または口を通って吐き出すようにお腹の筋肉を内側に落とします。胸の上の手はできるだけ静止したままにします。
- いすに座って練習する。
  (1) 膝を曲げ，肩，頭，首がリラックスするように，心地よい感じで座ります。
  (2) 一方の手を胸の上部に置き，もう一方を胸郭の下に置きます。これにより，呼吸する際に横隔膜が動くのを感じることができます。お腹が手に向かって動くように，鼻からゆっくりと息を吸ってください。
  (3) 息を吐き出すために，穏やかにお腹の筋肉を締め，鼻孔または口を通って吐き出すようにお腹の筋肉を内側に落とします。胸の上の手はできるだけ静止したままにします。

表6-5　スクウェアブリージング

- 鼻から息を吸い，3〜4秒かけてお腹を膨らませるように肺の下部を空気で満たしていきます。同じ秒数だけ息を止めます。その後，同じ秒数をかけて完全に息を吐き出し，腹を押して肺を空にします。最後に，そのまま肺を同じ秒数だけ空にして休んでください。2〜3分間これらをくり返します。

reiber博士（2004）は，クライエントと臨床家の両方にとって有用であると思われるEMDRセラピーと心拍コヒーレンストレーニングの役割について，素晴らしい紹介を書いている。

● **落ち着く（穏かな）場所のエクササイズ**

　落ち着く場所（calm place）のエクササイズは，もともと安全な場所（safe place）のエクササイズ（Shapiro, 1995, 2001）として知られていたものである。これを，治療の安定化段階における構造化されたリラクセーションに対する退役軍人の逆説的な不安反応（Heide & Borkovec, 1983, 1984）に対処するために，1991年にNeal Daniels（Shapiro, 1998）が発展させたものである。なぜならば，多くのクライエントが「安全」という言葉から連想できる場所を特定することができなかったり，単に見つけることができなかったりするが，「落ち着く（穏やかな）場所」を特定するようにクライエントに求めるのはより容易となることが多い。落ち着く場所のエクササイズでは，クライエントは，静かに感じる場所に関連するイメージや感情に焦点を当て，眼球運動，タッピング，または音刺激で数セットの両側性刺激を体験することを求められる。トラウマ的な記憶への積極的な再処理を行う場合よりも，落ち着く場所のエクササイズにおいては，より限定された回数および少々ゆっくりした眼球運動が用いられる。それは自発的な連想によって，トラウマ性の記憶へと注意が移動してしまうリスクを軽減するためである。落ち着く場所のエクササイズの指導法は，表6-6に記載されている。

　落ち着く場所のエクササイズは，安定化のエクササイズと投影的アセスメントツールの両方として機能する。広範囲にわたる臨床経験により，落ち着く場所のエクササイズに十分に反応するクライエントは，一般にEMDRによる再処理の良好な候補であるという一貫した観察がもたらされている。落ち着く場所のエクササイズにうまく反応するクライエントは，単純で，状態が肯定的に変化し，否定的な連想がないことを示している。彼らはまた，セッションの間にそれを利用することで，侵入症状や不安症状を調整することができる。一方，落ち着く場所のエクササイズに複雑または否定的な反応を示すクライエントは，臨床家にとってより複雑な治療計画およびより高度なEMDRセラピー技術の両方を必要とする可能性がある。

　落ち着く場所のエクササイズにおける難しさには，落ち着く場所を考えることが困難であったり，そもそもポジティブな印象の場所，ネガティブな印象の場所どちらの場所についても考えることさえで

第6章　準備段階

表6-6　落ち着く場所のエクササイズ

クライエントが落ち着く場所を特定できないときは，美しい，もしくは平和な場所に焦点を当てるか，一緒にいることが気楽な，または安心して過ごすことができる人と一緒にいる記憶に焦点を当てるようにしてください。

(1) **イメージ**　「落ち着いて，平和な気持ちであなたがいられる場所（実際の場面でも想像の場所でも）を考えてみてください」。

(2) **感情と感覚**　「あなたの落ち着く場所と一緒に出てくるイメージに注意を向けてください。この場所で聞こえる音や見えるもの，感じられることに注意を向けてください」その後「あなたは何に気づいていますか」と尋ねます。クライエントが言う単語やフレーズを書きとめます。

(3) **強化**　クライエントの重要な感覚の言葉とフレーズをくり返し，肯定的な感情や感覚を強調することによって，落ち着く場所の記憶ネットワークへのアクセスを強化します。それから，「あなたは今何を感じ，何に気づいていますか」と尋ねます。クライエントが心地よい感情やイメージを報告した場合は，次のステップに進んでください。

(4) **両側性刺激**　1セットにつき4～6往復で3～4セットの両側性刺激を提供します。「落ち着く場所のイメージに集中して，身体のどこで心地よい感覚を感じているのかに気づいてください」と言います。最初の両側性刺激を始めます。次に，「あなたは今何を感じ，何に気づいていますか」と尋ねます。クライエントが肯定的な感情や感覚を報告する場合は，2～3回くり返します。「それに集中して，それと一緒にいきますよ」と言います。

(5) **手がかり語**　「あなたの落ち着く場所を表す言葉やフレーズは何ですか」と尋ねます。クライエントが手がかり語または手がかりとなるフレーズを特定した後，「その言葉を思い浮かべ，肯定的な感情を感じながら，それと一緒にいきますよ」と言います。両側性刺激の4～6往復を提供します。それから，「今どんな気持ちですか」と尋ねます。手がかり語と一緒にこの手続きを約3回くり返します。

(6) **自己手がかり**　手がかり語を使用して落ち着く場所にアクセスするようにクライエントに指示します。「今，あなたはその言葉を言って，どんな感じがするか注意を向けてください」と言います。クライエントが落ち着く場所の感覚に再びアクセスしたことを報告したならば，4～6往復の両側性刺激を提供します。

(7) **苦痛に対して手がかり語を用いる**　クライエントに，「ここ数日で起こった少し嫌な気持ちのする体験を思い出し，どんな感じがするか感じてみてください」と伝えます。少し待って，クライエントの報告を聞きます。次に，「今，あなたの落ち着く場所とその手がかり語に注意を向け，あなたの身体にどんな変化が起こるかを感じてみてください」と言います。クライエントが肯定的な感情や感覚にアクセスできる場合，両側性刺激を4～6往復提供します。これを1～2回くり返します。

(8) **苦痛に対して自己手がかりを行う**　クライエントに「また別の，ちょっと苦痛度の高い出来事について考えてみましょう。そして，あなた自身で落ち着く場所に集中することに戻ってみてください。そして，あなたの身体にどのような変化が起こるか意識を向けてみてください。あなたが落ち着く場所に戻ってきたら，私に知らせてください」と伝えます。

宿題　「今日から次のセッションまでの間，少なくとも一日に一度，もしくはこのエクササイズが役に立つと思うときはいつでも，落ち着く場所のエクササイズを練習してください。次回に感想を聞かせてください」

Adapted from multiple sources including Shapiro (2001, pp.125-126)；Greenwald (2007, pp.106-108)

きないということも含まれる。落ち着く場所を特定した後に生じる否定的な反応には，その場面のなかで否定的要素が連想されたり，別の苦痛場面が連想されることが含まれる。これらの否定的な連想は，落ち着く場所についてのより感覚的な詳細を尋ねられた最初の反応として生じたり，あるいは両側性刺激の最中に生じてくる。落ち着く場所のエクササイズは，落ち着く場所のイメージ自体とそこから連想される内容によって，クライエントの語りの構造と自己の構造についての情報を提供してくれるので，投影的アセスメントツールになりうる。

第5章で議論したように，落ち着く場所のエクササイズを含め，どのような両側性刺激であれ，臨床的使用がなされる前に，解離性障害についてクライエントをスクリーニングすることは不可欠である。

もし，クライエントが診断されていない解離性疾患を持つことが判明した場合，可能性のある問題として，**交代人格**（Putnam et al., 1990）として知られるパーソナリティの情動的パート（EP：van der Hart et al., 2006）への突然のアクセスと，その出現が含まれる可能性がある。概念的には，構造的解離における個々の状態の解離障壁の破壊は，EMDRセラピーの手続きで使用される両側性刺激が記憶ネットワーク間の連合の増加を誘導する結果として考えることができる。臨床的に見て，これは，ANPとして知られているパーソナリティの一見正常なパートの代わりに（これが治療を求めてきている部分であるが）（van der Hart et al., 2006），パーソナリティの情動的パート（EP）として知られる発達的に未熟な感情的要素が活性化するという，破壊的な可能性のある変化につな

119

第Ⅱ部 ケースフォーミュレーション，治療計画，EMDR 再処理のためのクライエントの準備

がる可能性がある。

一つの例は，3人の子どもを持つ32歳の母親に，最初のセッションで落ち着く場所を特定するように依頼した臨床家である。臨床家は，解離体験尺度第Ⅱ版（DES-Ⅱ）を実施しておらず，第5章に記載されているような解離性障害をスクリーニングする精神状態検査を行っていなかった。彼女（ANP）は落ち着く場所として，祖父と幼い子どもが池のそばにあるベンチに座って鴨に餌をやっているところを思い描いた。3回目の両側性刺激の後，クライエントは椅子に正座して縮こまり，怖がり，混乱し始めた。子どものような声で，彼女（EP）はセラピストに「私はもうここにいたくないの。お家に帰ってもいい？」と尋ねた。セラピストが車の運転方法を知っているかどうか聞いたところ，彼女の反応は「いいえ，あなたが私をお家に連れてってくれる？」と尋ねるというものであった。これは，新規クライエントが解離性同一性障害（DID）に苦しんでいることを発見する仕方としては最良とはいえない。このような予期せぬ展開はまれであるが，落ち着く場所のエクササイズを行う前に解離性障害のスクリーニングを省略すると，経験豊富なEMDRセラピー臨床家でさえ経験することがある（Leeds, 1998b）。このような状況で何ができるかについては，後述の節を参照し，準備段階においてどのように解離状態を扱っていくかを見てほしい。

落ち着く場所のエクササイズに使用する記憶やイメージを選択するとき，特にクライエントが慢性的に子ども時代の逆境的体験を報告している場合は，**大人になってから経験した記憶**を尋ねると役に立つ。実際には行ったことはないハワイの浜辺を歩くことを想像するクライエントのように，完全に想像上の風景をクライエントが選び，それをうまく使うことができている場合でも，その風景がもともと避けられない恐怖や不安からの幻想的逃避の場所ではないことを確かめる必要がある。あるクライエントは，落ち着く場所は雲の中に浮かんでいて，天使たちの歌を聞いている場所だ，と言った。彼女に，自分をなだめるために同じ落ち着く場所を利用した最初の体験を思い出してもらうと，「私が7歳のときに，アルコール依存症の父親が仕事場から家に帰っ

てくるとき，殴られるのが怖いからクローゼットに隠れていました」と言った。クライエントは時折，このような想像上の場所が落ち着く場所のエクササイズに適していると信じるかもしれない。しかし臨床家は，過去の恐怖や不安状態と不可分に関連しているイメージや記憶は除外していく必要がある。両側性刺激を提供しながら，解離防衛が使用されている過去関連のイメージを思い出させることは，強い否定的な連想を生じるリスクがあるだけではなく，不適応的な解離防衛の使用を強化することにつながる可能性もある。そうなるかわりに，成人期以降の実体験的記憶を選んだり，人格のすべての部分に対して肯定的な関連性しか持たない，新しい架空の場所を選択してもらうようにしてほしい。

クライエントとのセッションで落ち着く場所のエクササイズを完全に実施した後，その次のセッションにおける再評価で，臨床家はEMDRの再処理を始める前に，クライエントが侵入的想起や不安状態（過覚醒）を乗り越えて，少なくとも何らかのセルフコントロールを達成するために，自宅で落ち着く場所のエクササイズを利用できたかを確かめる必要がある。落ち着く場所のエクササイズを自分一人では活用できないクライエントは，不安状態をセルフコントロールするための別の方法を学び，練習する必要があるかもしれない。

セルフコントロールによる気逸らし法は，一時的に侵入的な再体験から注意を逸らす。これらのアプローチは，誘導イメージ法（Rossman, 2000）や，催眠を利用した介入（Fromm & Kahn, 1990 ; Hammond, 1990）のような多くの形式がある。Shapiro は，感覚チャンネルに焦点を移すことによって緊張を緩和する「光の流れ技法」（Shapiro, 2001, pp.244-246）のような，自己コントロールのためのさまざまなイメージ法の活用を奨励している。「光の流れ技法」は，第10章で説明されているように，不完全な再処理セッションの最後に身体的な苦痛が残っているクライエントのために，終了段階において非常に有用である。

抑うつ的気分を管理する方法

中程度から重度のうつ病の症状に苦しんでいるク

ライエントは，うつ病が部分的に制御されているク
ライエントよりも効果的な再処理が生じにくいこと
がある。うつ症状の存在は，EMDR 再処理の使用の
除外項目ではない。実際，臨床的に重度の抑うつ症
状を示した PTSD クライエントへの EMDR による
治療効果研究は，抑うつ症状の緩和もしくは消去を
報告している（Wilson et al., 1995, 1997）。さらに最近の
研究は，大うつ病のクライエントに対して，EMDR
セラピーが一つの効果的介入となる可能性を示唆し
ている（Hase et al., 2015；Hofmann et al., 2014）。RDI は，
予備的研究（Ichii, 2003；Korn & Leeds, 2002）によって
示唆されているように，うつ病のいくつかのケース
で効果的な介入となる可能性がある。抑うつ症状が
より重篤で再処理の効果が妨げられていたり，初期
の安定化介入が必要と認められている場合，臨床家
は投薬評価を受けるための紹介を考慮すべきであ
る。しかし，多くのクライエントは精神医学的投薬
を受け入れることを嫌い，否定的な副作用の可能性
についてもっともな懸念を抱いている。さらに，服
薬のかわりに，ほとんどのクライエントにとって抑
うつ症状を軽減するのに非常に有効な可能性のあ
る，簡単な代替法が存在する。魚油に含まれるオメ
ガ 3 脂肪酸や，葉酸および SAMe（S-アデノシル-
L-メチオニン）が抑うつ症状の改善に効果的であり
うるという，いくつかのエビデンスが出されている
（Griffin, n.d.；Hall-Flavin, n.d.）。薬物処方に対して積極
的になれないクライエントや，耐え難い副作用を経
験したクライエントは，抑うつ症状へのサプリメン
トを開始する前に，あるいは，その摂取中に，主治
医と相談するべきである。

中程度（moderate）の運動は，大うつ病の症状を素
早く，かつ副作用のリスクなしに軽減する（Dunn et
al., 2002）。有酸素運動と無酸素運動の両方の運動が
同等に有効である（Martinsen et al., 1989）。中程度の運
動は，慢性的な医学的症状やさらなる逆境的な人生
体験がある場合でも，慢性的うつ病の有効な治療法
の一つであることが示されている（Harris et al., 2006）。

2007 年に米国スポーツ医学会（ACSM）と米国心臓
協会（AHA）は，65 歳未満の肉体的に健康な成人の
身体活動指針を更新した（Haskell et al., 2007）。ACSM
および AHA の推奨事項には，次のことが記載され

ている。

> 健康を促進し，維持するためには，すべての
> 18 ～ 65 歳の健康な成人にとって，毎週 5 日間，最
> 低 30 分間，中程度の有酸素（持久力）運動，もし
> くは毎週 3 日間，少なくとも 20 分間，強度の有
> 酸素運動を行う必要がある。
>
> （Haskell et al., 2007 p.1423）

中程度の有酸素運動は，「きびきび歩くことと同等
であり，心拍数を顕著に加速する」と定義されてい
る（p.1423）。強度の活動は，「ジョギングが典型例で，
速い呼吸と心拍数の大幅な上昇を引き起こす」と定
義されている（p.1423）。「さらに，成人は最低限毎週
2 日間の活動によって，筋力と持久力を維持または
向上させるべきである」と付け加えている（p.1423）。

このガイドラインに沿って運動を開始，または再
開したクライエントは，うつ病の症状が軽減し，一
般的な健康状態が向上するという利点が得られる。
さらに，うつ病と PTSD に苦しんでいるクライエン
トの大半が，深刻な睡眠障害を経験している。これ
らのクライエントは中等度から強度の運動によっ
て，睡眠の質に良い影響を受けるという恩恵を得る
ことができる（Merrill et al., 2007；Santos et al., 2007）。睡
眠不足は，前頭前野活動に直接的な影響を及ぼし，
マインドフルネス，気分，学習，高度な意思決定，
道徳的判断の障害につながる（Curcio et al., 2006；Fer-
reira et al., 2006；Killgore et al., 2007a；Killgore et al.,
2007b；McEwen, 2006；Yoo et al., 2007）。規則的な運動
によって睡眠が改善され，前頭前野にもたらされる
神経学的恩恵は，心理療法一般と，特に EMDR セ
ラピーの効果を高めるという恩恵の支えとなる。特
にマインドフルネスを高めることは，EMDR の再処
理の間，トラウマ的なターゲットの苦痛をもたらす
構成要素に反応せずに，「ただ気づく」能力を高める
こととなる。睡眠の質が改善されることは，現在の
機能を安定させる重要な影響を与える。睡眠の質の
改善の詳細については，Foldvary-Schaefer（2006）を
参照のこと。うつ的クライエントの睡眠の質を改善
する最も簡単な方法の一つは，定期的に中等度から
強度の運動を開始，または再開することである。

第Ⅱ部　ケースフォーミュレーション，治療計画，EMDR再処理のためのクライエントの準備

抑うつ症状が再処理に対する効果的な反応を一時的に妨げる懸念がある場合，臨床家は他の認知行動的介入も検討すべきである。認知行動療法（CBT）は，成人のうつ病の症状に対して効果的で迅速な治療効果をもたらすことが示されている（Brunstein Klomek & Stanley, 2007；Feldman, 2007）。しかし，成分分析は，行動成分が気分状態の変化に最も大きな影響を与えることを示唆しており（Jacobson et al., 1996；Jacobson & Gortner, 2000），子どもおよび青年においては治療効果が安定しないことも示している（Watanabe et al., 2007b）。準備段階において，臨床家およびクライエントは，これらの要因すべてを考慮したうえで，抑うつの急性症状を管理するために，認知的，行動的，薬理学的介入の適切な組み合わせに関する情報に基づいて，協働して決定を行う必要がある。

マインドフルネストレーニング（Kabat-Zinn, 1994）は，近年，再発性うつ病患者の治療効果の安定性を促進する治療として注目を集めている（Segal et al., 2002）。マインドフルネストレーニングは，セルフコントロールのより受動的な形態であるため，一部のクライエントでは逆説的な不安反応（Heide & Borkovec, 1983, 1984）のリスクが高くなる。マニュアル化されたマインドフルネストレーニングのプログラムは，クライエントからの大幅な時間的コミットメントを必要とし，徐々に効果を生み出すが，すべての領域において利用可能ではない。PTSDの大部分の症例では，マニュアル化されたマインドフルネストレーニングは安定化の介入として適切ではないかもしれないが，より慢性および再発性のうつ症状を伴う複雑性PTSD症例にとっては，有用であるようだ。

解離を減少させる方法

解離症状は，PTSDおよび他の構造的解離障害を持つクライエントにとって，非常に厄介で強い混乱をもたらすであろう（van der Hart et al., 2006）。離人感と非現実感の症状は，不安が増大しているときや侵入的な再体験の最中，または特定の脅威的な引き金への反応として，一部のクライエントに表れることがある。他のクライエントにとっては，これらの症状は日常生活の中で慢性化していることがありう

る。*DSM-5*（American Psychiatric Association, 2013）において，PTSDと急性ストレス障害（ASD）は，トラウマおよびストレス関連性障害と見なされた。一方，離人症，他の特定される解離性障害（OSDD）および解離性同一性障害（DID）は，解離性障害と見なされている。しかしながら，構造的解離モデル（van der Hart et al., 2006）では，解離は1次から2次，2次から3次へとスペクトラム状に変化する障害として概念化されている。第4章の表4-3を参照してほしい。第5章で説明されているように，離人感，OSDD，およびDIDの徴候についてスクリーニングした後，臨床家はEMDR再処理を開始する前の準備段階の一部として，クライエントが解離症状の重篤度を低下させて，解離状態を脱するスキルを強化する必要があるかどうか，考慮する必要がある。

クライエントの二重注意の能力（第2章で述べている）は，成功するEMDR再処理の準備において最重要のものである。クライエントが構造的解離のスペクトラム上でより深刻な位置にあるほど，トラウマ的記憶が活性化したときに現在にとどまっているという力が損なわれてしまう，という観察がなされている。そのような場合には，再体験の深さと離人感および非現実感の程度を観察して，クライエントが現在への方向づけを増大できるように援助することが重要である。準備段階で解離症状を制御するための技能を習得することは，これらの症状を永久に排除することにはならないし，またそれを目的とするものではない。ASDおよびPTSDに関連する解離症状は，原因となっている出来事もしくは残存している脅威的引き金を直接扱うことによってのみ，完全に永久に解決することができる。そのためには，EMDRによる再処理や，原因となっている体験を解決する別の効果的な方法が必要となる。他に特定されない極度のストレス障害（DESNOS），OSDD，およびDIDに関連した解離性障害の場合には，解離性恐怖症と人格構造内部の葛藤に焦点化するような高度な介入（これは本書で扱える範疇を超えている）が必要となる（Gonzalez & Mosquera, 2012；van der Hart et al., 2013, 2014）。

後頭部尺度
(The Back-of-the-Head-Scale)

　解離を減少させるための練習の前後で，Knipe（2002, 2014；Knipe & Forgash, 2001）が開発した後頭部尺度（Back-of-the-Head-Scale：BHS）を用いて，クライエントに解離度，離人感，および非現実感の程度を評価するようにしてもらうのは有用である。BHSは，自分の位置感覚の報告に基づく主観的な自己評価である。重度の離人感では，クライエントは頭の後方からの視点の存在を感覚的に知覚していると報告する。これらの知覚的入れ替わりは，脳の側頭頂の連結における不完全な多重感覚的統合（すなわち解離）によるものと思われる（Ehrsson, 2007；Lenggenhager et al., 2006, 2007）。Knipe は BHS について最初に記載した文献のなかで，以下のように述べている。

　　（クライエントの顔の手前 40 cm ぐらい離れた位置に，セラピストが自分の人差し指を立てながら）**この指からずっと，一本の直線があなたの頭の後ろの位置まで延びていると思ってください。**直線上でのこの位置は（顔の手前で指を振って見せる），あなたが完全に今ここにいて，私と一緒にこの部屋に存在していると感じる，という意味だと思ってください。あなたには私の言っていることがはっきり聞こえているし，あなたは他のどんな考えにも邪魔されていない状態だという意味です。そして，もう一つの位置，あなたの頭の後ろの位置は（セラピストがそこを指差して示しながら），あなたがいろいろな考えや感情，記憶映像などに気を奪われてしまい，まるで自分がどこか他の場所にいるかのように感じてしまうという意味です。目は開けているかもしれないけど，あなたの考えや意識は完全に今ここにはなく，別の場所や時間や出来事に集中してしまっているという状態です。ちょうど今，あなたは自分がどのあたりにいる感じがしているか，この直線上で指を置いて示してください。　　　　　（Knipe, 2002, p.14）

　BHS の代替的用法は，本書の第 1 版で提示してある。BHS の場合と同様に，一本の直線を想像してもらい，その線上に想像上の数字の目盛りをつけ，クライエントにその数字で答えてもらうというやり方である。目盛り 0 はちょうど真正面で，そこは自己感覚として，身体に完全に存在することを意味する。そして，離人感に伴い，頭の後方へと抜け出て，完全に外側から場面を見ている状態を 10 として測定する。5 は離人感と非現実感による中間的状態であり，「ぼーっとした」感覚を伴っている状態といえるだろう。身体にしっかりと根づいている状態から後退しており，身体的感覚からは部分的に切り離されている状態である。Knipe（私信，2011 年 8 月 26 日）が述べたように，BHS の数字目盛り用法は多くのクライエントに役立つだろうが，人格部分として発達的に極端に幼い情動的部分を持つようなクライエントの場合は，BHS を最も必要なときには元来の用法でしか BHS を使えないだろう。

　BHS は，生育歴・病歴聴取のとき，再処理するターゲットを評価しているとき，もしくは再処理をしているときに，クライエントが体験する離人感と非現実感の程度を測定するのに役立つ。解離の程度が想定されていた程度を超える場合，課題に戻る前に解離の程度を減少する方向へ治療の焦点を変更することができる。Knipe（2002）は，両側性の EMDR セラピー手続きおよび Constant Installation of Present Orientation and Safety（現在への方向づけと安全感の持続的植えつけ〈CIPOS：Knipe, 2014, pp.195-204〉）以外にも，解離を減少させ，今・ここに対しての感覚的焦点づけを増大するための簡単な方法をいくつか追加し紹介している。追加の方法を以下に記載する。

　今・ここに対しての感覚的焦点づけを増大することは，感覚意識からの解離的な引きこもりを減らし，今・ここにいる感覚を高めるのに役立つ。私はこの目的のために単純な「外部感覚焦点づけ技法」表 6-7 を使用する。この技法や，その他の解離を減少させるエクササイズのために，エクササイズの前と後の解離度を評価するようにクライエントに求める。この技法は，Yvonne Dolan（1991）と Milton Erikson の娘である Betty Alice Erikson によって教えられた「5-4-3-2-1 技法」といくぶん似ているが，不安を

第Ⅱ部　ケースフォーミュレーション，治療計画，EMDR再処理のためのクライエントの準備

表6-7　外部感覚焦点づけ技法

解離を減少するための外部感覚焦点づけ技法
視覚（第1段階）特定の特徴がある物を室内に見つける。 　部屋の中を見て，赤い物を見つけてください。あなたがそれを見つけたら教えてください。 　部屋の中を見て，青い物を見つけてください。あなたがそれを見つけたら教えてください。 　部屋の中を見て，きらきらした物を見つけてください。あなたがそれを見つけたら教えてください。 　周囲を見回し，部屋の中で最大の物を見つけてください。見つけたら教えてください。 　など。 聴覚（第1段階）室内の音。 　室内の音を聞き，音の方向に注意を向けます。あなたが聞いているものが何の音か教えてください。 視覚（第2段階）部屋の中にある物の名前。 　あなたが見ることができるいくつかの物に注意を向け，それらの名前を言ってください。 聴覚（第2段階）部屋の外からの音を聞く。 　部屋の外からの音を聞いてみてください。 　最も遠くから聞こえている音に注意を向けてください。 　どの方向から音が聞えてくるのか注意を向けてください。 　部屋の外の音で最も近くから聞こえる音に注意を向けてください。 　その音がどっちの方向から聞えてくるかに注意を向けてください。

表6-8　筋緊張構造化エクササイズ

解離を低減するための構造化された筋緊張エクササイズ
推奨される順番 　（1）BHSで解離を評価する。0＝何もない，10＝完全な離人感，非現実感。 　（2）立位，または座位あるいは両方により，構造化された筋緊張エクササイズを実践する。 　（3）BHSの0〜10で解離を評価する。 　（4）次に，現在の解離のきっかけを特定し，アクセスする。 　（5）BHSの0〜10で解離を評価する。 　（6）次に，この順番〔（2）〜（5）〕を再度実行する。 　（7）BHSの0〜10で解離を評価する。 座位での構造化された筋緊張エクササイズ 　（1）片方の腕の肘に反対の手のひらを当て，肘で手のひらを押し，手のひらで押し返す。身体の反対側でくり返す。 　（2）片方の膝に肘を乗せ，膝を上方に押し上げ，肘で下方に押し返す。身体の反対側でくり返す。 　（3）頭上を見上げつつ，背中を少し反り，頭の後ろを両手で支える。頭で軽く両手を押すようにする。 立位での構造化された筋緊張エクササイズ 　（1）「ランナーのストレッチ」のように，一方の脚を前方に，他方の脚を後方に置く。上を見ながら，肘を少し曲げた状態で両手のひらを肩の高さで前方の壁にしっかりと押し当てる。後ろ足の踵を床につける。両腕で壁を押す。その後，足を入れ替える。 　（2）足を腰の幅に開いて立つ。可能な限りかかとより後方に尻を動かす。腕をまっすぐ頭の上方に伸ばす。手のひらで天井を押す感じで，指先を反らせる。可能な限り首を反らして後ろを見る。その後，通常の姿勢で立って，あなたが部屋の中をどのように感じ，また自分の感じがどのようであるかに注意を向ける。

BHS（Back-of-the-Head Scale：後頭部尺度）

軽減するためのものではない。むしろ，その目的は，クライエントの注意を解離的で自己内部に焦点化されている意識から，今・ここへとシフトさせることである。自己生成的な声とイメージへの注意集中を，外部からくるイメージや音へと向け直すのである。このエクササイズでは，早口で，素っ気ない語り口をして，クライエントの注意を引くようにしてほし

い。もし，このエクササイズが離人感と非現実感を減らすのに役立つことがわかったならば，クライエントに自宅でこの技法を練習して，自分が解離状態に入りそうなときや，または解離状態に入ったことに気づいたときに実施するように求めるとよい。

　解離を減少させるための構造化緊張は，姿勢反射における活動を増加させ，解離の身体的な側面を減

少させるために私が開発した，もう一つの簡単なエクササイズである。これは表6-8にまとめてある。これらのエクササイズは，概念的には，丸くなった胎児的姿勢という服従的姿勢状態に陥る子どもや若い成人の状態を逆転させる意図から生まれたものである。このような強度の脱力状態では姿勢反射は不活性化される。私は，行動的技法である「応用緊張」（Applied Tension）との関連から，「構造化された緊張」という言葉を選択した（Öst & Sterner, 1987：本書第13章参照）。応用緊張とは，血液恐怖症クライエントが，座位で下半身の筋肉を緊張させて血管迷走神経反応により血圧低下を制御し，失神を減少させ，脳への血液供給を増加させる技法である。これと同様に，構造化された緊張は，姿勢システムにおける筋緊張反射の喪失を変化させることを意図しており，また，身体活動を服従の防衛システムから，警戒と直立姿勢の方向づけシステムに移行させるものである。

● 自傷や不適応的な緊張緩和行動を低減する方法

慢性的PTSDのクライエントや，生育歴の早い段階で逆境的な出来事にさらされたクライエントの多くは，アルコールや薬物の乱用，強迫的な性行為，強迫的なギャンブル，強迫的な買い物，または強迫的な運動，過労，自傷の衝動につながる可能性のある不適応的な緊張緩和行動を体験している可能性がある（Black, 2007；Connors, 1996；Henry, 1996；Kessler et al., 1995）。

シーキングセーフティ（Seeking Safety）は，PTSDや，物質乱用を併発したクライエントのための，25セッションからなる安定化治療の手引きである。これは薬物乱用やPTSDに関連する信念，いくつかのトラウマ関連症状，ならびに拒食症および身体化症状の改善において，通常の治療に比して著しい効果を示している（Najavits & Hien, 2013；Najavits, 2002；Najavits et al., 1998, 2005, 2006）。シーキングセーフティは，専門家または専門家に準ずるような臨床に関わる人たちによって，個人セッションまたはグループセッションで提供することができる。従来から，治療費を支払うことができず，しばしば保険が適用されていない人たちのための，費用対効果の高い代替手段ともなっている。

BrownとGilman（2007；Brown et al., 2008, 2015）は，物質乱用とPTSDの問題でドラッグコート（drug court[23]）への送致となった人たち（30名）に対する，シーキングセーフティとEMDRセラピーの組み合わせを研究している。彼らは，研究対象者の68％がPTSDの基準を満たしているか，ほぼ満たしていることを見出した。シーキングセーフティを完了した人のうち，66％がEMDRセラピーでさらに治療を受け，平均14セッションのEMDRセラピーを受けた。このグループの83％がドラッグコートを首尾よく完了した。当初のシーキングセーフティを完了し，EMDRセラピーでのさらなる治療は拒否した人たちのうち，ドラッグコートを完了したのは33％だけであった。この予備調査から，シーキングセーフティは効果的な安定化の介入として機能し，EMDR再処理の恩恵を受ける重要な部分をうまく準備し，シーキングセーフティとEMDR再処理を組み合わせることは，ドラッグコートの要件を満たすうえで大きな成功をもたらしたようである。

弁証法的行動療法（DBT）は，治療成果の研究において広く検証されており，境界性パーソナリティ障害（BPD）のマニュアル化された治療法である（Linehan, 1993）。BPDは，ポストトラウマ症候群と見られることが増えてきており（Herman & van der Kolk, 1987；Liotti et al., 2000；Trull, 2001）Judith Hermanが**複雑性PTSD**（Herman, 1992a）と名付けた他に特定されない極度のストレス障害（DESNOS）（American Psychiatric Association, 1994；Pelcovitz et al., 1997）と，非常によく似ているようである。DBTはBPDクライエントの大部分の症状領域に効果を示しているが，BPDクライエントに見られるトラウマ性曝露による障害的な記憶の治療もしくは解決としては，特別な効果を示していない。最近の比較研究では，DBTは転移焦点化心理療法（transference-focused psychotherapy）と比較

---

†23　薬物事犯に通常の司法手続きではなく，裁判所が監督する治療的手続きを受けさせること。通常終了まで1～2年かかる。

第Ⅱ部　ケースフォーミュレーション，治療計画，EMDR再処理のためのクライエントの準備

して，包括的な症状の減少が少ないことが示唆されている（Clarkin et al., 2007）。DBTは，個人療法およびグループ療法の組み合わせによって提供されるが，治療チームは高度に専門的な訓練を必要とする。EMDR治療を提供する前に，DBTを準備段階における安定化の介入として使用する正式な研究はまだないが，このパラダイムに成功し，安定した肯定的な治療成績を報告した症例報告が1件ある（Brown & Shapiro, 2006）。BPD（DESNOS）に苦しんでいるクライエントにとって，どのような組み合わせの治療法が最も有益であるか，今後の統制研究によって明らかになることが望まれる。

　RDIは，PTSDの治療に対するEMDRセラピーアプローチの安定化の介入として提案されている，自我強化の方法である（Leeds, 1997, 1998a；Leeds & Shapiro, 2000；Shapiro, 2001, pp.434-440）。RDIは薬物乱用のためのEMDRセラピーアプローチ（Popky, 2005）と，パフォーマンス向上（Foster & Lendl, 1995, 1996；Lendl & Foster, 2003）にも使用されている。これらのRDIの使用に関する統制された治療効果の研究はまだ存在しないが，予備的な症例報告（Korn & Leeds, 2002）と，EMDRセラピーコミュニティ内での幅広い使用から，RDIが強度の羞恥心，離人感，怒りの爆発，自傷，強迫的な食生活，強迫的な自責感，永続的で否定的な感情状態（惨めさ），性的行動化などの改善に有効とされている。

　クライエントが，落ち着くもしくは安全な場所を特定できない場合，RDIは，両側性刺激による処理をクライエントに導入するための，より広範な選択肢を与えてくれる。また，RDIは落ち着くもしくは安全な場所のエクササイズと同様に，アセスメントの役割を果たす肯定的な経験としてみることができる。落ち着く場所の代替としての使用に加えて，RDIは以下に詳細に説明するいくつかの臨床上の挑戦に役立つかもしれない。①衝動コントロールまたは感情調整の面で，標準的なEMDRによる再処理を行うための標準的な準備性の基準に合致しないクライエント，②EMDRによる再処理を開始することに恐れのあるクライエント，③EMDR再処理が開始された場合に面接が中断されるリスクに対する専門家の懸念，④クライエントが一時的な離人症を経験して

いる徴候，⑤最近のストレスフルな出来事を説明するための能力が不足しているクライエント，⑥標準的なEMDR再処理を開始した後に，日々の機能に悪影響を及ぼすような情動，記憶，または不適応衝動があふれてくるクライエント，⑦慢性的に不完全なEMDR再処理セッションとなるクライエント。表6-9の「RDIから始める場合の臨床的徴候」の要点を参照してほしい。

　落ち着く場所のエクササイズと同じ注意が，RDIにも適用される。臨床家は，RDIを含む両側性の刺激による処理を提供する前に，常に解離性障害の有無をスクリーニングすべきである。さらに，回避型（Main, 1996）または不安型（Bartholomew & Horowitz, 1991）の不安定なアタッチメント状態のクライエントは，RDIプロトコルへの反応がわずかであるか，逆効果的反応を示す場合があり，修正RDIアプローチまたは肯定的な情動耐性の開発に焦点を当てる必要があるかもしれない（Leeds, 2006）。

　2011年のオランダのグループによる実験研究で，肯定的記憶に対しての水平および垂直眼球運動（EM）の影響が検討された。それによると，誇り，忍耐力，自信（これらは研究者が特定した要素）という肯定的な個人的記憶に対してのEM（Hornsveld et al., 2011）の後では，記憶の鮮明さ，喜ばしさ，強さが減弱したと報告された。この研究デザインはKornとLeeds（2002）によって提示されているRDIプロトコルの基本からはかなり外れており，行動面での変化（KornとLeedsのオリジナル研究で示されたような）の検討もなされていなかった。しかし，著者たちはこの実験結果によって，落ち着く場所とRDIにおける両側性EMの使用が「疑問視される」ということを示唆している。Hornsveldら（2011）によるこうした解釈は，LeedsとKorn（2012）によって強力に否定された。理由は以下の通りである。

（1）Hornsveldら（2011）は，リソース記憶についてのエピソード回想という以外は，RDIプロトコルの基本要素をすべて無視している。

（2）著者たちは引き金となる状況を特定しておらず，その状況に対応するために必要なコーピングスキルや，特質に適合したリソース記憶を引

表6-9　RDIから始める場合の臨床的徴候

PTSDに対してEMDRの標準的な再処理を始める前にRDIを実施することを考慮するための臨床的徴候
(1) 下記のような，緊張の低減行動，回避もしくは攻撃的行動をコントロールできないクライエント。 　①深刻な自傷，損傷，死亡のリスク。 　②生命を脅かすような危険物質の乱用。 　③他害行為。 　④経済的安定，住居，あるいは不可欠な社会的支援の喪失があり，他に現実的な選択肢のないこと。
(2) EMDRセラピーの開始を恐れる，あるいは消極的なクライエントで下記に該当。 　①構造化されたリラクセーション法や誘導イメージ法（落ち着く場所または安全な場所のような）といった標準的なセルフケアおよび自己調節法が，面接室内においてクライエントの苦痛を和らげない，または治療セッション間に効果がない。 　②不安（または他の感情）を調節することができないことにより，クライエントは感情的なフラッディングに脆弱になるか，または治療セッション中および治療セッション間に行動化する。
(3) EMDRセラピーによるトラウマ解消の開始に関心を示しているが，EMDRセラピーの使用を進めた場合，下記の理由でクライエントが突然治療を中止する大きなリスクがある，と臨床家が判断する場合。 　①自我強度が弱い。 　②抑圧された題材または解離された題材に耐えられない。 　③臨床家に対する理想化からこき下ろしへと，境界例的なシフトが既に観察されている。 　④致命的でない方法での行動化の再開に対して，または痛みを伴う記憶の再体験に対しての耐えがたい恥の感覚。
(4) 話ができない，または自分の考えをほとんど明瞭に表現できないエピソードを持つクライエント。これらのクライエントは，当時の感情状態によって混乱したり，圧倒されたりする。
(5) 家族や同僚とのストレスの多いやりとりなど，一週間の出来事の一貫した説明ができないクライエント（たとえ臨床家の手伝いがあったとしても）。代わりに，クライエントはこれらの状況を断片的に説明し，その後曖昧な自己批判的なコメントに陥る。
(6) 標準的なEMDRによる再処理を開始した後，感情や記憶または不適応的衝動があふれて日常の機能に悪影響が生じるクライエント。
(7) 慢性的に不完全なEMDR再処理セッションとなるクライエント。

PTSD（Post Traumatic Stress Disorder：心的外傷後ストレス障害），RDI（Resource Development and Installation：資源の開発と植えつけ）

き出していない。

(3) 著者たちはRDIプロトコルのうち，回想の鮮明さを強化し，さらに連想的処理を促進させるという，核心的要素を避けている。

(4) 著者たちはターゲット状況への対処として，未来の鋳型のなかで一つまたはそれ以上のリソースにアクセスするというメンタルリハーサルを，被験者にやらせていない。

Leedsと Korn（2012）への応答として，Hornsveldら（2012）は，RDIと安全な（落ち着く）場所のエクササイズにおいて，EMを使用することの意義が証明されるまでは，RDIと安全な（落ち着く）場所のエクササイズではEMの使用を停止する，という呼びかけをあらためて出した。これによって，RDIの利点とリスク（Leeds, 2009）が幅広く受け入れられていたにもかかわらず，EMDRの臨床家たちの間にRDIに関して大きな混乱が生まれた。この状況は，EMDRセラピー（Maxfield & Hyer, 2002；Perkins &

Rouanzoin, 2002）についての初期の破壊的な研究と似たものがある。恐怖症の治療（de Jongh et al., 2002；Shapiro, 2002a），および広場恐怖を伴うパニック症（Leeds, 2012）の治療に対しての初期研究では，適切なEMDRセラピープロトコルが十分に守られないという過ちがくり返されていた。こうした状況は，その後，より質の高い無作為化比較試験（RCTs）によって改善されていった。しかしながら，RDIプロトコルのフルバージョンについては，質の高い統制研究はまだ行われていない。

Ichii（2003）と，IchiiとNakajima（2014）による未公刊の実験研究と，Taboadaら（2014）による臨床研究およびさまざまな臨床報告（Leeds, 2009）では，RDIおよび完全版のRDIプロトコルで使われるEMの両側性刺激が，肯定的効果をもたらすことが示唆されている。良質のデザインによる無作為化比較試験によって，臨床結果がさらに研究されることが必要であるのは明らかだ。RDIの要素であるEMの効果を簡単に評価できるような実験室行動効果実験は，

第Ⅱ部　ケースフォーミュレーション，治療計画，EMDR再処理のためのクライエントの準備

EM＋RDI イメージ条件対，EM なしイメージ条件対，既知の効果的な方法（アサーショントレーニングなど）条件を比較するというものになるだろう。これには，一つ以上の，アサーティブな行動能力の変化をアセスメントするための，標準化された尺度が用いられるだろう。そのような研究は，大学生を対象にすれば実施可能であろうし，有意な結果を導くために，それぞれの条件に十分な被験者数を集めることも可能であろう。クライエントに RDI を実施するときには，事前に適切なインフォームドコンセントを得ておくべきであろう。

　RDI を提供することはクライエントや臨床家にとって非常に肯定的な経験であるが，RDI が不適切または過度に使用される場合があるという懸念もある（Korn et al., 2004；Shapiro, 2004）。これは，EMDR セラピーを使用するのに十分な訓練，経験，技能が不足しているために，一部の臨床家がクライエントのトラウマ的記憶にさらされるのを嫌がるために生じる可能性がある。また，PTSD を患うクライエントに EMDR 再処理を提供することによって，臨床家が自らの未解決の経験を再刺激されてしまうということが，部分的な原因となっている可能性もある（Dalenberg, 2000；Dworkin, 2005；Grimmett & Galvin, 2015）。

　EMDR セラピーの訓練を受けた臨床家が，PTSD クライエントに EMDR の準備基準を満たすための必要範囲を超えて，過剰に多くの RDI セッションを提供すると，クライエントに対してトラウマ的題材に耐えるには弱すぎるというメッセージを伝え，クライエントのEMDR再処理に関する回避と不安を増加させる。彼らはまた，クライエントを経済的に消耗させ，クライエントが PTSD のために医学的に必要で効果的な治療を完了できないようにしてしまう。

　クライエントが明らかに PTSD の症状に苦しんでおり，かつ準備基準を満たしている場合，標準的 EMDR 再処理を開始する前に RDI を使用してしまう理由としては以下のようなものがあるが，いずれも無効とされる理由である。それらは，クライエントが「不安定」であるという**曖昧な感覚**を臨床家が抱いている場合，また，臨床家がクライエントの記憶内容を嫌悪していたり，クライエントが「気分が

良くなる」ように助けるほうを好んでいたり，セッションを「完了」することができないという怖れを抱いている場合である。このような状況では，臨床家は，自分自身の課題に対しての EMDR セラピーを受けたり，追加の教育，トレーニング，コンサルテーションを受けたりすることにより，適切に EMDR セラピーを使えるようになるべきである。

　標準的な EMDR 再処理を開始する前に，PTSD クライエントの何％が RDI を必要とするだろうか。この質問に答える決定的な研究はない。Korn と Leeds（2002）は，BPD の基準に合致する複雑な PTSD-DESNOS クライエントの大部分において，治療の安定化段階での RDI が必要であると示唆した。Korn ら（2004）は，十分に統制された 8 セッションの大規模な研究において，大人の PTSD クライエント（小児発症 PTSD クライエントでも）のうち，EMDR 治療において RDI が必要であったのは 5％ 未満であり，全般的に 1 回の RDI セッションで十分であったことを報告している。EMDRIA 認定コンサルタントは，PTSD クライエントのうち，ごく一部のみが，苦痛な記憶に対して標準的な EMDR 再処理を行う前に RDI を必要とすると報告している。したがって，PTSD の基準を満たしてはいても，BPD や感情耐性に影響を与えるその他の重篤な合併障害の基準を**満たさない**クライエントの多くは，標準的な EMDR 再処理の準備が整う前に，RDI のセッションを 1 回必要としているといえるだろう。

　EMDRIA や EMDR ヨーロッパ学会のプレゼンテーション，もしくはさまざまな EMDR セラピートレーニングマニュアルで配布されているものと同様に，いくつかの異なる形式の RDI スクリプトが公開されている。標準的な EMDR セラピー手続きのステップは，正式に正確なステップで運用され，忠実性テストがくり返され，経験的に評価されている。対照的に RDI は，統制された研究は行われておらず，ただ一つの正確な手順での手続きが決まっているわけでもない。私は RDI の名前と最初の標準化された RDI 手続きの開発者として知られているが，RDI の有効性が依拠するのは，スクリプトの文言よりも，RDI 手続きの主要な七つのステップだと考えている。七つのステップは表 6-10 にまとめてある。

128

臨床家がこれらの七つのステップに従う限り，自分の言葉づかいを使用できるし，この七つのステップに従うスクリプトであれば，それらを使用することができる。RDIを使うためにスクリプトを必要とする臨床家は，巻末の付録Bに収録されている三つのスクリプトを参照するとよい。

RDIを適用する焦点は，現在の不適応対処行動の

表6-10　資源の開発と植えつけのための七つの主なる手続きステップ

(1) 行動連鎖分析から目標状況を特定する。
(2) 達成，関係，または象徴的な記憶あるいはイメージで以下のようなものを一つ選ぶ。
　●目標状況に必要な能力を表し，しかも
　●肯定的な感情に関連している
(3) （誘導イメージを通して）可能な限りその記憶の多くの側面にアクセスし，（クライエントの叙述のくり返しを通して）強化する。
(4) 眼球運動（またはタッピングや聴覚刺激）の短いセット（それぞれ6〜12往復）を加える。
　●ポジティブな記憶へのアクセスを保持する必要がある場合は，各セットの前にクライエントの叙述をくり返して聞かせることが有効である。
(5) ステップ2〜4を，必要な記憶と特性の数だけくり返す。
(6) クライエントが（未来の鋳型として）目標状況においてこれらの適応的な能力を利用しているところを想像上で思い描けるようになるまで(5)をくり返す。
(7) 目標状況においての安定性をクライエントからのフィードバックで確認し，必要に応じて(2)から(6)を同一または他の目標状況でくり返す。

行動連鎖分析（Koerner et al., 1998；Linehan, 1993；Shearin & Linehan, 1994）から始まる。複雑性PTSDの治療の安定化段階でRDIを使用するときの行動連鎖分析の概要は，表6-11を参照してほしい。行動連鎖分析は具体的な環境上の引き金，個人的な前例，および危険または不適応的行動の結果を詳細に特定する。リソースを引き出して選択するとき，臨床家は現在の刺激と，リソースが欠けていたもともとの子ども時代の経験の両方を，同時に考慮する必要がある。適切に選択されたリソースは，現在の行動，感情，認知の安定性の向上に役立つ。そして，クライエントの準備ができたときに，成人以降の不適応的反応の根底にある，子ども時代の経験を再処理するのにも役立つ。

リソースは自然に蓄えられており，クライエント自身の経験のなかの三つの広範な領域から引き出すことができる。それは，達成熟達（mastery）の記憶，関係資源（relational resources），象徴（symbols）の3領域である。達成熟達感の記憶は，過去における成功と達成，効果的な境界設定，適切な自己主張やセルフケアの記憶である。関係資源は，支持的な他者とロールモデルの二つの領域がある。**支持的な他者**は直接的に面倒を見てくれ，共感し，支援し，承認を与え，相談相手となり，導いてくれる人のことである。その人物との間には，ある程度の依存性，信頼

表6-11　RDIのための行動連鎖分析

複雑性PTSDの治療の安定化段階における行動連鎖分析によるRDIの使用
(1) クライエントが特定の行動を止め，現実的自傷行動にかかわる衝動のすべてを記録し報告する，という合意書を作成する。
(2) 以下の重要性の階層に基づいて，特定の環境上の引き金，個人的な前例および危険または不適応的行動の結果を詳細に識別する行動連鎖分析を実施する。 ①生命を脅かす行動，自殺行動，自殺まがい（parasuicidal）の行動。 ②治療を妨害する行動（契約不履行，予約のキャンセル，早すぎるドロップアウト）。 ③生活の質に重大な影響を及ぼす行動パターン（薬物乱用，雇用維持の失敗など）。 ④コーピングスキルの開発（Koerner et al., 1998；Linehan, 1993；Shearin & Linehan, 1994 参照）。
(3) 行動の目的（複数可）を特定する。
(4) 不適応的行動に先行するもしくは関連する，外的および内的な引き金，感情，および信念を特定してリストにする。各ターゲット手がかりの不適応的行動に対する衝動のレベルを事前に評価する。
(5) 必要な資源および代替となる対処反応を特定する。
(6) 行動連鎖から目標状況に焦点を当てた際に，資源の妥当性（validity of resources）が1〜7段階のうち6または7に達するまで，植えつけもしくは未来の鋳型を行う。
(7) リソースを認知の編み込みとして用いて現在の刺激（早期記憶ではなく）を再処理する。SUDや衝動レベルが0〜10段階で2以下になり現在の刺激に反応しなくなるまで行う。

PTSD（Post Traumatic Stress Disorder：心的外傷後ストレス障害），RDI（Resource Development and Installation：資源の開発と植えつけ），SUD（Subjective Units of Disturbance：自覚的苦痛単位）

性，および直接的な関わりがある。**ロールモデル**は，クライエントが見習いたいと思うあり方や能力を代表する人である。ロールモデルはクライエント本人と直接的な関係やつながりは必要なく，歴史的または架空の人物でもよい。クライエントの所属集団や親戚の人物でもかまわない。**象徴**は，文化的，宗教的，および形而上学的な資源から導かれる。また，夢，誘導イメージ，芸術療法などで，クライエントから直接生じてくるものから導き出すこともできる。広範な感情ネグレクトの被害が背景にある人にRDIを行うときは，資源の選択に注意を払う必要がある。回避的で不安定な愛着を持つ人（Main, 1996）は，しばしば顕著な反依存的傾向を持ち，他者への信頼や他者への依存を暗示するリソースを植えつけようとする試みに対して否定的な反応を示す。対照的に，不安−葛藤型の不安定な愛着を持つ人は，境界性の特性を示す可能性があり，一般に支持的な他者の植えつけに非常に肯定的な反応を示す。

本節の目的は，本書内容に該当する範囲でRDIの使用法について簡単に紹介することであった。複雑性PTSD，BPD，OSDD，およびDIDなどの2次的および3次的構造的解離の場合のRDIについての十分な説明は本書では扱わない。さまざまな臨床事例におけるRDIに関する追加情報は，書籍（Leeds, 1998a；Leeds & Shapiro, 2000；Manfield, 2010），や研究論文に掲載されている。レビューはLeeds（2009）を参照のこと。

薬物療法

EMDRセラピーを使用する場合の薬物療法の効用としては，クライエントの安定性と機能を向上させる精神医学的薬物療法は，EMDRセラピーへの反応を強化するという一般的な経験則がある。非常に重度のうつ状態にあるクライエントは，いったん適切な薬物療法および治療的介入で安定化されると，より効果的な再処理ができる。あまりにも不安の高いクライエントは，適切な投薬および治療的介入によってその不安が軽減された場合，より効果的な再処理ができる。

この，一般的に観察されることの主な例外は，ベンゾジアゼピン系の高濃度の精神安定剤を服用しているクライエントを含む。この部類にはアルプラゾラム（Xanax），クロルジアゼポキシド（Librium），クロナゼパム（Klonopin），ジアゼパム（Valium），フルニトラゼパム（Rohypnol），フルラゼパム（Dalmane），ロラゼパム（Ativan），テマゼパム（Restoril）が含まれる。中から高用量で処方された場合，これらの投薬は，感情的な苦痛に十分にアクセスするクライエントの能力を阻害し，効果的な再処理を妨げる可能性がある。これは，ベンゾジアゼピンを服用しているすべてのクライエントに生じるわけではないし，実際ほとんどのクライエントには見られない。臨床家は，再処理の反応がブロックされている状態に対処する際に，この可能性に注意を払う必要がある。クライエントがより効果的なセルフコントロール法を身につけるにつれて，処方医と協働して，クライエントの処方薬の調整または変更を検討することがしばしば可能になる。オランザピン（Zyprexa），リスペリドン（Risperdal），クエチアピン（Seroquel），ジプラシドン（Geodon），アリピプラゾール（Abilify）のような非定型メジャートランキライザーの低用量服薬によって，前頭前野の活性化を高める他のクラスの薬物療法も考慮されうる。残念ながら，このクラスのいくつかの薬物療法は，体重増加とⅡ型糖尿病のリスク増加に結びついているため，クライエントは処方医と注意深くこれらの問題について検討する必要がある。

双極性Ⅰ型，双極性Ⅱ型，統合失調症，およびその他の精神疾患と診断されたクライエントであっても，服薬で適切に安定している人は，効果的に再処理ができることが報告されている（de Bont et al., 2013；van den Berg & van der Gaag, 2012；van den Berg et al., 2013）。これらの診断を受けたクライエントにEMDRセラピーを提供する際，双極性障害または統合失調症を解決することが目的ではない。目的は，現在の不適応的な反応に寄与するトラウマ性記憶，および他の有害な出来事の記憶を再処理することである。初期の報告は，いくつかのトラウマ関連の精神疾患が，EMDRセラピーを用いて首尾よく治療できることを示唆している（Miller, 2007, 2015）。

日誌

EMDR の再処理に対するクライエントの反応を
モニタリングする最も有益な方法の一つは，クライ
エントに症状を日誌記録にしてもらうことである。
表 6-12 は，臨床使用のための記録用紙のサンプル
である。クライエントが状態不安，抑うつ，不適応
的な緊張低減衝動に対して，十分なセルフコント
ロールができているかを判断するために，準備段階
から症状やセッションに対する反応の記録を開始す
ることは効果的である。EMDR セラピーでは，書面
による記録は必須の宿題とは見なされていない。そ
れらは，治療の反応を記録し，治療計画を調整する
ためのものである。クライエントにとって日誌記録
が困難な場合，臨床家の留守番電話に記録報告を録
音してもらうことが役立つだろう。

日誌記入に必要な情報の量はごくわずかであり，
いくつかのキーワードで構成されている。日誌記載
のフォーマットは，記憶ネットワークの要素に基づ
いている。一部のクライエントにとって定期的な日
誌記入は困難だが，多くのクライエントは記録表を
セッションに持参してくれる。記載内容は，クライ
エントが準備段階で練習した落ち着く場所のエクサ
サイズや，その他の安定化介入を利用できているか
を臨床家が判断するのに役立つ。記載内容は，生育
歴・病歴聴取のときにはクライエントが気づいてい
なかった，もしくは臨床家に伝え忘れたのかもしれ
ない追加的引き金を同定するのに役立つ。また，治
療計画に追加すべきその他の苦痛記憶を特定するの
に役立つ。記載の頻度と重症度の変化は，クライエ
ントにとっての変化と進歩の記録となり，時には困
難となる日々のなかで，より大きな視点を維持する
のに役立つ。

医師および医療ケア専門家との協働

準備段階における最後の検討事項は，医師や他の
医療従事者とのケアの調整である。情報公開につい
ての書面による許可を得たうえで，協調的ケアを相
談し，有益な情報を交換するために，そのケースに
関わる他の医療従事者との接触を確立することは良
い方針である。臨床家が EMDR 治療を提供してい
る場合，いくつかの追加的問題を考慮する必要があ

表6-12　日誌

簡単な日誌記録を作成することで，あなたの経験と治療の重要な情報が得られます。この記録は私たちがあなたの治療の進行を見守り，調整するのに役立ちます。あなたの経験を要約し，各枠内に一つまたは二つの短い文章で記録してください。

名前_____　週_____

日付	引き金／出来事	イメージ／音／匂い	信念／自己陳述	感情	感覚の場所	SUD 0-10	メモ

SUD (Subjective Units of Disturbance：自覚的苦痛単位)

第Ⅱ部　ケースフォーミュレーション，治療計画，EMDR再処理のためのクライエントの準備

るかもしれない。一部の医療従事者はすでにEMDRセラピーについて知っており，EMDR治療を受けているクライエントを支持してくれるかもしれない。しかし，EMDRセラピーを知らない医療従事者もいるであろうし，クライエントの理解に有害な情報をもたらす場合もあるかもしれない。この誤った情報には，EMDRセラピーがどのような状態に対しての援助となりうるか，治療期間はどの程度かについての過剰期待や過小評価が含まれる。他の医療従事者の誤った情報を啓発し，訂正するための追加的な論考については第16章を参照のこと。

　大部分の精神医学的薬物療法は，プライマリケア担当医師によって処方される。処方箋，他の薬を追加するかどうか，または精神科医への紹介の必要性について，これらの医師と相談することは有益である。医師やその他のヘルスケア専門家に，準備段階におけるあなたの評価，見たて，治療計画を知らせる手紙を送ることは，丁寧であり，ケアの調整に役立つ。簡単な面接終了報告書の送付も同様である。治療が数カ月に及ぶ可能性がある場合は，特にクライエントに関係する精神科医や精神医学的薬物療法を管理している医師に，月1回の要約レポートを送信することは非常に役立つ。EMDRの再処理は，軟部組織[†24]の緊張パターンの変化に容易につながるため，カイロプラクター，理学療法士，および他のボディワークの専門家も変化に気がつきやすいであろう。したがって，これらの専門家との連携も検討する必要がある。

● 本章のまとめ

　本章では，EMDR再処理のためにクライエントを準備する方法を検討した。臨床家はインフォームドコンセントに必要な情報をクライエントに提供することが不可欠である。そして，クライエントの理解をはっきりと確認し，面接記録に記載しておくのが重要である。クライエントには，標準的なEMDR再処理手続きを理解することと，効果的な再処理の助けとなるマインドフルな注意集中を開発するためのガイダンスと比喩が必要となる。準備段階では，両側性の眼球運動または両側性刺激の代替法に対するクライエントの耐性を検証し，落ち着く場所のエクササイズまたはRDIを提供し，それらへの反応を注意深く観察する。さらに，現在の症状およびEMDRセラピーによる治療プロセスに対処できるスキルと能力を保証するために，必要に応じて追加的スキルの習得を提供する。表6-13には，第1段階と第2段階の基本的内容となる，生育歴聴取，治療計画，および準備を達成するのに必要なセッション数の概要がまとめてある。生育歴・病歴聴取の段階と準備段階の作業が完了したら，治療計画の最初のターゲットについてEMDR再処理を開始する準備が整う。こうして，第3段階である評価段階に進む。

---

†24　生体における骨格以外の支持組織のこと。

第6章 準備段階

表6-13 生育歴・病歴聴取，治療計画そして準備段階の概要

課題	単回性の出来事	多くの出来事
目標と懸念事項を特定する。	第1セッション。	何回かのセッション。懸念事項をどう扱うか決めるために，注意深く気をつける必要があるかもしれない。
除外基準によるスクリーニング。	第1セッション。	裏切られた経験が信頼と開示を困難にする場合，いくつかのセッションが必要になるかもしれない。
再処理の前にクライエントのニーズに対して十分な治療同盟を確立する。	第1セッションもしくは第2セッション。	いくつかのセッションが必要な場合がある。セッションでの同調不全の場面を修復し，技術的過失を認める必要があるかもしれない。
客観的な心理テスト。	第1セッションもしくは第2セッション。	テストバッテリーを選んで完了するために，複数のセッションが必要な場合がある。
逆境的な出来事，病歴および原家族からのパターンをアセスメントする。	第1セッション。以前は無症候であった初期または成人期の逆境的な出来事が，症状の解決のために扱われる必要があるかもしれない。	いくつかのセッション。原家族についての語りの質に注意を払うことは，愛着に関連する問題を特定するのに役立つ。
トラウマ治療とEMDRセラピーについての心理教育を提供する。	第1セッション。	何回かのセッションにわたって症状や懸念をノーマライズし続けることが重要な場合がある。
安定化の技法を実践する。	第1セッションもしくは第2セッション。落ち着くもしくは安全な場所のエクササイズで十分かもしれない。	さまざまな課題に対し複数の方法を提供し，記録によって有効性を確認することがしばしば不可欠となる。落ち着く場所または安全な場所への反応は，複雑であるか効果がないかもしれない。資源の植えつけのほうが役立つかもしれない。
日誌をつけることと報告を受けること。	ほとんどの場合遵守される。	くり返し励ます必要があるかもしれない。
宿題を課し，完全な生育歴・病歴を得る。ライフイベントリストおよび／または多様な生育歴・病歴の目録。	必要ない。	完了に1〜3週間かかることがあり，フォローアップの励ましが必要かもしれない。
ケースフォーミュレーションと治療計画の確立。	多くの場合，第1セッションもしくは第2セッション。	数セッション必要かもしれない。
再処理を開始するために，記録から準備性を確認する。	多くの場合，第2セッションもしくは第3セッション。	数セッション必要かもしれない。

第III部

PTSD のための EMDR 再処理の標準的手続き段階：第3段階から第8段階までの標準プロトコル

混乱とは，いまだ理解されていないひとつの秩序につけられた別名なのだ。 —— Henry Miller

初心者の心の中には多くの可能性がある。しかし専門家といわれる人の心にはそれはほとんど残っていない。 —— 鈴木俊隆

誰も説得によって人を変えることはできない。すべての人は堅くガードされた心の変化の扉を持っており，その扉は内側からしか開かない。説得や感情に訴えることによって，他人の扉を外から開くことはできないのだ。 —— Marilyn Ferguson

思考は何でも主張し，それが証明されているかのように装う。私は自分の考えは自分自身の身体で試し，直感的意識で確かめる。それを受け入れるのは，身体と直感による反応を受け取ってからである。 —— D.H. Lawrence

第7章 評価段階

第8章 脱感作段階：基本的手続き

第9章 脱感作段階における効果的な再処理の維持と調整

第10章 植えつけ，ボディ・スキャン，終了段階

第11章 再評価段階および治療計画の完了

第12章 EMDRによる PTSD 治療事例の実際

第7章

評価段階

概要：標準プロトコルの第3段階

本章では，心的外傷後ストレス障害（PTSD）のための，眼球運動による脱感作と再処理法（EMDR）における評価段階（第3段階）について説明する。第3段階の前には，すでに以下の課題が達成されている。

- 良好な治療同盟を確立する
- セラピーへのインフォームドコンセントを得る
- クライエントが準備の条件を満たしていることを確認する
- 事例概念化
- EMDRによる再処理のための主たる記憶と現在の刺激を特定し，ターゲットの順序づけと治療計画を明らかにする
- クライエントが不安や抑うつ，解離状態，そして不適応的な衝動を低減するための十分なスキルを持っていることを確認する

これらの要素がすべてそろったなら，ターゲット記憶の評価を開始する準備が整ったことになる。ターゲットとなる記憶は，治療計画上の再処理すべきターゲットリストのなかから選択されたものである。

評価段階における主な二つの目的

評価段階における主な二つの目的は，不適応的な記憶ネットワークの重要な側面に**アクセスすること**，および自覚的苦痛単位（SUD）尺度によってアセスメントされるターゲットの苦痛のレベルと，認知の妥当性（VoC）尺度によって評価される肯定的な自己評価を信じられる度合いについての，**ベースラインを設定すること**である。これらの目的を達成するための手続きは，以下の項と，表7-1で説明する。評価段階を完了させたら，速やかに再処理を開始する。しかし，状況によっては，1回のセッションで評価段階を完了させ，次のセッションで再処理を開始するという判断を下すこともできる。そのような場合には，再処理を開始する前にVoCとSUDを再確認するのがよい。なぜなら，評価段階で明らかになった題材が，不適応的な記憶ネットワークの要素に**アクセスして**，**組織化され**，処理が開始されている可能性があるからである。ターゲット選択を評価してから数日，あるいは1週間が経過しているのなら，VoCとSUDは変化しているかもしれないのだ。

クライエントが「この1週間の出来事」について訴えたときの治療計画

病歴・生育歴聴取の段階や準備段階のセッションのように，再処理における安定性と妥当性を確認するために，臨床家はクライエントの現在の機能について簡単な展望をして再処理セッションに入る。クライエント記録から情報を確認し，必要に応じて治療計画の修正を検討する。しかし，「この1週間の出来事」によって，設定されていた治療計画から臨床家自身の気が逸れることはあってはならない。

第 7 章　評価段階

表 7-1　手続きステップのスクリプト−評価段階

手続きステップスクリプト
基本治療計画リストのターゲットから選択されたターゲット **第 3 段階：ターゲット映像の評価** 「その出来事の最悪な部分を代表するのはどんな映像ですか」 もしも映像がない場合には，感覚記憶の他の側面を引き出す。「その出来事について考えたとき，その出来事のどの部分に気づきますか」 **否定的認知（NC）** 「その映像（もし映像がなければ「その出来事」と言う）を思い浮かべたときに，ぴったりくる言葉で，今のあなた自身についての否定的な信念を表す言葉は何でしょう」 **肯定的認知（PC）** 「その映像を思い浮かべたときに，今のあなた自身についてどんなことを信じられたらいいと思いますか」 **VoC** 「その映像（もし映像がなければ「その出来事」と言う）を思い浮かべたときに，その言葉＿＿＿＿＿＿＿＿＿＿＿＿＿（先述の PC をくり返す）は今，あなたにとってどれくらい本当の感じがしますか。1 から 7 までで言ってください。1 は完全に誤りの感じで，7 は完全に本当の感じです」   1　2　3　4　5　6　7 完全に誤り　　　　　　　　　完全に本当 **感情** 「その映像（もし映像がなければ「その出来事」と言う）に注目したとき，その言葉＿＿＿＿＿＿＿＿＿＿＿（前述の NC をくり返す）について考えると，今どんな感情が出てきますか」 **SUD スケール** 「0 から 10 の間で，0 は苦痛がないか普通の状態，10 が想像できる限り最大の苦痛となっている状態とすると，あなたは今，どれくらいの苦痛を感じていますか」   0　1　2　3　4　5　6　7　8　9　10 （まったく苦痛がないか，普通）　　　　　　　　（最大の苦痛） **身体感覚の場所** 「それを身体のどこで感じますか」

(From *EMDR Institute Training Manual*, by F. Shapiro, 〈Jan, 2008 & Jan, 2005〉, Watsonville, CA：EMDR Institute. Copyright 2008, 2005 by EMDR Institute. Adapted with permission.)

(From *Eye Movement Desensitization and Reprocessing*：*Basic Principles, Protocols, and Procedures* by F. Shapiro, 2001, NY：Guilford Press. Copyright 2001 by Guilford Press. Adapted with permission.)

　適応的情報処理（AIP）モデルに則って考えることを学ぶにつれ，クライエントが現在の刺激に対して不適応的な反応を見せるのは，過去の逆境的な出来事への適応を反映するものであるととらえられるようになってくる。クライエントの症状を緩和させるために，過去の逆境的な出来事を再処理する必要がある。もし，現在の問題に焦点を当てた議論が長引けば，セッションの早い時間から再処理をスタートさせることができなくなり，病因となる出来事の再処理ができなくなってしまう。セッションの長さに

ついての考察は，第 16 章を参照のこと。50 分間のセッションの場合，少なくとも再処理の時間を 30 分確保するために，最初の導入の時間を 10〜15 分以内に収めることが重要である。臨床家が導入を 5〜7 分に制限し，その間にターゲットのアセスメントを完了することでこれが可能になる。75 分，または 90 分の長時間セッションの場合でも，クライエントが最近体験した困難な問題について長く話し合うことになれば，時間が足りなくなってしまうことがある。したがって，EMDR セラピーの初心者である臨

137

床家は，クライエントの個々の発言に対して要約や解釈を述べたり，別の見方や問題解決法を提示したり，より深い質問をしたりするといった，これまで習慣となっていた方法を用いたくなる衝動を抑制する必要がある。標準的な基準を満たすクライエントに対して，臨床家は可能な限り簡潔かつ直接的に，選択されたターゲットの評価段階に進むべきである。

● プロセスノートをとる

EMDR セラピーのスキルを伸ばすにあたり，EMDR 再処理セッションにおける，評価，再処理，終了の各段階について，詳細なプロセスノートをつけることが非常に役に立つ。プロセスノートは，標準的な記録用紙やパソコン，または手続きステップスクリプトやセッションサマリー様式などを用いることができる。これらの様式の完全版は，巻末付録 B を参照のこと。プロセスノートを利用できるようにしておくことは，EMDR 国際学会（EMDRIA）によるトレーニングのケース・コンサルテーション，資格取得に必要となるスーパービジョン，そして次のセッションの前に臨床的な振り返りを行ううえで，その学習プロセスを大幅に向上させる。一部の臨床家は，ノートをとることが，クライエントへの親密性や注目の程度を維持する能力を減少させると感じるかもしれない。職業的な成長，コンサルテーションあるいはスーパービジョンのために文章化することが困難であれば，セッションの音声か動画記録をとれば，評価段階ではより少ない量のノートを取るだけで十分である。

● 映像（感覚記憶）

評価段階は，ターゲットを代表する映像（images）の同定から始まる。一般的に最も有効な問いかけは「その出来事の最悪の部分を代表するのはどんな映像ですか」である。ほとんど（約70%）のクライエントは，ターゲット記憶の感覚記憶が想起される場面にアクセスし，それを表現することができる。しかし，一部のクライエントは，視覚的な感覚記憶をどうしても同定することができない。クライエントのなかには，その出来事の最中に個人的に重要な視覚的な感覚記憶が，まったくコード化されなかった人もいる。その例として，愛する人の重傷あるいは死といった痛ましい知らせを電話で知るとか，トラウマ的出来事が就寝時あるいは暗闇のなかで起きた，といったものが挙げられる。また，あるクライエントは，脅威となる視覚的な手がかりよりも，出来事当時の身体感覚，音，あるいは匂いに強烈に焦点づけられているかもしれない。たとえば，爆発の風圧によって地面に叩きつけられた，地震の衝撃，煙の臭い，高層ビルの激しい火災を知らせる警報音などが挙げられる。

● クライエントが映像ではない回答をしたときの対応

クライエントが「その出来事についての最悪の部分を代表するのはどんな映像ですか」という標準的な問いに，「怖い」という感情や，「私はバカだ」という考え方で答えたのなら，この返答を映像の評価を進めるための手がかりとして受け止める必要がある。この最初の返答を誤りだというような示唆は避けるべきだ。クライエントの恥や挫折感を誘発してしまうためである。かわりに，単に「その『恐怖』や『私はバカだ』という考えを思い浮かべると，記憶のどの部分につながりますか」と尋ね，クライエントが報告するどんな感覚記憶にも耳を傾ける。

クライエントが「その出来事についての最悪の部分を代表するのはどんな映像ですか」という標準的な問いに，「映像とはどういう意味ですか」と尋ねるのなら，より一般的な質問「その出来事について考えたとき，その出来事のどの部分に気づきますか」を提示し，クライエントが報告するどんな感覚記憶にも耳を傾ける。たとえばそれには，「彼が私の頬を叩いたのを感じた瞬間」「衝突したときの，金属がぶつかり合う音」「彼のタバコとアルコールの臭いのする息」「気づいたときには，自分の脚の感覚がなかった」「彼女の叫び声」といったものなどがある。

● 「映像」という言葉とその詳細は，通常評価段階でのみ使用される

感覚記憶についていくつかの側面を同定したら，残りの評価段階で NC と PC，特定の感情を引き出

すための主要な基点として,「映像」(あるいは「音」,「匂い」,「感覚」) という言葉を用いる。評価段階が完了し再処理を開始したなら,一般的な用語としての「映像」(あるいは,「音」「匂い」「感覚」) はもちろんのこと,特定の説明的な言葉 (たとえば,「顔」「銃」「金属が擦れ合う音」「アルコールの臭い」) については,どのようなものであっても使用を避けるよう,注意しなければならない。一つには,再処理中に記憶ネットワークにおけるすべての要素が変化していく可能性があるためである。他の知覚記憶によって軽減したり,修正されたり,置き換えられたりするかもしれない。ターゲットに戻ったり,それに言及したりする必要があるときには,「映像」よりむしろ「出来事」や「記憶」といった,より一般的な言葉を使用する。この理由については,標準的な手続きステップの各パートで明らかにする。

● 「映像」の詳細は不要

評価段階では,出来事の詳細な描写を引き出す必要はない。再処理されるターゲットの背景や性質を理解するための基本的な時間は,初期あるいはその後の生育歴聴取や治療計画で設けられる。評価段階でこれらについての詳細を掘り下げると,再処理に必要となるセッション時間が消費されてしまう。

評価段階では,クライエントの「映像」「感情」「(身体感覚の) 場所」についての描写をくり返す必要はない。クライエントの陳述を,プロセスノートからセッションノートに書きとめておくとよいだろう。映像を聴取する目的は,ナラティブを作り出すことでも,ターゲット体験において何が起きたのかの詳細を臨床家が理解することでもない。映像を尋ねる主たる目的は,クライエントがターゲットとなる出来事についての内的な感覚記憶へアクセスすることを確実にすることにある。したがって,映像についてはきわめて簡潔な描写が望ましいのである。例としては,「彼の怒った顔が見える」「トラックのヘッドライトが私に近づいてくる」「彼女がつまずいて倒れるのを見ている」などである。映像または感覚記憶が得られたら,ただちに NC を引き出すことに移行する。

● NC,PC の選択

認知行動療法 (CBT:Beck et al., 2005) を背景に持つ臨床家の多くは,**自動思考**と呼ばれる否定的信念の陳述を特定する重要性とその戦略に精通しているだろう。しかし,AIP モデルにおける NC と PC の役割は,CBT で「自動思考」と特定されるものとは大きく異なる。EMDR セラピーでは,NC はクライエントの症状の原因と見なされるのではなく,不適応的な記憶ネットワークの一要素と見なされる。AIP モデルでは,クライエントの症状は記憶ネットワーク全体から生じていると考える。EMDR 再処理における治療手続きの焦点は,言語による対話を通じた「自動思考」の同定と構築に置かれるのではなく,記憶ネットワークの再処理に置かれるものである。

● NC の主な二つの目的

NC は EMDR セラピーにおいて,二つの主要な目的を果たす。一つは,記憶ネットワークにおける苦痛な感情にアクセスし,それを活性化するのを助けることである。もう一つは,PC の同定を助けることである。適切な NC を同定するためにいくつかの追加の選択基準についても考慮するが,この二つの主要な目的については,常に心にとめておく必要がある。NC として述べられた陳述の第 1 の除外基準は,それが潜在的に正確あるいは合理的な評価であってはならないという点である。NC として表現された陳述が潜在的に正確でなく,なおかつ二つの基本的な基準を満たしている限り,より適切な NC を得るために過度に時間を費やすのではなく,クライエントが最初に用いた言葉を使うのが一般的には望ましい。

● NC を引き出す

映像を特定した後は,NC を引き出すための標準的な質問をする。「その映像を思い浮かべたときにぴったりくる言葉で,**今のあなた自身**についての否定的な信念を表す言葉はなんですか」。もし映像ではなく,臭いや身体感覚であるなら,「その**出来事**を思い浮かべたときにぴったりくる言葉で,**今のあなた自身**についての否定的な信念を表す言葉はなんです

か」と問う。EMDR セラピーを学んでいるセラピストなら、この質問に対するクライエントのどんな答えも書きとめておくことが有用であることがわかるだろう。これにより、NC の妥当性を評価し、次に何をすべきかを決める時間が与えられる。

NC として挙げられるほとんどの表現に適用される、五つの選択基準がある。第一に、これらの表現は否定的で非合理的な、かつ自己言及的な自己評価である。これらは通常、「私は……」という言葉で語られる。最も一般的な NC と PC のリストは、表7-4 を参照のこと。第二に、これらの否定的な陳述は、その映像（あるいは出来事）に焦点を当てたとき、それに関連して生じる現在の自己評価だということである。第三に、クライエントが現在抱えている問題を的確にとらえていることである。第四に、関連する領域や関心事に般化可能だということである。したがって、記憶の知覚的詳細は除外される。「私はトラックの危険にさらされている」なら、「私は危険にさらされている」と単純化することができる。最も重要な五つ目は、ターゲットの不適応的な記憶ネットワークに関連する、苦痛な感情に響くということだ。NC について考えたり、口に出したり、聞いたりすることは、関連する不適応的な記憶ネットワークの苦痛な感情を活性化させる傾向にある。

仮に、「映像」を額縁に入ったある一場面として考えると、その額縁の下に、NC や PC の表現が見出しとして貼られているのを想定することができる。図 7-1 の女性は、家庭内発砲事件の生存者である。

吹き出しには、今いったい何が起きたのかについての、ショック状態にある彼女の独白が書かれている。当時彼女が考えたことに関する記憶は、彼女の現時点での自己評価とは違うものである。過去に考えていた「なんてこと……こんなことってありえないわ」は、彼女の過去の知覚記憶である。それは、彼女が既に起こったと記憶していることの一部である。傷が癒えてから数週間後にその記憶を振り返るとき、彼女にもはや身体的苦痛はない。彼女はもはやショック状態や麻痺にあるわけではない。しかし、彼女にはその体験による傷つき、恐怖、そして彼女自身の判断についての疑念が残っている。「その映像を思い浮かべたときにぴったりくる言葉で、今のあなた自身についての否定的な信念を表す言葉は何でしょう」と聞かれたとき、彼女は「私は誰も信用することができません」と答えた。彼女の望ましい信念は、「私は今、誰を信じたらいいかを選ぶことができる」だった。彼女が現在抱いている否定的信念は、事件当時に考えていた、あるいは感じていたことではなく、その体験をどのように自己言及的な自己評価としてコード化したかということを示している。ここで覚えておくべきポイントは、NC として選択された表現は、単にもともとの出来事（しばしば過去形で語られる）当時に、その人が抱いていたかもしれない考えの反映ではなく、むしろ現在抱いている自己評価であるということである。

クライエントの反応が、以下の四つのよくあるものである場合、適切な NC の表現を引き出すことが困難になる場合がある。①感情、②感覚、③潜在的にあるいは確かに正確な描写、④映像や出来事について、否定的信念または述べるべきことはないと言う場合。

クライエントが「恐怖」のように単なる情動を述べたら、「自分自身についてのどのような信念が、その感情に伴っていますか」と尋ねることができる。同様に、クライエントが「緊張」「胸が締め付けられます」など、単に感覚について述べるのなら、「自分自身についてのどんな信念が、その胸の締め付けに伴っていますか」と尋ねることができる。クライエントが潜在的にあるいは確かに正確な描写を述べた場合には、補足としてこのような質問を加える「（記

表7-2 否定的認知の選択基準

NC として選択される表現は、一般的に以下の基準を満たす。
(1) 否定的、非合理的で自己言及的な信念、「私は……」という表現。
(2) その映像か出来事に焦点を当てたときに現在持っている信念。
(3) クライエントが現在抱えている問題を的確にとらえている。
(4) 関連する領域や関心事に般化可能である。
(5) 関連するクライエントの感情に響くもの。

NC として選択してはいけない表現。
(1) 苦痛な状況や過去の出来事、および他者やクライエント自身のネガティブな属性についての正確な描写。

第 7 章　評価段階

否定的認知：私は誰のことも信じられない。　　肯定的認知：私は今では，信じるべき人を選ぶことができる。

図 7-1　否定的認知と肯定的認知

憶の描写をくり返す）について考えるとき，自分自身についてはどう考えますか」。たとえば，あるクライエントは，非常通路の設計が悪かったために，燃えさかる建物内に閉じ込められてしまった。彼女は自己評価について尋ねられたとき，「私は背が低すぎる」と答えた。セラピストは，緊急避難路の設計上の誤りが，背の低さのために彼女が閉じ込められた要因となったのではないかと思った。セラピストはこの問題について議論するのではなく，より非合理的な自己評価を検討した。「出口に手が届かなかったという映像と，『私は背が低すぎる』という考えを念頭に置いたとき，今のあなた自身についての信念は何でしょう」と質問すると，彼女は「私は不十分だ」と答えた。この二つ目の表現は，出来事の性質と，過剰な自己責任を帯びるという，生存者の傾向に明らかに合致する。

潜在的あるいは明らかに正確な描写に対しては，「それはあなたがどんな人だと言っているのでしょう」と質問することができる。同僚が職務中の発砲で重傷を負った後，EMDRセラピーを紹介された警察官は，最初に「私の失敗です」と発言した。その同僚は標準的な手続きに違反をし，そのために大きな危険に身をさらして負傷したらしい，とその警察官が述べたなら，この陳述が非合理的であるととらえることができるだろう。しかし，状況がわからない場合や，警察学校を卒業したばかりのその警官自身が手続き違反をしていたようであるなら，質問を追加する必要があるだろう。そこで，「あなたが『私の失敗だ』と考えたとき，それはあなたがどんな人だと言っていることになりますか」と尋ねる。これらの質問に対して，クライエントが第 2，第 3 の説明的な回答を述べる場合も，追加の質問も 2 度目，3 度目とただくり返せばよい。つまり，たとえば新人警官が追加の質問に対して「私は失敗したんです」と答えた場合，これは過去の事実説明のようなものであるため，この表現でよしとするわけにはいかない。そこで，「あなたが『私は失敗した』と考えたとき，それはあなたがどんな人だと言っていることに

141

第Ⅲ部　PTSD のための EMDR 再処理の標準的手続き段階：第３段階から第８段階までの標準プロトコル

なりますか」と尋ねる。そして，「私は失敗者だ」「私は成功できない」といった陳述を採用することになる。第 4，第 5 とクライエントが説明的な表現をした場合には，記憶ネットワークに合致するであろう一般的な NC の表現を一つか二つ，例示するのが適切だろう。クライエントにリストを見せて，その映像や出来事に関連する感情に最も強く結びついているものはどれか，と尋ねるのである。一般的な NC と PC のリストは表 7-4 を参照。

時にクライエントは，映像や出来事に付随する否定的信念，あるいは否定的な表現はないと言うかもしれない。鮮烈な出来事に意味づけをするのは，人間の基本的な特性である。EMDR では，常に引き出すべき解釈的な表現が存在しているものと仮定している。この状況に対処するために，いくつかの戦略を用いることができる。まずは，出来事の評価における最初の質問に戻る必要があるかもしれない。

瀕死の出来事によるストレスの専門家である Roger Solomon, Ph.D. の著書に，ひとつの例を見ることができる。『精神疾患の診断・統計マニュアル（第 4 版）』（4th ed.；DSM-Ⅳ；American Psychiatric Association, 1994）に記されているように，PTSD の定義における A 基準の出来事は，「強い恐怖（fear），無力感（helplessness）または戦慄（horror）」の感情を引き起こすものである。私は EMDR セラピーを学ぶ初期の段階で，多くの高度に訓練された緊急時対応要員にとってこれらの圧倒されるような出来事への反応は，恐怖や無力感ではなく，戦慄であるということを Solomon 博士から学んだ。彼らの否定的な評価についての最初の陳述は，自分がそれに対応しようとしての反応というよりも，出来事の性質に関するものとなることがある。その場合は「その映像にぴったりくる言葉で，あなた自身や**その出来事**についての否定的な信念は何ですか」と尋ねることができる。答えは「非常に恐ろしい（It's horrible）」かもしれない。これを非合理的と考えて，NC の表現とするには，あまりに出来事そのものでありすぎるようにも見える。むしろサバイバーズギルトを疑い，たとえば「私は十分ではない。（なぜなら私は十分にやらなかったから）」などの，自己についてのより深い表現を引き出したくなるかもしれない。だが，ターゲッ

トとなる惨事の記憶を評価するにあたり，私たちは「非常に恐ろしい」といった表現を，クライエントがそこから逃げることができなかった**当時の凍りついた瞬間**として考えるべきである。このような表現は記憶ネットワークにおいて苦痛となる感情に連結しており，「今は，もう終わった。私はその気持ちを解放できる」という PC の選択を可能とするのである。後のセッションにおいてターゲットとなる事件の再処理あるいは再評価中に，サバイバーズギルトの問題は自然に出現してくる可能性もある。それがもともと現れていないのであれば，セッションの開始にあたってそれを探る必要はない。

同様に，一部の臨床家は「私は死んでしまう」という表現を，最初は NC として受け入れたがらない。彼らはその表現を，合理的で説明的なものと見なすためである。このような臨床家たちは「けれど，それは本当のことでしょう。私たちはみんな死ぬんですから」と言う。しかしながら，この言葉は，高速運転中での正面衝突の生存者や，学校狙撃事件で仲間の人質が殺されるのを目撃した者にとっては，その表現が意味するものは異なってくる。クライエントは，最終的な死を免れることはできないという運命についてではなく，自分が避けがたい死を予感したそのときの，凍りついたような瞬間について述べているのである。クライエントの「私は死んでしまう」という表現は，彼らを動揺させる感情に結びついており，そのため「もう終わった，私は生き延びた」や，「今，私はもう安全だ」といった PC の表現が引き出されてくる。つまり，「私は死んでしまう」を NC として受け入れ，そして引き続き PC を導き出すのである。

クライエントが否定的な自己評価に関連する苦痛な感情に十分にアクセスしていない場合，NC を引き出すのが困難になる場合がある。こうしたクライエントは，最初のうちは，彼らの映像にぴったりくる否定的な自己陳述はないと主張することがある。このようなクライエントには，彼らがトラウマとなるような出来事の再体験を報告し続けており，それゆえに治療を求めているのだということを思い出させ，そして「その最悪な場面を思い浮かべ，その出来事のいくつかを再体験していると想像すると，あ

なた自身についてどのような否定的な考えや思いが浮かびますか」と尋ねることが有効かもしれない。これに対する答えは，単に「その場面になると，『私は耐えられない』と思いました」というものかもしれない。一方の好ましい信念の表現としては，「私は乗り越えることができる」や，「今，私は対処できる」といった流れに沿うものだろう。

最後に，その記憶に関連する自分自身についてのいかなる否定的な考えも持たないと断言するクライエントには，NC を引き出す際に，映像の詳細を付け加えることが有用かもしれない。「あなたが（鍵となる説明的な言葉をくり返す）の映像に集中しているとき，あなた自身について，頭ではなくお腹[†25]で思っていることで，その映像にぴったりくる否定的な言葉は何ですか」。最終的な選択肢としては，表7-4 に示した一般的な NC と PC のリストを見せ，そこから一つを選択させることだ。

● 肯定的認知を引き出す

NC を同定しそれを書きとめたら，次に PC を「その映像を思い浮かべたときに，**今の**あなた自身についてどんなことを信じられたらいいと思いますか」のように言って引き出す。評価段階で PC を選択することは，主に二つの目的において役に立つ。一つは，再処理を開始する前に，PC がコード化されている適応的記憶ネットワークにアクセスすることである。二つ目は，NC に取ってかわる適切な表現を見つけるにあたり，クライエントがどの程度それを容易に，あるいは困難に感じるのかを評価することである。ターゲットとなる場面を考えたときに，信じられるものを選択するようクライエントに求めるのは，再処理が完了するまでに彼らがその言葉を信じられるようになるかもしれないからである。これは変化していけるという何らかの希望や自信を，クライエントにもたらす。PC として採用できる表現を引き出すにあたり，臨床家としてあなたが依るべき立場は，以下の二つに基づく。それは EMDR の標準的な治療プロトコルと，クライエントが再処理の終わりに PC について高いレベルの自信を持てる

ようになったのを見た，というあなた自身の過去の体験の，双方である。

反復されるトラウマ的出来事のサバイバーが，「私は無力だ」「私は人に愛されない」「私は危険にさらされている」といった一般的な NC としての表現のかわりに，望ましい信念を見つけるのに苦労する様子には，驚くべきものがある。臨床家としては，理性的にこれらの陳述の反対の表現，「私はコントロールできる」「私は愛される」「私は今安全だ」を考えるのは，非常に簡単なことに思われる。しかし，クライエントはまさにその思考変容における理性的な働きには取り組めず，状態特異的な記憶ネットワークにアクセスし（Bower, 1981），そしてそれに大きく左右されるがために，肯定的な言葉を簡単に見つけられないのである。このようにして，選択されたターゲット記憶の不適応的記憶ネットワークに統合されるべき適応的記憶ネットワークを刺激するプロセスが始まる。このときに，容易さまたは困難さの度合いを確認することによって，必要となる適応的記憶ネットワークの利用可能性，アクセス可能性についての臨床的洞察を得ることができる。また，VoC を用いて数値化することで，これについてのさらに詳しい情報を得ることができる。

評価段階での，PC を引き出すためのこの二つの主要な目的に加え，五つの肯定的な基準と三つの除外基準を用いて PC の表現を選択する。これを表7-3 に記す。第一に，NC と同じく PC として選択された表現は自己言及的で，さらに肯定的な「私は……」という自己評価であること。第二に，それはクライエントが望んでいる変化の方向に的確に焦点が当たっていること。「今や私は無力ではない」のように，ただ単に NC を否定するのではなく，PC として選択された表現は「私は今，コントロールできる」のように，肯定的な変化への方向を示す。

第三は，それは望ましいものであり，期待される目標として当初少しは信じられる，ということである。したがって，VoC の 1～7 のスケールで「1」に満たないものは，どんな PC であっても修正するか，あるいはもう少し信じられるものに置き換える必要

[†25] 心の奥底。

第Ⅲ部　PTSDのためのEMDR再処理の標準的手続き段階：第3段階から第8段階までの標準プロトコル

表7-3　肯定的認知の選択基準

PCとして選択される表現は，一般的に以下の基準を満たす。
(1) 肯定的で自己言及的な自己評価，「私は……」という表現。
(2) クライエントが望んでいる変化の方向に的確に焦点が当たっている。
(3) 望ましく，期待される目標として，当初少しは信じられる。
(4) 関連する領域や関心事に般化可能である。
(5) NCと同じ問題（テーマ）を扱っている。

PCではないもの
(1) 「私は無力ではない」のような，NCの否定。
(2) 絶対的な陳述。「いつも」「絶対」などの使用は避ける。
(3) 過去の出来事や他人や自分の属性を変えるような魔術的思考。

があるだろう。クライエントが「私は私のままでいい」という陳述に対し，VoCが「1」に満たないと答えた場合，セラピストはクライエントに「もう少しは信じられるものとして，どんな肯定的な表現がありますか」と尋ねるべきである。「ありのままの自分を受け入れられるようになる」というものが，それに当たるかもしれない。第四に，PCとして選択された表現は，関連する領域や関心事に般化可能であるということだ。一般化の精度を高めるために，映像や他の知覚記憶の要素に関連する詳細のすべてを，PCとして選択された表現からは除外するべきである。したがって，「私は運転中にコントロールすることができます」はシンプルに，「今，私はコントロールできる」にすべきなのだ。これは，クライエントの表現すべてを書きとめてから，「運転中に」に括弧をつけて，その後必要な言葉のみを読み返すことで可能になる。「では，運転中という場面に注目したとき，信じられる言葉は『今，私はコントロールできる』ですね」というように。

　第五に，PCとして選択された表現は，NCと同じテーマを表していなければならないということである。表7-4を見ると，NCとPCを構成する三つのテーマがある。「責任：欠陥／罪悪感」「安全：危険の認識」「コントロール：選択／自己効力感」である。クライエントがNCとして「私には価値がない」（欠陥のテーマ）と述べ，PCとして「私は有能だ」（自己効力感のテーマ）と述べた場合，どちらのテー

マについて言及しているのかを決めるための検討をしなければならない。決めるにあたり，NCが記憶ネットワークにある苦痛な感情を刺激するのに役立つ，という原理を利用することができるだろう。まずNCを，PCとして述べられた「私は有能だ」に対応する「私は無能だ」に置き換える。そして，「この記憶で，苦痛を感じる感情により強く関連しているのは，『私には価値がない』か『私は無能だ』のどちらですか」と尋ねる。その後，この二つのNCのうち，より苦痛を感じるほうに対応するPCを選択するのである。

　先述したように，PCとしての表現を選択する際には，留意すべき三つの除外基準がある。第一に，「私は無力ではない」のような二重否定ではないこと。かわりに，「それを肯定的な言葉で言うとしたら，なんと表現できますか」と質問し，「今，私はコントロールできている」のような肯定的な表現を引き出さなければならない。第二に，「いつも」という言葉のような絶対的な陳述は避けたい。第三に，過去の出来事や他人や自分の属性を変えるような魔術的な思考は，PCにふさわしくないということである。

　幼少期に言葉による慢性的な虐待を受けていたあるサバイバーは，当初，「私の父は私を愛していなかった」という表現を自身のNCとして述べた。「それはあなたが，どんな人だと言っていることになりますか」と質問されると，彼女は「私は愛される人間ではない」と答えた。彼女はPCとして最初，「私の父は，私を本当に愛している」と言った。EMDRによる再処理のねらいは，父親の行動や，父親の行動についての信念を変化させることではなく，クライエントの記憶ネットワークに関連する自己評価を変化させることにある。「それなら，もしお父さんがあなたを愛していたなら，あなたは自分自身について何と信じることができますか」と聞かれると，彼女は「それなら，『私は愛される』と信じることができる」と答えた。この表現はPCとして選択された。

　再処理の最終的なゴールは，ただ単に，父親の暴言に関連する特定の記憶を代謝することではなく，クライエントの新たな自己概念の確立も手助けする。これらの不幸な幼少期の出来事に関連する記憶

第7章　評価段階

表7-4　最も一般的な否定的認知と肯定的認知

否定的認知	肯定的認知
責任（欠陥／恥）	
私は価値がない。	私は価値がある。
私は愛されない。	私は愛される。
私は……にふさわしくない。	私は……にふさわしい。
私は悪いやつだ。	私はいい人だ。
私は欠陥品だ。	私は私でいい。
私は失敗者だ。	私は成功できる。（私は価値がある）
私はどうしようもないやつだ。	私はＯＫだ。
私は十分ではない。	私は十分だ。
私は永遠に傷物だ。	私は回復した。（癒された）
私は醜い。	私は魅力的だ。（私は私でいい）
私は愚かだ。	私は賢い。
私は惨めだ。	私は重要だ。
私は期待はずれだ。	私は私のままでいい。
私は死んで当然だ。	私は生きるに値する。
私は惨めで当然だ。	私は幸せがふさわしい。
私は普通じゃない。	私は私のままでいい。
私は仲間はずれだ。	私は〜の一員だ。
責任（行動／罪悪感）	
私は……するべきだった。	私はできる限りのことをした。
私は……するべきではなかった。	私はそこから学んだ（学ぶことができる）。
私は何か悪いことをした。	私は最善を尽くした。
私はもっとよく知っているべきだった。	私は十分だった。
安全／危険の認識	
私は危険にさらされている。	私は安全だ。
私は傷つけられるだろう。	私は今，安全だ。
私は死んでしまう。	私は生き延びた。私は今，安全だ。
私は誰も信頼できない。	私は今，誰を信頼するかを選べる。
感情を表すのはよくない。	感情を表しても大丈夫だ。
私は逃げられない。	私は逃げることができる。
ひどく恐ろしい。	もう終わった。それは今や過去のことだ。
コントロール／選択，自己効力感	
私にはコントロールできない。	私はコントロールできる。
私は非力だ。	私には力がある（私には選択肢がある）。
私は無力だ。	私には選択肢がある（私は有能だ）。
私は弱い。	私は強い。
私は欲しい物を手にできない。	私は欲しいものを手に入れられる。
私は成功できない。	私は成功できる。
私は完璧で／みんなを喜ばせなければならない。	私は自分自身でいられる（失敗しても大丈夫）。
私は自分を守れない。	私は自分を守ることができる。
私は自分（の○○）を守ることができない。	私は自分（の○○）を守ることができる。
私は信頼されない。	私は信頼される。
私は自分を信頼できない。	私は自分を信頼できる。
私は自分の判断を信頼できない。	私は自分の判断を信頼できる。

ネットワーク内の感情を再処理することで，脳内でコード化されたこれらの体験の再構築，再評価をサポートできる。両側性の眼球運動（あるいは代替の両側性刺激）により再処理を活性化させる前に，PC

として適切な表現を引き出すことでさえも，自分が愛される価値があるか疑わしいという彼女の自己イメージを，自信を持って愛される価値があると思える自己イメージに変容させるステップとなる。

145

第Ⅲ部　PTSD のための EMDR 再処理の標準的手続き段階：第 3 段階から第 8 段階までの標準プロトコル

● 認知の妥当性

　PC として採用できる適切な表現を引き出したら，次のステップは VoC の評価である。「その映像を思い浮かべたとき，＿＿（「私は」を主語とする PC をくり返す）は，今どのくらい本当の感じがしますか。1 は完全に誤りの感じで，7 は完全に本当の感じです」（感覚記憶が音や臭い，あるいは身体感覚である場合には，「その出来事について考えるとき……」「その音について考えるとき……」というように言いかえる）。この最初の VoC のアセスメントは，ターゲットの再処理を開始する前のベースライン評価となる。これによって，植えつけ段階に至ったときに治療効果を確かめることが可能になる。

　正確な VoC の評価を得るには，四つの条件を満たす必要がある。第一に，クライエントはターゲットとなる記憶ネットワークにアクセスし，それを思い浮かべていなければならない。そうするために，クライエントに「映像について考える」，あるいは「その出来事を念頭に置く」ように求める。第二に，クライエントは PC の表現について考えなければならない。第三に，クライエントは完全に誤りである 1 から，完全に本当の 7 という評価尺度について理解する必要がある。クライエントによっては，セラピストが「1」と言うときにはお腹の高さに片手を置き，「7」と言うときには頭の高さに手を置くことが，この評価尺度についての混乱を減少させる視覚的な手助けとなる。第四に，これは認識的な評価ではなく，感覚についての評価でなければならない。最初の VoC 評価が 6 か 7 だった場合には，感覚評価についての必要性を強調し，質問をくり返す。「その映像について考えたとき，1 は完全に誤りの感じで，7 は完全に本当の感じとすると，＿＿（「私は」を主語とする PC をくり返す）はお腹では今，どの程度本当らしく感じますか」。この二つ目の質問は，クライエントがその陳述がいかに真実であるべきかと考えるより，感覚的評価を反映するものであるため，より低い数字で正確な評価をもたらすだろう。

● 特定の感情

　NC や PC の表現を引き出し，有効な VoC 評価を

得られたら，不適応的な記憶ネットワークに関連する現在の感情を特定するために，映像と NC を用いる。「その映像に集中し，その言葉（「私は」を主語とする NC をくり返す）について考えると，**今**，どのような感情が**出てきますか**」（記憶が音や臭い，身体感覚などのような映像以外のものの場合は，「その出来事について考えると……」「その臭いについて考えると……」などと言い換える）。NC に伴って感じる特定の感情は，必ずしも実際に出来事が起きた当時のものでなくてもかまわない。そのかわり，その記憶ネットワークに触れたとき，今どのような感情を抱くかを探る。二つ以上の感情でもかまわない。クライエントが一つの感情しかないと言うのならば，それでもかまわない。無理に多くの感情を引き出す必要はない。

　特定の感情（複数も可）を同定するのには，二つの目的がある。まず第一に，これはクライエントが不適応的な記憶ネットワークの中核的かつ重要な要素にアクセスするのを助ける。特定の感情は，単に選択された記憶ネットワークにとって重要であるだけではない。感情反応の特定のパターンは，関連づけられる記憶ネットワークの中心的な構成要素であるため，対処を必要とするあらゆる関連した不適応的な記憶ネットワークにつながるためのチャンネルが開くのを助けるのである（Reiser, 1990）。第二に，特定の感情は，不適応的な記憶ネットワークがどのようにコード化され，アクセスされるのかについてのベースラインの情報を，再処理開始前に与えてくれる。後に，再処理の最中にターゲット記憶に立ち戻ったとき，クライエントが同様の NC や同程度の SUD を報告したならば，そのクライエントは他の感情についても報告するかもしれない。このようにアセスメント段階で感情を特定することは，ターゲット記憶に関連づけられる感情の変化を通して，不適応的な記憶ネットワークにおける変化の有無の観察を可能とする。

● 自覚的苦痛単位

　特定の感情を引き出したなら，SUD による評価を行う。この自己報告式の尺度は系統的脱感作に用いるために Wolpe（1958）が最初に開発した。SUD 尺

146

度は，持続性曝露（Foa et al., 2007）などの行動療法で一般的に使用されている。治療サンプルにおける収束的および弁別的妥当性，併存的妥当性，予測的妥当性の所見を示す SUD の計量心理学的妥当性を検討する際には，Kim ら（2008）や Tanner（2011）を参照のこと。

SUD 評価は，クライエントが特定の感情を同定したらすぐに行う。しかし，SUD は特定の感情の単なる評価ではなく，むしろ記憶ネットワーク全体に関連する包括的な感覚の評価である。「0～10 の間で，0 は苦痛がないか普通の状態，10 は想像できる限り最大の苦痛とすると，あなたは**今**どれくらいの**苦痛を感じていますか**」。SUD は，出来事がどの程度**苦痛だったか**についての評価ではないことに留意したい。「歴史となった評価」（historic rating）は一般的に変化しない。クライエントがその苦痛の程度は 9 に**値した**と信じている評価は，常に「9」のままだ。むしろ SUD は，現時点で記憶に焦点が当たるときに**今感じられる**，自覚的苦痛の**評価**なのである。

一般に，最初の SUD 評価は大幅に上昇するだろう。また，時には，クライエントは初めのうち，ほとんどの人にとって大きな苦痛となるような出来事に対して，驚くほど低い SUD 評価を報告することがある。最初の低い SUD 評価は，もはやそれほど大きな苦痛をもたらさない出来事についての，正確な評価を反映している可能性もある。また，知性化やさまざまなレベルでの構造的解離など，多様な防衛が活性化されているために，記憶ネットワーク内の真の苦痛へのアクセスが制限されていることを反映している可能性もある。後者の場合，クライエントが不適応的な記憶ネットワークに包含されているものに十分にアクセスするために，これらの解離的な防衛を通り抜けようとするとき，再処理の最中の自覚的な苦痛の評価が大幅に，あるいは劇的とさえいえるほどに上がる可能性がある。クライエントの苦痛の知覚レベルが劇的に上昇するという可能性は，EMDR による再処理を開始する前の適切なインフォームドコンセントの必要性をさらに強調するものである。

● 身体感覚の場所

選択されたターゲットについてのアセスメント段階における最後のステップは，不適応的な記憶ネットワークに関連する身体感覚を感じる場所を同定することである。標準的な質問は，「あなたはそれを身体のどこに感じますか」である。クライエントが示す場所は，1 カ所かもしれないし複数カ所かもしれない。くり返すが，1 カ所あれば十分である。クライエントにそれ以上述べるよう促す必要はない。「頭の中」と答えた場合も，それを書きとめて次のステップに進めばよい。「頭の中」というのは妥当な場所である。「どこにもありません」という場合には，追加の質問が必要になる。感じる場所が「どこにもありません」という答えは，特定の感情を引き出そうとする際の表現が不正確であるか，あるいはおそらく臨床家を「喜ばせる」ために，SUD の評価が不正確となっている可能性がある。また，単にこの手続きへの過剰な不安，間違った返答をすることへの恐れ，感覚を感じたり報告したりすることに対する防衛のために，関連する感覚にアクセスするための手助けを必要としていることを反映しているかもしれない。感覚や感情を感じたり報告したりすることに対するより複雑な問題は，通常，アセスメント段階に移行する前に，再処理にあたっての準備性評価（第 5 章参照）で同定され，準備段階で対応される（第 6 章参照）。

● クライエントの身体感覚の場所を特定するための簡単な方法

「どこにもありません」という答えに対応するための簡単な方法は，「目を閉じてください」とクライエントに伝えることだ。「この出来事にあらためて注意を向けてもらいますので，あなたの身体で，どこにどんな変化があるかに気づいてください。出来事の最悪の部分を表す映像に焦点を当てていると，身体の感じが変化する場所に気づいてください」（待つ）。「その言葉 ＿＿＿（NC をくり返す）を思い浮かべながら，あなたの身体で，どこにどんな変化があるかに気づいていてください」（待つ）。「ただ ＿＿＿（感情をくり返す）を意識していてください」（待つ）。「何か

変化したと気づいたのはどこですか」。この構造化された追加の質問は，多くの場合，不適応的な記憶ネットワークに関連する身体感覚についての報告をもたらす。

● 防衛行動の衝動

防衛行動の衝動は，生命を脅かすような体験に対する自然な反応様式であり，これはトラウマ性，および逆境的な出来事における不適応的な記憶ネットワーク上に，常にある程度存在している。生命に対する脅威から身を守るために，人間（哺乳動物）にはいくつかの行動様式が存在する（Panksepp, 1998；Panksepp & Biven, 2012；van der Hart et al., 2006, pp.37-38）。これには，鋭敏な警戒，周囲を見回す，分離時に泣く，逃走，無感覚によるフリーズ，闘争，知覚麻痺による全面的服従，休息による回復，そして集団から離れて一人になることが含まれる。標準的なEMDRの手続きステップでは，選択されたターゲット記憶の状況のなかで，どの防衛行動の衝動が最も活性化され，しかも抑え込まれてしまったのかを特定したり，そこにアクセスするようなことは明確に仕組まれてはいない。しかし第1章で論じたように，もともとの体験に対する精神生理学的および行動的反応は，Lang（1977, 1979）によって概念化されたように，記憶ネットワークの一つの重要な部分となっているのだ。Langの情動的情報処理についての業績は，のちにShapiroによって開発されたAIPモデルに不可欠な基盤を形成している。構造的解離のモデル（van der Hart et al., 2006）では，これらの防衛のための行動傾向は，PTSDと急性ストレス障害（第1次構造的解離）に見られる**パーソナリティの情動的パート**，および，複雑性PTSD，他の特定される解離性障害（第2次構造的解離）と，解離性同一性障害（第3次構造的解離）に見られる**複数のパーソナリティの情動的パート**に対して，中心的な形成体となる。

Korn と Leeds（1998）は，防衛行動の傾向が，子ども時代の虐待やネグレクトの記憶の再処理がうまくいかない要因となっている可能性があると指摘した。Leeds（2001）は，これらの防衛行動の衝動は，Shapiroによって特定された五つの要素，すなわち，映像，思考・音声，感情，身体感覚，信念に加え，記憶ネットワークのさらなる別個の要因として見なされる必要があると提案した。これらは，防衛行動の傾向が再処理を効果的に行えない，あるいは妨害する原因となることに対処するため，再処理中にそれらを頻繁に特定し，短い介入を行う必要性に注目する助けになるだろう。Francine Shapiro（2003年9月18日の私信）は，これらの防衛行動の衝動について，身体の場所に認識される感覚として潜在していると述べてはいるが，私は，脅威を感じる状況に対する全般的な精神生理学的，行動的な防衛的反応は，記憶ネットワークに別個の意味あるものとしてコード化されているというLangの見解に従う。身体感覚の場所（フェルトセンスが知覚される身体の場所）は，そうした防衛行動の衝動に結びついているのかもしれない。またはフェルトセンスが感情状態と結びついているのかもしれないし，もしくはフェルトセンスが，トラウマ的な経験に由来する身体感覚についての単純な記憶と結びついているということさえありうる。臨床家は，記憶ネットワーク内で明らかに現れている防衛行動の傾向や，もともとの出来事におけるクライエントの状況や恐れによって抑え込まれている可能性のある防衛行動の傾向について耳を傾けることに，最低限注意を払う必要があるように思う。

たとえば，あるレイプサバイバーは，「その映像に焦点を当てて，『私は無力だ』という言葉について考えたとき，**今どんな感情が出てきますか**」と質問され，「恐怖です」と答えた。そして「助けを求めて叫び声をあげたり，反撃したりしたかったけど，そうしたら彼は私を殺すと脅しました。最初は，彼がそうするかもしれないと思いました。その後，彼がそうしないことに気づいたときにはもう遅すぎたんです」と付け加えた。彼女は麻痺によって全面服従したと報告し，それ以降，消え去ることのない恥の感情，性的な状況における感覚の欠如，そして凍りついた感覚を味わっていると報告した。このケースでは，クライエントの活性化された防衛行動傾向（知覚麻痺による服従），抑制された傾向（助けを求めて声をあげ，自由になるために戦うこと）のいずれもが表出してきた。ほとんどのケースでは，クライエ

ントは自分の記憶について初めて語るとき，活性化
あるいは抑制された防衛行動傾向について，どちら
であれ進んで語らない。効果的な再処理を容易にす
る方法として，後の混乱を減らすために，臨床家は
EMDRの再処理を開始する前に，病歴・生育歴聴取
段階，または評価段階において，活性化および抑制
された防衛行動の傾向を調べ，特定することを選択
してもよいだろう。

　幼少期に慢性的，反復的にトラウマを体験したな
ど，より複雑な過去を持つクライエントに関しては，
防衛行動の衝動のなかに，過剰に増強されたものと
過剰に抑制されたものがある場合がある。EMDRに
よる再処理が非常に困難になる潜在的な原因とし
て，①不安定または無秩序な愛着，②第2次，第3
次構造的解離，③過剰に増強あるいは過剰に抑制さ
れた防衛行動の衝動，が複合して存在することが挙
げられる。それらの過剰に増強された，または抑制
された防衛行動の傾向が事前に特定されていてもい
なくても，第9章においては，活性化された防衛行

動の傾向および抑制された防衛行動の傾向の両方に
ついて，記憶ネットワークにコード化されたものに
対する恥や罪の意識を臨床家が効果的に再処理する
いくつかの方法を探索する。

● 本章のまとめ

　評価段階は，再処理を行うターゲットがリスト
アップされている全体的な治療計画のなかから特定
のターゲット記憶を選択して取り組む，というとこ
ろから開始する。評価段階における二つの主要な目
的は，①不適応的な記憶ネットワークの鍵となる側
面に**アクセス**し，②ターゲットにおける苦痛のレベ
ルを**測定するためのベースラインを定める**ことであ
る。評価段階では，**映像**あるいは他の感覚記憶，NC，
PC，**感情，苦痛を伴う身体感覚の場所**の順で特定
してゆく。SUDとVoCでベースラインを測定する。
そしてこれらの手順を完了したら，脱感作段階で再
処理を開始する準備が整ったことになる。

第8章

脱感作段階：基本的手続き

第4段階の概要：基本的手続き

本章は脱感作段階，すなわち心的外傷後ストレス障害（PTSD）を治療するための，標準的な眼球運動による脱感作と再処理法（EMDR）プロトコルの第4段階の基本的手続きについて述べる。これらの基本的手続きは，EMDRセラピーへの反応性が最適なクライエントにとっては，一般的に十分な効果がある。特にこれらの基本的手続きは，クライエントがそれまでに重大なトラウマや逆境的な人生経験を体験していない，単回性トラウマを解決することに優れている。多くのクライエントには複雑な生育歴・病歴があり，治療過程において再処理がうまく進まないこともあるだろう。このような場合には，第9章に述べられているような，処理が進まないときに行ういくつかの追加手続きを行う必要があるだろう。ただし，EMDR国際学会（EMDRIA）認定のEMDRベーシックトレーニングによって学習中の初心者は，第9章で紹介されているさまざまな追加手続きを考慮しないで，基礎的な手続きのみを練習するほうが役立つであろう。

第4段階：脱感作

標準的EMDR再処理は，脱感作段階から始まる。脱感作段階のゴールは，自発的な情動的情報処理を促すことである。それは，選択したターゲット記憶の不適応的記憶ネットワークと，他の適応的な記憶ネットワークの統合を導くことである。臨床家は選択したターゲットから生じる連想と，左右交互の両側性刺激（BLS）（第2章の図2-1）への二重注意のバランスを保ちながら脱感作手続きを行う。脱感作段階の間，臨床家は絶えず適応的変化の指標に基づいて治療効果を評価する。適応的変化の指標とは次のようなものである。①BLSセット間のクライエントの短い言葉による報告，②適応的情動と精神生理学的変化という非言語的な徴候の臨床家による観察，③適宜ターゲットに焦点を戻し，その出来事の記憶に関してクライエントの知覚がどう変化したかを確認する。再処理の間，クライエントとの言葉のやり取りは短いものとなる。再処理の間，ラポールは治療者とクライエントの言葉による対話よりも，BLSセットの調整と，クライエントが報告するための定期的な短い休止によって保持される。脱感作のための指示と手続きステップのスクリプトは表8-1に要約されており，詳しくは本章の中で考察する。

再処理のオリエンテーション

再処理を始める前に，臨床家はクライエントに二重注意を意識しているように伝える。標準的な指示は次のとおりである。

これから再処理を始めます。眼球運動（タッピング，聴覚刺激）を進めていくなかで，その出来事が変わっていくこともあれば，変わらないこともあります。他のイメージ，考え，感情，あるいは身体感覚に気づくかもしれません。別の記憶が

第8章　脱感作段階：基本的手続き

表8-1　手続きステップのスクリプト：脱感作段階

手続きステップのスクリプト

再処理のオリエンテーション

「これから再処理を始めます。眼球運動（タッピング，聴覚刺激）を進めていくなかで，その出来事が変わっていくこともあれば，変わらないこともあります。他のイメージ，考え，感情，あるいは身体感覚に気づくかもしれません。別の記憶が出てくるかもしれません。ときには眼球運動（タッピング，聴覚刺激）の他には何も気づかないかもしれません。列車に乗っているという例えをお話ししたことを覚えていてください。正しい反応，間違った反応というものはありません。何が起きてもただ起きることに気づいていてください。そして，もしストップしたいときには，練習したストップの合図をいつでも出してください」

第4段階：脱感作

「そのイメージ（イメージが無い場合は，その出来事）と否定的な言葉　＿＿＿＿＿＿＿＿（臨床家は否定的認知を一人称でくり返す）に集中してください。それを感じている身体の場所に気づきながら私の指を追ってください。（あるいは『光，タッピング，音に気づいてください』）」

BLS24〜30回の1セット終了後，「休んでください。深呼吸をしてください。今，何に気づきますか」

クライエントの報告後，再処理を継続する

「それに集中してください。次に何が起きるか気づいてください」

クライエントの報告が再処理が起きていることを示す限り，前述の指示のように連想のチャンネルに沿って眼球運動を続ける。2回のBLSセット後，変化がなく同じような内容が報告される場合には，眼球運動の方向，高さ，スピード，幅を変える。触覚刺激を使用している場合には，スピード，強度，刺激を与える場所を変える。聴覚刺激を使用する場合は，スピード，音のタイプを変える。

ターゲットに戻る

クライエントの報告に不快な材料がなくなり，クライエントが中立あるいは肯定的な内容のみを報告するまで，両側性刺激のセットを続ける。また，連想がもともとのターゲットからかなり離れたら，ターゲットに戻る。それは臨床的判断では，選んだターゲットの再処理がもはや起きていないことを示す。そしてターゲットに戻り，以下のように問う。

「あなたの注意をもともとの体験に戻すと，今，何に気づきますか」

クライエントがさらに不快な内容を報告した場合は，以下のように問う。

「それに意識を向けて，次に何が起きるか気づいてください」

もともとのターゲットに戻ったとき，クライエントがターゲットについて曖昧な，あるいは中立，または肯定的と思われるような報告をしたら，SUDを調べる。

SUD尺度を調べる

「もともとの出来事に集中してください。0〜10の尺度で，0がまったく苦痛でないか普通の状態，10が想像できる最大の苦痛の状態だとすると，その出来事は今，どれくらいの苦痛だと感じられますか」

SUD尺度を調べた後

SUDが1あるいはそれ以上の場合，次のように言う。

「今，その最悪の部分はどこですか」＿＿＿＿＿＿＿＿＿＿＿＿＿＿。

クライエントの言葉に続いて言う。「それに意識を向けて，次に何が起きるか気づいてください」

あるいは「それを身体のどこで感じていますか」＿＿＿＿＿＿＿＿＿＿＿＿＿。

「それに意識を向けてください。そして次に何が起きるか気づいてください」

SUDが0であった場合，次のように言う。

「今，その出来事があなたにとってどう思えるかに意識を向けてください。そして次に何が起きるか気づいてください」

クライエントが2回SUDを0と報告した場合，植えつけ段階へと続ける。

〔From *EMDR Institute Training Manual*, by F. Shapiro,〈Jan, 2008 & Jan, 2005〉., Watsonville, CA：EMDR Institute. Copyright 2008, 2005 by EMDR Institute. Adapted with permission. From *Eye Movement Desensitization and Reprocessing：Basic Principles, Protocols, and Procedures* by F. Shapiro,〈2001〉, NY：Guilford Press. Copyright 2001 by Guilford press. Adapted with permission.〕

出てくるかもしれません。ときには眼球運動（タッピング，聴覚刺激）の他には何も気づかないかもしれません。列車に乗っているという例えをお話ししたことを，覚えていてください。正しい反応，間違った反応というものはありません。何が起きても，ただ起きることに気づいていてください。そして，もしストップしたいときには，練習したストップの合図をいつでも出してください。

151

第Ⅲ部　PTSD のための EMDR 再処理の標準的手続き段階：第 3 段階から第 8 段階までの標準プロトコル

● 両側性刺激（BLS）の最初のセット前にターゲットにアクセスする

　臨床家は BLS の最初のセット直前に，クライエントがターゲットにアクセスするように導きながら再処理を始める。標準的な文言は次のとおりである。「そのイメージと否定的な言葉 ＿＿＿（臨床家は否定的認知を一人称でくり返す）に意識を向けてください。それを感じている身体の場所に気づきながら，私の指を追ってください（あるいは『光〈タッピング，音〉に気づいてください』）。もし，感覚記憶が視覚イメージではなく，音あるいは身体感覚である場合，次のように言う。「その出来事と否定的な言葉に集中してください」。

● 両側性刺激中の非特定的で臨機応変（contingent）な言葉による励まし

　その後，臨床家は両側性眼球運動（または代替の両側性刺激）の最初のセットを始める。各々の両側性眼球運動の間，少なくとも 1 回か 2 回は「ただ気づいていてください」「それと一緒に」というように，非特定的な励ましの言葉をかける。そしてラポールを強化するために，表情，呼吸，目の動きの非言語的な変化に気を配りつつ，「そうです」「ただ気づいていてください」のような，内容を特定しない臨機応変な励ましの言葉をかける。24 〜 30 往復の動きの後，1 セットを完了したら休止し，「休んでください。深呼吸をして。それを手放して（Let it go）[†26]。今，何に気づきますか」と聞く。

● 第 4 段階における両側性刺激の各セット後の臨床家の標準的な言葉かけ

　次の簡潔な表現は，両側性刺激のセット毎に一貫して使われる必要がある。それぞれの言葉には明確な目的がある。「休んでください。深呼吸をしてください」は，「休んで，深呼吸をすることで，あなたの注意を BLS のセット中に起きたすべてから切り離し，しばし今ここに向けます」という意図を持つ。臨床家は「休んでください」のかわりに「リラックスしてください」と言うべきではないと，気づく必要がある。というのは「リラックスしてください」は，クライエントのその瞬間の精神生理学的状態，強い恐怖，恥，怒り，嘆きを，意識的に変える方向に導いてしまうからである。顕著な感情，思考，イメージあるいは感覚として生じた精神生理学的状態がどのようなものであったとしても，「休んでください」の言葉はそれらの脱感作経験の継続を可能にする。「それを手放して」（Let it go）は，深呼吸と同時に，BLS のセットの間に起きた可能性のあるものを保持あるいは表現する試みを，すべて手放すことを意味している。

　次に「今，何に気づきますか」と尋ねる。この一般的な問いかけは，クライエントが今現在意識するどのようなものでも報告することを可能にする。最も顕著な変化は，イメージ，他の知覚記憶，身体感覚，感情の強度か状態であろう。自己評価が変化したりあるいは別の記憶が出現したりすることもある。また，心配，恐れあるいは再処理についての判断かもしれない。

　それゆえに，次のように**問わない**ことは重要である。「今，何を感じていますか」「今，その映像について何に気づきますか」あるいは「恐れは変わりましたか」。そのような特定的な質問は，不適応的記憶のネットワークを自然発生的で効果的な再処理とは無関係な題材へと，クライエントの注意を狭めたり方向づけたりすることになる。そのような特定的な質問は，再処理の状態が効果的でない場合のみに行う。

　臨床家はクライエントが報告する言葉に耳を傾ける。とりわけ，再処理の技法を学んでいる，研究を行っている，あるいはスーパービジョンを受けている，コンサルテーションを受けているという場合には，クライエントの言葉をそのまま書きとめることは役に立つ。クライエントの言葉で表現されたものを書きとめることは，臨床家が過度に言葉で応答するという習慣的な傾向を抑制することにも役立つ。この間，臨床家はクライエントの言葉に応答せずに，静かに数秒間の評価ができる。クライエントが何を

---

†26　日本においては「それを手放して」という表現は使うように推奨してはいない。意味が伝わりにくいとの判断からである。

言ったとしても，くり返したり言い替えたりしないことが最善である。クライエントの言葉をくり返したり言い替えたりすることは，丁寧に聴いていることを示すという習慣的な衝動を満足させるかもしれない。しかしそれは，クライエントの注意を彼らの内面の体験から遠ざけ，臨床家の言葉を考慮することへと変えることになる。クライエントの報告が効果的な再処理が起きていることを示す限り，次のように標準的な指示だけをする。「それに意識を向けて，次に何が起きるか気づいてください」あるいはただ，「それと一緒に」。

● 連想のチャンネル

クライエントの報告が効果的な再処理が起きていることを示し続ける限り，クライエントが肯定的か中立と思われる内容を報告するまで，前に述べた指示に従って両側性眼球運動（または代替の BLS）を続ける。効果的な再処理が起きていることをどのように見分けるかは以下の項で述べる。一般的にクライエントは，BLS の一つのセットから次のセットの間に，注意を集中しているものに関して何らかの変化を経験するだろう。クライエントはターゲット記憶についての感情の強さ，特色，あるいは特定の様相についての変化を報告するかもしれない。あるいは，他の記憶を連想するかもしれない。

Shapiro（2001, p.35）はこれらの変化を，「連想のチャンネル」内で起きていると述べている。これらのチャンネルは，長さにおいても数においても図8-1 に示すように非常にさまざまである。連想のチャンネルの長さは，数セットの BLS から 20 セット以上と異なる。また，ターゲットに戻り，別の内容を含んだ他のチャンネルを同定する回数も，数回から多数と異なるだろう。効果的な再処理が起きているとき，臨床家はクライエントが中立あるいは肯定的な内容を報告するまでおよそ 6～14 セットの連想のチャンネルを追っていく。しかし臨床家は，チャンネルがより短いこともあれば長い場合もあることを心にとめておくように。中立か肯定的な内容に集中した BLS を 2～3 セット行った後，通常臨床家は，他の苦痛を伴う再処理すべきものがあるか否かを見極めるためにターゲットに戻る。どのようにター

ゲットに戻るかは，「いつ，どのようにターゲットに戻るか」の項で述べている。

● 両側性刺激を変える

クライエントが続けて 2 セットの BLS の後，変化なく同じ苦痛内容を報告した場合，初めの介入は眼球運動の方向，高さ，スピード，幅を変えることである。身体的刺激を使っている場合は，スピード，強さ，刺激を与える場所を変える。聴覚刺激を使っている場合は，速度や音の種類を変える。多くの臨床家はクライエントが「変化がない」と言ったとき，クライエントにかける言葉を変えるように訓練を受けている。このような臨床家にとって，まず BLS の性質を変えると覚えておくことは常識に反するかもしれない。しかしながら，EMDR セラピーの有効性の大半は，神経学的に媒介された刺激による大脳辺縁系への直接的な影響から生じていると思われる。それらの程度は，心理学的に媒介された新皮質との相互作用から生じるものを上回らないとしても，少なくとも同等程度のようである（Servan-Schreiber, 2004）。EMDR セラピーの技法を学ぶ初心者であるなら，効果的な再処理を取り戻すためには，50％以上の場合において，BLS の刺激内容を変えるだけで十分だと覚えておくとよい。

● 効果的な再処理を示唆する反応

ほとんどの場合，臨床家が前述のような基本的な指示に従えば，クライエントは効果的な再処理を経験するであろう。一般的には，効果的な再処理が起きていないことが明らかなときにのみ，これらの標準的教示から外れる必要があるだろう。鍵となる質問は，効果的な再処理が起きている状態とはどのようなものか，である。まず，クライエントが言葉で表現する内容の変化が，効果的な再処理を示唆する。このことは，苦痛レベルが減少することと同様に，増大することも含んでいる。とりわけ脱感作段階の初期には，再処理によって不適応的な記憶のネットワークに急速にアクセスする可能性がある。このことは，初めのうちは，より苦痛な内容の出現へとつながることにもなる。苦痛レベルが大きくなり，**臨床家が脱感作を続けても良いのか懸念したときの対**

第Ⅲ部　PTSDのためのEMDR再処理の標準的手続き段階：第3段階から第8段階までの標準プロトコル

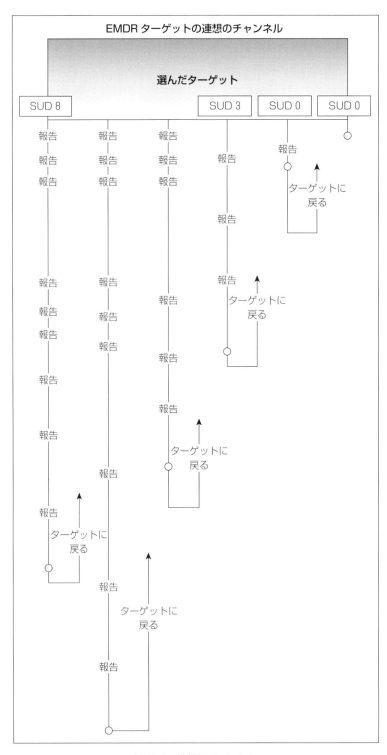

図8-1　連想のチャンネル

〔From *Eye Movement Desensitization and Reprocessing : Basic Principles, Protocols, and Procedures* by F. Shapiro, 〈2001〉, NY : Guilford Press. Copyright 2001 by Guilford Press. Adapted with permission〕

処方法を，第9章に載せている。まず，効果的な再処理が起きていることを示唆するその他の徴候は，以下のとおりである。

● 知覚的記憶の変化

不適応的記憶ネットワークへのアクセスが増すとともに，クライエントは，イメージが近くなった，より強烈だ，より苦痛になった，と報告するかもしれない。または，ターゲットの出来事に関連するイメージが，連続して現れてくるかもしれない。効果的な再処理とともにクライエントは，イメージが遠ざかった，ぼやけてきた，不明確になった，色があせてきた，小さくなった，消えた，と報告する可能性がある。

● 情動の変化

不適応的記憶ネットワークへのアクセスが増すとともに，クライエントは恐れ，恥，怒り，悲しみの程度が強まった，と報告するかもしれない。さらに効果的な再処理が進むとクライエントは，ある情動から別の情動への変化，あるいは情動の程度が弱まったことを報告するかもしれない。

● 感覚の変化

不適応的記憶ネットワークへのアクセスが増すとともに，クライエントは身体感覚の増大，あるいは新たな身体部位の不快な感覚を報告するかもしれない。強い痛みや，もともとの体験時に望んでいない性的興奮を経験したクライエントに対しては，感覚の強度が増す可能性について，インフォームドコンセントおよび心理教育を行う準備段階で述べておく必要がある。これらをどのように行うかは，第6章を参照してほしい。効果的な再処理とともにクライエントは，感覚部位が変わっていくこと，あるいは感覚の強度が弱まったことを報告するかもしれない。

● 信念の変化

不適応的記憶ネットワークへのアクセスが増すとともに，クライエントはさらに否定的な自分についての表現を付け加えて報告するかもしれない。これらは，否定的認知として選んだテーマと同様であるかもしれないし，別のテーマを反映しているかもしれない。別のテーマが出てきたときは，もともとのターゲットに戻る前に，しばらくはそれを追うことが効果的だろう。時にはこれらの他の主題は重要であり，クライエントの症状に関連のある出来事としてとらえる必要があるかもしれない。そしてこれらの出来事の一つが，この回あるいは次のセッションで，再処理の明確なターゲットになるだろう。効果的な再処理とともに，より適応的な考え，洞察あるいは新たな視点から，経験した出来事についての否定的な自己評価が変化していることを報告するかもしれない。

● 防衛行動の衝動の変化

不適応的記憶ネットワークへのアクセスが増すとともに，クライエントは新たな防衛行動の衝動に気づくかもしれない。また，たとえば逃げたいといったような，事件当時に感じた防衛的衝動の強まりを述べるかもしれない。ときには，クライエントは服従あるいは逃避という，二つの相反する防衛行動の衝動があると報告するかもしれない。**効果的な再処理が続いている間は**，クライエントのいくつかの身体感覚の気づきをひとつに絞るべきではないのと同様に，複数の防衛行動の衝動のどれかを選択すべきではない。かわりに，「両方に気づいていてください。それと一緒に」と，クライエントを勇気づける。効果的な再処理とともに，クライエントは逃走から闘争へという異なった防衛的行動の衝動への変化を報告するかもしれない。

● 他の記憶へのシフト

効果的な再処理があれば，クライエントは選んだターゲットに焦点を当て，その範囲内での変化を報告することができる。しかし，クライエントによっては，似たような出来事のクラスターのなかでの他の記憶への移動を報告するだろう。たとえば義理の兄弟からの身体的虐待の別のエピソードというように。また，当初は臨床家から見て関連性がないと思われるような古い記憶，あるいは比較的最近の記憶が報告されるかもしれない。たとえば，不適切な養

155

育に関してのクライエントの訴えを取り合おうとしなかった親の記憶である。しかし，これらの連想記憶は常に重要である。それらは信念，関係者，身体感覚，感情，防衛，あるいは対処方法に関連している可能性がある。時には，これらの浮かび上がる記憶は，選んだターゲット記憶の再処理を促す解決方法や適応的材料を含んだリソースを表しているだろう。たとえば母親のような保護と安定した温かさで接してくれた大好きなおばさんである。

あるいは，これらの連想記憶が，ターゲット記憶のなかから初めに選んだ出来事よりも優先したほうが良いと思われる内容を反映している場合がある。こうした事例においては，連想記憶から出てきた出来事を含むように，治療計画を変更する必要があるかもしれない。また，時には，これらの連想記憶は，一つあるいはより多くのクラスターをまたいで拡がる活性化を表すかもしれない。あるいは，数々の出来事があまりに多くの内容を含んでいるために，クライエントを圧倒させる恐れがあるかもしれない。こうした場合には，クライエントの集中を限定し，再処理の構成を助ける必要があるだろう。これをいつ，どのようにするかは第9章で述べる。

● いつ，どのようにターゲットに戻るか

脱感作段階のなかでターゲットに戻る目的は，再処理を必要とする内容がまだ残っているかどうかを見きわめることである。臨床家はターゲットに戻るタイミングをいつ知るのか。通常，クライエントが2〜3セット続けて苦痛を感じるものはないと報告し，さらに中立か肯定的な内容のみを報告するまで，連想のチャンネルに従って眼球運動の両側性刺激（あるいは代替の両側性刺激）を行う。その後臨床家はターゲットに戻る。また，クライエントの連想がもともとのターゲットからかなり離れ，選んだターゲットの再処理が起きていないと臨床的な判断がなされれば，ターゲットに戻る。EMDRセラピーの使い方を学び始めのうちは，新しい連想がどのようにもともとのターゲットに結びつくのか疑問に思うかもしれない。しかしながら，新たに浮かんできた題材に1，2セットのBLSを行えば，クライエントが重要な連想を生じさせていることがわかるだろう。

新しい題材が効果的な再処理に役立っているのか，それとも選択した記憶のネットワークとの関わりは薄く，ただ連想のチャンネルの終了間際をさまよっているだけなのかを識別できるようになるには，かなり臨床的経験が必要になる。ターゲットに戻る適切なときだと判断した場合には「もともとの経験に戻ると今，何に気づきますか」と言う。

臨床家が「もともとの体験」と言ったときに，連想のチャンネルのなかで他の数々の苦痛な記憶が出ているために，クライエントがどの出来事に戻るのか確信が持てない場合がある。そのときは，「彼があなたの弟を脅している一番初めの記憶です」のように，その出来事について感情を含まない客観的な言葉で伝える。ターゲットに戻る目的は，クライエントの意識に自発的に出てくるものを特定することであることを，臨床家が気づいている必要がある。したがって，ターゲットに戻るときには，いつでも完全に中立な方法でクライエントに伝える。**ターゲットに戻るときに否定的認知，イメージの詳細，もともとの感情，もともとの身体感覚の場所をくり返してはいけない。**「もともとの体験に意識を向けると今，何に気づきますか」とだけ言う。

● クライエントが明らかに不快で付加的な内容を報告したとき

もし，クライエントが明らかに苦痛を伴う付加的な内容を報告したとき，臨床家は自覚的苦痛尺度（SUD）を調べる必要はない。SUDを聞く重要なときは2回ある。アセスメント段階，および脱感作段階終了時に治療者がSUDは0で安定していると確認するときである。したがって，ターゲット中に明らかに不快で付加的な内容があるとき，多くの場合，単に「それに集中し，次に何が起きるか気づいてください」と言うだけで十分である。クライエントが主に認知的な内容を報告し，ターゲットに残っている苦痛から遠のいているかもしれない場合には，クライエントの報告の後に，「それを身体のどこで感じますか」と聞く。クライエントが身体の部位を報告したら，「それに意識を向けてください」と言う。

第8章 脱感作段階：基本的手続き

クライエントがあいまい，中立，あるいは肯定的な内容を報告したとき，SUDを調べる

ターゲットに戻ったとき，もしクライエントが曖昧に取れる，または中立，あるいは肯定的と思われる連想を報告した場合，SUD評価を調べる必要があるだろう。SUD尺度を調べる標準的な言い方は次のとおりである。「もともとの体験に集中すると，0〜10の尺度で，0はまったく苦痛でないか中立，そして10は想像できる最大の苦痛だとすると，それは今，あなたにとってどれくらい苦痛に感じますか」。

● SUDが1かそれ以上のとき

もしクライエントが，SUD評価を1かそれ以上と報告したとき，「今，その最悪の部分は何ですか」と問う。クライエントが最悪の部分を報告したら「それに意識を向けてください。そして，次に何が起きるか気づいてください」と言う。あるいは，「それを身体のどこで感じますか」と尋ねることもできる。そして「それに意識を向けてください。そして次に何が起きるか気づいてください」と言う。

● SUDが0のとき

もしSUD評価が0であれば，「その出来事が今，あなたにどう思える（seem）かに集中してください。そして次に何が起きるか気づいてください」と言う。次のBLSのセットの後，苦痛なものが何も出てこないようであれば，SUD評価を再度調べる。クライエントがSUD評価を再度0と報告した場合，臨床家は脱感作段階を完了したといえる。その後，続けて植えつけ段階に入る。

157

第9章

脱感作段階における効果的な再処理の維持と調整

概要

本章では，心的外傷後ストレス障害（PTSD）を治療するための，標準的な眼球運動による脱感作と再処理法（EMDR）プロトコルの脱感作段階（第4段階）で，効果的な再処理を維持し調整するための広範囲にわたる戦略を扱う。まず，臨床での作業の指針となる標準的な流れ（decision tree）を明確にすることから始める。続いて，長く続く激しい情緒的反応を経験しているクライエントを支えるための問題と戦略を検討する。そして最後に，意図的に適応的記憶ネットワークを刺激し，ターゲット記憶との統合を促す，Shapiro（1995, 2001）が「認知の編み込み」として言及している介入を，いつどのように用いるかを検討する。

最初のトレーニングでの実習に備えている臨床家は，トレーニングまたは臨床セッティングで標準的な手続きステップを使用し始める前に，本章のすべての内容に熟達している必要はない。トレーニングのインストラクターはこの上級編の内容について，受講生にざっと読んでおくか，第10章で扱われている植えつけ段階および標準的な手続きステップの残りにとりあえず進むよう，提案することもあるだろう。しかし本章の内容を習得することは，標準的なEMDRセラピーのPTSDプロトコルをより忠実に適用するためには必須なことである。

EMDRセラピーの学習中における，起こりうる範囲の臨床的反応に圧倒される感覚への対処

EMDRセラピーの再処理段階（第4, 5, 6段階）の各時点において，臨床家が意識して判断するべきポイントは実際にはそれほど多くない。それでもEMDRセラピーを学ぶとき，次にするべきことに圧倒されることはよくある。このことは，車の運転を学ぶ経験に似ている。現代の自動車を操縦するうえで，コントロールしなければならないことはそれほど多くない。それぞれがシンプルな作業である。それでも，各々の制御装置の機能を勉強した後，最終的に教習所の教官の隣に座りハンドルを握ったとき，特に予想外の何かが起これば簡単に混乱して圧倒されてしまう。実践によってのみ，車を運転することのすべての要素の概念的知識は，徐々に手続き的知識になってくる。実践によってのみ，運転するための多くのスキルは自動的に使えるようになり，運転の技術面から離れて，目的地に安全に効率よくたどり着くことをシンプルに楽しめるようになる。

EMDRによる再処理を提供するためには，標準的な手続きのスクリプトを学び，使えることが必要になる。このスクリプトを覚えるまでは，スクリプトを読みながら行うことが必要になる。正しく覚える前に手続きスクリプトを自己流にしてしまうと，手続き順序や言い回しから外れたことを行いやすくな

第9章　脱感作段階における効果的な再処理の維持と調整

り，治療の忠実性を損なってしまう。手続きスクリプトを読んでいる状態ではそちらに注意が必要となり，臨床家としてクライエントの反応をとらえて対応するための注意力は減らされてしまう。手続きスクリプトを覚え，慣れてくると，いろいろなことが楽に感じられるようになる。そうなれば，それぞれの瞬間に直面する選択肢によりうまく対応できるようになる。

　十分な実践を行い，実際の臨床経験を通じて学んだ原理や手続きを統合し，習熟した感覚を持てるようになるまで，ある程度の不確実感，混乱，躊躇，疑いなどを感じることは当たり前だと受け入れる必要がある。第16章および第17章では，EMDRセラピーにおける専門家としての成長のプロセスと，臨床技術や習熟の発展を支えるコンサルテーションの役割を検討している。面接過程の記録を作り，質問をまとめ，定期的にコンサルテーションを受けることは役に立つ。EMDRセラピーを自分の臨床的スキルと組み合わせられるようになるまで，標準的なEMDRセラピーの手続きの各ステップが，どれほどしっかりしたものであるかを心にとめておいてほしい。たとえ臨床家が不確かであったり，ちょっとした技術的ミスをしたとしても，ほとんどのクライエントにとって再処理のプロセスは非常に役立つだろう。

● 脱感作段階における標準的な手順と流れ

　本節では，脱感作段階において臨床の作業を導く標準的な流れのいくつかを明確にする。

● 再処理の早い段階で「何もありません」が続くとき

　脱感作段階の初期で出会う混乱する反応は，「何に気づきますか」という問いかけに対し，クライエントが「何もありません」と答えることだろう。このような返答が最初にあったときは，通常どおり「それに意識を向けて。次に何が起こるかに気づいていてください」と返せばよい。多くの場合，次の両側性刺激（BLS）のセットの後，クライエントは変化を報告するだろう。場合によっては，クライエントは

再び「何もありません」と言うかもしれないし，続けて「ただ指が行ったり来たりするのを目で追いかけていました」とつけ加えることもありうる。2セット連続して同じ報告を得たときの標準的な対応は，BLSの方向を変えたり，刺激の種類を変えることである。刺激を変えた後，3回目の返答もまた「何もありません」ということもある。このとき，記憶ネットワークのなかでは何も変化していないと思うかもしれないし，実際にその可能性はある。しかし，再処理の早い段階でくり返される「**何もありません**」という報告は，記憶ネットワークのなかで何も変わっていないことを示すとは限らない。さらにもう一度方向を変えてみる。この時点でクライエントは，内容，あるいは記憶ネットワークの強さにおける実際の変化を示すような，これまでと違った内容を報告し始めるかもしれないし，あるいはまた「何もありません」と報告するかもしれない。4回目の「何もありません」の報告の後，そしてすでに2回の方向変更をしたうえで，「元の体験に戻ると何に気づきますか」という標準的なセリフを用い，ターゲットに戻る。比較的多くの場合，ターゲット場面で報告される内容が，内容や強さにおいて再処理を始める前と違っていることに気づき，驚くだろう。どうしてこのようなことが起きるのだろうか。意識の流れからの言語的な報告が皮質の前頭前野領域で行われるのに対し，変化が辺縁系やその他の場所で起こっている変化が反映されているのかもしれない。

　「何もありません」という言語的報告は，BLSセットの連続を通じていろいろな異なる体験を意味しうる。いくつか例を挙げると，①「変化は起きているが，どう言葉にしていいかわからない」，②「何かは起こっているが，指の振りに気が逸らされていて説明できない」，③「間違うのがあまりに怖く，手が行ったり来たりすることに集中しすぎてしまい，自分が本当はどんな違いを感じ始めているか気がつけない」，④「これが効くかもしれないことを認めるのが怖い。今までどれも効かなかったし，わざわざ何かをしたくもないので，ただ何も気づかないと言っておこう」，などがある。ここで学ぶべきことは，最初，2回目，あるいはたとえ3回目においてさえ「何もありません」という答えを聞いても，変化が何も

159

起きていないと思い込んではいけない，ということだ。4〜5セットの両側性眼球運動（EM）の後にクライエントが「何もありません」と報告したとしても，臨床家が失敗しているわけではない。しばしば，2〜3セットの両側性EM（または両側性のタッピングや音）の後に，新たな素材が生じてくる。もしそうはならなくても，まず方向を変更した後，ターゲットに戻り，記憶ネットワークにアクセスして，選択されたターゲットに変化が生じているかを評価する。選ばれたターゲットに戻ったときにいつまでも「何もありません」がくり返され，まったくあるいはほとんど変化が起こらない場合，以下の可能性がある。①不適応的記憶ネットワークへのアクセスが不十分，②再処理を妨げている特定の恐怖，③解離，知性化あるいは他の防衛，④疾病利得の問題，⑤治療同盟に対する信頼感が不十分。これらの可能性に対しどのように対処するかについて，本章で解説する。

● 再処理中の転移要素への対応

EMDRセラピーの新人臨床家にとってのもう一つの課題は，再処理中に起こる転移要素への対応である。転移とは，*Webster's New World Dictionary of the American Language*（Guralnik, 1970）によれば「抑圧された（たとえば子ども時代の）経験に関する感情の再生と，抑圧された衝動の最初の対象とは異なる他の人への置換」と定義される。片親または両親によって容赦ない基準で育てられてきたクライエントは，たとえば「私は正しくやれているかわかりません」と言って，疑いを表明するかもしれない。幼少期に親側の視点を発達させながら育ち，両親のニーズを満たさなければならないと思うようになったクライエントは，「腕が疲れませんか」と気づかうかもしれない。人生早期の体験で見捨てられ不安を経験しているクライエントは，こんなふうに訴えるだろう。「いつもはもっと話してくれるじゃないですか。今日はあまり話さないですよね。それがとても淋しいです」。

● じゃまをしない

転移の問題が出てくるとき，二つの原則を意識し

ておく必要がある。第一は，選ばれた記憶においてクライエントが問題にしていることがどのようなことであれ，その問題が再処理過程のなかで現れてくる傾向がある，ということである。すなわち，当該の問題が再処理の反応として報告される内容に現れたり，臨床家との関係性に反映されたりする，ということである。第二には，**臨床家がプロセスを阻害しないところにとどまり，コメントを付け加えることも，解釈することも，励ますこともなく**，題材が変化することに任せることができたならば，転移の問題は自然と解消するだろう，ということである。転移に対する通常の臨床的応答を抑えることは不自然に感じるかもしれないし，臨床家によっては逆転移を引き起こすかもしれない。しかしながら，経験的には，適応的情報処理（AIP）の枠組みで作業し，クライエントの素材に入り込まないことが，一般的に最も良い結果を導くのだ。したがって，クライエントが「いつもはもっと話してくれるじゃないですか。今日はあまり話さないですよね。それがとても淋しいです」などと言うときには，臨床家は変わらずに「それに集中して。次に何が起こるかに気づいていてください」と対応するべきである。

● より早期の記憶にアクセスした場合

連想のチャンネルをたどっていくにつれて，より早期の記憶が自然に浮かび上がってくることもよくある。より初期の体験が，その後の経験の反応パターンを作るというAIPモデルの原理に基づき，より初期の体験の記憶が出てきたときには，その流れに沿い，より古い記憶の再処理を終わらせた後に，選ばれた元のターゲットに戻るというのが一般的だろう。例として，選ばれたターゲットは，10歳のときに継父から受けた身体的虐待だとする。より古い9歳のときの継父からの虐待の恐怖が出てきたときは，そのより古い記憶へと再処理の焦点を移動させる。9歳の記憶を完全に再処理した後で，10歳の記憶に戻る。より早期の題材は，そのセッションのなかで解消する場合もあれば，さらにいくつかのセッションを必要とする場合もある。多くの場合，より早期の題材が異なるテーマと結びついている徴候がなければ，新たにこのより早期のターゲットについ

て評価段階から始め直す必要はない。

● より最近の記憶にアクセスした場合

脱感作段階で，選択されたターゲットよりも最近の記憶が出てくることもよくある。こういったより最近の苦痛な記憶は，内容，関与者，出来事の性質，その他の特性において，選択されたターゲットと似ているかもしれない。しかし，より最近の苦痛記憶に与える両側性刺激（BLS）のセット数は，一般的に1〜2セットに限ったほうがよい。その後に，より古い選択されたターゲット記憶にクライエントの意識を戻す。ここでの原則はAIPモデルに基づいている。AIPモデルでは，未解決で不適応的にコード化されたより早期の経験が，後から起こる経験を受けとめるための枠組みとなる，ということが強調されている。したがって，一般的により早期の選択されたターゲット記憶が完全に再処理されるまで，最近の苦痛記憶へと再処理の連想がつながることを制限することは，臨床的により効果的であろう。留意すべきこととして，クライエントの連想が最近の**適応的**記憶へとつながる場合も，BLSのセット数を一般には2，3回までとし，その後で選択されたターゲット記憶に戻り，さらなる不快な側面に対処していくとよいだろう。

先ほどの，10歳での継父による身体的虐待の記憶を再処理する例に戻る。たとえば，いくつかの両側性EMの後に，より最近の記憶である14歳のときに継父から受けた虐待の記憶が，同じく14歳のときに学校で暴行を受けた記憶とともに現れた場合を考えよう。これらのより最近の苦痛記憶がこれまでには語られていないものであれば，面接記録に書きとめておき，今後のセッションで扱われるべきターゲットリストに追加しておく必要がある。クライエントにはこんなふうに伝えると良いだろう。「これらのより最近の苦痛な記憶が，あなたに関係していることは明らかです。私たちは別のセッションでこうした最近の経験を改めて扱うことができます。今は，より早期の記憶について作業を続けましょう」。たとえ，選択された元のターゲットに注意を戻したときに，自覚的苦痛単位（SUD）がかなり低くなっており，すでに0に近い場合でも，一般に，脱感作，植

えつけ，およびボディスキャンの各段階を，最近の出来事を再処理する前に完了することがより効果的である。そうしなかった場合，より最近の記憶について作業しようとしたときに，不完全にしか解決されていないより初期の記憶が不適応的な素材を作り続ける可能性がある。より古い記憶の再処理を完了することによって，より最近の記憶が，部分的に，実質的に，または完全に解決されることもしばしば起こることだ。

● 持続する激しい情緒的反応への対応

強い情動が絡んだターゲット記憶を再処理する場合，クライエントが再処理中に激しい情緒的反応を経験することは珍しいことではない。Howard Lipke（1995）の初期の調査によれば，この反応は，多くの伝統的言語的心理療法の場合よりも，EMDRセラピーにおいて起こりやすい。クライエントと臨床家の双方が十分な感情耐性のスキルを持ち，適切に準備し，これらの激しい感情的エピソードに対して対応可能となっていることが重要である。

そもそも理論的視点から考えると，EMDRセラピーの場合は，持続性曝露療法とは異なり，感情的再体験の持続と強さは治療変化をもたらすための重要な要素ではない。EMDRセラピーにおいて効果的な再処理は，不適応的記憶ネットワークと適応的記憶ネットワークとの間の統合の結果として生じる。EMDRによる再処理では，多くのタイプの言語的心理療法よりも激しい感情反応が起きる可能性があるが，その持続と強度は治療変化には必須ではないと考えられている。確かにEMDRセラピーは，鮮明な追体験によるよりも，距離を置いた見方でトラウマを再処理することによって，**より効果的**となることが示されている（Lee & Drummond, 2008；Lee et al., 2006）。つまり，EMDRセラピーは，**曝露による消去に基づく**治療ではなく，情動的情報処理の強化法としてとらえられるべきである。EMDRセラピーでは，**必要に応じて距離をとる介入をすることができ**，それによって治療は妨げられるというよりも，より効果的になる。

Sigmund Freudによって考案された伝統的な精

神分析用語では，激しい情緒的反応のことを**除反応**という。除反応とは，一種の経験の再体験であり，それによって感情的激しさが取り除かれる（"Abreaction," 2007）。EMDRセラピーでは**再体験**の必要性を強調しない。中心となるのは，**二重注意**を保つことである。このためには，不適応的記憶のネットワークに**アクセス**し，同時にBLSに**意識を向ける**ことが必要であり，それにより脳が記憶を保持する方法を再構成することが可能になる。それでもなお，不適応的記憶ネットワークを再体験することが，最大級の苦痛をもたらすことは再処理中によくあることであり，避けられない場合も多い。

効果的な再処理が起こっているとき，激しい情緒的反応に対する適切な姿勢は，クライエントの変化プロセスを延長したり，短縮したり，または歪ませようとするものではなく，思いやりとサポートによるものである。臨床家がこの支持的姿勢の一環として果たすべきいくつかの標準的な手続き要素はあるが，出てきた題材の内容や，激しさに対しての自分自身の不快感を処理するために介入してしまうことは避けるべきである。激しい情緒的反応が続くときに最も重要なことは，効果的な再処理が起きているかどうかを見守ることなのである。

大きな課題を扱う場合の，十分な事前準備の重要性

強い感情が閉じ込められていることが明らかな題材をEMDRの再処理で扱う前に，クライエントが心理教育によって適切に準備され，感情耐性や包み込みのスキルも使えることを確実にしておく必要がある。クライエントをEMDRの再処理のために準備する手順の詳細については，第6章を参照してほしい。クライエントへの心理教育には，再処理中にどんなことが起こるのかについての情報とともに，そこで起こる経験に，マインドフルな状態で気づいているための適切なスタンスを維持するための比喩も必要である。クライエントはまずはじめに，自分がコントロールを持っていること，そして事前に決めたストップサインを表示して，いつでも停止することができることを知っておく必要がある。クライ

エントには，必要だと感じたらいつでも再処理を中断できることを伝える。さらに，落ち着く場所のエクササイズや，不安および他の激しい感情状態をコントロールしやすくするための方法をすでに練習してきていることをクライエントに思い出させる。これらの介入は必要があればいつでも使え，自分の感情状態をコントロールできる感覚を取り戻すことを助けてくれると，伝えるのが重要だ。

第二に，クライエントは，BLSのセットを続けることが，そこで出てきた感情状態を通過するための最善の方法であること，また同時に，これらの激しい感情状態を作り出している記憶ネットワークが再編成され，これ以上未来の経験において侵入的で悲痛な再体験として浮上しないことを確実にするための，最善の方法であると知っておく必要がある。トラウマを経験しているとき，脳の感覚と感情システムは，これらの激しい感覚と感情の経験をトラウマ性記憶としてコード化して貯蔵する（van der Kolk et al., 1996a, Chapter 12）。EMDRの再処理中に，これらのトラウマ性記憶ネットワークを構成する要素は再編成され，通常の古い記憶と同じように，物語的記憶として貯蔵されるようになる（Lansing et al., 2005；Levin et al., 1999）。

激しい情緒的，身体的反応時に二重注意を維持する2組の戦略

激しい情緒的反応のエピソードの間，意識はバランスのとれる場所から離れてしまい，記憶に蓄えられたままの悲惨な素材（過去）へと大きく傾き，両側性のEM（現在）にほとんど注意を払えなくなる傾向がある。クライエントが二重注意のバランスを維持しやすくするために，BLSを強めることは役立つ。これにはいくつかの方法がある。

両側性刺激の1セットあたりの往復回数を増やす

第一に，両側性EM（タッピングまたは音刺激）の1セットあたりの往復回数を，標準の24回から，30回，40回，50回，またはそれより多くする必要

がある。往復回数に頼るのではなく，顔の表情，呼吸パターン，肌の色，目の動きの様子，および他の非言語的手がかりが示す体験のレベルと質の変化に十分な注意を払うべきである。可能であれば，感情状態の質の変化や，非言語的徴候からわかる激しさの低下が現れるまで，BLSセットにおける往復回数を増やす。

励ます声かけの頻度を増やす

第二に，二重注意を維持しやすくするために，「そうです」とか「ただ気づいていてください」といった非特異的な，励ましの言葉かけをより頻繁に行う。第三に，列車に乗っている例えをクライエントに思い出してもらう。「思い出してください。あなたは電車に乗っているようなものです。記憶が通り過ぎているだけです。ただ眺めていてください」と伝えればよい。クライエントが怖がっているならば，「今あなたはこのオフィスに私といますよ。あなたは今，安全です。記憶のなかで何が起きているかにただ気づいて，それが過ぎていくのを見ていましょう」と思い出させる。クライエントが他の素材にアクセスしていることを示す表情の変化が見てとれれば，「そうです。ただ眺めていてください」と伝えればよい。こういった，非特異的だが**その場に合った対応**（随伴的応答）は，悲惨な題材を通過する際に，臨床家とのつながりを感じることにより治療同盟の強度を維持し，クライエントが**覚醒度を調節**しやすくなる。

第四に，セッションのより激しい部分では，臨床家が声のリズムをBLSの動きと合わせるようにしつつ，「そうです。指を追って。追って。追って。追って」とくり返し励ますことができる。ほとんどのクライエントは，気が散るとか侵入的と感じるのではなく，自分が感じている激しさに合わせてくれていると感じるだろう。クライエントは，記憶にとどまることと臨床家とともに現在にいることの両方の感覚を維持でき，支えられていると感じるだろう。第五として，もしEyeScan 4000のような機器（第16章および巻末の参考情報を参照）をBLSに使用している場合，触覚への刺激や，聴覚への音刺激など，眼球運動だけでなく，さらなるBLS刺激方法

を追加することも選択肢となる。

効果的な再処理の証拠を観察しながら，穏やかに支持的でマインドフルなあり方と対応をする

BLS 1セットごとの眼球運動の往復数を増やしたら，セット中の非言語的な表現や，BLSセット間のクライエントからの報告を引き続きチェックすることが，効果的な再処理の確認に役立つ。効果的な再処理が起きていることがクライエントからの報告で確認できるときには，セット間の会話は最小限にし，次のセットに進む。おそらく，EMDR再処理中の激しい情動反応をうまく解決するために最も重要な要素は，①再処理に対する臨床家の信頼と，②臨床家が落ち着いて支持的かつマインドフルになり，そのときのクライエントに役立つツールや選択肢を使いこなせること，の二つである。クライエントの苦しみに共感しつつ境界を保つという姿勢（detached compassion）を維持することは，何が起きているかを明確に理解するために，クライエントを支えるために，そして介入の必要性を判断するために重要である。

臨床家自身の感情耐性をモニターする

臨床家がEMDRセラピーを学ぶとき，このような状況で介入を少なくして，再処理が通り過ぎるに任せることはなかなか難しい。もちろん，再処理が効果的に進んでいないことが確かな場合は，介入の準備が必要である。しかしながら，一部の臨床家は，クライエントが介入を必要とするからではなく，臨床家自身の感情耐性の限界を超えてしまい，専門的あるいは個人的な過去の経験からくる題材が再活性化され，不安や逆転移を経験しているために介入してしまう。こういったことが起きた場合には，まずMark Dworkin（2005, pp.159-163）が提唱するコンパートメント化（compartmentalization）のような，自己調節スキルを検討するべきである。深い呼吸をして，自分自身の安全な場所のイメージや，自分の内なるコーチからの声に意識を向ける。それから，左右の

第Ⅲ部　PTSD のための EMDR 再処理の標準的手続き段階：第 3 段階から第 8 段階までの標準プロトコル

足の親指を交互に床に押しつけることにより，密かに BLS を行う。さらに，何が自分自身の引き金になったかを面接記録に残し，セッション後にそれらに取り組む。EMDR 国際学会（EMDRIA）認定コンサルタントから，追加の教育とコンサルテーションを受けることを検討する。EMDRIA 認定コンサルタントに激しい感情反応を示すセッションのビデオを見せ，これらの問題に関するフィードバックを得る。そのフィードバックで，臨床家が耐えることが難しかったときに，クライエントは適正な反応を見せていたということがわかれば，臨床家はクライエントの激しい感情となった題材に対する，自分自身の情緒的反応を扱うための EMDR 治療を受けることを考慮するべきである。こういった感情的激しさの瞬間に活性化される題材を解消するには，比較的少ない回数の EMDR セラピーセッションで十分なことが多い。

再処理が起きていない 4 通りの場合の認識と対応

　効果的な再処理が行われているときは，特別なことはせず処理に任せることが重要だ。しかし，再処理が効果的でない場合は，介入が不可欠である。非効果的な再処理を認識するための重要な特徴は，第 8 章の「効果的な再処理を示唆する反応」で詳述されている。これらの特徴は，臨床家に介入が必要であることを示すが，どのタイプの介入が必要であるかを示すとは限らない。介入のタイプを見極められるようになるには，AIP モデルの視点から問題の質を概念化できなければならない。幸いにも，再処理がうまくいかない場合というのは，大きく四つのグループにまとめられる。①不適応的記憶ネットワークへのアクセスが不十分である，②不適応的記憶ネットワークにアクセスしすぎている，③より早期の異なる不適応的記憶ネットワークにアクセスするために焦点を移す必要がある，④不適応的記憶ネットワークと適切な適応的記憶ネットワークとの間の自然な連合の欠如がある（表 9-1）。この 4 通り

表 9-1　再処理が起きていない 4 通りの場合

> （1）不適応的記憶ネットワークへのアクセスが不十分。
> （2）不適応的記憶ネットワークへのアクセスが過剰。
> （3）異なる，より早期の不適応的記憶ネットワークにアクセスするために焦点を移す必要性。
> （4）不適応的記憶ネットワークと，適切な適応的記憶ネットワークとの間の自然な連合の欠如。

の難しさのうち，どれが非効果的処理のなかで起こっているかを見きわめれば，効果的な再処理に戻るために介入法を選ぶことは容易になる。では，順を追って検討してみよう。

● 不十分なアクセス

　効果的でない再処理を起こす第 1 の状態は，適切な不適応的記憶ネットワークへのアクセスが不十分な場合である。表 9-2 には，不十分なアクセスに対処する九つのタイプの介入が書かれている。順番に見ていく。

【両側性刺激の性質を変える】

　不適応的記憶ネットワークに十分アクセスしていないクライエント（顕著な心理的防衛がない場合）のための最初の介入セットは，単純に両側性刺激の性質または様式を変えることである。具体的には，眼球運動の速度を増減する，眼球運動の幅を増減する，横方向の眼球運動の高さを上げたり下げたりする，左右どちらかの斜めにする，円形，またはさまざまな形の眼球運動に変えるなどである。最後に，刺激のモードを運動感覚（kinesthetic[27]）または聴覚の BLS に変更することを考える。

【両側性刺激のモードを変える】

　一部のクライエントは，不適応的記憶ネットワークに関する感情，感覚，および防衛行動の衝動に適切にアクセスすることが困難である。このようなクライエントの一部は，**アレキシサイミア**（失感情症）の一般的な徴候を示すことがある。それ以外は，不適応的記憶を再処理することが単に難しいという可能性もある。これらのクライエントの一部は，家庭のなかで，自己や他者への傷害の危険が切迫していたり，言葉による虐待，または放棄の脅威を示すよ

---

[27]　触覚／tactile と同義だが，クライエントに机や臨床家の手などを叩かせる方法もある。さらには自身で自分の腿や上腕をタッピングする方法もある。

第9章　脱感作段階における効果的な再処理の維持と調整

表9-2　不適応的記憶ネットワークへのアクセスを増やす手順

（1）眼球運動またはその他の両側性刺激の方向やスピード，往復回数を変える，あるいはモードなど両側性刺激の性質を変える。
（2）両側性刺激を行う前に毎回，クライエントに「それを身体のどこに感じますか」と尋ねる。そして「それに意識を向けて」と言って次のセットを行う。
（3）ターゲットに戻り，クライエントに視覚的あるいは他の脅威手がかりを思い出してもらう。
（4）ターゲットに戻り，クライエントに選ばれた否定的認知を思い出させ，ターゲット記憶における苦痛な情動をさらに刺激する。
（5）「語られなかった言葉」について尋ねる。「次の眼球運動（タッピングあるいは音刺激）で，あなたが言いたかった言葉，あるいは今なら言いたい言葉に気づいていてください。たとえそれは実際には声に出して言わないような言葉でもかまいません」
（6）行動に移されなかった衝動について尋ねる。「次の眼球運動（タッピングあるいは音刺激）で，その当時にはやりたかったけれど行動できなかった衝動，あるいは今やりたくなっている衝動に気づいていてください。たとえそれはあなたが現実の世界ではやらないようなことでもかまいません」。
（7）身体感覚に声を与える。「次の眼球運動（タッピングあるいは音刺激）で，その感覚を身体のどこに感じるかに気づいてください。そしてあなたの身体がそこにある感覚を言葉にしたり，表現することができると想像してください」。
（8）アクセスを妨げているおそれがある特定の恐怖を探る。「この記憶が処理されることを阻んでいるかもしれないどのような怖さや懸念が今ありますか」。特定された恐怖を心理教育，資源の開発と植えつけ（RDI），あるいはその恐怖を抱いたことと関連している経験を再処理することで解消する。
（9）再処理を再開する前に，第6章で述べたような離人感と非現実感を和らげるスキルをクライエントに教える。

うな出来事を，何回も，頻繁に，視覚および聴覚的に経験している。こういったクライエントは，EMDR再処理セッション中の微妙な脅威のサインに対して，残存している視覚的過敏性が反応してしまう。この視覚的過敏性は，EMによる再処理中に，ターゲットとする不適応的記憶ネットワークにアクセスする障壁となる。脅威の手がかりに対して彼らの気が散りにくいようにするには，両側性のEMから，両側性の運動感覚刺激に変更することを伝え，目を閉じてもらうのがいいだろう。

【それを身体のどこに感じますか】

次の介入は，苦痛を感じている場所に再集中してもらうことである。両側性のEMを行う前に毎回クライエントに，「それを身体のどこに感じますか」と尋ねる。そして「それに意識を向けて」と言って，次の両側性のEMを始める。

【ターゲット記憶における脅威刺激を強調する】

不適応的記憶ネットワークの要素へのアクセスを増加させるために，ターゲットに戻り，クライエントに視覚的あるいは他の脅威刺激を思い出してもらう。生育歴・病歴聴取やアセスメント段階で，クライエントが語った出来事についての感覚的な詳細をくり返してもらう。

【苦痛な感情を刺激するために否定的認知を使う】

否定的認知は，不適応的記憶ネットワークを刺激する傾向があるため，不適応的記憶ネットワークへのアクセスを増やすために否定的認知を使うことができる。ターゲットに戻り，クライエントに選ばれた否定的認知を思い出してもらう。

【語られなかった言葉と行動に移されなかった衝動】

不適応的記憶ネットワークの持つさまざまな側面へのアクセスを増やすための方法として，効果的で相互に関連した以下の三つがある。①**語られなかった言葉**，②**行動に移されなかった衝動**，③**身体感覚に声を与える**。語られなかった言葉を探る必要を示す徴候には，歯をくいしばる，喉のあたりが帯状に白くまたは赤くなる，あるいは喉が詰まる感じがするという言語的報告などがある。語られなかった言葉を引き出すには，たとえば以下のように聞く。「次の眼球運動（タッピングあるいは音刺激）で，あなたが言いたかった言葉，あるいは今なら言いたい言葉に気づいていてください。それは実際には声に出さないような言葉でもかまいません」。そして，両側性の眼球運動のセットを行う。しばしば，次の両側性眼球運動の後でクライエントは，ターゲット記憶のなかの重要な誰かとの，より適応的なやりとりを報告し始める。

行動に移されなかった衝動を探る必要を示す徴候には，筋肉をこわばらせている／身体のどこかを叩いていたりつかんだりする／何か感じが悪いという

165

言語的報告／防衛行動の衝動抑制などがある。**行動に移されなかった衝動**を引き出すには，たとえば以下ように聞く。「次の眼球運動（タッピングあるいは音刺激）で，そのときに本当はやりたかったけれど行動できなかった衝動，あるいは今，やりたいと感じている行動に気づいていてください。それはあなたが現実の世界ではやらないようなことでもかまいません」。

同様に，眼球運動の方向を変えた後も続く**不快な身体感覚**には，**それらに声を与える**ように促してみることができる。以下のような言葉がけで促すことができる。「次の眼球運動（タッピングあるいは音刺激）で，その感覚を身体のどこに感じるかに気づいてください，そしてあなたの身体のその部分が，その感覚を言葉にしたり，表現することができると想像してください」。

【アクセスを妨げうる恐怖の探索と解消】

第6章では，適切な治療同盟を発展させることの重要性について検討している。クライエントは何が起こっても，それを正直に報告できるように，十分な信頼とラポールを感じている必要がある。不適応的記憶ネットワークへのアクセスが不十分な場合，治療同盟への信頼感の不足が反映されているかもしれない。おそらくクライエントが恐れているのは，コントロールを失うこと，否定的に評価されること，あるいは失敗や他の特定の何かの怖れであり，それは生育歴・病歴聴取や準備段階では開示されていないか，あるいは本人も気づいていないものかもしれない。

そのような懸念や恐怖が情報の欠如に基づいている場合，最初に必要なのは心理教育である場合が多い。例としては，EMDR セラピーは特定の宗派では禁止されている催眠の一種ではないのかという宗教上の懸念，臨床家に支配されてしまうのではないかという不安，本人が望まない出来事の詳細を明らかにしなければならないのではないかという恐怖，正気を保てないという恐怖，絶望的だと拒絶される恐れ，そして良い記憶まで失ってしまう恐れなどがある。いくつかの恐怖には，心理教育とインフォームドコンセントの組み合わせが必要である。例として，法廷で鮮明に思い出せなくなることの恐怖や，他の

もっと辛い出来事を思い出してしまう恐怖もある。懸念のなかには現実的なものもある。これらのことはしばしば，再処理の前に解決されている必要がある。たとえば，治療を完了するために払う十分な資金がないとか，家庭内のパートナーからさらなる犯罪的な危害を受ける危険がある場合などがある。

【寄与する経験を再処理することで恐怖を扱う】

その他の恐怖は，選択されたターゲット記憶以外の人生経験から生じている可能性がある。これには，たとえば，養育者の保護や必要なサポートの提供が不十分であったなどの幼少期からの体験や，過去の有害な治療経験などがある。こうした寄与経験は，選択されたターゲット記憶と比べると，それほど日常の妨げにならなかったり，枝葉末節なことに思われるかもしれないが，アクセスや再処理を妨げる可能性がある。まず，特定された恐怖と関係する一つかそれ以上の寄与記憶を再処理するために治療計画を見直すことは，もともと選択されたターゲット記憶をうまく処理するために，必要なことである。

一つの例としては，前の治療者との間で，子どもの頃の祖父からの性被害を思い出し始めたと明らかにした後に，4カ月続いていた治療を臨床家により突然中断されてしまったクライエントである。彼女は，（EMDR セラピーでよくあることとして説明されるように）再処理中にもし他の辛い記憶を思い出してしまったら，自分は EMDR セラピーの臨床家からも拒否されてしまうのではないかと怖くなっていた。新たに担当となった臨床家が，自分の臨床上の考えと対応について心理教育を行い，さらに彼女が以前の臨床家から治療で拒否された記憶について処理することで，恐怖は解決した。次のセッションでは，元のターゲット記憶をうまく再処理することができた。

もう一つの例は，身体的な暴力の被害者であるという記憶を再処理していたクライエントである。暴行について初めの何セッションかはうまく再処理されていたが，その後セッションの途中で，再処理がうまく進まなくなった。「この記憶が処理されることを阻んでいるものがあるとしたら，それにはどのような怖さや懸念が今ありますか」と尋ねると，クライエントは，もし泣いたり取り乱したりすれば入院

しなければならなくなるのが怖い，と言った。そこで，「どのような経験が，泣くと入院しなくてはならないという怖さと関連しているのでしょう」と尋ねた。それによってクライエントは，子どもの頃の記憶を見つけることができた。彼が8歳のとき，母親は産後うつ病と診断されて精神病院で数週間入院治療を受けていたのである。クライエントは，母親が病院に連れて行かれるときに，母親自身が激しく泣いていたことを思い出したのだ。クライエントは「自分が泣いたり興奮したら，コントロールを失い入院しなくてはならない」という，関連づけられた信念を認識できた。このクライエントの症状は，成人になってからの暴行を受けた直後から始まっていた。彼は生育歴聴取のとき，この子ども時代の母親との別れについては気づいていなかった。この寄与経験が再処理されると，彼は成人になってからの暴行の記憶についての再処理を完了できた。

【資源の開発と植えつけ（RDI）によってセルフキャパシティを高めて恐怖に対処する】

時として，恐怖は，逆境的体験よりもセルフキャパシティの欠如に基づいていることがある。例として，苦痛な記憶に対処する強さへの信頼と，自分が治療で使われる資源に価する存在であるという感覚などがある。これらのケースでは，資源の開発と植えつけ（RDI：第6章の表6-10と巻末の付録Bの表B-6，表B-7を参照）を用い，強さおよび自尊心のための一つかそれ以上の資源を植えつけることで，選択されたターゲット記憶に対してうまくアクセスし，再処理することが可能になるだろう。

【解離および知性化による防衛への対処】

さまざまな心理的防衛は，アクセスを妨げることがある。一般的によく見られ二つの防衛は，解離と知性化である。完全に解離している場合ではなくても，多くのPTSDクライエントは，再処理の間に麻痺や混乱を伴う顕著な離人感，あるいは失見当識を経験する。これは，幼い子ども時代あるいは成人になってから，長期に逆境的あるいはトラウマ的体験にさらされた人に多く起こる。こういった解離反応を減らすための方策は，第6章に述べている。これらのクライエントでは，過度の離人感を伴わずトラウマ的記憶にアクセスできる耐性が整うまで，再処

理から離れ，解離を弱める方策について教示し，練習する必要がある。ケースによっては，自分を育む，安全性，あるいは保護のための資源を植えつけることが，軽度から中等度の離人感のあるクライエントに役立つことがある。2次解離・3次解離によって生じる，他に特定されない極度のストレス障害や，他の特定される解離性障害，解離性同一性障害，あるいは何らかのパーソナリティ障害や解離性恐怖症を含む，より複雑なケースは特別な手順で対処される必要がある（Gonzalez & Mosquera, 2012；Mosquera et al., 2014；van der Hart et al., 2013, 2014）。軽度の知性化防衛のあるクライエントでは一般的に，先に述べた不十分なアクセスへの対処法を用いることで，効果的な再処理を行うことができる。

● 不適応的記憶ネットワークへの過剰なアクセス

不適応的記憶ネットワークへのアクセスが過剰な場合，アクセスしている題材の強さあるいは性質により，クライエントは外的な両側性刺激との間の二重注意を維持できない。このような困難は一般的に，両側性刺激セット間のクライエントからの報告や，持続的で強い感情的苦痛の様子が見えること，あるいはクライエントが最後の手段としてストップサインを選ぶことから認められる。しかしながら，クライエントによっては，言葉で報告することもなく，苦痛な様子をわかりやすく表すこともなく，ストップサインも出さないまま，不適応的記憶ネットワークのさまざまな局面へのアクセスが過剰となっており，効果的な再処理が起こらない状態にはまり込んでいる場合もあり，注意が必要である。これが起こりやすいのは，（アジアのいくつかの文化のように）年配者や権威のある人に対して従順であるように，あるいは自分の苦痛の程度をあからさまには見せないように訓練された文化的背景を持つ人々との面接においてである。さらに，拒否あるいは回避型の不安定型愛着スタイルに属するクライエントの場合も，同様である。そういった人たちは，過度の苦痛があっても，パニックや逃走の寸前まで，あるいは深刻な離人感が出始めるまで，それに気づいたり表したりしない。このような傾向を持つ人々と作業を

するときに不可欠なのは，準備段階での心理教育とスキル構築である。クライエント自身の苦痛が高まり，両側性刺激および臨床家とのつながりに対する二重注意が失われそうになったときに，それに気づき，サインを出すことができるように，スキルを増強しておくことが重要なのである。

不適応的記憶ネットワークへの過剰アクセスによって，非効果的な再処理を経験しているクライエントに対しては，二つの主要な戦略がある。それらは，図9-1「激しい情動反応と身体反応への二つの対処法」に示してある。最初の方法は，BLSの強度を増す，または種類を変えることである。二つ目は，クライエントの不適応的記憶ネットワークへのアクセスの程度を減らすことである。これら二つの方法は表9-3にまとめてあり，以下の項で説明する。

● 過剰アクセスのクライエントへの両側性刺激の変更

両側性眼球運動を行っている場合，効果的でない再処理への最初の介入は，第一に両側性刺激の速度，方向や性質を変えることである。本章の前半の「持続する激しい情緒的反応への対応」の節で説明したように，激しい情緒的プロセスのなかでクライエントの報告が変化しない場合，両側性の眼球運動から，両側性の運動感覚や聴覚刺激に変化させることができる。もし，最初にクライエントが，視覚的に気が散ることを少なくするために運動感覚[28]を選び，目を閉じて両側性刺激を行っていたならば，臨床家はクライエントに目を開けるように伝えることで，視覚的に今ここで周囲に見えているものを利用して，二重注意を強めることができる。アクセス過剰なクライエントに役立つ他の介入は，さらなる両側性刺激のモードを追加することである。これはEyeScan 4000のような機器を使用して両側性刺激を行っているときには，最も容易な方法である。

クライエントが身体感覚や感情とつながり続ける

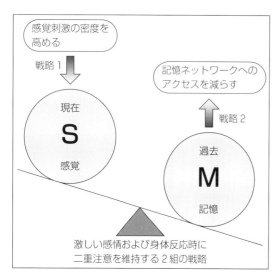

図9-1 激しい感情が感覚への注意を圧倒してしまうときの2組の戦略

表9-3 不適応的記憶ネットワークへのアクセスを減らす手順

(1) 方向やスピード，眼球運動の往復回数を変える，あるいは両側性刺激の性質を変える。 ①両側性刺激のスピードを遅くする。 ②1セットの往復回数を最低限の24往復にする。 ③垂直の眼球運動を使用する（一説には落ち着くといわれている） ④目を閉じて，聴覚または運動感覚刺激を用い記憶ネットワークにアクセスしやすいようにしている場合，両側性刺激中は目を開けておくよう，クライエントに指示する。 ⑤二つ目または三つ目の両側性刺激を追加する。 (2) クライエントが不適応的記憶ネットワークへのアクセスの程度を減らすための介入を行う。 ①苦痛な映像が遠く離れていると想像してもらう。想像上の「リモコン」を使い，鮮明度を変えたり，白黒にしたり，一時停止したり，早送りする。 ②想像上の「リモコン」で，苦痛な音声を遠ざけたり，音量を下げたりする。 ③一つの感覚だけに集中してもらう。 ④一つの感情だけに集中してもらう。 ⑤一つの防衛行動をしたくなる感覚だけに集中してもらう。 ⑥非常に苦痛な味や臭いの記憶の再構成を促すために天然のエッセンシャルオイルを利用する。

---

[28] タッピングなど。

ことができてはいても，苦痛な映像が押し寄せている場合は，眼球運動だけでなく，運動感覚への刺激や聴覚への音刺激を追加することができる。クライエントが離人感や麻痺を経験し始め，感覚を感じる能力が低下しているとき，最初に試みることは眼球運動に感覚運動刺激を追加することである。第1次構造的解離のいくつかの状況や，より一般的には第2次あるいは第3次構造的解離を有するクライエントにとって，二つまたは三つのBLSのモードを同時に使用することで，効果的な再処理が起きやすいことがある。

　各セットの両側性眼球運動の往復回数を基本的な24回（あるいはもっと少ない回数）に減らし，それから眼球運動セットの間，十分に時間をとって，クライエントを今・ここに再集中させることもできる。クライエントにゆっくりと深く腹式呼吸を促すことも可能である。たとえば，クライエントの足や足首を動かしてもらうなどして，自分の身体がいすや床に接している感覚に気づくようなグラウンディングの練習をしてもらうこともできる。もし最初に，不適応的記憶にアクセスしやすいように，タッピングや音刺激を用いたBLSの間はクライエントに目を閉じてもらっていたら，BLSセットの間は目を開いているように伝えることで現在の感覚刺激により集中してもらい，二重注意のバランス感覚を取り戻す。落ち着く効果があるといわれている垂直の眼球運動に変えることもできる。

【注意の限定やアクセス制限の提案】

　次の方法は，注意の幅を狭めたり，選択されたターゲット記憶ネットワークへのアクセスを減らすように提案することである。選択されたターゲット記憶ネットワークの一つの要素（視覚イメージや他の感覚的知覚，身体感覚，感情，信念，そして防衛行動の衝動のどれか）に，焦点を絞っていく。クライエントによっては，こうすることで高いレベルの苦痛を通過し，選択されたターゲット記憶の一部の面を解決可能な状態に到達することができる。しかしながら，こういった介入は自発的なアクセスを歪めるため，後のセッションで再評価するときに，選択されたターゲット記憶ネットワークを再度チェックすることが重要である。再評価で選択されたターゲッ

ト記憶ネットワークを再チェックするとき，ターゲット記憶ネットワークのすべての側面が完全に解決されたことを確認するため，選択されたターゲット記憶ネットワークへのアクセスを歪めるような介入は避けなくてはならない。

【映像や他の感覚記憶から距離をとる】

　クライエントが非常に苦痛な映像を報告しているとき，その映像が遠くにあると想像してもらうという方法がある。一つの方法として，映像がテレビの画面に映っていると想像してもらい，その画面の位置をもっとずっと，後方に移動させることができて，映像を遠くしたり小さくすることができることを思い浮かべてもらう。映像の色を消し，白黒だけの映像にできるという提案もある。クライエントに想像上のリモコンを使って操作してもらい，映像を暗くしたり，ぼやかしたりすることを提案してもよい。クライエントが一連の数多くの場面や出来事についての動画の連続を報告する場合，「一時停止ボタン」を使って映像をストップモーションにしてもらうことで，一つだけの場面に絞ることもできる。

　同じように，音や匂い，あるいは他の感覚についても，音が遠くから聞こえてくると想像するとか，リモコンを使ってその音量を小さくし，かすかに聞こえるぐらいにすることができると提案してもよい。身体感覚について，クライエントは身体のいくつかの部分の感覚を感じると報告することがある。そのときは，そのすべてを意識してもらうより，1カ所だけを意識してもらうように促すことができる。感情がいくつも生じるときも，まず一つの感情に注目してもらい，それが解消してから次に行くように促すことができる。同様に，クライエントがいくつもの防衛行動の衝動にアクセスしているときは，そのなかの一つだけに意識を向けるよう促すことができる。クライエントがひどい臭いや味覚の記憶にのみ込まれているときは，バニラやミント，ラベンダーのような天然のエッセンシャルオイルを用意して試すこともできる。クライエントが再処理中に心地良い匂いを嗅ぐことができれば，両側性EMの間に心地良い香りを感じながら，嫌な臭いの記憶を活性化することによって，匂いの記憶を再編成するのに役立つ。

【効果的な再処理を起きづらくするより早期の記憶】

　クライエントの効果的な再処理を妨げる第三の状況は，異なるより早期の不適応的記憶ネットワークが第一の注意対象となるべきときである。これまでに挙げた戦略を試みた後，クライエントが選択されたターゲット記憶ネットワークにアクセス過剰でもアクセス不足でも，より早期の不適応的記憶ネットワークへのアクセスをサポートする必要が生じるかもしれないのだ。インフォームドコンセントの問題に関する考察で先に説明したように，多くのクライエントは，選択されたターゲット記憶で再処理を開始した後，自発的に早期の記憶にも関わるようになる。もし，より早期の記憶が選択されたターゲットの苦痛に寄与しているにもかかわらず，自発的には出てこない場合，自発的に起きそうなことを真似る必要があるだろう。これを行うには，簡単な1または2段階の介入によって，適切な不適応的記憶ネットワークへと注意を向け直す。

　これらのより早期の不適応的記憶ネットワークは，元の選択されたターゲット記憶ネットワークと同じテーマで関連している。Shapiro（2001, pp.189-192）は，これが苦痛を保ち，後に起こる経験に養分を与えることから，「養分を与える記憶」（feeder memories）と名付けた。同じテーマのより早期の記憶は，クライエントが選択したターゲット記憶ネットワークに対し，アクセス過剰でもアクセス不足でもどちらの場合にも困難の源となる。類似のテーマを持つこれらの記憶は，後の項でも説明するように，通常は生育歴・病歴聴取において，あるいは第4章で説明したソマティックまたは感情の架け橋技法のいずれかによって，すぐに同定することができる。

　あるいは，このより早期の記憶ネットワークは，他のテーマとつながっている可能性もある。これらは，Shapiro（2001, pp.192-193）が「ブロックする信念」として説明している。そういった，より早期の不適応的記憶ネットワークは，当時の逆境的な生活のなかでの出来事や，状況に適応しようとする試みを象徴しており，しかしまだ，より適応的なコーピング反応に置き換えられたり再構成されていないという点で，それらを「防衛」として概念化することもできる。このような防衛的または「ブロックする信念」を特定するためには，不適応的記憶ネットワークを特定するためのソマティックまたは感情の架け橋技法を用いる前に，ある程度の探索が前提であろう。どちらの場合も，これらのより早期の不適応的記憶ネットワークに注意をシフトすることで，扱うべき題材の根源に直接かみあった再処理が可能になる。

● 同じテーマである，より早期の不適応的記憶ネットワークにアクセスする

　これまでに説明した戦略を試したにもかかわらず，クライエントの効果的でない再処理が続いている場合は，苦痛の本来の源であり，直接ターゲットとする必要のある，より早期の記憶があるかもしれないと考えるべきである。より早期の記憶が自発的には現れず，再処理が効果的でない場合，ソマティックまたは感情の架け橋技法を使って，より早期の記憶を探すことができる。表4-9「EMDR治療における，感情，ソマティック，防衛衝動の架け橋技法」を参照してほしい。

　再処理の途中では，クライエントの否定的認知はすでにわかっている。再処理がうまく起こらない原因が，より早期の連想記憶によると疑われる場合，否定的認知を起点として架け橋技法を行う。ターゲットに戻り，十分な変化が起きていないことがわかった後，あるいは連想のチャンネルの途中で応答が変わらないまま苦痛が続くとき，臨床家はこれを使おうと決める可能性がある。クライエントに次のように伝えて始めることができる。「ちょっと実験をしてみましょう。＿＿＿（否定的認知をくり返す）という考え，そしてそれを身体のどこに感じるかに気づいていてください。では，心を漂い戻らせ，その同じ考えと同じ感覚を，身体の同じ場所で感じた，人生のなかで一番最初のときに戻ってみましょう。今，どんな記憶が思い浮かびますか」。

　クライエントが報告した題材によって，漂い戻りをソマティックな架け橋技法で行う代わりに，感情や防衛行動の衝動による架け橋技法を用いることもできる。たとえば，クライエントは再処理が進んでいないようで，逃げ出したいという衝動を報告したとする。そのときは，次のように言うことができる。

「その逃げ出したい衝動と，それを身体のどこに感じ
るかに気づいて，そしてただ心を漂い戻らせて，同
じ逃げ出したい衝動を同じ身体の場所に感じた，人
生のなかで一番最初のときに向かいましょう。今，
どんな記憶が思い浮かびますか」。

　クライエントが，より早期の連想記憶を見つける
ことができれば，この不適応的記憶ネットワークに
ついてすべてのアセスメントを行う必要はない。か
わりに，そのより早期の記憶の再処理を続け，完全
に処理されるまで（脱感作，植えつけ，ボディスキャ
ン段階まで）行ってから，もともとの選択されたター
ゲット記憶ネットワークに戻り，その再処理を完了
させる。

● 異なるテーマの，より早期の不適応的記憶ネットワークにアクセスする

　ターゲット記憶に戻ったときに，SUD レベルが同
じ感情で，前回または前々回にチェックしたときよ
りも少しも下がっていなければ，異なるテーマに結
びついた代わりの不適応的記憶ネットワークを探す
ことを考えなければならない。このようなより早期
の不適応的記憶ネットワークは，より早期に獲得し
た防衛や「ブロックする信念」と結びついており，
それらが直接的に同定され，アクセスされ，再処理
されるまで，元の選択されたターゲット記憶は解消
されない。

● シャロンのケース：同じテーマおよび異なるテーマのより早期の記憶を見つける

　同じテーマおよび異なるテーマの，より早期の記
憶がどのように苦痛レベルの変化を妨げるかについ
て，一つの臨床事例で検討してみよう。シャロンは
大学生で，学士号の取得に悪影響を及ぼす集中力の
問題と不眠症について，学生相談室で治療を求めて
いた。生育歴聴取の段階で，これらの問題が大きく
なってから 3 年以上経っており，見知らぬ人からの
性的暴行のエピソードと関係していることがわかっ
た。彼女はこの事件を誰にも話さず，援助も求めて
こなかった。PTSD の診断基準にも完全に該当し，

悪夢，男性との接近回避，睡眠困難が見られた。彼
女がかかっていた臨床家は，EMDR による再処理を
提案した。彼女は生育歴聴取の段階で，その性的暴
行の 1 年前に「デートレイプ」をされたこともあっ
たが，そのときには，何の症状もなかったと話した。
そのため，その臨床家は彼女との間で，3 年前の性
的暴行をターゲットとして扱うことにした。

　映像は暴行が行われたとき，彼女が顔を背け，見
つめていた壁であった。否定的認知は「私は無力だ」。
肯定的認知は「私は自分を守ることができる」となっ
た。認知の妥当性（VoC）は 2。感情は怖さと恥であっ
た。SUD レベルは 9 で，それを胸と顔に感じるとの
ことだった。数回の BLS の後，彼女はデートレイプ
の場面を語り始めた。臨床家とシャロンは，このよ
り早期の，彼女にとって 2 学期にわたり自分の勉強
パートナーだった男性から受けたデートレイプの記
憶に視点を移した。

　さらに 15 分以上再処理を続けたが，SUD レベル
は 8 までしか下がらなかった。そこで，臨床家は感
情の架け橋技法を使い，シャロンにもっと以前の記
憶を探すように言った。そこで出てきたのは，彼女
が 11 歳の夏に，家に遊びに来た年上のいとこの男性
から受けた 2 回の性的虐待の記憶だった。大人に
なってからの性的暴行と同様に，彼女はこの 2 回の
出来事を誰にも語っていなかった。これらの記憶に
は「私は無力だ」という否定的認知があり，それは
大人になってからの見知らぬ人から受けた性的暴行
の記憶と同じ否定的認知であった。臨床家とシャロ
ンは，この早期の 2 回の出来事のうち，最初の出来
事について再処理を続けた。しかしながら，さらに
10 分再処理を続けても，この子ども時代の記憶の
SUD レベルは 8 のままだった。

　ここで臨床家は彼女に，「この苦痛がこれ以上減る
のを妨げているのは何でしょうか」と尋ねた。クラ
イエントの答えは，「男子ってそういうものですよ
ね。ここは男性の世界なんです。それとどう付き合
うか学ぶしかないんです」というものだった。臨床
家は尋ねた「それをどこで学びましたか」。彼女は
「これは私が小さかった頃，母がいつも言っていたこ
とです。兄から乱暴な遊びをされたり，恥ずかしい
思いをさせられたときに，母のところに助けてもら

いに行きました。そのときにいつも言われていたことです」。そこで彼らは，彼女が母親に守ってもらおうとしたその出来事を扱うことにし，アセスメントをすべてとり直した。この記憶でのシャロンの否定的認知は，「私は価値がない」であった。再処理はこれまでより効果的に進み，SUD レベルも下がり始めた。恥と恐れの感情は，助けてくれなかった母親への怒りにすぐシフトした。そのセッションでは時間が足りず，再処理を終えることはできなかった。その後の 2 回のセッションでは作業が早く進み，一連のすべての記憶を処理し終えることができた。

母親が兄から彼女を守り支えることができなかったことに対処するため，シャロンは防衛として「私は価値がない」と思わざるをえなかったのだ。そしてさらに，男性からの身体的暴行を受けたときに，誰も助けてくれないし慰めてもくれないと思うに至っていた。おそらく，生育歴聴取をもっと徹底していれば，この鍵となった子どもの頃の経験も出てきたであろう。母親が守ってくれなかったことから始まる，より広い治療計画から始めることができれば，連想がより早期の記憶へと連鎖していくことはなかったであろうし，当初の効果的ではない再処理を避けることもできたであろう。シャロンはこれらの出来事を忘れていたわけではなかったが，現在の症状と関係しているとは思っていなかったのだ。どれほど詳細に生育歴聴取を行い，事例概念化をしたとしても，より早期の題材が，効果的ではない再処理における困難の源として判明してくるような状況に出くわすだろう。シャロンの EMDR セラピーにおける反応は，同じテーマであれ異なるテーマであれ，選択されたターゲットより早期の記憶が，その選択されたターゲット記憶における苦痛レベルの変化を阻むことがある，ということを考える必要性を強調している。

● 異なるテーマとつながっている，より早期の記憶をいかに同定するか

異なるテーマとつながっているより早期の記憶を同定するには，「**この苦痛がこれ以上減るのを妨げているのは何でしょうか**」という質問が効果的である。もしクライエントが，異なる否定的認知を示す新た

な何かを語った場合，それを生育歴聴取や，感情またはソマティックな架け橋技法の起点として用い，新たなテーマのより早期の記憶を突き止めることができる。

● 不適応的記憶ネットワークと適切な適応的記憶ネットワークとの間の自然な連合の不足

効果的ではない再処理を起こしうる四つ目の状況は，不適応的記憶ネットワークと適切な適応的記憶ネットワークとの間で，自然な連合が起きないときである。EMDR セラピーでは，自発的な再処理を可能にするため，通常は流れの邪魔をしないようにする。しかし，以下の 4 タイプの状況では，再処理の間，適応的記憶ネットワークを意図的に刺激することが重要になる。①持続する激しい情緒的反応への対応が必要，②適応的記憶ネットワークによる反応が起きないときの橋渡しが必要，③治療効果の般化を確認するのが必要，④セッションの途中で変化が停滞したとき。

このような状況では，クライエントが適切な適応的記憶ネットワークにアクセスすることを促すために，一つ以上の介入が必要になる。Shapiro（1995, 2001）は，これらの介入がクライエントと何らかの言語的なやりとりを伴うことから，「認知の編み込み」と呼んでいる。しかしながら，この用語の選択は，特に認知行動療法（CBT）のトレーニングを受けたことのある人にとっては，誤解を招く可能性がある。EMDR セラピーでの**編み込み**は，CBT で使用される介入と表面的には似ているが，いくつかの重要な違いがある。

CBT では臨床家がクライエントと話し合う目的は，（否定的な）自動思考を受け入れる傾向を修正することである。これはクライエントの思考を再構築するために，自動的で否定的な思考を支持する証拠や，その前提となっている仮定に挑戦するような，さまざまな直面化を通して行われる（Beck et al., 2005 ; Ellis, 1994）。これらの言語的やり取りは，治療セッションの主要部分を構成し，多くの双方向のやりとりとなる。EMDR セラピーにおける**編み込み**では，やり取りの目的は，一般にクライエントに適応的な大人の視点をもたらす適応的記憶ネットワーク

へのアクセスを促すことである。場合によっては，臨床家は新しい情報を提供することもあるが，ほとんどの編み込みは，単に既存の記憶ネットワークを刺激するだけである。最も良い編み込みは一般的にきわめて短く，15〜30秒程度であり，多くの場合一つの質問によって行われる。

CBTにおける認知再構成法とEMDRセラピーにおける編み込みのもう一つの違いとして，EMDRでは記憶ネットワークのより広範な側面を臨床家が扱うことができる，ということがある。適応的記憶ネットワークは，信念だけでなく，映像，音，身体感覚，感情，行動傾向からなっている。したがって，臨床家はクライエントの注意を，適応的記憶ネットワークのどの要素にでも向けることができる（それによって，適応的記憶ネットワークとターゲット記憶の不適応的記憶ネットワークとの間に連合が起きる）。

クライエントのニーズとアクセスしやすい適応的な記憶ネットワークにしたがって，EMDRセラピーでの編み込みに用いる簡潔なやりとりは，信念にアクセスするだけでなく，映像や，肯定的記憶のなかの他者や，クライエント自身の思い出，現在の生活状況，音，詩，隠喩にもアクセスして，焦点づけることができる。クライエントが適切な適応的記憶ネットワークにアクセスしたことがわかる反応があれば，すぐに次のBLSセットを開始する。そのBLSセットの後，クライエントの報告を聞き，効果的な再処理が再開されたかを確認する。

● 適切および不適切な編み込みの使用

再処理の最中に意図的に適応的記憶ネットワークを刺激することは，効果的ではない再処理を持続させないために重要ではある。しかし，臨床家の理論的展望や逆転移が優先されて，クライエントの臨床的作業を歪めてしまう可能性もある。臨床家が自身による心理療法の記録やビデオを注意深く振り返ったり，EMDRIA認定コンサルタントに相談することは，いつ，どのぐらいの頻度で編み込みを使うべきかを見きわめるうえで不可欠である。ほとんどの臨床家はEMDRセラピー以前に，再構成の介入を用いるか，解釈を行うか，あるいは自身の臨床的知恵

を提供するようにトレーニングされてしまっているので，EMDRセラピーの編み込みを，従来的な言語的セラピーと同様のやり方で使いたくなる。しかしながら，それはAIPモデルが前提とする「自己治癒」の理論的枠組みに反している。意図的な適応的記憶ネットワークの刺激は，クライエント自身のプロセスを援助するためだけに提供されるべきであり，自発的な再処理からできる限り離れないように努めるべきなのである。

再処理中に編み込みの使用を考えるような場面には，いくつかの種類がある。生育歴・病歴聴取や治療計画時に，クライエントが適切で利用できそうな適応的記憶ネットワークを持っているかどうかに注意していることは，非常に役立つ。経験を積むことで，効果的ではない再処理が起きそうな可能性について，再処理を始める前に見当をつけることができるだろう。治療計画やターゲットのアセスメント中に見られる過度の自責，激しい恐怖，コントロール欠如の徴候などに注意深くあることが役に立つ。慣れてくれば，臨床家がクライエントにとって必要かつ可能性のある編み込みを，事前に構成することができる場合も多いだろう。そのようにして，最もうまくいきやすい編み込みを，事前に考案していくつかの選択肢から選ぶことで，作業がしやすくなる。

● 編み込みが使われる四つの状況

編み込みは，再処理中の四つの状況で使われる。①クライエントが激しい感情レベルの再体験を経験し，アクセスしている題材の変化が遅い，あるいは不十分な場合，②新しい題材へのアクセスがない，効果的ではない再処理（感情的苦痛のレベルは問わない），③般化の程度を調べ，不適応的記憶ネットワークが完全に適応的記憶ネットワークと連合しているかを確かめるため，④セッションの途中で変化が少ないときに，残っている題材がより適応的な状態にシフトしたかを確認するため。これらの状況は第12章のケース事例で説明されている。本章では，EMDRの再処理中における編み込みの使用について，二つの主要な側面に焦点を当てる。第一に，アセスメント段階で選ばれた否定的認知によって示さ

れるテーマと，クライエントが BLS セットの間に報告する内容と，編み込みを選ぶときに用いる三つの領域（責任，安全，選択〈Shapiro, 2001, pp.252-260〉）の関係について探る。第二に，最も一般的に使われる編み込みの数々を見ていく。

● 責任

最初のテーマは，起こったことに対して過度の責任を背負い込むことである。幅広いトラウマ体験を通して，サバイバーは過度の責任を背負い込む傾向がある。子ども時代に身体的，性的虐待を受けたサバイバーは，彼らの養育者の悪い行動のために自分自身を責める。養育者の行動は養育者自身の限界を反映していたと認識するかわりに，彼らは自分自身が不完全であると判断する。これはある程度，自分が虐待されていることについての因果的納得に苦慮している間，彼らの愛着対象を良いものとしておく防衛的メカニズムかもしれない。幼い子どもにおいて，この自責は，**自己**と**他者**が完全に分化していない発達的に早い時期の自己愛的な見方の反映，として見ることができる。同じような過度の自己責任の決めつけは，戦争トラウマのサバイバーにも見られる。混沌とした状況のさなかで，訓練や経験に基づく反射的な判断しか下せなかった場面を，後になってからもっと何かすべきだったのではないかと批判してしまうのだ。レイプサバイバーたちも同様の自責感情を抱く。おそらく，「ありえた世界」の少なくとも一つの要素（自分がどうにかできたはずだという考え）を保つために，自身を責める傾向があるのである（Janoff-Bulman, 1992）。

● 二つのタイプの責任の編み込み

アセスメント段階で同定した否定的認知が，恥や罪悪感を反映している場合，**責任の編み込み**が必要になるかもしれないと予見できることがある。例としては，以下のような否定的認知がある。「私は価値がない」「私は悪い」「私は失敗者だ」「私は十分ではない」「私はもっと分別があるべきだった」など。この場合，責任の編み込みには二つのタイプがある。最初のタイプは，悪い行動の責任を適切に外在化できる，適応的な見方を伴う記憶のネットワークを探すこと。2番目のタイプの**責任の編み込み**は，クライエントの本質的な価値を認める，慰め（soothing）や慈しみ（nurturing）の能力を象徴する記憶のネットワークへのアクセスを探すものである。

● 自責と結びついた恐怖のパラドックス

再処理の間，過度の責任を背負い込むことは，欠陥，恥，罪悪感だけでなく，恐怖を経験し続けることにつながる。幼い子ども時代の性的，身体的虐待のサバイバーは，時に，再処理中に恐怖による持続的で激しい情緒的反応を見せることがある。臨床家はこの恐怖を，環境から危険を感じているととらえ，現在の安全を**編み込み**たい衝動にかられるかもしれない。しかし，第一に必要なのは，**責任の編み込み**であろう。スピードを出した車や銃を振りかざす銀行強盗，あるいは暴力的な養育者のように，危険が外部にあるとき，安全を探そうとする衝動は容易に思いつく。しかし，早期の虐待からのサバイバーは，自分自身に欠陥があると見なすようになっているので，自分が傷つきやすいのは自分の性質のせいだと受け止めてしまっている。自分自身から逃げることはできない。だから，幼い子ども時代の虐待からのサバイバーにおいて，臨床場面で恐怖が持続する状況では，「あの日，彼があなたにしたことの責任は，小さい子どもと大人のどちらにありますか」と尋ねることがより効果的である。

● 責任をシフトする編み込みによって積年の憤怒が出現する

最初のタイプの責任の編み込みでは，責任を「他者」に外在化できる適応的な大人の視点へのアクセスを探す。このタイプの編み込みの例が二つある。

- 「もし同じことが ＿＿＿ （あなたのお子さん，あなたの親友，あなたの兄弟姉妹）に起こったとしたら，責任があるのは ＿＿＿ （あなたのお子さん，あなたの親友，あなたの兄弟姉妹）ですか，それとも ＿＿＿ （加害者）ですか」
- 「小さい子どもが養育者を叩く（あるいは性的虐待をする）ことを禁じる法律がありますか。それとも，小さい子どもが養育者から叩かれな

第9章　脱感作段階における効果的な再処理の維持と調整

いように（あるいは性的虐待を受けないように）守る法律しかありませんか」

編み込みがうまくいき，適切な責任が自分から他者に移った後，他者に対しての怒りや嫌悪が，その後に続く何セットかの両側性眼球運動のなかで出現することが一般的によく見られる。

● 自己慰撫（self-soothing）を強化する
　　共感の編み込み

二つ目の種類の責任の編み込みは，自分自身への共感（compassion）を強化しうる，適応的記憶ネットワークへのアクセスである。虐待を受けてきた幼い子どもを思うと，適切な養育を知っている安定した養育者であれば，何と言ってその子を安心させようとするか，すぐに思い浮かぶだろう。「あなたが悪いんじゃない。あなたのせいではないよ。彼はあなたにあんなことをするべきではなかった。あなたは素晴らしい人間だよ。彼がしたことが悪いことだったの」。残念ながら多くのケースで，安定した養育者は不在であり，虐待は過小評価あるいは無視され，保護や慰め，または安心を提供する能力は損なわれているのだ。愛着と関連した，安心（reassurance）やサポートを提供してくれる適応的記憶ネットワークが幼い子ども時代にコード化されなかった場合，再処理のなかでは意図的な援助が必要になるかもしれない。その場合は，慰めてくれる存在による「共感的（compassionate）な」編み込みとなるような，適応的記憶ネットワークに意図的にアクセスしていくのだ。ケースによっては，サバイバーが現在養育者になっており，子どもを育む適切な対応をすぐにでもとれる場合，共感的な「内なる親」にアクセスすることができる。「もし，このことがあなたの娘さんに起きたら，娘さんに起こったことは彼女のせいじゃないということと，あなたが娘さんをずっと愛しているということを伝えるために，何を言いますか。また，何をしてあげますか」。次の両側性眼球運動の後，クライエントは娘を安心させたり，娘の手を握ったり，ハグしたときのことを思い出した，という報告をするかもしれない。ケースによっては，現在でも過去でも，親戚や大人の友人，先生や教会の牧師，

あるいはサポートグループのメンバーのような，信頼のできる共感的な他者の映像を保持している記憶ネットワークにアクセスしなければならないかもしれない。「もしローズおばさんがあなたに起こったことを知ったら，おばさんはこの小さい女の子にどんな対応をしてくれるでしょう。おばさんはこの小さい女の子を責めますか。それとも安心させてくれますか」「おばさんは責めたりしません。私のことを抱きしめて，私が守られ，優しくされるに値するということを言ってくれます」「それに気づいて」。

● 編み込みの後，標準的な長さの
　　両側性刺激のセットを行う

もし，編み込みを行う前に，激しい感情が出てきたために往復回数を増やしていた場合，編み込みを行った後の最初の両側刺激セットは，典型的な標準の長さである24往復に近い回数に戻すべきである。このように，最初の編み込みが適応的シフトを起こさなかったとしても，BLSの回数を増加し続けることはない。最初の編み込みが効果的な再処理を導かなかったとしても，臨床家は，効果的な再処理を修復できる適切な適応的記憶ネットワークにアクセスするまで，2回目，3回目の編み込みを行う。

● 安全

臨床家が次に選択する編み込みの領域は，安全の領域である。評価段階で得られた否定的認知が安全の編み込みの必要性を思わせるのは，以下のような危険という外部感覚を反映している場合である。「私は危険にさらされている」「私は傷ついている」「私は死んでしまう」。

ケースによっては，責任の編み込みをまず行い，その後で安全の編み込みを行うこともある。例として，生育歴・病歴聴取の段階で今は安全と分かってはいるが，子ども時代の虐待の記憶についてまだ危険を感じてしまうクライエントの場合がある。臨床家はまず責任の編み込みを行い，「私は価値がない。私は逃げられない」という自責を伴う恐怖から，「彼が悪い。私は逃げなければならない」という戦慄を感じている怖さと逃走の必要に，適応的シフトを得ることができる。そして，BLSをさらに数セット続

175

けても，危険の感覚がなかなか通り過ぎないならば，安全の編み込みとして「彼は今，どこにいますか」と聞くことができる。「彼は年老いてよぼよぼになり，今は老人ホームにいます」「それに気づいて」。

● 安全の編み込みが防衛行動の衝動の出現を促す

安全の編み込みがうまくいくと，加害者に対して，逃げる，戦う，傷つける，けがをさせる，あるいは殺すというような，具体的な防衛言動が出てくることがよくある。臨床家はこれらの衝動を怖がったり抑えようとしたりするべきではない。むしろクライエントの感情脳が，防衛衝動をこれ以上中途半端にとどめず，徹底的に放出できるようにしているのだととらえるべきである。クライエントがこれらの抑圧された衝動を再処理中に解決することは，それが抑圧されたままの状態で残るよりもずっと望ましい。抑圧されたままで残れば，それらは脅威と見なされる引き金によって防衛反応を引き起こしたり，さまざまな要因によってトラウマ的再演に至ることにもなる（Ricci et al., 2006）。子ども時代の虐待のサバイバーにおいて，これらの防衛行動の衝動は幼い子ども時代から抑圧されてきており，幼い子どもがするような発達的に未熟な様式のままかもしれない（Pearlman & Courtois, 2005；van der Hart et al., 2005）。さらなる再処理によって，これらの衝動は，未熟な衝動から洞察と言語化の能力の発達へと成熟過程を再開することができる。ケースによっては，このような強い防衛衝動について，それが最初に現れた時点か，あるいはセッションの終わりの振り返りの時間のなかで，ノーマライズする必要があることもある。

● 瀕死の出来事の後で安全を探す

トラウマの記憶が自動車事故や犯罪などの単発の瀕死の出来事である場合に，現在の安全性の証拠にアクセスするために，同様の質問をすることがある。クライエントが「私は死んでしまう」という言葉とともに，他の車が自分の車に突っ込んでくる映像を報告し続けていたら，臨床家は「あなたは今どこにいますか」と尋ねることができる。最初の返答は「運転席です」かもしれない。そこで次の編み込みを行

う。「今はどこに座っていますか」「先生のオフィスのセラピー用のいすです」「いいですよ，それに気づいていて」。このタイプの安全の編み込みは，二重注意のバランスを回復させる。この方法でクライエントは，トラウマ記憶が活性化していることから現れる脅威のきっかけを伴った記憶のネットワークと同時に，現在の安全を示す証拠にアクセスできる。

多くの場合，生命の危機に瀕する出来事のサバイバーは，恐怖や戦慄の「凍った瞬間」を記憶のなかに閉じ込めているようである。それは，自動車の衝突直前の瞬間か，銀行強盗の銃口が自分の胸に向いているのを見た瞬間かもしれない。安全の編み込みの別の方法は，クライエントにただ次のように尋ねる。「その後，何が起こりましたか」。あるクライエントは一人で小型車を運転していて，大きなトラックが信号で止まらず衝突してきた。数セットのBLSの間，彼女は白いトラックが目の前いっぱいに迫ってくる恐怖と切迫した危険を報告し続けた。「とても大きくて，すごいスピードで迫ってきます。私は死んでしまう」。そこで編み込みを行った「その後，何が起こりましたか」（両側性眼球運動を行い，標準的な質問をする）。「突然の衝撃がありました。エアバッグが爆発して私の顔に当たりました。何も見えませんでした」「いいですよ。それに気づいて。そしてさらに次に何が起こったかに気づいて」（両側性眼球運動を行い，標準的な質問をする）。「車は止まって，生きていたってわかりました」「いいですよ。それに気づいて。そしてさらに次に何が起こったかに気づいて」（両側性眼球運動を行い，標準的な質問をする）。「私はショックを受けて，でも大丈夫だと思って驚いたことを覚えています。重傷ではないのだと」。

● 選択

編み込みの三つ目の選択肢となる領域は，選択である。アセスメント段階で選択の編み込みの必要性を思わせる否定的認知は，以下のようなものである。「私はコントロールできない」「私には力がない」「私は無力だ」「私は弱い」「私は欲しい物を手に入れることができない」。他の場合，再処理中にクライエントが報告する内容から，**選択の編み込み**が必要であ

ることが明らかになる。ある意味これらの編み込み
は、クライエントがコントロールを（外界の安全性
によって）外部に依存しているところから、（「私は
コントロールできる」）内部に位置づけることを促し
ている。これらはまた、防衛のための適応的行動シ
ステムを活性化する意義を持つかもしれない。選択
の編み込みは、過去から学び、新たな選択肢を作る
という適応的能力も意味する。「私は自分を守ること
ができる」「私は自分の主張ができる」「私は自分の
判断を信頼する」。

　ときに、選択の編み込みはシンプルに、過去の出
来事の記憶のなかで、別の対応の可能性を想像して
試してみる（rehearsing）ことでもある。この意味で、
「語られなかった言葉」や「行動に移されなかった防
衛行動」（これらは先に述べた）はどちらも、ター
ゲットとなる不適応的記憶ネットワークのなかに、
クライエントにとって新しい選択肢を想像してもら
うことから、選択の編み込みだと考えられる。他人
に虐待のことを明かしたら酷いことが起こるぞ、と
脅されてきた子ども時代の性的虐待のサバイバー
が、虐待の事実を兄弟姉妹や信頼できる権威ある存
在に明らかにすることを想像すると考えてみよう。
それは、クライエントにとって真理を、自分自身の
感覚や判断を信じてよいということを、そして自分
が本当だと思うことを行動に移せるということを、
取り戻すことである。やり返すことがあまりに危険
だった身体的虐待のサバイバーにとって、「やめろ」
と言うこと、そこから離れること、やり返すこと、
あるいは虐待のことを権威ある人に通告するのをイ
メージすることは、より適応的な可能性のある対処
反応にアクセスすることができるという、新しい発
見を意味する。

● 適切な罪悪感と責任についての作業

　配偶者や子どもに暴力的であったり、性的暴行や
虐待に関わっていたなど、クライエントが過去に惨
めな選択肢しか持たなかったことに罪悪感を持つこ
とがある。こういったクライエントは、再処理の間
に過去の否認や矮小化から離れ、とてつもない罪悪
感や良心の呵責を感じることがある。臨床家によっ
ては、こういったクライエントにとってこの罪悪感

を持ち続けることは、再び問題を起こさないための
動機づけを維持するために重要だと信じている人も
いる。しかし、EMDRセラピーモデルでは、再処理
は恥や罪悪感といった適切な否定的感情を「消す」
とか減らすわけではないという仮説に基づいてい
る。再処理は不適応的な反応を修正するだけである。
性的虐待を子どもの頃に受け、後に子どもに性的虐
待をするようになったクライエントへの治療計画で
は、通常彼ら自身が虐待を受けた経験から開始する
（Ricci & Clayton, 2008；Ricci et al., 2006）。これらの初期
の再処理セッションで、自分が虐待の影響をいかに
受けていたかに関しての意識が再編され、被害者へ
の共感が増す。自分の早期の出来事が解決した後で、
クライエントは自分が犯したことの記憶に、再処理
の焦点を当てることができる。この時点で、再処理
が失速し効果的でなくなってしまったら、クライエ
ントに惨めな選択肢しか持たなかったような過去と
同じ状況が再び訪れたら何をするかを想像してもら
う。

● 選択の編み込みによって身体的虐待の
くり返しを止められたエリク

　エリクは、アルコール依存症であった父親から子
ども時代に身体的虐待を受けたサバイバーであっ
た。彼は妻が、彼の教育程度が低いことや、家族を
支える十分な稼ぎがないことを悪く言うと、たびた
び暴力的になっていた。エリクは、裁判所から指定
された家庭内暴力のためのグループプログラムを完
了しており、怒りのコントロールと自己主張のスキ
ルを学んでいた。エリクは、彼が個人で受けている
EMDRセラピーの臨床家に、自分の参加や発言、学
び、およびフィードバックが、グループの他の参加
者に有益であったとグループリーダーから褒められ
たと話してくれた。EMDRの再処理の間、彼は恥と
怒りと混乱の気持ちにのみ込まれた。自分の妻に暴
力を振るった最初の出来事を思い浮かべたとき、こ
れまで学んでいた新しいスキルはどれも浮かんでこ
なかった。彼は、彼女の不快な言葉を聞き、それを
止めさせようとして彼女を殴り続けている場面を再
処理のなかで報告し続けた。臨床家は彼に聞いた。
「もし、家庭内暴力グループの誰かがあなたにこのよ

うな出来事を話しているとしたら，彼の奥さんが言う腹立たしい言葉に対処する方法について，彼に何と言いますか」。彼はすぐに答えた。「僕なら，そんなことで刑務所に行くのは馬鹿げているぞ，と言います。そして，そこから立ち去りなさいと言います。あなたは奥さんの言うことやすることをコントロールすることはできない。できるのは自分をコントロールすることだけだ，と」。エリクは，妻に対する自分の過去の反応を考えていたときには適応的視点にアクセスできなかったが，同じ状況の他の男性をサポートしようとすると，すぐにアクセスできたのだ。そこで臨床家は言った。「それに気づいていて」。そして，次のセットの両側性眼球運動を導入した。その両側性眼球運動のセットの後，エリクは言った。「彼女はもう侮辱で私をコントロールできない。彼女がそんなことを言うのは，彼女が不安になっているときだとわかっている。私は仕事のスキルを向上させるために夜間学校に行き始めた。物事は間もなく良くなる」「それに気づいていて」。次のセットの後，彼は言った。「私は彼女にそういうことを言っていることを想像しました。彼女は落ち着き，謝りました。彼女は，家賃の支払いがまた遅れているので，今の住居を追い出されるのではないかと怖かったのだと認めました。私は彼女に超過勤務の収入があって，それでなんとかなることを思い出させました」。この例では，クライエントは過去の出来事を再処理し，そのなかで異なる結果につながる別の対処法が自発的に想像されたのだ。ターゲットに戻り，残りの苦痛を確認すると，エリクは言った。「自分がしたことへの罪悪感はまだありますが，でも不思議と，思い出しても前のようには辛くなりません。もし，またあれが起きても，私はどう対応できるかわかっています。私は自分が落ち着くまで，その場を立ち去ることもできるし，妻の話を聞くこともできます。彼女がそんなふうに話すのは，怖がっているときだけだとわかっています。私は，私の父親がしたようにしかできないわけじゃない。私は，妻が我を忘れていても，彼女に敬意を持って接することができます」。

● 選択の編み込みによりクライエントの新しいコーピング戦略のリハーサルを援助できる

選択の編み込みは，過去の記憶において別の対処法をクライエントが想像して試してみる（rehearsing）ことを援助する。後で，話題が現在の刺激や未来の鋳型に移ったとき，これらの代替的対処法はさらに強められ，強化されるだろう。ヘレンは言葉による侮辱を長く受けており，管理職でありながら，事業主の不適切な財務処理の証拠を無視するように圧力をかけられていた。彼女が育った家庭は，父親は自分のギャンブルの問題を母親に対して嘘をつき，否認していた。母親はまったく父親に立ち向かえなかった。ヘレンは，事業主の非倫理的で違法な行為への彼女自身の感覚を信じることに，非常に困難を抱えていた。彼女の父親が母親についたたくさんの嘘の記憶の一つが，再処理された。そのとき彼女の焦点は，小さい女の子だった彼女にとって，父親と母親が二人とも父親自身の言葉を信じている様子がいかに混乱することだったか，ということであった。臨床家は選択の編み込みをした。「あなたの母親と父親の行為について，今，大人としてわかっていることから，その小さい女の子が何が起こっているのかわかるように，何を言ってあげたいですか」。ヘレンは答えた。「彼女に言うのは，ママはとても弱くてパパに立ち向かえないし，パパはギャンブル狂で自分に必要な支援を受け入れられない人だっていうこと。経済的な問題に直面することで，良くしていく方法は必ずある，って彼女に教えてあげるわ」「それに気づいて。そしてまた指を追って」。次のBLSセットの後ヘレンは，混乱のベールが彼女の頭，首，肩から剥がれていき，胸の重苦しさが取れたという感覚を報告した。その記憶の残りの題材は，さらなる編み込みを必要とせず，さらに数回の両側性眼球運動のセットでスムーズに再処理された。彼女は「今，私は自分の感覚を信じ，行動することができる」という言葉を完全に信じられるまで統合し，ボディスキャンも静かで強い感覚でクリアされた。

● EMDRセラピーのさまざまな編み込み

編み込みを提供するにはいくつか方法がある。経

験を重ねると，いくつかのシンプルな方法がほとんどの臨床場面で有効だとわかるだろう。それぞれのクライエントのユニークな能力や状況を利用し，創造的に新しい方法を見つけることもできる。最も一般的で頻繁に使われる編み込みのいくつかを紹介する。

● 欠けている情報

編み込みを行う際，クライエントが大人で，幼少期の生活のなかで起きた逆境的な出来事を扱う場合，臨床家は適応的な大人の視点を探す。多くの場合，適切な大人の視点が利用できるが，時として，適切な情報に触れてこなかったクライエントと出会うことがある。一つの例は，子ども時代の性的虐待のサバイバーの人たちである。彼らは虐待が起きたということで自分を責めているのだが，自分がどうしてそのようなあまりに非合理的信念を抱えることになったのかを，考えたことがない場合がある。先に責任の編み込みのところで，この自責が自然に生じる可能性を述べた。しかしながら，性的な犯罪者が，自身の認知の歪みの結果として，被害者に対し認知的な歪みを誘導するということもわかっている（Salter, 1995）。Anna Salter は，サディスティックではない小児性愛者たちが，本当に子ども自身が性的行為に興味を持ち，それを求めているという幻想にひたるため，被害者の性的反応を刺激する工夫について述べている。しばしば彼らは原因と結果を反転させ，次のように言う。「見てみな，お前の体がこうしてほしいって言ってるんだ」。子ども時代の性的虐待の記憶を再処理している間，クライエントは恥と自責の感覚で行き詰まるかもしれない。このとき，臨床家は「欠けている情報」を提供することができる。「どんな子どもでも，たとえ幼い子どもでも，たくさん刺激をされると身体的な興奮が起きるということを，ちゃんと教わったことはありますか」「いいえ，知りませんでした」「ただ，それに気づいていて」。

この例では，必要な心理教育が質問の形で提供された。そして，それがわずかに受け入れられるとともに，新しい視点の閃きを喚起している。次の両側性眼球運動（EM）のセットを提供する前に必要なこ

とはこれだけである。EM 後にクライエントの報告を聞き，その1回の短い介入が効果的な再処理の再開を促すために十分だったか確かめる。それから必要に応じて，臨床家はさらに広範な心理教育を提供するために，Salter 博士ら（Salter, 1995, 2003）の小児性愛者についての研究調査を伝えることができる。

同じように，子ども時代の虐待やネグレクトを経て成人となったサバイバーたちの多くは，健全な基本的なコミュニケーションスキルや，適切な自己主張，他者との境界設定，微妙な危険サインへの認識と反応，金銭管理などのスキルについて，健全なモデルを与えられていない。時には，短い1回の質問だけで，健全な大人の視点とつながることができる。それ以外の場合，クライエントは，逆境的な生活体験を解決する前に，与えられなかった知識やスキルを得るために，より広範な心理教育や資源の開発を必要とするだろう。

● 「もし同じことがあなたのお子さんに起きたならば」

クライエントが子を持つ親である場合，自身の逆境的な出来事について過剰な責任の感覚を持っていたとしても，自分の子どもがいかに世話をされるに値するかを考えているときには，適切な視点を持っているだろう。こういったケースでは，次のように尋ねることができる。「もしそれがあなたのお子さんに起きたとしたら，どうですか。誰が責任を持っていますか，あなたのお子さんですか，大人ですか」クライエントに子どもがいなければ，よく知っている甥や姪，または近所の子どもについて尋ねることで，大人の視点に問いかけることができるだろう。

● 「私は混乱しています」

最も効果的な**編み込み**の一つは，「私は混乱しています」から始める直接的な質問である。臨床家が混乱してよく分からなくなっているようなとき，クライエントはしばしば臨床家を手助けしようと思ってくれる。クライエントが臨床家の「混乱」を解決するために手伝おうとするところで，受容性の瞬間が生まれるのだ。したがって，クライエントが「私が子どものとき殴られたのは私のせいだ」と言い続け

ているとき，臨床家はこう応じることができる。「実はちょっと混乱しているのですけど，4歳の子どもが何かしたとして，それが殴られるに値するようなことなんて，あるのでしょうか」「まぁ，ないですかね」「それに気づいていて」。ここで編み込みは，クライエント自身の自伝的記憶から，「4歳の子ども」に関わる一般的な理解にシフトしているのだ。ほとんどの大人は，殴られるに値する子どもなど一人もいないということをわかっている。それが，児童保護機関や児童虐待を禁じる法律が存在する，一つの理由である。この事実を編み込みに使うこともできる。「混乱しているのですが，何のためにこの国には子どもへの虐待を禁止する法律があるのでしょうか」「どんな子どもも，身体的虐待を受けてもよいなどということはないからです」「それに気づいていて」。

● 適応的視覚イメージの刺激

視覚的な映像によって，適応的記憶ネットワークを意識的に刺激することもできる。一般的な例としては，大人の自分が，子どもの自分がいる記憶のなかに入っていき，子どもの自分の手を握ったり，抱きしめたり，慰めたり，励ましたりする様子をクライエントに想像してもらう。クライエントが，大人の自分がそのようにしているところを想像できないときは，頼りになる家族の誰か，友人，または師と仰ぐ人が，これを行うために記憶場面のなかに入ってくることを想像してもらうとよい。

● 適応的なソマティック反応の刺激

服従のような防衛的対処の衝動が，幼少期の，あるいは持続した逆境体験からとても強く条件づけされ，代替となる適応的な対処反応が，自発的な再処理や言語的または想像の編み込みではなかなかアクセスされない場合がある。そのようなときは，クライエントに面接室での身体の位置や姿勢を変えてもらい，新たなソマティックな反応を試すことができる。たとえば，立った状態で両手で押し返しながら，「私から離れて！」とか，「やめて！　あっちへ行け」などとはっきりと強く言ってもらう。

● 比喩，物語，寓話

寓話やおとぎ話は，人間の知恵を幼い子どもでもわかり，取り込めるような表現で表しているので，文学の大切な形として消えることはない。多くの臨床家が物語をセラピーに取り入れている（McLeod, 1997；Pearce, 1996）。クライエントが再処理の途中で失速したとき，適応的視点を引き出す最も興味深い方法の一つは，クライエントに慣れ親しんだ寓話を思い出してもらったり，訓話や比喩を話したりすることである。率直な編み込みでは効果的な再処理に戻らないとき，これらは特に有効である。しかし，これは二つの理由で最も扱いが難しく，滅多に使われないタイプの編み込みである。まず第一に，これはクライエントの注意を臨床家が選んだ別の視点へと移動させる。第二に，その瞬間にクライエントに適した比喩や物語，寓話を選ぶ創造性が必要となる。もちろん，すべての臨床家が比喩，物語，寓話の使用に慣れているわけではないが，これらの介入は，しばしばクライエントがさらに関連する資源を見つける能力を刺激できるように見える。

ニックは，家族の予期しない死が続いた後，EMDRセラピーを求めてやってきた。子どもの頃に母親をガンで亡くしており，最近続いた喪失は，母親のトラウマ的喪失を再活性化させた。彼と彼の家族が，母親の死によってどれほど影響を受けたかについての記憶を扱った最初のセッションで，効果的かつ完全な再処理が経験された。その後，彼は最近の，自分にとっては母親代わりになっていた叔母の死の記憶に焦点を当てた。そのとき，効果的ではない再処理が起き始めた。彼は絶望と落胆の強い感覚を，自分は回復できないのではないかという疑いとともに経験した。いくつかの編み込みを試みた後で，臨床家は Milton H. Erickson（Rossi, 1980a）の訓話を話した。

「ある男性がエリクソン先生の治療を求めてやってきました。男性が深いトランスに入っている間，エリクソン先生は彼に，近くにある山道を散歩するように課題を与えました。彼はハイキングのときに目に入り気づいたことについて，数日後にエリクソン先生のところに戻ってきたときに話すように言わ

れました。戻ってきて，男性はトランスに再び入り，散歩の話をしました。初めは，彼はただ歩いていて，特に何も気づくことはありませんでした。しかし，だんだんと彼は息切れするようになり，呼吸を整えるために立ち止まると，彼は何度も落雷を受けて裂けて黒くなった木に気づきました。最初彼は，黒くなった幹が裂けているところを見ているだけでした。それから彼が気づいたのは，その木がいかに傷を塞いだか，そしてその木の傷んだ部分にも，新たな成長や葉があるということでした」。臨床家は話を終え，ニックに，次のBLSのセットでただ起こることに気づいてくださいと伝えた。2回目のBLSセットの後，彼は，母親が死んだ数年後，一連の高校のクロスカントリーのレースで彼が経験したことについて報告した。何回かのレースで彼は疲れ果て，そのときに母親の霊が彼のところに来るのを感じたのだ。そのたびに彼は，突然，疲労から解き放たれたように感じた。「それが起きたとき，母は僕を置いていってはおらず，いつも側にいるとわかりました。母は，僕が疑うときはいつでも，僕のためにいてくれて，この溢れるほどのイメージを僕にくれました。母はいつも微笑みながら，僕がしなければならないと決めたことは何でもできる，と言ってくれると思います」。彼の足に光が差し，呼吸は開け，彼は学校の新記録を更新し続けた。これらの経験を思い出した後，ニックは，叔母の死について効果的な再処理を再開できた。

● 意識的に適応的記憶ネットワークを刺激するその他の場合

適応的記憶ネットワークを意図的に刺激することを考える他の二つの場合は，①治療効果の般化を確認するため，および②セッション全体にわたって進行が芳しくないときに，新しい視点へのシフトを促すためである。過度の自責，強固な怖れ，無力感などのテーマが，生育歴・病歴聴取と治療計画段階でたびたび明らかとなる場合，1回の介入によって有効な再処理を取り戻し，肯定的な反応を得られれば励みになる。しかし，脱感作段階を完了する前に，ターゲットに戻ったときに治療効果が般化しているか確認したくなるかもしれない。確認には，「元の体

験に戻ったとき，今何に気づきますか」という標準的な質問を使った後，次のBLSセットを始める前に，前に使ったものと同じタイプの編み込みを短くしたものを用いる。責任に対してはこのように尋ねることができる。「そして，その日に起こったことについては誰に責任がありましたか」。あるいは，選択に対してはこのように尋ねることができる。「そして，それがまた起きたとしたら，あなたは今なら何をしますか」。長年にわたり力が奪われていたので，苦痛のレベルが下がったときに再度適応的視点を探ることによって，①それが完全に扱われた，あるいは②さらに適応的視点と統合する必要がある，といういずれかが明らかになるだろう。

最後に，そのセッションにおいて選択されたターゲット記憶を再処理し終わるまでの十分な時間がないことが明らかである場合，セッションの終わりの作業に向かう前に，クライエントがより適応的な視点にシフトすることを促すために，編み込みを行うことができる。もし，適切な加害者への怒りがすぐ目の前にあり，でもまだ隠れているという臨床的感覚があるとき，編み込みを用いて責任を外在化し，クライエントを恥と自責から不適切な養育への適切な怒りへと導くことができる。もう一方で，クライエントが傷つきや悲嘆にのみ込まれそうな場合，終了の前に共感の編み込みを行うことで，セッションを安らいだ雰囲気で終えることができる。「ローズおばさんならば，あなたを安心させるためにどんなことを言うでしょうか」「彼女は私を抱きしめ，私が守られ，親切にされるに値すると言ってくれるでしょう」。

● 事前に植えつけた資源を編み込みとして使う

準備段階において資源を開発し植えつけていれば，これらの資源は効果的ではない再処理の間に編み込みとして再びアクセスでき，クライエントが適応的記憶ネットワークを見出す助けとなる。事前に植えつけられた援助的な他者は，穏やかに力づけてくれたり，健全な視点をもたらす。たとえば，少年が時折夏に訪ねた田舎で，彼の考えや気持ちに初めて深い関心を向けてくれた祖母の存在である。「クララお祖母さんならば何と言うでしょうか」。事前に植

えつけられたたとえば「賢い女性」「コヨーテ」「洞窟のなかの隠れた泉」などのイメージによる象徴的な資源は，必要とされている自己能力（self-capacities）にアクセスする助けとなる。それらの能力は他の記憶ネットワークのなかに貯蔵されており，ちょっとしたきっかけがあればアクセスできるのである。

● 本章のまとめ

　本章では，PTSD 治療のための EMDR セラピーの標準的プロトコルの脱感作段階において，臨床作業を導く標準的な手続きと流れを明確にした。また，長く続く激しい情緒的反応の間，クライエントを支えるための戦略を検討した。さらに，統合を促すために適応的記憶ネットワークを意図的に刺激する，編み込みの創造的な使用についても検討した。次章では，プロトコルの標準的な流れに戻り，第5段階である植えつけ段階を取り上げる。

第10章

植えつけ，ボディスキャン，終了段階

第5・6・7段階

本章では，心的外傷後ストレス障害（PTSD）を治療するための標準的な眼球運動による脱感作と再処理法（EMDR）プロトコルの植えつけ，ボディスキャンおよび終了段階（第5・6・7段階）について説明する。

第5段階：植えつけ

第8章で説明したように，ターゲットに戻ってから，クライエントが2回目の自覚的苦痛単位（SUD）尺度を0と報告した場合，脱感作段階が完了する。その後，植えつけ段階に進む。植えつけ段階の目的は，再処理を拡張し，新しい視点をターゲット記憶に完全に統合して，治療効果の般化を確実にすることである。植えつけ段階は，標準的な手続きの三つの再処理段階のうちの2番目である。三つの再処理段階では通常，同じ速度での眼球運動を各セットで少なくとも24往復実施する。ただし，第4段階（脱感作）や第6段階（ボディスキャン）と比較して，第5段階（植えつけ）では重要な手続き上の違いに注意してほしい。それは，眼球運動の各セットの後に，「今，どんなことに気づいていますか」と尋ねるのではなく，認知の妥当性（VoC）を確認するからである。植えつけ段階では，クライエントが新しい否定的な連想を自発的に報告しない限り，「連想のチャンネル」はない。このように，植えつけ段階は，原型

である Eye Movement Desensitization（EMD；Shapiro, 1989a, 1989b）により近く，各眼球運動のセットの後，ターゲットに戻ることができる。植えつけ段階の手続きについては，表10-1を参照。

より良い肯定的な認知を確認することから始める

植えつけ段階の最初のステップは，より適切な肯定的な認知（PC）があるかどうかを確認することである。クライエントに「＿＿ という言葉は今でもぴったりきていますか」（「私」を主語にした言葉をPCとしてくり返す）」。そして，「それとも，より適切な別の肯定的な言葉がありますか」と尋ねる。その際，約半数でより良い PC が見つかる。変更した PC が選択基準を満たしていることを確認し，新たに選択した PC の VoC を確認する。「元の経験とその言葉 ＿＿ を思い浮かべてください」（一人称で，選択した PC をくり返す）。「1から7の尺度で，1は**完全に誤り**であることを意味し，7は**完全に本当**であることを意味します。今，その言葉はどれくらい本当だと感じますか」。

VoC の評価を書きとめる。ほとんどの場合，VoC は最初の VoC 得点よりも数点上昇する。たいていは 5，6，または7になる。その後，元の体験と選択された PC に戻り，VoC が「7」に上昇し，そしてそれ以上改善されなくなるまで，一連の両側性刺激（BLS）のセットを続ける。植えつけ段階の各セットの前に，「元の体験とその言葉 ＿＿ に焦点を当てましょう

183

第Ⅲ部　　　PTSD のための EMDR 再処理の標準的手続き段階：第 3 段階から第 8 段階までの標準プロトコル

表 10-1　植えつけ段階の手続きステップスクリプト

第 5 段階：植えつけ

より良い PC を確認する
　「＿＿＿＿＿＿＿＿という言葉を思い浮かべてください」（「私」で始まる PC をくり返す）その言葉は，まだぴったり合っていますか。または，もっと適切な別の肯定的な言葉がありますか」

選択した PC の VoC を確認する
　「元の体験とその言葉＿＿＿＿＿＿＿＿を思い浮かべてください。（一人称で選択した PC をくり返す）」「1 から 7 の尺度で，1 は完全に間違っている，7 は完全に本当であることを意味します。その言葉は今どれくらい本当に感じますか」

1　2　3　4　5　6　7
完全に間違っている　　　　　　　　　　　完全に本当である

植えつけ段階の各 BLS セットの前に，元の経験と PC を結びつける
　「元の体験と＿＿＿＿＿＿＿＿＿＿という言葉に焦点を集中しましょう」（一人称で選択した PC をくり返す）「それと一緒に」さらに BLS を加える。

植えつけ段階の各 BLS セットの後に，再び VoC を確認する
選択した PC の VoC を確認
　「元の体験とその言葉＿＿＿＿＿＿＿＿を思い浮かべてください。（一人称で選択した PC をくり返す）1 から 7 の尺度で，1 は完全に間違っている，7 は完全に本当であることを意味します。その言葉は今どれくらい本当に感じますか」

1　2　3　4　5　6　7
完全に間違っている　　　　　　　　　　　完全に本当である

VoC が上昇する場合
　クライエントが選択した PC や他の肯定的な材料に対して，信頼や自信を高める報告を続ける限り，植えつけの段階を続ける。

VoC が 7 にならない場合
　何セットかの BLS の後，報告された材料がより肯定的にならず，VoC が 7 まで上昇しない場合は，BLS の方向または種類を変更する。BLS の方向または種類を変更した後であっても，クライエントが 6 以下の VoC を報告し続ける場合は，クライエントの防衛的またはブロックする信念を確認する。
　「どのような考えや気がかりが，これらの言葉が完全に本当であると思えないように邪魔をしていますか」
　防衛的またはブロックする信念は，時折 BLS のいくつかのセットで直接的にターゲットとして扱い，解決することができる。次に，標準的な植えつけ段階の手続きに戻り，上記の手続きを実行して植えつけ段階を終了する。
　他のケースでは，クライエントの表現しているブロックする信念から始めて，臨床家は，連想記憶やこのセッションまたは次回に処理するターゲットを確認するために，感情の架け橋またはソマティックな架け橋技法を用いる必要がある。これは，一般的に，防衛的またはブロックする信念の源が再処理されるまで，最初に選択されたターゲットは不完全なままであることを意味する。

植えつけ段階の完了
　クライエントが VoC 7 を報告し，その素材がそれ以上肯定的にならない場合は，ボディスキャン段階に進む。

BLS (BiLateral Stimulation：両側性刺激)，PC (Positive Cognition：肯定的認知)，VoC (Validity of Cognition：認知の妥当性)
(From *EMDR Institute Training Manual*, by F. Shapiro 〈Jan, 2008 & Jan, 2005〉, Watsonville, CA：EMDR Institute. Copyright 2008, 2005 by EMDR Institute. Adapted with permission. From *Eye Movement Desensitization and Reprocessing*：*Basic Principles*, *Protocols*, *and Procedures* by F. Shapiro, 2001, NY：Guilford Press. Copyright 2001 by Guilford Press. Adapted with permission.)

（一人称で選択した PC をくり返す）。そしてまた追ってください」と伝える。そして次の BLS のセットを行う。各 BLS ごとに VoC を確認する。

　ほとんどの場合，何セットか BLS を実施すると，VoC はスムーズに 7 まで上昇するだろう。それがよ

り肯定的な変化を続ける限り，BLS の追加セットを続ける。7 は単なる目安の数字でしかない。いくつかのケースでは，PC がいかに本当であるかの主観的感覚が，最初に VoC 7 と評価した後でも改善し続けることがある。有効性の感覚が向上する限り，BLS

184

第10章　植えつけ，ボディスキャン，終了段階

の追加セットを実施し続けることは，EMDR再処理から適切な臨床的利益を得るために不可欠なことである。EMDR再処理は，単に選択されたターゲット記憶に関連する苦痛な感情を解消するだけではなく，包括的な再処理によって自己意識（sense of self）の再構築につながる。植えつけ段階では，VoCはクライエントが得られる前進を限られた範囲でしか反映していない。そのため，改善が続く限り，PCを完全に統合するために，クライエントに可能な限り変化の機会を提供することが不可欠である。

VoCが7まで上がらない場合

BLSを何セットか実施した後，報告された内容がより肯定的にならず，VoCが7まで上がらない場合は，BLSの方向または種類を変更する。BLSの方向や種類を変えてもクライエントの報告がVoC6以下の場合，「どのような考えや気がかりが，これらの言葉が完全に本当だと思えるのを邪魔していますか」と，防衛的な信念や残っている問題について尋ねる。場合によっては，クライエントが表現する思考や気がかりを直接的にターゲットとし，BLSをさらに追加することで解決することがある。その後，前に説明したような表10-1にある標準的な植えつけ段階に戻り，植えつけ段階を完了させる。場合によっては，再処理のために他の記憶のネットワークから査定し，ターゲットにする必要がある新たな考えや懸念が同定される可能性もある。

ある長期的な懸念事項に関する事例としては，クライエントが家庭内暴力の記憶を再処理する場面で簡潔に解決されたものがある。クライエントの夫は複数回の暴行で逮捕され，起訴されて有罪判決を受けていた。セッション当時，彼は刑務所にいた。PCの植えつけの際，「今は安全だ」というPCは5まで上がったが，それ以上にはならなかった。EMの方向を変更した後，臨床家は「これらの言葉が完全に真実であると思えないのは，どういう考えや気がかりがあるからですか」と尋ねた。クライエントは「いつか彼は釈放され，また私を傷つけに来るかもしれない」と答えた。臨床家は「その考えを心に浮かべながら，さらにBLSを続けましょう」と伝えた。BLS

を2セット追加した後，彼女は笑って言った。「はい，たしかにいつかまた彼が傷つけに来る可能性もあるかもしれない。でも，私が癌になったり，交通事故に遭ったりする可能性もあります。人生に保障などないのです。それでも，たった今，今日，『今，私は安全』なのです。私はもう彼を恐れながら生きることはしません」。その後，臨床家は標準的な植えつけ手続きに戻り，VoCは7に上昇した。この事例では，思考や懸念を確認するだけで解決できた。

植えつけ段階で，感情の架け橋を用いて問題を解決する

他の例は，表出された思考や懸念が，ターゲットとして同定されるべき別の記憶ネットワークの問題を反映している場合である。その場合は，同じセッション内か次のセッションで，クライエントが表す懸念や信念から始めて，**感情の架け橋**または**ソマティックな架け橋**を使用して，再処理のための記憶とターゲットを特定する必要があるかもしれない。つまり，選択されていた元のターゲットは，ブロックする信念の源が再処理されるまでは不完全なままとなるだろう，ということでもある。

例としては，同性愛恐怖を持つスーパーバイザーによって，ひどく傷つけられたゲイの心理専門家のEMDR再処理がある。脱感作段階の後，スーパーバイザーの非礼な言動の記憶はもはや苦痛ではなかった。植えつけ段階の開始時に，クライエントは元のPCである「私は有能だ」ということを確認した。VoCは最初の3から5に上昇したが，植えつけ段階ではそれ以上には上昇しなかった。EMの方向を変えてもVoCの上昇が見られなかったため，臨床家は，「どのような考えや懸念が，これらの言葉が完全に真実であると思えるのを邪魔していますか」と尋ねた。男性は，「わかりません。ですが，これらの言葉を聞くと，私は負けたような気持ちになるのです」と答えた。臨床家は，「あなたの身体のどこにそれを感じますか」と尋ねると，「顔と胸の中です」と答えた。臨床家は，「その感覚の場所に集中しながら，同じ気持ちを感じた最初のときのことを漂い戻ってみましょう」と言った。しばらくして，彼は思春期時

代の不快な事件を思い出した。それは彼が同性愛に憧れがあることを示唆したときに，司祭が彼に恥をかかせたというものだった。この経験は彼にとって非常に深刻であり，20代の大半を自分の性的指向を隠して生きるという決定に至る大きな影響を与えていたのだ。この出来事に関連したNCは，「私は価値がない」であった。次の2セッションをこの出来事を再処理するのに費やし，その後，直近の成人してからのスーパーバイザーとの体験を再処理することに成功した。

VoCが7未満でも承認できる場合

　場合によっては，VoC 6を植えつけ段階の完了を示すものとして受け入れることが臨床的に適切である。クライエントに対して，「何が7になるのを邪魔していますか」と尋ねると，一部のクライエントは，機能不全となっている追加的素材や防衛の兆しを語るのではなく，むしろ，文化的または個人的な価値に関わる発言をすることがある。Shapiro (1995, 2001)はこれらの発言を「生態学的」と名付けた。その意味は，個人の価値観や，個人的または社会的文脈を考慮して，適切な時点で終了できるということを指している。そのような発言はしばしば，文化的価値や宗教的価値を表していることがある。たとえば，「私はクエーカー教徒です。私たちはそのような極端な言い方はしません」とか，「私が将来どのように感じるかはっきりするまで，それが完全に真実であるかどうかはわかりません」というような，個人的な価値観が含まれるだろう。

　承認できそうなVoC 6の発言が聞かれた場合であっても，少なくとももう1セットBLSを追加することが重要である。これは，VoCのさらなる変化を求めて圧力や期待を押しつける感じにならないように，配慮を持って慎重に行われるべきものである。時にはPCの信念が高まることもあるが，そうでないときもある。次の例は，VoCが上がらなかった例である。ある学校銃撃事件に巻き込まれた一人が選んだPCは，「今は安全だ。私は気にしない」であった。VoCは6に上昇したが，それ以上は上がらなかった。「何が7になることを妨げていますか」と尋

ねると，このクライエントは，「『今は安全です』は7です。しかし，**私は気にしない**は，完全に真実になることはありません。なぜなら，この経験は私の人生を変えたからです。このコミュニティは決して元通りになることはないのです。そしてメディアは，私たちに起こったことを忘れさせてはくれません。だから，6はおそらく一番の真実なのかもしれません」。「では，それに集中してください」と言って，その後BLSを数セット行い，変化がなかったのでボディスキャン段階に移行した。

　次は，決断力を持って行動できるようになるために，ずっと苦しみもがいていたクライエントの事例である。彼女は，子どもの頃に家族を放棄した父親の記憶を再処理していた。植えつけ段階でのPCは，「自分の判断を信じることができる」であった。VoCは5まで上昇したが，それ以上高くはならなかった。臨床家が，「何がVoCが上がるのを妨げていますか」と尋ねたところ，そのクライエントは，「あなたは私の文化をご存知だと思いますが，ほとんどの場合において多くの男性は信用に値しません。おそらく，私の判断を完全に信じることは賢明なことではないと思います」と述べた。臨床家にも男性によって裏切られた過去があった。したがって，この発言は臨床家自身の記憶を刺激し，彼女はここで植えつけ段階を終了しそうになった。なぜなら，その発言はもっともらしく聞こえたからである。しかしながら，臨床家は，最初のもっともらしい発言を聞いた後でもBLSを続けなさい，というEMDRトレーニングでの注意を覚えていた。経験豊富な臨床家として，彼女は自分の個人的または文化的な経験によって，クライエントの成長を制限すべきではないことを知っていた。そのため臨床家は，「それに意識を向けてさらに続けてみましょう」と言った。数回のBLSを追加した後，クライエントはさらに変化した。クライエントは，「確かに信頼できない男性もいますが，すべての男性が信頼できないわけでないこともわかっています。もし，自分の判断が信じられないなら，誤った疑いの考えから，善良な男性を拒絶することになるでしょう。私の判断が完璧でなかったとしても，より良く生きるために，私は自分の判断に頼る必要があります。盲目的に信用しないことは賢明で

すが，私の判断をまったく信用しないことは馬鹿げています」と言って，VoC は 7 まで上昇した。

● 第 6 段階：ボディスキャン

VoC が 7 に達して，それ以上良くならない場合は，ボディスキャン段階に進む。ボディスキャン段階には二つの目的がある。第一の目的は，選択されたターゲット記憶に，処理されず残っている材料がないことを確認することである。もう一つは，脱感作と植えつけ段階で得られた改善を拡げることである。ボディスキャン段階の手順は，表 10-2 にある。

ボディスキャン段階で，クライエントに次のように尋ねる。「目を閉じてください。もともとの体験を頭に浮かべ，今感じられるままで，同時にあの言葉＿＿＿も思い浮かべましょう」（選択された PC をくり返す）。「そして，身体のあらゆる場所，頭のてっぺんから足の爪先まで注意を向けてください。緊張

表 10-2　ボディスキャン段階の手続きステップスクリプト

第 6 段階：ボディスキャン

「目を閉じてください。もともとの体験を頭に浮かべてください。今浮かぶままの感じでいいですよ。そして，あの言葉 ＿＿＿＿ も思い浮かべてください」（選択された PC をくり返す）。「そして，身体のあらゆる場所，頭の先から足の爪先まで注意を向けてください。緊張感，身体のこわばり，または普段とは異なる感覚を感じる場所があれば教えてください」

否定的感覚が報告されている間は，クライエントが中立的または肯定的感覚を報告するまで，追加の BLS を続ける。その後，もう一度ターゲットに戻り，上記の手順を使用してボディスキャンを再度実行して，残った感覚を確認する。

肯定的感覚が報告されている間は，それ以上肯定的な報告がされなくなるまで，肯定的感覚を強化するための BLS を続ける。ボディスキャン段階では，脱感作段階と同じ標準的な指示をセット間で実施する。

「休んで。深呼吸をしましょう。解放して (Let it go)。今どんなことに気づいていますか」

「それに焦点を当てながら，次に何が起こるかに気づいてみましょう」

BLS（BiLateral Stimulation：両側性刺激），PC（Positive Cognition：肯定的認知）

(From *EMDR Institute Training Manual*, by F. Shapiro 〈Jan, 2008 & Jan, 2005〉, Watsonville, CA：EMDR Institute. Copyright 2008, 2005 by EMDR Institute. Adapted with permission. From *Eye Movement Desensitization and Reprocessing*：*Basic Principles, Protocols, and Procedures* by F. Shapiro, 2001, NY：Guilford Press. Copyright 2001 by Guilford Press. Adapted with permission.)

感，身体のこわばり，または普段とは異なる感覚などを感じる場所があれば，教えてください」。

報告された否定的な感覚について，クライエントが中立的，または肯定的な感覚だけを報告するようになるまで，BLS を追加する。ボディスキャン段階では脱感作段階と同じく，BLS セット間では標準の指示を使う。「休んで。深呼吸をしましょう。今，どんなことに気づいていますか」。クライエントが何らかの変化を報告した後，「それに焦点を当てながら，次に何が起こるか気づいてください」と言う。そしてクライエントが中立的，または肯定的な感覚のみを報告するまで，残余感覚を再処理し続ける。その後，ターゲットに戻り，同じ指示を使用して再びボディスキャンをし，新たな残余感覚をチェックする。

クライエントが肯定的な感覚だけを報告したら，BLS を継続して，それ以上肯定的に変化しないところまで肯定的な感覚を高める。EMDR 再処理の目的は，機能不全に陥った題材を解決することだけではない。同時に，自己感覚（sense of self）を強化し拡張することでもある。場合によっては，ボディスキャン段階で，クライエントが否定的な感覚なしに肯定的感覚だけを報告しているとき，最も意味深い処理が起きることがある。「肩の重さが取れた感じがします」。このような肯定的な感覚に焦点を当て，BLS を追加することで，より深く健康で幸福な体験と，トランスパーソナルな意識状態に至ることもある（Krystal et al., 2002）。

● 第 7 段階：終了

終了段階にはいくつかの目的が含まれる。まず，各 EMDR 再処理セッションに，構造化された達成感を提供することである。二つ目は，クライエントがセッションを終える前に，クライエントの安定性と現在（今，ここ）への定位（orientation）を保証することである。三つ目は，各 EMDR 再処理セッションの後に生じる可能性のある問題や変化について，敏感に気づいて記録するように指示を与えることである。終了段階の手続きは，表 10-3 に記載されている。SUD 0，VoC 7，そしてボディスキャンで中立的，または肯定的感覚のみが報告されて終了となる

187

第Ⅲ部　PTSD のための EMDR 再処理の標準的手続き段階：第 3 段階から第 8 段階までの標準プロトコル

表 10-3　終了段階の手続きステップスクリプト

第 7 段階　終了
不完全なセッションのための手順
　不完全なセッションとは，SUD が 1 以上，VoC が 6 以下，またはボディスキャンで，セッションが始まる前に報告されておらず，ターゲットとなる材料に関連していると思われる否定的な感覚が残存している場合である。
　途中で終了する必要性の説明を行う。そのセッションのクライエントの頑張りを評価する。脱感作段階が不完全な場合，PC の植えつけとボディスキャンは行わない。クライエントの身体的，感情的，認知的な状態を確認する。構造化された包み込み，または安定化の手続きの実施を検討する。
　「終わりの時間が近づきましたので，そろそろ終わりにしなければなりません。今日，あなたはとても頑張りました。あなたの頑張りを高く評価いたします。今どのようなお気持ちですか」
　もし必要があれば，包み込み技法，落ち着きの技法，感覚定位のエクササイズのなかから一つ以上を行う。クライエントが安定した状態になったら，以下の言葉で振り返りを行う。

完全なセッションの終了手順
　セッション中のクライエントの頑張りを評価する。もし時間が残っている場合は，このセッション中にクライエントが気がついたことを話し合う。もし適切であれば，クライエントが語っていない重要な観察された変化と収穫について簡単に述べる。
　「今日，あなたはとてもよく頑張りました。今どんなお気持ちですか」

短い指示をクライエントに与え，日誌をつけることを依頼する
　「今日，私たちが行った処理はセッション後も続くかもしれません。あなたは新しい洞察，思考，記憶，または夢などに気づくこともあれば気づかないこともあるでしょう。また，あなたは行動面での変化に気づくかもしれません。今日のセッションに対するあなたの反応を確認する一助として，あなたが経験することの気づきを記録してください。次回まで，動揺などがあれば，私たちが一緒に行った動揺にうまく対処する ＿＿＿＿＿ 技法を練習することを忘れないでください。次回は，あなたの日誌を確認し，また続けましょう。次のセッションの前に緊急な報告が必要な場合，または追加のサポートが必要な場合は，私に電話してください」

PC（Positive Cognition：肯定的認知），SUD（Subjective Units of Disturbance：自覚的苦痛単位），VoC（Validity of Cognition：認知の妥当性）
（From *EMDR Institute Training Manual*, by F. Shapiro〈Jan, 2008 & Jan, 2005〉, Watsonville, CA：EMDR Institute. Copyright 2008, 2005 by EMDR Institute. Adapted with permission. From *Eye Movement Desensitization and Reprocessing：Basic Principles, Protocols, and Procedures* by F. Shapiro, 2001, NY：Guilford Press. Copyright 2001 by Guilford Press. Adapted with permission.）

再処理セッションもある。それ以外はさまざまな程度で不完全に終わることになるだろう。以下では，まずは不完全なセッションの状況を検討し，次に比較的簡単に治療が完了した事例を検討しよう。

●｜ 不完全なセッションの終了手続き

　不完全なセッションとは，SUD 1 以上または VoC 6 以下，およびセッション開始前には報告されていなかったが，ボディスキャンで残留する否定的な感覚が報告され，ターゲットとする題材と関連があると思われる場合である。植えつけ段階で出現し，ボディスキャン段階で報告される首・のどおよび肩の緊張は，ターゲット素材と関連している可能性が高い。ボディスキャン段階でこの緊張が解消されなかった場合，そのセッションは不完全と分類される。セッションの前に存在しなかった，両側性眼球運動の反復セットによる眼精疲労の感覚は，おそらく

ターゲット素材とは関連していない。眼精疲労の残存感があっても，セッションを完全なものとして分類することができる。

　不完全なセッションを終了するには，再処理を停止してセッション終了の必要性を説明する。セッション中のクライエントの努力に承認と励ましを伝える。脱感作段階中に中断する場合は，PC の植えつけとボディスキャン段階は省略する必要がある。また，ターゲットに戻って，選択されたターゲット記憶に関する情報を尋ねることは避ける。これらは，混乱を増幅させる可能性があるためである。したがって，SUD または VoC を確認する必要はない。両方とも，ターゲット記憶に焦点を当てることを促すことになるからである。

188

メンタライゼーションの援助を必要とするクライエントのために時間をとること

クライエントの身体的，感情的，認知的な状態に注意を配る。そして，構造化された包み込みまたは安定化手続きの必要性があるかを評価する。「時間が近づきましたので，そろそろ終わりにしなければなりません。あなたはとても頑張りました。それを高く評価いたします。今どのようなお気持ちですか」と尋ねる。クライエントによっては，話し合う時間を十分残して再処理を終え，セッションで得られた洞察や肯定的変化の確認，およびセッションを通して気づいた付加的な題材についての短い検討などを行うのが有用である。これは，特に，メンタライゼーションのための能力と感情をまとめる力が制限されているクライエントにとって役に立つ（Fonagy et al., 2002）。

構造的包み込みが必要なクライエントのために時間をとること

一部のクライエントは，包み込み，落ち着き，または感覚定位（sensory orientation）による構造化された援助が必要である。そのような介入が必要なときは，落ち着く場所の技法をするだけで十分かもしれない。しかし，一連の安定化，包み込み，および感覚定位エクササイズを必要とする場合もあるだろう。これらの介入には，準備段階で有効だった方法を含むべきである。一連の介入は，落ち着く場所の技法から始まり，続いて光の流れの視覚化技法を行い（Shapiro, 2001, pp.244-246），そして感覚定位で終わる。クライエントが安定した状態になったら，後述の「クライエントと振り返りをして，日誌記録の依頼をする」にあるような説明を行う。

しかし，セッションが不完全であるという理由だけでは，このような介入がいつも必要になるわけではない。不完全セッションを経験する以前から，多くのクライエントは未解決の記憶や問題に悩まされていたが，適切な対処もできていたのだ。再処理は，クライエントにとって，より大きなレベルの動揺につながる可能性もある。しかし，そういうことは頻繁に起きるわけではない。クライエントが緊張緩和のために衝動的な自傷行為に及ぶ危険性があるか，過度の不安や抑うつ，または解離状態にとどまる危険性がある場合は，明らかに安定化の介入が必要である。構造的な包み込み，落ち着き，または感覚定位手続きの必要性を評価するには，臨床的な判断力が要求される。

完全なセッションを終了するための手順

完全なセッションの場合，一般的に安定化，包み込み，または感覚定位の手続きは必要ない。しかし，不完全なセッションの場合で説明したように，一部のクライエントにとっては，セッションで経験して得たことについて短く話し合う必要や意味があるだろう。したがって，各クライエントの個々のニーズに基づいて，終了段階に十分な時間をとる必要がある。ほとんどの場合，クライエントにこれまでのセッションで得られた治療効果に目を向けることを説明し，以下のような文章を読み，記録報告をつけて，次のセッションで提出してもらうとよい。

クライエントに短い指示をして，日誌記録の依頼をする

「今日，私たちが行った処理は，セッション後も続くかもしれません。あなたは新しい洞察，思考，記憶，または夢に気づくかもしれないし，そうでないかもしれません。また，自分の行動の様子について変化を感じるかもしれません。今日のセッションでのあなたの反応を適切に評価するために，日常での気づきを記録してみてください。次回までに動揺や不安があれば，私たちが一緒に行った動揺や不安に対処するために役立つ ＿＿ 技法の練習を忘れないでください。次回は，あなたの日誌記録を確認し，また続きをやりましょう。次のセッションの前に緊急な連絡が必要なとき，または追加のサポートが必要なときは私に電話してください」。

日誌

　クライエントからの日誌を入手することは，治療セッション，新たな問題，環境ストレス要因に対するクライエントの反応を確認するのに役立つ。準備段階で記録を導入した場合は，再処理を開始したときにもクライエントからの日誌を継続して取得しやすい。表6-12を参照のこと。純粋に言葉による報告が役立つこともあるが，多くのクライエントは状態特異的な記憶効果のために，苦痛体験と肯定的な瞬間の詳細を忘れる傾向がある（Bower, 1981）。簡潔に書かれた記録は，より詳細な情報を提供してくれる。さらに，クライエントが体験を書きとめ，臨床家とそれを共有する際に，クライエントが経験を振り返るのに役立つ。

　場合によっては，クライエントは記録を作成する意欲を妨げるような不安や苦痛を感じることがあるだろう。また，家族や友人が自分の記録を読むことを恐れる場合もあるだろう。臨床家に，これまでの自分の治療がうまくいっているかいないかを判断されることを，恐れることもあるだろう。クライエントは固定的で厳しい基準を持っていて，自分自身を厳しく判断する傾向がある。特定の悪夢やトラウマ的記憶の侵入を記録することは，非常に辛いことかもしれない。回避行動や強迫行動があまりに恥ずかしく，記録できないかもしれない。

　通常，これらの問題は準備段階のなかで起きる。すなわち，再処理段階では重要な経験について簡単に記録することが大事になる，という説明を準備の一部として行うときに生じてくるであろう。しかし，再処理段階になって，記録を書きとめる作業中にこの問題が浮かび上がったときは，率直な話し合いおよび問題を解決するための介入が非常に役に立つであろう。支持的な話し合い，心理教育，および問題解決が，これらの懸念を解決してくれるかもしれない。時には，日誌につけるかわりに，クライエントは留守番電話に口頭で短く記録を残すことを好む場合がある。ほかには，日誌を作成し報告することに関する新たな問題や不安は，追加の資源の植えつけや，現在の懸念や，関連する人生経験の再処理の必要性を強調することによって，治療計画の変更をもたらす可能性がある。次章の再評価段階で，記録を再検討する方法と，治療計画を変更することを検討する場合について考える。

第11章

再評価段階および治療計画の完了

概要

　本章では，心的外傷後ストレス障害（PTSD）治療のための眼球運動による脱感作と再処理法（EMDR）の標準的プロトコルの再評価段階（第8段階）および，治療計画の完了について述べる。

第8段階：再評価

　再評価は心理療法としてのEMDRアプローチにおいては一連の持続的な作業である。再評価は生育歴・病歴聴取段階，および準備段階から開始される。再評価では，クライエントにとっての情報開示の影響，臨床家に対する反応，さらにクライエントの安定性，症状，および適切に行動する機能性などを身につけ安定させる練習の影響，などが考慮される。一度EMDRによる再処理が始まったら，再評価は大変重要なもので，完了した再処理セッションの治療効果の安定性を確認したり，不完全になったままの記憶の再処理を続けるか，それともより早い時期のターゲットに変更するのが適切かを判断したり，再処理の効果をチェックしたりする。再評価には，**ミクロ**レベルと**マクロ**レベルの二つのレベルがあると考えるとよい。**ミクロ**レベルでは，前回のセッションの特定の影響について吟味する必要がある。**マクロ**レベルでは，全体的な治療計画を調整していくために，ミクロの再評価から理解できる内容を熟慮しなければならない。

クライエントの反応の「マクロ」再評価で治療計画のチェックを行う

　セラピーに対するクライエントの反応をチェックすることは，**マクロ**レベルの再評価では非常に重要である。そのため，通常は各セッションの初めに，クライエントからのフィードバックを尋ねる。夢の中での変化や，脅威のきっかけの典型である現在の刺激に対する反応，追加された記憶，新しい考え，または洞察の報告などに注意を払わなければいけない。以前のセッションで，再処理のターゲットとして選ばれた記憶に関する主要な症状（侵入的な再体験，回避行動，興奮，過覚醒，不安，落ち込み，解離，不適応的または緊張低減的衝動や行動の身体表現性の症状）における些細な変化についても，積極的に吟味する必要がある。こうした問題がインテーク時に見られる場合は，普段の食事，睡眠，運動，仕事，家庭生活といった日常生活の基本的な行動に注意を向けなくてはならない。各セッションの前に，第5章で示された標準化された評価ツールを使うのであれば，テストスコアに基づき，症状の重大性における変化を記録にとってもよい。しばしばクライエントは，ターゲットとして選んだ記憶の新しくかつ不安な側面が前回のセッション以来浮かび上がってきた，または他のより早い時期の関連記憶について考え続けている，ということを報告することがある。その場合，これらが追加の再処理ターゲットとして選ばれるだろう。

クライエントの日誌報告が，再処理によって現在の症状がいくらか軽減したことを示しているときには，その治療計画を続行して，それから次のターゲットの再処理に移行するのが適切である。しかしながら，再処理により不安な記憶や不安定な気分状態が増大し，強い不安を伴う侵入の増加や不適応的な衝動の増加，もしくは過覚醒または緊張低減的行動の増加の出現が見られるときは，治療計画の修正を考える必要がある。臨床家は「**過去の出来事を再処理し続けるべきなのか，それともこれらの症状の増加は，必要な自己容量（self-capacities）を構築する安定化のための介入に戻る必要があることを示しているのか**」ということを，自身に問いかけるべきである。自分の普段の機能性が多少低下しても，それはたいていのクライエントにとって容認可能で，必ずしも重大な結果につながるものではない。多くの場合，再処理を継続しながら前に進んでいくことは，十分な自己容量があり，資源にアクセスできるクライエントにとっては，最も効果的な方法である。こうしたケースは「症状または適切な行動をとる能力の軽い退行後，再処理を続ける場合」の節の中で示されている。しかしながら，症状の増悪を伴う日常機能の退行が容認可能範囲であり，さらに多くの再処理をして先に進みたいと本人が言っている場合でも，そうすることが常に最良の方法とは限らない。

幼少期のネグレクトもしくは虐待を経験したクライエントは，自己観察スキルが欠けている場合がある

初期のネグレクトもしくは虐待を経験したクライエントは，秘密を打ち明けたり再処理を行うことで生ずる継続的な衝撃に耐える能力が自分にあるのか，ということを正確に判断する十分な自己認知，もしくは自己観察のスキルを持っているとは限らない。彼らはしばしば，急いで再処理を「片づけて」しまおうとする。どんどん先に進むことで，何らかの「魔法のように」問題が素早く解決するだろうと考えるのである。また，EMDRセラピーの訓練を最近受けた臨床家は，当初に，EMDR再処理によって，一貫性があり劇的にも見えるクライエントの症

状の軽減という経験をしたかもしれない。しかしながら，EMDR再処理やトラウマに焦点を当てる他の方法（たとえば持続的曝露法）は，慢性的もしくは複雑なトラウマにさらされていたクライエントにとっては，徐々にもしくは急速の症状悪化を招くこともあるのだ（Cloitre et al., 2002；Gelinas, 2003；Korn & Leeds, 2002；Pitman et al., 1991）。

それゆえ臨床家は，クライエントが望むことだけではなく，どういった方法をとるのが適切なのか，自分自身の臨床判断をよく考慮する必要がある。再処理をさらに進めていくことによって，一時的に悪化した症状が改善していくこともある。また別の場合には，スキルを構築し安定化の介入を進めることで，クライエントの進歩を妨げ，あるいは危機をもたらすような後退的状況に陥ることを避けることができる。方針決定の鍵となるのは，心的エネルギーや能力を持続させるクライエント自身の通常のセルフケアや，日常行動を維持する能力（capacities）である。これらの適応的な行動傾向が減退し始めた場合は，臨床家はトラウマ記憶の再処理を再開する前に，クライエントが元に戻れるよう注意を払うことが重要である。*The Haunted Self*（van der Hart et al., 2006）の第12章や，*EMDR and Dissociation*（Gonzalez & Mosquera, 2012）の第6章を参照して，セルフケアの健全なパターンや適応性のある行動を促進することについての議論を参考にしてほしい。

症状または適切な行動をとる能力の軽い退行後，再処理を続ける場合

他のケースでは，トラウマ記憶の再処理が不十分であったセッション後に起きる適切な機能性の軽度の退行は，その記憶を完全に解決するよう再処理を再開することで，すぐに乗り越えることができる。たとえば，双極性障害の薬を一時的にやめていた親による家庭内暴力を目撃する，という思春期の記憶を再処理した成人の例を検討してみよう。このクライエントは，通常は高いレベルで適応行動をとり，薬物乱用や緊張低減の問題行動もない。彼は新しいパートナーが以前のパートナーに比べて自己主張がやや強く，感情をあらわにする度合いが強いために

軽度の不安症状が始まり，治療に来た。最初は思春期の記憶が再処理された。その次に行われたセッションで，家庭内暴力の辛い夢をたくさん見て頻繁に目が覚める，ということが1週間くり返されたと報告した。このクライエントの全体的な安定性や優れた対処スキルを考慮すると，苦しい夢を見たり睡眠に問題が出ているのは，辛い記憶の不完全処理による一時的な副作用であると見なすのは一般的に妥当であろう。それゆえ，先延ばしの必要はなく，その不完全にしか解決されていない記憶の再処理を続けることになるだろう。

「ミクロ」レベル：前回のセッションから再処理を再評価する

マクロレベルの再評価では全体的な治療計画の調整を考慮するが，ミクロレベルでは，前回のセッションからのターゲット記憶の再処理による特定の影響を再評価していく。ターゲット再評価ワークシートが，表11-1に示してある。まず，最初に前回のセッションが不完全となり，脱感作，植えつけ，またはボディスキャン段階で途中終了となったケースを考えてみよう。

不完全な脱感作後の再処理の再開

脱感作が未完了ならば，通常再処理は「連想のチャンネル」の終わり近くか，中途で停止している。まず，クライエントによる日誌報告をチェックする必要がある。追加されるべき早期の問題が出てこない限り，クライエントが再処理を続ける準備ができているかを確認し，それから再処理を続けるために「ターゲットに戻る」。アセスメント段階のすべてをもう一度行う必要はない。自覚的苦痛単位（SUD）のスケールレベルを再確認する必要もない（そうする場合もあるかもしれない）。主な目的は再処理の再開とすべきである。「前回のセッションで扱った体験に注意を向けたとき，今何に気づきますか」と尋ね，もしクライエントがまだ不快要素があると報告したら，「それに意識を向けて，次に起こることに気づいてください」と言う。

クライエントがターゲットに対してあいまいな，もしくは明白に中立またはポジティブな連想を報告したら，SUDレベルをチェックする必要があるだろう。また，クライエントの進歩をはっきりさせるため，SUDをチェックする場合もあるかもしれない。「元の出来事に意識を向けてください。0〜10の尺度で，0はまったく苦痛がないか中立の状態，10が想像できる最も苦痛な状態です。あなたにとってその体験は，今現在どの程度苦痛に感じられますか」。もし，SUDが1かそれより高ければ，「今現在，その体験の最悪な部分は何ですか」と聞く。そして，「それに意識を向けて，次に起こることに気づいてください」と言う。

不完全な植えつけ後の再処理の再開

再処理が植えつけ段階で停止していたら，まずSUDが0のままであることを確認し，その後植えつけを再開する。「元の体験とそれらの言葉 ＿＿＿（選ばれた肯定的認知〈PC〉をくり返す）について考えてください」「1〜7の尺度で，1は完全に間違っていると感じる，7は完全に正しいと感じるという状態です。あなたにとって，どの程度これらの言葉が，今現在正しいと感じられますか」。そして，植えつけを開始する。「もともとの体験とそれらの言葉 ＿＿＿（一人称の選ばれたPCをくり返す）に意識を向けてください」「そして，指を目で追ってください」と言って，両側性の眼球運動（または，代替の両側性刺激）を再開する。

不完全なボディスキャン後の再処理の再開

前回のセッションがボディスキャン段階で中断となっていたら，まず，クライエントの報告記録によるフィードバックを見直す。それからSUDが0，認知の妥当性（VoC）が7のままであることを確認する。その後ボディスキャンをもう一度行う。「目を閉じて，もともとの体験を，今現在あなたに感じられるように，そしてそれらの言葉＿＿＿（一人称のPCをくり返す）と一緒に心に思い浮かべてください」「そ

第Ⅲ部　PTSD のための EMDR 再処理の標準的手続き段階：第 3 段階から第 8 段階までの標準プロトコル

表 11-1　ターゲット再評価のワークシート

前回不完全なターゲットの場合

　前回の再処理セッションが不完全だった場合，まずクライエントの日誌報告をチェックする。追加すべきより早期の事柄が出てきていない限り，単にクライエントが再処理を続ける準備ができているか確認し，再処理を続けるために「ターゲットに戻る」。不完全なターゲット記憶のアセスメントのすべてを行う必要はない。SUD レベルをチェックする必要もないが，場合によってはそうすることが役立つこともある。

　「前回のセッションで取り組んだ体験に注意を向けたとき，今何に気づきますか」

　クライエントが追加の苦痛を感じる事柄を報告したら，「身体のどこでそれを感じますか」と聞く。そして「それに意識を向けて，次に起こることに気づいてください」と言う。

　クライエントがターゲットに対して曖昧な，もしくは明白に中立またはポジティブな連想を報告したら，SUD をチェックする。また，クライエントの進歩をはっきりさせるため，SUD をチェックすることになるかもしれない。「もともとの体験に注意を向けてください。0～10 の尺度で，0 はまったく苦痛がないか中立の状態，10 はあなたが想像できるなかで最も苦痛な状態です。あなたにとってもともとの体験は，今現在どの程度の苦痛に感じられますか」。

　SUD が 1 かそれより高ければ，「今現在，その体験の最悪の部分はどこですか」と聞く。そして，「それに意識を向けて，次に起こることに気づいてください」と言う。そして両側性の眼球運動（または代替の両側性刺激）を再開する。

前回完了しているターゲットの場合

　前回にターゲットの再処理が完了している場合は，まずクライエントの報告記録をチェックする。追加されるべき早期の事柄が出てこない限り，最初に前回のターゲット記憶ネットワークにアクセスする。そして，そのターゲット記憶の SUD をチェックする。

　「前回のセッションで取り組んだ体験に注意を向けたとき，今何に気づきますか」。より具体的な質問をして，そのターゲットを精査することもできる。

　「前回のセッションで取り組んだ体験に注意を向けたとき，どんなイメージが湧いてきますか。あなた自身とその出来事についてどのように考えますか。どのような感情を抱きますか。身体の感覚はどうですか」。

　クライエントの報告を聞いた後で，SUD レベルをもう一度チェックする。「もともとの体験に注意を向けてください。0～10 の尺度で，0 はまったく苦痛のないか中立の状態，10 はあなたが想像できるなかで最も苦痛な状態です，あなたにとってもともとの体験は，今現在どの程度の苦痛に感じられますか」。

　多くの場合，SUD は 0 のままである。その後 VoC をチェックする。「もともとの体験とそれらの言葉 ＿＿＿＿＿＿＿＿（一人称で植えつけられた肯定的認知をくり返す）について考えてください」「1～7 の尺度で，1 は完全に間違っていると感じる，7 は完全に本当だと感じるという状態です。どの程度，この言葉があなたにとって今現在本当だと感じられますか」。

　ほとんどの場合，VoC は 7 のままである。その後治療計画の次のターゲットへ進むことができる。

　もし，SUD が 0 より上がっていたら，クライエントに「何がそれを ＿＿＿＿＿ としていますか」（SUD を述べる）と尋ね，さらに「あなたがそれらの不快な ＿＿＿＿＿＿＿（イメージ，考え，感情，または感覚）に気づいたとき，それらはあの出来事に結びついて感じられるか，それとも他の関連した出来事に結びついていると感じられるでしょうか」と尋ねる。

　臨床家とクライエントが，残っている苦痛は関連した別の記憶に結びついていると判断を下さない限り，上記の不完全なターゲットの場合と同じ要領で，ターゲットの再処理を再開する。臨床家とクライエントが，残っている苦痛は関連した別の記憶に結びついていると判断を下した場合は，その関連した記憶を次の治療計画のターゲットとするかどうか考慮する。

　もし SUD が 0 のままであるが，VoC が 7 より下がるようであれば，クライエントに「それが完全に本当だと感じられないようにしているものは何ですか」と尋ねる。クライエントの報告の後，「それに気づいて，指を追ってください」と言う。そして，両側性の眼球運動（または代替の両側性刺激）を再開し，植えつけ段階の標準的手続きを行う。

SUD（Subjective Units of Disturbance：自覚的苦痛単位），VoC（Validity of Cognition：認知の妥当性）

して，頭から始めて足の先まで，あなたの身体のすべての部分に注意を向けてください。もしどこか，緊張やこわばりや普通でない感覚があれば，教えてください」と教示し，不快要素が残っていれば再処理する。SUD が 0，VoC が 7 であっても，ネガティブな残余感覚が前回のセッションから続いているようであれば，それはすでに特定されたターゲット記憶とは別の記憶に結びついている可能性があるということを，心にとめておく。これらのネガティブな感覚が，両側性眼球運動（または他の代替の両側性刺激）の方向を変えた後でも解消されないようならば，表 4-9 に示されているように，生育歴，もしくは**感情／ソマティック／防衛衝動**の架け橋技法で，別のまたはより早期の記憶を探索する準備をする。

完了した再処理セッション後の再評価

次に，前回の EMDR 再処理セッションがしっかりと完了した場合について考える。次のセッションでは，クライエントの日誌報告を手早くチェックし，選択されていたターゲット記憶の SUD と VoC を再評価することが重要である。SUD をチェックするためには，「前回のセッションで取り組んだ体験に注意を向けたとき，今何がありますか」と尋ねる。より具体的な質問をして詳しく調べてもよい。「あなたが前回のセッションで取り組んだ体験に注意を向けたとき，どんなイメージが湧いてきますか。あなた自身とその出来事についてどのように考えますか。どのような感情を抱きますか。どのような身体の感覚ですか」。クライエントの報告を聞いた後で，SUDレベルをもう一度チェックする。「もともとの体験に注意を向けてください。0〜10 の尺度で，0 はまったく苦痛でないか中立の状態，10 があなたが想像できる最も苦痛な状態です。あなたにとってもともとの体験は，**今現在どの程度苦痛に感じられますか**」。多くの場合，SUD は 0 のままである。その後 VoCをチェックする。「もともとの体験とそれらの言葉____（一人称で植えつけられた PC をくり返す）について考えてください」「1〜7 の尺度で，1 はそれが完全に間違っていると感じる，7 はそれが完全に本当だと感じるという状態です。どの程度，その言葉があなたにとって今現在本当だと感じられますか」。ほとんどの場合，VoC は 7 のままである。その後，治療計画の次のターゲットへ進むことができる。

完了したセッション後，SUD もしくは VoC の変化で次のターゲットを探す

時として，SUD や VoC は変化することがあり，この変化は特定の記憶内に存在する追加的な事柄のせいなのか，同じ経験群のなかの関連した別の記憶のせいなのかを考慮する必要がある。単一の出来事によるトラウマ経験者については，単純に前回選択されたターゲット記憶の再処理を再開すればよい。複数の関連したトラウマの経験者については，SUD やVoC のわずかな後退は，すでに治療計画のリストに載っている他の関連記憶に起因するのか，またはクライエントが報告記録のなかで打ち明けた記憶に起因するものなのかについて，ケースフォーミュレーションと再評価を行い，考察していく必要がある。クライエントへの次のような直接的な質問が，時としてこれを明瞭にする。「あなたがそれらの苦痛____（イメージ，考え，感情，または感覚など）を意識したとき，それらはあの出来事により結びついて感じられますか，それとも他の関連した出来事に結びついていると感じられますか」。治療者とクライエントが，残った苦痛はより緊密に関連した別の記憶に結びついていると判断をしたら，再処理の焦点をその関連記憶へ移すのが効率的である場合が多い。この一般的ガイドラインによるケースフォーミュレーションと治療計画は，『精神疾患の診断・統計マニュアル（第 5 版）』（DSM-5；APA, 2013）の不安，うつ，身体表現性，ストレスに関連した診断が当てはまるクライエントに適用されるということを，心にとめてほしい。もし，ケースフォーミュレーションおよび留意点が，解離もしくはパーソナリティ障害の問題に関連してくるならば，もっと他の要素が必要となってくるだろう。

過去：苦痛記憶を評価しターゲットにする

治療計画によって選択された記憶の再処理を行っていくにつれ，通常，クライエントの症状は改善に向かうだろう。改善のペースは，臨床症状が慢性であったり複雑であったりする度合いによってさまざまである。第 4 章のターゲットの基本治療計画リスト（表 4-14）を，常に参照してほしい。理想的には，治療計画で特定された重要な記憶のすべてを再処理できるとよい。いくつかのケースでは，クライエントの快方が目覚ましく，現在の症状に潜在的に関係があるとして最初に特定された記憶のすべてに取り組むことを，クライエントが望まないか必要としないことがある。多くの場合，すでに再処理された記憶の治療効果は，まだ直接治療されていない記

195

第Ⅲ部　PTSD のための EMDR 再処理の標準的手続き段階：第 3 段階から第 8 段階までの標準プロトコル

憶にも波及していく。したがって，基本治療計画リストを見直したとき，それらの記憶のいくつかは，クライエントにとってもう苦痛を残していないように見えるだろう。ほとんどのクライエントに対しては，これらの記憶の苦痛レベルをチェックして，症状持続の要因になっているかもしれない記憶，または将来の症状にとって潜在的なリスクがあるような記憶については，再処理をしておくのがよいであろう。

多くのケースで，インテーク時または治療中に特定された重要な記憶のすべてが完全に再処理された後でも症状が残存するだろう。これは，適応的情報処理（AIP）モデルや，過去・現在・未来の 3 分岐プロトコルとも一致している。すべての寄与的要素や症状の原因となっている記憶が再処理された後でも，過去の辛い出来事からの脅威刺激を脳が保持する傾向のため，症状はしばしば現在の刺激への反応のなかに残存するのである（LeDoux, 1996；LeDoux et al., 1989）。それゆえ，さらなる症状の改善を得るためには，まだ症状を引き起こしうる現在の刺激を再処理することに注意を向けていかなくてはならない。

現在：
現在の刺激を評価しターゲットにする

3 分岐プロトコルによる標準的 EMDR–PTSD 治療計画の 2 番目の「分岐」では，いまだに不適応的知覚・態度・行動を引き起こしうる現在の刺激を再処理することに注意を向ける。AIP モデルにおいては，こうした症状はクライエントのトラウマ体験が不適応的にコード化された表現としてとらえられ，悪夢やフラッシュバック，身体表現性の症状などの侵入的再体験として現れる。クライエントは，侵入的再体験を引き起こしうる刺激を回避したいという残余衝動が続いたり，実際に回避行動をとったりする。また，残余的な動揺・過覚醒・不安・不安定な感情状態を示すだろう。これらすべてに対応するためには，治療計画を続行し，さらなる再処理を行うのである。

持続的トラウマにさらされてきたクライエントが治療成果を認知できるよう助ける

クライエントの残余的症状のサインをチェックするのは非常に重要なことではあるが，治療成果に注意深く目を向け，それらの成果を積極的に認識していくことが大切である。トラウマにさらされた経験が一度や数回に限られるのなら，またそれがより最近なら，クライエントはしばしば，急速で包括的な成果でも受け入れることができる。彼らは EMDR 再処理中に臨床家からの多くの支持や承認がなくても，そうした成果を得る傾向がある。場合によっては，治療計画に沿って，治療の第 2 部として現在の刺激に対応する必要が予測されていたことを思い出してもらう必要もあるだろう。しかしながら，トラウマにさらされた回数がより多い場合，またクライエントが長期間にわたり症状とつき合っている場合は，クライエントの成果は時としてゆっくりかつバラつきがあるものとなる。これらのクライエントは，手に負えないような，または自己感覚に強力に結びついてしまっているように感じる問題でも乗り越えられるという自信を得るために，治療成果をよりはっきりと認識する必要があるだろう。そこで，現在まだ残っている不適応反応の解決に向かう前に，まず，より複雑で長期間のトラウマにさらされていたクライエントが，治療で得た成果を強化し，拡張する方法について考察しよう。

治療成果を積み上げる

クライエントによっては，長い時間をかけて治療成果について話し合う必要がなく，記録として書いた治療効果の証拠を指摘するだけで十分な場合もある。しかしながら，大多数のクライエントにとって，治療の経過は不規則なものであり，言葉で成果を伝えることは非常に助けになるだろう。成果について伝えた場合，治療上の協力関係と，クライエント自身の進歩の感覚の両方を強化することになる。治療計画を継続するなかで，特に軽度の後退や新しい

196

ターゲットが現れたときは，既得の成果を知らせることで，クライエントは追加のトラウマに対応するのに必要な自信を持てるようになる。複雑なケースでは，これらの成果は得難く貴重なものである。こうした成果が，第6章や巻末付録Bに示されているように，資源の開発と植えつけ（RDI）のターゲットとして，後の治療において，クライエントが肯定的状態にアクセスする能力を強化できることにつながるかもしれない。以下に続く，統合された夢と新しい適応性のある行動についての二つの節は，これらの成果が表れたときにRDIが使用されたケースである。

● 夢による統合

くり返しの悪夢がちょうどPTSDの症状であるのと同じように，ターゲット記憶のEMDR再処理後に起きる夢の変化は，時としてトラウマ的体験の情報が修正される過程が進行しているサインである（Wittmann et al., 2007；Woo, 2014）。悪夢の回数が減り，再体験からより象徴的な内容に移行していく。他の変化では，ポジティブな内容の夢，または別のよりポジティブな終わり方をする夢の出現がある。スポーツカーに乗っていて交差点で生命が脅かされるような衝突事故を経験し，一時的な脳挫傷後に認知障害になっている女性がいた。インテーク時，彼女は毎晩衝突の夢を見て起きてしまうと報告した。3度目のEMDR再処理セッション後，彼女はお気に入りの曲がりくねった山道をスポーツカーでドライブしている夢を報告した。その週には，彼女は代車の受け取りに出向き，楽しくドライブして家へ帰れたのである。

慢性的なトラウマにさらされていたクライエントが肯定的な内容の夢を見るようになったら，その肯定的な夢を資源の植えつけの対象にするとよい。短い数セットの両側性眼球運動（または代替の両側性刺激）が，夢に出てきた肯定的な性質とクライエントとのつながりを促進する。私が初めて統合的な夢の植えつけ効果の劇的な経験をしたときのことは，「恥の重荷を取り除く：EMDR資源の植えつけ手法を使った治療的行き詰まりの解決」（Leeds, 1998a）の

なかで述べた。メレディスは，慢性的な幼少期からの逆境的体験のサバイバーで，気分変調症，自尊心の不全，および対人面でストレスに直面すると感情的に崩壊してしまう慢性的傾向の治療のために，クリニックを訪れた。3度目の不完全なEMDR再処理セッションの後で，彼女は際立って肯定的な夢を見たと報告した。砂の中にスフィンクスのようのものが登場して，「彼がいれば必要なことは何であろうとできそうな気がしました」と語った。私たちはこのポジティブな夢のイメージをターゲットにし，それを短い数セットの両側性眼球運動刺激によって強化した。このことで，そのセッションで複数の追加的リソースの植えつけができた。次の週，メレディスは長い間悩まされてきた慢性的痛みから解放され，記憶にある範囲で初めて，一晩中ぐっすり眠ることができた。彼女はまた，社会生活でも回復力と自己主張を示し始めた。続くセッションでは，EMDR再処理はより生産的になり，治療セッションを完了できるようになった。当初，メレディスのEMDR治療を困難にしていたものを解決した鍵は二つあった。一つは，彼女が報告したポジティブな夢の中に示されていた自己資源の統合（consolidation）に気づいたこと。二つ目は，このポジティブな材料をもとにして2回のRDIセッションの実施を選択したことだった。

● 新しい適応的行動

同様にして，クライエントが新しい適応性のある行動をとれたときは，新しい対処行動の報告を聞くだけでなく，資源の植えつけによってそれらの行動を促進するとよい。そのような成果は，以前までは侵入的記憶の引き金になっていた状況の回避を克服する形や，新しい適応性のある行動の形で現れる。権威のある人物との対面を慢性的に回避していたナタリーのケースを，例にとってみよう。まず，過度に支配的で非常に懲罰的な継父から言葉による虐待を受けたり，通常の社会的行事から疎外されたりした記憶に対して，いくつかの再処理セッションが実施された。ナタリーはその次のセッションで，他の従業員の病気が長引き出社できなくなり，その穴埋

めのために自分の休暇の変更を求められたとき，雇用者に敢然と対応することができた，ということを報告してくれた。

ナタリーが自分の力強い自己主張を臨床家に報告したとき，二人ともこれが重要な治療成果の現れだということにはっきりと気づいた。彼女の自己主張の瞬間についての話を聞いた後，臨床家はナタリーに彼女が身体のどこでポジティブな感覚を感じたか特定するよう尋ね，両側性眼球運動の短い数セットを加えた。ポジティブな感情が強化された。彼女は，他の人に自分が何をしてあげたかで評価されなければならないのではなく，自分の人生で良いことが起こる楽しさを守る権利があるという感覚が増えていることを報告した。そして彼女は，二日後，彼女の雇用者が休暇計画を差し控えるよう頼んで悪かった，と謝罪したことを報告してきた。彼は彼女が価値のある従業員であるだけでなく，休暇をもらうに値すると認めたのだった。

ナタリーは，「まあ，継父とは違って，雇用者は意地悪ではなかったわね。彼はただ人手が手薄になることを心配して慌てて反応しちゃったの。彼がそのことに思い当たり落ち着いたら，それは彼の問題であり私の問題ではないこと，また，私が休暇を取るに値することを認めることができたのね」と言った。この言葉のなかで，彼女は自己価値の感覚が増加していることや，刺激の違いを言語化できていた。彼女は以前ならば継父の言動を想起してしまうような状況を見分けられるようになった。そして適切な責任について言語化でき，自分の感覚に基づいて行動する自由を得られるようになってきた。臨床家は彼女の言葉を，さらに二つの両側性刺激（BLS）のセットで強化した。そして彼らは，治療計画の次のステップについて話し合った。

数週間後，高校時代に彼女に対して過度に支配的だった，無礼で品のないボーイフレンドの記憶を再処理した。再処理の非常に重要なポイントで，ナタリーは雇用者に対して自己主張ができた瞬間だけでなく，彼がその後謝ってきたことや，休暇に対する彼女の権利を認めたことを思い出した。前回植えつけられたこの資源を自発的に再評価できたことは，ナタリーにとって，サポートや承認をまったく受け

られなかった虐待を伴う人間関係の記憶の再処理に臨む大きな助けとなった。

これらの例は，治療成果に RDI で手短な強化を施すことによって，いかに成果を拡張しうるかということ，また再処理の最中に新しく出現してくる適応的記憶ネットワークを，日常生活でよりアクセス可能なものにしうるか，ということを説明している。次の節では，過去から特定されたすべてのターゲットが適切に解決された後，どのように現在の刺激を継続して再処理するかについて考察する。

未解決の症状への対応

● 悪夢

悪夢は標準的 EMDR-PTSD 治療計画の第2の「分岐」において，よく扱われるターゲットである。悪夢は二つの形態で現れる傾向がある。一つは，クライエントのトラウマ記憶に含まれたリアルな物語を，再体験もしくは追体験するという形態である。悪夢はまた，内容や登場人物は大幅に変わっているものの，指標となるトラウマの感情や状況を反映する一つまたは複数の側面の象徴，という形態をとることがある。トラウマ記憶の再処理を行うにつれて，悪夢は回数や激しさを失っていく傾向がある。また悪夢の内容は，再体験的形態からより抽象的形態へと移行していく（Raboni et al., 2006）。リアルな内容であるか象徴的な内容であるかにかかわらず，トラウマ記憶がもはや苦痛なものに感じられなくなった後，くり返し現れる，あるいはたまに見る悪夢は，その後の再処理のターゲットリストの上位に置くべきである。

悪夢を再処理のターゲットにする方法は，基本的には他の記憶に対するやり方と同じである。クライエントのなかには，悪夢を詳細に語りたがる人もいる。このことは，夢の内容や夢の形態をチェックし，また夢の解釈をするのに役立つ。しかしながら，再処理のため悪夢をターゲットにするにあたり，悪夢の内容を完全に知ることは，記憶の再処理のときと同様にそれほど重要ではない。一度悪夢の性質が報告されれば，「その出来事の最悪な部分を表す映像や

場面はどんなものですか」と聞くだけで十分である。次にターゲットの標準的な評価段階を継続し，完了し，そして再処理を開始する。脱感作，植えつけ，ボディスキャン段階を通して再処理を続けていく。

　抽象的な悪夢はしばしば複数のトラウマや，逆境的な生活上の体験から出てきた要素を含んでいる。それゆえ，抽象的な夢の内容を対象にするときは，指標にしているトラウマより以前の記憶が再処理中に現れる傾向が大いにある。もし抽象的な悪夢の再処理が不十分だった証拠がある場合は，表4-8に示すように**感情／ソマティック／防衛衝動の架け橋技法**を使い，より早い時期の出来事を探索する必要があると考えるべきである。どんなに不安なものに感じられても，それが再体験系のものであれ象徴的な形態であれ，悪夢は再処理の最初の対象としては選ぶべきではない。かわりに生育歴または架け橋技法を使い，症状の原因となっている関連したトラウマまたは逆境的な体験を特定し，まずはそれらの再処理を行う。

● フラッシュバックや他の侵入的再体験

　侵入的再体験はしばしば，フラッシュバックといわれる。しかしながら，これらの辛い侵入的体験は，いつも視覚的な侵入形態をとるわけではない。感情的，身体表現的，嗅覚的再体験も一般的なものであり，やはり苦しいものである（van der Kolk & Fisler, 1995）。EMDR再処理は通常，あらゆる形態の再体験の鮮烈さや頻度を減ずるのに効果があるが，これらの侵入的な体験は，現在の刺激への反応のなかで続くものである。最初の記憶再処理後の継続した侵入的再体験は，戦争トラウマ，家庭内暴力，子ども時代に虐待を受けた成人などを含め，慢性的体験を持ったクライエントほどより多く見られる。感情的，身体表現的，嗅覚的侵入が視覚的侵入と同じくらい一般的であるので，臨床家はすべての範囲にわたる再体験の徴候を見つけるため，積極的にクライエントのフィードバックを求めるべきである。もしくは治療の進歩として侵入症状の再評価をするために，標準的評価ツールを使用すべきである。

　侵入をターゲットにする方法は単純でわかりやすい。クライエントの侵入症状についての報告を得た後，シンプルに，「**どんな視覚的または感覚的な記憶が，その最悪の部分ですか**」と尋ねる。そして標準のアセスメント段階を継続し完了する。その後，脱感作，植えつけ，ボディスキャン段階を通して再処理を継続する。悪夢の内容を対象にする場合と同様に，以前には認められていなかった他の記憶が報告されている侵入的体験とつながっている可能性にも，臨床家は注意を払い続けるべきである。

　ハンクは経験を積んだ警察官で，犯罪現場での出来事の鮮明で恐ろしい記憶の再処理はうまくいった。これらの出来事を再処理した後，彼は睡眠の質の向上，および長年の視覚的侵入の解消という点において，重要な成果があったと報告した。しかしながら，彼は突然襲ってくる深い悲しみと無力感をくり返し感じるようになっていた。最も鮮明な最近のこうした**感情的侵入**は，生後4カ月の女の子がいる友だちの家を訪ねたときだった。その友だちは初めて父親になって喜んでいた。ハンクは自分も嬉しいはずなので，その体験に混乱してしまった。

　その体験の最悪な部分を特定するように言われて，ハンクは，お昼寝のためその子がベッドに寝かされたときだったと答えた。これを出発地点として，彼はその感覚や感情の場所に焦点を合わせ，胸や腕にそれを感じると報告した。これらの感覚から架け橋技法を用いて，彼はインテークの際に短く述べてはいたが，数週間わきに置かれたままになっていたある記憶をすぐに探しあてた。その出来事には乳児の突然死の捜査が関係していた。凶悪犯罪を指し示すものは何もなかったが，警察の標準的手順に従って，彼はその死亡した乳児を悲しみに打ちのめされている両親の手から引き離した。そして死因の可能性として事故や意図的傷害の可能性を除外するため，解剖へ回さなければならなかったのだ。その乳児を両親から自分の腕に受け取り，その後彼は捜査官として死亡した乳児の解剖に立ち会わなくてはならなかった。事前にそうした状況に対応する訓練を受けていたにもかかわらず，彼はその解剖の間に感じた悲しみや無力感を鮮明に思い出した。

　再処理のターゲットとしてこの記憶が選択された。再処理の間，彼の腕に残っていた乳児を抱いて

いる感覚やそのときの感情が薄くなり，消えていった。この体験の再処理を完了した後，ハンクは大きな安堵感を感じ，心の重荷が取り除かれていく感覚を報告した。次に続くセッションでは，彼はその乳児の解剖に立ち会って以来彼を悩ませていた消毒用アルコールの匂いが気にならなくなった，と報告した。次に友だちの家を訪れたとき，ハンクは友だちの娘のそばでくつろいで過ごすことができ，友だちの娘に対する喜びを，自分も自由に分かち合うことができていることに気づいたのだった。

回避行動

　侵入的再体験は通常，単回性の出来事の処理や，限られた短期間の PTSD の EMDR 再処理をしているうちにすぐ解決するが，予期不安や回避行動は，それぞれのトラウマ的出来事の記憶がうまく再処理できた後でも残ることがある。これは，回避がトラウマ的出来事の後数週間，数カ月，数年に構築されるものであり，また過度の自己防衛的戦略として自己強化されるものだからであろう。それゆえ，特定され，関連したトラウマ記憶の再処理が成功した後，残余的回避行動や予期不安を，現在の刺激と未来の鋳型に焦点を当てながら再処理する必要がある。残余の侵入と比べ，残余的回避行動は，解決されていないトラウマ記憶に結びついている度合いがやや少ない。

　最近起こったトラウマの回避行動の再処理方法は，古い記憶への対処法と基本的に同じである。クライエントが，自然災害を思い出させるものや，自動車衝突や暴行などに類似した状況で，ある日常生活の場面を避けたいという強い衝動が残ると報告したら，まず，「**その状況の最悪の映像や場面はどんなものですか**」と尋ねる。そこから，ターゲットの標準的アセスメント段階を継続，完了し，その後再処理を開始する。そして脱感作，植えつけ，ボディスキャン段階を通して再処理を続ける。

　最近仕事に就いた若い警官は，あるアパートで事件報告があり，現場に一番に着いた。最初は家庭内暴力だろうと考えており，その警官は心構えがない状態で現場に踏み込み，首吊り自殺を発見してしまった。どのくらいの時間が経過している状態なのかわからず，首吊りがたった今起こったばかりだと考え，蘇生を試みた。現場を乱さないという標準手続きを破ってしまったのだ。その出来事の記憶がうまく，そして完全に再処理された後，次のセッションでは，同じアパートの前を車で通ったときの最近の不安について，そして，その建物に将来呼び出しがあったときの懸念を訴えた。そこで，その建物を車で通りかかった際の最近の不安体験をこれからの再処理の対象にすることが決定された。最近の刺激の再処理の間，彼はさらに何が起こったかの記憶について再度作業をした。このことは，標準の手順にのっとり，その現場で感じられた感覚情報やイメージを，自発的に静かに再度考察することに結びついた。次の週，その建物の前を車で通りかかったが，不安もなく，もし将来警察の対応を求める別の電話があったとしても，その建物に落ち着いて自信を持って入ることができるのを容易に想像することができたと報告した。

　このケースでは，トラウマ体験を思い出させる刺激を回避する最近の衝動をターゲットにして再処理したことが，そうした回避衝動の解消と，将来同じような場面に向き合うことへの予期不安の解消の両方につながった。他のケースでは，回避に関した最近の手がかりをうまく再処理した後でも，いくつかの予期不安は残ることもある。これらは未来の鋳型を使って対応することができる。

未来：未来の鋳型の適用

　EMDR の標準的 PTSD プロトコルの第 3 分岐は未来に対応している。EMDR セラピーのステップの未来への適用は，次第に「未来の鋳型」といわれるようになった (Shapiro, 2001)。未来の鋳型には少なくとも三つの基本的な種類がある。それらは表 11-2 にまとめてある。一つ目のタイプは，残余する予期不安を減じ行動の自由を促進するため，将来に起こりうる状況に取り組むことを含む (Sartory et al., 1982)。二つ目のタイプは，自信やスキルを改善するため，将来における新しいスキルや適応性のある行動を練習（メンタルリハーサル）することを含む (Allami et

第11章　再評価段階および治療計画の完了

表11-2　未来の鋳型の３タイプ

> 　過去と現在から特定されたターゲットの再処理がうまくできた後は，将来について焦点を当てた再処理によって，治療ゴールに到達するための残りの問題が解決される。
> **標準的な未来の鋳型**　軽度から中程度の SUD 評価の将来イメージを再処理することによって，残余の予期不安や回避を乗り越える。
> **肯定的な鋳型**　自己に対する自信やスキルを改善するため，潜在的挑戦に対する新しいスキルと適応的な行動の精神面での練習を一緒に行う。両側性眼球運動（または代替の両側性刺激）を使う。
> **RDI を使用して新しい自己概念を育成する**　治療成果を代表する重要な記憶や現在の価値，能力，目標によって定義された，新しいアイデンティティを象徴するイメージを集め植えつけることによって，新しい自己の感覚を統合する。

RDI（Resource Development and Installation：資源の開発と植えつけ），SUD（Subjective Units of Disturbance：自覚的苦痛単位）

al., 2008；Foster & Lendl, 1995, 1996）。これはまた「肯定的鋳型」とも呼ばれる（Shapiro, 2001, pp.211-214）。三つ目のタイプは，治療の成果から重要な記憶を植えつけることで，トラウマ体験の影響に左右されない新しい自己の感覚を育成することを含む（Herman, 1992b）。EMDR の標準的 PTSD プロトコルでは，未来の鋳型は通常治療の最後の段階で適用される。しかしながら，過去のすべての逆境的体験が完全に解決する前に，未来の鋳型の使用が必要になる状況が起きるかもしれない。そのような例を第12章で述べる。また，クライエントが過去の逆境的体験に取り組み始める以前に，将来の自己もしくはより望ましい対処反応に焦点を当てた EMDR セラピーによる介入については，複雑な PTSD ケース（Hofmann, 2004, 2005, 2010；Korn & Leeds, 2002）および，薬物乱用への取り組み（Popky, 2005）で述べられている。

● 以前は回避していた刺激に対処する

　最近刺激となったことや，現在の刺激に対応する節の中で述べたように，回避行動というのは通常過度に学習されている。長期間に及ぶ回避行動や，本質的に新しい行動に対してしつこく残る予期不安は頻繁に起きる症状である。これらは過去のトラウマまたは条件づけられた出来事を解決した後でさえ，個別にターゲットにする必要がある。最初のタイプ

の未来の鋳型は，過去の辛い体験に関連した残余的な予期不安，怒り，恐れ，恥に対応するのを助けるために使用される。未来の鋳型についてのスクリプト（表 B-11）は，巻末付録 B で述べる。

　過去の逆境的で条件づけをもたらす体験や，現在の刺激が適切に EMDR 再処理で対応されていれば，未来の鋳型のための評価段階では，SUD による苦痛レベルは比較的低い（0～4）はずである。未来の鋳型のための評価段階で得られた残余の SUD 評価がやや高いとき（5～10）は，他の逆境的なもしくはトラウマ的な記憶，または現在の引き金になるものに対して，さらなる作業が必要であることを示唆している。この場合，未来の鋳型を再処理する前に，臨床家は，第4章で述べた感情またはソマティックな架け橋技法を使って，過去の追加の対象を精査するべきである。未来の鋳型の作業中，ターゲットの自然な再処理が完了した後，臨床家は追加の刺激を示唆することによって，クライエントが以前は避けてきた潜在的残余の問題に挑戦して，さらに前進していく助けとなるだろう。

　残余的な予期不安に未来の鋳型を適用している事例を一つ示す。シャーリーは，母方の叔父ギルバートから子ども時代に受けた性的虐待のいくつかの記憶をうまく再処理した。彼女は最初，彼女の母がその出来事を受けとめ，適切に彼女を守りサポートする能力に欠けていたことに対する痛みや怒りを再処理した。シャーリーの幼少期，叔父のギルバートはアルコール中毒だった。ほどなく彼は治療を受け，長年のアルコール依存からの安定した回復を見せた。シャーリーが二十代だったとき，彼はシャーリーと彼女の母親に対して，自分の行為を認め謝罪する手紙を書いた。しかしながら，シャーリーは彼女の娘が自分が虐待を受けたのと同じ年になったときに，初めてこれまで避けてきた自分の性被害の体験の残余に対する治療を求めた。

　EMDR 再処理後，彼女の性的虐待の記憶に伴う感情的痛みはなくなっていた。くり返し起きていた悪夢も止まり，自分の過去全般に関する不安が人生で初めて消え去った。彼女は自分自身をより肯定的に感じ，夫との関係においてもより幸せを感じた。

　インテーク面接のプロセスで，シャーリーは自分

201

の治療のなかで解決したいと望んでいた問題の一つ
として，回避のパターンについて述べていた。彼女
は常に感じていた恥の感覚を避けるため，数年間従
姉の家族を訪ねていなかったのだ。従姉がその虐待
のことを知っていたので彼女は恥を感じていたのだ
が，自分の過去の体験について従姉と直接話したこ
とは一度もなかった。また，彼女は叔父のギルバー
トに会う可能性を避けていたかった。叔父はその地
域外に住んでいたが，この従姉の家をたびたび訪れ
ていたのだった。

　シャーリーと EMDR セラピーの臨床家がこの残
余問題について検討したとき，シャーリーは自分の
悩みは以前ほど強くないと述べたが，従姉の家へ行
くのは依然として不安な気持ちを感じていた。彼女
の一番の懸念は，叔父のギルバートの名前が会話の
なかに出てくるのではないか，従姉がシャーリーの
性的虐待体験について考えるのではないか，という
ことだった。シャーリーと臨床家は，叔父の名前が
会話中に出てくる将来の場面のイメージをターゲッ
トにすることにした。

　彼女の否定的認知は「私は汚れている」で，肯定
的認知は「私は大丈夫」であった。最初の VoC は 5
で，感情は恥であり，SUD は 3 と 4 の間だった。彼
女の緊張を感じる身体の場所は顔と胸だった。SUD
は低から中程度の範囲だったので，彼らはこのター
ゲットの再処理を進めた。再処理は順調だった。眼
球運動を 1 セットこなすごとに苦痛のレベルは下が
り，まもなく 0 になった。植えつけ段階もスムーズ
にいった。シャーリーは「**自分は良い人間だ**」とい
う，よりポジティブな認知を植えつけることができ
たと述べた。VoC は安定して上がり，7 になった。
ボディスキャンでは，追加的な眼球運動を行った後，
彼女は胸の中に安定して感じられる温かさのような
安心と容認の感情を報告した。

　これらの問題が完全に解決したかをさらに詳しく
調べるため，叔父のギルバートも含めて全員がそ
ろっている休日の夕食に，彼女が自分の家族を連れ
て来るように従姉から誘われているところを想像す
るよう，臨床家は依頼した。シャーリーはギルバー
トのいる家族の集まりに，以前一度だけ出たことが
あった。そのときは彼女は大丈夫だと思い，少し不

安に感じただけだったが，叔父の周囲にいる自分の
子どもたちを見守るのに大変な注意を払っていた。
その集まりがあった週，彼女はしつこくくり返す悪
夢を体験し，彼女の夫との関係も非常にぎくしゃく
したものとなった。

　叔父のギルバートもいる家族の集いに従姉から誘
われている場面を想像するように言われ，シャー
リーはみぞおちと胸に緊張を感じると報告し，SUD
は 4 であった。再処理で自分の感覚を信じるという
思いや，子どもたちを守りたいという気持ちが強
まった。彼女は自発的に，従姉に「家族が集まるよ
うにするのは素敵でしょうね。ギルバート叔父さん
は完治したからきちんとして見えるけど，私の子ど
もたちだけで叔父さんといるのは絶対に困るの。私
の子どもたちがもっと大きくなるまでは，子どもた
ちが叔父さんと同じ場所にいるときは，私か夫がい
るようにしたいの。それを理解してもらえるのなら，
喜んでみんなで集まる計画を立てるわね」と言う練
習をすることができた。この言葉を言う練習をした
あと，彼女の SUD はまもなく 0 になった。シャー
リーは「私は自分自身と子どもたちを守ることがで
きる」という新しい PC を確認した。彼女はこの PC
を 7 まで植えつけることができ，ボディスキャンも
問題なかった。

　数週間後の追跡調査で，シャーリーは従姉の家へ，
休日の夕食のために家族で訪れた様子を語った。「と
てもうまくいきました。行く前に夫と私とで従姉の
家ではどのように子どもたちを見守るか，話し合い
ました。子どもたちはみなとても仲良くできました。
そこにいる間，自分は用心深くはしていたけれど，
くつろいでもいて，状況をコントロールできている
と感じました。ギルバート叔父さんとも少しだけ話
しました。彼は，私たちの子どもの近くにいるとき
は，私の夫か私がそばにいるという**要望を理解し支
持する**と言いました。それで，その部分もうまくい
きました。次の週，前回叔父さんに会ったときに経
験したように，過去についての不安な気持ちの悪夢
は見ませんでした。あの経験は私に長いこと影響を
与えた悲しい出来事でしたが，もう私につきまとっ
てはいません。EMDR ですべてを解放できて，とて
も感謝しています」。

このケースでは，クライエントは過去からの残余の問題に対応する必要はなく，未来の鋳型の中で予期不安を完全にうまく再処理することができた。包括的な結果を保障するために，臨床家は残余の徴候を引き起こしうるとクライエント自身によって特定されていた課題，すなわち加害者との接触を，あえて詳しく調べたのである。クライエントの日誌による報告で，予期不安も残余侵入もないことが確認された。さらにシャーリーは，子どもたちを保護するという必要性を，積極的に夫・従姉・叔父のギルバートと話し合うことができた。彼女はこれらの対話を協力的なものとして体験できた。夫たちは，自分がしっかりした良い親であるという彼女自身の新しい感覚を確認するのに協力した。

● 新しいスキルのリハーサル

EMDR セラピーのなかで使用される未来の鋳型の2番目のタイプは，自信とスキルを改善するため，将来における新しいスキルと適応的行動についてメンタルリハーサルをすることに焦点を当てている。これは植えつけ段階に似ており，また RDI 手法にも関連している。このタイプの未来の鋳型は，臨床ケースでは自己主張や傾聴といったソーシャルスキルの練習を促進するために使用される。会社の重役や競技指導者のパフォーマンス向上のために使用されることもある (Foster & Lendl, 1995, 1996)。こうした応用は，「肯定的鋳型」とも呼ばれている (Shapiro, 2001, pp.211-214)。これらのメンタルリハーサルが，スキルの向上に対してある程度の効果を持つという重要なエビデンスがある (Allami et al., 2008；Schuster et al., 2011)。肯定的鋳型のスクリプト（表 B-12）は巻末の付録 B に収められている。

人前で話すことの恐怖症は，おそらく最もよくある社交恐怖症の形態だろう (Barlow, 2002)。人前で話すことを恐れているクライエントの治療に臨むときは，クライエントのスキルレベルを見きわめ，適正な教育，訓練，人前で話すスキルに関する良いお手本に接してきたかを確認することが重要である。その後，過去の苦痛体験や，人前で話す不安に関連する現在の刺激を再処理する。そして未来の鋳型において，将来人前で話すための心理面での練習に注意を向けていく。こうした練習は，クライエントに肯定的な体験を想像させ，人前で話している状況で起きる可能性のあるさまざまな問題に上手に対処できる心理モデルを，構築する機会となる。

子ども時代の虐待やネグレクトのサバイバーは，家族の行事のために予算を立てたり計画を練ったりする場合の意見衝突などに対して，話し合ったり解決したりするといった健全なモデルに接していない可能性がある。こうした背景を持つクライエントが，本を読んだり講座に出たりして十分なスキル構築を体験し，新しいスキルをロールプレイや家族療法を通して練習する機会を持つことは重要である。肯定的鋳型は，クライエントが新しいスキルや対処行動を練習して統合する際に，体系化された形式を提供してくれる。

この肯定的鋳型を使う場合，練習の焦点は，効果的な将来の行動に関する心理的モデルを構築することに当てられている。こうした状況では，ターゲットの標準的評価を実行するのは有用ではない。そのかわりに，課題となっている将来の行動に関して，最初から最後まで肯定的な場面の連続を視覚的に思い描いてもらうことから開始する。そして，それらの想像の中心的な要素にずっと注目してもらうのだ。それから，クライエントに「自分は有能である」「自分は成功している」「自分は状況を把握している」といった適切で肯定的な自己表明の言葉を，それらの場面と同時に思い浮かべる練習をするよう依頼する。そして，クライエントに肯定的な自己表明とともに肯定的な場面を想起してもらいながら，両側性眼球運動（または，代替の両側性刺激）を施す。

クライエントは，さらなるストレス因子に対処するメンタルリハーサルに挑戦する前に，こうした状況にどのように対処するかについての教育や訓練にすでに接しているべきである。クライエントが，肯定的場面のメンタルリハーサルおよび，肯定的自己表明を伴う両側性眼球運動（または，代替の両側性刺激）にポジティブな反応を示したら，さらに経験する可能性のある典型的なストレッサーに対処する想像に挑戦をしてもよい。たとえば，人前で話すことでの問題では，視聴覚機器の使用，さまざまな種

類の邪魔，聴衆からの難しい質問やコメントなどがある。子ども時代に家庭内暴力や育児放棄などを経験し，現在，効果的な問題解決スキルを学んでいる最中のクライエントは，肯定的場面のイメージとしては，未解決の問題を話し合う時間を求めることができたり，自分自身の好みを主張し，また相手の好みにも積極的に耳を傾け，妥協案を提案し，解決法を見つけていくというような想像をするだろう。次に，相手の無関心，イラつき，柔軟性のなさ，声を荒げる，といった反応にも対処していく場面を想像するよう求められるかもしれない。

クライエントがこうした難問にうまく対処できる自分自身を想像できたら，彼らの肯定的な体験に対し，追加で両側性眼球運動（または，代替の両側性刺激）を継続する。もし，クライエントが緊張もしくは不安を感じ始めたら，それらの感覚の身体の場所をクライエントに気づいてもらい，その感覚が消えるまで両側性眼球運動（または，代替の両側性刺激）を使って再処理をする。そして，再度彼らのうまくいった肯定的な場面を肯定的な自己表明とよく結びつけ，数セットの両側性眼球運動（または，代替の両側性刺激）を追加して，未来の鋳型を終了する。

● 新しいアイデンティティの統合

トラウマ的で逆境的な体験をし，しつこく残存する症状を持つに至ったクライエントは，これらの長引く影響に対処してきた結果として，しばしば自己概念を変容させているものだ。目立った PTSD 症状は EMDR セラピーによってじきに消えることがあっても，クライエントの自己意識にもたらされた苦しい出来事の影響のいくつかはしつこく残り，生活の質に影響を与え続け，将来の選択を歪ませることもある。最も包括的な治療結果を保証するために，治療の後のほうの段階で臨床家はクライエントに対し，新しい自己概念を育てることを意図した異なる形の RDI を用い，自己概念に関しての取り組みを行う提案をすることがある。新しいアイデンティティを強化するための RDI の活用法についてのスクリプト（表 B-13）は，巻末の付録 B に記載する。

クライエントのなかには，自己概念は取り組まねばならない課題であると認識している人もいるが，それ以外の人々は，自らの自己感覚が生活上の苦しい出来事に順応的に変化してきた度合いのせいで，その必要性を認識できなかったり，はっきり述べられなかったりする。これらのクライエントは，自己主張できる，自信が高まった，他人との適切な境界線が持てるようになる，協力的な関係を選ぶ，満足できるゴールを追及するなどの，より肯定的な自己概念を示す新しい適応的行動を見せ始めるかもしれない。しかし，多くの場合これらのクライエントは，こうした現れつつある自己能力を新しい自己観へとしっかり統合していく必要がある。これは，幼少期トラウマの経験者や，少なくとも人生のある発達段階において，継続的なトラウマや逆境的な生活上の体験に慢性的に接していた成人のクライエントに最も一般的である。また，戦争トラウマや家庭内暴力に長期間接したり，コミュニティ全体に影響を与え社会組織を崩壊させるような大きな災害の後（アメリカ同時多発テロ事件や，ハリケーン・カトリーナなど）でも起こる。こうしたケースでは，個人的喪失の度合いは大きな幅があるので，被害者は新しく現れた自己観の要素を統合するために，直接の助けを必要とする。

これはキルトを作るのに似たプロセスと考えられる。再処理されたそれぞれのターゲットが，機能不全の記憶ネットワークとしてとらえられていたものから，適応的記憶ネットワークへと変貌していき，新しい適応的行動が出現する。これらのポジティブな成果のそれぞれは，新しく上手に織り直されたばらばらの「布切れ」と考えることができる。しかし，これらの共通点のない要素は，新しい自意識の完全な「キルト」としてつなぎ合わされなくてはならない。治療作業は，それまでに得た成果を認識するようクライエントを導くところから始まることになる。しばしば，そのような成果は心理療法中，数週間または数カ月にわたり個々に報告される。クライエントは，自分の治療記録または個人的日記を声に出して読む場合もある。臨床家は，クライエントがこれらのバラバラの成果を一つのリストにまとめて書いたり，コラージュ風に寄せ集めたり，もしくは

ただ単に言葉でこれらの成果を要約するのを手伝うこともできる。

その後，それぞれの適応的成果は，その成果を表すイメージとともに植えつけの対象となる。それぞれの適応的成果の関連や関係を促進するため，数セットの両側性眼球運動（または，代替の両側性刺激）を施してもよい。これは必要に応じて何度くり返してもよい。それからクライエントは，これらの成果のまとまりを表すイメージを思い浮かべるよう言われる。すでに過去や現在から特定されたターゲットは再処理されているので，各セットのくり返しの数を増やしても，それがネガティブなつながりになるという懸念はほとんどない。そのため，各セットを少なめの回数（14～18）くり返しても安心である。このプロセスは，クライエントに将来の新しい状況にいることを想像してもらって行う，想像上の練習と合わせて行ってもよい。クライエント1人でも，あるいはクライエントにとって重要な1人または複数の人物と一緒でもよい。新しいアイデンティティを強化するためのRDI手法のスクリプトは，巻末の付録Bにまとめてある。新しい自己概念を統合するためのRDI使用法の例は，第12章で述べる。

開かれたドア

治療を完了するにあたり理想的なやり方は，治療プロセス，成果，潜在的な将来の課題，フォローアップの面接スケジュール，治療後評価について話し合ったり見直したりすることである。場合によっては，臨床家がそう思っていないのにクライエントが突然，もうこれ以上の治療は必要ないと決めてしまうこともある。クライエントは経済的危機，保険適用の変化，引っ越しや病気の家族のために家から離れたところで過ごさなくてはならないなどの理由で，突然治療をやめる可能性がある。詳しく話してみると，そうした意思決定が臨床的注意を要する問題がベースになって生じているのか，あるいはただ単に環境が治療を打ち切る方向になってしまった状

況のために生じているかがわかるだろう。治療が突然終わってしまっても，双方合意で終了しても，私の心構えとしては「ドアを開けておく方針」である。私はいつもクライエントに対して，ドアはいつでも開かれている，ということを知らせている。私は，必要でもないのにクライエントを長期の心理療法にしばりつけておこうとするよりも，クライエントが自分で治療を打ち切り，また必要になったら再開することができるということを，あえて知らせる。クライエントは皆それぞれ違っており，普通私たち臨床家は，以前のクライエントと継続的に連絡をとることはない。フォローアップが必要と認められるのなら，事前に予定を立てることができる。クライエントが自分自身で連絡をもう一度とるときを決めたいと思うかもしれない。あるいは，クライエントにフォローアップのお知らせを送ってもよい。

本章のまとめ

再評価は，心理療法としてのEMDRアプローチの不可欠な側面である。再評価はインテークおよび準備段階の間に始まり，次に続く各セッションでも継続して行われる。再評価では，**マクロ**と**ミクロ**両方の観点が重要となる。**マクロ**の観点からは，クライエントの症状やEMDR治療への反応全体をチェックする。**ミクロ**の観点では，さらなる作業が必要かどうかを見きわめ，他のターゲットに焦点を移す時期を決めるために，特定のターゲットをチェックする。再評価は過去の体験，現在の引き金，将来の懸念や目標から出てきたターゲットを再処理する際の我々の進歩を導いてくれる。臨床家は，クライエントが過去の逆境的体験にもはや縛られず，新しく見つけた回復力，自己主張，健全な境界線，そして他者とのつながりをつくるといった諸能力のうえに新たな自己感覚を形成するのを援助して，治療の終結を迎えることになる。第12章では，併存症を伴うトラウマ後のストレス，という複合事例へのEMDRセラピーを二つ例示し，検討する。

205

第12章

EMDRによるPTSD治療事例の実際

　眼球運動による脱感作と再処理法（EMDR）の治療原則を具体的に示すため，本章では二つの事例を概説する。最初の事例は当初，成人の単回性トラウマと思われていた。クライエントのグラディスは32歳の既婚女性で，最近自動車事故でけがをした後，運転中や家にいるときに恐怖を感じるようになった。しかし，彼女の生育歴には，家族内では決して話されることはなかったが，彼女の治療の一部として語られなければならなかった子ども時代の単回性トラウマの出来事が含まれていた。二つ目の事例のクライエント，エヴァは23歳の大学生で，記憶を失くすまで飲酒しては知らない男性と性的関係を持つという複数の経験の後，休学する決心をしていた。彼女の生育歴には，決して口にすることのなかった父親による子ども時代の性的虐待があった。

　紙面の都合とセッション記述上の不必要な重複を避けるため，再処理セッションにおいて実際に用いられるほぼすべての標準的なEMDRの教示の記載は割愛した。たとえば，両側性刺激の各セットの後に臨床家によって発せられる標準的なフレーズ，「はい，深呼吸をして。解放して（let it go）。今何に気づいていますか」といった部分は割愛されている。臨床家の言葉や非言語的な観察事項は［　］で囲んで示している。セッション内では発言されていない，あるいは読者のために後で加えられた注釈は｛　｝で囲んでいる。また，標準的教示やEMDR手順を示すための用語がときどき使われる。たとえば，［場所］は，「それは身体のどこで感じますか」の意味である。［植えつけ］は，「元の体験とそれらの　　　と

いった言葉（選択された肯定的認知〈PC〉）に集中し，私の指を追ってください」を意味している。「注意を元の体験に戻すと，今，何に気づきますか」というフレーズは，ターゲットへ戻ることを示すため，左欄に「T」で示している。

グラディス：成人期の単回性トラウマが，過去の隠された問題を掘り起こす

　グラディスは，自動車事故でけがをした4カ月後に治療を受けに来た，32歳の既婚女性である。彼女は後部座席に幼い姪を乗せ，天気の良い午後，曲がりくねった田舎道を走っていた。姪に話しかけるため，彼女はほんの一瞬後ろを振り向いた。再び彼女が前に向き直ったときはすでに手遅れであった。前の車が，前方のカーブの先の見えない何かに反応して，急ブレーキをかけたのだった。彼女は前の車に衝突するのを避けようとしたが遅すぎた。エアーバッグが開き彼女の顔と頭は守られたが，両腕は前に突き出され，砕け散ったフロントガラスで大けがを負った。姪はひどく動揺していたがけがはなかった。前方の大型SUV車でけがをした人はいなかった。彼女は病院に運ばれ，治療を受け，帰された。彼女が私のところに来るまでに理学療法は終わっていた。彼女の両腕は完全に使えるまでに回復していた。腕の傷跡は消えつつあり，身体的な症状は残っていなかった。とはいえ，彼女はEMDRによる治療を必要とする心理的，行動的問題を生じていた。彼女の基本治療計画に関しては表12-1を，また，治療の

記録に関しては表12-2を参照していただきたい。

追突事故の数カ月前まで、グラディスは専門職として大企業に勤めていた。何年もの間、彼女は極端な長時間労働をしてきたが、ストレスレベルを下げ

るため、また、自分自身の時間を持つために、仕事を辞める決心をしていた。彼女は記録をつけてきたし、ヨガの教室にも通い、妊娠を望んだときの準備のためにパートでの自営業の選択肢も模索してい

表12-1　グラディスの治療計画

基本治療計画表					
記憶と資源を最早期のもの（上）から最近のもの（下）の順に列挙する。					
名前　　　　グラディス　　　　　　　　　　　　1　　ページ中					
ID	年齢（年）	トラウマ記憶または継続的ストレッサー；治療日：治療後のSUDS	ID	年齢（年）	資源となる記憶；治療日：資源の開発と植えつけ後のVOR
1	32	急停車の後、前の自動車に追突。フロントガラスで両腕を切る；10/31：0	A	32	家の中の「落ち着く場所」。私は心安らかでいてよいと感じる；10/24：7
2	7	父親が母親の頭を殴った。彼は家を捨て二度と帰らなかった。そのことは決して話題にされなかった；12/12：0	B	30	前回のセッション：海岸。私は私の恐怖に向き合うことができ、それらに対処できる。心臓と頭はクリア；1/30：7
3	7	#2の余波：稲光の嵐のなか、助けを求めて裸足で祖母の家に走って行った；12/19：0	C		
4	32	日誌：この3週間幹線道路を横切るときの停止信号が不安；11/14：0	D		
5	32	日誌：夜間と雨のときに幹線道路を横切るときの停止信号が不安；1/16：0。1/23：0	E		
6	32	夫同伴でロサンゼルスまで幹線道路をドライブする未来の鋳型；12/04：0	F		
7			G		
8			H		
9			I		
10			J		
症状および関連する現在の刺激要因のリスト。頻度（F）と深刻度（S）0-7					

ID	症状	現在の刺激	インテークFとS	望ましいFとS	終了時FとS
a	運転への恐怖	一人での曲がりくねった道や雨降りの夜間。	5/6	0/0	0/0
b	自宅での恐怖	一人になるとシャワーのときが最悪。	6/7	0/0	0/0
c	不眠	アンビエン[29]に依存。「自力で」これに取り組むことに気が進まない。	7/6	0/0	0/0
d	父親への恐怖	何年も父親の所在は不明。	4/5	0/0	1/1
e					
f					
g					

RDI（Resource Development and Installation：資源の開発と植えつけ），SUDS（Subjective Units of Disturbance scale：自覚的苦痛単位尺度），VoR（Validity of Resource：資源の妥当性）

---

[29] Ambien，睡眠導入剤。

第Ⅲ部　　PTSD のための EMDR 再処理の標準的手続き段階：第 3 段階から第 8 段階までの標準プロトコル

表 12-2　グラディスの治療記録

治療記録

基本治療計画による症状名または文字記号 (a, b, c など) で症状を記載すること。変化は−3、−2、−1、変化なしは0。改善は+1、+2、+3 で示すこと。
各セッションに対して、以下の略号を用いて活動をコード化すること。

Hx＝生育歴・病歴聴取 (History taking)　　RE＝再評価 (Reevaluation)　　SC＝構造化された安定化 (Structured calming)　　RDI＝落ち着く場所または資源 (Calm place or resource)
Mem＝ターゲット記憶 (Target memory)　　CrS＝現在の刺激 (Current stimuli)　　Fut＝未来の鋳型 (Future template)　　VT＝言語セラピー (Verbal therapy)
IVE＝現実曝露 (In vivo exposure)　　CBT＝認知行動療法 (Cognitive)　　Art＝芸術療法 (Art therapy)　　Hyp＝催眠 (Hypnosis)
IM＝イメージ法 (Imagery)
RDI セッションおよび EMDR セッションに関して、選択したターゲット記憶、刺激、あるいは資源を基本治療計画表からの ID（番号・文字記号）で列挙してよい。

名前　　グラディス　　　　　　　　1　ページ中　1

セッション	日付	GAF	症状	セッション内容 ターゲット、安全な場所	治療前の SUD / 治療前の VoC	治療後の SUD / 治療後の VoC	選択された否定的認知と最終的な肯定的認知	結果／宿題
1	10/24	60	a＝0 b＝0 c＝0 d＝0	インテーク、病歴、安全な場所	EM 試行	ハンドタッパー最適	5 カ月前に自動車事故。誤って、彼女のみ車でけがが。腕を切る。	PTSD の診断。RDI に良好な反応。
2	10/31	60	a＝0 b＝0 c＝0 d＝0	Mem：1 MVA	6 / 3.5	0 / 7	私は弱い。私は強い。私はそれを克服できる。	BS クリア。
3	11/07	61	a＝+1 b＝0 c＝0 d＝0	RE：SUD0.5　Hx：父	N/A / N/A	N/A / N/A	Mem 1 安定。CrS の記録：雨のなか：SUD 5。突然の停止：SUD4.5。	CrS 特定。さらに早期の Hx が得られた。
4	11/14	61	a＝+1 b＝0 c＝0 d＝0	CrS：4	8 / 4	0 / 7	私は安全ではない。私は安全だ。BS で右前に圧迫の感覚。	BS を除いて完了。
5	11/21	62	a＝+2 b＝0 c＝0 d＝0	睡眠状態	N/A / N/A	N/A / N/A	アンビエンの使用を減らしたい。	睡眠状態の改善。セルフコントロールの方法。
6	12/04	63	a＝+2 b＝+1 c＝+1 d＝0	Fut：6 ロサンゼルスへドライブ	3.5 / 1	0 / 7	私は安全ではない。私は安全だ。BS クリア。	猫のように丸くなれる。
7	12/12	63	a＝+2 b＝+1 c＝+1 d＝0	Mem：2 父が母を殴る	7.5 / 1	0 / 7	私は安全ではない。私は大丈夫。私は落ち着いている。二つの認知の編み込み（責任）。BS クリア。18 セット。	Mem を完了。
8	12/19	65	a＝+2 b＝+2 c＝+2 d＝+2	Mem：3 雨のなかを助けを求めて走る	9 / 1	0 / 7	私は無力だ。私は対処できない。私はこれに対処できる。私はパワフルだ。	BS クリア。完了。
9	01/09	67	a＝+2 b＝+2 c＝+3 d＝+2	Mem：3 雷のなかを助けを求めて走る	5 / 2	0 / 7	私は OK ではない。私は OK。	BS クリア。完了。
10	01/16	69	a＝+2 b＝+2 c＝+3 d＝+2	CrS：4	7 / 1	0 / 7	私は傷つくだろう。私は OK。BS クリア（初期の Mem：恐怖軽減）。	CrS が Mem にリンク。
11	01/23	74	a＝+3 b＝+3 c＝+3 d＝+2	CrS：5 雨のなかの自動車不安＋初期の Mem	6 / 1	0 / 7	7才：私はこれに対処できない。私は対処できる。CrS：私は傷つくだろう。私はコントロールできている。	Mem と CrS ともに完了。
12	01/30	76	a＝+3 b＝+3 c＝+3 d＝+2	RE：得たものを強めるための RDI	N/A / N/A	N/A / 7	海岸。私は恐怖に向き合え、それに対処できる。	胸と心はクリア。治療完了。

BS (Body Scan：ボディスキャン), GAF (Global Assessment of Functioning：機能についての全体的評定), MVA (Motor Vehicle Accident：自動車事故),
N/A (Not Applicable：該当なし), SUD (Subjective Units of Disturbance：自覚的苦痛単位), VoC (Validity of Cognition：認知の妥当性)

た。彼女の夫は専門職で給料も良く，彼女とともに子どもを持ちたいと考えていた。グラディスは穏やかな口調の，まるで子どものような無垢で優しい印象を与える，細身で魅力的な女性であった。

追突以前には，グラディスに抑うつのエピソードや不安症状はまったくなかった。彼女は薬物使用の経歴もなく，めったに飲酒することもなかった。追突の後，グラディスは運転恐怖，不眠，悪夢や家に一人でいることの恐怖を含む，いくつかの不安症状を呈した。実際，彼女は心的外傷後ストレス障害（PTSD）のすべての基準に合致していた。初めての面接で，私は彼女の現在の運転不安の状態を尋ねた。驚くことではないが，彼女の運転不安は，前方の視野がさえぎられるカーブでより強まった。しかし，彼女の大きな運転不安が，夜間，停止信号で4車線の幹線道路を横切らなければならない状況において強まり，さらに雨降りのときに最悪であることがわかり，私は意外に思った。さらに彼女の恐怖が，家に一人でいるとき，特に，「もし誰かが家に押し入ろうとしていても，聞こえないかもしれない」という理由から，シャワーを浴びているときに最も強くなるということにも驚いた。追突の前はそのような恐怖を彼女は持っていなかったし，彼女の住む警備員付き住宅地[†30]では，不法侵入の記録もなかった。

追突事故と彼女の訴えについての情報を収集した後，私は彼女の生育歴と幼少期の家庭生活，そして彼女の人生において何か他にトラウマ的出来事がなかったかどうか質問した。すると，彼女が小さい頃に父親は家を出てしまい，母親が彼女と兄と姉を育てたと語った。質素で平穏な暮らしであった。グラディスは今回の自動車事故が起こるまで，彼女の人生はトラウマとは無縁であったと言ったが，彼女が7歳のときに，父親が家を去ることにつながる先行トラウマが一つあったことをつけ加えた。ある夜，食事中に彼女の父親は興奮し，彼女の母親を非難し，大きなガラスの花瓶で母親の頭を殴打したのだ。それまでに家庭内の暴力はなかった。これはまったく予期しないショッキングな出来事であった。母親は殴られて意識を失って倒れ，頭から出血していた。

彼女と姉は家から逃げ，雷鳴が轟き稲光が走る嵐のなかを，祖母の家まで2ブロック走った。祖母は救急車を呼んだ。グラディスの母は数日間病院で傷の治療を受け，退院した。父親は家から逃げていた。彼女たちは父親に再び会うことはなく，この出来事について家族は決して口にしなかった。

この子ども時代の記憶を語っている間，グラディスの様子が変わった。彼女の声はおおむね平静を保っていたが，実は彼女の顔は恐怖と苦痛，そしてあまりにも圧倒的でとても向き合うことができないこの記憶の感覚で，ゆがんでいた。家族がこの劇的な出来事を話してこなかったことに，私は驚きを示した。グラディスは，母は確かにその出来事について話したことがなかった，と語った。彼らの子ども時代，母親は家族を支えるため働き続けざるをえなかったが，祖母が近くに住んでいたおかげで何とかやっていた。この出来事についてのエピソードは，グラディスが追突事故の後で発症した追加症状のいくつかに関して，多くのことを明らかにした。すなわち，彼女がなぜ夜や雨降りのときの運転を怖がるのか，特に広い道路を横切らなければならないときがなぜ恐いのか，家に一人でいるときに誰かが家に押し入ってくる恐怖がなぜ突然よみがえってくるのか。父親の居所はわからなかったが，彼が他の州で口論や信じられないような出来事に巻き込まれたという新聞記事が当時いくつかあった。彼がいつか不意に現れるかもしれないと彼女は懸念していた。父親は双極性障害を患っているかもしれないとグラディスは推測していた。それなら，父の突然の例外的な振る舞いも説明できるだろうし，彼女の兄が双極性障害を発症したにもかかわらず精神安定剤を飲もうとしなかったことも理解できる。彼女と姉はともに大学に行き，安定した生活をしていたのだが，兄は彼らとは違い，情緒面に問題を抱えており不安定な生活を送っていた。

最初のセッションにおいて，私はグラディスがEMDRセラピーから期待できることについて情報を提供し，彼女の症状を完全に解決するために，私たちはEMDRを用いて子ども時代の記憶も含めて

---

†30　gated community：敷地の周囲をフェンスなどで囲い，警備員が門で出入りを監視する高級住宅街。

取り組む必要があると話した。私たちが子ども時代の記憶から始めれば，彼女の治療はより速やかに進むだろうと私は示唆した。それが必要だとわかれば，その記憶を再処理することにグラディスは同意したが，同時に自動車事故に焦点を当てることで，どの程度の改善が得られるかを確かめたいと望んだ。そこで私たちは，両側性刺激のメカニズムについて再確認した。彼女は眼球運動を不快に感じたが，アイ・スキャン（EyeScan）付属のハンドパドル（hand paddle）[†31]にはよく反応した。彼女の落ち着く場所は，彼女がそこでキャンドルを灯し，お香を焚いて瞑想する自宅の「静けさ」のコーナーであった。幼い頃の生育歴におけるトラウマ記憶について私に語った後，彼女は，落ち着く場所のエクササイズが彼女の苦痛を和らげ，落ち着かせることに気づいた。彼女は次回にはEMDRによる再処理を開始することを強く希望して，セッションを終えた。

グラディス：セッション2

2回目のセッション開始時の簡単な確認の間，グラディスはよく眠れないことが続き，処方薬のアンビエンに完全に依存していたと報告した。薬を使わず眠ろうと試みることに，彼女は不安を持っていた。彼女は今でも1週間のうち数回，悪夢に悩まされていた。衝突事故にまつわるイメージについて尋ねたところ，グラディスは，「粉々になったフロントガラスについた私の血が見え，エアーバッグの臭いを感じる」と答えた。自分についてのどのような否定的信念がこのイメージに付随するのかを尋ねたところ，彼女の最初の返答は，「それは苦痛に満ちていて，めちゃくちゃ怖い！ 私がこれまで経験してきたなかで最も恐ろしいこと。あれほどの血の光景は……本当に恐ろしい」というものであった。ここで私は秘かに，彼女が7歳のときのダイニングルームの床の母親の血の光景を投影していることに気づいた。私が，「それはあなたについて何を語っているのですか」と尋ねたとき，彼女は，「私は不屈ではありません」と答え，「私は傷つきやすく，弱い」とつけ加えた。彼女が好ましいとした信念は，「私は強く，パワフルであり，どんなものでも克服できる」であった。彼女の最初の認知の妥当性（VoC）は，3か4であった。彼女の感情は「悲しい」で，彼女の自覚的苦痛単位（SUD）は6であった。身体の場所に関しては，「心臓がドキドキする。胃の具合が悪い」と答えた。次に出てくる逐語録には，言葉にしなかった私の考えや仮説が波括弧｛ ｝で示されている。一方，行動観察内容および臨床家の言語表現は角括弧［ ］で示されている。EMDRの再処理手続きにおける各ステップのスクリプト（巻末付録Bの表B-9）に基づく標準的な言語的介入は，1語か2語あるいは短い言葉で示されている。たとえば，「今，それの最悪の部分は何ですか」は，［最悪］と示されている。ターゲットに戻る場合の，「あなたが元の体験に注意を戻すと，今何に気づきますか」は，左端の欄に「T」で示されている。

セッション2でのグラディスの再処理の逐語録

往復/Set	クライエントの報告と［臨床家の反応］
27	それ［パドルによる刺激］をもっと速くできますか。最初，涙が溢れ出てきました。そのイメージがより強くなりそしてやがて消えていきました。私はもう今は泣きそうな感じはありません。［ここで，私はスピード設定を若干上げた］
22	私はさらに落ち着いています。［咳払い］私はとても暖かく，心地よいです。水をいただけますか。［グラディスに水を取ってくる間，短時間の休憩をとった］
T	それほど悪くありません。まだ起きたことについて何かがあります。［今，それの最悪の部分は何ですか］注意を払っていなかったんだろうと自分を責めています……2秒前に……もしかしたらそれを防げていたかもしれないのに……私は私自身のかわりに他の人を傷つけてしまっていたかも。｛ここで私は秘かに自責について気づいており，「責任」についての認知の編み込みの必要性を考慮し始めていた｝

---

†31　手のひらの中にすっぽり入るサイズの振動具。

28	同じです。[何が起きようとしていたのか，あなたはわかっていましたか]私は怒っていて，自分を責めています。私の姪は車の中にいました。彼女は7歳です。{ここで，私は7歳のときのグラディスのトラウマとの不思議な類似点に気づいていた}[もし友人が追突事故にあったとして，彼女が自分を責め続けていたならあなたは何と言ってあげますか]大丈夫だよ。人は完全ではあり得ない。大丈夫……よくあることだよ。
31	大丈夫。よくあること。あなたは自分を責めてはいけない。私は人間……何かしら起きるものでしょう。私は完全であろうとしている……時には何かが起こる。[あなたはそれを今どこで感じていますか]心臓は穏やかです。
23	私は穏やかです。
T	それは私の身に起こったことです。でも大丈夫です。それは苦痛でした……私は癒されています。ことが起こり，そして人はそれを切り抜けます。[SUD]3。[最悪]私は驚いたし，怖かった。私は下を見て，あれだけ多くの血を目にしました。私は意識と無意識の狭間にいました。何が起こっていたのかわかりませんでした。
33	それは記憶です。私は今は安全です。私は暖かく心地良いです。心臓はほんの少しドキドキしましたが今は穏やかです。
26	私は大丈夫です。それを認めてもらうことは良いことだし，それについて語るのも良いことです。
T	私があれだけの血で動揺していることに今も気づいています。それに焦点を当てたくありません。{ここで，私は2段階の「安全」の編み込みを行うことを決定した，まず過去と関連する血の手がかりを示し，そのうえで安全な情報にアクセスする}[なぜか分かりますか]私が傷ついたから？{そこで私は声を和らげて再び尋ねた}[なぜか分かりますか]ああ，お母さんが原因で。[グラディスの顔に驚きの表情。彼女は泣き始める][あなたのお母さんは大丈夫ですか]はい。[あなたは大丈夫ですか]はい。[それに気づいて，そしてどのように変わったか自分に伝えて]
34	不安になったけれども，やがて落ち着きました。私は大丈夫。[あなたが血について話すとき，あなたの姪もまた7歳だったと気づいていますね]彼女は血まみれの私を見るまでは大丈夫でした。その後，彼女は取り乱しました，ちょうど私が小さな女の子だったときにそうだったように。
31	悲しい。気分が悪い。彼女はそれを見てはいけなかった。[事故の後，彼女と会いましたか]はい。[車の中で彼女は怖がっていますか]確信がありません。そう（怖がっている）とは思いません。
26	私は，今はより慎重に運転をします。
T	私はもう泣いてはいません。私は不安ではありません。それは記憶です。[SUD]0。まったく邪魔になりません。[PC：私は強くパワフルです。私はどんなことでも克服できます]。私は勇敢です。私はどんなことも克服できます。[VoC]6あるいは7。
27	[VoC]7。[ボディスキャン]何もありません。[完全なセッションの標準的完了 (standard closure)]。

PC（Positive Cognition：肯定的認知），SUD（Subjective Units of Disturbance：自覚的苦痛単位），VoC（Validity of Cognition：認知の妥当性）

グラディス：セッション3

　3回目のセッションでは，グラディスは衝突事故の記憶が，0〜0.5程度の苦痛にしかならないことを確認した。彼女は前回のセッションで起こったことに驚いたと私に話した。まだ残っている運転不安の症状について彼女は，もし前方の自動車が急に止まることがなければ日中は以前より良好であること，しかし，夜間および雨の中では症状は変わらず残っていることを話題にした。彼女の夫は1週間町から離れることになっていたが，彼女は「父親が私を見つける」ことに不安を感じていた。彼女は子ども時代の出来事についての多くの情報を，また，彼

女の父親について多少なりとも知っていた情報を私に与えてくれた。父親が彼女を見つけるという恐怖は，子ども時代と青年期の未解決の問題に主に関連しているということは明白であった。彼女が19歳で初めて一人暮らしをしていたとき，一度だけ短時間，父親を見たことがあると打ち明けた。深夜にシャワーから出たとき，彼女は不意にアパートのドアをノックする音を聞いた。彼女がドアの覗き穴から見るとそこに父親がいた。しかし，彼女は応答しなかった。彼女はボーイフレンドに電話したが，ボーイフレンドが到着するずっと前に父親はいなくなっていた。それ以降，過去14年にわたって接触はなく，彼らの自宅の電話番号は公開されていなかった。

第Ⅲ部　PTSD のための EMDR 再処理の標準的手続き段階：第 3 段階から第 8 段階までの標準プロトコル

グラディス：セッション 4

　4 回目のセッションでは，グラディスは母親の最近の滞在のこと，そして母親の「否定性」に巻き込まれることを避ける対応について報告した。彼女は，父親とその居所を特定する可能性についての彼女の考えを話題にした。私たちは彼女の子ども時代の記憶を再処理するアイデアについて話し合った。彼女は，夫と計画していた長距離ドライブ旅行が終わるまで，数週間それを延期することを希望した。彼女は最近の最も苦しい出来事として，強風下での運転不安を挙げた。このセッションの間，この経験が次のターゲットとして選定され，標準的 EMDR の手続きに従って完全に再処理された。

グラディス：セッション 5

　5 回目のセッションでは，グラディスは不眠に焦点を当てたいと言った。このセッションでは，彼女の睡眠状況を改善する行動上の対応に集中した。私たちは入眠時の不安に対処するための夜のルーティンと，セルフコントロールの方法を検討した。私たちは一つのプランを作り，彼女は次回までにそれを実施し，その結果を報告することになった。

グラディス：セッション 6

　6 回目のセッションで，グラディスは間近に迫った夫との長距離ドライブの準備に備えるため EMDR を希望した。処理すべき子ども時代の素材が残存しており，実際にあるいくつかの刺激は，依然として相当な不安を引き起こす可能性があった。通常なら，私は取り扱うべきこれらの問題に，未来の鋳型を使用することはしなかっただろう。しかし，彼女はこ

の旅行から戻るまで，これらのターゲットへの作業を延期することを望んだ。表 12-2 に示したように，私は来たるべき旅行が肯定的な結果となる未来の鋳型を適用した。当時，私はセッション経過を観察するために，ハートマス研究所（the Institute of Heart Math）の心拍のコヒーレンス装置（heart rhythm coherence device）を試用していた。興味深いことに，これからの長距離ドライブに焦点を当てたこのセッションの全過程において，彼女の心拍数は最初の 88 拍／分から，未来の鋳型を終了する時点では 72 拍／分に変化した。しかし，彼女の心拍のコヒーレンス（heart rhythm coherence）には重要な変化はなかった。

グラディス：セッション 7

　7 回目のセッションでは，グラディスは母親への父親の暴行という 7 歳時の記憶を再処理する準備ができていた。セッション開始時の確認の間，彼女は他の自動車が近づいても「恐怖でたじろぐ」ことは減り，運転する快適さが向上したと報告した。彼女は睡眠の問題は続いていると言ったが，1 週間に適宜服用していたアンビエンの量を漸減し始めていたことをつけ加えた。彼女はすでに当初処方されていた服用量の 1/4 にまで減らしていた。医学的にはあまり差がないであろうことは理屈ではわかっていたが，服用量を減らせたことは，彼女にいくばくかの自信を与えたと語った。

　記憶の映像として，彼女は大きなガラスの花瓶で母親を強打する父親を思い描いた。彼女の否定的認知（NC）は，「私は無力」だった。彼女の PC は，「私はこれに対処でき，今はすべて OK」で，VoC は 1 であった。感情については，「傷つき，怒り，そして恐怖」と彼女は言った。SUD は「7 か 8」だった。身体の場所については，「心臓と目」にそれを感じると報告した。

セッション 7 でのグラディスの再処理の逐語録

往復/Set	クライエントの報告と［臨床家の反応］
25	胸が重い。泣きたいです。私は本当に恐怖を覚えます。私の人生のこの恐ろしいときのことを話すのは怖いです。
29	私は少しリラックスしています。［場所］心臓はそれほど早くないです。
26	本当に悲しいです。

212

第12章　EMDRによるPTSD治療事例の実際

セッション7でのグラディスの再処理の逐語録（つづき）

往復/Set	クライエントの報告と［臨床家の反応］
26	私は本当に取り乱しています。彼らが引き起こしたことで私は本当に傷ついています。
35	私は落ち着いてきました。［場所］私の心臓と両手。
25	私はさらに落ち着いてきました。
T	［泣く］とても苦痛です。｛ここで私は責任の編み込みを加える｝［では，あなたとあなたのお母さんを守るのは誰の責任でしたか，あなた，それともお母さんの責任でしたか］母の責任です。
26	胸の締めつけ。不快さを感じます。
24	胸の締めつけは少し弱まりました。私は落ち着いています。
24	まだ胸を締めつけられるよう。［それはどんな感じですか］恐怖。｛次に，私は安全の編み込みを試みる｝［あなたのお母さんは病院で治療を受けた後，大丈夫でしたか］［うなずき，肯定］
30	胸はまだ怖さで怯えています。手のひらは汗ばんでいます。母親がその後，大丈夫だったかどうか，先生が尋ねたとき，私は彼女の傷の広がりについて考えていました。頭についたガラス。割れた額。それがどれだけ深刻なことだったか。彼女は今は大丈夫です。｛ここで私は安全および選択の両方の編み込みを試みる｝［今それについて話すことは安全ですか］はい。今は安全です。［できますか］はい。［彼女はできますか］いいえ。［それに気づいて］先生が言ったのは，私には話すことができて，彼女にはできないということですね。［はい］
30	私はさらに落ち着いています。胸はそれほど痛みません。
25	私は大丈夫です。
26	さらに落ち着いています。このことについて話せることは良いことです。もはや秘密にする必要はありません。人がこのようなことを話すのを，先生がどのように聞くのだろうかと思い，そのことが先生に影響しないでほしいと思います。私は今起こったことと別の部分を思い起こしています。助けを求める途中で，私はドアから飛び出すときに足をぶつけました。それから私は祖母の家に走りました。｛どれほど長くグラディスがこの記憶に立ち向かうことを避けてきたかを考慮して，私はこのシーンは，密接に関係する別のターゲットであると判断した。そして，続いて引き出された記憶部分は，次のセッションに残しておくことにした。記憶の最初の部分に焦点を当て続けるため，私たちは暴力行為に戻った｝
T	わぁっ，私はまったく混乱していません。それは起きたことです，そして私はそれに対処することができます。ほんの少し心拍数が増えますが，しかし，たいしたことではありません。［SUD］1。［場所］心臓に少し痛み。
24	より一層落ち着いています。［焦点づけたものを包み込むため，私は再度ターゲットに戻った］
T	違って感じます。それはもはや映画のようで，私はその場にいるようには感じません。私はそこから遠く離れていて，その場にいるようには感じません。
25	私は大丈夫。さらに落ち着いています。私の身体は暖かいです。［SUD］0。［元のPC：「私はこれに対処でき，今はすべてOKです」］｛ここで彼女はPCを変更した｝私は安全です。そしてそれは私の責任ではない。［VoC］7。［植えつけ］
24	［VoC］7。私は自分自身にかなり誇りを感じています。わぁっ，もう辛くありません。私は自分自身に誇りを感じています。私は大人のようにこれに対処できます。私は大丈夫です。［植えつけ］
26	［VoC］7。私は大丈夫です。私は落ち着いています。［BS］何もありません。私は暖かく，落ち着いています。［完全なセッションのための標準的な終了段階とブリーフィング］

BS（Body Scan：ボディスキャン），PC（Positive Cognition：肯定的認知），SUD（Subjective Units of Disturbance：自覚的苦痛単位），VoC（Validity of Cognition：認知の妥当性）

グラディス：セッション8

8回目のセッションでは，グラディスは運転をうまくやれたこと，そしてまだ少量のアンビエンを服用していることを報告した。今は夜はほんの少し眠れないだけで，悪夢を見ることもなく，7.5〜8時間の睡眠をとっていた。自動車事故の記憶についてのSUDは0のままであった。前回のセッションで扱った場面は処理を妨げられることなく，0と1の間のままであった。本セッションでは，前回のセッションで記憶から引き出された，家から逃げる決心をした場面を再処理した。グラディスは記憶のこの側面を「逃げている部分」（the running part）だと述べては

213

第Ⅲ部　PTSD のための EMDR 再処理の標準的手続き段階：第 3 段階から第 8 段階までの標準プロトコル

いたが，このセッションでの彼女のナラティブのいかなる部分も，逃げている（running）記憶を示してはいなかった。それよりも恐怖に凍りつく感覚，家から離れるのを恐れ，慰められたいという願望にとらえられているように見えた。

この記憶に対するイメージは，戸口で母親のために助けを求める責任感に彼女がとらわれるところから始まる。グラディスはいかにその光景が「怖く，動揺させるもの」かを，自発的に報告した。彼女の否定的認知は，「私は無力。私は対処できない」で

あった。彼女の肯定的認知は，「すべて OK。私は対処できる」であった。彼女の VoC は 1，感情は，「悲しい，驚いた」，SUD は 9 だった。身体の場所は再び心臓と両手のひらにあった。留意してほしいのだが，私たちはライトバー[†32]に装着したパドルによるハンドタップを使い続けていた。セッション開始時点で，ライトバーは前回のセッションと異なる角度に傾いていた。その結果，初めのうち，セット毎のくり返し回数を提示するバーのカウンターの先端が，グラディスに見えていた。

セッション 8 でのグラディスの再処理の逐語録

往復/Set	クライエントの報告と［臨床家の反応］
19	私はライトバーのカウンターに気が散ってしまいました。［おそらく記憶に焦点を合わせるよりも気を散らしていた方が楽なのでしょうね］はい，記憶に向き合うのは不安です。でもできます。［あなたには選択権があります。あなた次第ですよ］やりたいです。
30	心臓の鼓動が少し早くなり始めました。私の手のひらは汗ばんでいます。私は泣きたい気分です。
26	同じです。［今現在の大人の女性として，本当に悲しみ怯えている小さな子どもに言ってあげられる言葉を思い浮かべてください］
29	私の両手のひらは汗ばんでいます。私の心臓はドキドキしています。私は胸に圧迫を感じます。私は悲しい。〔編み込み-選択〕［その状況にいる大人として，大人のあなたならどのような違う反応をしますか］今の私なら，そんなに怖がっていなかったでしょう。私は何をすべきかを知っているでしょうし，大丈夫ということも知っているでしょうから。
27	私は落ち着いています。胸にまだ痛みを感じます。私の両手はまだ汗ばんでいます。［それを本当に感じ，理解するために，あなた自身，胸の痛みにしっかりと気づいて］
30	私はさらに落ち着いています。痛みはまだそこにあります。私はそのことを理解していません。私は悲しいです。それは圧倒的です。私には答えが必要です。［あなたの中で，胸の痛みにそれ自身の声で話させてください］
23	その声が，私はほんの小さい子どもで，私の人生で起こったことに心底驚いていると言っています。守られていない。大人がただ私を抱き上げ「大丈夫だよ」と言ってくれたらなぁ。誰であれ，こんな恐怖に対処すべきではなかったのです。
27	私は気分が良くなりました。レインコートを着て，今はかなり安全です。
27	私は大丈夫です。
T	それはまだ私を悩ませます。前ほど強くはありません。私が無力で，小さく，守られていないことが私を悩ませます。［SUD］6。〔安全と大人の資源の選択に関する編み込み〕［今，守られていると感じるには何が必要でしょうか］私の夫。［子どものときのその記憶をたどるとき，あなたと一緒にご主人がいることを思い浮かべてください］
34	彼はそこにいて，私を落ち着かせてくれます。今とてもいい感じです。それが私に必要だったものすべてです。私にはそれをしてくれる人がいなかった。
25	私は今，落ち着いています。私を抱きしめて，大丈夫だよといってくれる人がそこにいてくれさえすればよかった。そうすればこんな事態にはならなかったでしょう。でも私の両親はそうしなかった。私の母は入院していました。彼女はそうしなかった。彼女は対処できなかった。彼女は痛みに耐えられなかった。〔責任に関する編み込み〕［それに対してあなたはどう感じますか］何ですって。［それについて話すことへの彼女による拒否］私は怒っています。
28	私は母に大変怒っています。母は私に必要なサポートを与えてこなかった。そのことに私は本当に傷つき，怒りを感じます。私は非常に怒っています。私の人生は奪われました。それは正当なことではありません。

---

†32　流れる光を提示して眼球運動を導く装置。p.114 参照。

第 12 章　EMDR による PTSD 治療事例の実際

セッション 8 でのグラディスの再処理の逐語録（つづき）

往復/Set	クライエントの報告と［臨床家の反応］
23	私は落ち着いています。今はそれほど重くありません。［彼女は次のフレーズをつぶやいた］いつも母親なんです。
26	私はさらに落ち着いています。私は強くパワフルです。私は母のような犠牲者になるつもりはありません。私は怒りを隠す必要はありません。
T	［SUD］1.5。{SUD は 0 ではなかったが，セッションがほぼ終わりであるという時間的理由で，私は植えつけに移った} ［PC：私はこれをうまく取り扱える］私はこれをうまく取り扱える；私はパワフルです。［VoC］7。［植えつけ］。
24	私はやれてます。それを乗り越えています。私は自分に大変誇りを感じています。［BS］私は落ち着いています。［標準的終了とブリーフィング］

BS（Body Scan：ボディスキャン），PC（Positive Cognition：肯定的認知），SUD（Subjective Units of Disturbance：自覚的苦痛単位），VoC（Validity of Cognition：認知の妥当性）

● グラディス：セッション 9

　9 回目のセッションでは，グラディスは運転不安は減少し続けていたが，家に一人でいることについては今なお恐怖を感じていた。彼女は，7 歳のときの稲妻と雷鳴のなかを走り抜けた記憶に関わる取り組みを続けたいと言った。彼女の NC は，「私は大丈夫ではない」であった。彼女の PC は，「私は大丈夫」であった。彼女の VoC は 2，感情は「恐怖」で，SUD は 5 であった。彼女はそれらを胸と両手のひらに感じていた。

セッション 9 でのグラディスの再処理の逐語録

往復/Set	クライエントの報告と［臨床家の反応］
28	さらに落ち着いています。
28	大変リラックスしています。［映画を見ているようにもう一度記憶をたどってください。あなたが混乱するところに達したら私に教えてください］走っている場面。私の心拍数が増えています。
33	私は大丈夫です。さらに落ち着いています。少し頭痛がします。今日はちょっと頭痛がしました。
30	右側はあまりはっきりしません。{ここで私は速度設定を 1 度上げた}。
30	まだ右のこめかみのあたりがはっきりしません。{私は再度速度設定を 1 度上げた}。
36	まだここはすっきりしません。疲れました。［あくび］悲しい，本当に悲しいです。私の父親がこれを私の母親にしたということが。私にはどうすることもできなかった。［涙］［では起こったことは，誰に責任があるのですか］父親です。
34	ただ単に私はそのことが悲しいだけです。私はこれを阻止するために何もできませんでした。
31	私の兄に同じようなことが起こらないかとただ恐れています。兄はいくつか父と同じような性格を持っているから。他の人の面倒を見ることに私は疲れています。ただ圧倒されて。{兄はホームレス状態の瀬戸際で，金の無心でたまに不意に彼女の家に現れていた}
25	私は落ち着いています。これを制御できないことに私はうんざりしています。［あなたは起こったことに対して感情的に折り合いをつけることを選択できます。あなたは今，選ぶことができますよ］
31	私の兄について考えています。彼はたまに薬を飲んでいるだけです。そのことを私はとても怖く思っています。あのようなことが起きるのを防ぐには，私はどんな力を持つべきなのか。彼は 1 年前にマリファナと酒を断ちました。彼は妄想的でした。
T	［SUD］0。［PC：私は OK］この PC で合っています。［VoC］7。［植えつけ］
22	［VoC］7。［BS］私は心にまだ何かを抱えていますが，その記憶よりも，兄についての今の問題の方がより強いと思います。私は落ち着いています。

BS（Body Scan：ボディスキャン），PC（Positive Cognition：肯定的認知），SUD（Subjective Units of Disturbance：自覚的苦痛単位），VoC（Validity of Cognition：認知の妥当性）

215

グラディス：セッション10

　10回目のセッションでは，グラディスは兄への懸念と，兄に対しての境界線や自分が限界まで頑張ってしまう問題について話し合うのに，かなりの時間を費やした。私は自己主張に関するいくつかの原則と方策を彼女と再確認した。セッションの終了間際，彼女は雨の夜に運転しているとき，また別の残余的不安を感じる経験をしたので，暗闇や雨のなかにいるときの刺激に関してもう少し取り組みたいと希望した。時間が限られていたにもかかわらず，私たちは4車線の幹線道路を横断するために待っているときの，停止信号での現在の刺激を再処理するというターゲットを設けた。彼女のNCは，「私は傷つくだろう」であった（テーマ−安全：危険についての知覚）。彼女のPCは「私はコントロールしている」であった（テーマ−コントロール：選択，自己効力感）。このミスマッチなテーマは，彼女の子ども時代の記憶にある，残された恐怖への糸口であった。彼女のVoCは1，感情は腕の痛みへの悲しみと恐れであった。彼女のSUDは7，身体の場所は心臓，両手のひらと腕であった。

セッション10でのグラディスの再処理の逐語録

往復/Set	クライエントの報告と［臨床家の反応］
29	汗ばむ手のひら。
29	私は本当に怖くて悲しいです。［あなたの身体のなかでそれを感じる場所に気づいて。そして雨と稲光の暗闇のなか，祖母の家に走っていったことを思い出してください］
37	私は稲光を怖がっていたのを覚えていません。私の姉はそれは危険だと言っていました。私はただ走ったことを覚えています。［多分あなたが恐れているのは稲光ではなかった。多分それは……］もし父が母をもっと傷つけるなら。［彼はそうしましたか］いいえ。［それを思い出して］
35	母が殺されるかもしれないと私は怖かったが，母は回復し無事でした。
T	［SUD］0.5。［PC：私は今コントロールできている］［VoC］7。［植えつけ］
31	怖かったのは，本当は雨や暗闇ではなく，私の母に何が起こったのか，母が大丈夫かどうかわからなかったことでした。

PC（Positive Cognition：肯定的認知），SUD（Subjective Units of Disturbance：自覚的苦痛単位），VoC（Validity of Cognition：認知の妥当性）

グラディス：セッション11

　11回目のセッションでは，グラディスは運転不安を喚起する現在の刺激と，彼女の記憶の再処理をともに完了した。彼女は重大な運転不安に陥ることもなく，州外への長距離ドライブ旅行から戻って来ていた。さらにワークを必要とする何かがまだあるかどうかを見きわめるため，彼女は暗闇と雨のなかを走る記憶のチェックに再度戻りたいと言った。イメージは暗闇の雨のなかを走ることであった。彼女のNCは，「私は稲妻に打たれるだろうと恐れている」で始まった。その後「私はそこに間に合わない」に変わり，最終的には，「私はそれに対処できない」になった。彼女のPCは，「私はそれに対処できる」であった。彼女のVoCは7，感情は胸の鼓動と怖い感じが思い出されることであった。彼女のSUDは0であった。さらに確認するため，私たちは両側性刺激を1セット行った。すると彼女は，「何もありません。私は落ち着き，リラックスしています」と報告した。私たちは両側性刺激の2セットめを行った。彼女は再び「何もありません」と報告した。彼女のVoCは7のままであった。そこで私は彼女のPC，「私はそれに対処できる」を植えつけた。彼女のVoCは依然7のままであった。

　現在の刺激を再確認するため，私たちは並んで車を走らせる人がいる4車線の幹線道路の停止信号のところで，彼女が車に乗っているところに焦点を当てた。彼女のNCは，「私は安全ではない」であった。彼女のPCは「私は安全だ」であった。VoCは

6，感情は「怖い」，SUD は 1 であった。彼女は胃の
あたりにそれを感じていた。

　それから私たちはグラディスの子ども時代からの
トラウマ記憶，自動車の衝突事故，そして彼女が報
告した現在の刺激を再評価した。混乱を与えるもの

は何もなかった。彼女は，姉が運転している間に眠
り込んでしまい，姉が車のコントロールを失い 360
度スピンしたときに目が覚めたという，18 歳のとき
の出来事を思い出した。その記憶もまた，混乱を与
えるものではなかった。

セッション 11 でのグラディスの再処理の逐語録

往復/Set	クライエントの報告と［臨床家の反応］
29	私の胸は少し早く鼓動しています。私の手のひらは暖かいです。
22	私の鼓動は少し遅くなりました。私はここにいます。私は安全です。私は大丈夫です。
24	私は大丈夫です。
T	私は大丈夫です。私はそれに対処することができます。［SUD］0。［VoC］7。［植えつけ］
22	私は大丈夫です。［VoC］7。［BS］少し鼓動が早くなっているように感じます。
24	それほどではありません。私は元気です。

BS（Body Scan：ボディスキャン），SUD（Subjective Units of Disturbance：自覚的苦痛単位），VoC（Validity of Cognition：認知の妥当
性）

グラディス：セッション 12

　12 回目のセッションでは，私たちはグラディスの
本来の主訴を再検討した。父親の居所に関する軽い
不安以外は，彼女の当初の症状はすべて和らいでい
た。彼女はアンビエンを飲むのを止めており，普通
に睡眠をとっていた。夜でも雨のなかでも不安なく
運転することができた。さらに重要なことは，おそ
らく彼女の母親とは違って，恐怖に立ち向かうこと
ができる人間であるという，自分自身についての新
しい感覚を抱き始めていた。この自己イメージをさ
らに強化するべく，私はグラディスに彼女の新しい
自己感覚を象徴するイメージを選ぶよう求めた。グ
ラディスはビーチで砂の中に足を入れ，ブランケッ
トの上に寝そべって，そばで遊んでいる子どもの歓
声や遠くの汽笛を耳にしながら海を見つめている自
分を思い描いた。このイメージにひたった彼女の言
葉は，「私は恐怖に立ち向かうことができ，それらに
対処できる」であった。彼女はその感覚を胸に感じ
た。心は落ち着いて，クリアで，安らかであった。
そこで私は両側性刺激を 3 セット行った。それぞれ
のセットの後，彼女はただ「私はリラックスし，安
らいでいます」と語るのみだった。

グラディス：まとめ

　グラディスに用いたターゲットの順序は，治療効
率からすれば最適ではなかったかもしれない。しか
し，彼女にとっては，原家族では決して話題にされ
なかった人生を一変した重大な出来事に立ち向かう
前に，まずは EMDR セラピーに対する恐怖を軽減
するための，大きな信頼を築く必要があった。イン
テーク時，彼女が抱いていた最初の自己イメージは，
感情的に苦痛を感じる物事に立ち向かうにはあまり
にも傷つきやすい人，というものであった。EMDR
を用いた彼女の治療は，彼女の PTSD 症状を軽減す
る以上のものとなった。それは彼女が新しい自己概
念と，より大きなレジリエンスの感覚を生み出すの
に役立った。彼女は一連の治療を経てライフコーチ
になり，他の人々の人生の変革の手助けをする決心
をしたと伝えてくれた。グラディスの事例は，責任，
安全，そして選択についての編み込みを使った例で
あるが，これらを使うことはグラディスが再処理の
正念場にいたとき，標準的な治療セッションの時間
枠内で難しい題材を進めていくのに役立った。彼女
の治療は，彼女が人生の難問と対決し，それらを克
服できる女性であるという，彼女の新しい自己イ
メージを確固たるものにする資源の植えつけを行っ

て終結した。

エヴァ：アルコール乱用と子ども時代の性的虐待の再演の解決

　エヴァは私の近所に一時的に転居してきた23歳の大学生で，支援してくれる親戚と一緒に住んでいた。彼女は意識を失うところまで飲酒し，見知らぬ男性と性行為を持つことをくり返した後，休学を決心したところであった。彼女は自分自身を道徳的な人間と考えていたので，これらのエピソードにすっかり困惑していた。家族の一人が，彼女にEMDRによる治療を受けることを勧めた。

　エヴァは最初の6回のセッションまで，ずっと顔を隠すように目深に野球帽を被っていた。最後のセッション以外，彼女は身体の線を隠すだぼだぼのスウェットシャツを着ていた。最初のセッションで，彼女は自分の人生について語るとき，私と視線を合わせなかった。しかし，私が彼女に注目しているかどうかを確かめるため，ちらちらと見上げていた。エヴァはおそらく自分が4歳になる前に，父親から性的虐待を加えられたと信じていると語った。彼女はこの虐待を母親に話し，母親は児童保護局（CPS：child protective service）に通報した。しかし，調査官は彼女の話を信じず，父親は彼女への性的虐待で告発されることはなかった。彼は姉を性的に虐待していたことで告発されたが，判事は無罪判決を出した。父親は母親に対して性的に不誠実であった。おそらく12歳か13歳の頃になって，母親から，上の二人の姉も父親から性的虐待を受けていたが，父親は罪に問われることがなかった，というエピソードを聞かされた。そのときまでエヴァは，早期の子ども時代に発覚した出来事，そしてCPSによる調査や裁判のことは忘れていた。彼女の母親はまた，自分がもっと小さかったときに何が起こったかを，エヴァに告げた。

　エヴァは，父親に風呂に入れられていた光景を思い出すとあまりに動揺して考えられなくなるが，それ以外は虐待についてはっきりとした記憶がないと語った。エヴァはまた，親が離婚してからの夏休み中の訪問で，父親に対する肯定的な記憶をたくさん持っていることも話してくれた。彼女の父親はソフトボールの試合に彼女をよく連れていった。彼女がティーンエイジャーだった頃，父親の再婚で得た義理の兄弟と遊んだ幸せな記憶を，彼女は持っていた。

　エヴァが性的虐待と離婚によってどのような影響を受けたか尋ねると，彼女は13歳からかなり飲み始めたのがその影響の一つだと語った。「私は高校で1回関係を持ちました。摂食障害になり，大酒を飲み，マリファナを吸いました。高校では私はガリガリでした。私は家にいて食べざるをえない状況でない限り，食べませんでした。私たちが州外に引っ越したとき，それは変化しました。私は努力しました。ボーイフレンドを持たないことが役立ったのです。私はボーイフレンドの前では食べたくなかったのです」。

　エヴァは家族のなかで，児童期に虐待を受けた初めての世代ではなかった。「私の母も両親との問題を抱えていました。彼女は高校時代，大酒を飲み，薬物をやりました。彼女のお父さんは彼女ときょうだいに対して身体的な虐待をしていました。私の父は母より14歳年上でした。母が17歳のとき，2人は出会いました」。私のいる地域に越してきてから，エヴァは数カ月間，禁欲的であったと語った。エヴァは決して一人では飲まなかった。不適切な行為という感覚を乗り越えるために，いつもルームメイトや友人と一緒に飲んだ。彼女の性的な行動化は1年前に始まっていた。「誰だか思い出せない何人かの男をひっかけたとき，私はいつも酩酊していました。それは合意でした。彼らの何人かについては部分的に何か思い出せますが，何人かについてはまったく何も思い出せません」。彼女は飲酒しなくても，何度かセックスができたと言った。そして飲んでいないときは，セックスの間，感情麻痺や離人感はなかったと言った。エヴァの記憶は，飲酒時と子ども時代の性的虐待の記憶以外は，総じて損なわれていないように思われた。

準備段階の延長

　エヴァの準備段階は，彼女のアルコール乱用の最近の経緯，強い羞恥心や不信の感情，EMDRの再処

理に関連する恐怖心などの懸念に取り組むため，数セッション延長された。これらのセッションは，気分の安定化，治療同盟の構築，生育歴・病歴の聴取，そして治療計画の立案に充てられた。5回目のセッションまでにエヴァは安定性を高め，強い治療同盟を築くことができた。彼女は飲酒に身をまかせるのを控え，再び規則正しく働き始めるために給料の安いスポーツジムの仕事を選び，バーでの仕事を辞めた。彼女はまだ野球帽を目深に被ってはいたが，セッション中は継続的なアイコンタクトができるようになった。彼女の睡眠状態は改善し，さらに自らをいたわり，良い選択ができるまでに自分自身に対する肯定感を高めていた。私は彼女が子ども時代に発作の既往を持っており，それが8歳まで続いたことを知った。彼女はこの発作に関して，これまで医師の診断を受けたことも薬物治療を受けたこともないと語った。

　これらの初期段階のセッションを通して，私はエヴァに，子ども時代のトラウマが一般的にもつ影響の強さと，子ども時代の性的虐待についての情報提供を行った。彼女は子ども時代の性的虐待の記憶を呼び起こすことで，自分が圧倒されてしまうことを心配していた。これが，これまでの彼女の「閉じこもりと過眠」の原因となっていた。トラウマに焦点づけたEMDRによる治療がいかに私たちの作業をうまく調整してくれるかについて，私は彼女に比喩を使いながら伝えた。このことは彼女の不安を減少するのに役立った。私が落ち着く場所の技法を彼女に行ったとき，彼女は最小限の反応しか示さなかった。そこで私たちは，彼女が強さと能力を感じてい

た中学校でのチーム競技の経験から，資源となる記憶を植えつけることに焦点を当てた。彼女はこれに，より強い反応を示した。

● エヴァ：セッション6 ── EMDR 再処理の開始

　6回目のセッションでは，私たちはエヴァが3歳頃の記憶からEMDR再処理を開始した。彼女は，浴用タオルで彼女を洗う父親とバスタブにいるところを思い出した。彼女のイメージは，「バスタブにいる私は裸で，パパはそこにいた」だった。彼女のNCは，「私は最低」であった。彼女のPCは，「私は前より強い」だった。彼女のVoCは1.5，感情は「気分が悪く，悲しい」だった。彼女のSUDは8だった。身体の場所に関して，彼女は「頭と胸」と報告した。

　この時点で，ほぼセッションの終わりの時間となった。そこで私は終了に向かった。私は彼女が行った作業に対して敬意を表した。そして彼女に，このことについて日誌をつけておくように促した。私は，「お父さんについてあなたが抱いていた考えを変えることは，難しいことでしょうね，違いますか？

　お父さんについて肯定的思考を持ち続けること，また，起こったことに対してあなた自身を非難するのを止めることは，難しいですよね」と言い，その後私は比喩を用いて，人が家に鍵を掛けないままにしておくことと，侵入して物を盗むよう泥棒を招き入れることの大きな違いを説明すると，彼女は了解した。

セッション6でのエヴァの再処理の逐語録

往復/Set	クライエントの報告と［臨床家の反応］
28	それほど重くありません。［いすに腰掛けて揺らす］
29	頭痛がし始めていましたが，今，頭痛はありません。
29	ちょっと同じような感じです。さっきほど緊張していません。［場所］身体全体に。
27	［いすを揺らすのを止めた］同じです。
T	それほど悪いとは感じません。SUD：5［最悪］ただ私の父についてそのように考えています。［あなたのお父さんがその日やったことの責任は誰にありますか，あなた？ それともお父さん？］｛一般化についてのチェック｝彼です。
25	多少の怒り。［涙ぐんで。顔が紅潮する］

219

第Ⅲ部 PTSD のための EMDR 再処理の標準的手続き段階：第 3 段階から第 8 段階までの標準プロトコル

セッション 6 でのエヴァの再処理の逐語録（つづき）

往復/Set	クライエントの報告と［臨床家の反応］
30	うーん，ちょっとばかり「乗り越えて，私にできることはもうありません」みたいな。［たとえあなたがそれを乗り越えていて，あなたにできることが何もないとしても，あなたが言ったほうがよかったと思う言葉や，したほうがよかったと思うことがないか，次の SEM の間気づいてみましょう］
30	また頭痛がしてきました。［場所］私の頭と胸と喉です。［それとともに。そしてもう一度，あなたが言っておきたかった言葉，あるいはしておきたかったことがあるかどうかに注意を向けて］
29	私が言っておきたかった言葉は，「やめて」ということ，そしてそれは私の責任ではないと自分に言いたかった。［今，それを言っているところを想像して］
30	私はとても気分が楽になりました。［その変化に気づいて］
25	同じような感じです。
T	とても悲しい。それは間違ったことだった。［数回ぐっとつばを飲み込む］
29	うーん，学校時代にも男子に同じようにつけこまれ，わたしもそんな行動していたな，ということ。｛この発言は子ども時代の性的虐待と成人になっての再演を自然に関連づけている｝
30	こんな状況に自分を置いた自分自身にまさに怒っています。［あなたがそういうことをしていたとき，あなたがやっていることと，ほんの小さな子どもだったあなたに起こったこととの繋がりについて，あなたは理解していましたか？］［頭を振って，「いいえ」］［では，そのことにただ気づいていてください］
31	私はちょっと自分にうんざりしています。［自己嫌悪と自己非難］
27	身体中悲しみでいっぱいです。［バスタブにいるその少女のことを考えるとき，あなたは一人の大人として，起こったことは彼女の責任ではないし，彼女は良い子で良い人なのだということを知らせるためどんなことを彼女に言ってあげますか？］｛これは最近の記憶から元のターゲットに焦点を向け直すことと，さらに健全な大人の視点から見た，自分への思いやりと大人の責任に関する編み込みの両方を意図した介入である｝
30	うーん。私は彼女にこう言うでしょう，「彼は病んでいて，あなたは初めての被害者ではない。それはあなたの責任ではない」｛ここで彼女は，このできごと以前に起こった父親による姉への性的虐待を，姉がすでに通告していたという事実に言及している｝
43	うーん。彼が刑務所に入るべきだと私はわかっていること，けれど彼女はまだそれがわかっていないということ。｛「彼女」が「それをわかっていない」というのは，エヴァの人格の情動的部分，あるいは子どもの自我状態である｝［それでは，それが彼女の責任ではなかったと彼女に感じさせ，理解させるために，他にあなたが言えそうなことを考えてください］
40	うーん。母のことを考えています。母と一緒だとどれくらい安全に感じるかを考えています。
25	怒り。母が私を守ってくれなかったから。
27	それは私の責任ではないということ。
25	それは私の父の責任だった。彼は間違っていた。
24	うーん。すごく疲れました。
T	SUD：2-3。［最悪］ただ父を見ているのです。そういう記憶のなかの彼を……［彼についてのあなたの考え方や感じ方に，何らかの変化があるみたいですね］［うなずく］｛私のコメントは，その後の父親との肯定的な記憶からもたらされていた，彼女の肯定的な自己対象の表象が，ある程度失われたかもしれないことへの悲嘆に触れている｝
36	私が思い出せる父との幸せな時間について考えています。［はい，その両方に意識を向けて］
25	彼との悲しい思い出よりも，より幸せな思い出を持っているということ。
T	彼がそんなことをするなんて本当にがっかりです。［確かに］SUD：5｛ここで SUD が高い数値に戻っていた｝［今，何が苦しいですか？］もしかして，彼は他にもそんなことをしたのではないか。そのことを考えると私の気分は悪くなります。［もし他にそういう機会があったとしたら，そのできごとの責任は誰にありますか？］彼です。
22	すべてについて悪い人だと彼のことを考えたくはありません。しかしそれでも彼は間違っていた。
26	彼はそのことを微塵も気にかけていなかったのかどうか不思議です。なぜなら，人は愛する人にそんなことをしないでしょうから。

SEM（Set of Eye Movement：眼球運動のセット），SUD（Subjective Units of Disturbance：自覚的苦痛単位）

エヴァ：セッション7

翌週エヴァは，短い連絡で予約をキャンセルした。私は，これはさらなる再処理を進める前に少し時間をとる必要があるサイン，と受け取った。その次の週，私たちは安定化に焦点を戻した。この地域に移ってきて飲酒をやめてから，エヴァは食物に対する欲求が高まったことを心配していた。彼女は実際には1日2食しか食べていなかった。しかし，運動不足とジャンクフードを食べるせいで体重が増えていた。彼女はほぼ毎日ジムで運動をし始めたが，いまだに決まった時間に食べることはできていなかった。私は彼女の摂食障害の病歴のため，食事とカロリー制限について彼女に注意を促した。最適な代謝レベルを維持するために規則正しい食事とエアロビクス運動をすることで，より良い，持続的な結果が得られるだろうと彼女に話した。私たちは残りのセッションを，彼女のなかに頻繁に現れる否定的な自己評価を同定し，再構成することに集中した。そして，これらの信念は，子ども時代の性的虐待が彼女の自己概念に及ぼした衝撃が関連していると特定した。私たちは再処理に戻り，次のセッションで子ども時代の記憶について多くの作業を行うことで意見が一致した。

エヴァ：セッション8

8回目のセッションでは，浴用タオルで彼女を洗う父親と一緒にバスタブにいる記憶に私たちは戻った。私がそれについて今気づくことを彼女に尋ねたとき，彼女は「怖いとか感情の動揺はありません」と言った。最悪の部分について彼女に尋ねたところ，彼女は「それが起こっており，それを阻止することができないことを実感していることです」と答えた。彼女が現在時制で語っていることから，いかに彼女がこの記憶を今でも執拗に再体験し続けているかに私は気づいた。通常ならば，私は新しい否定的認知を求めはしないだろう。しかし，もう2週間も経過しており，この記憶について最初に再処理セッションで扱ったものとは異なるテーマが提示されているように私には思えた。NCに関して，エヴァは「私は無力だ」と述べた。PCは「今，私はコントロールできている」，彼女の感情は，「私は悲しみ，怒りを感じます」であった。彼女のSUDは3で，彼女は再度これらの感情を胸で感じていた。私たちは再処理を再開した。

最終段階において私はエヴァに，「あなたはそんなことができるとは知らなかったのですよね」と尋ねた。彼女は「はい」と言った。さらに私は，「あなたはそんなことができるとは考えなかったのですよね」と尋ねた。彼女は微笑みながら，「はい，私にはそんな考えはありませんでした」と答えた。私は彼女がやりとげた作業についてどう感じたか尋ねた。「安堵感があります。胸を締めつけられるような感じもしません。頭痛もありません」と彼女は言った。「頭痛はずっと恒常的なものとして，頻繁にあったのですか」と尋ねたところ，「頭痛は頻繁にありました。仕事中いらいらするとき，あるいはその日十分水分を取っていないときはいつでも起こりました」

セッション8でのエヴァの再処理の逐語録

往復/Set	クライエントの報告と［臨床家の反応］
27	私の胸はそれほど重くありません。
24	私はそれについて，まったく何の感情もありません。
27	実際には何もありません。
T	私の父が悪いし，父は病んでいたのだと思います。
29	全体的に気が楽な感じ。
28	まったく同じです。
T	SUD：2［どの部分がまだ辛いですか］その文脈で私の父について考えていること。私は父を信頼し，尊敬してたのに，でも彼はあんなことをする人だったと思うことです。それが本当に悲しいです。

セッション8でのエヴァの再処理の逐語録（つづき）

往復/Set	クライエントの報告と［臨床家の反応］
27	実際には何もありません。もはやそれが私を実際に悩ませることはありません。
T	SUD：おそらく0か1。そんなふうに感じます。最後に残ったわずかな怒りにただしがみついている感じです。［それを言葉にしたり，表現するためにあなたが必要なことやできることを想像してみてください］
26	うーん，うーん，おそらくこの嫌悪感をこれ以上持ち続けたくないと彼に言うこと。［もっと感じている様子：少し顔が紅潮］
27	［ティッシュペーパーで涙を拭う］うーん，父を許す方法を見つけられたらなぁ。そして先に進めたらなぁ。
26	うーん，父を許すためには，私が私自身を許し，私自身を嫌うのをやめる必要がある気がします。
26	うーん，また何か気が楽になったような。
25	同じような感じ。
T	SUD：おそらく0ぐらい。
28	とてもいいです。胸の緊張がなくなり，頭痛もありません。［SUD］0［PC：私は今コントロールできている］私は気持ちが落ち着いています。［「私はそのままで大丈夫」ということでしょうか］はい，私は自分を責めていませんし，彼を責めてもいません。［最終PC］私はありのままの自分を受け入れることができます。VoC：6［植えつけ］
26	VoC：7［植えつけ］
23	VoC：7［ボディスキャン］何もありません。どんなものについても悪い考えはありませんし，私の身体に悪い感覚もありません。

PC（Positive Cognition：肯定的認知），SUD（Subjective Units of Disturbance：自覚的苦痛単位），VoC（Validity of Cognition：認知の妥当性）

と，彼女は説明した。

エヴァ：セッション9

9回目のセッションでは，エヴァは私がこれまで見たなかで一番安心しているようだった。彼女は定期的に運動し，ウェイトトレーニングを始めていると報告した。彼女は私たちの前回のセッション以降，そのセッションや父親についての考えや感情を持つことはなかった。再評価の間，彼女は，「私は父に対して悲しみのようなものを抱いています。それは以前のように圧倒的なものではありません。心臓の激しい鼓動もありませんし，頭のガンガンした痛みもありません。私は父が私たちの人生から完全に外れてしまわねばならなかったことについて考えます。私はもう二度と父に会えないことが悲しいです。私の姉は，父が彼女にしたことを手紙に書いて彼に出しました。父は私と姉のそれぞれに，それは事実ではないと告げる手紙を送ってきました。それが私たちが父に連絡をとった最後でした。私の姉は彼女に起こったことを覚えていて，父が否認したことで激怒していました」。

私たちは，いかにエヴァの飲酒が彼女の10代の間に進んでいったか，そして高校で問題になり，大学では危機的になっていたのかを探ることにセッションの大部分を費やした。「12歳か13歳で私は飲酒を始めました。それは私が父にもう会えなくなった頃でした。最後に私たちが父に会ったのは，クリスマスの時期でした。そのとき，父と私の姉は激しい言い争いをしていました。彼女はもはや彼に会うことは望まず，私一人で彼に会いに行くこともさせませんでした」。彼女は続けた。「もし私が母と言い合いを始めたら，父と一緒に暮らすから，と言って母を脅したでしょう。そして私は父に電話をしたでしょうし，父も私に自分のところに来るよう勧めたでしょう。でも，母は私にそうはさせなかったでしょう。私は何が起こっているのか，本当のところ，理解していませんでした」。

「私が飲酒するとき，友だちだってそうしているよ，と私は言い訳をします。私は彼らと一緒に遊びたいのです。そして，彼らと一緒にいるためには飲まなければならないのです。私はそういう言い訳を

ずっとしてきました。飲みたくないのなら，飲む必要はありません。彼らは気にも留めないでしょう。飲酒はいつも私が社交的な手段にしていたことなのです。私はとても内気ですが，お酒を飲めばすぐに打ち解けることができて，楽しく過ごせるのです」。

● エヴァ：セッション 10

10 回目のセッションで，エヴァは運動し，規則正しく食べていると報告した。睡眠は中途覚醒も減少し，以前より効率よくとることができていたが，時間はまだ十分ではなかった。私たちは彼女の否定的なボディイメージ，青年期の拒食の始まり，自分には魅力がなく自己嫌悪するという彼女の否定的信念について探索した。私は宿題として，鏡を見て「私はありのままで OK。私には魅力がある。私は自分が好き」と，口に出して言うことを実践するよう伝えた。

● エヴァ：セッション 11

11 回目のセッションで，エヴァは引き続き運動し，規則正しく食べていると報告した。彼女は気分

も良く，強さを感じており，活力もあると言った。彼女は，出会ったばかりで魅力も感じない男とセックスするとき意識がなくなるまで飲んでしまう，という最悪のエピソードを再処理する準備ができていると言った。映像は，「その男と一緒にベッドで翌朝目が覚める」というものであった。彼女の否定的認知に対する最初の言葉は，「あれは嫌悪すべきもので，ふしだらだった。そんなことが起きたなんて信じられない」というものであった。選ばれた否定的認知は，「私は最低で，ふしだらだ」であった。彼女の最初の PC は，「私は健全な恋愛関係を持つことができる，しらふで男性とつき合って楽しめる」であった。選ばれた PC は，「私はしらふでも男性と一緒にいることを楽しめるし，健全な恋愛関係が持てる」であった。彼女の VoC は 2 であった。感情は，「失望と傷つき」であった。SUD は 8 で，それを「胸，喉，頭」で感じていた。

終了段階で，私たちは飲酒，禁欲あるいは制限をつけることに関してのエヴァの選択肢について話し合った。エヴァは 2 週間前，何人かの友人と数時間にわたってビール 2 本を飲んだことを明らかにした。それが今の自己制限ということであった。完了できたセッションのように思えたが，記憶に十分に

セッション 11 でのエヴァの再処理の逐語録

往復/Set	クライエントの報告と［臨床家の反応］
33	頭痛がします。
28	あらゆることがそれほどきつくありません。
28	まったく同じです。すべてがそれほどきつくありません。
T	まだ自分に失望しています。同時に彼につけ込まれたのだと思います。
30	実際には何もないです。まったく同じです。
T	SUD：4［最悪］私の行動が引き起こしてしまったことを抱えて生きなければならないこと。｛ここで「もしここにそれと同じようなことをして，自分を恥じていると告白した友人がいたら，あなたは何と言いますか」という編みこみを考慮し始めた｝
30	ストレスがいくらか軽減されたように感じています。［もし友人がそれと同じようなことをやり，そして彼女が自分を恥じていることを告白したとしたら，あなたはそれを嫌悪し彼女はふしだらな人だと思うと彼女に言うでしょうか。それとも，彼女がもうそんなことをしないと決心した事実に彼女が意識を向けるのを手助けするでしょうか］もうそんなことはしないとの決心に意識を向けることです。
34	私はそれを変えることができると感じているようです。私は飲まないことを選択できます。もし私が望むなら，私は変化することができます。
29	実際に何もありません。［今あなたの頭はどんな感じですか］いいです。頭は疼いていません。
25	全体的に落ち着いています。

第Ⅲ部　PTSD のための EMDR 再処理の標準的手続き段階：第 3 段階から第 8 段階までの標準プロトコル

セッション 11 でのエヴァの再処理の逐語録（つづき）

往復/Set	クライエントの報告と［臨床家の反応］
T	［SUD］1-2［どの部分］やはりそれが起きたという事実。［場所］胸
26	私の胸は少しドキドキしていました。今は動悸はありません。
27	また落ち着いたような感じです。
T	［SUD］0　落ち着いています。
25	［SUD］同じ。［PC チェック：私はしらふで男性と一緒にいることを楽しむことができます。そして健全な恋愛関係を持てます］コントロールできる状態でありたい。飲むときはいつも私はコントロールできなくなるとわかっています。｛選ばれた PC｝私はいま良い選択ができる。VoC：4［植えつけ］
25	VoC：6［植えつけ］
26	VoC：7　BS：何もありません。［あなたの身体の中で何に気づきますか］胃がちょっともやもやしているような感じがあります。そんなところです。
25	私はちゃんとまた落ち着いている感じです。

BS（Body Scan：ボディスキャン），EM/Set（Number of Eye Movements Per Set：セットあたりの眼球運動の往復回数），PC（Positive Cognition：肯定的認知），SUD（Subjective Units of Disturbance：自覚的苦痛単位），VoC（Validity of Cognition：認知の妥当性）

アクセスし，再処理できたことを確かめるためのチェックをするのは，常に望ましいことである。

エヴァ：セッション 12

　12 回目のセッションでは，エヴァは定期的な運動を続けていると報告した。彼女は身体の変化，体調の良さ，痩せたことに気づいていた。彼女は少し自信を感じており，話し好きになっている感じだと報告した。前回のセッション以降，出来事の再評価において，SUD が 1 と 2 の間であると報告した。この記憶について彼女が抱いている考えは，「私は自分にいつも失望していたのかもしれない」であった。私は他に同じように心をかき乱す出来事があったかどうか尋ねた。エヴァは，「気を失ってしまったから，あれがおそらく最悪でした。私がいろいろと思い起こす他のことはありますが，しかしこの出来事は何よりも私を悩ませます。なぜなら，私は限界に達してしまって，コントロールが利かなくなっていたからです」と説明した。そしてさらに，「次の朝起きて，そして何が起こったのかわからない。私は吐きそうで気分が少し悪い」との描写をした。場所に関しては，「胃と喉」と彼女は言い，私たちは再処理を再開した。

　私たちは終わりの時間がきた時点でセッションを止めた。エヴァはこの後さらに 3 セッション受けた

が，これが再処理を行った最後のセッションであった。彼女は，この地域を去って大学に復帰する準備ができたと私に語った。彼女の最後の 3 回のセッションは，自分の内気な気質にうまく対処できるようになること，そして将来，飲酒と男性にいかに対応していくかに注意を向けた。彼女はショッピングに出かけたが，それは衣服がもはやピッタリ合わなくなったこと，だぼだぼのスウェットシャツを着るのをやめて身体の線を際立たせる服を着られるようになった，という両方の理由からだった。最後のセッションで，彼女はいつも着ていたボーイッシュな服装の代わりに，化粧をし，髪をアップにし，仕事に行くような身支度をしてやって来た。ここを去る前に，彼女は自己イメージがいかに変化したかを私に知ってほしかったのだと思う。彼女は 4 カ月前に私のオフィスに入ってきたときの，自信をなくした，未熟な女性のようには見えなかった。彼女は大学に戻っても治療を続ける予定だったので，彼女が暮らす地域の照会先を私に尋ねた。彼女は，初めてここを訪ねたときは，EMDR を勧めてくれた支持的な家族をただ喜ばせるためだけに来ていたのだ，ということを認めた。さらに彼女は付け加えて，私たちのセッションを通して彼女が始めたことを続け，「これらの変化を永続的なものにするため」，治療を続ける気持ちになったのだと語ってくれた。

第12章　EMDRによるPTSD治療事例の実際

セッション12でのエヴァの再処理の逐語録

往復/Set	クライエントの報告と［臨床家の反応］
27	［足を組み，上の足の足首を揺らす］実際には何もありません。悲しいような。
26	何もありません。［あなたの身体の中では？］私の心臓がいつもより少し早く鼓動しています。［ここで私はEye Scanのスピードを26から27に上げた］
26	うーん，それがもう一度起こるのかどうか考えています，もし私が出かけて飲んだとしたら。
28	私の身体はすべて落ち着いているような感じです。
T	それは動揺するほどのものではありません。［あなたがしていたのは何だと思いますか］わかりません，あのように飲んでくだらないことを起こすのはバカみたいです。［バカみたい以外に他には何か？］とても無謀だということ，そんなことをするなんて自分を十分大切にしていない｛私は彼女のCSA（性的児童虐待）の生育歴と無意識的な再演の意図についての現在の気づきを探っていた｝
33	うーん，コントロールしたいし，コントロールできる状態でいたい。
28	うーん，また全体的に落ち着いています。
T	それは実際にあるような強さではありません。［それでは，あなたがしていたのは何だと思いますか］無責任であることです。［他には？］まだ自分を大事にしていない感じ。［想像してください。あの若いあなたが今ここに座っているとして，その若い自分に何を言ってあげたいかを］｛自分へのケアを促すための語られていない言葉｝
29	変化するために，私自身成長し，責任を持ち，そして自らを十分にケアするときだということ。［両足が床に静かに着いていることに着目する］
27	私は外出しても酔っぱらわず楽しめると思います。｛将来の行動について，もっと自制心と責任を持てることを思い描く｝
24	安心したみたいな感じです。
T	それは二度と起こらないでしょう。
26	これまで感じていた頭痛はそれほど酷くないです。［場所］後頭部です。［ここで私は眼球運動の方向を左斜め上方の対角線に変更した］
27	私はそれほど緊張していません。［場所］身体全体。［ここで私はEye Scanのスピードを27から26に減速した］
31	頭は痛くありません。なぜ私はそんなにひどい頭痛がするのでしょう？［頭痛がするのですか？］時々私は本当にひどい頭痛がし，その後，頭痛は消えていきます。［私たちにはなぜそれが起こるのかはわかりません。それは無意識の心理的葛藤かもしれませんし，あるいは，眼球運動のせいかもしれません］
T	SUD：0-1　まあ，私がそれを引き起こしたということ。［それはもう一度起こりそうですか？］私はもう二度とそんなことは起こってほしくありません。［誰が今コントロールしていますか？］私がコントロールしています。私はおそらくもうあのようには飲まないでしょう。というのも，もしそうなら，私はコントロールできていないことになるから。
25	私は楽しむために飲む必要はもうないということ。
T	私は変われるということ。私は過去の過ちをくり返す必要はありません。私は以前よりずっと良くなりました。｛ここで植えつけ段階に移行し，PCを確認した。｝［私はコントロールできる。私はそのことから学んだ。私は変わることができる］「私はそこから学んだ」と言えるでしょう。VoC：7［植えつけ］
24	自分が変われると信じていること。私は自分を潰すことなく，泥酔することもなく，男性と話すことができます。

CSA（Childhood Sexual Abuse：子ども時代の性的虐待），PC（Positive Cognition：肯定的認知），SUD（Subjective Units of Disturbance：自覚的苦痛単位），VoC（Validity of Cognition：認知の妥当性）

第IV部

他の障害や場面に対する，研究に支持された標準的 EMDR セラピーのプロトコル

確かにすべての芸術は危険にさらされた結果，つまり誰も行くことのできない最終段階まで経験した結果である。

—— Rainer Maria Rilke

恐れている人には，すべてがザワザワと騒がしくなる。

—— Sophocles

恐怖からの逃避，制御，抑圧，または他のどんな抵抗よりもむしろ必要であることは，理解することだ。つまり，恐怖に対峙し，学び，直接触れることを意味する。私たちは恐怖から逃れる方法を学ぶのではなく，恐怖について学ぶべきである。

—— Jiddu Krishnamurti

好奇心は勇気よりももっと恐怖を克服するであろう。

—— James Stephens

自己の出現は，経験を組織化する先天的な傾向以上のものを必要としている。……他者の存在もまた必要なのだ。他者によって与えられる経験が自己の出現を促し，維持してくれるのだから。

—— Earnest S. Wolf

恐れられているものは関わりを持つことによって小さくなる。これは理解すべきことである。

—— Nagarjuna

第13章 特定の恐怖症の治療

第14章 パニック障害の治療

第15章 パニック障害に対するEMDRセラピーの事例解説

第13章

特定の恐怖症の治療

概要

　本章では，眼球運動による脱感作と再処理法（EMDR）を，特定の恐怖症をもつ人の治療に適用したときに考えるべき付加的な点を検討する。特定の恐怖症について，トラウマ的起源によるものと非トラウマ的起源によるものの両方を考察する。心的外傷後ストレス障害（PTSD）を伴うトラウマ的起源の特定の恐怖症については，類似点と相違点を検討する。トラウマ的起源による特定の恐怖症に関する統制研究の考察もする。特定の恐怖症に適用したEMDRセラピーの事例文献を展望し，特定の恐怖症の治療のためのEMDRセラピーの理論的解釈も考察する。ターゲットの認識方法やクライエントの準備のさせ方，および特定の恐怖症のための標準的プロトコルの全8段階についても検討する。最後に，事例検討によって特定の恐怖症に適用するEMDRセラピーの重要点を示していく。

特定の恐怖症の特質

　特定の恐怖症は，個人の人格や社会的機能を混乱させ，予期不安や回避や，苦悩を引き起こすような著しい不安やパニックをもたらす。特定の恐怖症をもつ人は，過度の不合理な恐怖を認識しているのである（APA, 2013）。特定の恐怖症の生涯有病率は，一般人口の9.4～12％であり（Becker et al., 2007；Magee et al., 1996；Stinson et al., 2007），人々の生活に不利

益な影響があるにもかかわらず，たいていの特定の恐怖症は治療されていない。

　『精神疾患の診断・統計マニュアル（第5版）』（5th ed.；DSM-5；American Psychiatric Association, 1994, 2000, 2013）は，特定の恐怖症を五つの下位分類に分けている。①動物タイプ（クモ，昆虫，ヘビ，犬，げっ歯類）恐怖症，②自然環境タイプ（高所，雷，水）恐怖症，③状況タイプ（エレベーター，閉所，運転，飛行機，つり橋）恐怖症，④血・傷・注射タイプ（注射をされる，血を見ること）恐怖症，⑤他のタイプ（窒息，嘔吐，病気に罹る）恐怖症，である。特定の恐怖症の人は，しばしば複数の恐怖症を持っている。多くの異なった恐怖症をもっている場合のほうが，より多くの，より辛い症状が出る傾向がある（Magee et al., 1996）。

特定の恐怖症のトラウマ的起源と非トラウマ的起源

　適応的情報処理（AIP）モデルの視点から，臨床事例を概念化するために特定の恐怖症の病因を考察することや，EMDR再処理がもたらす適切な役割を考察すること，適切な治療計画を発展させることは，不可欠である。特定の恐怖症は，二つの明白な原因で派生すると考えられているようである。ある恐怖症は，明らかにトラウマが原因だと認識できる。これらは，自動車事故の後の運転恐怖や，トラウマ的な医療または歯科医による手術後の治療恐怖や，食べ物を喉に詰まらせて窒息しそうになった経験によ

る窒息恐怖などが含まれる。AIP モデルでは，これ
らのトラウマ的経験は，不適応的記憶ネットワーク
に状態特異的形態としてコード化されていると見ら
れている。現在の刺激（恐怖の状態について考えた
り，直面したりするような）は，不適応的な認知や
態度，および不適応的記憶ネットワークから出る行
動を生じさせる。特定の恐怖症は，古典的条件づけ
（Davey, 1997）の行動論的視点からも見ることができ
る。たとえば，自動車事故のトラウマ的な経験が無
条件刺激（UCS）なら，自動車に乗っていることは条
件刺激（CS）になる。

　一方，多くの特定の恐怖症は，非トラウマ的起源
から派生したものである。いくつかの非トラウマ的
起源の特定の恐怖症は，嫌悪感や胸がむかむかする
ほどの感覚から始まる（de Jongh et al., 1999）。これら
には，血液，クモ，げっ歯類，ヘビ，カエルなどの
恐怖症が含まれ，生得的嫌悪反応とオペラント条件
づけとの相互作用が包含されているのかもしれない
（Mulkens et al., 1997, p.1994）。出血−けが恐怖症を伴う
人の失神傾向は，生得的嫌悪感とは無関係に，注射
恐怖症の発症につながっているのかもしれない
（Gerlach et al., 2006）。初期に公刊された，特定の恐怖
症に対する EMDR セラピーの無作為化統制研究は，
すべてクモ恐怖症に対するもので，非トラウマ的起
源だった（Muris & Merckelbach, 1995；Muris et al., 1997,
1998）。これらの研究は，いくつかの限界や脆弱性が
あり，忠実性も限定的で，他のタイプの特定の恐怖
症（特にトラウマ的起源の恐怖症）に対しては適用
できないものであったために，批判されてきた（de
Jongh et al., 1999；de Jongh & ten Broeke, 2009；Shapiro,
1999）。乗り物恐怖症に対する EMDR セラピーの統
制試験に関する報告において，de Jongh ら（2010a）
は，特定の恐怖症における治療成績の調査が少ない
ことを話題にしていた。

　現在までに実行された合計 14 件の特定の恐怖
症への統制研究の治療成績の調査では，たった 8
件だけが統制群を含んでいた。そのうえ，これら
の研究は，限定された恐怖症の下位分類だけを取
り扱っていた（たとえば，動物恐怖症，水恐怖症，
高所恐怖症，飛行機恐怖症，閉所恐怖症）。

（de Jongh et al., 2010a, p.125）

　生育歴・病歴聴取では，しばしば非トラウマ的起
源の恐怖症が次第に強まることがうかがえる。それ
らは，共感の欠如やあからさまな社会的嘲笑など，
社会的な反応によって形成された可能性がある。de
Jongh ら（1999）は臨床経験から，病因を特定するこ
とができないトラウマ的要素のない恐怖症は，
EMDR による再処理にあまり反応しないと考えて
いる。これに関する答えは，クモ恐怖症以外の他の
非トラウマ的起源の恐怖症での研究や，公表されて
いる治療プロトコルに忠実で十分厳密な基準にあっ
た今後の研究を待たなければならない。de Jongh ら
（1999）は，非トラウマ的起源の特定の恐怖症は，一
般的に曝露法で治療できると提案している。彼らは，
基本的に単一の特定の恐怖症のすべての研究
（EMDR セラピーに関連のある研究に限らず）は，
非トラウマ的起源の恐怖症についてのものであった
と指摘している。特定の恐怖症の文献検索では，ト
ラウマ的起源の特定の恐怖症に対する統制治療効果
研究は，数が少ないことを確認されている。したがっ
て，トラウマ的起源の特定の恐怖症において，治療
法の選択に対する統制研究からの指針はほとんどな
い。

● **特定の恐怖症治療における現実曝露法の役割**

　de Jongh と Ten Broeke（2007）の検討によると，
現実曝露法はトラウマ的起源だとわかっている恐怖
症に対して効果がなく，適切でないと思われる。た
とえば，歯科治療恐怖症において，初期治療で 25 ％
の割合で失敗すると報告され，他の 36 ％ が回避行動
に戻った（Van der Zijpp et al., 1996）。トラウマ的起源の
医療恐怖症への現実曝露法の耐えがたさは，たいて
いのクライエントに対して，他の治療方法を考える
べき理由となる。いくつかのトラウマ的起源の特定
の恐怖症にとって，現実曝露法は最良なものとして
は受け入れ難く，またまず第一の治療としても，最
も効果的なものではないようである。しかし，次に
示すようなことが議論されている。現実曝露法は，
トラウマを病因とする多くの特定の恐怖症に対す
る，EMDR セラピーの治療計画の後期の段階におい

第IV部　他の障害や場面に対する，研究に支持された標準的 EMDR セラピーのプロトコル

て重要な要素であり，またそれは，非トラウマ的起源の特定の恐怖症治療においては不可欠である。

● **トラウマ的起源の特定の恐怖症に EMDR セラピーを適用する理論的根拠**

いくつかのトラウマ的起源の特定の恐怖症（たとえば雷恐怖症のような）では，構造化された現実曝露法を治療に使うことはまったく実践的ではない。飛行恐怖症での現実曝露法は，何回かの飛行機に乗る高価な経験を必要とする。私の臨床経験では，飛行恐怖症は，4～8 回の 50 分間 EMDR 再処理セッションで，しばしば解決することができる。いくつかの公刊された事例報告によれば，トラウマを病因とした特定の恐怖症に対する EMDR 再処理は適切であるように思われる。多くの事例報告が，非トラウマ的起源の特定の恐怖症の事例とともに，以下で展望されている。特定の恐怖症への EMDR セラピーの事例報告のこれ以上の検討は，de Jongh と Ten Broeke（2007），de Jongh ら（1999），Shapiro（2001）を参照していただきたい。

● **特定の恐怖症への EMDR セラピーの事例報告**

Marquis（1991）は，EMDR セラピーが，飛行・高所・動物恐怖症を含む特定の恐怖症で悩む 10 人のクライエントの治療の一部として効果があったと最初に報告した。Kleinknecht（1993）は，血液と注射恐怖症の病歴が 16 年間あったクライエントに対して，4 回の短いセッションの EMDR セラピーが成功した事例を報告した。Lohr ら（1995）は，血液‐傷‐注射恐怖の二つの事例を報告した。両者とも自覚的苦痛単位（Subjective Units of Disturbance：SUD）尺度の評価と，症状チェックリスト（SCL-90-R；Derogatis, 1991）のスコアが，最初に減少を見せた。しかし，治療効果に限界があった。なぜなら，これらのクライエントは両方とも 1 回のセッションだけで，Shapiro（1995, 2001）が提案している包括的治療計画に従っていなかった。二つの事例は不完全な治療にもかかわらず，治療ゴールの部分的な効果には到達していた。Young（1994）は，2 人の多重人格障害の女性クライ

エントに対する EMDR セラピーの成功を報告した。1 人はヘビ恐怖症のクライエントで，1 回のセッションで治療でき，他の 1 人は極度の蛾の恐怖のクライエントで，2 回のセッションで治療できた。Young は，効果は 6 カ月後も維持されていたと報告したが，それは十分な標準的 EMDR セラピーでもなく，十分な恐怖症のプロトコルでもなかったことが報告からわかっている。

Muris と Merckelbach（1995）は，2 人のクモ恐怖症を持つ被験者に，EMDR セラピーの短縮バージョン（1 回の 1 時間セッションだけ）を行い，恐怖と行動の自記式評価表を記入させた。そして次に，2.5 時間の現実曝露法を受けた後，両者はクモに触ることができるようになった。Muris と de Jongh（1996）は，2 歳からトラウマ的起源のクモ恐怖症であった少女の治療報告をした。これも，1 回の 1 時間 EMDR セラピーのセッションで，行動接近テストで顕著な成果とともに，自記式評価表のスコアは 0 に近づいた。それから，現実曝露法を 1 時間実施した後，彼女は手の上でクモが歩いても大丈夫になった。

de Jongh と Ten Broeke（1994）は，嘔吐恐怖の女性クライエントに，EMDR セラピーを 1 セッションしただけで成功し，4 カ月後のフォローアップでも安定した成果を維持していたと報告した。Ten Broeke と de Jongh（1993）は，63 歳のネズミ恐怖症の女性の治療に成功したと報告した。彼女のその恐怖は，以前，現実曝露法で取り除けなかったものだった。1 回だけの EMDR セッション後，彼女の恐怖は減少し，6 カ月後のフォローアップでも戻っていなかったと報告している。

de Jongh ら（1995）は，極度に痛い抜歯後に，12 年間歯科治療を避けていた歯科治療恐怖症の男性の事例を記述している。彼の恐怖症的回避は，段階的曝露法の 5 回のセッションとコーピングスキルトレーニングでは良くならなかった。EMDR セラピーの 1 回のセッション後，彼は治療を受け入れることができる苦痛レベルに達し，治療を再開できた。他のケースでは，de Jongh と Ten Broeke（1996）が，8 歳のとき歯科医にタオルで腕を椅子に拘束されたトラウマ的出来事の後，30 年間歯の治療を避けていた女性について述べている。彼女は以前，1 年間行

動療法を受けたが症状が軽くならなかった。2回の
EMDRセラピーのセッション後，彼女は歯の治療を
始めることができた。2年後のフォローアップで，歯
科治療は完全に終わり，パニック障害からも解放さ
れていると報告された。

Schurmans（2007）は，ハーブの飲み物に対してア
レルギー反応が出て以来，重篤な窒息恐怖症を持っ
ている女性の治療について記述している。彼女の回
避の厳格さは，食事や飲み物を口にできないために，
数回の入院を余儀なくさせられるほどだった。しか
し，窒息恐怖症の診断は不十分なものかもしれな
かった。なぜなら，このクライエントは孤児院から
養子に出され，子どもの頃はくり返し入院をさせら
れていたという複雑性トラウマの生育歴を持ってい
たからだ。加えて，言葉の暴力と食事をとることを
制限するような家庭で育ち，同様に大人になってか
らも身体的，情緒的な虐待をする夫により，トラウ
マ的な生活にさらされていた。このクライエントは，
母と夫に首を絞められたというトラウマ的出来事を
開示した。EMDRセラピーによる治療前，そのクラ
イエントは短期精神力動療法と認知行動療法と精神
科服薬および摂食障害治療などからなる一連の治療
を，4年間受けていた。これらの治療はすべて，彼
女の障害を取り除けなかった。Schurmans（2007）は，
この複雑な事例に対応して，子ども時代の病因的な
イベントについて，20セッションのEMDRを実施
した。そしてこれにより窒息恐怖症を完全な寛解に
導いた。

de Roosとde Jongh（2008）は，窒息恐怖症の3人
の子どもと1人の青年の，成功したEMDRセラピー
の事例発表を行った。それぞれの事例では，1回ま
たは2回のEMDRセラピーセッションで肯定的結
果に到達している。事例には次のようなものが含ま
れていた。キャンディのかけらを喉に詰まらせたこ
とで液体しか口にすることができなくなり，低体重
になっていた3歳の男の子；そういう出来事の話を
聞いた後，自分自身の舌で喉を詰まらせてしまう窒
息恐怖症になった7歳の女の子。彼女は症状として
は，嘔吐のエピソードの後，低体重となり，液体し
か口にすることができなくなった；友人がキャン
ディで窒息するのを見た後，食事をとることが減り，

そして吐いたり食物を隠したりするために，体重が
極度に低下してきた9歳の女の子；5年前にキャン
ディで喉を詰まらせた後，食事をとることが減り，
液体だけ口にしているために，体重減少や身体的苦
痛，不登校を経験した15歳の女の子。De Roosと
de Jonghは，窒息恐怖症の報告数は過小であり，医
療現場ではもっとしばしばあると指摘した。彼らは，
EMDRセラピーは異なった成長段階の子どもの窒
息恐怖症にも効果的であり，さらに「窒息」や「窒
息に近い出来事」のようなトラウマ的経験後に始ま
る窒息恐怖症の発症に遅れがある場合でさえ，考慮
されるべきであると提案した。彼らは，EMDRセラ
ピーと他の治療法を比較するような，トラウマ関連
恐怖症のための統制された研究を呼び掛けた。

de Jongh（2012）は，ヘッドホンで左右交互のク
リック音を聞くEMDR再処理セッション4回シ
リーズで成功した，46歳の事務職員「デビィ」の嘔
吐恐怖症のケースを発表した。1回目のセッション
では，彼女はクラスメイトがテーブルの上に嘔吐し
たという，幼稚園の記憶の再処理に焦点を当てた。2
回目のセッションは，家で弟が嘔吐した2番目の記
憶の再処理を始め，完全終了した。また，見知らぬ
人の嘔吐を目撃した子ども時代の他の記憶も，第2
セッションで再処理された。第3セッションでは，
子ども時代の修学旅行の記憶を再処理した。友人が
嘔吐したとき，バスから逃げることができない無力
感を感じたことを思い出した。第3セッション後，
デビィは穏やかに対応できたちょっとした話を報告
した。それは，夫がバーベキューの後，ホールの下
のトイレで嘔吐してベッドに戻ったとき，彼の隣で
眠ることができたというものだった。第4セッショ
ンで，デビィは残っていた恐怖として，長時間のバ
ス旅行についての予期不安がある，しかしそれ以外
はないと報告した。未来の鋳型によりこの不安の再
処理が成功した。3年後のフォローアップでは，ぶ
り返す徴候もなく安定していると報告があった。

Guptaら（2014）は，田舎に住む9歳の男の子に，
2回のEMDRセッションで成功したEMDRセラ
ピーについて報告している。彼は学校のステージの
上で歌われたある歌を聞いた後，その歌に対して恐
怖を感じ，登校を拒否していた。その歌のある一節

第IV部　　他の障害や場面に対する，研究に支持された標準的EMDRセラピーのプロトコル

により，母親に対する悲しい思い出で涙が溢れてしまい，母が目の前や近くにいたときでさえ，「母がいない」という感情になった。引き金となった出来事のEMDR再処理が成功した後，少年が遠方に住んでおり，簡単にフォローアップセッションができないので，セッション後の曝露のために，その歌の箇所を自分が歌っているところを録画したビデオをもらって帰った。電話でのフォローアップでは，彼は恐怖症を克服し，再び学校に登校しているということだった。

de Castro Lopes ら（2014）は，物心つく頃からの義歯に対する恐怖症を持つ，42歳の女性の事例を発表した。彼女は必要な義歯を入れることに耐えられなかった。彼女の恐怖症は，彼女の母が義歯を洗うために外したのを目撃した，6歳のときから始まった。彼女は母の「変な場所に置いてある口」に，強く不安を感じたのだ。彼女はこの恐怖をその後ずっと持ち続けた。それは現在，彼女の入れ歯装着の必要性と願望を妨げていた。彼女は合計10回のEMDRセラピーのセッションを受けた。治療段階で，再処理の効果の出ない行き詰まりに陥った。それは，過去の人生に培ったある信念が妨害するような象徴的イメージを含んでいた。いくつかのリソースを植えつけるRDIプロトコルを短期間提供した後，彼女はこの行き詰まりを見事に処理した。それから効果的な再処理により，子ども時代の記憶と現在のトリガーの解決に至り，そしてイメージで義歯を装着できた。1カ月後のフォローアップで，彼女は義歯を装着し，より多くの種類の食べ物を咀嚼し食べることができると喜んでいた。

Meyers（2015）による「Translating Research into Practice」の論文では，de Roos と de Jongh（2008）の「窒息恐怖症に対する子どもと青年のEMDRセラピー」の一連の事例が引用された。さらに，断続的に25年間以上続いていた，「ゲリー」に影響を及ぼしてきた窒息恐怖症と二次的なうつの事例報告もなされた。ゲリーは5歳のとき，肉を詰まらせて窒息し，死にそうになったことを恐れていた。彼は，肉片を取り除くために母に助けてもらう必要があった。Meyers は，最初に拒食症の可能性を除外するために時間を取った後，初期の数カ月間は恐怖症的

不安の最悪記憶である子ども時代の記憶を皮切りに始め，最近の一連の記憶に対するEMDR再処理セッションを提供した。最近のトリガーは，その後2回のセッションで再処理された。全体で合計16回のセッションだったが，3回のセッションは，残っていた予期不安を解決するための未来の鋳型をターゲットにした再処理だった。ゲリーの2次的なうつも良くなった。フォローアップデータは報告されていなかった。Gupta ら（2014）の事例報告のように，Meyers の推測によれば，de Roos と de Jongh（2008）が報告した4人の子どものケースと比較して，この大人のケースは子どものケースよりもっと広い治療が必要だった。なぜなら，ゲリーの症状は25年以上かけて徐々に進行したからである。一方，de Jongh（2012）は，たった4回でEMDR再処理の治療が成功した，大人の長年におよぶ嘔吐恐怖症の事例を記述した。つまり，トラウマ的起源の恐怖症を解決するのに必要なセッション数については，症状の持続期間は，唯一のあるいは主要な要因ではないと思われる。

● トラウマ的起源の特定の恐怖症における統制研究

de Jongh ら（2010a）は，交通事故により旅行恐怖症となった特定の恐怖症に対するEMDRセラピーの，最初の無作為化統制研究を公表した。交通事故を経験した184人のクライエントが，トラウマ焦点化認知行動療法（TF-CBT），またはEMDRセラピーのどちらか一方の治療を受けた。治療の割り当ては無作為ではなく，担当臨床医の割り当てによるものだった。両方のグループとも，クライエントたちは恐怖症の状態に曝露させる宿題を課せられた。このように，EMDR条件は，EMDR＋曝露法条件であったと考えられる。125人のクライエントはTF-CBTを提供され，59人のクライエントがEMDR＋現実曝露法を提供された。結果は，ドロップアウト率，治療セッション数，結果に対する臨床家の評価，三つの自記式心理測度（精神健康質問紙〈GHQ28〉，出来事インパクト尺度〈IES〉，病院不安・抑うつ尺度〈HADS〉）で測定された。旅行恐怖症は57％の事例で診断された。残りは旅行不安症と診断された。TF-

CBT グループで 13.6％, EMDR＋現実曝露法グループで 6.8％ が, 早い段階で治療断念を選択した。何人かの他のクライエントの治療は, 法的和解や照会組織[†33] による治療終結のために, 早く終結された。臨床家の評価結果は, 両方の治療とも高い効果があると示された。治療の効果サイズ（Cohen's d）は, すべての三つの評価において, IES を除いて両グループとも似ていた。IES は, TF-CBT グループ（1.70）のほうが EMDR＋現実曝露グループ（1.46）よりも, やや治療効果があった。治療は平均 7.3 セッションで終結した。この研究の限界は, 忠実度測定の欠如, 未治療条件（平均への回帰や時間の影響を除外するため）の欠如, フォローアップ測定の欠如, 自然なコミュニティサンプルではあるが, 無作為に治療を割り当てられていないことを含んでいた。この研究では, EMDR と TF-CBT がトラウマ的起源の特定の恐怖症の治療に, 同等に効果的であることが示された。

Triscari ら (2011) は, 飛行恐怖症の治療における, EMDR＋CBT 対 CBT＋系統的脱感作法（SD）の, 無作為化統制研究を報告した。結果は, 飛行不安場面質問紙（FAS）と飛行不安様式質問紙（FAM）によって評価された。57 人の自己申告したクライエントがこの研究にボランティア参加した。34 人のクライエントが CBT＋SD を, 23 人のクライエントが EMDR＋CBT を受けた。すべての被験者は, 週に 1 回 2 時間の治療セッションを 10 回受けた。すべての被験者は, 最初の 3 回と最後の 4 回はグループ治療を受け, 4, 5, 6 回目のセッションは個人治療を受けた。1～3 回目のセッションは, すべてのクライエントは恐れ, 恐怖症, 不安, 飛行することの客観的な危険（たとえば, 乱気流中のような）の心理教育や, 機能不全思考の再処理のための認知行動療法の教育, 現実曝露やイメージ曝露法の紹介, リラクセーション・テクニックを教えられた。7 回目のセッションは, 管制塔を訪問し, 離陸場面なしの模擬飛行に従事する航空交通管制官やパイロットへの質問を行った。8 回目のセッションは, 模擬飛行体験のディスカッションだった。9 回目のセッションは, パレルモか

らローマへ行き, そして戻って来る実際の飛行だった。10 回目のセッションは, 治療後の質問紙の記入を含んでいた。4 回目のセッションでの EMDR＋CBT グループは, 「最初の問題のあった飛行」の再処理だった。5 回目のセッションでの EMDR＋CBT グループは, 関連した記憶あるいは恐怖のきっかけに対するさらなる再処理だった。6 回目のセッションでの EMDR＋CBT グループは, 第 9 回目のセッションのために計画されたフライトスケジュールの, 未来の鋳型に焦点を当てたものだった。CBT＋SD グループでの, 第 4, 5, 6 回目のセッションで与えられた SD 治療の内容の記述はない。治療の終わりで（おそらく 9 回目のセッションだと思う）, CBT＋SD クライエントの 93.9％ が飛べ, CBT-EMDR クライエントの 91.3％ が飛んだ。二つの飛行機不安の標準的評価では, 10 回目のセッションにおいて, 二つのグループ間での有意差は見られなかった。フォローアップデータはなかった。著者らは研究デザインの限界を考察していない。EMDR 再処理セッションの回数が少ないことと, 幼少期から関係のある生育歴を調べていないということは重要なことである。最近, 精神科の薬を飲んでいるかをスクリーニングしたか, 第 7 回, 9 回目のセッション中に薬を飲むことを許可したかどうかについての情報はなかった。フォローアップデータがないため, これらの治療効果の持続性を知ることはできない。

Doering ら (2013) は, EMDR セラピー対待機リスト統制群について, 歯科恐怖に対する無作為化比較試験研究を実施した。彼らの研究は, 向精神薬を使っていない合計 31 人のクライエントについてであった。被験者は過去に歯科治療のトラウマティックな経験の生育歴があり, そして DSM-Ⅳ-TR（APA, 2000）の診断基準に該当していた。歯科治療不安は, 歯科不安質問紙（DAS）, 歯科恐怖調査（DFS）, 行動テスト, そしてクライエントが歯科治療を受けたかどうかを聞く電話インタビューによる, 1 年後のフォローアップという方法を使って評価された。以下の項目を持つクライエントは除外された。重度の精神障害あるいは前 6 カ月間の物質依存症／器質的

[†33] 保険会社など。

第Ⅳ部　他の障害や場面に対する，研究に支持された標準的 EMDR セラピーのプロトコル

病理あるいは精神発達遅滞／重度の解離性障害，EMDR に対する禁忌のある重度の身体障害（たとえば，重度の心臓血管性障害，てんかん，眼科障害）／強度の自殺念慮／妊娠あるいは授乳期間／現在精神科の薬物治療中／現在精神科の入院治療中あるいは現在心理療法中。クライエントは，二つの基本的測定評価（歯科治療不安は DAS と DFS のドイツ版を使ったアセスメント）および四つの 2 次的症状評価票（ドイツ版簡易版症状質問紙〈BSI〉，HADS，改訂出来事インパクト尺度〈IES-R〉，解離体験尺度〈DES〉）で結果測定された。また 10 項目の歯科通院状況の現実行動テストでも評価された。最後に，1 年後の電話によるインタビューで，クライエントは何回位通院したか，どのような治療を受けたか，治療に対してどれくらい我慢できたかを聞かれた。

クライエントは無作為に，90 分の EMDR セッションを 3 回（週 1 回，3 週間）受けるように割り当てられた。31 人の無作為抽出されたクライエントのうち，介入グループの 13 人は EMDR セラピーを受け，後から受ける待機統制群は 9 人とした。二つの自記式による不安低下の効果サイズ（Cohen's d）測定は，DAS が 2.52，DFS が 1.87 であった。これらの効果は 3 カ月後のフォローアップではより大きくなり，さらに 12 カ月後でさえもまだ有効であった。歯科治療恐怖の 8 人の CBT 治療のトライアル（4～10 回の治療セッションを要した）のメタ分析の記録では，自記式不安測定の平均効果量は 1.78 であり，長期間の定期的歯科通院治療の平均は 77 ％ だったことに留意してほしい（Kvale et al., 2004）。この研究で EMDR 治療を受けた人の大多数は，通院回避を克服し普通に受診するようになったのである。3 回の EMDR セラピーを受けた 18 人中 15 人（83.3％）が，1 年後のフォローアップで定期的な歯科治療を受けていた。そして多くの人が，抜歯や歯根幹治療や歯周ケアを含む特殊な歯科治療も受けていた。この研究の限界は，相対的にサンプルサイズが小さいこと，現実曝露療法のような他の確立された治療方法との比較が欠けていること，結局両方のグループに EMDR セラピーをしたため，フォローアップで比較をすることができなかったこと，クライエント全員がフォローアップのアセスメントを受けた訳で

はないことが含まれる。この結果は，短期間 EMDR セラピーがトラウマ的な歯科治療恐怖症を克服するのに効果的でありうることを示し，無作為化研究から提供された最初の報告として重要である。

トラウマ的な病因を含む恐怖症にとって，より多くの統制的な研究により，クライエントと治療をマッチングしたり，EMDR セラピー，現実曝露法，系統的脱感作，持続性イメージ曝露，バーチャルリアリティー曝露法など，治療法間で効果に違いがあることを調べることは，明らかに必要なことである。臨床的意思決定の指針となるためには，意味のある統計的結果を提供できるような十分大きなサンプルサイズや，フォローアップデータを比較するような研究体系が必要であろう。そのような統制研究ができるようになるまでは，次の三つの理由から，トラウマ的起源の特定の恐怖症治療の最初の介入として，EMDR セラピーを使うことは理にかなっている。一つ目は，先述のように，一連の公表されている事例報告がある（de Castro Lopes et al., 2014 ; de Jongh, 2012 ; de Jongh & Ten Broeke, 2007 ; de Roos & de Jongh, 2008 ; Gupta et al., 2014 ; Myers, 2015 ; Schurmans, 2007 ; Shapiro, 2001）。二つ目に，三つの統制研究の予備的なデータ（de Jongh et al., 2010a ; Doering et al., 2013 ; Triscari et al., 2011）は，飛行機恐怖症を含むトラウマ的起源の恐怖症に対する EMDR セラピーの効果に対して，さらなる支持を与えている。三つ目は，PTSD とトラウマ的起源の恐怖症の間の顕著な病因学的類似点を考えると，AIP モデルによる EMDR セラピーは，トラウマ的起源の特定の恐怖症に対して効果的な治療になりそうだと想定できる。

PTSD と特定の恐怖症との違い

トラウマ的起源の特定の恐怖症と PTSD には類似点があるが，いくつかの点で違いもある。PTSD のクライエントは，一般的により重大な苦痛を持ち，より広い範囲の症状がある。彼らは，自動的に侵入的に湧き起こる記憶や，一般的に睡眠を妨げるような過覚醒を経験する。しかし，特定の恐怖症のクライエントには恐怖に関連した慢性的睡眠障害はなく，あえて恐怖がらみの状況を考えたときや，恐怖

第13章　特定の恐怖症の治療

を刺激する手がかりに直面したときのみに不安が起こる。

● 特定の恐怖症の治療計画

　概要的には，特定の恐怖症のクライエントへのEMDR治療計画は，PTSDのクライエントへの治療計画と似ている。両者は同じ8段階の治療アプローチと3分岐の治療計画に従う。再処理するターゲットは，最初は過去から，そして現在，最後は未来へと進める。特定の恐怖症のアセスメント段階（第3段階）は，PTSDと同じである。ターゲットの再処理は，PTSDに対する脱感作段階（第4段階）と植えつけ段階（第5段階）と同じ基本的な手続きに従う。

　しかし，表13-1にまとめたように，特定の恐怖症に対する治療計画は，PTSDのそれとはいくつかの点で違っている。これらの相違点の一つは，Shapiro（1995, p.222；2001, p.226）の二つのテキストにおいて指摘された点に関連している。Shapiroは**単一恐怖**と**過程恐怖**の区別を提案した。この区別が焦点としているのは，予期不安の役割と，恐怖症の対象物や状況への遭遇に対する慎重な選択肢を作る必要性である。de Jonghら（1999, p.73）の指摘によれば，

ほとんどの特定の恐怖症は**過程恐怖症**である。長年のEMDRセラピーの臨床経験を基準にして考えると，de Jonghら（1999, p.74）の提案に私も同意する。つまり，たいていの特定の恐怖症のケースにおいて十分に到達すべき治療効果を出すためには，飛行恐怖症へのEMDRセラピーの統制研究（Triscari et al., 2011）や，前述の歯科治療恐怖症（Doering et al., 2013）のように，治療計画の後半のステージにおいて，現実曝露法の併用や構造化された未来の鋳型を実施する計画を立てる必要がある，ということである。しかし，EMDRセラピーでPTSDを治療するときは，いつもそのような十分な未来の鋳型を含めたり，現実曝露法と併用させる必要はない。

　そのような包括的な恐怖症治療計画は，必要以上で余分なものとなるかもしれないが，包括的治療計画を立てておくことは最良であると思われる。もし，より限られた段階で恐怖症状の完全な除去ができれば，治療計画はいつでも単純化することができるからである。以下では，特定の恐怖症の治療へのユニークな特徴に注目するとともに，治療の全8段階を通して特定の恐怖症へのEMDRセラピーを適用する方法を検証する。

表13-1　特定の恐怖症プロトコルのまとめ

1) 生育歴・病歴聴取（第1段階）
　(a) 臨床アセスメント，診断名，ケースの概念化
　(b) 適正な治療ゴールの選択
　(c) ターゲットの選択と配列
2) 準備（第2段階）
　(a) 恐怖の心理教育（必要ならば）
　(b) EMDRセラピーの紹介と治療のインフォームドコンセントを得る
　(c) セルフコントロール手続きの教示とリハーサル
　　①呼吸エクササイズや他の不安を鎮静化する手続き
　　②失神のための応用緊張（Öst & Sterner, 1987）
3) ターゲットの再処理
　(a) 過去の出来事
　　①背景にあるストレッサー（何かが見つかれば）
　　②最初の出来事
　　③最悪あるいは典型的な出来事
　　④最も最近の出来事
　(b) 最近の外的および内的手がかり
　(c) 未来の鋳型
4) 行動計画へのコミットメント
　(a) メンタルリハーサルを伴う肯定的な鋳型
5) 現実曝露法（通常独立して実施）
6) 再評価と，必要であればさらなる再処理

235

第Ⅳ部　他の障害や場面に対する，研究に支持された標準的 EMDR セラピーのプロトコル

第 1 段階：
生育歴・病歴聴取と治療計画

PTSD 治療と同様に，特定の恐怖症の治療計画を立てるときは，包括的な生育歴・病歴聴取，明確な診断，しっかりしたケースフォーミュレーションから始める。多くの臨床家は，オープンで非構造化臨床面接で情報収集を始めるのを好む。AIP モデル内で作業するときは，クライエントの問題と病因の質の両方を探索する。一連の恐怖反応について，それが初発したときに存在し，また症状の維持に関連していた問題を確認する必要がある。恐怖エピソードの頻度，回数，つらさの反応パターンを認識するのは役に立つ。これらのエピソードは，時間とともに強くなっているのか，変わらないか，過去の治療経験や，クライエント自身で直接恐怖を克服しようとしたことはあるか，これらの努力の結果はどうだったか。少なくとも，手短に恐怖反応の周辺の問題を探索していくときは，最初の発症時における家族の出来事，不安症状の存在，他の家族メンバーのメンタルヘルスの問題，トラウマ的ストレッサー，仕事や個人生活のストレッサー，ライフスタイル，食事，そして運動のパターンについて探索することが大切である。

構造化面接と客観的心理検査による標準化された査定（Standarized Assessment）

標準化された査定が要求される状況では，構造化面接が効率的で包括的な鑑別診断を提供することができる。DSM-Ⅳ に基づいた不安障害面接基準（ADIS-Ⅳ；Brown et al., 2004）は，現在の不安障害のエピソードを査定し，DSM-Ⅳ 基準による不安障害の鑑別診断を可能にするためにデザインされた構造化面接である。ADIS-Ⅳ は，医療や精神科の治療歴だけでなく，現在の気分，身体表現性，物質乱用障害をアセスメントする項目も提供している。また，精神病的な転換症状や家族性の精神病歴をスクリーニングする質問もある。

標準化された査定のためのツールは，不安症状の強さを決定したり，他の可能性のある問題領域を認識させたり，治療の見通しを文書化する手助けをすることができる。先述の標準化された自記式心理検査に加えて，特定の恐怖症に対する一般的な自記式心理検査には，恐怖調査票（FSS；Wolpe & Lang, 1964, 1969），恐怖調査票-Ⅱ（FSS-Ⅱ；Geer, 1965），恐怖質問紙（FQ；Marks & Mathews, 1979），症状チェックリスト改訂版（SCL-90-R；Derogatis, 1991）がある。

特定の恐怖症のための治療計画は併存障害を考慮すべし

ケースの概念化と治療計画を進めるときは，併存障害を考える必要がある。特定の恐怖症は，しばしば他の不安障害や気分障害を併発する（Barlow, 2002）。あるケースは，閉所恐怖症や他の場面恐怖症がただの不安症状として発症しているだけかもしれないが，他のケースでは，場面恐怖症がパニック障害につながっている場合もある。そのようなケースでは，治療計画はパニック障害のより広い事象を対象にすべきである。パニック障害は特定の恐怖症よりもっと広い治療を要求するもので，第 14 章で別に記載されている。

他の併存障害について，併存する障害が記憶ネットワークで実質上異なっているときは，EMDR セラピーではそれぞれの障害を別々にアプローチし，治療することができる。たとえば，食べ物を喉に詰まらせた後に起こった窒息恐怖のような，トラウマ的起源の特定の恐怖症を持つクライエントが，アルコール乱用の基準も満たしているような場合は，個々に焦点化された効果的な EMDR セラピーを提供できるようだ。もちろん，もし窒息事故が直接アルコール乱用の結果として起こったのなら，すなわち酩酊時のエピソードなら，二つの障害間の記憶ネットワークはオーバーラップしているかもしれないので，もっと複雑で連結した治療計画を立てる必要があるだろう。これら二つの障害間に直接つながりがないケースでは，最初に窒息恐怖症に焦点を当てた EMDR セラピーを適用し，アルコール乱用への扱いは後のほうに延期するのがよいだろう。なぜなら，これら二つの状態への連結された記憶ネットワークは，ほとんど関連していないか，あるいはまったく重なっていないかもしれないからである。

第13章　特定の恐怖症の治療

一方，併存障害の記憶ネットワークが明らかに重なっているときは，特定の恐怖症の治療計画は，2番目の条件の治療と分離できないかもしれない。たとえば，クライエントが複雑性PTSDの2次的不安障害（Herman, 1992a, 1992b）や強迫性障害で，近くで落雷を目撃した後の雷恐怖のような場面恐怖症で苦しんでいるとき，記憶ネットワーク内にはあまりに多くの重なりがあり，恐怖のきっかけをアセスメントするのも困難になるほどかもしれない。

一例として，子ども時代の虐待とネグレクトに関係した複雑性PTSDに苦しんでおり，同時に雷恐怖症のあるクライエントが，EMDRによる恐怖症治療を補助的に受けるために紹介されたことがある。彼女の雷恐怖症は，14歳のとき，初めて家から逃げ出したときに始まった。彼女は継父による性的虐待を母に明かす勇気を持ち，ついに思い切って母に打ち明けたが，母はその出来事を軽視し避けるような反応をした。そのクライエントのトラウマ経験は，雷に打たれそうになりながら夜中に田舎道を一人で歩き，彼女を守らなかった母と継父の虐待の両方から逃げた体験に直接関係していた。近くで落雷があった記憶へのEMDR再処理の適用は，どんな試みであれ，子ども時代のより大きなトラウマを巻き込むことになるだろう。このようなケースにEMDRセラピーを使う場合は，おそらく包括的な治療計画を要求されるだろう。端的にいうと，雷恐怖症へのEMDRセラピーによる狭義に焦点化された補助的治療だけでは，完全な治療は不可能であろう。

● EMDR再処理のためのターゲットの同定

表13-2は，特定の恐怖症のターゲットを同定するための質問の要点を提示している。特定の恐怖症を治療するときは，その恐怖症と関係する恐怖体験の最も早期，あるいは最初の出来事を同定することが必要である。たいていのトラウマ的症状のあるケースにおいては，この最初の出来事は明確で鮮明な記憶である。しかし，嫌悪や反感（クモ恐怖症のような）のように，恐怖症を伴うゆるやかに進行する他のケースにおいては，明確な最初の記憶がないかもしれない。これらのケースにおいては，クライエントが認識できる最も早期の記憶を選ぶことが必要で

ある。クライエントが現在どのような影響を受けているのかを同定するだけでなく，（もしあるのなら）最悪の経験に特別に注意を向けたとき，この特定の恐怖症の後に起こった経験も同定すべきである。クライエントがどんな種類の状況を避けたか，恐怖の引き金である特定の状況は何か，場所，音，匂い，物質あるいは動物のような外部の手がかりとして同定しているのか，または身体感覚（徒競走時のような動悸，手のひらの汗，胸の締め付け，あるいは口の中の食物の大きな塊）のような内部の手がかりとして同定しているのか，ということを含む。これらの出来事や手がかりは，ターゲットの基本治療計画リスト（表4-14）に書き出すことができる。これは再処理のためのターゲットの選択と，順番の手引きとすることができる。

● 治療ゴール

クライエントの治療ゴールを同定し，将来クライエントがどのように恐怖症の対象物や状況に対処したいと望んでいるかを考えることは不可欠である。医療，歯科治療，犬恐怖症などは，恐怖の状況に将来遭遇する可能性が高いため，曝露の準備をしておくことは不可欠であろう。必要な医療や歯科治療は，クライエントにとって健康でより幸福な生活を送るために必要な可能性が高い。犬に遭遇するのを避けることも不可能である。これらのケースにおいて，特定の将来のターゲットを，未来の鋳型や現実曝露法を実施するために同定しておく必要がある。一方，いくつかのめったに遭遇しない，あるいは不定期にしか遭遇しない恐怖症の対象物や状況（たとえば，クモやヘビ恐怖症）については，慎重に計画された曝露療法は必要ではないかもしれない。しかしながら，これらの対象物や状況がしつこい不安となり，それらに遭遇しそうな環境を避けることもありうる。したがって，治療ゴールとしては，未来の鋳型および現実曝露療法の両者とも，包括的な持続的な治療結果を保証するために，治療計画に含まれるべきであろう。

● 2次的利得

治療ゴールを考えるときは，潜在的な2次的利得

237

第Ⅳ部　他の障害や場面に対する，研究に支持された標準的 EMDR セラピーのプロトコル

表 13-2　特定の恐怖症のターゲットを同定するための質問

恐怖症の性質
　あなたはどのような対象または状況を恐れていますか？
　＿＿＿＿＿＿＿＿＿＿（その対象または状況）に関して，あなたが最も恐れていることは何ですか？

最初の出来事
　あなたがその恐怖を体験した最初のときはいつですか？　または，あなたが思い出せるなかで最初にその恐怖を体験したときは，いつですか？

背景のストレッサー
　最初にその出来事が起こった時点で，あなたの個人生活，家庭生活，学校生活，または職業生活において，他にどのようなストレスのかかる経験がありましたか？

最悪の，または代表的な出来事
　＿＿＿＿＿＿＿＿＿＿（その対象または状況）から，あなたがこれまで得た経験のうちで，最も強烈または，恐ろしいことは何ですか？
　もし，「最悪な」経験が存在しなければ，あなたの恐怖のうちで，重要で典型的な体験を話してください。

直近の出来事
　この恐怖に関して，最も新しい経験は何ですか？

現在の，外的および内的手がかり
　＿＿＿＿＿＿＿＿＿＿（その対象または状況）の，どのような側面が，あなたの恐怖を刺激するように思いますか？
　どのような身体感覚や感情が，その恐怖を体験している時間に対して結びついていますか？

未来の鋳型
　この恐怖から自由になって，やりたいと思うことをあなたができるようになっている未来の状況について，教えてください。

2 次的利得を確認する
　もし，この恐怖が解決するとしたら，あなたは何をしたいですか。または何をしなければなりませんか？
　そして，そうなったらどんな感じがするでしょうか？
　もし，この恐怖が解決するとしたら，あなたは何をすることをやめなければなりませんか？
　または何を諦めなければなりませんか？
　そして，そうなったらどんな感じがするでしょうか？

を注意することが必要である。恐怖症の不安は，配偶者や家族や友人からの要請を感じてはいるが，実はクライエントが避けたいと思っている状況をうまく回避する免罪符を与えてくれる。たとえば，夫の狩猟旅行に参加したくないためにヘビや昆虫恐怖症を呈する女性や，遠方に住んでいて要求がましい母親宅を飛行機恐怖症が理由で訪れることができない男性などが含まれる。2 次的利得はさほど高頻度ではないが，それぞれのケースで考えておく必要がある。現在の 2 次的利得を詳細に徹底的に調べると，クライエントの治療ゴールがより明らかになる。恐怖症の不安が 2 次的な実質上の利益として寄与している場合は，ストレッサーに対処できる代替となるものを見つけ出し，発展させることができなければ，

EMDR 再処理を成功させることはできない。
　二次的利得の可能性を同定するための最も簡単な方法は，「もしこの恐怖症が解決したら，あなたは何を得て，何をしなくてはならないでしょうか」と尋ねることだ。それから，「そして，そうなったらどのような感じがするでしょう」と尋ねる。また，あるケースでは，次のようなフォローアップの質問が助けになるのかもしれない。「もしこの恐怖症が良くなったら，何をすることを止め，何をすることをあきらめなくてはならなくなりますか」。それから，「そして，そうなったらどのような感じになるでしょう」と尋ねる。

238

第13章　特定の恐怖症の治療

● 背景的ストレスは，明確な最初のターゲットとして扱う必要があるかもしれない

　生育歴・病歴聴取の段階で，最初の恐怖症発症時に，恐怖症反応が進行したクライエントの脆弱性の原因となる背景的ストレスがあったかどうか，探る必要がある。トラウマ的起源の恐怖症反応は（たとえば，窒息死しそうになった後に起こった窒息恐怖症のような場合），最初の経験そのものから来ているとほぼ理解できる。一方，背景的ストレスと外界の脅威のない状態（条件刺激〈CS〉）との相互作用で起こる場合（たとえば，橋の上で最初に不安に襲われた後発展した橋恐怖症のような）もあるだろう。どのような背景的要因あるいは出来事が，橋の上で最初に不安エピソードを持つことになった脆弱性を導いたのかを，考えなくてはいけない。

　トーマスには橋恐怖症があった。生育歴・病歴聴取から，最初の不安は橋の上で起こったことがわかった。彼は前夜に過度の飲酒をして，夜遅くまで外出していた。彼は若く，最初の婚約をしていた。自分で始めた技術系ビジネスに懸命に取り組んでいたが，ビジネスは失敗しかけていた。それゆえ彼の資金状態は，結婚の準備ができつつあるというのに，切迫しており不安定だった。彼が直面していたのは，会社を立ち上げてリッチになるという夢を諦めなければならないという将来の見通しだった。驚いたことに，トーマスは，橋の進入口で最初に感じた不安に対して，こうした重要な背景的ストレスが影響した可能性があると，まったくつなげて考えられなかった。彼の立ち上げたビジネスの失敗は，彼のアイデンティティや自己価値感に対して大打撃を与えた。彼はめったに飲まなかったし，まれにしか度を超すことはなかった。しかし，最初の橋恐怖症経験の前夜は，ビジネスが失敗だったとわかったことからくる苦悩が，彼を過度の飲酒に導いていた。結局，彼はビジネスに失敗したが，彼の技術の知識やスキルに見合う程度のポジションを見つけてはいた。

　数年後，トーマスは日常的に橋を車で通勤しなければならない土地で，より良い高収入な仕事を探し始める準備として，治療を開始した。彼の立ち上げたビジネスの失敗という背景的ストレスや，それが彼の自己価値に与えた衝撃は依然として明らかであった。恐怖反応を最初に起こした出来事をターゲットにする前に，背景的ストレスをターゲットとして再処理する必要があった。結果として，治療が最初の恐怖反応の発生に移行したときには，最初の恐怖反応を導いた背景的ストレスとの間に複雑な連想を起こすこともなく，その経験の再処理はスムーズに進んだ。

第2段階：準備段階

　特定の恐怖症の治療のための準備段階は，PTSDの治療と共通している。扱われるべき四つの主な要素がある。不安を減じるセルフコントロールの教育，恐怖状況についての心理教育の提供，治療のインフォームドコンセント，そして安全な場所エクササイズおよび資源の植えつけを伴う両側性眼球運動（あるいは，代替の両側性刺激）の導入である。

● 不安軽減のためのセルフコントロール法

　特定の恐怖症のケースにおいて，クライエントは恐怖への恐怖（fear of fear）を減らすためのセルフコントロール法を教わることができる。これらの方法は第6章に示されている。しかし，これらの不安を減らす方法は，特定の恐怖反応自体を取り除くことはできない。それらは，セルフコントロールの感覚を増やしたり，治療計画の後半で，EMDR再処理や現実曝露に対してクライエントが準備するのを助けたりできる。特定の恐怖症のクライエントで，EMDR再処理の開始前に不安を減じるセルフコントロール法を学んだり，練習したりする必要がある者はそれほど多くはない。

● 応用緊張

　はじめのほうに示したように，血-傷-注射タイプの恐怖症のクライエントは，しばしば失神する傾向がある。これは**血管迷走神経性失神**と呼ばれている。失神傾向に対するセルフコントロール法は，リラクセーションのトレーニングではなく，**応用緊張**である。この技法は，ÖstとSterner（1987）が最初に発表しており，クライエントにEMDR再処理と，そ

239

第Ⅳ部　　他の障害や場面に対する，研究に支持された標準的 EMDR セラピーのプロトコル

表 13-3　応用緊張

　心地良いいすに座り，あなたの腕，脚，そして胴体の筋肉を約 10 〜 15 秒間緊張させてください。頭に温かい感覚を感じ始めるまで続けてください。それから，20 〜 30 秒間リラックスします。これを 5 回くり返してください。
　少なくとも 1 週間，上記を 1 日 5 回実施してください。
　もし，応用緊張実践中や後で頭痛を感じたら，より弱い緊張で行ってください。

の後の段階的現実曝露をするために，失神傾向を十分コントロールする手助けをしてくれる。応用緊張法の教示は表 13-3 を参照のこと。より最近の研究では，特に最低血圧上昇のためには，リズムのある緊張は応用緊張より効果的な可能性があると提案されている（Bodycoat et al., 2000）。

　血-傷-注射タイプの恐怖症を持つクライエントには，最初に応用緊張エクササイズの目的の説明をする。応用緊張は，血管迷走神経性反応による血圧の低下を逆にするものではない。かわりに，失神を予防するために，下肢部分の過度の血液貯留を予防し，頭への十分な血液供給を維持する。応用緊張の目的を説明した後，エクササイズの説明とデモンストレーションをやってみせる。それから，クライエントに応用緊張を実施してもらう。そしてできるだけ能率よく使用してもらえるように，修正的なフィードバックあるいはガイダンスを与える。最後に，少なくとも 1 週間，1 日 5 回の応用緊張を実施するように伝える。もし，クライエントが応用緊張時に頭痛を感じたら，練習セッションでの緊張の量を減らすように指導するのが良い。

● 恐怖症状況についての心理教育

　いくつかの特定の恐怖症では，クライエントが恐れる物や状況について正確な情報を確認することが役立つ場合がある。良い例は，飛行恐怖症である。すなわち，クライエントは乱気流によって起こる不快感を，しばしば危険なシグナルとして誤認する。乱気流は強制着陸や航空機事故の原因ではない。現代の船旅では，船酔いなどを起こす荒波も乗客の安全を脅かすものとはならない，ということと同じである。乱気流は飛行機の乗客がシートベルトを締めなかったときだけ，乗客に死傷を負わせる。飛行の

安全についての正しい情報を提供することで，飛行恐怖症のつらさを少なくできるわけではないが，クライエントが恐怖の状況について学習した間違っている情報を正すことは重要である。

● 治療のインフォームドコンセントを得る

　特定の恐怖症の治療を受けているクライエントは，PTSD 治療のための準備段階の第 6 章で説明したのと同じような，以下の基本的な情報が必要である。①EMDR セラピーの手続きと，治療中に通常起こる反応についての紹介と基本情報，②左右交互の眼球運動（あるいは，代替の両側性刺激）中の，期待や判断を伴わないマインドフルネスな気づきを強化するためのメタファー，③再処理中に起こる可能性のある過去の恐怖症的出来事の再体験に対する心理的，感情的，身体的症状の受容，④再処理中に現れる他の苦痛な記憶想起のリスク。

　本章のはじめのほうで論じたように，特定の恐怖症を持つ多くのクライエントは，併存障害や，他の苦痛な，あるいはトラウマ的な記憶を持っているだろう。インテークや治療計画を立てるような最初の段階では，そうした記憶を特定の恐怖症と結びつけていないかもしれない。しかしクライエントは再処理中に，人生経験を妨害している他の苦痛な記憶が想起される可能性を理解し，**同意**している必要がある。クライエントが家庭内暴力を目撃した生活史を語り，そしてそれは運転恐怖症と関係ないと言った場合でも，これらの逆境的な子ども時代の経験に関係づけられた記憶や感情が，再処理中に自然に現れてくるかもしれないし，直接治療計画の一部分として注目する必要があるのかもしれないことに，同意することが不可欠である。

　クライエントがこれらの逆境的な経験を，治療で考えたり取り扱ったりする気になれない場合は，EMDR の再処理を進めることはできないし，倫理的にも良くない。逆境的な子ども時代の経験が，再処理のセッション中あるいは後に出現するかどうか，確証はない。しかし，臨床アセスメントによって，逆境的な子ども時代の経験への連想が出てくるかもしれないことが示唆されることもあるだろう。他の起こりうる逆境的な記憶を取り扱うのを拒絶される

240

ことは稀かもしれないが，そのような連想は起こらないだろうと，間違った安心感を与えないことが基本である。そのかわりに，この時点で二つの方法がある。一つは，これらの他の記憶を扱う可能性について，クライエントの持つ基本的な心配を話し合うことである。話し合いによって，クライエントはこれらの心配事に対する解決法を見つけ出すことができ，十分な信頼，自信または他の記憶が現れる可能性に向かい合うのに必要な資源を発展させることができるだろう。二つ目は，クライエントに EMDR の再処理よりも適切な，他の代替的治療戦略を提供することである。

特定の恐怖症治療へのインフォームドコンセントが持つ他の重要な面は，恐怖症反応を形成している条件づけとなっている出来事の再体験をすることに対する同意である。そのような再体験は，否定的な考えやダイアログと同様に，これらの記憶からくる視覚的な場面，音，匂い，味，心的イメージなどを含むことがある。しばしば再体験は恐怖，悲しみ，孤独，悲哀，あるいは恥のような感情の状態を表出させるだろう。de Jongh と Ten Broke (2007, p.53) は，ドナルドのケースで説明している。彼は水恐怖症を持っており，生育歴・病歴聴取の段階では，恐怖の原因を想起できなかった。彼は最初の恐怖のイメージとして，あるイメージを選んでいた。それは，海で泳いでいた人が下の見えない海底から来た鮫に襲われるというもので，おそらく映画に由来するものだった。しかし，このイメージでスタートしたが，数分の左右交互の眼球運動後，再処理の最中でドナルドは孤独を経験し始め，そして彼のすぐ下の弟が溺れて死にかけ，数人の居合わせた人によって助けられた事故を思い出した。この事故の再処理によって，彼の水への恐怖反応が解決に導かれた。このような感情状態の再体験や，子ども時代の記憶の再想起に対するインフォームドコンセントは，EMDR の再処理におけるクライエントの準備として不可欠な部分である。

恐怖反応を形成した逆境的な経験時に，吐き気や痛みを感じていたような場合，クライエントは通常EMDR の再処理中に，これらの感覚をある程度再体験するかもしれない。この可能性についても準備す

る必要がある。一般的にその感覚は元の経験のときより強さのレベルは低く，すぐに減っていくだろう。そして完全に再処理が終わると，これらの記憶はもはや再刺激を起こすようなものとして脳内に保持されなくなるであろう。

エミリーは外来でトラウマ的な外科手術を経験した後，医療恐怖症と不眠症を悪化させていた。彼女は麻酔が効かなかったため，外科手術中に強い痛みを経験し，トラウマとなった。彼女は目が覚めていたが，話すことも動くこともできなかった。彼女のケースのインフォームドコンセントは，これらの強い痛み感覚の記憶に類似する再体験を受け入れることを含めなければならない。再処理中に彼女は数分間のこれらの痛みを再体験した。しかし，それらは消えてなくなり，決して戻ることはなかった。エミリーにとって，その痛みの感覚自体の記憶よりもっと苦痛だったのは，誰も助けてくれない，不満を表出できない無力感と怒りだった。手術時に外科医や麻酔医に言うことができなかったこれらの感情的な反応も，再処理中に自発的にくり返し言語化され，解決した。

まとめると，インフォームドコンセントには，他の記憶や感情，または不快な感覚をイメージし，再体験をするかもしれないという可能性の説明を含むということだ。また，再処理のためにクライエントに準備させることは，（第6章で述べた列車の比喩のような）効果的な再処理を促進させる目撃者の立場（witnessing state）へとクライエントの意識を向けるのを助けるために，比喩を提供することも含まれるということである。いったん，EMDR 再処理のためにインフォームドコンセントを得たなら，続けて左右交互の眼球運動（あるいは代替の両側性刺激）のメカニズムを導入する手順となる。

● 落ち着く場所エクササイズまたは RDI と共に用いる両側性刺激の導入

第6章で説明したように，最初の不快記憶の再処理を始める前に，眼球運動あるいは他の両側性刺激の練習をすることは望ましい。これは，手続きのメカニカルな側面の新奇さに慣れてもらうのに役立つ。そして，また眼精疲労やめまいなしに，クライ

第Ⅳ部　他の障害や場面に対する，研究に支持された標準的 EMDR セラピーのプロトコル

エントが水平や斜めの眼球運動に耐えることができるか，ある程度は確認することができる。次に，落ち着く場所エクササイズや資源の植えつけを，簡素化した再処理法として導入することは役立つ。これは二つの恩恵がある。クライエントにとって再処理に関連して最初のポジティブな体験ができることである。なぜなら，未知のものはいつも少し不安を刺激する可能性があるが，落ち着く場所エクササイズ（あるいは資源の植えつけ）の経験をしてもらうことは，クライエントを初期の不安から，両側性眼球運動（あるいは代替の両側性刺激）によって，安全感や幸福を増やす方向に変化するという，精神生理学的な経験を得ることになるからである。この最初の再処理へのポジティブな経験は，クライエントが不安となる記憶から始めて，それを中立な状態に再処理できるようになるだろう，という今後のセッションのパターンを構築してくれることになる。加えて，アセスメントの観点から，クライエントが落ち着く場所エクササイズに対して単純にポジティブな反応を示したときは，彼らが恐怖症の記憶に取り組んだときにも，より効果的な再処理を経験するだろうと想定できる。

第3段階：ターゲットの評価

　特定の恐怖症の治療において，再処理に選ばれるターゲットを評価する手続きステップは，PTSD 治療のときに使うものとまったく同じである。それらは第7章で詳細に述べてある。最初に，再処理をする特別な出来事の感覚的側面を代表する映像を引き出す。それから，クライエントの否定的認知と肯定的認知を同定するのを助け，認知の妥当性（VoC）のベースラインを得る。次に，その映像と否定的認知を使って特定の感情を尋ねる。そして，その経験におけるベースラインの SUD を得て，クライエントがそれを今，身体のどこの部分で感じているのか同定する。

　トラウマ的起源の特定の恐怖症を扱うときには，否定的な自己評価は，環境における危険認識を反映する「私は安全でない」とか「私は傷つけられるだろう」，あるいはコントロールを失って，「私は無力

だ」とか「私は弱い」という文言となる可能性がより高い。医療および歯科治療恐怖症のケースにおいて，クライエントは自分が不適切に対応されたと認識していた場合でさえ，子ども時代の虐待の記憶とともに出てくるときのような欠落感や恥辱を反映した，「私は役立たず」とか「私は愛されない」といった否定的な信念が出てくることはあまりない。これらのケースでは，「私はもっとよく知るべきだった」とか「私は間違った何かをした」といった，罪の感覚を反映した信念が出てくるであろう。同様に，血-傷タイプの特定の恐怖症では，否定的信念は危険やコントロール欠如に焦点を当てる傾向がある。

第4～6段階：
特定の恐怖症の再処理の手続き

　特定の恐怖症の再処理の手続きは，基本的には PTSD の手続きと同じであり，詳しくは第8, 9, 10章に説明している。再処理は最も早期に認識された条件づけられた経験を脱感作（第4段階）することから始める。ターゲットに戻るときを決めたり，効果的でない再処理をどのように扱うかという基準は，特定の恐怖症も PTSD の治療と同じである。SUD が0として安定するまで脱感作を続ける。そして，植えつけ段階（第5段階）に進み，クライエントが選んだ元の肯定的認知がまだ適切なのか，あるいはより良い肯定的認知が出てきたかを調べる。それから，クライエントの VoC のレベルを尋ね，両側性眼球運動（または代替の両側刺激）とともに植えつけを続け，VoC が7になって，それ以上良くならないところまで両側性眼球運動の数セットをした後，再度 VoC を調べる。

　ボディスキャン段階（第6段階）に移り，そこでは，クライエントに心の中に出来事を思い浮かべ，今植えつけた肯定的認知を同時に意識してもらう。そして，クライエントに目立った身体感覚がないかスキャンするように依頼する。もし否定的な感覚が報告されたら，それらがなくなるまで，連想のチャンネルを下りて行き，それらを再処理する。それから，クライエントがただ中立的か肯定的感覚だけを報告するまで，ボディスキャンを再び実施する。時

間が残っており，クライエントが肯定的感覚だけを報告していたのなら，肯定的感覚がもうそれ以上よくならないというところまでさらに両側性眼球運動を続ける。

第7段階：終了の手続き

特定の恐怖症の治療のときは，PTSDや他に特定されない極度のストレス障害（DESNOS）の治療時に起こるような緊張の低下や，自傷や，脅威となる行動のリスクはまれである。そのような付加的な症状がある場合は併存障害の存在を示し，もっと包括的な治療計画の必要性を示唆しているのだろう。つまり，特定の恐怖症の治療セッションが終わってない段階で，SUDレベルがまだ明らかに高い状態で残っていると報告されているときでさえ，包み込みやグラウンディング，不安のマネジメント方法を提供する必要はめったにない。しかし，いくつかのケースでは，再処理の過程で，クライエントが忘れてしまっていたり，解離していた別の強い障害のある記憶が現れてしまい，クライエントが傷つきやすく退行した，あるいは動揺した状態になることがある。これらのケースや，特定の恐怖症のクライエントが明らかにセッションの終わりに不穏になったようなケースでは，第6章で説明した，安定化やグラウンディングの技法によって，今ここに意識の向いた状態に戻すよう，手助けする手続きを使うべきである。

終了段階では，いつも標準的なまとめの教示を提供する必要がある。つまりそれは，第10章で説明したように，新しい洞察，記憶，夢，新しいパターンについてマインドフルネスとなり，次のセッションのために日誌に記してもらうことである。なぜなら，クライエントはしばしば成功したEMDR再処理のセッションの終わりには明らかに穏やかに感じるので，1回の再処理のセッションで恐怖症の不安が完全に取り除かれたと思い込むかもしれないからである。確かにこれは起こりうるけれども，常にではない。治療計画によって，現在の刺激もいくつかの出来事を再処理する必要があり，最終段階では一連のセッションの終わりとして，未来のメンタルリハーサルをする必要性をクライエントに理解してもらう

ことが役に立つ。つまり，治療計画が完了するまでは，恐怖症の対象に立ち向かう，または立ち向かうことを考える場合，まだほかに重要な不安があるかもしれないということが予想される。これは，クライエントが，現実的でない期待を発展させたり，次のセッションまでの間に残っている恐怖症の不安を経験したとき，がっかりするのを避けることができる。

第8段階：再評価

続いて行うセッションにおいて，クライエントの日誌から得た情報を確認し，前回のセッションで扱ったターゲットの状態をチェックする。再評価のステップは第11章で詳細に説明している。もし，前回のセッションが完了していたならば，（SUDが0，VoCが7，そしてボディスキャンで中立または快の感覚だけ）前回のターゲットのSUDとVoCの単純な再確認だけで，次のターゲットの評価を始める段階に進んでよい。もし，前回のセッションが未完了なら，そのターゲット記憶に戻り，再び再処理を始めることになる。

過去から現在へ治療計画の移行

特定の恐怖症の一連の治療（図13-1あるいは表13-1を参照のこと）は，最初は過去から，次に現在に，そして最後に未来のターゲットを選ぶ一連の標準的EMDRセラピーの治療の流れに従う。背景にある出来事や最初に起こった出来事，最悪，あるいは代表的な恐怖の経験を再処理した後，クライエントに不快なものが残っているかどうか，他の恐怖の記憶をスキャンするよう尋ねるのがいい。不快なものが残っていたら，これらをアセスメントし，クライエントが恐怖の記憶に関して未来に不快なものがなくなるまで，再処理するべきである。

次に，日誌からのフィードバックによってクライエントが報告する刺激と同じく，生育歴・病歴聴取や治療計画段階で同定した現在の刺激に対しても注意を向けなくてはいけない。過去の記憶の再処理で外的なきっかけに対する治療効果が完璧だったた

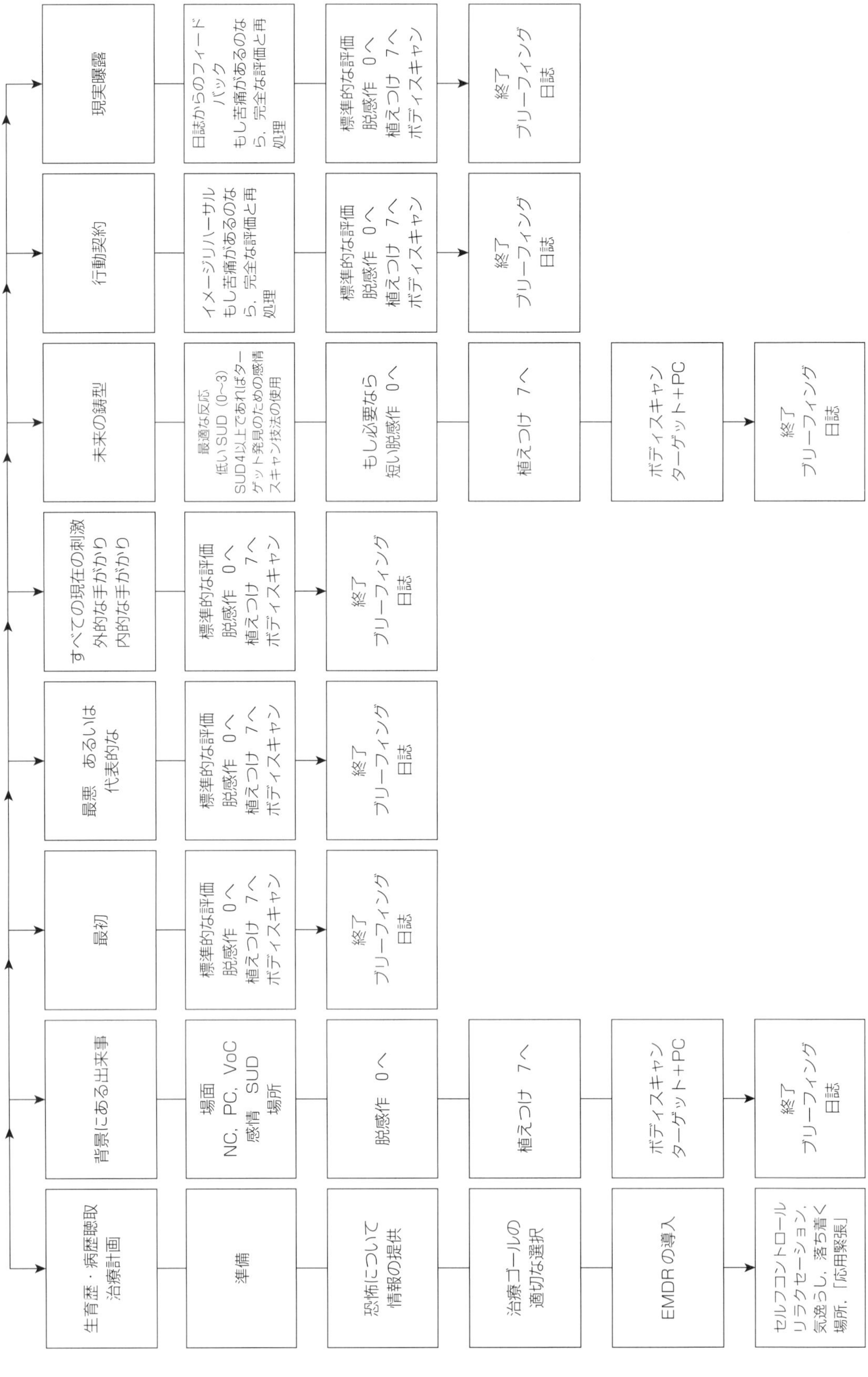

第IV部　　他の障害や場面に対する，研究に支持された標準的 EMDR セラピーのプロトコル

生育歴・病歴聴取
治療計画

準備

恐怖について
情報の提供

治療ゴールの
適切な選択

EMDR の導入

セルフコントロール
リラクセーション
気逸らし，落ち着く
場所，[応用緊張]

背景にある出来事

最初

最悪　あるいは
代表的な

すべての現在の刺激
外的な手がかり
内的な手がかり

未来の鋳型

行動契約

現実曝露

場面
NC, PC, VoC
感情　　SUD
場所

標準的な評価
0 へ
脱感作
植えつけ　7 へ
ボディスキャン

最適な反応
低い SUD（0〜3）
SUD4以上であればター
ゲット発見のための感情
スキャン技法の使用

イメージリハーサル
もし苦痛があるのな
ら，完全な評価と再
処理

日誌からのフィード
バック
もし苦痛があるのな
ら，完全な評価と再
処理

脱感作　0 へ

もし必要なら
短い脱感作　0 へ

標準的な評価
脱感作　0 へ
植えつけ　7 へ
ボディスキャン

標準的な評価
脱感作　0 へ
植えつけ　7 へ
ボディスキャン

植えつけ　7 へ

植えつけ　7 へ

ボディスキャン
ターゲット＋PC

ボディスキャン
ターゲット＋PC

終了
フリーフィング
日誌

終了
フリーフィング
日誌

終了
フリーフィング
日誌

終了
フリーフィング
日誌

終了
フリーフィング
日誌

終了
フリーフィング
日誌

図13-1　EMDR 恐怖症プロトコルの治療手順

め，クライエントはもう残っている恐怖不安は何も
ないと報告することはよくあることである。しかし
不安あるいは不快の原因として残っているどんな外
的，内的な手がかりでも，次に再処理するべきであ
る。

未来の鋳型と合体させる

　ジェームズはレストランのディナー中に窒息しそ
うな出来事を経験し，その後，窒息恐怖症になった。
彼の窒息に近い経験は短時間のものであるが，この
記憶の再処理中に，父親がレストランで窒息死しか
けたのを目撃した子どもの頃の記憶が，大きな不快
感と関連していることが明らかになった。父親は，
ハイムリック手技[†34] が必要な状態となり，他の客の
1人がすぐにその対応をしてくれた。6歳の男の子で
あった彼は，彼自身の無力感と，彼の父親が食事中
に無力な状態となったことを目撃した恐怖を記憶し
ていた。ジェームズは，父親が窒息したことの目撃
記憶と，彼自身の窒息事件の記憶の両方を再処理し
た後，その次の週にあった日帰りの出張旅行中に，1
人で外食したときの不安なエピソードを報告した。
彼は，助けが必要なときに誰も彼を助けてくれない
という窒息死の可能性で，頭が一杯だった。彼の現
在の不安は，評価段階で SUD レベルが 4 と 5 の間
であった。再処理とともに，残っていた不快は素早
くなくなり，より好ましい「私は今コントロールし
ている」という信念に到達することができた。それ
からジェームズは，レストランで1人で食事をする
ことをイメージするよう求められた。未来の鋳型で
の SUD レベルは 2 であったが，未来の鋳型の再処
理ですぐに 0 へと下がった。未来への挑戦としての
ジェームズのシナリオとして，臨床家は彼に，「食べ
ている間に喉で一時的に食べ物が詰まる」ことをイ
メージするように依頼した。彼は少し水を飲み，詰
まった食べ物を簡単に動かし，そしてそれを飲み込
むイメージをすることができた。彼の VoC は 7 とな
り，より好ましい信念として「私は今コントロール
している」を十分受け入れることができた。そして

ボディスキャンのとき，彼は安心で心地よい肯定的
な身体感覚と，信頼できる感覚のみを報告した。こ
れらの感じは，両側性眼球運動のセットをさらに加
えて強化された。4 週間後のフォローアップでは，彼
は出張旅行中に，自信をもって楽しく 1 人で食事を
したと報告した。

　この例では，未来の鋳型において最初の SUD が
低かった。これは関連した過去記憶がよく再処理さ
れていたことを示している。さらなる再処理を必要
とするような，残存する素材を調べるためや，治療
効果の般化をより促進するために，妥当な未来のシ
ナリオをいくつか用いてクライエントを試すことは
常に大切なことである。たとえば，スピーチ恐怖症
の治療において，未来の鋳型で再処理するとき，視
聴覚機器のトラブルや，隣の会議室からの騒音や，
あるいは聴衆からの難しい質問に直面するイメージ
を試さなくてはいけない。飛行恐怖症の治療におい
て未来の鋳型で再処理するときは，クライエントに
中程度の乱気流に遭遇した場面や，飛行機が最初の
着陸を回避して 2 度目の着陸のために上空を旋回し
なくてはならないという場面などをイメージしても
らう。

映画のように未来を動画的に視覚化する

　ある特定の恐怖症の未来の鋳型には，窒息恐怖症
で説明したように，恐怖症の刺激に対して単純な不
意の遭遇が含まれる。他の特定の恐怖症は，医療恐
怖症や飛行恐怖症のように，計画や一連のステップ
が要求される。前もっての計画が必要となるような
状況恐怖症の場合，単純な一場面だけの未来の鋳型
では，残っている不安を克服することに失敗するだ
ろう。これらの恐怖症のすべての側面に対する，幅
広い解決策を確実にしておくために，ターゲットと
なる状態に至るまでのすべてのステップと，ター
ゲットとなる状態のすべてを視覚化するよう求める
ことができる。

　このメンタルムービーは，すべての行動をカバー
する一連のシーンを映し出すべきである。すなわち，
過去には避けていた不安を惹起する状況（または不

[†34] 窒息を緩和する応急救命方法。

第Ⅳ部　　他の障害や場面に対する，研究に支持された標準的EMDRセラピーのプロトコル

安）に対して，クライエントに再度直面させるような行動である。クライエントにそうしたシーンの一連の流れを視覚化してもらう。目を開けたままでも閉じていても，クライエントが視覚化しやすいほうでよい。イメージした未来のシナリオの一部がまだ不快として再体験するようなら，クライエントにそれに注目するよう，あらかじめ教示する。そして，不快感があればそこで場面を止めるように言い，手短に不快に感じている側面について，および身体のどこにそれを感じるかを報告してもらう。そして，その障害となるものがなくなるまで両側性眼球運動（または代替の両側性刺激）を行う。その後，障害となるものがすべてない状態で未来がイメージできるまで，視覚化を再び始める。くり返してもらいながら，同時に肯定的信念を浮かべてもらい，両側性眼球運動（または代替の両側性刺激）を提供する。未来の鋳型についてのVoCが7になるまで続ける。

● **現実曝露からのフィードバックの評価と反応**

この時点で，各々のクライエントは現実曝露の具体的な計画を作る必要がある。現実曝露は，クライエントが面接中の再処理で得られた成果を統合する機会と，クライエントが残存する不安を発見し，克服する機会を提供することによって，治療目標を達成できるものだからだ。クライエントには，計画のなかのそれぞれの必須のステップで，快適さや不安レベルをセルフモニタリングしながら報告してもらうべきだが，それは現実曝露中に直面するかもしれない成果や残っている課題を報告できるようにするためである。時々現実曝露中に，さらに再処理をすれば恩恵を受けると思われる重要な課題を発見する可能性もある。その場合，適切な現在の刺激または過去の出来事を，再処理のターゲットとして選択することができる。また，たいていのケースにおいて，現実曝露自体が，出くわす不安の直接的解決へとつながることもある。

本章のまとめ

多数の公刊された事例研究（de Castro Lopes et al., 2014；De Jongh, 2012；De Jongh & Ten Broeke, 2007；de

Roos & De Jongh, 2008；Gupta et al., 2014；Meyers, 2015；Schurmans, 2007；Shapiro, 2001）と，三つの統制臨床治療試験（de Jongh et al., 2010a；Doering et al., 2013；Triscari et al., 2011）は，EMDRがトラウマ的起源の特定の恐怖症を持つクライエントに対して，効果的な治療法として大きな可能性があると指摘している。これらの事例研究では，クライエントはしばしば最高レベルの不安を持っていた。これらの事例によって，EMDRセラピーはトラウマ的起源を持つ恐怖症に対して，PTSDの治療で見られた効果と同等に効果的で速い治療を提供できると示唆されている。これらの報告は，EMDRセラピーがトラウマ曝露後の全面的または部分的PTSD症状に対して有効な治療法である，という広範かつ再現性がある複数の統制研究の知見と一致している（Bisson & Andrew, 2007；Bisson et al., 2013；Lee & Cuijpers, 2012；van Etten & Taylor, 1998；Wilson et al., 1997）。

曝露療法の行動論的研究では，高レベルの恐怖症的不安を伴うものには，純粋に曝露に焦点を当てる条件よりは，曝露中に気そらしをするほうが効果が表れることが示されている（Johnstone & Page, 2004；Oliver & Page, 2008；Penfold & Page, 1999）。ある意味では，EMDRセラピーは二重注意状態において本質的に気そらしをセラピーの一部として組み込んでいる。それゆえ，EMDR再処理はトラウマ的起源の恐怖症治療にとってと同様に，非トラウマ的起源の恐怖症の治療においても，効果的な要素であることが明らかになるという仮説を立てるのは，理に適っていると考えられる。

特定の恐怖症を持つクライエントに対するEMDRセラピーの治療計画は，PTSDの治療計画と多くの類似点を有している。両方の治療計画は，基本的な8段階モデルに従っている。そこには，包括的な生育歴・病歴聴取，治療計画を立てること，クライエントの準備，そして再評価が伴っている。再処理は標準的な一連の治療手順にそって，各治療セッションのなかで順次適用される。この標準的な治療の流れは，最初に過去のターゲットに焦点を当て，それから現在に，そして最後に未来へと移行する。過去のターゲットは，背景のストレッサーがある場合はそれらが最初に扱われる。それから最初の恐怖への

曝露を扱い，そして最悪の，あるいは代表的な恐怖症経験に，そして最後により最近に経験した恐怖症経験を治療する。過去のターゲットがもはや不快なものでなくなった後にのみ，再処理は恐怖症的不安の原因であり続けている現在の内的・外的手がかりへとシフトする。最後に，再処理を未来の現実曝露のメンタルリハーサルに適用する。しかし，PTSDのクライエントの治療計画との本質的な相違点は，特定の恐怖症を治療するときは，再評価は実際の現実曝露の後となることである。現実曝露は，再処理の治療セッションから得た効果を強化し，般化を確かめ固めるために，EMDRセラピーの包括的治療計画の一部として含まれるべきである。

第14章

パニック障害の治療

概要

本章では，パニック障害（PD）および広場恐怖を伴うパニック障害（PDA）の治療へのEMDRセラピー適用に際して，さらに考慮しておくべき重要な点について考察する。認知行動療法，薬物療法，EMDRセラピーを中心とした効果的なPDおよびPDA治療法に関する文献を概観するとともに，PDおよびPDAへのEMDRセラピー適用に関する事例報告と統制研究から，EMDRセラピーの臨床家が何を道標とすればよいのかについて再考する。その後，PDおよびPDA治療へのEMDRセラピー適用のための二つの治療計画モデルをステップごとに見ていく。一方は広場恐怖やその他の併存症を伴わない比較的シンプルな事例の治療モデルで，もう一方はPDAあるいは全般性不安障害，回避性パーソナリティ障害，その他併存する不安症もしくはパーソナリティ障害を伴うといった，より複雑なPD事例への治療モデルである。第15章では，PD治療にEMDRセラピーを適用した2人のクライエントの事例を概観する。最初の事例はPDを発症した高校生，2例目はPD既往歴を持つクライエントが自動車事故後に離人感を発症した事例である。

パニック障害および広場恐怖を伴う パニック障害

パニック障害（PD）クライエントは，身体的およ

び認知的に激しい苦痛を伴う極度な不安症状の持続を体験している。これらのパニック発作の持続時間は1分～5分ほどの短時間のものもあるが，10分を超える場合が多い。なかには，パニック症状が強度を変えて1時間以上続く場合もある。パニック症状としては，動悸，発汗，身震いや震え，息切れ感，窒息感，胸の痛みや違和感，吐き気や腹部の痛み，めまいやふらつき，非現実感や離人感，抑制力を失うまたは「発狂するのではないか」という恐怖，死の恐怖，チクチク感，寒気やほてりなどが含まれる。発症初期におけるパニック発作は，心的外傷後ストレス障害（PTSD；American Psychiatric Association〈APA〉, 2000）診断基準Aの主症状と同程度に，生命を脅かすものとして経験されることがしばしばである。実際，初めてのパニック発作で病院の救急外来を受診した際に，心臓発作の可能性からそうした治療の対象とされることも珍しくない（Fleet et al., 1996）。救急治療室で胸の痛みを訴えるクライエントの25％がPDの初期症状に苦しめられている。驚くことに，こうしたPDクライエントが救急受診から1年以内にPD治療を受けるのは，6％（Dammen et al., 2006）から22％（Fleet et al., 2003）という少数にすぎない。

PDの診断基準を満たすためには，初期において，特定の恐怖症や社会恐怖のように状況と結びつくものではなく，予期できないパニック発作がくり返されている必要がある。結果的にクライエントは，それまでにパニック発作が起こった場面で発作を予期するようになるかもしれない。こうした予期不安は類似場面を回避する原因となり，逃避困難が想定さ

第 14 章　パニック障害の治療

れる状況でパニックに陥ることを恐れる広場恐怖の発現と関連づけられる。橋，公共交通機関，群衆，人の列も，こうした場面に含まれる。極端な広場恐怖の事例においては，居住スペースから外出することを嫌がるかもしれない。アメリカ合衆国では，人口の約 11.2％ に 12 カ月間にわたるパニック**発作**有病率が認められる（APA, 2013）。毎年，18 歳より年長人口の約 2.7％ がパニック**障害**を経験し（Kessler et al., 2005），思春期および成人人口の約 1.7％ が広場恐怖の診断基準を満たす（APA, 2013）。PD 人口のうち 3 人に 1 人の割合で広場恐怖を発症する（National Institute of Mental Health, 2008）とされるが，臨床場面では広場恐怖の割合はかなり高く，50％ にまでのぼる（APA, 2013）。

広場恐怖の縦断的推移および パニック障害との関連性

　パニック障害および広場恐怖に関するボルチモア縦断研究（Bienvenu et al., 2006, p.436）は，「基盤となっている突発的パニック発作（特に頻度の高い発作。DSM-Ⅲ パニック障害を参照）から広場恐怖発症を予測できる」と確証するとともに，「突発的なパニック発作を伴わない基盤となっている広場恐怖から，パニック障害発症を予測できる」ことも発見した。Bienvenu ら（2006, p.436）は，「DSM-5 では，突発的パニックから広場恐怖という一方向に限定的な因果関係に暗黙の重点を置くことを改めて，ICD-10（World Health Organization, 1993）の表記同様，広場恐怖を独立した診断に戻すべき」であり，「臨床家は少なくとも，パニックを伴わない広場恐怖が後にパニック障害を発症する危険性の指標となると心にとどめておくべき（Bienvenu et al., 2006, p.437）であると示唆している。こうした研究が，『精神疾患の診断・統計マニュアル（第 5 版）』（5th ed.；DSM-5；American Psychiatric Association, 2013）において，パニック障害と広場恐怖を別項目にする決定要因になったと思われる。

パニック障害の治療法

　パニック障害（PD）の治療に関する研究は，広場恐怖を伴うかどうかにかかわらず，薬物治療と認知行動療法（CBT）に焦点化されており，どちらの治療法も全般的には効果的であると考えられている（APA, 1998；Sturpe & Weissman, 2002）。選択的セロトニン再取り込み阻害薬（SSRI），三環系抗うつ薬（TCA）およびベンゾジアゼピンは，おおむね同程度に有効である（Campbell-Sills & Stein, 2006）。ベンゾジアゼピンを，決まった時間の服薬ではなく「頓服として」服薬することは，CBT の効果が十分とならないこととつながっている（Westra et al., 2002）。効能においては，ベンゾジアゼピンが若干早い可能性はあるが，SSRI のみ服薬しているクライエントも 2～3 週間で「追いつく」ことがわかっている。

　かなりの数のクライエントが，ベンゾジアゼピン薬および SSRI の副作用が受け入れがたいと感じている。ベンゾジアゼピンによる治療は，鎮静状態，協調動作の減退，認知機能障害，事故傾性の増加，依存症と関連づけられており，時として減薬中にパニック発作の引き戻しもある（Watanabe et al., 2007a）。SSRI を使った治療は一般的に許容されてはいるが，いくつかの副作用と関連づけられている。こうした副作用には吐き気，眠気，頭痛，歯の食いしばり，鮮明かつ奇妙な夢，めまい，食欲の変化，体重の増減，性機能の変化，抑うつ感もしくは不安の増加，起立性低血圧，発汗の増減などの自律神経機能障害，希死念慮もしくは自殺企図，躁病エピソードの誘発が含まれる（Cohen, 2004）。PD もしくは PDA の初期段階における治療では，CBT と SSRI どちらか一方による治療より，両方を組み合わせた治療がより効果的であるとわかっている。一方で，心理療法のみによる治療と比較すると SSRI 薬の副作用から治療中断者が多い（Furukawa et al., 2006）。

　CBT は少なくとも，第一選択肢である薬物療法と同程度に効果的であることがわかっている（Campbell-Sills & Stein, 2006）。パニックの生理的症状を故意に誘発する内的曝露と認知療法はどちらも，広場恐怖を伴わない PD の治療には同等に効果が高いと思

249

第Ⅳ部　他の障害や場面に対する，研究に支持された標準的 EMDR セラピーのプロトコル

われる（Arntz, 2002）。パニック制御治療と現実曝露のどちらも，パニック関連の恐怖と広場恐怖を軽減することがわかっている（Craske et al., 2002）。読書療法，コンピューター擬似曝露法，問題解決，コンピューター療法などのセラピストとの接触が最小限の療法が，パニック症状の治療に肯定的な結果をある程度もたらすことが示されている。しかしながら，広場恐怖を伴うクライエントについては，セラピストが介在する曝露法が必要であるようだ（Gloster et al., 2011）。Newman ら（2003）を参照。

既存の治療法の限界

　CBT が PD 治療において効果的なことは広く認知されている一方で，時間の経過に伴う効果の持続性を吟味した研究は少ない。短期間の治療で回復するクライエントがいる一方で，ほとんどのクライエントは長期間にわたる補足的な治療を必要とする（de Beurs et al., 1999）。おかしなことに，CBT と薬物療法は概ね同程度に効果的であるにもかかわらず，両方を組み合わせた治療によって，CBT 中断後に症状が再発する可能性が増大するようだ（Barlow et al., 2000）。薬物療法研究の 5 年間にわたるフォローアップ調査が示すところによれば，治療対象となったクライエントのうち寛解したのは 45％ にとどまる（Woodman et al., 1999）。SSRI 治療を受けたクライエントの 20～30％ が副作用のために中断し，20～40％ が寛解に至ることができず，25～50％ が中断後に再発する（Caldirola & Perna, 2015）。Öst ら（2004）の研究によれば，曝露法のみの治療に CBT を追加することによって得られる益は何もないという結果になったが，「1990 年以降に発表された無作為化比較試験において，臨床的に大幅な改善が確認できたクライエントは 60％ にすぎないことを考慮すると，PDA（広場恐怖を伴うパニック障害）に適用される CBT の方式には，さらなる発展の余地がある」と付記された（Öst et al, 2004, p.1106）。

　すべてのクライエントが CBT や曝露法を受け入れられるわけではなく，治療の中断率も曝露法で 24％（Marks et al., 2004），CBT で 26％（Bakker et al., 1999）と高い。また研究の示すところによれば，PDA

による影響が深刻なクライエントほど，これらの心理療法を拒否するか中断する可能性が高い（Hunt, 2000）。CBT および薬物療法研究における限定的結果の理由について明確にしている展望論文はないが，次節で述べる EMDR セラピーの研究や事例報告によって探求されている。後述するように，複数の PD および PDA クライエントの生活歴に沿ってパニック症状の病因と機能を検討する適応的情報処理モデル（Adaptive Information Processing Model：AIP）を通して，部分的に説明されるかもしれない。

パニック障害の EMDR セラピーに関する研究

　PD および PDA の EMDR セラピー適用に関する研究は，PTSD の EMDR セラピー適用に関する研究より限定的である。初期の事例シリーズが 1 例（Goldstein & Feske, 1994），具体的事例報告が 5 例（Fernandez & Faretta, 2007；Goldstein, 1995；Grey, 2011；Nadler, 1996；Shapiro & Forrest, 1997），統制研究が 3 例（Faretta, 2013；Freske & Goldstein, 1997；Goldstein et al., 2000）報告されている。

Goldstein と Feske（1994）による最初のパニック障害事例シリーズ

　Goldstein と Feske は，1994 年に PD クライエント 7 事例に関する最初の事例シリーズを報告した。そのうち 5 事例は広場恐怖の診断基準に適合するクライエントであり，全般性不安障害もしくは特定の恐怖症を併発していた。2 人が PD への EMDR セラピー適用を探求する理論的根拠となったのは，次のような経験的知識に基づいていた

　パニック障害のクライエントから必ずといっていいほど報告されるのが，初期の発作エピソード自体がトラウマチックなものであり，それ以降の症状が PTSD の被害者が経験する徴候に類似するということである。認知行動療法のセラピストたち（たとえば，Beck & Emery, 1985；Goldstein & Chambless, 1978）によって，パニック発作の恐怖自体がパ

ニック障害の核と考えられていたことが，パニック障害を有するクライエントの臨床状態について，われわれがパニック関連記憶への EMDR の有効性を探求するための十分な動機づけとなった。

（Goldstein & Feske, 1994, p.353）

Goldstein と Feske は，標準化された自記式のデータおよび自己観察日誌の両方を使用した。治療は，60 分間の治療計画セッション 1 回と，90 分の EMDR セラピーセッション 5 回からなる。全治療セッションは，EMDR セラピーの研修修了後間もなかった Feske が担当した。最初かつ最悪のパニック発作エピソード，パニック症状やパニック予期に関連した出来事などをターゲットに，標準的 EMDR 再処理法が適用された。その結果，7 人中 7 人のクライエントがパニック発作に対する恐怖の軽減，パニック発作減少による活動の増加，またはパニック頻度の減少を体験したことが報告された。広場恐怖のない 2 人のクライエントにおいて，回復の度合いが最も顕著だった。

Goldstein と Feske は，認知行動療法によるパニック治療においては通常期待される，パニックに関連する思考の段階的変容過程（Chambless & Gillis, 1993）を経ることなく，これらの回復が起こったことへの驚きを報告した。パニック場面の内容についても，過去の発作と将来の予期不安のみに焦点化したり，身体感覚のみに限定するクライエントがいた一方で，パニック発症以前の出来事に関連づけるクライエントもいて，かなり多様性に富むことが報告されている。パニック以前の出来事はしばしば，信頼の欠如，無力感，深い孤独等のテーマを伴う幼少期の記憶であった。このような多様性は，再処理様式における不規則変数を反映するかもしれないし，不安や感情障害の併存を伴う複雑な PDA 様式を発展させるかどうかに関連する，クライエントの幼少期における欠損体験を反映するかもしれない。Goldstein と Feske は，「EMDR はパニック障害の強力な治療法となるかもしれない」（Goldstein & Feske, 1994, p.360）ことが示唆されていると結論づけている。2 人は，対象クライエントのうち，5 回の EMDR セラピーセッションをもって「治癒した」人はいなかったことを

強調するとともに，PDA の寛解を達成するためには 5 回より多くのセッションを要するであろうことを示唆して，統制研究の必要性を訴えた。

● 回復への障壁を打ち砕くこと：Goldstein（1995）

Goldstein（1995）は前述のケースシリーズの追跡調査を行い，PD および PDA への既存の認知行動療法適用の限界について探求した重要な論文を発表した。Goldstein は，認知−情動的意味のネットワーク理論が，EMDR セラピーの適用によって，PD および PDA からの「回復への障壁」を理解し打ち砕く具体的方法を提供できるとした。「不安の高い状況への曝露を伴う行動療法による回避行動の減少率は，広場恐怖を伴うクライエントで約 50％にすぎない」（Goldstein, 1995, p.83）と指摘し，改善率は平均 58％で，曝露法による治療を最後まで継続したクライエントは 27％にすぎず，残った広場恐怖の関連行動については，まったくもしくはほとんど改善を見ないとする報告（Chambless & Gillis, 1994）を引用している。Goldstein（1995）の報告から 10 年が経つが，本章冒頭で紹介した PD および PDA に適用される既存の CBT 治療に関する最近の報告においても，改善率に大きな変化が見られないことが示されている。

●「心から知るということ（Knowing From the Heart）」：Teasdale と Barnard による含意的意味スキーマ（Implicational meaning Schema）

Goldstein は，治療による改善を阻む障壁に関する知見が限られており，合併症としてのうつと回避性パーソナリティ障害が役割を担っている可能性について述べている。Goldstein によれば，Teasdale と Barnard（1993）の研究に基づく認知−情動的意味のネットワーク理論と EMDR セラピーの適用が，治療効果の改善への障壁を理解して乗り越えることを可能にするという。Teasdale と Barnard が提案した連想ネットワークのモデルは，Shapiro（1995, 2001）の適応的情報処理（AIP）モデルと驚くほど多くの共通点を持っており，どちらも Bower（1981）の理論

251

第Ⅳ部　　他の障害や場面に対する，研究に支持された標準的 EMDR セラピーのプロトコル

に基づいて構築されている。Teasdale と Barnard によれば，認知・情動・生理・行動の各パターンと保存された記憶は連想ネットワークを形成しており，その構成要素それぞれが他の構成要素それぞれと連結しているために，一つを刺激することで構成要素のいくつか，もしくはネットワーク全体が活性化されると主張した。Teasdale と Barnard の連想ネットワークの理論は，Foa と Kozak（1986）および Lang（1977）によって説明され，認知行動療法が影響を及ぼすという仮説が立てられた「恐怖ネットワーク」のいくつかの要素を含んでいる。恐怖ネットワークおよび AIP との関係については，第1章と第2章で論じられている。

　Teasdale と Barnard はさらに，（「心から知る」方法である）「含意的意味スキーマ」（IMS）自体は論理に依拠していないために，認知行動的介入には反応しないような連想ネットワークから展開すると提唱した。Goldstein の研究を検討するにあたり，著者自身は（Goldstein にならって）含意的意味スキーマ（IMS）という用語を使用し，EMDR セラピー用語である**不適応的記憶ネットワーク**（Maladaptive Memory Network）と互換的に使用している。このような使用方法は Goldstein の論文では見られない。このことが Teasdale と Barnard や，Goldstein，そして Shapiro（2001）の，それぞれのモデル概念に関する何らかの歪曲となれば，著者自身の責任である。

　Goldstein によれば，曝露法が恐怖ネットワークにおける脅威サインへの反応性を軽減することができるのに対し，治療抵抗を示す PDA ケースにおいては，曝露法と（話し合いや意味づけといった）認知的介入のいずれもが，不適応的記憶ネットワークに影響力を持たないように思われる。Goldstein は，それに代わるものとして「情動−喚起的介入」が必要であり，「EMDR（セラピー）がまさに（そのような）介入法となるだろう」（Goldstein, 1995, p.85）と提言した。

　PDA クライエントが治療初期における症状改善に伴い，身体的な不安症状の背後にある「極度の孤立感」が強まるとしばしば報告することに Goldstein は気づいていた（1995, p.86）。Goldstein によれば，こうしたクライエントはこのような情動体験を非常に恐れており，孤立不安が軽度の場合は支持的対応や CBT で扱うことが可能だが，不安がより強い場合は，含意的意味スキーマ（IMS）にアクセスして変容させることなしでは改善を見ない。Goldstein はこうした治療が，クライエント側と臨床家側の理由から，難しいと考えられると示唆した。

数時間持続するパニック発作

　最初に Goldstein が気づいたことは，こうしたクライエントは原体験の情動的要素を不適応的記憶ネットワークから切り離す，もしくは解離していることである。これらの原体験の不適応的記憶ネットワークが刺激されると，クライエントは数時間持続するパニック発作に類似する状態に陥る可能性がある。一般的にはこうした発作が持続する間，関連する原体験記憶にアクセスされることがないため，この恐ろしい情動の原因について説明されないまま放置されている PDA クライエントは，「発狂するのではないか，生化学的障害か疾病のサインなのではないかと考える」（Goldstein, 1995, p.87）。

　次に，PDA クライエントが中心的な問題に接近するときに起こる情動の強度に，臨床家が耐えられない可能性があるということである。Goldstein が述べている，不適応的記憶ネットワークへのアクセスなしには上述の変容は起こり得ないということに関して，Bower の提唱する状態特異的記憶（Bower, 1981）の原理と，Shapiro（2001）の適応的情報処理（AIP）モデルは，矛盾しない。こうした状況において臨床家は，クライエントの不適応的記憶ネットワーク内にあって，パニックの起因である原体験を受けとめ解決するという支援目標を優先するのか，クライエントがその場で体験している情動状態を好転させるために行動を起こすのか，という間で強く葛藤する。残念ながら後者の衝動は，クライエントを不適応的記憶ネットワークにアクセスした状態から引き出してしまい，ネットワークの再処理が完了する前に情動状態を変えてしまうという誤った介入となる。経験の少ない臨床家は，しばしば，こうした好機から遠ざかる行動をとりやすいと Goldstein は示唆している。

252

最後に，Goldstein は，こうした不適応的記憶ネットワークの原体験が，PDA クライエントからしばしば報告される幼少期の「親子間の役割逆転」に関連することを提言している (Goldstein, 1995, p.87)。Goldstein は親子間の役割逆転事例をいくつか提示しており，そうした状況下で子どもは困難を抱える親のニーズを優先的に充足することによって承認され，子ども自身の養育や安全欲求が充足されにくい。こうした事例には虐待経験，広場恐怖，アルコール中毒，その他の精神および身体的疾患を有している養育者のケアを担う場合が含まれる。養育者がこうした困難を抱えていた PDA クライエントは，きわめて幼齢の頃から，一人の個として関心，承認，肯定の対象となる欲求を充足されないまま，兄弟姉妹の主要な世話役となっていた可能性がある。Goldstein は広場恐怖の展開において，John Bowlby (1973) が提唱した愛着の問題が担う役割について吟味するよう読者に注意を促している。

PDA クライエントの長時間持続する苦痛，極度の不安，孤独の恐怖を伴う状態と，幼少期における親子間の役割逆転体験を関連づける視点の欠如を解離とする Goldstein の記述は，van der Hart ら (2006) が提案する PTSD のとらえ方と同様に，構造的解離モデルのレンズを通して PDA を理解する可能性を提示する。より複雑な PDA 事例においては，不安定な愛着の未解決な問題が治療効果の障壁であるとする Goldstein の主張は，著者の主張 (Leeds, 2001) に対応している。著者の主張とは，愛着理論が複雑性 PTSD もしくは DESNOS の事例における EMDR セラピー事例の概念化の基盤を提供するというものである。

複雑な PDA を持つクライエントの長時間持続する苦痛，極度の不安，孤独の恐怖を伴う状態は，Schore (1994, 1996, 1997, 2003a, 2003b) やその他 (Dozier et al., 1999；Solomon & George, 1999a) が描写しているように，言語習得が未完成な幼少期における未解決かつ慢性的な同調の失敗体験を反映する。このように図式化することによって，幼少期の早い段階で不安定な（もしくは無秩序な）愛着関係に長期間さらされることが，複雑 PDA 事例の基盤であるとする概念化を後押しする。このことは，複雑な PDA に

おいて，IMS（不適応的記憶ネットワーク）を使って想定される問題にアクセスし，解決するアプローチとして EMDR セラピーを考えるための論理的根拠となる。その一方，IMS は，Teasdale と Barnard (1993) が曝露療法と CBT では対応できないと記述しているのである。

複雑な PDA 事例の治療に際して，クライエントが経験している緊迫した情動状態に耐えることが臨床家にとってのチャレンジであるという Goldstein の考察を，われわれは心にとどめておくべきである。臨床家は，クライエントの（もしくは臨床家自身の）苦痛を早急に軽減しようとすることが，クライエントが容認できにくい強い情動状態からの移行を速めることにつながり，結果的に不適応的記憶ネットワーク内にある核となる素材の解決が不完全になってしまう可能性を意識しておく必要がある。その一方で，初期の EMDR 再処理セッションにおいて，不適応的記憶ネットワーク内にあるこの核心的素材に関する言及の必要性について，臨床家は PDA クライエントに強調するべきではない。ほとんどの PDA クライエントは核心的素材について言及する以前に，治療の専門的理解と症状改善の手応えにつながる治療早期の準備段階に充分な時間をかけ，再処理ターゲットの順序を注意深く選択することが必要となる。Goldstein は C 婦人の症例報告で，複雑性 PDA クライエントの治療を定式化している。彼は 25 回を超える一連のセッションを通して，不安と回避に関する心理教育，対処スキルのトレーニング，内受容性曝露のセッション数回という広範囲の拡大的準備セッション，独立した活動を広げるために別の車両で指導しながらの運転への現実曝露 12 セッション，および EMDR 再処理 9 セッションを提供している。

Goldstein が提示したセッションの概要からは，曝露，EMDR 再処理，アサーショントレーニング，治療関係のいずれによる効果であるのかについては，上記の異なる治療要素が重複もしくは交互に組み込まれているために明確ではない。EMDR 再処理セッションの多くは，編み込みの使用が限定的であるために不完全終了であったように見える。ターゲット選択は，事前に決められた順序に沿っているのではなく，その時々に現れた素材に従っているように思

第Ⅳ部　他の障害や場面に対する，研究に支持された標準的 EMDR セラピーのプロトコル

われる。後ほど紹介する Fernandez と Faretta（2007）によるアドリアーナの事例は，驚くほど類似性の高い PDA 事例であるが，全治療セッションは同数で内受容性曝露もしくは現実曝露を併用せずに，安定した治療効果が得られたと報告された。このことは，不適応的記憶ネットワークへのアクセスおよび再処理技術への 2 人の自己信頼が高いため，現実曝露に頼る必要がなかったことと，2 人が適応的情報処理（AIP）モデルをケース概念化の基盤として，ターゲット選択と配列をする感覚がより確立していたことによると思われる。

パニック障害の EMDR セラピーにおける精神力動的視点の提供

Nadler（1996）は，20 代後半の女性「サラ」（仮名）について報告した事例のなかで，彼女の PD の EMDR 治療の概要を報告するとともに，行動および精神力動両方の観点から PD を考察している。EMDR による 2 回の再処理セッションの後，サラのパニック発作および予期不安は軽減された。Nadler は，7～15 回のセッションで効果の現れる治療構造の開発に対する，認知行動療法的アプローチの貢献と限界を認めた。それというのも，その治療構造は「7～15 回で効果的であり得たが，一方で，予期不安の高い残存と，最小限または『低いレベルの変化』しか得られない一部のクライエントの報告（Barlow, 1994；Clark, 1994；Klosko et al., 1990；Telch et al., 1993）も含まれていた」からである。Nadler は，PD の病因に関する精神力動理論の中核的問題として，分離不安および愛着に言及した（Bowlby, 1973；Nemiah, 1984；Shear et al., 1993）。彼は，クライエントの幼少期における原因に関連する素材を素早く引き出す点において，Davanloo の集中的短期力動的心理療法（ISTDP；Davanloo, 1989a, 1989b）と EMDR セラピーの潜在力を比較して，前者を適用するために必要とされるトレーニングに比べ後者に要する時間が大幅に少ないことも対照的だとしている。

このパニック事例における Nadler の治療アプローチは，パニック後のふらつき感という最近の経験を，当初のターゲットにする予定であった。指示

や準備段階に関する描写は含まれていない。サラは母親の死後 20 年経った当時も父親と住んでおり，自身は嫌々ながらも父の強い意向に沿う仕事についていた。Nadler の報告によれば，EMDR の再処理セッションの間，サラは悲しみの感情と，幼少期早期に経験した母親の「病状悪化」と，その後に訪れた死とを，すぐに関連づけた。幼少期に慰めてもらう欲求が満たされなかったことへの深い悲しみと，「完璧かつ大人で」あってほしいという母親の彼女への期待に対する怒りが，SUD 9 という強度で現れ，1 回のセッションのなかで 1 へと減少していった。この記憶に関する再評価や，さらに再処理を行ったかどうかについては報告されていない。

2 回目の EMDR 再処理セッションでは，残っている症状として職場での「奇妙な感覚」に焦点を当てたが，仕事に関する不満と，当時再婚しようとしていた父親への怒りが同時に現れた。彼女は，嫌っていた仕事を引き受けることによって，父親に気に入られようとしていた。彼女は，幼少期に病気の症状が「確実に注意を惹くことができる唯一の方法」であることを発見したように，その症状が父親から面倒を見てもらうためのアピールであるという洞察を得た。サラは，父親に対してより率直に自分の感情を表現することと，自身の生活状況を改善するために行動することを決意した。

Nadler は，その後 6 カ月の間に サラと「ときおり，連絡」をとった。彼女はその後もパニックから解放された状態が続いたが，次第に名状しがたい感情について不安が押し寄せると報告した。彼がさらなる EMDR による再処理を提案すると，継母との葛藤が強まっていることが明確になり，一人暮らしをする欲求を実現するに至った。Nadler はさらに，PDA 事例における EMDR 再処理への反応として，Goldstein と Feske（1994）が先に描写した二つのタイプに言及している。

Goldstein（と Feske）が発見したように，クライエントのなかには，基盤となっている力動的な問題が現れることなしに，脱ら作と破局的な認知の修正が経験される者がいる一方で，トラウマもしくは障害の早期記憶が生じてくる者もいる。わ

れわれのクリニックでも，PDA クライエント数人が，記憶を想起せずに破局的信念の修正を伴う深いリラックス状態になった。 (Nadler, 1996)

Nadler は EMDR 再処理に対する上記 2 種類の反応を説明する特定の仮説を提示していない。より複雑な PDA 事例において，クライエントが EMDR 再処理によって出現するかもしれない素材の強度に備える必要性についても言及していない。

● Shapiro と Forrest：未解決のトラウマ的喪失の事例における PD

Shapiro と Forrest (1997, pp.74-88) は，長期間にわたり暴風恐怖を持つ女性，スーザンの事例を報告している。スーザンは，最初の夫が竜巻で悲劇的な死を遂げてからちょうど 6 年が経ち，猛吹雪の音が聞こえる屋内で 2 番目の夫といるときに，最初のパニック発作を経験した。スーザンはパニック発作が始まったとき，バイオフィードバックとストレス軽減 30 日間集中プログラムによる治療を試したが効果が上がらなかった。EMDR セラピーのトレーニングを受けた臨床家である Beverly Schoninger と出会い，準備および治療計画の 2 セッションと，90 分の EMDR 再処理セッション 3 回が提供された。3 回の再処理セッションでスーザンは最初の夫への悲嘆プロセスを完了し，夫が竜巻で亡くなったことに対する不合理な自責について取り組むとともに，暴風と関連づけられた脅威の徴候を脱感作することができた。この生き生きとした物語のような事例報告は，EMDR セラピーを用いた短時間の PD 治療が有効となる可能性を示唆するが，標準化された治療回数もしくは治療効果の安定性に関する追跡情報を提供していない。

● Fernandez と Faretta (2007)：PDA 事例における分離不安の解決

Fernandez と Faretta (2007) は，20 歳のときに発症した PDA を EMDR セラピーで治療した 32 歳の女性，アドリアーナの事例を報告している。アドリ

アーナは一人で運転中にパニック発作が起こったために，一人で運転することを回避するようになった。彼女のパニック症状には，息苦しさ，心悸亢進，発汗，めまい，手のチクチク感，足のふるえ，視覚障害，死の恐怖があった。広場恐怖は最初の 8 年間で進行し，交通渋滞や買い物，エレベーターの使用といった，退避場所が見つかりにくい場所や救援を得にくい場所を回避するようになり，徐々に家でさえも 1 人でいることを怖がって，いつも誰かと一緒でないと居られない状態になった。

アドリアーナには，寄与因的な生育歴早期の体験および原因的な最近の出来事のいくつかが明らかになっており，総合的な治療計画のなかで言及されていた。そうした出来事には，生後数カ月のとき，両親の仕事のスケジュールのために長期間にわたり祖父母に預けられたことが含まれた。両親は夕方彼女に会いに来たが，両親と生活するようになったのは彼女が 8 歳のとき，母親が弟を妊娠したときだった。弟の出産の日，彼女は偶然エレベーターに閉じ込められた。弟が生まれた年には，短時間ではあるが恐ろしい強盗の侵入もあった。数年経ってから，大麻中毒のエピソードと関連する最初の不安発作を発症した。彼女の最初の運転中のパニック発作は盲腸切除後まもないときに起こった。

アドリアーナはパニック発作の頻度，苦痛の度合い，持続時間，誘因といった行動データに加えて誰が一緒にいたかを毎日記録していた。Fernandez と Faretta (2007) によれば，アドリアーナは合計 30 回の治療セッションを受けた。そのうち 6 セッションは，生育歴聴取と準備に費やされた。この初期の段階の後，過去の出来事および発作誘因から複数を選択してターゲットとした，12 回の EMDR 再処理が続いた。その後，未来の行動リハーサルの EMDR 再処理のために，3 回のセッションを費やした。最後に 9 回の追加的セッションで，積極的な治療段階から得られた結果の振り返りを行った。治療終結後 3 カ月，6 カ月および 1 年後の調査で集積したフォローアップ・データから，アドリアーナが次のような結果を達成していたことがわかった。

● 不安およびパニック発作の解消

第Ⅳ部　他の障害や場面に対する，研究に支持された標準的 EMDR セラピーのプロトコル

- 回避行動の解消
- 1 人でいる，および 1 人で運転する能力を通した，独り立ち機能の確立
- 広場恐怖症状の解消
- 症状および二次的利得に関する洞察と理解
- 対人関係の調整と通常の日常生活機能回復を含む，新しい自己認知の確立

　Fernandez と Faretta（2007）は，上述の PDA 事例における肯定的な結果はいくつかの主要な要因によると主張する。2 人によれば，広場恐怖の治療に際しては準備段階を十分長くとることが重要である。アドリアーナの場合，生育歴・病歴聴取，治療同盟の確立および心理教育に 6 回のセッションを費やしており，一方，Goldstein ら（2000）による統制研究では，生育歴・病歴聴取および準備セッションが 1 回のみであることと対照的である。この点については次節で再考する。Fernandez と Faretta は，たった 4 セッションの再処理の後にパニック症状が除去されるという，再処理セッションの効果の有効性を目の当たりにした。2 人は，EMDR の再処理力が主要な病因につながる出来事と不適応的な学習体験を明らかにするとともに，その解消を助けると強調する。Goldstein（1995）および Nadler（1996）同様，Fernandez と Faretta は，両親からの分離，親の強い不安に関する体験，厳格すぎるしつけ，クライエントの「自立的探求や自信の獲得」（Parker, 1981）を阻む親の柔軟性欠如，といった愛着に関連する問題を明確にして EMDR 再処理を適用する必要性に注意を向けている（Fernandez & Faretta, 2007, p.50）。本章の後半では，文献レビューの後で，レジリエンスやセルフモニタリング，感情を自己制御する能力の発達に，愛着関連体験が多大な影響を及ぼすことを考慮する必要性について議論する。

　Fernandez と Faretta（2007, p.50）は，PD の病因における「否定的もしくはストレスフルな経験」が担う役割と，「これらの症状につながる脆弱性の形成に寄与した経験を識別して明確にするために」，臨床家がクライエントの生育歴を聴取する必要性を強調し

た。2 人は，最初のパニック発作の発症に先行する，準臨床的不安に関連する問題が存在することを提案した。Fava と Mangelli（1999）は，「最初のパニック発作はしばしば，鎖状につながるストレスフルな出来事のクライマックスであって，逃げ場のない回避できない状況のなかで生じる」とした。（Fernandez & Faretta, 2007, p.50）。彼らが重要性を強調したのは，広場恐怖の事例において「二次的利得」が問題となる可能性について考慮することだ。この二次的利得は，回避行動の維持により，失敗の恐怖や気分の改善への耐性への不安，もしくは依存性が高く不均衡な愛着関係の喪失に対して，緩衝機能を提供するということである。彼らは，臨床家が「十分な準備段階」と，「①病理の基盤となった出来事，②最初の恐怖，不安もしくはパニック体験，③最悪の体験，④一番最近の体験，⑤現在の引き金，および⑥未来の鋳型」に関連するターゲットの EMDR 再処理を含む標準的な EMDR 恐怖症プロトコル（Shapiro, 2001）に基づいて治療計画を立てるよう，臨床家に促している（Fernandez & Faretta, 2007, p.50）。

EMDR 集中セラピーのパイロット研究：Grey（2011）

　Grey（2011）は，PDA と大うつ病性障害（MDD）を併発し，深刻ではあるが精神病的特徴は見られない女性クライエントに，1 カ月間にわたり 90 分の再処理セッション 12 回を，1 週間に 3 セッションというペースで提供するという，EMDR 集中セラピーのパイロット研究について報告している。クライエントは幼少期の性的虐待について思春期に言語セラピーを受けたが，その後，別の家族の一員も家庭内の同じ男性に性的虐待を受けていたことを知るに至って症状が現れた。クライエントは PDA を発症し，その結果職務の遂行が困難となり，自宅からも出られなくなった。抑うつ的になり，普段の活動に無関心になって，3 週間の間に体重が 20 ポンド[35] 減少し，配偶者，家族，友人を避けるようになった。

　彼女の EMDR セラピーの治療計画は，次の三つ

---

†35　約 10 Kg。

のテーマに関連するターゲットを中心に作成された。①「私は価値がない」，②「私はとらわれている」，③「それはすべて私の責任だ」。これらのターゲットはいずれも，公表された事例報告を読む限りでは，パニック発作および発作に関連する身体感覚いずれの記憶とも明白な関与は認められない。「私は価値がない」というテーマについては，「幼少期の医学的疾患，姉妹関係，母親を失望させたという思い」の記憶（Grey, 2011, p.19）が，ターゲットに含まれた。これらのうち後半は，明らかに母子関係のストレスと関連する。「私はとらわれている」というテーマでは，「幼少期の溺れる悪夢と暗闇を恐れる」記憶（Grey, 2011, p.19）（これら二つとも，強度の不安およびパニックと関連づけられるかもしれない）が，ターゲットに含まれた。「それはすべて私の責任だ」というテーマは，「母親，姉妹，夫，および2人の同性の友人との関係性」（Grey, 2011, p.19）が吟味された。Nadler（1996）が報告した「サラ」の事例と同様，この事例報告のクライエントについても，母親および姉妹との関係，幼少期の悪夢体験や暗闇の恐怖といった，幼少期におけるストレスフルな記憶の再処理開始にあたって，事前の準備を特に必要としなかった。

　治療の結果は，ベック抑うつ尺度-Ⅱ（BDI-Ⅱ），およびベック不安尺度（BAI）を使って評価された。Greyは「パニックの程度および機能障害は，広場恐怖を伴うパニック障害の診断基準に該当する」（Grey, 2011, p.18）と述べているが，クライエントのパニック発作の実際の頻度および強度は，治療前後のいずれについても評価されていない，もしくは報告されていない。研究開始時の得点はBDI-Ⅱで49，BAIで38であった。3カ月の追跡調査では，得点はそれぞれ8と7になっていた。1カ月間の治療（12セッション）終了時点で，クライエントは仕事に復帰し，通常の食事および友人や配偶者との社会的関係を回復していた。

　Greyは，FeskeとGoldstein（1997），Goldsteinら（2000）およびFernandezとFaretta（2007）の研究について短い引用はしているが，「得られた成果はクライエント個人固有なもので，ユニークな生育歴を持つ本クライエント固有の特徴によるものである可能

性を除外できない」（Grey, 2011, p.21）と述べている。Greyの報告は，PDAではなくEMDR集中セラピーの潜在的有効性に焦点を当てて，次のように提案している。

　　……EMDR集中セラピーは研究で用いることが可能で，EMDRと宿題を伴うCBTを比較し，治療適用における違いを評価することができるであろう。さらに，EMDR集中セラピーと付加的な課題を極力減らしたCBT集中セラピーを比較する調査研究を通して，二つの治療アプローチ間のより正確な比較を試みる取り組みとなるであろう。
　　　　　　　　　　　　　　（Grey, 2011, p.23）

統制群を用いた研究：
FeskeとGoldstein（1997）

　FeskeとGoldstein（1997）は，PDのEMDR治療で初めての，統制群を用いた研究に関する報告を公表した。2事例を除いて，広場恐怖の診断基準にも該当していた。2人は，待機リストから無作為に43名の外来のクライエントを選出し，6回のEMDR再処理セッション，もしくは6回の「眼球固定曝露と再処理法」（Eye Fixation Exposure and Reprocessing：EFER）と呼ばれる，EMDRセラピーに類似するが眼球運動を伴わない治療を施した。EFER治療では，顔から約12インチ離れた位置に静止した状態の，治療者の人差し指と中指を見る。待機リストのクライエントも，選出基準に叶う場合は，どちらかのグループに割り当てられた。（『統制群を用いた成果と部分撤去研究』という副題で）FeskeとGoldsteinによって起案された本研究は，PDAのEMDRセラピーの試みそのものが，何をもって適切とされるかについての考察がされないまま，どちらの眼球運動が治療効率により貢献するかに焦点を当てているように思われる。

　パーソナリティ障害，アルコールまたは物質乱用，希死念慮を伴う抑うつ，もしくはパニック症状より深刻な抑うつを伴う場合，もしくは規定量を超えるベンゾジアゼピンの服薬がある場合は，選出時に対

第Ⅳ部　他の障害や場面に対する，研究に支持された標準的EMDRセラピーのプロトコル

象から除外された。参加者は治療の1週間前，治療の1週間後および3カ月後に標準客観質問表の記入を行い，7週間にわたる治療段階と3カ月フォローアップ期間中の2週間にわたって，セルフ・モニタリング記録の記入を行った。

　実際の治療グループでは，参加者に1回の問診セッションに続く5回のEMDRセラピーもしくはEFERのセッション（2時間セッション1回と90分セッション4回）が，3週間以上にわたって実施された。それ以外には，安全な場所，リラクセーションや呼吸法，現実曝露といった，他の準備的もしくは治療的介入が参加者に実施されることはなかった。治療計画は，参加者の「最初もしくは最悪のパニック発作や，パニック障害に関連すると参加者が認識するライフイベント，予期パニックのエピソードといった不安喚起記憶」からのターゲットに焦点化された（Feske & Goldstein, 1997, p.1028）。不快な身体感覚などの現実刺激を治療ターゲットとすることは，現実曝露に類似する方法を避けるために除外されたようだ。また，分離，トラウマ，ストレスフルな親との関わりといった幼少期の困難体験を明確化してターゲットにするための努力も，特に見られないようだ。

　Feske と Goldstein（1997）は事後の効果測定調査から，パニックおよびパニック関連症状の軽減において，待機リスト（未治療）に比較してEMDRセラピーがより効果的であることを見出した。ポストテストでは，主要な五つの効果測度のうち2項目における改善で，EFERよりEMDRセラピーがはるかに上回った。その一方で，3カ月フォローアップでは，EFERとEMDRセラピーは統計的に同等の結果となった。事後調査の段階で8名のEMDRセラピー参加者は，中〜高程度の達成状態機能を達成していたのに対して，EFERでは1名，待機リスト患者では0名であった。フォローアップ時には，6名のEMDRセラピー参加者と3名のEFER参加者が，中程度から高程度の達成状態機能であったのに対し，9名のEMDRセラピー参加者と11名のEFER参加者が，低程度の達成状態機能にあった。2人の考察では，フォローアップ時の治療効果において顕著な違いが見られなかったという点に焦点化して，

EMDRセラピーは待機リストの対照群との比較で，プラセボ治療もしくは短期的には優位ではあるものの儀式的方法であるとされた。彼らは Goldstein と Feske（1994）の先行する一連の事例報告に言及しているが，肯定的な結果や Goldstein（1995）が報告した事例の中心的問題を引用もしくは議論することについては，著しく欠けている。こうして，著者の一人である Goldstein 自身が，2年前の論文のなかで最も強調していたことが見落とされた可能性がある。すなわち，PDA事例における治療の定式化および治療計画を考慮したうえで，信頼のおける治療計画を提示するということが，議論から除外された。

　Fernandez と Faretta（2007），Goldstein（1995），Grey（2011），Nadler（1996）による PDA 事例に対する肯定的結果の報告と比較して，Feske と Goldstein（1997）によるこうした結論づけは，PDA に EMDR セラピーを適用する意義をどう考えるかについて注意深く解釈されなければならない。Feske と Goldstein は，彼らが EMDR 再処理セッションの際に手続きへの忠実性の証拠を提供している一方で，全体的な治療計画とセッション回数において成功した単一事例の報告者たちや，EMDR セラピー考案者（Shapiro, 2001）によって提案された基準には適合できていないようだ。また，準備とラポール確立に必要なセッション回数を実施しておらず，困難な愛着に関する幼少期の体験や，トラウマに関連する不適応的記憶ネットワークの特定と再処理を行っていないように思われる。不快な身体感覚といったパニック発作が連想される現実刺激や引き金については，（現実曝露を伴うであろうという理由から）再処理の対象とされておらず，参加者が未来状況に備えられるよう支援することも行っていない。

　行動主義の文献によると，PDA クライエントの大部分に成果を達成するためには，認知もしくは行動療法の7〜15セッションが必要とされる（Nadler, 1996）。上述の PDA の EMDR 治療に関する単一事例のなかで描写および結果報告されているように，準備セッションを複数回とらず，EMDR の再処理セッションは5回のみという Feske と Goldstein が選択した研究デザインが，PDA にとって EMDR 効果が不十分であるという結果になったとしても驚くこと

第14章　パニック障害の治療

ではない。

Goldstein ら（2000）の報告

Goldstein ら（2000）は，本質的に Feske と Goldstein（1997）の先行研究にならった PDA の統制研究を発表した。Feske と Goldstein と同様に，彼らは 46 名の参加者を無作為に EMDR セラピー，待機リスト，もしくは別の対照条件に割り当てたが，眼球固定曝露と再処理（EFER）を，信頼性は高いが PDA に対する有効性はないと知られている別のプラセボ対照条件に変えた。待機期間の終わりに，待機リストの参加者たちは，二つの治療条件のうちの一つに無作為に割り当てられた。信頼性の高いプラセボ対照条件とした「連想・リラクセーションセラピー」（ART）は，30～45 分の漸進的な筋弛緩トレーニングと，それに続く 30～45 分の連想セラピーで構成された。これらの治療法はいずれも PDA に対しては，認知行動療法に比べて効果が低いことがわかっていた。

著者たちは「Feske と Goldstein（1997）は，広場恐怖を伴うパニック障害（PDA）に対する EMDR セラピーの有効性について，肯定的な結果を獲得していた」ことを認める一方で，「恐怖症治療に関する早期の矛盾する結果を考慮して，効果についてくり返し実証が必要である」（Goldstein et al., 2000, p.948）という考えを述べた。特定の恐怖症（特にクモ恐怖症）の EMDR 治療に関する研究の限界は，第13章で議論されている。不完全なクモ恐怖症研究における意義深い問題と，PDA と特定の恐怖症との性質および病因における違いを考えると，このことがくり返し実験に正当な論理的根拠になるとは思われない。Goldstein と Feske（1994）のなかの統制群のない事例シリーズ，および Feske と Goldstein（1997）による無作為化統制研究のどちらからも，最初の結果が肯定的であったと仮定すれば，認知療法や曝露法といった効果が知られている代替治療法と EMDR セラピーを直接的に比較するなどの方がより有用な研究になったであろう。彼らは，EMDR と行動療法においては PDA の黄金基準治療法とされる曝露療法と EMDR との比較を採用しなかったことで，25％に上る曝露療法による PDA 治療の中断率に見舞わ

れる可能性を回避し（Marks et al., 2004），EMDR セラピーと曝露療法の相対的有効性について理解を深める機会を逸することになってしまった。

Goldstein ら（2000）は除外基準として，Feske と Goldstein（1997）と同様に，ベンゾジアゼピン系の服薬量が多いか最近服薬変更があった場合，物質依存，深刻な合併不安障害，一定の気分や思考および第Ⅱ軸の障害（特に妄想性，スキゾイド，統合失調型，反社会性，境界性パーソナリティ障害）を適用した。参加者のうち 20 名は，別の不安障害を持っており，3 名は強迫性パーソナリティ障害，4 名は回避性パーソナリティ障害の診断基準を満たしていた。彼らは，構造化面接，自記式質問票，毎日記入するセルフモニタリング紙を含む，類似の標準化された基準を使用した。治療の整合性評価には，参加者による信頼性尺度および録音録画セッションの忠実性評価が使用された。

治療は平均 4 週間以上にわたり，90 分のセッション 6 回から構成された。初回のセッションは，症状，病歴，障害の経緯，最初および最悪のパニック発作の詳細に関する情報収集に加え，割り当てられた治療法の正当性の根拠説明に焦点化された。その後に参加者は，EMDR 再処理もしくは ART どちらかによる，5 回の 90 分セッションを受けた。どちらのグループにも，先行する Goldstein（1995）の報告や，後発の Fernandez と Faretta（2007）の報告で重要性が記述されているような，準備段階もしくは治療期間の延長はなかった。実際「治療を通して，どちらの条件に従事した治療家も，不安管理トレーニング，認知再構成，現実曝露，精神内界の問題探索といったプロトコルの範疇外の介入方法を使うことは禁じられていた」（Goldstein et al., 2000, p.949）。

Goldstein ら（2000）の研究は，先行する Feske と Goldstein（1997）の報告よりも，EMDR セラピーの効果が少ないという結果になった。このことは，Feske と Goldstein（1997）の研究がパニック発作の頻度に焦点化したのに対して，Goldstein ら（2000）では広場恐怖の深刻さに焦点化したという選択基準の相違に，部分的に依拠するかもしれない。このように，Goldstein ら（2000）の参加者たちはより深刻な広場恐怖を患っていた。彼らは，上記の結果が方

259

第Ⅳ部　他の障害や場面に対する，研究に支持された標準的EMDRセラピーのプロトコル

法論の貧弱さに依拠しない理由として，注意深く診断されたクライエントを無作為に割り当てた対照グループの設定，Shapiroによって改訂および認定された治療マニュアルの使用，EMDRセラピーの訓練を受けた治療者が，パニックと広場恐怖をEMDR治療の高度な経験を持つAlan J. Goldsteinによる週1度のスーパービジョンを受けながら治療にあたるなど，いくつかの点を挙げた。彼らの結論は，「確固とした有効性のエビデンスを持つ治療の有用性という観点からいうと，本研究の結果は，広場恐怖を伴うパニック障害の治療へのEMDRセラピー適用を支持するものではない」（Goldstein et al., 2000, p.955）ということだった。

しかしながら，Goldsteinら（2000）の調査における，注意深く収集されたデータのこのような解釈を受け入れるかについては，慎重を期すべきである。この研究は，FeskeとGoldstein（1997）によって3年前に実施された先行研究と同じ治療計画上の問題を抱えている。すでに述べたように，計画の問題は次の点を含む。①準備とラポール確立に必要なセッション回数を提供しない，②幼少期の困難な愛着に関する体験や，トラウマに関連する不適応的記憶ネットワークの明確化と再処理をしない，③パニック発作を連想させる不快な身体感覚を含む現実刺激や引き金を再処理しない，④参加者が未来状況に備えるための支援をしない。

GoldsteinとFeskeの研究（1994）やGoldsteinの研究（1995）と比べて，Goldsteinら（2000）による研究で治療効果が低い結果となった原因の説明として，Goldsteinは次のように述べている。

　　……広場恐怖のクライエントが，たとえばPTSDを患う人々とはどのように異なっているのか。EMDR治療のプロセスと成果に影響が出るかもしれないようなあり方で，どのように異なっているかという問題がある。可能な説明として，広場恐怖を持つ人は強烈な情動に対して回避傾向が強いこと，広く拡散した恐怖ネットワークを有していること，不安および恐怖反応の正確な因果認定ができにくいことが観察されることがある。クライエントはたびたび，説明不可能に見える力に

よって圧倒され，混乱した気持ちのなかで治療に来ると私は確信している。**治療において最初にやるべきことは，構造，安心感，具体的な不安対処法を多く提供することである。治療の早期において，クライエントはおそらく，EMDRのように感情を喚起する治療手続きに従事する準備ができていない。**
　　　　　　　　　　　　　　　　　　（Shapiro, 2001, p.363）

単回セッションにおける高い忠実性と適切な治療計画との対比

選択したターゲットの一つひとつを再処理する際に，EMDRセラピー標準プロトコルの手続きステップの忠実性を保持していても，適切な治療計画を提供することにおいて失敗することは，十分ありうることである。このことは，EMDRセラピーの訓練途中もしくは訓練を終えたばかりの臨床家と仕事をする認定コンサルタントから，よく報告される問題である。Goldsteinら（2000）の調査へのすべての参加者が，中程度から重度の広場恐怖の基準を満たしていたという事実に加えて，13名は全般的な不安障害，社会恐怖症または強迫性障害の基準に適合しており，7名が強迫性パーソナリティ障害もしくは回避性パーソナリティ障害の基準を満たしていた。本章で引用した個別のPDA事例報告と，パーソナリティ障害（Manfield, 2003）および全般性不安障害（Gauvreau & Bouchard, 2008）治療へのEMDRセラピー適用に関する他の報告に基づくと，こうした合併症を持つクライエントの治療を成功させるためには，大幅に包括的かつ長期的治療計画が必要となるだろう。

クライエントに中程度から深刻な広場恐怖がある場合，Goldsteinら（2000）が記述したような最初のパニック，最悪のパニック，もしくは最近起ったパニック発作の確認と再処理にとどまる治療計画では，パニック発作自体の頻度と深刻度の改善においても，広場恐怖の回避行動においても，望ましい結果はもたらされないであろう。このことに関する理由の多くは，本章の冒頭に引用したPDA事例3例の報告者（Fernandez & Faretta, 2007；Goldstein, 1995；

260

Nadler, 1996）によって適切に記述されている。

パニック障害治療における EMDR と CBT の比較：Faretta（2013）

2013 年に Faretta は EMDR セラピーで治療したクライエント 10 名と，認知行動療法（CBT）で治療したクライエント 10 名を比較対象に，PD について地域に密着した非無作為化比較パイロット研究を報告した。クライエントはインターネット上の EMDR Italy Association もしくは Associazione Italiana di Analisi e Modificazione del Comportamento e Terapia Comportamentale e Cognitiva というウェブサイトで，自分の治療にあたる臨床家を自ら選択した。非無作為化方式を採用したために，広場恐怖を伴うクライエントの数がグループ間でバラつきがあり，CBT グループでは広場恐怖の診断基準に適合したクライエントの割合が 56％ であったのに対し，EMDR グループでは 20％ となった。どちらのグループにおいても，クライエントの治療セッション数は 12 回であった。

EMDR セラピーは，Shapiro（1999, 2001；Leeds, 2009）によって記述された 8 段階と，次に付記するモデルに従った。第 2 段階（心理教育）にはパニックに関する教育も含まれた／第 3 段階（ターゲットの再処理）で対象とする過去の体験には，明確になっていれば最初のパニック発作の背景ストレッサー，最初のパニック発作，最悪のパニック発作，最近のパニック発作，知覚された幼少期の寄与的体験が含まれる。寄与的体験には，見捨てられ，恥，恐怖および幼少早期の親子役割逆転がある。現在の刺激は，パニック発作に関連する外的および内的手がかり，さらにクライエントが将来これらの徴候と直面する状況に備えてリハーサルする未来の鋳型（外的および内的手がかりに関して）に焦点化した。　　　　（Farreta, 2013, p.126）

CBT クライエントには パニック障害治療ガイドライン National Institute for Clinicial Excellence（NICE, 2011）に従って治療が行われた。

評価尺度は State-Trait Anxiety Inventory（STAI-Y1），Panic-Associated Symptom Scale（PASS），Marks-Sheehan Phobia Scale（MSPS）および Symptom Check-list-90 改訂版（SCL-90-R）である。評価は治療前後および治療終了から 1 年後のフォローアップ時に実施された。STAI-Y1，MSPS および SCL-90-R のいずれにおいても，二つの治療グループで変化のパターンと割合が類似する結果となった。PASS による評価では，EMDR グループ参加者から，治療後のパニック発作回数が CBT グループの参加者との比較において，大幅に減少したことが報告された。

治療終了時に，EMDR グループで PD 診断基準に適合する参加者は 1 名もおらず，CBT グループでは 1 名のみであった。インテーク時には，EMDR グループ参加者のうち 2 名，CBT グループで 5 名が，広場恐怖の基準を満たしていた。治療後は，CBT グループでは，広場恐怖の症状のいくつかが治療後も報告された。また，EMDR グループおよび CBT グループのいずれにおいても，広場恐怖の診断基準に適合する参加者は一人もいなかった。　　　　　　　　　　　（Farreta, 2013, p.127）

効果は 1 年後のフォローアップ時においても持続していた。

治療成果について Farreta は次のようにいう。

本研究の結果は，EMDR を用いた PD 治療が（広場恐怖を伴う場合も伴わない場合も）CBT と同等に有効であり，かつパニック発作の頻度軽減においては，より効果が高いかもしれないことを示唆している。　　　　　　（Farreta, 2013, p.129）

これまでにも Farreta と Fernandez（2006）および Leeds（2012）によって，EMDR による PD および PDA 治療の効果が示唆されている。すなわち，総合的な治療計画が，初期の肯定的成果に関する事例報告において提示され，かつ EMDR 開発者によって記述されたプロトコルに忠実である場合（Shapiro, 2001），少ないセッション数でパニックお

261

第Ⅳ部　他の障害や場面に対する，研究に支持された標準的 EMDR セラピーのプロトコル

および広場恐怖の症状が消失するのを援助できることが示されてきた。Feske と Goldstein（1997），および Goldstein ら（2000）によるより規模の大きい二つの統制群を用いた研究は，手順プロトコルには忠実であった一方で，いずれもこうした総合的治療計画に従っていなかった。

(Farreta, 2013, p.130)

　これまでの EMDR による PDA 治療に関する統制群を用いた研究とは対照的に，PD および PDA を持つ EMDR 参加者のパニック発作の頻度が，フォローアップ時においても継続的に軽減していた割合が，CBT 治療グループをかなり上回ることが本パイロット研究によって明らかであった。EMDR グループにおいてフォローアップ時に見られた継続的な改善は，EMDR による心的外傷後ストレス障害治療と，ストレス免疫訓練のフォローアップ時の状態の相違を比較した Lee ら（2002）による所見と一致することを示すのかもしれない。しかしながら，この予備的成果については，より大きい規模のグループにおいて再現される必要がある。　　　(Farreta, 2013, p.131)

　Faretta のパイロット研究は PDA に関して，Shapiro（2001），Faretta と Fernandez（2006）および Leeds（2012）が提示した PDA 治療プロトコルを完全に活用するとともに，EMDR セラピーと CBT を直接的に比較した最初の統制群を用いた研究となった。この研究から得られた肯定的成果は，PDA のための完全な EMDR セラピープロトコルと曝露療法を比較する無作為化比較試験を，より大きな規模で実施することが非常に有用であることを明確にしている。

　次節では，PD および PDA の EMDR 治療について公刊された報告と，著者自身の臨床経験から学ぶ。よりシンプルな PD 事例のためのモデルと，より複雑な PDA 事例もしくは他の併存症を伴う PD 事例のためのモデルという，二つのモデルとなる治療計画を概説していく。

●
PD から PDA，2 次的パニック，PTSD までのスペクトラム

　PD および PDA の EMDR セラピーに関する文献を再吟味すると，パニック体験に EMDR 再処理を適用する際に起こりうる二つの異なる反応が見出される。比較的シンプルな事例においては，広場恐怖を伴わない PD が最も多いが，最初のパニック，最悪のパニック，最近起こったパニックに関する記憶の EMDR 再処理が，パニック体験の記憶内での単純連想につながっている。こうした事例では再処理の間，パニック経験に関連した映像の鮮明さ，感覚および感情に変化が起こることが報告されるが，これらは孤独に対する深い恐怖感や，幼少期の苦痛な愛着体験に関連する記憶に結びつくことはない。こうした単純な PD 事例とは対照的に，より複雑な PDA 事例においては，広場恐怖の奥に横たわる情動回避をうまく解決するために，パニック発作記憶の EMDR 再処理が最終的に導くのは，親との分離，厳しい躾，「マインドサイト」[†36]（Siegel, 2012, p.105）の伴わない表面的な子育て，保護者の病気，ネグレクトといった幼少期の記憶の連想や，親子役割の経験への連想である。怒りや恨みの感情を抱くことへの罪悪感は，恥の感情や価値ある存在であることに対する自信喪失と相まって，深い傷つき，怒り，悲しみといった，幼少期の不適応的記憶ネットワークに結びつく感情に十分取り組むことに葛藤を抱くことになりやすい。こうした不適応的記憶ネットワークには，クライエント自身がはっきりと記憶している幼少期の記憶はもちろん，明確な記憶がないのに強い情動状態を喚起する，言語習得以前の素材が含まれている可能性もある。クライエントがこうしたことを意識するのは，後になるかもしれない。なぜなら，言語習得以前の記憶はより深いところに横たわっているため，ぼんやりとしか理解できないものであり，それよりもクライエント自身が認識できる記憶のほうが不安を強めるからである。傷つき，怒り，悲しみの深い感情への十分な取り組みのなかで実際に出てく

---

†36　Mindsight：他者の気持ちを洞察し共感すること。Daniel Siegel の造語でメンタライゼーションとほぼ同義。

るこうした葛藤は，賢明に選択された編み込みを使った適切な順序立て（well-sequenced）のアプローチに沿って，注意深い配慮を怠ることなく働きかけ，処理されなければならない。編み込みについては多くの場合，幼少期の親子役割の逆転に関する責任の外在化，もしくは情緒的な自己慰撫（self-soothing），自己肯定（self-validation），自己価値（self-worth）の力を強化する（第9章を参照）という，責任のテーマに焦点化されるだろう。

こうした子ども時代の逆境的体験の有無は，より包括的な生育歴・病歴聴取を行うことで，インテーク時に確認できることは珍しくない。しかし，初めから人生早期のこうした体験を EMDR 再処理のターゲットとする治療計画は，まだ心の準備が整わないうちに，強い恐怖，孤独，傷つき，怒りまたは悲しみといった深い感情に，最大の強度でクライエントを曝露してしまうことになるかもしれない。このようなクライエントにとって必要なのは，そうしたやり方ではなく，構造化されたアプローチで，安心感を提供しながら治療計画を立て，まずは，具体的な不安管理技法や自己をなだめるための資源の開発と植えつけを用い，感情耐性を高め，そのうえでパニック発作をターゲットにする。こうしたクライエントにまず必要なのは，EMDR 再処理に関する理解の感覚と大きな信頼，そして最初のパニック，最悪のパニック，最近起ったパニック発作記憶の再処理セッションのなかで，しっかりと取り組めたという経験を通して形成される，治療同盟における十分な信頼感なのである。こうしたクライエントは，何らかの肯定的な手応えがあってはじめて，パニック発作と広場恐怖の下に横たわる核心的な傷つき感情を包含する，中心的な記憶を扱う準備ができる。

このアプローチは，まず不安管理スキルの練習や，最初のパニック，最悪のパニックそして最近のパニック発作に焦点化した再処理から始める。その後に不適応的記憶ネットワークのより深い幼少期早期の側面へと進む手続きを含む，高度に構造化した計画に沿って治療を始める。これは Arne Hoffman 博士（2004, 2005, 2010）によって複雑性 PTSD の治療のために記述された「反転プロトコル」と，いくつかの点で類似している。複雑性 PTSD のための反転プ

ロトコルでは，再処理のために選択されたターゲットの順番が，Shapiro（1995, 2001）によって考案された「過去，現在，未来」の標準的治療計画の順番とは逆である。反転プロトコルは，未来から始め，続いて現在，それから過去の再処理へと移る。人生の最も早い時期において確認される適応不全的記憶は，クライエントの感情耐性と資源へアクセスする力から見ると強烈すぎる（この点についても，Dr. Hoffman によって**肯定的なチャンネルの終了**として言及されている）。また複雑性 PTSD を持つクライエントは，しばしば現状において日常生活が適切に機能しておらず，現在のストレッサーに耐える能力が阻害された状態にある。このため，彼らの治療はまず，対処スキルと資源の獲得に焦点化して始められる。反転プロトコルモデルの最初の仕事は，未来における自己の肯定的なイメージを作り上げるのに焦点を当て，次に，現在の対処スキルを増やし，自信を改善し，希望の感覚を築くための資源を増やし，最終的に再処理されるべきである不適応的記憶ネットワークへ近づく耐性を高めることである。

クライエントの広場恐怖の深層に横たわる核心的な傷つき感情に直面する恐怖に加え，多くの PDA クライエントが，治療過程を複雑にする重大な併存症を患っている。たとえば，幼少期にトラウマ的な出来事や情緒的ネグレクトへの慢性的曝露を生育歴に持つクライエントには，PD もしくは PDA はよく見られる。こうしたクライエントたちは，他に特定されない極度のストレス障害（DESNOS），もしくは複雑性 PTSD の基準にも適合している（Herman, 1992a；Pelcovitz et al., 1997；van der Kolk et al., 1993）。そのような事例では，PD や PDA を独立した診断とするのではなく，DESNOS に包含される様態として考えたほうが，より適切かもしれない。van der Kolk と Pelcovitz（1999, p.23）は次のように述べている。

われわれが提案するのは，PTSD クライエントの場合，これらの症状は別々の「二重診断」を構成するものではなく，心理的トラウマ，特に長期化してライフサイクルの早期に起源を持つトラウマによる，身体，認知，感情，行動上の複雑な影響を表現していると考えることである。

263

第Ⅳ部　他の障害や場面に対する，研究に支持された標準的 EMDR セラピーのプロトコル

DESNOS の診断基準に適合するクライエントに関して，その臨床的ニーズを適切に満たすためには，本章で記述される治療計画は全体的に十分包括的であるとはいえないかもしれない。このことは，クライエントにとって不思議に思えるだろう。また，適応的情報処理（AIP）モデルや DESNOS に関する文献に親しみがない臨床家にとって不思議に思えるかもしれない。その臨床家は，PD や PDA をクライエントの全般的な人生経験から切り離した症状と見なして治療する傾向がある。

第 1 段階：
生育歴・病歴聴取と治療計画の課題

パニック発作の発症，頻度，深刻度に関与する可能性のある，医療およびライフスタイルの潜在的要因を考慮しておくことは重要である。カフェイン飲料，特にコーヒーや炭酸飲料，カフェインもしくは塩酸プソイドエフェドリン（感冒薬にはよく入っている）の入った鎮痛剤など，一般市販薬の過剰摂取は，パニック発作が起こりやすい不安状態を作る可能性がある。処方薬数種類についても，副作用として不安を引き起こす可能性がある。現時点での治療薬はもちろん，パニック発作の発症前後に処方薬の変更がなかったかも調べておくことは重要である。エピネフリンやその他の交感神経模倣薬，テオフィリンおよび他の神経刺激性気管支拡張薬，コルチコステロイドによって引き起こされる不安が最も多い（Beers, 2004, p.608）。睡眠遮断も，不安状態においては重要な要素となりうる。徹底したスクリーニングには，睡眠状態の確認を含まなければならない（Foldvary-Schaefer, 2006）。服薬およびライフスタイルの要因が，パニックの唯一因であることは稀ではあるが，可能性について考慮し，必要に応じて適切な心理教育およびガイダンスによって扱うべきである。睡眠遮断があり，かつ簡単な心理教育やガイダンスによって解決しない場合は，EMDR セラピーの最初のターゲットとしてこれが扱われるべきである（Raboni et al., 2006）。

パニック発症に先立つ原体験の スクリーニング

クライエントが PD もしくは PDA の治療に訪れるとき，こうした病状の原因になったかもしれない幼少期の体験について，自発的に全体像を報告することはほとんどない。それよりも，クライエントは自分自身を脅かし，当惑させるパニック症状をなんとかしたいという願いに焦点を当てている。EMDR セラピーの訓練を受けた臨床家は，症状に視点を絞ったシンプルな治療計画を立てるかもしれない。クライエントからパニック発作について報告があるので，最初はパニック発作の記憶にアプローチするかもしれない。広場恐怖を伴わない PD 事例，および複雑性 PTSD の併存のない事例，全般的な不安障害の併存のない事例，強迫性障害の併存のない事例，もしくは C 群のパーソナリティ障害の併存のない事例，これらの多くは，特定の恐怖症のための EMDR セラピープロトコルに基づくアプローチで十分かもしれない。しかしながら，しばしば自発的に報告されない広場恐怖や他の併存症の存在が，治療の複雑化や，シンプルな治療計画の大失敗につながるかもしれない。このことは，クライエントが継続的な子ども時代の逆境的体験に曝露されていた場合や，複雑性 PTSD，全般的な不安または C 群のパーソナリティ障害に苦しんでいる場合も可能性がより高くなる。こうした併存症を患う様態にある場合，明確もしくは顕在化していない複雑かつ付加的な不適応的記憶ネットワークが活性化し，再処理の不十分さを拡大させる可能性がある。

併存症の状態を考慮する徹底した生育歴・病歴聴取，および包括的臨床アセスメントの両方が，PDA 事例における治療計画の概念化にとって不可欠である。PDA を持つクライエントのインテーク時に，最初もしくは最悪のパニック発作の発症を連想させるストレッサーを述べてほしいと伝えるだけでは，PD 発症につながる脆弱性につながる主要な原体験は明らかにならないかもしれない。Goldstein（1995）は，PDA クライエントが不適応的記憶ネットワークの情動要素から原体験を解離しているかもしれないこ

とを強調している。Goldstein（1995），Nadler（1996）そしてFernandezとFaretta（2007）が詳細に記述した事例報告のなかで見たように，また，本章で後述する著者自身の臨床診療から引用した事例にも見られるように，こうした経験のなかのいくつかは，幼少時の非常に早期における親子役割の逆転を伴い，EMDR再処理を通してそれが明らかになるかもしれない。PDAクライエントはしばしば，こうした経験の想起を極度に恐れており，実際のパニック症状の扱いに熟達した治療同盟と，EMDR再処理の成果への信用と信頼を形成するに至った後に，ようやく意識的に認識することができる。上述のような極度な不安を抱いているために，たとえPDAクライエントが治療計画の早い段階で幼少期の適応不全的原体験を認識できたとしても，こうした出来事とパニック発作の関係を解離し，過小評価するかもしれない。別のクライエントの場合には，こうした体験が症状の形成に関与したことを認識できるかもしれないが，目下のパニック発作による苦痛があまりにも気にかかり，最初から直接的な幼少期の原体験に直面することは難しいかもしれない。

●養育者の養育機能障害および親子役割逆転体験のスクリーニング

　クライエントが自らやって来たとき，もしくはパニック発作を主訴として紹介されてきたとき，臨床家は他にも過去と現在に関する不安と情動，解離およびパーソナリティ障害の有無を詳細に探索する必要がある。生育歴・病歴聴取では，逆境的なライフイベントを検討する必要がある。そして，PTSDの基準Aに該当するクライエントの場合もそうでない場合も，幼少期早期，特に生後2～3年に，主観的もしくは事実上の見捨てられ体験や，養育者が養育機能不全状態にあったという体験を検討する必要がある。パニック障害ターゲットの特定のための質問リストは，表14-1を参照。幼少期早期に親からの同調不全の状態を持続的に体験すると，見捨てられ恐怖状態の頻発や，見当識障害や解離の発症を招く可能性がある。これらの体験は慢性化すると，不安定な愛着や思春期および成人期の精神障害につな

がる脆弱性の増悪をまねく（Schore, 1996, 1997）。こうした子どもたちは発達の過程で，感情制御や情緒的サポートといった欲求を満たすことを，養育者に期待しないことを学ぶ。それだけでなく，親子役割の逆転へと移行していく。彼らが注意を向けてもらえるのは，自分自身の養育と安全への情緒的欲求のためでなく，養育機能不全の親の欲求を満たすことによるのである。

　養育機能が障害されていたかどうかは，どちらかの親が虐待されていたか，広場恐怖，アルコール乱用，もしくは別の精神的，身体的疾患で苦しんでいたかといった生育歴・病歴聴取をすれば，明確で，同定可能である。PDAクライエントの養育者が養育機能障害の状態にあった場合は，ネグレクトの経験をしているかもしれない。他のクライエントの場合では，クライエント自身が，一人の人として親から注意や認識，評価を得るという欲求が満たされないまま，兄弟姉妹の主要な養育者となっていた，もしくは兄弟に面倒を見てもらっていたのかもしれない。しかしながら，多くの事例で，養育者が機能不全の状態にあった期間は人生の一時期に限られており，クライエントの幼年期全般にわたるものではなかったかもしれない。全般性不安障害（GAD）の併発や，DESNOSもしくはパーソナリティ障害，および不安定な愛着の回避傾向を有するPDAやPDクライエントのなかには，親の養育機能不全を過小評価し，片親もしくは両親を理想化する者もいるであろう。こうした事例では，幼少期に一つあるいはいくつもの段階で満たされなかった愛着や，発達上の欲求のエビデンスを明確にするために，臨床家はクライエントの信念と，「幸福な幼少期」という主張のさらに向こうを見据えなければならないであろう。この分野の手引きとして，第4章の「愛着の分類」および「成人の愛着状態の臨床アセスメント」の節を参照のこと。こうした問題を探索する際に重要なのは，臨床家が養育者の責任を追及しようとしているという印象を，クライエントに与えないことである。

　なかには，遺伝的にPDもしくはPDAを発症しやすい傾向を持つ人もいるかもしれない。双生児の調査では，パニック発作の共起確率は，二卵性双生児と比べて一卵性双生児で5倍高い（Torgersen, 1983）。

第Ⅳ部　他の障害や場面に対する，研究に支持された標準的 EMDR セラピーのプロトコル

表 14-1　パニック障害のターゲットを同定するための質問

最近のパニック発作の頻度

　最近 2 週間でどのくらいの頻度でパニック発作がありましたか？

最近のパニック発作の強度および持続時間

　最近 2 週間であったパニック発作の強度について，0（まったくない）から 10（想像できる限りの最悪）で数値化するとどのくらいだと思いますか？

　パニック発作の持続時間はどのくらいでしたか？

現在のパニック体験

　パニック発作が起こっている間，どのような感覚を体験しますか？

離人感および現実感消失

　パニック発作の間，身体から分離もしくは切り離された感覚や，無感覚，世界が夢のような感じや遠くなった感覚を体験しますか？

過去のパニック発作の頻度，強度，継続時間

　パニック発作の頻度や強度，持続時間に関して，現在までの間にどのような変化がありましたか？

現在回避される状況もしくは強く不安になる状況

　パニック発作が起こるのではと思うために回避する，もしくは強い不安を感じるのはどのような状況ですか？

　家からの外出を避けたり，信頼している人もしくは安心できる人と一緒でないと外出しないことがありますか？

最初の出来事

　最初にパニック発作があったときの記憶，もしくはパニック発作があったという最も早い時期はいつ頃でしたか？

背景のストレッサー

　最初にパニック発作が起こった頃，個人的，家庭内，学校または職場の生活で，どのようなストレスがありましたか？

親子役割の逆転

　幼少期に，両親もしくはいずれかがうつ病，不安，病気，アルコールや物質依存による機能障害が理由で，あなたが世話をする必要があったという体験があれば記述してください。

　そのような状態はどのくらいの頻度でしたか？　またどのくらいの期間その状態は続きましたか？

　このような出来事に関する最も早期で最も不安が強くなる記憶はどれですか？

最悪もしくは典型的なパニック発作

　最も強度が強かった，もしくは不安が最も強かったパニック発作はいつでしたか？

　「最悪」の発作がない場合，強度の，典型的なパニック発作について話してください。

一番最近の発作

　一番最近のパニック発作の体験はどのようなものですか？

現在の外的および内的なパニックのきっかけ

　どのような状況がパニック発作のきっかけとなると思いますか？

将来の目標

　パニック発作の不安から解放された将来の状況や，将来どんなことをやってみたいかを話してください。

　幼年時代に出現するパニック発作やその他の不安障害は，環境要因が不在のなかで起こるかもしれない。完璧を求めるなかで臨床家は，養育機能が障害された親や，養育者の同調不全に関わる原体験が，PD もしくは PDA の病因に例外なく関与しているという前提を起点にするべきではない。広範囲に受け入れられる遺伝子的な脆弱性のテストが存在しない間は（Le-Niculescu et al., 2011；Philibert et al., 2007），臨床家は注意深い心理社会的アセスメントと生育歴・病歴聴取に頼らざるを得ない。

　後の人生に PD や PDA を発症しやすい脆弱性の下に横たわる苦痛な原体験を解離する傾向が強いことから，治療早期において，臨床家がそのような原体験の存在を明確にできることは難しいかもしれな

い。こうした体験を最初から直接的に探索して再処理ターゲットに設定するよりも，パニック発作の強度や頻度を軽減して，EMDR セラピーの治療過程により大きな信頼を持てるという結果を獲得するまで待つほうが，より望ましいかもしれない。このことから，表 14-2 の要約や後に詳述するように，PD および PDA 治療のための二つのモデルを考慮する必要が生じるのだ。

　クライエントはしばしば，パニック発作への現実対処に熟達するようになると，主要な原体験の記憶とつながり始める。こうした記憶は，徐々にさらなる再処理の対象として焦点化できる。こうしたクライエントとの治療に際して臨床家が注意を払っておく必要があることは，適切なバランスを見出すこと

第14章　パニック障害の治療

表14-2　PDおよびPDA治療のための二つのモデル

パニック障害のための二つの治療計画モデル

モデルI：広場恐怖もしくはGAD，OCD，複雑性PTSD（DESNOS），もしくはパーソナリティ障害などの不安障害の合併症を伴わないパニック障害事例のためのモデル

1) 生育歴・病歴聴取（第1段階）
　(a) 臨床アセスメント，診断およびケースフォーミュレーション
　(b) 適切な治療ゴールの選定
　(c) ターゲットの選択と順番
2. 準備（第2段階）
　(a) パニックに関する心理教育
　(b) セルフコントロール手続きの指導とリハーサル
　　①呼吸法およびその他の不安対処法の練習
　(c) EMDR導入と治療のインフォームドコンセント
3) ターゲットの再処理
　(a) 過去の出来事
　　①最初のパニック発作の背景ストレッサー（特定されている場合）
　　②最初のパニック発作
　　③最悪もしくは典型的なパニック発作
　　④一番最近のパニック発作
　(b) 現在の刺激
　　①（パニック発作と関連する）外的手がかり
　　②内的（内受容性）手がかり
　(c) 未来の鋳型（外的および内的手がかりについて）
4) 外的手がかりへの現実暴露（一般的には個々の手がかりを別々に）
5) 再評価および必要性があればさらなる再処理

モデルII：広場恐怖もしくはGAD，OCD，複雑性PTSD（DESNOS）またはパーソナリティ障害の併存を伴うパニック障害事例のためのモデル

1) 生育歴・病歴聴取（第1段階）
　(a) 臨床アセスメント，診断およびケースフォーミュレーション
　(b) 適切な治療ゴールの選定
　(c) 初期ターゲットの選択と順番
2) 準備（第2段階）
　(a) パニックに関する心理教育
　(b) セルフコントロール手続きの指導とリハーサル
　　①呼吸法およびその他の不安対処法の練習
　　②感覚への焦点化およびその他の離人感軽減法
　(c) EMDR紹介と治療のインフォームドコンセント
　　①後のターゲットとなる幼少期の体験が想起される可能性について説明
　(d) 以下にとって有効な資源を一つ，もしくは複数の資源の植えつけを考慮する
　　①幼少期体験に起因する，中核的な不適応的記憶ネットワークの再処理を開始する前，もしくは後に用いる自己慰撫，自己受容，または結びつきの資源
3) ターゲットの再処理
　(a) 過去のパニック発作
　　①最初のパニック発作の背景ストレッサー（特定されている場合）
　　②最初のパニック発作
　　③最悪もしくは典型的なパニック発作
　　④一番最近のパニック発作
　(b) パニック発作の記憶再処理で改善が見られた後に，寄与している幼少期の見捨てられ感，同調不全，辱しめ，恐怖，早期の親子役割逆転の体験
　　①再処理中に想起された順に対応しても良い
　　②クライエントが容認できる場合は，回避された情緒素材に関する中核となる不適応的記憶ネットワークに沿って重要度の順での対応が可能
　(c) 現在の刺激
　　①（パニック発作と関連する）外的手がかり
　　②内的（内受容的）手がかり
　(d) 未来の鋳型
　　①外的および内的手がかり
4) 外的手がかりへの現実暴露（一般的には個々の手がかりを別々に）
5) 再評価および必要性があればさらなる再処理
6) 核となる不適応的記憶ネットワークから解放された，新しい自己感の出現と強化を象徴する一つもしくは複数の資源の植えつけ

PTSD（Post Traumatic Stress Disorder：心的外傷後ストレス障害）

第Ⅳ部　他の障害や場面に対する，研究に支持された標準的EMDRセラピーのプロトコル

である。それは，クライエントが押しつぶされないようにしながら，再処理に進むために必要な生育歴を聴取することとのバランスをとるのである。最初のうちは，無関連もしくは圧倒的脅威に見えているかもしれないからである。

第2段階：準備段階の課題

　PDAを持つクライエントは，複雑な幼少期の関係性トラウマを生き抜いた生存者と異なる傾向を持つが，その一つは，養育者との原体験で彼らが担った役割を解離する傾向である。Goldsteinは，臨床家が治療早期において，「しっかりした治療構造，多くの励ましの言葉と具体的な不安管理スキルを提供する」必要があると強調した（Shapiro中の引用，2001, p.363）。FernandezとFarreta（2007, p.45）も，「このように，クライエントは圧倒される危険にあるので，しばしばEMDRの処理段階に伴う強い情動に耐えられるよう，クライエントを徹底的に準備することは治療の本質的な要素である」と，同様の点を強調している。

　GAD，DESNOSまたはパーソナリティ障害を併発しているPDAもしくはPDクライエントが，治療のためのインフォームドコンセントを形成できるためには，治療計画の後半で幼年期の原体験について対応する必要があるかもしれないことを知っておく必要がある。たいていの場合，最善の方法は，クライエントに提供しようとする治療計画の要素を，率直かつシンプルに直接的に伝えることである。最初のケースフォーミュレーションと治療計画を作成するために十分な生育歴・病歴聴取と臨床アセスメントができたら，クライエントの問題解決と治療ゴール達成を支援するためにとるアプローチを伝えることが可能である。

　第一にやるべきことは，パニック発作とクライエントが経験する生理的症状に関する基本的な心理教育を提供することと，苦しいとしても，身体の健康にはいっさい脅威にならないことを明確にすることである。次にクライエントは，背景の不安状態をいくらか制御できるように，セルフコントロールおよび不安管理法の練習をすることが必要となる。クラ

イエントに離人感の発作が体験されている場合，こうした体験とそれをコントロールする方法に関する教育が必要となる。最後に，クライエントはEMDR再処理および，その後に想定される治療計画の順序と各段階に関する基本情報を提供される必要がある。

パニック発作に関する心理教育

　パニック発作で経験される広範囲の症状のすべては，身体の健康に直接的脅威をいっさい及ぼさないことをクライエントが明確に理解する必要がある。実際に身体的不調からこうした症状が引き起こされていて，その症状が身体的影響を与えうるという信念にとらえられているときには，クライエントがこうした保証の言葉を受け入れるのは難しいかもしれない。クライエントがパニックに対する強い不安を軽減するのを助けるためには，パニック発作が起こっているときに，自身の身体や脳で何が起こっているかに関するわかりやすい情報を提供することが重要である。表14-3「パニック症状に関する心理教育の概要」を参照。

　想定可能な一つの例外は，閉経後の女性の場合で，発症から6カ月のPD歴が，心臓発作リスクを4倍高める危険因子として特定されている。しかしながら，こうした女性たちには他にも，喫煙，高血圧，糖尿病や循環器系の問題など，心臓発作の危険因子がかなり見られた。既存の研究では，パニック発作が心臓血管系の反応傾向を高める自律神経系の不安定さを反映しているとか，パニック不安の生理機能によって隠れた冠状動脈の不安定さが誘発されるということは，指摘されていない。パニック発作のある閉経後の女性は，冠状動脈疾患の併発に関して調べてもらうべきである（Smoller et al., 2007）。このリスクの程度を明確にするための研究が，英国で進行中である（Tully et al., 2015）。

　すでに本章内で述べたように，クライエントはしばしば最初のパニック発作エピソードが，即座に生命を脅かす体験だと考える。彼らは，コントロールを失って切迫した死の危険にあると感じる。多くのクライエントにとって，こうした体験はトラウマと

第14章　パニック障害の治療

表14-3　パニックの症状に関する心理教育

パニック症状は，実際の外的危険が存在しない状態で，自律神経系の交感神経枝が強く活性化するとともに始まる。実際に危険が存在する状況では，交感神経が強度に活性化して，環境にある脅威サインの読み取りや，逃走または闘争のための活発な身体活動といった対処行動に身体を備える。交感神経の強度の活性化はアドレナリン（エピネフリン）を放出する。アドレナリンは心拍を促進（心悸亢進）し，呼吸速度の増加（過呼吸），（これは時として息切れ〈呼吸困難〉として感じられる）発汗が促進され，握力が増してまた，体温が下がりやすくなる。パニック後に活発な活動が続くことは減多にないので，過呼吸は肺の中，次いで血液中の二酸化炭素のレベル低下につながる。このことは血液 pH（呼吸性アロカローシス）に変化を起こす。

アルカリ性の血液は多くの神経の発火閾値を押し下げる。このことは，疼きや感覚麻痺，めまい，ほてり，ふらつきといった他の症状につながる。極端な過呼吸の場合，手や唇に強直性・間代性のけいれんを引き起こす可能性がある。パニック発作中のアドレナリン放出も血管収縮の原因となり，結果的に頭部への血流が減ることで，めまいやふらつきが起こるかもしれない。パニック発作が血糖を頭部から遠ざけて主要な筋肉に向かわせることがある。

極度に高い不安状態においては，脳幹における興奮の高まりと脳への血流および血糖低下の双方が相まって，脳の前頭前野域における劇的な活動低下および脳のさまざまな領域間の一時的な協調欠如へとつながる可能性がある。このことは，日常的な自己の感覚から切り離されたように感じる離人感もしくは非現実感の状態を引き起こす。自分の身体と世界が遠く離れて非現実的に見えるかもしれない。こうした症状の原因を理解していないために，パニック発作を体験している多くの人たちは自分が死ぬか発狂するのではないかと恐れる。実際，こうした経験がいかに恐ろしいものであっても，これらの症状は危険でもなければ深刻な精神疾患の徴候でもない。

なる。このように生命に対する脅威を感じさせる体験はしばしば，PTSD の診断基準 A（APA, 2000）に適合する外的出来事と同様に，現実味を持っているように見える。しかしながら，パニック症状の多くは，自律神経系の交感神経枝の過剰な活性化を示しているにすぎない。実際に危険な状況では交感神経が強度に活性化することで，環境内の脅威サインの読み取りや，危険からの逃走もしくは危険との闘争のための筋肉活動を強化するといった対処行動に，身体を備える。

過呼吸による筋緊張性けいれんを経験したことのあるクライエントにとって，過度な呼吸がどのように手や顔の疼きや感覚麻痺，または手と唇の強直性・間代性のけいれんといった強い感覚を引き起こすかについて，簡潔に説明することは有効であろう。紙袋をあてて呼吸することは，パニック発作中の過呼吸による副作用を回避するための方法として広く推奨されている。この方法は，排出された余分な二酸化炭素の再吸入をクライエントが余儀なくされることでうまくいく。過度な呼吸は，身体が通常の酸性－アルカリ性のバランスを維持するには早すぎる速度で，二酸化炭素レベルの低下を招いている。そして，過度にアルカリ性に傾いた血液が，奇妙な感覚と末端筋けいれんを引き起こす末梢知覚および運動ニューロンの発火閾値を下げているのである。

準備段階における不安管理法

不安管理法はクライエントの自律神経系へのコントロール感を上げることにおいて有効になり得るとともに，パニック発作の強度および頻度の軽減を可能にする。こうした方法の詳細については第6章に記述されている。PD および PDA クライエントにとって最も役立つ方法にはスクウェアブリージングと心拍コヒーレンストレーニングがある。スクウェアブリージングは，ほとんどのクライエントが数分で体得できる。スクウェアブリージングは，1 日に 2～3 回，5 分ずつ実践するだけで，当初の心理生理的活性化をコントロールする方法をクライエント自身が自分のものとして使う感覚を提供できる。シンプルな PD であれば，腹式呼吸かスクウェアブリージングを教えるだけでパニック発作の頻度と深刻さをかなりの割合で軽減することが可能である。パニック発作自体がなくなった事例もある。しかしながら，ほとんどのクライエントにおいては，不安管理法によってパニック発作やパニック発作の予期不安が解消されることはない。

269

第Ⅳ部　　他の障害や場面に対する，研究に支持された標準的 EMDR セラピーのプロトコル

落ち着く場所エクササイズもしくは資源の植えつけに両側性刺激を導入する

　第 6 章ですでに述べたように，治療計画において最初の不安記憶の再処理を始める前に，眼球運動もしくは他の両側性刺激（BLS）の練習をすることは常に有益である。次に，落ち着く場所エクササイズもしくは資源の植えつけを用いて，簡単な再処理を導入する。落ち着く場所エクササイズは，PD もしくは PDA を持つクライエントのほとんどにとって適切であるとともに，準備段階におけるセルフコントロールの補足的ツールとなるであろう。PD クライエントは，次のパニック発作が起こるのを待つのではなく，1 日に最低 1〜2 回，BLS を伴わない落ち着く場所エクササイズを行うよう勧められるべきである。規則的に落ち着く場所エクササイズとスクウェアブリージング，他のセルフコントロール法を一緒に練習することは，開始時の不安を低くし，クライエントが不安から安全感へと感情状態を切り替える能力を助けるだろう。両側性眼球運動，または BLS を伴う初回の落ち着く場所エクササイズで，シンプルかつ複雑化せずに肯定的反応が見られた場合，クライエントが過去におけるパニック発作の記憶もしくはパニック形成に寄与した体験の EMDR 再処理に，うまく反応するであろうという早期の目安になる。

第 3 段階：ターゲットの評価

　PD もしくは PDA クライエントの治療に際して，再処理ターゲットを選択するためのアセスメントの手続きステップは，PTSD 治療のそれとまったく同じであり，その詳細については第 7 章に記載されている。臨床家は再処理の対象となる特定の出来事の感覚的側面を代表するイメージを引き出すことから始める。その後に，クライエントが否定的認知（NC）と肯定的認知（PC）を見つけ，ベースラインの認知の妥当性（VoC）を得る。次に，イメージと否定的認知を使って，感情を特定するよう求める。それから，特定された体験に関する SUD のベースラインを決めて，その時点で SUD を感じる身体の場所を見つけてもらう。

　過去のパニック発作の記憶を治療対象とする際は，（「私は安全ではない」「私は死ぬだろう」などの）極端な危険に関する認知や，（「私は無力だ」「私はコントロールできない」などの）コントロールの欠如に関する認知を反映する，否定的自己評価を見出す可能性が最も高い。しかしながら，親子役割の逆転が関連する幼少期の寄与的体験へと焦点が移行するようになると，「私は価値がない」「私の感情はどうでも良い」「私は存在しない」といった，自己価値の欠如を反映する否定的自己認知を見出すかもしれない。

第 4 段階：再処理と中核素材への移行判断のタイミング

　PD および PDA のためのターゲット再処理の手続きは，PTSD の場合と本質的に同じであり，第 8，9，10 章にその詳細が記述されている。標準的な方法においては脱感作，植えつけ，そしてボディスキャンの段階と進む。しかしながら臨床家は，クライエント自身の信頼感および情動耐性に関わるセルフキャパシティの評価に基づきながら，幼少期の寄与的体験の連想へと移行する時期を決定する準備を整えておく必要がある。

　再処理は第 4 段階から始まる。一般的に最初のターゲットは，初めてのパニック発作の記憶となるだろう（表14-2を参照）。PD および PDA の治療に際して，ターゲットに戻るタイミングや効果の見られない再処理への対処法を決定する基準が，PTSD 治療との比較において異なる可能性がある。本章前半でいくつかの公刊された EMDR セラピー事例の概要を展望するなかで示したとおり，PD および PDA を持つクライエントが再処理の間に報告する素材の性質は多岐にわたる。一般的には広場恐怖を伴わないクライエントの何人かは，具体的な過去のパニック発作記憶から焦点が移行せず，身体感覚や感情変化の描写を報告するにとどまる。他のクライエントは，一般的には中度から深刻な PDA を持つが，ある時点でパニック発作の発症以前の出来事に連想が動く

であろう。こうした出来事はしばしば信頼の欠如，無力感，そして深い孤独感のテーマに関わる幼少期の記憶である。治療早期において古い記憶の中核的感情について取り組む準備がどの程度できているかは，クライエントによって大きな差がある。

Goldstein（1995）および Fernandez と Faretta（2007）によって記述された事例に見られたように，何人かのクライエントは，治療早期に最初および最悪なパニック発作の記憶のみに焦点を当てることにし，幼少期早期における親の同調不全や見捨てられ体験，もしくは親子役割逆転の記憶に関するワークは延期するほうが良いであろう。これらのクライエントにとっては，もしも早期記憶との関連づけが表面化し始めたならば，臨床家はクライエントによる関連づけの重要性をしっかりと認め，こうした重要な記憶を特定してくれたことに対する感謝を伝えるべきである。そして，今後のセッションのなかでこれらの記憶について直接的に話題にすることを明確に伝えてから，その時点で対象となっている，限定的に焦点化したターゲットに戻って，再処理を続けてほしい。PDA 治療において，核心素材への早期関連づけの除外が適切である場合に関する臨床家の判断基準リストを，表 14-4 に掲載した。

このようなクライエントにおいては，最初および最悪なパニック発作の記憶に関する再処理過程を最後までしっかり遂行した体験を通して，EMDR 再処理自体への信頼度が増すであろう。クライエントはパニック発作記憶について取り組むことで，パニック発作の形成につながる脆弱性に寄与した中心的な不適応的記憶ネットワークの，情動，感覚，信念といった要素の再構築を始めているといえるだろう。このことは，クライエントのパニック発作形成に寄与した記憶に関する取り組みを耐えやすくすることにつながるだろう。しばしば，その時点で，パニック発作の症状の頻度と強度のどちらかもしくは両方が軽減するであろう。クライエントはより積極的かつ怖がらずに問題の根にたどり着き，永続的な解決に向けた中核的素材について取り組むために必要な自己資源（capacities）へ，より良いアクセスが可能となるであろう。

Nadler（1996）のサラの事例のように，何人かのクライエントは，一番初めの再処理セッションから中核的素材に直面する準備ができているようだ。Nadler がサラの症状について詳細に記述しているように，最初の再処理セッションから幼少期早期の素材への連想を扱っていくという臨床的決断に至ったいくつかの要素を明確にすることができる。こうした要素は次の点を含む。

（1）パニック発作によって心的トラウマや圧倒さ

表 14-4　PDA 治療早期における中核的素材への連想の除外が適切なとき

下記の要素を併せ持つ割合が高いほど，パニック発作記憶に関する一連の EMDR 再処理セッションの早い段階では，核心となる幼少期の不適応的素材との連想を「剪定（除外）」し，選択されたパニック発作記憶へと注意を引き戻すことを検討しておく必要性が高くなる。

（1）落ち着く場所エクササイズの BLS 中に限定的もしくは否定的反応を示す。
（2）パニック発作の直前もしくは発作中に離人感や非現実感を伴うという報告がある。
（3）パニック発作によってトラウマ的衝撃を感じる，もしくは圧倒されると感じる。
（4）1 時間を超えるパニック発作のエピソードが継続中であるという報告がある。
（5）回避困難の可能性のある状況への過敏さがある。
（6）中程度から高程度に深刻な広場恐怖のすべての基準に合致する。
（7）1 人でいるときの不安に耐えることができない。
（8）社会支援ネットワークが整っていないか他の社会的問題がある。
（9）家で不安対処法の練習をすることに対する抵抗感や拒否感がある。
（10）不安管理法の練習をしても良い感じが得られない。
（11）家でのセッションや一週間に複数回のセッションを要望する。
（12）中程度から多量のベンゾジアゼピン服薬に依存している。
（13）GAD，DESNOS もしくはパーソナリティ障害の併発がある。

BLS（BiLateral Stimulation：両側性刺激），PDA（Panic Disorder with Agoraphobia：広場恐怖を伴うパニック障害）

れた感情を感じていなかった。
(2) 一度のみの大きな発作と多くの部分的なパニック発作を報告していた。
(3) 広場恐怖のすべての診断基準には適合しなかった。
(4) 一人のときに経験する不安に耐えられた。
(5) 回避が難しい状況に対して過敏ではなかった。
(6) しっかりした社会的サポートネットワークを有しており，社会的によく適応していた。
(7) 自分の対処に役立つと考えるパニックに関する一冊の本を読んでいた。
(8) パニックに関して主体的に制御できる必要性と意思を表明していた。

こうした要素のすべてが，全般的に不安の程度が低～中程度／パニック発作開始から日が浅い／万一あるとしても非常に少ない行動面での回避症状，などの指標となった。彼女は多くの資源を有しているという自己認知と，より良い自主性と独立性へ踏み出すためのサポートとして治療を用いたいという希望を表明していた。全般的なレジリエンス，自我強度，および自己包容力を示す非常に多くの要素の存在が，Nadlerの決断を支えた。その決断とは，通常は必須とされる準備段階を飛び越えて，自然発生的な中核的幼少期素材への連想を利用して深い再処理へと直接的に移行するというものである。もし，PDおよびPDA事例を，軽度，中程度，深刻といったスペクトラムに位置づけるとすると，サラの状態は軽度のほうに位置づけられたであろう。一方，Nadlerがサラの人生経験から適切に仮定したのは，「軽度」なPD事例のEMDR再処理が，「抑圧された喪失感と差し迫った自立への不安から，あっという間に未解決の愛着問題を喚起する」であろうというものである（Nadler, 1996）。

すべての単純性PD事例で，幼少期の核心的な問題に取り組む必要があるわけではない。多くの事例においては，EMDR再処理は，パニック発作のターゲット記憶に直接関連する身体感覚や感情への焦点づけにとどまるであろう。しかしながら，こうした幼少期からの中核的な不適応的記憶ネットワークの存在を仮定する理由がある場合は，早期の再処理セッションにおける注意の焦点をこの核心素材との連想から「除外（pruning）」しておくこと，選択したターゲット記憶に焦点を引き戻すことが必要となる可能性について，配慮しなければならない。

第5段階：植えつけ段階

通常，SUDが0で安定しているという報告があるまで，「植えつけ」段階に移行せずに，「脱感作」の段階を継続する。このことは一般的に，PDおよびPDAケースにも適用する。しかしながら，PDAクライエントとの治療では，脱感作の段階が不完全のままSUDが2, 3もしくは4までしか下がらない場合にも，修正的なPCを用いて植えつけ段階へ進むことを選択するほうが良いケースもある。こうしたケースにおいて，初めてのパニック発作の記憶に関する初回のEMDR再処理セッションが不完全終了となることが明確になったときは，次に挙げる修正的PCを変更形式で植えつけることを考慮することが可能である。「その記憶に注意を向けたとき，現時点のあなたに見えているまま，この記憶に関して今日私たちが取り組んだワークを通して学んだことや獲得したことについて，どんな肯定的なことが言えますか」。不完全なセッションのなかで修正されたPCを植えつけることを選択する場合，クライエントにVoCが7になるまで続けることを強いないことは重要である。ただ標準的なBLSを2～3セット実施して，各セットの後に，修正されたPCに関するVoCを確認していく。VoCを確認するたびに，ここでも「現時点のあなたに見えているまま」の記憶を，修正されたPCとつないでBLSを加える。こうした状況では，明らかに不完全なセッションであるので，ボディスキャンの段階には移行しない。そのかわりに第10章で記述した，不完全なセッションの終了のための手続きを適用する。

ほとんどのケースで，パニック発作記憶について最初のワークをする際は，終了段階の一部として不安軽減テクニックを適用する必要はないであろう。しかしながら，より痛烈な幼少期の核心素材に移行するならば，クライエントが来室時と同様のより安

定した状態で退室できるように，手厚い終了作業が必要となるかもしれない（後述する「第7段階」を参照）。

　選択されたターゲットの脱感作を終えた段階で，SUDが安定した0に達したと仮定すると，クライエントが最初に選択したPCをそのまま使用するか，より適切なPCが思い浮かぶかを確認しながら，次の標準的な植えつけ（第10章で記述した第5段階）に進めばよい。次にクライエントにVoCの値を確認して，両側性眼球運動もしくは代替のBLSを数セット実施して，各セットごとにVoCを確認しながら，VoCが7に達してそれ以上変化しないことが報告されるまで継続する。

●第6段階：ボディスキャン段階

　クライエントからVoCが7に達してそれ以上変化が報告されなくなった後，第6段階であるボディスキャンに移行する。第10章に詳細を記述したとおり，ボディスキャンの段階では，クライエントはその出来事を心に維持したまま植えつけたばかりの肯定的認知を思い浮かべて，何か顕著な身体感覚があるかスキャンすることが必要となる。否定的な感覚が報告されれば，それがなくなるまで再処理をする。そしてクライエントから中立的もしくは肯定的な感覚が報告されるまで，ボディスキャンを続ける。時間的余裕があり，かつクライエントから肯定的感覚の報告があれば，その肯定的感覚がより強くなる限り両側性眼球運動または代替のBLSのセットをくり返す。

●第7段階：終了手続き

　PDおよびPDA治療の場合，PTSD，DESNOS，境界性パーソナリティ障害の基準に適合するクライエントに見られるような緊張低減，自傷行為，もしくは他者への脅威的行動のリスクに出会うことは稀である。このような症状が確認される場合は，他障害の併発があって，本章で扱われたものよりさらに包括的な治療計画が必要になる可能性が非常に高い。パニック発作の記憶を再処理する初期の取り組

みにおいて，再処理段階が不完全なまま終了段階に移行する場合，終了段階の一部として不安軽減テクニックを使う必要性は稀である。痛烈な幼少期の中核的素材の再処理へ移行し始めた段階であるならば，来室時と同程度に安定して退室できるために，手厚い終了作業が必要なクライエントもいるかもしれない。しかしながら，PDもしくはPDAを持つクライエントが緊張低減行動や物質乱用への逆戻りの危険性がある場合を除いて，終了段階で不安対処への介入法を活用するかどうかについては，クライエント自身の感覚を第一にすべきである。すなわち，セッション中に賦活された感情もしくは感覚に耐えられると感じるかどうか，を中心に判断するべきである。

　終了段階においては，臨床家が持つ逆転移衝動に留意するべきである。それは，PDおよびPDAクライエントが実際には耐えられる情動であるのに，そこから救わなければと感じるというものである。しかしながら，感情負荷の高いEMDR再処理セッションの終了に際して，安心感やコントロールできる感覚をもっと強くしたいか，助けが必要であるという意思表示がクライエントから示される場合は，落ち着く場所エクササイズ，誘導イメージ法，呼吸法，準備段階で最も役立った他の対処法の活用を援助するべきである。その一方で，より深刻な広場恐怖あるいは全般的な不安障害もしくはC群パーソナリティ障害，すなわち回避性か依存性が顕著に高いパーソナリティ障害の併発を伴うPDクライエントのなかに，比較的少ない割合ではあるが，核心的な幼少期素材に関する不完全なEMDR再処理セッションの後に賦活された不安感情が残ることを十分意識できずに，支援の必要性を表現できない場合がある。不安状態にあることを感じ取る能力がクライエントの養育者には限定的であったということが，治療計画時もしくはそれまでの再処理セッションのなかで明確にわかっているのであれば，クライエント自身が必要性を申し出ることを待たずに，手厚い終了手続きを開始するべきである。

　PDAクライエントが幼少期からの中核的な不適応的記憶ネットワークの処理に臨むときは，通常より手厚い終了介入法の実施後に，クライエントが

第Ⅳ部　他の障害や場面に対する，研究に支持された標準的EMDRセラピーのプロトコル

セッション中の体験を意識化するための時間を追加で確保する（Allen, 2003；Fonagy et al., 2002）ことも有益である。一般的には，EMDR再処理セッションの終了時には，クライエントがそれ以前には圧倒された状態と認識していた状態から距離感をしっかり保てることと，それに関して新たな視点が現れるという感覚を得やすい。セッション中に起こったことや，出現しつつある新たな連想について熟考するプロセスを支援する時間を持つことは，クライエントがより深い自己理解，自己への優しさ，そして自己コントロールを統合することを可能にする。

● 第8段階：再評価

　EMDR再処理を開始した後，続く数回のセッションにおいて，クライエントの記録内の情報を再吟味したり，前回のセッションのターゲットの状態を確認する。標準的な再評価のステップは第11章に詳細な記述がある。前回のセッションが完全，すなわちSUDが0，VoCが7，ボディスキャンでは中立的もしくは快適な感覚のみである場合，単に前回扱ったターゲットに関するSUDとVoCを再確認のうえ，治療プランに沿って次のターゲットの評価段階へと移行する。前回のセッションが不完全であれば，ターゲット記憶に戻り再処理を継続する。

　広場恐怖もしくは不安障害やパーソナリティ障害の併発を伴わない単純なPDケースにおいては，臨床家は一般的にモデルⅠの治療プラン（表14-2に記述）で十分であろう。モデルⅠの治療プランは，Shapiro（1995, 2001）によって記述された標準的な「過去，現在，未来」治療プロトコルのシンプルなものである。PDAもしくは不安障害やⅡ軸障害の併発を伴うPDのケースにおいては，一般的に2層構造のモデルⅡ治療プランが必要となるだろう。モデルⅡの治療プランでは，パニック発作自体に直接的に関連するターゲットから，発作に関与する幼少期の記憶に基づくターゲット選択へと移行する前に，治療の手応えに基づいて，クライエントの準備性が高まっていることを臨床家が確認する必要がある。

● モデルⅠ：ターゲットを過去から現在へ移行させる治療プラン

　単純性PDケースのための治療計画であるモデルⅠに沿って治療を行う場合，過去のパニック発作の記憶から現在のパニック症状に起因する外的および内的きっかけへと移行するタイミングは再評価の内容により決定されるであろう。過去のパニック発作の最早期，最悪かつ，より最近の記憶を再処理することに成功すると，過去のパニック発作の記憶がすでに苦痛を引き起こさない地点に到達する。この地点で再処理ターゲットを，過去のパニック発作記憶から外的および内的刺激へと移行させる。

　PDクライエントは特定の場所の他にも，匂いや音といった外的刺激が強い不安との関連づけを生じるかもしれない。他のクライエントにとっては，店の精算レジの列に並んだり，公共交通機関を利用するといった，「回避」がより困難な場所がきっかけとなるかもしれない。パニック発作に関する過去の出来事を再処理した後，こうした外的，内的刺激も脅威と認識されたり，不安が高まることと関連づけられないことを確実にするために，再処理する必要がある。

　こうした移行を行う際に，まだ時折パニック発作を経験しているクライエントもいるかもしれない。他のクライエントはすでに，パニック発作がなくなっているかもしれない。クライエントがパニックと関連づけたすべての内受容的刺激を対象に，再処理を続ける。こうした対象には動悸，発汗，震え，息切れ，息苦しさ，胸の痛み，吐き気，めまい，ふらつき感，非現実感，離人感，疼き，寒気，のぼせなどの，一般的なパニック症状が含まれる。こうした内受容的刺激のほとんどが複数因によって発生する可能性がある。クライエントがこれらの感覚の発生を恐れないようになることが重要である。

　外的刺激と内受容的刺激両方の再処理を終えたら，再処理は，クライエントがそれまで回避してきた場所にいることや，内的刺激を引き起こす不安の経験をイメージする，未来の鋳型へと移るべきである。次にクライエントは，現実曝露を通して回避し

ていた場所や内的刺激がすでに重大な不安の引き金ではないことを確証するとともに，依然として不安を引き起こす他の刺激についても再処理する。治療による改善が，現実曝露間および後にも安定的に維持されていることがクライエントから報告されるまでは，治療は完全ではない。

モデルⅡ：寄与する幼少期体験にターゲットを移行する

PDA または広場恐怖や，不安障害やパーソナリティ障害の併発を伴う PD の治療計画であるモデルⅡに従う場合，二つの指標がタイミングに関する決定のための目安となるであろう。このタイミングとは，パニック発作記憶の再処理から見捨てられ感，同調不全，辱め，恐怖，幼少期早期の親子役割の逆転といった，クライエントが認識したパニック発症に関与する幼少体験の再処理へと移行するタイミングのことである。一つめの指標は，クライエントが現時点におけるパニック症状の頻度や強度が軽減したと報告するときである。パニック症状の完全な消失はこの移行にとって大きなシグナルとなるであろうが，症状の完全な消失を見なくても核心的な幼少期素材への移行が可能なときもある。よくあることとして，その時点で，パニック発作の頻度，持続時間および強度において十分な，しばしば 50 ～ 80 ％程度の軽減が見られるであろう。こうしたパニック症状における可視的変化と並行する，もう一つの重要な指標がある。

この移行の準備性に関する二つ目の指標は，不安の内受容的シグナルや，関連して根底にある孤独感，恐怖もしくは悲しみの情動状態に関して，クライエントの態度に変化が見られたときである。パニック発作記憶の再処理が進展するに従い，クライエントの高まりつつある自己受容および自己慰撫の自己資源に対する信頼が徐々に増してくる。こうした自己調整のための自己資源の拡大は，その時点のパニック発作の頻度，持続時間，および強度に反映されるであろう。また，その時点のパニック症状に関する恐怖感軽減や，寄与的経験に関する治療が進展すればパニック症状が終わりになるかもしれない，とい

う信頼感について語られるという，直接的な指標が提示されるかもしれない。このような治療進展の指標が現れると，クライエントが幼少期早期の記憶について直接的に取り組むタイミングの決定へと，話し合いの方向性が自然と向かうであろう。

パニック症状の体験に関する態度の変化に加えて，寄与的な幼少期体験の再処理へ移行する準備性は，こうした体験が関与していて，取り組まれる必要があるという認識に対する**自覚**の高まり，および，その**認識**に対する言語化の増加というかたちで示されてくる。こうした言語化はしばしば，PD 発症につながる脆弱性にこうした幼少期の体験が一役買っている**かもしれない**という認識から，パニックの恐怖の根底にこうした幼少体験が実際横たわっていると**感じられる体験**へと，クライエントの認識が変化していることを反映している。

1 人の養育者が関与する一つか二つの出来事のみへの取り組みにとどまるものから，2 人以上の養育者もしくは兄弟姉妹が関係する多くの体験まで，寄与する幼少体験の再処理ニーズはクライエントによって多岐にわたる。可能な限り，他の体験がターゲットになる前に，一つの意味深い寄与体験の再処理を完遂することが望ましい。ターゲット間の移行タイミングに関する原則については，第 9 章に詳細に記述してある。これらの原則は，PDA クライエントの寄与記憶についてワークするときにも同様に適用する。関与する幼少体験の再処理に関するワークは，クライエントがこうした記憶に焦点化し，支障を報告しなくなったときに完了となる。その後，現時点での刺激に関連して，残っている苦痛へと注意を移行させるかもしれない。これらは外的刺激や状況，もしくは内受容的感覚や感覚を含む内的刺激を含んでいる。

現在の刺激を再処理する

過去のパニック発作および寄与する幼少期体験の再処理が成功した後に注意を向けるのは，生育歴・病歴聴取や治療計画作成時に明確になった，もしくは現時点におけるセルフモニタリングのフィードバック再評価のときに報告され，現在でも継続中の

第IV部　他の障害や場面に対する，研究に支持された標準的 EMDR セラピーのプロトコル

外的および内的刺激に対してである。現在の刺激には，パニック発作と関連づけられる外的状況を含むことができる。その外的状況とは，たとえば一人での自動車運転で，これはしばしば分離不安と関連しており，バス，電車，飛行機に乗るといったものもそうであるが，限定的な逃避の可能性，検査恐怖，コントロール感の欠如に関する心配との関連がある。内的刺激についても，関与する幼少期の出来事の再処理が成功した後に付加的ワークが必要である。内的刺激には，パニック発作および不安を喚起する特定の考えに関連する，一般的な内受容的感覚が含まれる。関与する幼少期の出来事を再処理することで，外的および内的刺激両方の強度が緩和されるのが一般的である。過度に条件づけられている関連を完全に消失させるためには，こうした刺激に関する付加的ワークが必要になることもある。クライエントが残存する現行の刺激が依然苦痛であると報告するときは，冷静な受容的態度を保つことが役に立つ。過去のパニック発作や関与する幼少期の体験が首尾よく再処理されたならば，治療計画に従って手順通りに取り組みを継続するだけである。現在の刺激の苦痛感が変化しないほとんどの場合，そうした脅威のきっかけが過度に条件づけされたものであって，さらなる再編成が必要となるためである。時として，現在の外的ストレッサーもしくは現行の愛着問題が，不安反応の持続もしくは再発に関与してないかを考慮することも有益である。現行の外的ストレッサーが不安反応の持続に関与しているような状況においては，クライエントがより適切な対処反応を見つけて活用できるまで，こうした現行のストレッサーをターゲットとして再処理するよう勇気づけることが必要となるかもしれない。

未来の鋳型を組み込む

　幼少期の寄与体験，過去のパニック記憶および現在の刺激が解消された後に，クライエントが特定の内受容性の身体感覚が再発するのではという予期不安を抱き続けたり，残存する不安のために特定の状況を回避し続ける場合，未来の鋳型の再処理を組み込むことが役立つかもしれない。巻末の付録 B の，

未来の鋳型のスクリプト B-11 を参照のこと。未来の鋳型を用いて再処理をするときには，クライエントはまだ不安に感じている内受容的感覚をあえて再体験するようにするか，不安に感じている状況に身を置いていると想像する。このようにして，関連する不安をさらに解消する助けとするのだ。第 11 章に記述されているとおり，このように未来の鋳型をターゲットにするためには，最初の SUD 値は低いもしくは中程度であるべきだ。最初の SUD 値が 4 より高い場合，第 4 章にある情動の架け橋，もしくは身体的な架け橋技法を活用して，付加的な過去のターゲット処理を試してみるべきである。また，クライエントが以前は回避したり極度に不安であった状況において，楽に機能するための練習を通して治療成果の統合を支援するために，肯定的鋳型を活用することも可能である。巻末の付録 B の肯定的鋳型のスクリプト B-12 を参照。視覚化スキルに優れているクライエントには，出来事の順を追って視覚化して，以前はパニック発作再発の不安のために耐えられず，回避していた状況を乗り切るよう励ますことができる。

現実曝露によるフィードバックの評価および対応

　治療が成功したことが完全に確信できる唯一の方法は，クライエントがパニック症状を再体験することなく活動を拡大することである。ある時点において，現実曝露の具体的プランを計画することがクライエントにとって必要である。現実曝露が保証してくれるのは，クライエントの治療目標達成であり，それは，二つの機会を得ることで可能となる。すなわち，さらなる再処理の対象となる残存ターゲットを見つけることと，治療によって獲得された成果の統合を象徴する達成体験の二つである。クライエントがこうした達成体験からの成果を新しい自己感に統合するために，巻末の付録 B 中のスクリプト B-13 に記述されるような資源の開発と植えつけを活用して，新しいアイデンティティを強化することは有益であろう。

第14章　パニック障害の治療

本章のまとめ

　PD および PDA 治療のための既存の認知療法，行動療法および薬物療法は，概ね効果的と考えられる一方で，こうした治療を受けるクライエントのうちかなりの割合が，治療を中断するか臨床目標の達成に失敗している。PD および PDA の EMDR セラピーがパニックおよび広場恐怖の症状を取り除くことに役立つことは，公刊された事例報告が示している。PDA への EMDR 適用効果の統制研究は，個別の事例報告と同等な程度の症状改善を示すことに失敗している。EMDR セラピーの結果に関する二つの初期の統制研究は，個別の事例報告と同様の成果を示すことには失敗しているものの，最近の統制されたパイロット研究では，標準化された EMDR および CBT を適用した治療グループの両方で同等の成果が得られた。その一方で，1 年後のフォローアップ時にパニック症状の頻度軽減においてさらに改善が見られたのは，EMDR のみであった。初期の二つの統制群を用いた研究において EMDR セラピーの成果が顕著でなかったのは，準備段階を拡張して提供すること，外的および内的刺激をターゲットにすること，そして寄与的幼少期体験へと徐々に再処理を移行するモデル II の適用が必要であったことによると思われる。PDA 治療法として EMDR と CBT を比較し，本書で示したモデル II のアプローチ全体を適用することを，今後の統制研究に期待する。すでに公刊されている広場恐怖や，その他の障害の併発を伴わない単純性 PD 事例から，EMDR が限られたセッション数でも効果的である可能性が示唆されている。こうした初期の事例報告と PDA の EMDR セラピーに関する最近の統制群を用いた研究から，モデル II のアプローチを適用した EMDR セラピーによる PDA 治療が，有効かつ効率的であることが示唆されている。臨床家は，PDA もしくは不安障害，またはパーソナリティ障害を併発する PD ケースの治療に際して，十分な準備段階の提供と信頼の確立が重要であることを銘記しておく必要がある。

第15章

パニック障害に対する EMDR セラピーの事例解説

はじめに

　次に，二つの事例を検討する。最初はハンナという名の思春期の少女で，もう1人はジャスティンという名の若者だ。2人とも広場恐怖を伴わないパニック障害（PD）に対する眼球運動による脱感作と再処理法（EMDR）で治療を受けた。広場恐怖を伴うパニック障害（PDA）の EMDR セラピーの事例を見直したい臨床家には，Fernandez と Faretta（2007）が報告したアドリアーナの事例の詳細な記述がある。これは第14章で要約している。ハンナとジャスティンはともに軽度の潜在性の社会不安を呈し，養育者との経験を含む慢性的でストレスフルな症状形成の一因となる経験を，子ども時代にしていた。ハンナは約1年間パニック発作を患い，ジャスティンはパニック発作と不眠症を8年間経験していた。どちらの事例も，すべての治療で起きたことをセッションごとの治療記録で示している。ハンナの事例では，いくつかの EMDR の再処理セッションをほぼ逐語の要約を収録した。ジャスティンの事例では，すでに存在していた PD と離人性障害発症へ至った最近のトラウマ曝露の関係について，考慮が求められた治療計画を収録した。

ハンナのケース

　ハンナは17歳の高校生で，主に教室で，特に試験のときにパニック発作を呈していた。私は3カ月の間，全12回，彼女と面接した。これらのセッションは表15-1にまとめてある。EMDR セラピーを含めた私たちの取り組みを通して，彼女は速やかにパニック発作を克服し，著しく成績を上げ，アルコール依存症の母の操作的行動に対処する助けとなる新しい力の感覚を手にした。最初のセッションで彼女は次のように説明した。教室でのパニック発作に加えて，家で一人で座って特定の授業のことをただ考えているときも不安になる，ということだった。彼女の不安がピークに達するのは，教室で座っているときだった。ドアから離れた教室の真ん中の席に座っている場合は，特にそうだった。発汗とめまいが始まり，圧倒されるほどで，横になりたいと感じるのだった。

　彼女は，不安症状が始まったのは昨年の春で，そのときニューヨークで母と義父と一緒に住んでいた，と話した。当時からわかっていた最重要の差し迫ったストレッサーは，卒業後，カリフォルニアに戻って父と義母と一緒に住むつもりだということを，母に伝えることだった。実際，彼女は自分の決心をメモに書いて母と義父に知らせた。彼女は両親の反応を恐れるあまり，直接顔を合わせて伝えることができなかったからだ。

　ハンナは南カリフォルニアで生まれ育った。両親は彼女が3歳のときに離婚した。12歳までは父と暮らし続けたが，そのときに父は彼女に，学年末からは母とその婚約者と暮らすことになると伝えた。父は特に理由を説明しなかったが，ハンナは，両親の間で離婚後長く続いていた争いが，今も進行中だと

第 15 章　パニック障害に対する EMDR セラピーの事例解説

表 15-1　治療の記録

基本治療計画による症状名あるいは文字記号（a, b, c など）で症状を記載すること。
悪化＝−3, −2, −1, 変化なしは 0, 改善は＋1, ＋2, ＋3 で示すこと。

各セッションに対して，以下の略号を用いて活動をコード化すること。

Hx＝生育歴・病歴聴取	RE＝再評価	SC＝構造化された沈静	RDI＝落ち着く場所か資源
Mem＝ターゲット記憶	CrS＝現在の刺激	Fut＝未来の鋳型	VT＝言語セラピー
IVE＝現実曝露	CBT＝認知	Art＝芸術療法	Hyp＝催眠
IM＝イメージ			

名前　　ハンナ　　　　　　　　　　　　　　　　　　　　　　　　　ページ　1　の　1

セッション	日付	GAF	症状	セッション内容とターゲット	治療前のSUD VoC	治療後のSUD VoC	選択された否定的認知 最終的な肯定的認知	結果 宿題
1	1/23	56	パニック	Hx Ed（心理教育）	N/A	N/A	生育歴の聴取。パニックと EMDR の心理教育。	治療計画作成。
2	1/30	56	パニック 0	SC RDI	N/A	N/A	横隔膜のスクウェア・ブリージング 落ち着く場所−手がかり語「落ち着く」	スクウェア・ブリージングの練習。
3	2/6	58	パニック＋1	授業中の最初のパニック発作	8 3.5	2.5 N/A	私は変で，のけ者だ。私はかっこよくって，いい人だ。	かなりの進歩。ターゲット不完全。
4	2/20	59	パニック＋2	授業中の最初のパニック発作	3.5 N/A	0.5 N/A	寄与記憶の同定。植えつけなし。	ターゲット解決だが，技法的には不完全。
5	2/27	59	パニック＋2	授業中の最悪のパニック発作	7-8 4	1.5 7	私は変だ。私は普通だ。BS なし。	ターゲット解決。
6	3/5	59	パニック＋2	授業中の最も最近のパニック発作	7 1	0.5 7	私はコントロールできていない。今はコントロールできている。	BS：不安のかわりに興奮している。
7	3/12	60	パニック＋3	RE	N/A	N/A	残っているテスト不安はない。将来のテストに対する肯定的なイメージ。	ハンナは次回母親に焦点を当てることを望んだ。
8	3/19	60	パニック＋3	RE Hx	N/A	N/A	母親の飲酒行動と怒りの爆発に関する生育歴聴取。	ターゲット選択。最悪の出来事。
9	3/26	61	パニック＋3	母親の最悪の飲酒と怒り	8 3	0.5 7	私はトラブルメーカーだ。私は合理的な人間だ。	ターゲット解決。BS：すっきり
10	4/2	61	パニック＋3	VT	N/A	N/A	自己知覚の変化。以前のセラピストは母の否認を支持した。	自己知覚に対する自信がより大きくなった。
11	4/9	63	パニック＋3	RE	N/A	N/A	社交の安心がより大きくなった。ターゲット終了。映画館でのパニックにターゲットを再焦点づけ。	ターゲット選択。
12	4/16	65	パニック＋3	映画館でのパニック	7 3	0 7	私はどこかおかしい。私は健康で，今はコントロールできる。	ターゲット解決。BS：すっきり。ターゲット終了

BS（Body Scan：ボディスキャン），GAF（Global Assessment of Functioning：機能の全体的評定），N/A（Not Applicable：該当なし），SUD（Subjective Units of Disturbance：自覚的苦痛単位），VoC（Validity of Cognition：認知の妥当性）

いう印象を持った。数セッションを通して，私はハンナと母とのこじれた関係について，さらなる情報を得た。ハンナは母を，時々お酒を飲み過ぎる酒飲み常習犯として描いた。母は通常，自己愛的で，勝手で，管理的だが，自分の機能不全的行動については完全に否定したままだった。その一方で，ハンナは父を支えになってくれて頼りになる人として描いた。ハンナは決して直接言わなかったが，父がよくお金の心配をしていたり，母の管理的で操作的な行動について怒っていたことをほのめかした。

ハンナの父は再婚し，二番目の妻と数年間暮らしていた。ハンナがずっと近所で住んでいた母のところに最初に引っ越したとき，ハンナは週末や長期休暇に父と会うことができた。2, 3年前，母が仕事のためにニューヨークに行くことになり，ハンナはしぶしぶ母について行った。彼女は最初，友だちを作ったり，大都市の異なる文化に合わせるのに苦労したが，まあまあうまくやってきたと私に語った。彼女のニューヨーク生活の最大の困難は，母の懲罰的で管理的な行動だった。彼女は，母の婚約者は自分に冷たく，いつも母の側に立ったと話した。ハンナはまた，大都市で起きるいくつかの暴力的な犯罪が怖かったと言った。彼女は，公共の場で起きたある暴力的な殺人について語った。それは，彼女のクラスメートが住んでいたすぐ近所で起きた。この恐ろしい出来事はトップニュースとなり，数週間の間，学校の友だちの間で話題となった。彼女は犯罪シーンをテレビで見たと私に話した。その後，彼女は2, 3日なかなか眠れず，カリフォルニアにもう戻ることがないかもしれないと思って心配だった。

これらのストレッサーはどれも，なぜハンナがテスト中に教室でパニック発作になりやすいのかを説明していないように思えた。私は彼女に，もっと不安を感じるようなことが教室で起きたことがあるか尋ねた。ハンナは，教室で彼女に生じていたある健康問題について話した。彼女は，「私は胃潰瘍になって，おなかが本当にめちゃくちゃになりました」と言った。彼女は，「授業中，本当に気分が悪くなって，トイレに駆け込まなくちゃいけないことがよくありました。教室のドアの近くに座るのが習慣になって，それでトイレに間に合うようになりました。

ママは私に何か異常があることを信じませんでした。最終的にはお医者さんが異常を見つけて，しばらくの間，抗生物質を飲んでいました。その後，教室にいるときに変な気持ちと考えが出始めて，集中するのが本当に大変になりました。宿題ではまだAとBをもらっていましたが，テストではDとかFみたいなのを取り始めました」と説明した。

この病歴を収集し，彼女の不安症状の進展について学んだ後で，私はハンナにパニックについての基本的な情報をいくつか教え，提供するつもりの治療計画を説明した。私は，「来週，不安感情を自分でいくらかコントロールするための方法から始めましょう。その後で，EMDRを使って，教室でのパニック発作の記憶の鮮明さを下げていきましょう。これは，あなたの脳が，よりよい生活状況に再適応し，潰瘍から自由にいられるように助けてくれるでしょう」と伝えた。私はEMDRについての簡単な説明を行った。来週，EMDRを使って穏やかな気持ちを強めることから始めましょう，と付け加えた。

● **ハンナのセッション２**

2回目のセッションで，私はハンナに，emWave Macで心拍のコヒーレンスをモニターしながら，腹式呼吸とスクウェアブリージングをすることを教えた。彼女はスクウェアブリージングを学んでいるときに，自分の心拍のコヒーレンスが増すことに感心した。私は彼女に，教室のストレスから離れたときに，自宅で毎日スクウェアブリージングを練習するように頼んだ。私は，彼女がスクウェアブリージングに熟達し自信を持つようになったら，教室で不安になり始めたときにスクウェアブリージングを使うことができるだろうと説明した。その後私は，彼女と落ち着く場所のエクササイズを行い，眼球運動を数セット加えた。彼女は落ち着く場所のエクササイズに肯定的に反応し，次回のセッションでEMDRを使ってパニック発作の記憶に取りかかることを楽しみにしていると話した。

● **ハンナのセッション３**

3回目のセッションで，ハンナは，「今日の数学のテストでは，パニック発作がありませんでした。

第15章　パニック障害に対するEMDRセラピーの事例解説

ちょっと不安はありましたが，消えました。テストの時間まで音楽を聴いていました。あちこちで不安はいくらかありましたが，大きなものはなかったです」と話した。私はスクウェアブリージングの練習について尋ねた。彼女は，「スクウェアブリージングを放課後，自宅で毎日同じ時間に練習しました。心が落ち着くように思います。教室やテスト間にやってみたことはないです。家で，すでにかなりリラックスしています」と報告した。

それから，私たちは9年生時に起きた彼女の最初のパニック発作の記憶について，アセスメント段階の検討をした。ハンナは再度，「潰瘍ができたとき，ママは私を信じなかった。とても具合が悪かったので私は教室に姿を見せないことがよくありました。クラスの人たちは，私がサボっているだけだと思いました。実際は，とても気分が悪かったので図書室やトイレに行きました。どうして教室にいないのか聞かれました。ただ教室で吐きたくなかったので，出て行きました」と話した。

この記憶に対する映像を尋ねたとき，彼女は「みんないつも私を見て，そのことを聞いてきました。私は学校では恥ずかしがり屋なんです。とてもたくさんの人の前で注意を引きました。吐くためにトイレに行かないといけないのは楽しくありません。本当に不快でした。ある日，戻ったとき，クラスの人たちは映画を見ていました。私は先生にドアの近くに席を移していいか聞きました。出て行っても，あまり目立たないと思うので」と答えた。彼女の否定

的な信念は，「私は変で，のけ者だ」だった。彼女の望ましい信念は，「私はかっこよくって，いい人だ」だった。彼女の最初の認知の妥当性（VoC）の評定値は3～4だった。彼女に今どんな感情を感じているかを尋ねると，彼女は，「なによりもイライラを感じています。そのことを考えたときにですね，まあ考えないようにはしてるんですけど，動揺しないようにと願うから，たぶん不安じゃないと思うから，動揺ですね。イライラして，怒りを感じます」と答えた。彼女の最初の自覚的苦痛単位（SUD）の評定値は8だった。どこでそれを感じるのか尋ねると，彼女は「わかりません。頭の中にたくさんあります」と答えた。それで私はハンナに，「そのイメージ，『私は変で，のけ者だ』という考え，それを感じている頭の中の場所に気づいていて，そして，光を追って」と伝えた。

この時点で，セッションの時間がなくなりつつあった。私はハンナがただ気づくことをうまくやれたことと，気づいたことを報告したことを称賛した。私は，次のセッションでこの記憶についての作業を続けましょうと説明した。それから，彼女に，セッションで行ったEMDRの印象がどうだったかを尋ねた。彼女は，「間違いなく役立ちます。このような気持ちのなかのいくつかのことを私は長い間考えたことがなかったです。変な気持ちです。入り混じった感情です。一つの見方を間違いなく変えました。思い返してみると，みんなは私が思っていたほど，私のことを考えていなかったんだ」と答えた。

セッション3のハンナの再処理の記録

セット毎のEMの往復回数	クライエントの報告と［臨床家の反応］
23	えーと，そうですね，それは本当に変な気分でした。わかりません。私の心は間違いなく漂っていたんですが。それは確かです。
22	えーと，わかりません。変な気分です。これが起きた状況のことをただ考え始めていました。その間ずっと，すごくムシャクシャしてました。どんな感じか，わかりません。本当にイライラさせられました。
23	変な感覚のようなものがあります。頭の中に変な感じが。わかりません。
23	ちょっと穏やかな感じかなと思います。なんか放っておかなくちゃって。大目に見る，そう思います。
25	えーと，本当にわかりません……。表現しにくいんですが，私は怒っていて，でも同時に安堵感もあるんです。［その両方に気づいていて。怒りと安堵に］
25	（頭を振る）うーん。私の心はさまよっていて……英語のクラスのたくさんの人のことを考えました。なぜかはわかりません。ただ考えていました。たぶん，なんか……ある意味，彼らは私のこととか，私のしていることとかよりも，関心のあることがもっとたくさんあることに気づきました。

281

第Ⅳ部　他の障害や場面に対する，研究に支持された標準的 EMDR セラピーのプロトコル

セッション 3 のハンナの再処理の記録（つづき）

セット毎のEM の往復回数	クライエントの報告と［臨床家の反応］
29	恥ずかしさ。私の心は本当にひどい体験の一つみたいなのにフラッシュバックしましたから。［どんなもの？］自習室です。9 年生でした。私は実際にクラスで吐きました。［その記憶にただ気づいていて，そして次に何が起きるか見て］
30	実際，同じクラスのその年の最後のことを考えました。クラスで起きたことを誰も覚えていなかったと思うし，気にもしていなかったと思います。
28	同じこと。その年のちょうど終わりに，みんな幸せでした。学校が終わって，私は本当に幸せでした。みんなそれを忘れてしまうから。なんだかホッとしました。 それは忘れることができないとずっと考えていました。でも，今そのことを考えていると，それは私の病気で必要以上にくよくよ考えるから，私にとって忘れられないことだと気づきました。
30	祖父母のことを考え始めました。あの人たちといるとどれほど心地良いかということを。でも皮肉なことに，学校の人以上に私を評価するんです。［それは皮肉なことですね］でも，変ですが，そのことは大丈夫です。私はあの人たちといるとただ幸せです。
T	［私たちが始めた出来事に戻りましょう。彼らは映画を見ていました。今それに焦点を当てると何に気づきますか］今そのことを考えると，評価するよりも心配する人がもっとたくさんいたと思います。大多数は注意さえ払わなかったです。考えたんですが，もしも今日全員に聞きに行ったとしたら，彼らは覚えていないだろうと思います。以前はこんなふうに考えたことがありませんでした。なんだか満足しているように思います。［SUD］2 〜 3 です。［最悪の場面］実際の気分の悪さと，それだけでなく……その前に，気分の悪さと他のみんなが考えていることに関して恥ずかしい状態の組み合わせでした。実際に胃潰瘍があったので，ある意味まさにトラウマティックでした。
28	正確にはわかりません。［椅子のひじ掛けを指でドラミング］とにかく気分が悪くなったこと自体を，私はまだ怒っているか，あるいはがっかりしています。家や他の場所じゃなくて，学校で起きたことに怒っています。もしも母がもっと早く私のことを信じてくれていたら，その日たぶんそういう気分にならなかったのにということでも怒っています。これが最悪のとき，母が私を信じなかったときです。もちろん，学校に行くのをやめたとき，母は最終的に私を病院に連れて行き，最終的に私は少し薬を飲みました。
25	えーと，うーん，みんなが私を見ている感じを終わらせたかったから，毎日学校が終わるまで不安だったのを思い出しました。それで，家にいるときは，見られることも評価されることもありませんでした。一日が終わるとき，本当にホッとしました。
29	対照的なことを考えていました。学校にいるときと比べて家ではどれほど幸せだったか。どれほど反対なのか。どれほどおかしな具合だったか。だまされたような，そんな感じがしました。学校でそんなに悲観的に感じる必要はないものだし，家に帰ることに過剰な期待をする必要もないんです。

EM（Eye Movements：眼球運動），SUD（Subjective Units of Disturbance：自覚的苦痛単位）

● ハンナのセッション 4

　ハンナの父親から，次回の予約のキャンセルの電話が来た。ハンナは熱がどんどん上がり，インフルエンザのようになったため，病院で一晩を過ごしたからである。その次の週までにハンナはすっかり回復し，学校に復帰し，学業の遅れを取り戻した。私は教室内でのパニックや不安の発作について，特に試験期間中はどうだったかを尋ねた。彼女は，「最後のいくつかのテストは不安を感じなかったです。具合が悪くなったとき，少し不安になりましたが，たぶん，遅れを取り戻すためにどれくらい勉強をしなきゃいけないんだろうということに関係していると

思います。テストを放棄しないといけなくなるのかな，とちょっと不安になりましたが，決して放棄はしませんでした」と報告した。私はハンナに 2 週間前の EMDR のセッションの後で気づいたことを尋ねた。「まったく不安がありませんでした。不安がないのはいいことです。スペイン語の授業で具合が悪くなってきたときに，スクウェアブリージングを少ししました。頭がクラクラするのを感じていました。スクウェアブリージングをして，1 分間そこに座りました。落ち着くのに役立ちました。心拍が下がりました。まだちょっとだるさがありました。そのこと以外に，教室でスクウェアブリージングを使う必要はなかったです」。ハンナが必要なときにスクウェ

第 15 章　　パニック障害に対する EMDR セラピーの事例解説

アブリージングを使えるという肯定的な報告があったのと，新しい題材が現れなかったことをもって，私たちは以前のセッションで不完全に終わったターゲットの再処理に移った。

　私はハンナに，「前回取り組んだ記憶に焦点を当てると何に気づきますか。9 年生で，潰瘍を患っていましたね」と尋ねた。彼女は，「それが起きなければよかったのにと思います。それを変えることができないという事実を受け入れてきました。自分を責めることはできないと思います。誰も私がしていたことに，本当に注意を払っていなかった。EMDR をしているとき，他の誰かがたぶん考えていることにわたしの注意がとりとめもなく向かっていました。他の誰も私がしていたことに関心がなかったことがわかりました。先生は私が大丈夫と思ってくれても良いかなと思います」と答えた。私は SUD レベルを確認した。ハンナは「3。3 か最大でも 4」と報告した。

　私は，「記憶はどうですか。今でもまだ苦痛ですか」と聞いた。彼女の説明は，「いつも他人が考えて

いることを怖がっているんですよね。それは不快な事実だと思うし……，トイレに間に合わないことを心配しているかどうかわかりませんし，もっと悪いことが起きたとしたらどうなるんだろうと，心配しているかどうかもわかりません。何が起こりうるんでしょうか」というものだった。私は彼女に，「それに気づいて，光を追って」と伝えた。

　通常は，セッションの最後に，ターゲットに戻って SUD を確認するのを避ける。このセッションでは，私はハンナがほぼ 0 の SUD を報告するだろうという自信があった。植えつけ段階へとセッションを続ける時間は残っていなかった。ターゲットに戻ることは，寄与記憶から注意を逸らす方法だった。この記憶のなかでハンナは母に怒っていた。彼女の母は，ハンナが嘘をつくと言ってくり返し非難していたからだ。ターゲットに戻ることで私は，ハンナが教室の不安と状況的手がかりを再処理するなかで得たものに注意を向け直すように仕向けた。これらは，病気が原因で友だちからの否定的な社会的注目を恐れるようになったものである。

セッション 4 のハンナの再処理の記録

セット毎の EM の往復回数	クライエントの報告と［臨床家の反応］
27	えーと，何が起こったんだろうって，また考えていました。その状況で，走って外に出たくて，それから，倒れて，恥ずかしいことが何か起きてしまう，そういうことを考えていました。
27	えーと，考えていたのは……映画を見ていたときに，ドアの近くにいました。本当に心配していました。心配と怒りです。
26	私の心はさまよっていて，あ，『ヒーローズ』っていうドラマを見たことがありますか？　去年の数学のクラスのことを考えました。それは幸せなんだろうなって思います。淋しいけど幸せなんだろうなって。そのドラマは本当に面白いです。でも，それが終わると，「今度はどうするの？」状態になるの。他に起きていること全部忘れたみたいな感じです。
T	本当にわかりません。ほとんど，自分は気にしていない，みたいな感じです。ある意味，ただ終わったみたいな感じです。それは起きたけど，わかりません。不思議です。私は気にしていないというのではありません。[SUD]。ちょっとの間考えなくちゃ。たぶん，2 のような。2.5 か 2 かな。[最悪の場面]。実際のところわかりません。その何かがまだ私を悩ませます。何かはわかりません。[ここで，私は前回のセッションから，母親が早い段階でハンナのことを信じなかったことを彼女が怒っていることについて書かれた部分を読み上げた]それは間違いなく正しいです。
24	そのー，なんかムカつく，って言ってもいいと思います。それは実際のところ，それについての悲しいことは，本当です。そのことは，母が狂ったことや訳のわからないことをしていたすべての時間に，私を連れ戻します。あるいは，意味がわかりません。お医者さんが母を呼んで私に何かあることを伝えた，まさにそのときのことを考えました。母はショックを受けたみたいでした。母は私を信じていなかったようでした。母は，私が一日中何もせずに時間を無駄にしているだけだ，と考えていたみたいでした。本当に失望します。そのこと全部を考えたら，かなりイライラします。
26	えーと，私たちがやった口ゲンカのことを考えていました。そして，それから何も考えていませんでした。私が病気だった前後は……変な感じです。私は英語のクラスでストレスを和らげるために使っているものにつ

283

第Ⅳ部　他の障害や場面に対する，研究に支持された標準的 EMDR セラピーのプロトコル

26	いて書きました。というのも，プレイステーションをしているときとかは，自分の世界から脱出できるわけですから。母としたこのケンカは，私が気分が悪くてストレスで参っていたときでした。母は私のプレイステーションを取り上げて，階段に放り投げて，粉々にしました。それで私は，本当に，自分の人生でこれほど激しく叫んだことがないくらいまで興奮しました。変な感じです。怒りまくっているときは何かに憑りつかれているような感じじゃないですか。もし母が私を信じていたら，あんな風にふるまわなかったのに。[そうすると，それはあなたを信じていないお母さんの問題だということ？]［編み込み：責任］母はいつも，私が仮病だと考えていました。母はウソつきの常習犯です。母は私が仮病だと主張したけど，現実は彼女がウソつきの常習犯です。
26	まだとても混乱しています。私は，母がウソをついた別のときのことを考えています。①母が私を信じていないことと，②母は偽善者だということ，この二つのことで傷ついているのかなと思います。公平じゃないです。私は受け入れなくちゃいけないんです，母のやり方を。それが私がもうそこに住まない理由です。母が本当はどんな人かを知るほうが，それを知らないよりいいのかなと思います。私が 9 年生のクラスにいたときの人たちのことは考えません。二度と会わないでしょう。2 年経ちましたから，先に進んで手放さなくちゃいけないですものね。私の問題の一つは，とても長い間，過去のものを持ち続けていることなんです。そういう傾向があるんです。[おそらく，あなたが手放さないでいるものは，お母さんへの怒りでしょう。それが不安としてずっと現れ続けているだけなのです]　間違いなく，たくさんの怒りがあります。私が溜めている怒りの 50% は母についてのものです。楽しい時間はつらい時間より勝るだろうと願いたいものですが，母に関していえば，それは本当ではありません。それは私の気を狂わせます。私が心地良くなったことが一つありました。それは母が他の 10 人を同じように感じさせることです。私だけがこんな目にあっているのではないです。彼らはみんな違うやり方で自分の怒りに取り組みました。[誰のことを言っていますか？　他の子ども？　それとも大人？] 22 歳の姉，父，それから他の大人たちです。[そうすると，彼らはあなたのお母さんのような人に対応するのを学ぶための時間が，より沢山あったんですね]［ここで私は，①ハンナの怒りをノーマライズし，②責任を外在化するための編み込みを行い，③ハンナが母親に対処するためのスキルを開発できるような新しい選択肢を示した]［それでは，おそらく別のセッションで，お母さんに対するあなたの溜まった怒りに焦点を当て，どの出来事がそれと関連しているのかについて考えることができますよ]　病気になる前にそれは始まりました。[ターゲットに戻る]
T	［SUD］母がその一部でないなら，0 か 1 をつけるかな。不安ははすでに扱われました。そのなかで唯一の他の部分は，怒りとイライラです。

EM（Eye Movements：眼球運動），SUD（Subjective Units of Disturbance：自覚的苦痛単位）

● ハンナのセッション５

　次の週の第 5 回目のセッションでハンナは，学校で強い不安を感じなかったと報告した。彼女は，「英語のテストで少し不安がありましたが，深刻なものはなかったです。教室を出なきゃとか，本当に気が散ったというところまでではなかったです。テストに集中できました。時々，不安が本当にひどく燃え上がったりするのですが，そういうのはなかったです」と話した。それから私は，そのセッションで私たちが注意を集中する内容について，ハンナがどう考えているかを調べた。私は彼女の母との寄与経験を扱った。これは，ハンナが前回のセッションの最後に述べたことだった。私は，彼女が注意を集中したいことかどうか尋ねた。彼女は，「母への溜め込んだ怒りがまだたくさんあることはわかっていますが，私はこのテスト不安を克服して，成績を上げられるようになりたいです。そうしないと，母が私を

責めるつもりだとわかっています。母はたぶん私に車を買い与えるために出かけるみたいな感じです。それが，母が話そうとしていることの全部です。母は『もし，あんたがダラダラして勉強しないんだったら，どうしてあなたに車を買ってあげなくちゃならないわけ』みたいに言うでしょう。だから，パニックとテストについて続けましょう」と話した。

　それから私は，ハンナが潰瘍から回復して以降に，彼女が経験したパニック発作のなかで最悪のものを探った。「最悪のものは，ニューヨークでの最後の数日間でした。眠ることも食べることもできませんでした。午前 1 時に目が覚めました。母が「一体何してるの」と聞きました。私は神経が高ぶり過ぎていました。母は「ベッドに戻りなさい」と言いました。夜中に最悪のパニック発作が起きました。私は母と義父とは関わりを持ちたくありませんでした」。教室での不安発作に焦点を当てるというハンナのリクエストとともに，自宅で起きたパニック発作について

第15章　パニック障害に対するEMDRセラピーの事例解説

のこの記憶が，彼女を学校の問題から遠ざけ，母に関する題材に直接つなげるだろうと私は心配した。それで私は，「その記憶を後で扱うことを考えてはどうでしょう。今日は学校で起きた最悪のパニック発作に焦点を当てましょう」と話した。それでハンナは「10年生の終わりに近い頃にそれは起きました。最終試験のときです。最後の最終試験は地理でした。そのときに吐き気を感じました。私は先生に吐きそうな感じがすると伝えました。私は教室を出なければなりませんでした。私は先生に，不安な気持ちがあるので試験室の外で座っていないと大変，と伝えました。テスト中は本当に気分がよくありませんでした。母は，私がAを取ったのに最終試験に落第したので驚きました」と話した。私がその映像を尋ね

ると，ハンナは「みんなが私を見ていたことは確かです。私は教室の真ん中にいて，立ち上がりました。どんどんひどくなってきます。手に汗をかいていました。気分が悪くなりました。出ていきたかったけど，先生に言わずに出ていくことはできませんでした。他の子たちは，もし吐くなら後ろのゴミ箱に吐いてと言っています」と言った。ハンナは，否定的な自己陳述として「私は変だ」，そして，好ましい自己陳述として「私は普通だ」を同定した。彼女の最初のVoCは4であった。彼女の感情は怒りと失望だった。SUDは7〜8だった。感じがある場所は胃の中だと彼女は言った。私は彼女に「そのイメージ，『私は変だ』という考え，胃の中に感じている場所に気づいていて。そして，光を追って」と言った。

セッション5のハンナの再処理の記録

セット毎のEMの往復回数	クライエントの報告と［臨床家の反応］
30	ただ怒っています……それか，それがない人や理解しない人を妬んでいます。
26	私の知ってるなかで，それがない人たちのことをただ考えています。初めて不安になった出来事全体の前，私がどのように考えていたのか，今と比べてどれくらい物事が簡単だったか。物事を当然のように受け取っていたと思います。自分が持っているものをわかっていなくちゃいけませんよね。
28	えーと，私は……，私には嫉妬の気持ちがありましたが，なんだか，悲しくはないですが，ただ憂鬱というかそんな感じです。
28	それがない人を妬んでいるし，人から評価されるのを恐れているので，なんだか混乱しているのかなと思います。どちらのこともです。
29	今の自分の友だちのことを考えました。彼らは私の不安を理解しています。私は悪い人とは友だちになりませんが，評価をほとんどしないような人とは友だちになります。私たちはみんなお互いの問題について気にしていません。
T	そこにいた人たちは，冗談とか奇行か何かみたいに見ていたのかなと思います。それがあるからといって，彼らは私を否定的に思わないのです。誰もそれについては否定的なことは一切言いませんでした。彼らは私が不安を持っていることすら知らなかったと思います。誰も，それをもとにして私を評価しませんでした。振り返ってみると，まさにその瞬間に，その人たちがどんなことを考えていたんだろうかということ，もう彼らは忘れたんだとわかります。それをもう一度体験するのがもっと怖いです。それをもう一度体験しないだろうというのはわかってはいますが。［もう一度体験する恐怖に気づくと，それをどこに感じますか？］胃です。私は怒ると緊張します。怖くなると，それは胃の下のほうにあります。まるでお腹にパンチをくらったみたいな気分です。
31	えーと，その気持ちについて考えていたとき，その気持ちを感じました。それから，誰かをパンチしたい気持ちになりました。私は怒りました。そんなところです。［通常，私の傾向として，「あなたがパンチしたいのは誰ですか？」と質問することで刺激するのだが，これはハンナの母親との問題に私たちを引き戻してしまうかもしれなかった。そのかわり，私はターゲットに再び焦点を向けてもらい，SUDを確認した］
T	SUD：2か3。［最悪の場面は？］ちょっとそのやり方が……とてもゆっくりだった先生にちょっとイライラしていて……先生は何が起きていたのか理解していませんでした。先生は「許可証を書きますよ。待ってて」と言いました。先生が許可証を書いている間，私はただ待っていました。
26	えーと。ちょっと興奮していて，言葉にするのは難しいです。イライラしているみたいだけども理解はしているってあるじゃないですか。私は本当に先生にムカついていました。でも同時に，なぜ先生がそんなにゆっくりしていたのか理解しました。

285

第Ⅳ部　他の障害や場面に対する，研究に支持された標準的 EMDR セラピーのプロトコル

セッション 5 のハンナの再処理の記録（つづき）

セット毎の EM の往復回数	クライエントの報告と ［臨床家の反応］
31	ちょっと，嫉妬ではなくて，ただイライラしています。公平じゃなくても先に進まないといけないじゃないですか。
T	SUD：1.5。いつも多分そうなんです。その状況もそうだし，小さな不快感と結びついているから。今では他の人がそのことについてどんなふうに思うか，それが本当に彼らの生活に影響を与えなかったことがわかります。なぜ先生がそんなにゆっくりだったのか理解しています。もし私が，誰かがただ気分が悪いだけで，不安だと知らなかったとしたら，たぶんゆっくり許可証を書いたでしょう。もっとたくさんの子どもがそれを面白がります。それぞれの体験について考えれば考えるほど，人が考えていることをじっくり考えることができます。私は普通あまり物事を考えません。いつも心配ばかりしているのです。［この時点で，再びセッションの終了時間が近く，SUD はわずかに上昇していたけれども，ハンナの自己陳述を強化するために，少なくとも 1 組の植えつけをしておきたかった］PC：私は普通だ。VoC：6［植えつけ］
24	VoC：7　さらに満足しています。自分が普通だとわかります。もし私が変だったなら，他の人は Facebook で私に話しかけたりしないだろうと思います。

EM（Eye Movements：眼球運動），SUD（Subjective Units of Disturbance：自覚的苦痛単位），VoC（Validity of Cognition：認知の妥当性）

● ハンナのセッション 6

　6 回目のセッションで，ハンナは，金曜日と月曜日に学校を休んだこと，喉の痛みと扁桃腺の腫れのために週末は気分が悪かったこと，しかし前回のセッション以来不安のエピソードがなかったことを報告した。彼女の最近の最低の成績は，彼女にとって最もきつい授業である数学だった。彼女は，数学の宿題では B と A を取っていることは確認していたが，テストをいくつか落としたために，当時 D を取っていた。彼女は最近の不安発作について別のものを同定した。それは昼食の後，数分遅れて教室に姿を見せて，テストがあることを忘れてしまっていたときのことだった。「凍えるほど寒かったです。遅刻でした。いつもは，先生は座席を違う形に配置します。私は，いつもは自分が心地良く感じる人の隣に座ります。でも前の右の角の席以外はすべて埋まっていました。私は座りました。すぐに緊張して震え始めました。なぜかはわかりません。みんなは

テストを始めました。私は体の気分が悪くなるのを感じだしました。私は先生に，トイレに行ってもいいですかと聞きました。先生は，いいですよと言いました。私は保健室の先生のところに行きましたが，30 分後に教室に送り返されました。教室に戻ったとき，頭を垂れることしかできませんでした。それから，テストが終わって，気分が良くなりました」。

　ハンナが描写した映像は，「歩いて中に入って，席が全部埋まっているのが見えて，知らない人の隣りに座らざるをえなくて，快適ではないです」というものだった。否定的な自己陳述は，「私はコントロールできていない」だった。好ましい自己陳述は，「今はコントロールできている」だった。最初の VoC は 1 だった。感情はイライラと心配だった。SUD は 7 で，胸のあたりにその場所を感じていた。私はハンナに，「そのイメージ，『私はコントロールできていない』という考え，胸の中に感じている場所に気づいていて。そして，光を追って」と伝えた。

セッション 6 のハンナの再処理の記録

セット毎の EM の往復回数	クライエントの報告と ［臨床家の反応］
28	うーん，考えていたことはないですが……えーと，一つあります。私はコントロールできなかったけれど，でも私は一つできたし，それは……私はまだ部屋を出ることができたような感じだったから。特定の人の隣に座れた理由がわからないから混乱しています。
30	考えていたのは……実際には，私の心は英語の授業のことを浮かべてました。たいてい，新しい人の隣に座ることはできません。ある新しい女の子のことを考えていました。彼女の隣なら快適で，良い感じだろうっ

286

第15章　パニック障害に対するEMDRセラピーの事例解説

30	て考えました。そしてやはり良い感じでした。彼女の隣に座ることができたなんて不思議でした。たぶん，彼女が静かで何も話さなかったからです。
23	うーん，実際には，また数学のことを振り返っています。その日私の隣に座った子のことを考えていました。なぜなら，あそこで頑張らないからです。たくさん人がいたかわかりません。何か変化があるたびにいつも不快感があります。たぶん，もしそこで頑張っていたら，もしその子を知っていたら，私はもっと快適に感じていたでしょう。（ここで，ハンナは人づきあいがより社交的になるイメージを持ち始めた）
28	うーん，なんだか怒りがあります。私が英語のクラスで席を変えなかったことに，意見を言ってきた人を思い出したからです。［身体の場所は？］胃の中です。
27	うーん，実際のところ，なんだか興奮してきました。というのも……えーと，わかりません。えーと，緊張と興奮です。もし，自分が座る場所を選ばないと決めて，他の人に囲まれて快適さを感じることができるのがわかるとしたら，ということを考えていました。もしできるのなら，私は問題を持たなくなるでしょう。私は完全に緊張してました。なぜなら，もしうまくいかないとしたら……ってなるじゃないですか。（ここでハンナは，回避方略が教室での不安の維持にどれほど寄与しているかということに直面していると同時に，自分の行動を変化させるイメージをしている）
22	うーん，数学の体験に戻りました。誰かが私が出たり戻ったりに気づいたときのことをまったく思い出せません。誰も気づいていなかったと思うけど，そう思いこんでました。でも，誰も私を知らないなら，どうやって彼らは私が出たり入ったりすることを気にするんでしょうか。
26	えーと，私は心地良さを感じていたことに気づいていました。ちょっとすごくないですか？　隣に座っても心地良く感じる人が，その数学のクラスに少なくとも2〜3人いる，ということを考えていましたから。私は椅子取りゲームにうんざりしています。それは不安を持たないために快適に座るように頑張らないといけないからです。なんか馬鹿げています。
26	えーと，怒りではないものがあります。緊張です。なぜなら……いいえ，実際には誰かをパンチしたい気分でした。なぜなら，そんな馬鹿げたことのために頑張って合わせることはできません。「ああ，ここに座らないといけないのか」そんなことに私は疲れています。私は自分をクラスのどこかに離して誰とも話さないってことに，気持ちを集中させています。そんなこと，するべきことではないんです。
27	もしそうじゃないとしたら……という事実に折り合いをつけているところです。この不安を自分で少し引き出していると思います。これを頭の中で組み立てています。私の隣の人は気づいていないし，気にもかけていません。彼らは集中しているんです。私は他のことに注意を向けていて，それで，私はテストでひどいことになったり，社交の場でストレスがかかったりすることになります。
T	SUD：1。誰も気づいていなかったと思うからです。みんなはテストに集中していました。私は遅刻しました。それに取り組まなくちゃいけませんよね。物事はそういうものです。私は実際には不安から，ちょっと身体の症状がありました。すべての身体的なものを除けば，すべて馬鹿馬鹿しいことです。それをすべて考えて頭の中で組み立てますよね。これから70年を「ああ，私はその場所に座れないのよ」と言いながら生きることになるとは思えません。それはやめにしないとだめです。もし私が反対のことをするなら，たぶんそれは役に立ちます。［それはおもしろい経験ですね］私はしばらくの間，不安がまったくなかったです。私はまだ座席を選んでいます。［最悪の場面は？］身体の痛みです。胃が痛くて，汗をかいています。それについては何もできない部分です。それは私の考え方全体から来ています。［編み込み：選択］あなたにできることが二つあります。知らない人の隣に座ることを選べますし，スクウェアブリージングをすることができます］その当時は，スクウェアブリージングを知らなかったです。もし知っていたら，速い呼吸で悪化させるかわりに，トイレに行ってスクウェアブリージングをしていたでしょう。
25	まさに心構えができました。スクウェアブリージングを知っていたら良かったなって感じです。それだけです。
T	SUD：0.5。PC：「今はコントロールできている」。私は穏やかで，どんな状況にも対応する準備ができているんじゃないかなと思います。私は穏やかで，それに対応する準備があります。VoC：6
25	VoC：6.5
25	VoC：7。何かを考えました。その年の初めに，新入りのときに人に囲まれてたくさんのテストを受けました。外は凍えるような寒さで，私は教室の中で快適でした。それが誰でもかまいません。かかってこい，です。［ボディスキャン］何も感じません。ちょっとモヤモヤするような感じがします。違うことに挑戦することにいっそう興奮しているんだと思います。とても勇敢です。
24	実際のところ，これは本当に変に聞こえるでしょう。私の両親は私に仕事に就いてほしいとずっと望んでいました。私はそれをしたくはなかったんです。なぜなら，不安になるのを恐れていたからです。でも，仕事に応募することを考え始めました。

EM（Eye Movements：眼球運動），SUD（Subjective Units of Disturbance：自覚的苦痛単位），VoC（Validity of Cognition：認知の妥当性）

第Ⅳ部　他の障害や場面に対する，研究に支持された標準的 EMDR セラピーのプロトコル

● ハンナのセッション 7

次のセッションでは，ハンナのテスト不安の再評価と，彼女にパニック発作が出た他の状況の探索に焦点を当てた。彼女は，「英語のときに席が変わった後，少し心配でちょっと問題がありましたが，すぐに乗り越えました。他の授業では，先生が指示した席替えに従いましたが，問題はなかったです。いろんな人と話をしています。土曜日に外出して，求職の書類をたくさんもらいましたし，いくつかは記入して，提出しました」と言った。ハンナは，宿題と研究課題を再び軌道に乗せたと述べた。彼女は宿題も同様に，より一層がんばっていた。テストへの成績はすべての教科で上がっていた。私は，彼女の将来のテストの態度について探った。彼女は，「中立的です。心配していません。真ん中です」と答えた。私は，彼女に次の数学の試験を想像するように頼んだ。「他のみんなと一緒にテストを受けているのが見えます。もし不安だとしても，私はスクウェアブリージングをするでしょう。もしテストの最中に本当に不安になったとしたら，トイレに行ってスクウェアブリージングをすることができると思います。それから，戻って，終わらせると思います」。彼女は偽りなく言っている感じだったし，残りの不安を扱って，試験をうまく完了させる自分の能力にかなり自信があるように見えた。

教室内でのパニックとテスト不安が十分に解決したので，私はハンナがパニック発作を経験した他の状況を探した。ニューヨークを去る前の，母親の家でのパニックのエピソードに加えて，ハンナは一つか二つの社交の場のパニック発作と，数回の大陸横断の飛行機移動時のパニック発作のことを述べた。社交場面でのパニック発作は，親戚たちと一緒にいることと関係しており，ハンナは彼らから学校での様子を評価されるのを恐れていた。今では彼女の学校生活は改善していたので，この問題の再発について以前ほど恐れていなかった。ハンナは，大陸横断飛行でのパニックが，母との未解決の問題とつながっていることを自覚していると説明した。彼女は，もうすぐやってくる訪問期間中に対処する準備をもっとしておくために，母親に関する寄与経験のい

くつかを再処理したいと，私に知らせてくれた。私たちは次回のセッションでこれらの経験を話し合い，再処理のための経験を選ぶことにした。

● ハンナのセッション 8

8回目のセッションで，ハンナはパニック発作がなかったことや，授業中の集中力が上がったこと，教室内の試験の成績が引き続き改善したことを報告した。彼女は，数学の試験のときに小さな不安エピソードが一つあったのだけれども，席に座ったままで 2 分間スクウェアブリージングを行うことで，すぐに終わらせることができた。集中力が改善したおかげで，その試験で B を取ることができたことを彼女は喜んでいた。それから，ハンナは母親のいくつかの変わった行動の影響を述べ始めた。これらには，一度に数時間も寝室に閉じこもったり，何の説明もなく一昼夜まるまる家からいなくなったり，ハンナへの扱いに一貫性がほとんどなかったことが含まれていた。これらのなかで最も苦痛なのは，クリスマスイブの日に母親が大酒を飲んで，それから長時間にわたって怒鳴ったことだった。私たちは次回のセッションでこの出来事を再処理することに合意した。

● ハンナのセッション 9

9回目のセッションの最初に，ハンナはテストでさらに進歩したことを興奮しながら報告した。「先週の土曜日に，5 時間もかかる大学進学適正試験がありました。大丈夫だったと思います。全員知らない人ばかりでした。私はドアの近くに座りに行きましたが，試験監督官から，決まった場所に座らなければなりませんと言われました。テストの最初の 1 時間は元気でした。それから不安が始まりました。スクウェアブリージングをしたら，大丈夫でした。残りのテストは順調に進みました。5 分間の休憩が 1 回だけありました。パニックのエピソードがなくやり終えたのはびっくりです。みんな知らない人でした。昔ならばパニック発作を引き起こしていた環境ばかりでしたが，私は元気でした。今日のスペイン語の口頭でのプレゼンテーションも，良かったです。不安についていえば，こんなところです。どんどん

第15章　パニック障害に対するEMDRセラピーの事例解説

悪くなると思っていました。もし，1年前にテストを受けていたら，絶対にやり遂げられませんでした。長い時間その中にいました。ほぼ5時間でした」。

それから私たちは，再処理のために選んでおいたターゲット記憶のアセスメントに進んだ。これは，クリスマスイブの日に大酒を飲んだ母親が，ハンナと姉を怒鳴った記憶だった。その体験で最悪の部分を代表する映像は何かを尋ねると，ハンナは「クリスマスイブに怒鳴り声があったという事実。私は本当に動揺しました。私は休暇が大好きです。その時間は幸せで，その間は楽しむ必要があります。母は金切り声を出していました。その声は，クリスマスであるという思いを全部壊しました」と答えた。否定的な自己陳述は，「私はトラブルメーカーだ」で

あった。好ましい自己陳述は，「私は良い人間だ」であった。最初のVoCは3だった。感情は「悲しく，イライラする」だった。最初のSUDは8で，胸のあたりにその場所があった。私はハンナに「そのイメージ，『私はトラブルメーカーだ』という考え，胸の中に感じている場所に気づいていて。そして光を追って」と伝えた。

終了段階で，私はハンナに再処理の体験についてコメントを求めた。彼女は「何だか素晴らしい感じでした。こういうたくさんのことを，今まで考えたことがありませんでした。新しい見方ができたことがすごいです。それを理解できたとき，パズルのような感じでした。何もかも，ずっとより良く感じられます」と言った。

セッション9のハンナの再処理の記録

セット毎のEMの往復回数	クライエントの報告と［臨床家の反応］
26	なんというか，小さく感じます。振り返ると，母と比べたくなるような気分になって，感情的には私は無でした。私は姉に同情を感じます。姉は私よりも年上で，もっと母の面倒を見なくてはならないことがたびたびありました。私は母と比べると無力だったように感じます。私には母を落ち着かせたり，状況を良くするためにできることはありませんでした。
29	うーん。［大きなため息］それらすべてがどんなふうに起きたのかということにちょっとなんかショックです。本当に愚かなこと以上でした。本当に大きなことになりました。とても小さなことがとても大きくなることに，私は本当にただ失望していました。私には意味がわかりません。
26	母と会うといつも口ゲンカになるのかな，ということを考えていました。会うといつも口ゲンカがありました。これは永遠に続くんでしょうか？　本当に力の消耗だわ。
T	振り返ると，私がちゃんと取り組んでいなかったことに気づきます。将来の参考のために受けとめる必要があります。もしこういうことがもう一度起きたら，ちょっと落ち着くようにします。私は母が非合理的であることに対応できません。もし母がまともでないならば，私は母と会わないでしょう。今そのことを考えると，90％母が悪いと思います。母は悪い選択をしたのです。もし母がそんなふうになるのなら，母よりも父とクリスマスを送るほうが良い。（ハンナは母と休暇を過ごさないことを自分自身のために決める十分な年齢である一方で，私は彼女が母の行動に対してまだ自責感を抱いていることが引っかかっていた。そこで，私は次の編み込みを提示した）［大人は誰だったんですか？］私の母です。［その状況を管理する責任は誰にあるんですか？］私の母です。
31	ちょっとなんだか吐き気があります。このことを考えるといつも，母がクリスマスイブによく酔っぱらっていたことで混乱します。あれは母がすることです。母が大人で，それを管理する責任を持っていることを考えると，私はかなり良い気分になります。母はそれにもっとうまく対応することができていたでしょう。私は母の親ではありません。母を管理する責任は私にはありません。母が自分自身の人生を自分でつかみたいなら，つかんだらいいのです。母がクリスマスイブに酔っぱらっていたことに，はっきりと嫌悪を感じます。そのことは本当に私を怒らせます。不公平だと思います。ふさわしくありませんでした。
36	何か違うことには気づきません。ずっと考えていたことは，母が管理すべきだったのに，ということです。他には何も。母がそうしなかったことにイライラします。私は母がそれを覚えていることを願っています。基本的に，それについては同じ気分です。
T	［SUD］1.5か，たぶん2。［最悪の場面？］姉と私が母を落ち着かせるために5分間散歩に出たという事実。母の気分がとても高ぶっていたので，私たちが出ていかなければならなかったというのが事実です。それはちょっと嫌な感じです。母はもっとうまく管理すべきだったのに。飲み続けるべきではなかったのに。もし

289

第Ⅳ部　　他の障害や場面に対する，研究に支持された標準的EMDRセラピーのプロトコル

T	そうなら，母は理不尽であることはなかったでしょうに。［では，お母さんが落ち着くのを待つために，あなたとお姉さんが出ていかなければならなかったことがどれくらい嫌な感じなのかに注意を向けていて］
32	えーと，外に出て，本当に神経が高ぶって，胃に不快感があったことを思い出しました。［胃にイライラの不快感］クリスマスの朝や私たちが家に帰ったとき，母がどんなふうになるかわかりませんでした。そのことに，ただ神経が高ぶります。本当に予想できないから。それは懐中電灯を持って洞窟に入るようなものです。そこで何を見つけることになるのかなんて，わからないってことなんです。
25	なんだか，不安はありませんが，そのことをちょっと考えていると楽な感じではありません。もちろん，帰ったときはなんだか変でした。クリスマスの朝に目覚めたとき，すべてが一応はすばらしかったですし，それは終わっていました。母は何が起きたかすら忘れているようでした。私はここで「大丈夫」の感じです。［このときのことのような経験からくる鬱積した感情が，ハンナの不安とパニックのエピソードに寄与しているという作業仮説のもと，私はこれらの気持ちを表現する方法を彼女が体験するように彼女をサポートしたいと思った。そこで，新たな選択を支えるための編み込みである「語られなかった言葉（unspoken words）」を提案した］［それでは，「大丈夫」と言うかわりに，次の眼球運動のセットでは，そのとき彼女に言いたいと思っていたことや，起きたことについて今彼女に言いたいと思うことを想像して］
29	少し安堵しました。ドクター・フィル[†37]になった自分が母を怒鳴っている姿を想像できます。いや，怒鳴るのではなく，私がそのことについて本当に考えていたことを母に伝えました。本当にそこで母に伝えたり，ある意味でそれをやっているというような感じがしました。
29	胸のここまであたり，アドレナリンが詰まっているようでした。厳しく非難するところを思い描きました。良い気分でした。すべて吐き出して，「お前のせいだ。私とお姉ちゃんのクリスマスをよくもめちゃくちゃにしてくれたわね。不公平で自分勝手よ」と言う姿を思い描きました。
29	「これで，おわり」だと，ただ考え始めていました。私は自分の意見を言ったし，母は聞くことも聞かないこともできる。ちょっとリラックスした気分です。そんな感じです。
T	［SUD?］0とは言えません。そのことで私を悩ます何かが，今後もいつもあるんだろうなと思います。0.5でしょうか。私は悪くなかったと分かります。自分が感じていることや，多分クリスマスの朝に私が言うべきだったことを言えると思います。母が飲むとどうなるかわかっているので，私は落ち着かなくなるのだと思います。コントロールできません。飲むときは飲むんです。母のパーソナリティは，なんか驚くほどひっくりかえる可能性があるのです。［それでは，その出来事がいつもあなたを少し悩ませるかもしれないけれども，お母さんが飲酒問題を抱えている限りは，今後もあなたを悩ますことが部分的にはあるんですね］そのとおりです。［PC?］変えてみます。うまくいくかどうかはわかりません。「それは私のせいではない」みたいに言い換えてもいいですか？［もし，「それは私のせいではない」だとして，肯定的な言い方だとどうなりますか？］「それは彼女の問題だ。私は合理的な人間だ」［VoC?］7　完全に7です。気持ちに間違いはありません。
28	VoC：7　ボディスキャン：何もなし。

EM（Eye Movements：眼球運動），SUD（Subjective Units of Disturbance：自覚的苦痛単位），VoC（Validity of Cognition：認知の妥当性）

● ハンナのセッション10

　10回目のセッションでは，ハンナは教室でのパニックや不安が引き続きなかったことを報告した。彼女は前回のセッション以来，自己知覚の変化について考察して，母親の予測不可能で異様な行動について，他の典型的な出来事をいくつか述べた。ハンナは以前彼女が会っていたセラピストにがっかりしたことも考察した。そのセラピストは，彼女の母親の飲酒と変な行動がどれだけ彼女に影響を与えたかという懸念を説明しても，正当だと認めることも同意することもしなかった。

● ハンナのセッション11

　11回目のセッションで，ハンナは学校でのパニック発作や不安エピソードが引き続きなかったことを報告した。彼女は，親戚と過ごしたときの軽度の予期不安について述べた。彼女が父方のおじの一人と話し始めると不安はすぐに消えて，安心を感じた。彼女は，母親の予測不能な行動に人生早期にさらされた影響について，より多く話した。彼女は私に，「母は仕事の後，図書館で私を車で拾うのですが，数日，姿を見せなかったことがありました。私はおばに迎えに来てもらうように電話をしなければならないことがよくありました。『私には怒る権利はないの？』と聞いても，母からあなたが悪いと言われることがよくありました。まったく理解できませ

†37　アメリカの人気トーク番組の司会者。心理学者。

した。母は『自分で自分の気持ちを混乱させている
のなら，ただ混乱しているだけよ』とよく言いまし
た。今では，それがどれだけインチキだったかわか
ります。もちろん，母が私をそんなふうに扱ったこ
とに対して，怒る権利はありました。母は自分の問
題を認めることが絶対にできなかっただけです。母
はまだそうなんです」と話した。

　それから彼女は，家族に生じたいくつかの経済的
な問題のために，あともう1回だけしかセッション
ができないことを私に知らせるよう，父親に頼まれ
たことを思い出した。不安の問題に対する彼女の脆
弱性に寄与していた母親とのすべての体験に取り組
むことはできないことがわかり，私は，パニック発
作が起きる状況のなかで，まだ残っているものを探
すことに決めた。ハンナは映画館で経験したパニッ
クのエピソードを述べた。「私は真ん中に座ることが
できません。私は閉所恐怖が強過ぎます。私はほと
んど端にいつもいます。去年，ニューヨークでそれ
は始まりました。私は吐くか何かしそうな感じで不
安になることがよくありました。胃潰瘍になった後，
それが起きました。それから本当にひどく不安にな
りました。吐きそうに感じていましたが，吐きはし
ませんでした。映画館ではまだ時々それがありま
す」。私たちは，次回の最後のセッションでこの経験
を再処理することに決めた。

● ハンナのセッション12

　ハンナは教室や試験中に，パニックや不安がまっ
たくなかったことを報告した。また，自分がより社
交的な状態を体験していたことに気づいたと話し
た。彼女は誰の隣にも座ることができるとわかった
と話した。彼女は，以前に交流や話したことのない
学生と会話を始めたと報告した。彼女は自分が社会
的に受け入れられていることを体験しているよう
だった。そして，私たちは，映画館での最悪のパニッ
ク発作の記憶について評価段階に進んだ。その経験
の最悪の部分を代表する映像は，座席の列の中央に
座っていたときに集団がやってきて，その列の残り
の座席を埋めたことだった。「もし出て行きたくなっ
ても，すぐにその列から出ることができないだろう
なと気づきました。前触れもなく吐き気が襲ってき

て，吐きそうな感じになりました」。否定的な自己陳
述は，「私は具合が悪い」だった。好ましい自己陳述
は，「今は健康だ」であった。最初のVoCは3だっ
た。感情は失望と恐怖だった。SUDは7だった。彼
女は胃の中にそれを感じていた。私はハンナに「そ
のイメージ，『私は具合が悪い』という考え，そして
胃の中に感じている場所に気づいていて。そして，
光を追って」と伝えた。

　最後のセッションを終了する際に，ハンナと私は
彼女の進展を振り返った。彼女はパニック発作の解
決についてきわめて冷静な感じだった。彼女は母親
と会ったときに，母親に対処できる自信を表明した。
彼女は自分の母親が支配的で，批判的で，勝手だっ
たことをわかっていた。しかし，新しい見方をする
と，彼女は自分自身を信頼し，母親の操作に追いか
けられないでいる心を感じていた。EMDRの再処理
について彼女の考えを述べてほしいと頼むと，ハン
ナは「素晴らしい感じでした。何もかも，たくさん
より良く感じさせてくれます」と言った。

　ハンナのケースは第14章で述べた問題のいくつ
かを説明している。第一に，パニック障害や併発し
た他の不安，パーソナリティ障害のケースにおける
EMDRの再処理で起こりうる治療効果の速さが示
された。第二に，**病因**と**寄与**経験の間の違いと相互
関係を説明している。彼女は子どものときに母親と
多くのストレスフルな経験をしてきたけれども，胃
潰瘍で病気になるまで一度もパニック発作に苦しめ
られていなかった。この胃潰瘍が，突然の予期せぬ
吐き気と嘔吐の発作に対する脆弱性を作った。明ら
かに，彼女が胃潰瘍になったときの体験が，パニッ
ク発作の直接の**病因**だった。したがって，これらの
病因論的経験とパニック発作に関連した手がかりを
ターゲットにして再処理することで，パニック障害
の治療を始めることが可能だった。このとき，母親
についての**寄与**経験を再処理する必要はなかった。
しかしながら，彼女の病気を過小評価した母親の役
割と，長期にわたる批判，非難，支配の行動パター
ンは，明らかに寄与要因であった。ハンナのパニッ
ク発作の進行に対する脆弱性にも，そしていくつか
の新たに発生した社交不安や，家族や友だちから評
価されたり拒絶される恐怖，自信と自尊心が減少し

第Ⅳ部　他の障害や場面に対する，研究に支持された標準的 EMDR セラピーのプロトコル

た感覚といったその他の問題にも，これらの要因が寄与していた。

　彼女の家族の経済的な問題のために，母親との関係についてのすべての寄与経験を包括的に取り組む前に，セラピーの終結を突然決めることになった。母親に関する寄与経験はセッションの背景でたびたび現われて，いくつかの話し合いの焦点となったが，

母親との問題に関する記憶には 1 回の再処理セッションしか充てることができなかった。彼女の若さと，父親や義理の母親との肯定的な関係を含むたくさんのレジリエンスがあるので，ハンナはパニック発作の完治においても，自信と自尊心の感覚を強化することにおいても，十分に急速に進歩することができた。

セッション 12 のハンナの再処理の記録

セット毎のEM の往復回数	クライエントの報告と［臨床家の反応］
26	うーん，胃潰瘍で気持ち悪くなった最初のときのことを思い出していました。映画館じゃなかったです。家でした。吐いちゃうしかないって気づいたとき，かろうじてトイレに間に合いました。
28	うーん，変ですが，それが家でどんな風に起きたのか，学校ではたくさん起きましたが，それがどんな風だったのかを考えていました。でも，実際には映画館で起きたことは一度もなかったです。最初はいつも不意打ちを食らっていました。それから完全に神経が高ぶるような感じが始まって，いつでもどこでも起きるようになりました。
27	うーん，実は，私が考えていたのは，胃潰瘍が治って，病気が治って以来，映画館に行くことはいつもどんな感じだったのかということです。いずれにしても，映画を見に行くときはいつも必ず気持ち悪くなるわけではありませんでした。不定期にポンとなるくらいでした。今は，それほど不規則ではなかったとわかったような気がするだけです。母が変なときに起きていたことと多分関係していました。
26	それがそんなに不規則ではなかったことを，もっとたくさん考えていました。母にかなりイライラする気持ちを感じていました。でもそれから，ちょっと落ち着き始めました。母はいつもコントロールが効かない人で，母を管理する責任は私にはありません。それは母の問題だと考え始めたとき，そのイラ立ちはちょうど今，消えました。
T	実は，数人の友達と映画館で『パイレーツ・オブ・カリビアン』を一緒に見ていたときのことを思い出していました。初めから終わりまでその映画に興奮していて，気分が悪くなっちゃうことを一度も考えませんでした。実際のところ，今までのようにそこに固まってしまうことが難しいです。［SUD］1.5 か 2 です。［最悪の場面？］映画を見ている間，椅子にもたれてリラックスできていることを邪魔するようないら立ちが，たぶんちょっとだけありました。楽しいことは楽しくあるべきです。
26	ちょうど消え去りました。あのですね，私，2 カ月前にインフルエンザにかかって，一晩病院で過ごしました。もう一度インフルエンザにかかる心配はしていません。今では歴史のような感じに思えます。私は自分の座りたいところに座ることができます。
24	同じような感じです。今では大変なことのようには思えません。
T	SUD：0　PC：「私は健康で，今はコントロールできる」。VoC：6。［植えつけ］
25	［VoC］7　今まさに本当に感じます。今，私は健康だとわかります。映画館で気分が悪くなったり神経が高ぶることに，もうストレスを感じていません。学校で緊張するようなこともストレスになってませんでした。座る必要のあるところならどこにでも座ることができますし，今，とてもいいです。（ボディスキャン）穏やかです。

EM（Eye Movements：眼球運動），SUD（Subjective Units of Disturbance：自覚的苦痛単位），VoC（Validity of Cognition：認知の妥当性）

● ジャスティンのケース：離人症を伴うパニック障害

　ジャスティンが治療のために現れたとき，彼は 20 歳の短期大学生だった。最初のセッションで彼は私

に，8 年前の 7 年生のときにパニック発作が始まったと語った。最初のパニック発作が起きたのは，彼がベッドに入って眠りかけていたときだった。「死ぬかと思いました」と彼は話した。8 年間にわたって，週に数回，夜のパニック発作が続いた。当然のことだが，彼はさらに何回もパニック発作が出るのを恐

れてベッドに入るのを避けてしまい，睡眠不足の習慣ができてしまった。私に会ったときには，平均すると一晩に3，4時間の睡眠しかとれていなかった。というのも，夜中に離人症のエピソードがあったためだ。

最初のセッションで，ジャスティンの家族歴について基本的な情報を集めた。ジャスティンが4歳のとき，母親と父親が離婚した。彼は母親と義理の父に育てられた。この義理の父とは「しばらくの間」関係が難しかったと彼は述べた。「僕の義理の父は厳しい父親に育てられました。僕にもそのようにしました。義理の父は感情を見せませんでした。彼は僕に何でも自分でするように期待しました。彼は家でたくさん怒鳴りました」。ジャスティンは子ども時代にトラウマティックな出来事はなかったと報告した。そして，身体的虐待や性的虐待の経験を否定した。義父は怒鳴る以上のことをしたことがあるかどうか尋ねると，ジャスティンは義父との間で起きた2回の身体的な衝突を述べた。「彼は2，3回私を壁に投げつけましたが，ひどいものではなかったです」。彼は母親との肯定的な関係を述べた。「僕たちは毎日話をしました。母は本当におしゃべりで，知的で，素敵で，理解力があります」。

ジャスティンは，両親が軍隊にいたので，成長過程で何回も引っ越しをしたと述べた。私に会いにくる前年に，ジャスティンはこの地域の短期大学に通うために，母親と義理の父親の住む田舎から引っ越してきていた。彼はアパートでルームメイトと一緒に暮らし，ショッピングモールで販売の仕事をしていた。学費の支払いや，出費が彼のささやかな賃金を越えた数カ月の間，母親から金銭的支援を受けていた。

パニックの症状に対する以前のカウンセリングや治療に関して，彼は高校で短期間だけのカウンセリングを受けたと報告した。これは，彼が校内でマリファナ器具所持で捕まったときのことだった。しかしながら，ジャスティンのパニック発作のことは一度も話し合わなかった。彼が通っていた高校のある田舎のコミュニティでは，友だちはみんなマリファナを吸ったし，それでカウンセラーに会わなければならないのは「アホ」らしく思えた。肯定的な面と

しては，ジャスティンはそれ以降マリファナを吸うのを止めたし，酒もいっさい飲まなかった。彼は身体の状態に関心があり，毎日ジムに行った。彼は両親の近くに住んでいた女の子と1年以上つきあっていた。彼女はジャスティンより2，3歳年下だったが，彼女の両親も彼の両親も彼らの関係を認めていた，と彼は報告した。彼は消防士の仕事に就いたら彼女と結婚したいと望んでいた。

最初のセッションで，私はジャスティンにパニック発作と睡眠についての基本的な情報を伝え，スクウェアブリージングを教えた。私は彼に一日に数回，スクウェアブリージングを練習するように言った。睡眠の改善の重要性を強調し，寝る準備を始める時間とベッドに入る時間を一貫させるように言った。また，就寝の用意を始める前，そしてベッドに入った後で，スクウェアブリージングを練習するように言った。最初のセッションで彼が私に伝えた情報をもとに，私はジャスティンがEMDRによる治療の良い候補者だと結論づけた。私の仮の治療計画は，最も早期の12歳のときのパニック発作の記憶をEMDRで再処理を始め，それから先に進めるというものだった。私は2回目のセッションで落ち着く場所のエクササイズをしてEMDRを導入し，彼の治療計画を進める計画を立てた。表15-2にジャスティンの治療記録の要約を，そして表15-3にジャスティンの治療の基本計画を示した。

2回目のセッションで，ジャスティンはスクウェアブリージングをずっと練習していたと話した。彼は，「役立っています。今日，クラスで離人症の症状が出たのを除けば。今日は自分が呼吸をしているのではないような感じがしました」と言った。これは，彼が日中の非現実感体験に言及した最初だった。彼は，最初のセッション以降の週に，1日に5，6回パニック発作があり，0-10の尺度で平均して6から7の苦しさだったと述べた。

彼は，「毎晩目が覚めます。心臓が本当に速く打っています。ちょっとの間，離人症のエピソードがあって，眠りに戻ります。睡眠はまだ悪いです。先週あたりから毎晩1回あります」と付け加えた。それから彼は，私にいくつかの決定的な情報を教えた。それは，私が進めていた仮の治療計画を修正せざるを

第Ⅳ部　　他の障害や場面に対する，研究に支持された標準的 EMDR セラピーのプロトコル

表 15-2　治療の記録

基本治療計画による症状名あるいは文字記号（a，b，c など）で症状を記載すること。
悪化は－3，－2，－1，変化なしは 0，改善は＋1，＋2，＋3 で示すこと。

各セッションに対して，以下の略号を用いて活動をコード化すること。

Hx ＝生育歴・病歴聴取　　　RE ＝再評価　　　　　　SC ＝構造化された沈静　　　RDI ＝落ち着く場所か資源

Mem ＝ターゲット記憶　　　CrS ＝現在の刺激　　　　Fut ＝未来の鋳型　　　　　VT ＝言語セラピー

IVE ＝現実曝露　　　　　　CBT ＝認知　　　　　　　Art ＝芸術療法　　　　　　Hyp ＝催眠

IM ＝イメージ

名前　　ジャスティン　　　　　　　　　　　　　　　　　　　　　　　　　　　ページ　　1　の　1

セッション	日付	GAF	症状	セッション内容ターゲット	治療前のSUD VoC	治療後のSUD VoC	選択された否定的認知最終的な肯定的認知	結果宿題
1	2/19	50	a＝0, b＝0	Hx SC	N/A	N/A	生育歴・病歴聴取：パニックと睡眠の心理教育；スクウェア・ブリージング	就寝時間の設定。スクウェアブリージング 1 日に 2～3 回。
2	2/25	50	a＝0, b＝0 c＝0, d＝0	Hx	N/A	N/A	生育歴・病歴聴取：交通事故 EMDR のインフォームドコンセント	治療計画の改訂。
3	3/6	50	a＝0, b＝0 c＝0, d＝+1	Mem #5 交通事故	7 1	4.5 N/A	僕は無力だ。僕は今コントロールしている。	不完全なセッション。離人症。
4	3/13	50	a＝+1, b＝0 c＝+1, d＝0	Mem #5 交通事故	4.5 N/A	0 7	僕は今コントロールしている。	完全。BS（ボディスキャン）はクリア。
5	3/20	50	a＝+2, b＝0 c＝+2, d＝+1	CrS #c ベッドで不安	7 1	7-8 N/A	僕は安全ではない。僕は安全だ。	不完全な終了。日中ベッドでうたた寝。
6	3/26	50	a＝+2, b＝+1 c＝+2, d＝+1	CrS #c ベッドで不安	6 N/A	1 6	僕は今は安全だ。	完全。離人感の恐怖の低下。
7	4/10	52	a＝+2, b＝+1 c＝+2, d＝+2	RE Hx 12 歳時のパニック	N/A	N/A	12 歳時のパニックの開始の病歴聴取＋CrS	初期のパニック発作をターゲットにする計画。
8	4/17	52	a＝+2, b＝+1 c＝+2, d＝+2	VT BT	N/A	N/A	VT：水，サプリメント食べ物の過剰摂取，夜間の排尿の圧力。	水を減らす；スクウェアブリージング；日誌。
9	4/24	53	a＝+2, b＝+1 c＝+2, d＝+2	CrS ジムで #a, c	8 2	0 7	僕は意識を失って，死ぬかもしれない。僕は完全に元気だ。	BS：クリア；とても疲れた。日誌。
10	5/1	53	a＝+2, b＝+1 c＝+2, d＝+2	CBT	N/A	N/A	Epworth Sleepiness scale 12 Ref（医師リファー）：生育歴の聴取の後，睡眠の教育。	睡眠開始時にベッドでリラックス CD。
11	5/8	55	a＝+2, b＝+1 c＝+2, d＝+2	VT	N/A	N/A	ガールフレンドとの「破局」の後 1 度離人症。僕は完全に元気だ。	メンタライゼーション増加。
12	5/15	57	a＝+3, b＝+2 c＝+2, d＝+2	RE VT	N/A	N/A	夜間の失見当。最近のオートバイの運転不安×1	オートバイの CrS を計画。

294

第 15 章　パニック障害に対する EMDR セラピーの事例解説

表 15-2　治療の記録（つづき）

基本治療計画による症状名あるいは文字記号（a，b，c など）で症状を記載すること。
悪化は−3，−2，−1，変化なしは 0，改善は＋1，＋2，＋3 で示すこと。

各セッションに対して，以下の略号を用いて活動をコード化すること。

Hx＝生育歴・病歴聴取　　　RE＝再評価　　　　　　SC＝構造化された沈静　　　RDI＝落ち着く場所か資源

Mem＝ターゲット記憶　　　CrS＝現在の刺激　　　　Fut＝未来の鋳型　　　　　　VT＝言語セラピー

IVE＝現実曝露　　　　　　CBT＝認知　　　　　　　Art＝芸術療法　　　　　　　Hyp＝催眠

IM＝イメージ

RDI セッションおよび EMDR セッションに関して，選択したターゲット記憶，刺激，あるいは資源を基本治療計画表からの
ID（番号・文字記号）で列挙してよい。

名前　　ジャスティン　　　　　　　　　　　　　　　　　　　　　　　　　　　　　　ページ　1　の　1

セッション	日付	GAF	症状	セッション内容ターゲット	治療前のSUD VoC	治療後のSUD VoC	選択された否定的認知最終的な肯定的認知	結果宿題
13	5/22	58	a＝+3, b＝+3 c＝+3, d＝+2	CrS #d	7 2	1 7	僕はコントロールしていない。僕はコントロールしている。	CrS を完了。
14	5/29	58	a＝+3, b＝+3 c＝+3, d＝+3	HX VT	N/A	N/A	軽度の社交不安開始に伴うマリファナ使用の病歴聴取を再検討。	社交不安を減らすステップの概略を示す。
15	6/5	61	a＝+3, b＝+3 c＝+3, d＝+3	RE VT	N/A	N/A	睡眠と食事の再検討。不安と離人症エピソードはなし。	夜の 7 時までに水の摂取を終了。
16	6/12	60	a＝+3, b＝+3 c＝+3, d＝+3	RE CBT	N/A	N/A	反すうと心配の傾向を同定。	夕方の再考を継続。
17	6/19	63	a＝+3, b＝+3 c＝+3, d＝+3	RE CBT	N/A	N/A	反すうと心配を下げるための対処スキルを再検討。	問題解決の練習。
18	6/25	63	a＝+3, b＝+3 c＝+3, d＝+3	RE	N/A	N/A	職業上の目標と関心を再検討。	フォローアップを計画。
19	7/17	66	a＝+3, b＝+3 c＝+3, d＝+3	RE	N/A	N/A	最近の機能と治療の成果を再検討。	治療終結。

SUD（Subjective Units of Disturbance：自覚的苦痛単位），VoC（Validity of Cognition：認知の妥当性）

えなくさせるものだった。ジャスティンは私に，「去年の暮れにひどいオートバイの事故があったのを言い忘れていました」と言った。彼は駐車場を自分のオートバイで時速 40 マイル[†38]で危険運転して，彼の前を横切った車と衝突したことを話した。彼は空中に投げ飛ばされて，ショッピングカートでいっぱいのカート置き場に落ちた。

「僕はトラウマセンターに運ばれました。骨折はしていなかったです。すべて大丈夫でした。僕のオー

トバイは完全に壊れました。僕はヘルメットを着けていました」。私は「不安症状が悪化したのは事故後どのくらい後ですか」と尋ねた。ジャスティンは「最初の週か，2 週目かです。毎日，事故のことしか考えることができませんでした。その約 1 カ月後に，僕の不安は悪化しました。離人症は 2 月の初めに始まりました」と説明した。それから，注意深く質問することで，ジャスティンが車にぶつかって空中に投げ出された後，トラウマ周辺解離を体験していた

†38　64 km。

295

第Ⅳ部　　他の障害や場面に対する，研究に支持された標準的 EMDR セラピーのプロトコル

表 15-3　ジャスティンの治療計画

基本治療計画表					
記憶と資源を最早期のもの（上）から最近のもの（下）の順に列挙する。					

名前　　　ジャスティン　　　　　　　　　　　　　　　　　　　　　　　　　　1　ページ中　　1

ID	年齢（年）	トラウマ記憶または持続的なストレッサー；治療日：治療後の SUDS	ID	年齢（年）	資源となる記憶；治療日：資源の開発と植えつけ後の VOR
1	4	両親の離婚（N/A）	A		午後のうたた寝でベッドにいることは快適である（離人症の恐怖はない）。
2	4-11	頻繁な引っ越し（軍人家族；N/A）	B		
3	6-14	厳しい義父－壁に 2 回投げつけられた（N/A）	C		
4	12	夜ベッドでパニック発作 3/20－SUD 7-8；3/6－SUD 1	D		
5	20	オートバイの衝突 3/6－SUD 4.5；3/13－SUD 0	E		
6	20	離人症のエピソード 4/24：SUD 0	F		
7			G		
8			H		
9			I		
10			J		

症状および関連する現在の刺激要因のリスト。頻度（F）と深刻度（S）0-7

ID	症状	現在の刺激	インテークFとS	望ましいFとS	終了時FとS
a	パニック発作	ベッドと教室	7/7	0/0	0/0
b	不眠	夜間のベッド	7/7	0/0	0/0
c	離人症エピソード	ベッド，教室，ジム	5/5	0/0	0/0
d	オートバイ運転恐怖	駐車場，田舎の高速道路	1/5 5/5	0/0	0/0
e					
f					
g					

N/A（Not Applicable：該当なし），RDI（Resource Development and Installation：資源の開発と植えつけ），SUD（Subjective Units of Disturbance：自覚的苦痛単位），SUDS（Subjective Units of Disturbance Scale；自覚的苦痛単位尺度）

ことが明らかになった。また，彼はショック状態になり，落下後，起き上がることができなかった。

　離人症のエピソードが新しい症状であり，オートバイ事故の後，数週間で進展しただけだと私が理解した時点で，この新しい症状は，衝突中と衝突直後に彼が体験した離人感の侵入的な再体験と最も関係している可能性があることに私は気づいた。オートバイ事故後の症状の変化を調べたときに，ジャス

ティンが実際には，元から存在していたパニック障害と，オートバイ事故に関連した心的外傷後ストレス障害の，両方の基準に合致することが明らかとなった。ジャスティンは最初，離人症のエピソードを極端に怖がっていた。離人症のことをインターネットで調べて，それがどんなものかわかった後でさえ，彼は最近の夜ごとのエピソードによって，無力感と怯えを感じ続けていた。これは回復のための

296

睡眠を得る彼の力をさらに蝕んでいた。また彼は、事故以前には一度も経験したことがなかったオートバイを運転する不安が進行していることを報告した。私は、最近のオートバイの衝突のトラウマを再処理することから始める治療計画に修正する必要があると判断した。最初の治療目標は、新しくて消耗的な離人症状に取り組むことだった。これは、彼の学校での機能を妨害し、睡眠を邪魔していた。オートバイの衝突を再処理して離人症を取り除くか、あるいは少なくとも大幅に減少させた後で、以前から存在していたパニック発作そのものをターゲットにすることが可能となるだろうと考えた。

2回目のセッション中に、私は、彼の不安症状を解決するための方法としてEMDRを紹介し、EMDR実施のインフォームドコンセントを得た。EMDRは急速眼球運動睡眠時の脳活動と同じ部分を刺激するだろうという発想は、ジャスティンを引きつけた。私は自分が提案した治療プランを説明し、彼は、それは良さそうだと言った。

3回目のセッションでは、落ち着く場所のエクササイズをせずに、そして離人症エピソードを減少させるスキルを教えることをせずに、オートバイの衝突の再処理へすぐに移ることに決めた。しかしながら、再処理中、ジャスティンは大きな離人症症状を体験して、ストップのシグナルを出した。離人症に取り組むために、私は感覚焦点エクササイズ（表6-7）を通してジャスティンに指示をし、彼は現実検討ができる状態に戻り始めたので、私たちは再処理を再開した。両側性の感覚刺激を強めるために、私はEyeScan 4000で、眼球運動と振動するヘラ[†39]の両方を使った二つの様式の刺激で、再処理を再開した。しかし、離人症がさらにもっと強く戻った。それで、私は彼が再び現実感覚を取り戻すのを助けるために、いくつかのエッセンシャル・オイルから一つを選ぶように提案した。彼はラベンダーを選んだ。この香りは、彼が再び現実感覚に戻るのを助けた。ラベンダーの香りがするティッシュを持ってもらい、必要に応じて香りを嗅いでもらい、二つの様式の刺激で再処理を再開した。彼は眼球運動のセットの間、

ティッシュを数回、鼻に当てはしたが、再処理を続けることができた。セッションの終わりに辿り着いたとき、最初のターゲットの再処理は不完全のままだった。セッションを通じて、ジャスティンはSUDが最初の評価時の7から、4と5の間に下がったと報告した。

4回目のセッションで、ジャスティンは夜間の不安と離人感のわずかな減少を体験したと報告した。再処理を再開する前に、エッセンシャル・オイルを手に持っておくことを提案した。彼は再びラベンダーを選んだが、香り付きのティッシュはセッション中ほとんどの間、膝の上に置いていた。私たちはオートバイ事故の記憶の再処理を開始した。今回、私は、ジャスティンに三つの様式の刺激を提案した。眼球運動と、ぶるぶる震えるヘラに同期するビーという音の出るイヤホンを加えた。ジャスティンはこの記憶の再処理を完了し、SUDは0で、彼が選んだ信念である「僕は今コントロールしている」のVoCは7であった。ボディスキャンでは穏やかな感じを報告した。

5回目のセッションでジャスティンは、前回のセッション以降、離人症のエピソードを体験しなかったことと、日中のクラスで1回だけパニック発作があったことを報告した。離人症エピソードとパニック発作の頻度が劇的に減少したことは、離人症の始まりとパニック発作の増加が、オートバイ事故の記憶ネットワークに由来するものであり、未解決のトラウマ周辺の侵入的離人症状に続く2次的なものだ、という作業仮説を裏付けたように思えた。もしジャスティンが、オートバイの衝突後に進行した症状のみを呈していたなら、オートバイを運転する不安という最近まで残っている症状を次にターゲットにしただろう。しかしながら、私は彼がパニック発作に関してさらに回復するのを手伝いたかった。それは、これらがいまだに、彼の睡眠と学校での機能の両方に脅威であったからだ。彼は車の運転に不安はなかったし、私は数週間のオートバイ運転不安の持続は、一時的に彼がスピードを出しすぎないようにするだろうと率直に考えた。オートバイ事故は

[†39] 左右の手のひらに収まる小さな振動体。

第Ⅳ部 他の障害や場面に対する，研究に支持された標準的 EMDR セラピーのプロトコル

スピードの出しすぎが原因だっただけでなく，彼は数回スピード違反で出頭を命じられていたのだ。

そこで，私たちは衝突後に始まった夜間の離人症エピソードについて，まだ残っている最近の恐怖を処理することに注意を向けた。私たちは，夜遅くに眠っていて，離人症症状が出ることを恐れている最近の体験をターゲットにした。再処理は軽度の離人症反応につながり，SUD は最初の 7 から 8 に上昇した。ジャスティンは再びラベンダーの香りのついたティッシュを使った。感覚焦点化は，彼が再び現実感覚に戻れるのを助けた。それから私は，ジャスティンが昼間うたた寝をするときに，ベッドでいつも安心を感じ続けていることを確認した。ジャスティンが離人症の恐怖を持たずに，午後のうたた寝のためにベッドにいる記憶に焦点を当ててもらって，この不完全なセッションを終えた。私は，ベッドにいることとの肯定的なつながりを強化するために，数回の短いセットの眼球運動を行った。それから，スクウェアブリージングの練習を続けることと，記録を続けることを思い出してもらって，セッションを終了した。

6 回目のセッションで，ジャスティンは離人症症状の強さと頻度が低下したことと，離人症症状についての予期不安が低下したこと，そして，それが起きたときの反応性の不安が低下したことを報告した。彼はオートバイの衝突の夢を見たが，夢の中では車が近づいて飛ばされても，怪我はしなかった。彼は全体的な不安が前よりも減ったと報告した。彼は今，不安にならずに，ショッピング・モールの 2 階の手すりから下を見ることができていた。この不安はインテーク時にはあったものである。この 6 回目のセッション中，ジャスティンは一晩で平均 6 時間という睡眠が取れていると，睡眠の改善を報告した。これはインテーク時の 2 倍の時間である。また，彼は，夜中に一度小さな離人症エピソードがあったが，その後は 5 〜 10 分以内に再び眠ることができたと報告した。離人症について，すでに以前よりかなり恐れが少なくなっていることは明らかだった。しかしながら，私は，この残りの症状はさらなる再処理をするに値すると思った。したがって，私たちは，就寝時にベッドのなかにいて，離人症エピソードが

出る不安を感じている，という現在の刺激の再処理を再開した。セッションは技術的には不完全だったが，ジャスティンの SUD は 1 になった。これは，このターゲットを扱った前回の再処理セッションよりも大きく異なる結果だった。前回は SUD が 7 から 8 に上昇していた。私はこれがジャスティンの大きな節目だと考えた。脱感作段階の最後に近づくと，離人症のほとんどは極端な睡眠不足の結果だったことに気づいたと報告した。彼は，「今，それはただのすごい睡眠不足だと自分に伝えています」と言った。軽度の離人感の瞬間との連想についての再組織化を支持するために，私は彼に，「それと一緒にいて。その疲れた気分を楽しみましょう」と伝えた。セッションの終わりが近づくと，SUD がかなり低下した結果，植えつけ段階に進み，「私は今は安全だ」という信念を植えつけた。VoC は 6 であった。前回のセッションとは対照的に，彼はセッション内で離人感を体験しなかった。時間がなくなったため，公式のボディスキャンを行わなかったけれども，彼は離人感や不安感は残っておらず，心地良い疲れだけがあると報告した。

ジャスティンの風邪のため，1 週間あいた。7 回目のセッションで，彼はウイルス感染で寝込んだ日に一度，日中に不安エピソードがあったと言った。ジャスティンはここ 2 週にわたり自分の睡眠について考察して，私たちは彼が 11 歳か 12 歳の時に始まった初期のパニック発作の病歴を見直した。私が指示していたように，彼は習慣的な夜の睡眠を選び，午前 1 時や 2 時ではなく，夜の 10 時 30 分にいつも眠っていることを報告した。そして，毎日 7 時 30 分に起きていて，週末は寝過ごすこともないと語った。ジャスティンは，閉塞性睡眠時無呼吸（OSA）の 2 次障害として，夜間に離人症とパニックのエピソードが出ているかもしれないという可能性に関心があると言った。私は，オートバイの衝突の後までは，夜のパニックや離人感を一度も経験していなかったことを指摘した。オートバイ事故後の彼の悪夢と夜間の離人感に先行して，彼の夜間のパニックはいつも睡眠の開始時であって，真夜中ではなかった。しかしながら，もし彼が，私との治療が完了した後でもまだ閉塞性睡眠時無呼吸の可能性に関心があるの

ら，地域の睡眠医療センターで評価を受けることを勧めた。

　睡眠と睡眠剥奪の効果について話し合っているとき，私はジャスティンに，長時間の不眠によって多大な睡眠不足におちいっていたのだ，と説明した。私は，規則的な睡眠の始まりによって，睡眠不足が解消するまでは，日中は以前より眠く感じるような数週間を過ごすだろうと予測した。ジャスティンはここ2週間は，離人症のエピソードはなかったと報告した。ただし，再処理の間に起きるものはあった。先々週から日中のパニック発作は1回だけあったが，今は，2，3日続いたインフルエンザのような症状の始まりと関係していると彼は気づいていた。先々週の再処理セッションが不完全で，SUDが上昇していたけれども，ジャスティンは夜間に生じるかもしれない離人症エピソードについて，実際のところ以前よりも不安が小さいことに気づいていると報告した。私は，もし彼が夜の離人感から解放され続けているなら，次週はパニック発作の最も古い記憶に焦点を当てた再処理を再開するかもしれないと伝えた。

　ジャスティンの8回目のセッションは，残存する夢のような気分と疲れについて話し合うことに焦点を当てた。これらは，彼がほとんど毎日体験し続けているものであった。彼の睡眠パターンを見直すと，毎晩ベッドで過ごす9時間の間にどれくらい実際に眠っているのかが，はっきりしないことが明らかになった。彼の推測は，良くて6〜7時間の間だった。また，彼は市販の栄養サプリメントを過剰摂取しており，そのためにかなりの量の水を飲んでいたことが明らかとなった。その結果，一晩で6，7回排尿のために起きないといけなかった。私は彼にこのサプリメントを止めて，水の摂取を自分が決めた就寝時刻の3時間前の19時半までで止めるのを考えてみてはどうかと伝えた。私の問いかけに反応して，彼は就寝時にベッドに横になったときと排尿の後，考えが駆け巡ることがあることも認めた。私は彼に，寝る準備をする前とベッドに入ってから一度，スクウェア・ブリージングの練習を続けるように言った。また，就寝準備の過ごし方について毎晩日誌を書くようにも頼んだ。日誌には，①次の日に取り組

む予定のことで未解決の心配事のリスト，②その日の中から彼が達成して良い気分になったことのリスト，③次の日，彼が楽しみにしていること，の三つを書くように言った。私は，この日誌によってジャスティンが心を駆け巡る考えを空っぽにするのを可能にし，もっと早く深く眠りに入ることができるだろうと考えた。

　9回目のセッションでジャスティンは，セッション前，夕方にジムでパニック発作があり，その後，自宅で夕方遅くに離人感があったと報告した。私は彼に，心配事と，達成したことと，楽しみにしている出来事についての記録を毎晩つけているか尋ねた。彼は毎晩それをしていることと，より良く眠れていることを，「僕は落ち着かなくて寝返りを打つことがなくなりました」と語った。彼は，自分のパニック発作の原因は，学業を先延ばしにし続けていることだということに気づいたと付け加えた。彼はこれが成績に与えるであろう影響について，ますます不安を感じるようになっていると言った。これはジャスティンが，不安やパニック発作と，現在の問題や心配事とを関連づけた最初だった。これは，彼のメンタライゼーションの能力が新たに出現しているという重要な成果を示していた。パニック発作の原因を確認することは，ジャスティンがコントロール感を持つのに役立った。私は12歳時の最初のパニック発作の記憶のアセスメント段階に進んだが，SUDは0で，彼は心をかき乱す感情を感じなかった。その後，昨夜のパニック発作のアセスメントを行った。彼の否定的な認知（NC）は，「僕は意識を失って死ぬかもしれない」だった。感情は恐怖で，SUDは8だった。それから，この直近のジムでのパニックの経験を再処理し，SUDが0で，VoCが7，ボディスキャンはクリアという完全なセッションになった。植えつけ段階で，彼は最初の陳述を再確認して，「僕は完全に元気だ」を選んだ。彼は私に，自分は大丈夫だろうという感覚をますます経験していると話した。

　10回目のセッションでジャスティンは，日中の眠気がいつまでも続くこと，空咳，鼻づまり，断続的なのどの痛み，睡眠開始時間の遅れ，夜の12時30分や2時30分に目が覚めるという残留症状を訴えた。私は，彼がかかりつけ医と一緒に栄養補助サプ

第Ⅳ部　　他の障害や場面に対する，研究に支持された標準的 EMDR セラピーのプロトコル

リメントのプログラムを見直し，鼻炎症状の検査を頼むように提案した。そして，Epworth sleepiness scale を実施した。ジャスティンの得点は 12 点で（Johns, 1991），これは睡眠の専門家に紹介を要するくらいの臨床域だった。私は再度彼に，もしもパニック発作の治療が終わった後でも眠気が続くなら，かかりつけの医師から睡眠の専門家に紹介を求めるべきだと話した。さらに，たまに起きる睡眠開始の問題に役立つ誘導イメージの CD を使うように促した。

　11 回目のセッションでジャスティンは，ガールフレンドが彼と別れようとしていると思って彼女と口論した後に，離人症のエピソードがあったことを報告した。私たちは，このエピソードを導いた彼らの関係性の問題を調べた。ジャスティンは，彼女の行動に彼が嫉妬するような原因がないのに，年下のガールフレンドに対する嫉妬と支配的行動パターンがあることを報告した。彼の過去の行動を簡単にチェックすると，他の女性に対する彼の行動には問題があることが示された。彼は，自分自身の不適切な行動からくる罪悪感と不安定な気持ちを，彼女に投影していることを認めることができた。私は彼に，起きてしまったことの責任をとって彼女に謝罪し，お詫びをするように励ました。このセッションは再度，ジャスティンがパニックと離人症を導く可能性のある未解決の感情的問題と葛藤の間のつながりについて，メンタライズする能力を前進させた。私はジャスティンに，現在の問題を観察し，認め，前向きに取り組む力がますます大きくなっていることは，将来のパニック発作と離人症のエピソードの再発を最もよく防ぐものだと伝えた。

　12 回目のセッションでジャスティンは，排尿のために深夜ベッドから出たときに小さな離人症エピソードが 1 回あったと報告した。これは，彼の目を覚まさせるものではなかったが，深い眠りと失見当のような状態に似ていて，彼の心を大きくかき乱すことはなかった。彼は，彼女と再び良い関係になったことを報告した。また，彼はある状況でオートバイを運転する不安が残っていることを報告した。パニック発作の再発はなかったので，私は次回のセッションで，オートバイの運転不安についての最近の

刺激を再処理することに焦点を当て直すことに同意した。

　13 回目のセッションでジャスティンは，パニック発作と離人症のエピソードがない状態がさらに続いていることを報告した。彼は授業中と宿題をしているときに，日中の眠気が減って，集中力が改善したことに気づいたと述べた。彼が体験した唯一の残存する不安は，ガールフレンドを訪問するために 1 時間オートバイを単調に運転する間，「夢のような」感じになり始めるときのことだった。私たちはこの現在の刺激を再処理に選んだ。彼は NC に「僕はコントロールできない」を選んだ。「僕はコントロールできる」という信念に対する彼の最初の VoC は 2 だった。感情は恐怖で，SUD は 7 であり，胸に不安があった。再処理は基本的に完全だった。SUD が 1 で VoC が 6，不安は残っていなかった。これは私たちが EMDR を用いた最後のセッションとなった。

　14 回目のセッションでジャスティンは，かかりつけの内科医のもとを最近訪れたことを話した。そして，6 年生のときに始まった軽度の社交不安について，関心を少し表した。これは，彼が子ども時代に頻繁に家族と引っ越したことと，義父との関係における緊張に関係していると思われた。また，マリファナ体験の始まりとも関係しているように思われた。私たちは，彼の頻回にわたる住まいの変更や友だち集団の変化，義父との間の親密さの欠如という文脈のなかで，若い人に現れてくる自意識に対するマリファナの影響を話し合った。私たちは，社会関係を強め，社交不安を下げるための方策を探した。ジャスティンはマリファナに戻らない決心を再確認した。

　15 回目のセッションでジャスティンは，前の晩に 1 回だけ目が覚めたことを報告した。彼は一晩で平均 7 時間の睡眠を取っていると言った。彼はかかりつけの医師から報告を受けたように，最近の血液検査から重要な発見はなかったことを話題にした。また，習慣的なトレーニングの一部として，たえずカロリーのある液体の摂取を続けてしまうのは中断できていることを報告した。また，ガールフレンドに会いに行った最も最近のオートバイの長距離運転で，不安がなかった。

16回目，17回目，18回目のセッションで，ジャスティンはパニック発作も離人症のエピソードも引き続きなかったことを報告した。彼はまだ，現在の心配事や気がかりにうまく対処するスキルを使っていないときに，軽度の不安をたまに経験していた。私たちは，習慣的な心配と関連した否定的な自動思考に取り組むのと同様に，これらの関心事に実際的な観点で取り組むための，問題解決的で認知的な方略について話し合った。18回目のセッションで，1カ月後のフォローアップセッションの予定を決めた。このときに注意が必要な追加の問題がなければ，治療を終えることになる。ジャスティンが19回目のセッションにやってきたとき，彼はさらなるパニック発作も離人症のエピソードもないことを報告した。彼の睡眠は，一晩で平均7時間あり，一般的な良い状態のままだった。私が予測したように，彼の日中の眠気は徐々に低下し，ほとんどなくなった。彼は，パニック発作と離人症はもはや自分の問題ではないことと，それらが戻ってくる恐怖もないことに自信があると述べた。

ジャスティンのケースは第4章で述べた治療計画の症状に基づくモデル（symptom-informed model）の観点を説明している。彼のパニック発作の症状の始まりに関連したターゲットの再処理を第一にするよりもむしろ，オートバイの衝突のトラウマから生じていた，最も最近に始まり，そして最も消耗的な離人症状に関連したターゲットから再処理を始めたのだ。そして，最悪の離人症状について重要な成果を得た後で初めて，私たちは彼のパニック発作の病歴に取り組むことに焦点を当てた。のちに，私たちは残存していたオートバイの運転不安に取り組むために引き返した。この非時系列な方法によるターゲットの順序決定は，適応的情報処理モデルに基づく事例概念化から引き出された。ターゲットの順番をこのように注意深く決めることで，一貫した症状の改善と，クライエントがコントロールの感覚を育てることが可能になったのである。

第 V 部

専門的能力の開発

第16章
臨床における
専門的能力の開発

第17章
EMDRにおける
スーパービジョンと
コンサルテーション

すでにあなたが身につけている知識を，十分実践に活かすように努力しなさい。そうしているうちに，自然と，今はまだわからないこともわかるようになってくるだろう。 —— Rembrant

人間の間違いとは発見につながる門なのである。 —— James Joyce

第16章

臨床における専門的能力の開発

はじめの一歩：EMDR セラピーを臨床現場で適用していく

システムの問題：あなたの臨床現場との調整

　眼球運動による脱感作と再処理法（EMDR）について現在訓練を受けている，または訓練を修了して間もない臨床家は，EMDR セラピーを自分の臨床現場へ導入する際にさまざまな問題に直面する。通常は，大学院生や専門家としての認定前後の臨床家も，所属している組織のなかで，治療計画や治療法の導入について臨床スーパーバイザーに相談をしなければならない。その場合，許可が下りるのは，すでに医師または臨床現場の責任者によって承認された治療法のみに限定されてしまう。個人として働く臨床家の場合はこのような制限に直面することはないが，そのかわり第5章と第6章で考察したクライエントの同意（インフォームドコンセント）という課題に取り組む必要がある。紹介元の臨床家へ新しい治療法の導入をするという通知の必要や，第三者的雇用主 (third-party payers) から制限を受けてしまう可能性などもあるだろう。長期的な心理療法や，既存の心理療法に慣れてしまっているクライエントの場合，新たな治療法の導入に対し，特に担当の臨床家がその実践的導入や臨床応用にためらいや自信のなさがあるときには，さまざまな反応を示すことが予測されるだろう。

　倫理的なガイドラインと実践的な配慮からは，臨床家は上記の問題に対して，できるかぎり率直かつ直接的でオープンな対応を示すことが望ましいだろう。直接的なアプローチは，早めの理解とサポートを得るうえで効果的であるが，しばしばいくつかの状況においては，変化に対する反対が起きることも大いに予測できる。これまで多くの臨床家が，組織のなかで EMDR セラピーを適用する際のシステム上の問題を，組織や体制に対する教育と正しい知識を積極的に広めることで克服してきている。

　ほとんどの場合，EMDR の導入に対する障壁は，無知や誤った情報，または有効性とは無関係な他の特定の治療方法に対する優遇措置に基づいている。これらに対処するための役立つ戦略として，そもそもその組織，雇用主，または第三者的雇用主によって承認される治療法の基準が何であるかをよく理解しておくことが挙げられる。その基準が理解された後に，EMDR セラピーの有効性に関する実証的証拠や，その他の特性に関する情報を提示することは，大いに意義がある。承認を困難にしている理由が，EMDR セラピーの有効性に関する不信感や効果性ではない場合は，EMDR が認知療法および行動療法と同等に有効であることを示す最新のメタ分析を提示するとよいだろう。治療法としての有効性について，EMDR セラピーが最も高い評価を受けていることを示す治療ガイドラインなども同時に提示するべきである。メタ分析および治療ガイドラインの一覧については，巻末の参考情報を参照してほしい。EMDR セラピー導入に対する反対理由が，それが催眠の一形態であるという主張ならば，EMDR セラ

304

ピーは催眠状態を誘発しないという研究結果（Nicosia, 1995）や，そもそも催眠的暗示も不要であることを証拠として提供できる。

　臨床家が所属する組織に対し EMDR の正しい認識や教育を促すための資料は，EMDR 国際学会（EMDRIA）および EMDR 人道支援プログラム（EMDR HAP）のウェブサイトで入手できる。EMDRIA ではパンフレット，記事，DVD 資料，パワーポイント発表用の資料に加え，場合によっては，主要な PPO[†40] または HMO[†41] 計画の医療責任者に対し，推薦状を送るといったサービスも取り扱っている。EMDR HAP では，入門用の DVD やその他の資料も提供している。そちらのほうも参照してほしい。

● 他のヘルスケア専門家との協働

　他の専門家とのケアの協働には，そうした人々にあなたのアプローチや方法について知ってもらうことがまず必要になってくる。EMDR セラピーについて他の専門家を教育する場合，たいていは基本的な知識の導入と，誤った情報の訂正から始めなくてはならない。他の専門家は EMDR セラピーについて，それは心的外傷後ストレス障害（PTSD）の治療にしか適用できないといった，誤った認識を持っている場合が多い。このため，EMDR セラピーがそれ以外の幅広い症状，不安やうつ病，適応障害といった広範囲の症例に応用できることを理解させるには，しばしば時間がかかる。同じ理由から，他の専門家は複雑な悲嘆反応，慢性疼痛，反応性うつ病や，癌などといった生命に関わる病気に直面しているクライエントに EMDR セラピーを応用することは，そもそも選択肢としてありえないと考えている。しかし，第 1 章で見たように，EMDR セラピーはこれらの状況に置かれたクライエントにとって，効果的かつ効率的な治療法であることが近年の研究によって実証されている。また，EMDR セラピーは小児および未成年者には応用ができないため，成人にのみ有効であると信じている専門家も多数いるだろう。成人クライエントと同様の小児および未成年者を対象にし

た研究はあまり行われてはいない。しかし，文献や資料は急速に増えつつあり，その有効性と効率的な実践法に関しては *EMDR and the Art of Psychotherapy With Children*（Adler-Tapia & Settle, 2008, pp.6-17）および，The effectiveness of Eye Movement Desensitization and Reprocessing in the treatment of traumatized children and youth（Fleming, 2012）を参照していただきたい。一方で，クライエントの複雑で慢性的な症状さえも 3 〜 4 回のセッションで治療が可能，といった非現実的な期待を EMDR セラピーに抱いている専門家もいるかもしれない。このように，EMDR セラピーのさまざまな適用可能性について他の専門家を教育するのは時間がかかる作業であるが，大いに努力に値する仕事なのである。

● 補助療法としての紹介と EMDR セラピー

　あなたの組織が EMDR について正しい認識を得て，その導入に対し理解が広がるにつれて，他の臨床家から補助療法として EMDR セラピーによる治療の要請を受ける可能性が出てくるだろう。EMDR セラピーによる補助療法は可能であり，効果的でもあるが，その現場が公的な精神保健医療の施設なのか，個人の治療施設なのかによって，さまざまな要素が考慮されるべきである。

　Czyz と Muhlbauer（2015）は薬物乱用とメンタルヘルスのための非営利団体において，補助療法として EMDR セラピーを導入した成功例について記述している。そのなかで，EMDR セラピーを導入する際の重要な注意を以下のように挙げている。紹介する側のセラピストたちに，2 時間のワークショップに 2 回参加してもらい，ビデオ視聴により紹介の手続きと EMDR セラピーに対する適切な理解と期待を持ってもらう／同時に，EMDR セラピーを受けるクライエントが，いかに急速に感情の表面化を経験するかをデモ・ビデオで視聴する／EMDR セラピーを導入する前にクライエントは最低 30 日間，日常生活におけるストレス対処スキルを身につけるよ

---

†40　保険会社と契約しているので割引が可能な医療機関グループのこと。
†41　個人や会社が契約する医療サービスプランのこと。

第Ⅴ部　専門的能力の開発

うにする／不適切な導入を防ぐために，クライエントの準備性と感情のセルフコントロールが十分であり，2 次的利得の課題が解決されている，などである。EMDR セラピーによって何がいかに達成されるか，過去の経験と現在の困難との関連性がどうなのかについて，クライエントが十分に理解できるようにしておくのだ。Czyz と Muhlbauer は交流分析，弁証法的行動療法，および認知行動療法に対する補助療法として，EMDR セラピーを使用していると述べている。

　　（EMDR セラピーを）導入する目的は，過去のトラウマ的出来事の否定的な記憶と取り組み，対処することで，それに関連した機能不全な感情，認知，感覚，行動などを軽減し，または解消することにある。通常，補助療法としての EMDR セラピーは，クライエントの主軸療法の休止期間中に 6〜8 回のセッションにわたって提供され，その後に主軸療法が再開される。

(Czyz & Muhlbauer, 2015, p.37)

　上記の著者たちは，10 人のクライエントへの EMDR セラピーの補助療法に関する実地試験プログラムにおいて，Carnes と Delmonico により開発された未発表の心的外傷後ストレス指数（Posttraumatic Stress Index）の変化測定を用いた結果，肯定的結果を得ることができたと述べている。彼らの事例は，地域に根差した非営利団体や国営の保健医療センターに，補助的な EMDR セラピーを導入する可能性を示唆するための強力な基礎を提供しており，さらなる研究に値する。

　Borstein（2009）は，開業の臨床家として行った短期間の EMDR セラピー（4〜12 セッション）を分析し，初期の EMDR 研究において指摘されてきた問題点とともに，補助療法としての EMDR セラピーを取り巻く課題についてまとめている。「提案されたモデルである短期間の補助療法としての EMDR セラピーは，協力的な姿勢が明確であり，相互に境界線がはっきりと定義され，主要セラピストと EMDR セラピストとの間の積極的かつ相互的なコミュニケーションを築き，維持するための指針が含まれる」

（Borstein, 2009, p.198）。Borstein（2009）は，彼女自身が実施している補助療法としての EMDR セラピーにおいて，肯定的な結果を導くいくつかの要因を特定した。「良い候補者」とは，一般的に生活機能が良好であり，薬物乱用や自殺企図，自傷行為などがなく，EMDR セラピーが目標とする特別のターゲット（たとえば，自動車事故）が明確に定義されている個人，とされている。一方で，複雑性 PTSD または解離性障害を有する場合は，より長期の EMDR セラピーが主要療法として必要となる，とも指摘している。Borstein は，EMDR セラピーを通じてクライエントに起こりうる事象に対し，積極的に協力することを明示している主臨床家による署名付きの紹介状と，最低過去 3 件の紹介例について，クライエントの重症度を評価した報告書を主臨床医の署名付きで提出してもらうことの重要性を述べている。Borstein はさらに，EMDR セラピーを補助療法として紹介する際の潜在的な落とし穴として，以下の五つを指摘している。①従来にない新たな治療経験に基づき主臨床家および補助臨床家を分けてしまい，新たに「トラウマに基づいた」（trauma-informed）枠組みで，クライエントの状況が認識されるようになること。②補助臨床家が，トラウマ関連の内容を主臨床家から隠そうといった衝動。③クライエントが密かに主軸療法をやめて EMDR へくら替えしようとする。④主臨床家が，自分のクライエントを密かに他の臨床家に委託しようとする。⑤補助臨床を行う立場の臨床家または紹介元の臨床家による，クライエントの症状およびケースフォーミュレーションに対する判断が極端に異なること。Borstein はまた，短期的および補助療法としての EMDR セラピーのクライエントを，補助臨床家が長期的なケアを求める主要クライエントとして受け入れることはないという取り決めを，事前にはっきりさせることの重要性も指摘している。それに加え，主臨床家と補助臨床家が共有すべき情報の範囲について，共通した明確な認識を持っていることの重要性を強調する。そして，紹介元の主臨床家が「クライエントのケアの記録を担当する主要セラピスト」であり，クライエントの緊急時における対応と危機的状況に陥った際の責任を持つ臨床家として，はっきりと決められてい

ることが重要だと述べている。

　開業の臨床家としての筆者自身の経験では，クライエントを紹介される場合，紹介元の臨床家との間にもともと信頼関係が確立されているかは非常に重要である。その場合，あなたはすでに相手の臨床家としての訓練，経験，臨床的な洞察力のレベルなどにおいて，ある程度その臨床家を理解している状態から出発することができる。したがって，あなたのクライエントに対する診断とケースフォーミュレーションにおいて，相手方の臨床家と意見対立に陥る確率が低いのだ。EMDRセラピーを短期的な補助療法として導入する場合，一般的に単一の出来事に基づいた，シンプルで明瞭な問題，またはごく限られた範囲で共通性あるいくつかのターゲットを有する症例のみが，短時間の補助治療に適しているといえるだろう。一例として，複雑なトラウマまたは構造的解離がない状態で，明確な特定できるトラウマから発症している恐怖症などが挙げられる。複雑なトラウマ歴，長期的な人間関係の外傷，および強度の境界性パーソナリティ障害などがある場合，または構造的な解離が存在する場合，補助療法を導入することで対処しようとするのは適切ではない。このような複雑なケースは，補助的な治療を試みるのではなく，通常の紹介としてそのクライエントを受け入れることによって，より的確な対処ができるようになるといえる。

　あなたが補助療法を提供する臨床家としてクライエントの紹介を受け入れることを検討する場合，紹介元の臨床家と情報を交換する頻度と方法を事前に確立しておくべきだ。EMDRセラピーを併用しての治療を要請する臨床家との間に信頼関係が築けていない場合は，紹介元の臨床家とクライエントの両方がEMDRセラピーの正しい理解と適切な期待を持っていることを確認することが，まず不可欠である。これには，第5章および第6章で説明したインフォームドコンセントの問題が含まれるし，EMDRセラピーによる記憶の再処理以前に，クライエントの生育歴を知る必要や，クライエントの準備性が整っているかを判断する必要もある。あなたが他の臨床家の紹介を受け入れるならば，あなたの診断とケースフォーミュレーションが最終的に紹介元の臨

床家と異なる場合が必ず出てくる。これに対しては，EMDRセラピーを補助的に進める前に，紹介元の臨床家と直接話し合い，解決する必要がある。その他の可能性として，EMDRセラピーを補助療法として受けた後に，クライエントからあなたを主臨床家として新たに指名し，今後セラピーを続けていきたい，といった要望もあるかもしれない。こういった主臨床家の切り替えがそもそも選択肢として提供されるべきかどうかは，紹介元の臨床家およびクライエントと事前に確認しておくことが，とても重要である。

● 再処理セッションの長さ

　各セラピーセッションの所要時間を決定するときには，治療設定，治療のステージ，クライエントの安定性，臨床家の経験，治療計画，およびシステムの考慮が必要である。Shapiro（2001, p.101）は，クライエントの生育歴・病歴聴取のために50分セッションと，EMDRによる再処理セッションのために90分を推奨している。新たに訓練を受けた臨床家は，EMDRによる再処理に75〜90分間のセッション設定を検討すべきである。長めのセッション時間により，EMDRセラピーの経験が少ない臨床家は，開始時の確認と再処理すべきターゲットの評価に十分な時間をとり，再処理段階，および「終了段階」にじっくり取り組める。長めのセッションならば，EMDRの再処理である「脱感作」，「植えつけ」，および「ボディスキャン」の段階に45〜70分を費やすことが可能である。HMOのような健康医療保険か地域精神保健部門のような組織化された精神保健施設などにおいては，セッションは45〜50分で標準化されており，より長いセッションには対応できないといった場合があるだろう。EMDRの臨床応用に十分な経験とスキルを有する臨床家ならば，Marcusら（1997）があるHMOの治療センターで実証したように，PTSDクライエントに対し，すべて50分のセッションで肯定的な結果を得ていることは注目に値する。その一方で，1991〜2013年の間に発表された，PTSDクライエントに対するEMDRセラピーの無作為化比較対照試験の26件をメタ分析した結果，Chenら（2014）は，「一つのセッションあた

り60分以上の治療時間を用いることで，不安とうつ病の改善に重要な効果があった」という報告もなされている。

　EMDRセラピーの経験が少ない臨床家は，EMDRの再処理セッションを50分に適合させるために，一つのセッションで「評価段階」（第3段階）を完了させ，その後のセッションにおいて直ちに再処理を開始することで，この問題に対応するといった選択肢も考慮するべきである。これは理想的な解決策ではないが，EMDR再処理法が実用的でないと判断されそうな場合においても，それに対し十分な時間を提供できるようになることが挙げられる。再処理に入らずに「評価段階」を実施する際には，包み込みと終了に十分な時間を取ることが重要である。次回のセッションまでの期間に，ターゲット記憶の諸要素が変化している可能性もある。その後のセッションで再処理を始める前に，自覚的苦痛単位（SUD）を再確認し，以前に選択された否定的認知（NC）と肯定的認知（PC）の妥当性を検証することが賢明である。

　複雑なトラウマ歴を持つと同時に，感情の自己調整能力があまり発達していないクライエントに対してEMDR再処理法を提供する際には，熟練したEMDRセラピストは長時間のセッションのほうが有益であると感じるだろう。このようなクライエントの場合，治療計画の早期段階において選択された再処理対象ごとに複数の再処理セッションが必要になることが多く，時間がかかると考えられるからである。多くの場合，治療セッションは不完全に終わる傾向があり，「終了段階」においてさらに長い時間が必要となる場合があるだろう。これらのクライエントの「終了段階」は，クライエントが安定した精神生理学的状態に戻り，再処理中に活性化された内容に対応できるようになるまでに，複数の包み込み，および安定化のための介入を必要とする場合がある。

　場合によっては，90分でさえ十分でない可能性もあるだろう。入院施設や外来施設で行われるセッションは，臨床的判断により，単一のセッション内で最善の治療が完了することが見込まれた場合，セッションが2時間以上に延長されることも時にはありうる。そのような長時間に及ぶセッションは，

クライエントと臨床家を疲労困憊させることが予測され，さらにより多くのトラウマ的な記憶を引き出し，それらを完全に解決せずに進行することで，クライエントを不安定にさせてしまう可能性もある。したがって，より長いセッションは，クライエントが各セッションの後に十分な安定性と利益を得ることが確実の場合に提供されるべきである。このような長時間セッションは，すべてのクライエントおよび臨床家に適したものとはいえないだろう。より複雑なケースの場合，ターゲット記憶の一つの側面に焦点を絞り，不完全な再処理のために十分な包み込みと終了段階を提供することのほうが肯定的な結果となり，2時間のセッションと同じくらい効率的な結果を得られる可能性がある。こういった事例に関する議論については，Gonzalezら（2012）を参照していただきたい。

　他方，第14章で要約したように，Grey（2011）は，重度だが精神病傾向はない広場恐怖症および大うつ病性障害（MDD）を伴うパニック障害のクライエントに対し，1カ月間にわたって90分間×12回の再処理セッションを提供する，集中型EMDRセラピーの成功事例について記述している。Wessonと Gould（2009）は，最近の出来事プロトコル（Shapiro, 1995）を4日間連続して使用し，戦闘トラウマにEMDR再処理法を提供したケースで，肯定的な治療結果が記録されたと述べている。間違いなく，長時間またはより集中的なセッションが，臨床的に最も適切で有効になるケースは多々あるだろう。まとめとして，セッションの時間設定および頻度は，クライエントの特徴とニーズ，臨床家の経験と知識，並びに現場の組織やシステムの問題すべてに依存するように思われる。

● 再処理セッションの構造

　標準的な45〜50分セッションでEMDR再処理を行う場合，両側性の眼球運動（または代替の両側性刺激）による再処理は，セッションの開始から10〜12分以内に開始する必要がある。ターゲットの評価を完了するには少なくとも5分かかる可能性があるため，開始時の確認は5分を超えないようにするべきである。終了段階と次の予約を確認するに

は少なくとも5分かかると予測されるため，EMDRの再処理には最大で30〜35分間使用することが可能になる。経験豊富で熟練したEMDRセラピストにとっては，おそらく単一のターゲットの再処理を完了するのに，30分が必要最低限の時間である。伝統的な45〜50分のセッション以外の選択肢がない臨床家は，不完全なセッションが頻繁に起こり，長めのセッションが可能な人よりも，治療計画を完了するために多くのセッションが必要になってくるだろう。また，組織の方針，スケジュールの問題，専門的な料金，払い戻しなど，その他の考慮事項が原因となり，延長セッションが非現実的になる場合もありうることは留意しておくべきである。

臨床技能向上の諸段階

EMDRの初期トレーニングの一部として，臨床家は実際の症例にEMDRセラピーを施行する必要がある（EMDRIA, 2007）。この場合，EMDRセラピーの知識と技能開発がまだ初期段階であるため，経験の少なさから不完全に終わるセッションの割合が高くなるということを予測しておくべきである。こういった懸念から，一部の臨床家は，徹底した訓練を終えた後でなければEMDRセラピーを使用してはならないと結論づけている。しかし，これはほとんどの臨床家にとって最適な戦略ではない。EMDRIAの基準（EMDRIA, 2015a）によれば，臨床家はEMDRセラピーのトレーニング期間中に，実際の臨床事例におけるEMDRセラピーの内容についてコンサルテーションを受ける必要があると明記されており，それはトレーニング期間の重要な要素ともなっているのである。

クライエントが第5章で説明した準備基準を満たし，再処理セッションが合理的かつ標準的な手順でそれなりに忠実に行われた場合，不完全な再処理セッションの大部分は，伝統的な会話セラピーなどの不特定な介入よりも優れた臨床結果をもたらすことが多い。クライエントは肯定的な結果を高く評価してくれるであろう。こうした初期段階の経験は，臨床家の専門的な成長にとって不可欠である。これらの初期段階の経験は，新たな知識と問題点の領域

を再確認することや，より多くの技術向上が必要とされる点を臨床家が確認するために，とても重要なのである。これらは，EMDRセラピーのトレーニング中にEMDRIA認定コンサルタントと検討すべき内容として，大いに役立つだろう。次章で述べるように，EMDRセラピーの基礎訓練を完了した後でも，EMDRセラピーの専門家としての成長にはコンサルテーションが不可欠である。

EMDRセラピーの手続きおよびEMDRセラピーのPTSD標準プロトコルは，しっかりとした強固なものであり，治療における大部分の技術的な間違い（実質的な逸脱とは異なる）があっても，クライエントが治療効果をのがすことにはならない。むしろ，技術的誤りのほとんどは，再処理の効率性を低下させるか，余分な臨床時間の消費につながる。EMDRセラピートレーニングの早い段階でEMDR再処理法を適用し，可能な限り頻繁にそれを使い続けることで，臨床家は技能を強化することができ，応用において注意すべき点や必要とされる知識の明確化につなげることができるのだ。臨床家自身の技術に対する自信の高低よりも，臨床家のセラピー手続きに対する忠実性の強弱のほうが臨床的効果と比例している，という研究があることも心にとめておくべきである（Edmond et al., 1999）。

EMDR再処理法の最初の使用に適したケースの選択

標準的なEMDR再処理法を開始する際に，初心の臨床家は対象となるクライエント選択のために，四つのカテゴリーを考慮する必要がある。これらのカテゴリーに当てはまるクライエントは，初期段階のトレーニングを基礎としたセラピーに対してもおおむね肯定的な反応を示す。したがって，基本的なEMDRトレーニングの後期段階の内容や，より上級のEMDRセラピーの応用的手続きを必要としない。

(1) 一般的に健全な幼児期を過ごし，軽度の症状を持つクライエントは，EMDRセラピーによる標準的PTSDプロトコルを用いて，逆境的記憶や寄与記憶を再処理することにより，自尊心，自信，および自らの目標を追求するためのより

第Ⅴ部　専門的能力の開発

大きな自由を得ることができる。

（2）特定の恐怖症を持ち，その他の重度な障害（不安障害，社会恐怖症，広場恐怖症，パーソナリティ障害など）を患っていなく，全体的に健全な幼児期を示しているクライエントには，第13章に記載されている恐怖症プロトコルが役立つ。

（3）単回性のエピソードによるPTSDクライエントであり，生育歴上ほぼ健常な幼児期と，発症前が良好な経歴を示すクライエントは，標準的なEMDRセラピーによるPTSDプロトコルの候補者として適格である。

（4）より複雑または長期的なPTSDクライエントで，第5章に記載されている準備基準を満たさず，「落ち着く場所」の練習または，資源の開発と植えつけ（RDI）のいずれかに対して肯定的な反応を示すクライエントは，おおむねEMDRセラピーによるPTSDプロトコルの良い候補者である。感情耐性が低い問題や，不適切な緊張緩和行動のリスクがある場合，臨床家はRDIを含む第6章で説明されている方法で，安定化の強化に焦点を当てることから始めることを推奨したい（巻末付録Bの表B-6およびB-7を参照）。場合によっては，2～3回のRDIセッションで症状が軽減し，EMDRの再処理法を開始できるまで機能を改善することが可能である（Korn & Leeds, 2002）。第9章で説明したように，これらのクライエントは再処理中に編み込みが必要となる場合も多いが，場合によってはそのような積極的な介入も必要とはならない。

臨床家は初期段階で肯定的な経験をいくつかした後に，EMDR再処理法を提供する症例の範囲を広げていくべきである。PTSD症状の重症度だけでは，EMDR再処理法の効果や，高度なEMDRセラピーの必要性の有無を予測することはできない。第4章で見たように，ケースフォーミュレーションの過程には，PTSD症状の程度以外にも多くの要因が関与している。重度のPTSD症状を呈していても，準備基準を満たしているクライエントであれば，最初の2～3回の治療セッションでEMDR再処理法の効果を目の当たりにすることが，一般的には可能である。

● 適応的情報処理（AIP）モデルの理解

EMDRセラピーを実際に応用するには，第2章で説明した適応的情報処理（AIP）モデル（Shapiro, 2001）の理解が不可欠である。ほとんどの臨床上の問題はEMDR再処理中に浮上してくるが，そのときAIPモデルが，標準化されたさまざまな手続きの選択肢を示してくれる。臨床家は，標準化されたEMDRセラピーの適用によって解決できない臨床上の課題が生じた場合，AIPモデルの枠組みのなかでEMDRセラピーの手順を個々のクライエントのニーズに適合させることができなければならない。EMDRセラピーの適用を学ぶ臨床家は，AIPモデルを定期的に再確認することで，モデルの理解を深め，初期段階における適用事例の経験によって，さらに知識を深めることができる。コンサルテーションでの議論においては，臨床家がAIPモデルの枠組みのなかで症例を概念化する重要性を理解するためにも，AIPモデルに照らして臨床ケースの検討がなされるべきである。

● EMDR手続きステップの知識

現在EMDRセラピーによる訓練を受けている，または最近訓練を受けた臨床家は，EMDRセラピーの標準的な手続きステップと，各段階で使用される標準的な文言を，できるだけ早く暗記するように努めなければならない。これらのステップと標準的な文言が暗記できるまで，臨床家はあらかじめ準備されたスクリプトを読み上げることが必要である。これらの標準スクリプトは，巻末付録Bの表B-9に示されている。EMDRセラピートレーニングにおける模擬セッションと，コンサルテーションにおける実践サンプルを長年にわたって観察した結果，標準的な手続きステップと標準的な文言から外れた独自の手法や用語は，臨床家は絶対に使うべきではないと確信している。まずは標準的な手続きステップと文言を使用することに習熟し，セラピー記録に関する文献と比較した場合と同等の結果が得られるようになるまで，努力すべきである。

● 観察能力

観察能力は EMDR セラピーの臨床応用に大変重要である。ほとんどの心理療法の臨床訓練では，クライエントの言語表現に注意を払うことが強調される。EMDR の場合には，**言語セラピー**に比べ，クライエントの言葉が劇的に少なくなる傾向がある。さらに，非言語的な指標に基づき，両側性の眼球運動の速度や方向をわずかに変更する必要がある場合が生じる。そのような指標は，新たな不適応的記憶の活性化や，解離的麻痺，自我状態の変化などの防衛を示しているだろう。または，適応的記憶ネットワークおよび効果的再処理の活性化や，それらへのアクセスを示している可能性がある。経験豊かで熟練した EMDR セラピストは，こうした指標を利用することで，クライエントに何が起こっているのか，どのように効率的に介入するかを判別するのに役立てているのである。

EMDR セラピーに関わる臨床家は，観察能力を開発し，磨く必要がある。クライエントの顔色，微細な表情変化，肌の色，呼吸のパターン，身振り，姿勢の変化，声の調子の変化は，記憶ネットワークの活性化と再処理法による変化が生じている可能性の指標として，すべて細かく注意されるべきである。コンサルテーショングループやワークショップで，自分や他の臨床家が提示する再処理法セッションのビデオを学習することは，セッションのなかでは気づきにくい，あるいは理解しがたい情報を発見する方法を学ぶ，貴重な機会である。EMDR セラピートレーニングを受けた臨床家は，さらに補足的訓練として，ボディランゲージや非言語的な指標について学ぶ訓練を受けることで，観察能力を強化することができるだろう。Ekman と Friesen（2003）の *Unmasking the Face：A Guide to Recognizing Emotions from Facial Clues* は，感情が顔の各部分にどのように表示されるかを，100 枚以上の写真とともに説明している。マイクロ・エクスプレッション（微細な表情変化）に関するオンライントレーニングは，www.paulekman.com/products/ および他の web サイトで有料入手できるであろう。ほぼ逐語的なセッション記録には，臨床家がこれらの重要な指標を認識し把握するのを援助するために，非言語的要素の観察を可能な限り多く含めるべきである。

● セッションノートと記録

臨床家は，EMDR セラピーを適用している臨床現場の十分な記録を作成し，継続することにより，EMDR セラピーのスキルをより迅速に強化することができる。付録 B には記録作りのための以下の書式が紹介されている。

表 B-1： 治療目標と懸念事項
表 B-2： 再処理の安定性と準備性の評価
表 B-3： 再処理のための準備性と安定性の評価に関する注意
表 B-4： ターゲット記憶の基本治療計画一覧表
表 B-5： 治療記録
表 B-10：セッション概要

● ケースフォーミュレーションと　治療計画の作成スキル

臨床家は，再処理セッションごとに EMDR セラピーの手順を忠実に適用することに加え，全体的な治療計画のなかで，適切なターゲット選択と順番設定が着実にできる必要がある。EMDRIA 認定コンサルタント（または EMDR ヨーロッパ・スーパーバイザー）とのコンサルテーションは，適切な EMDR 治療計画を策定し，標準的な手続きを遵守し，強力な再処理技術を開発するために不可欠である。経験の少ない EMDR セラピストは，特定のセッションで出現した問題について相談を求めるかもしれないが，その特定のセッション以外について議論する準備をしていない場合が多い。むしろ，ケース全体の適切な概要説明は，コンサルタントが特定の再処理セッションで何が起こったかの詳細について効果的なコメントができるために不可欠である。第 17 章で提供されている症例照会フォーム（表 17-1）は，臨床家が自身のケースを要約し，コンサルテーションを受ける良い準備となるように提供されている。

● ピアサポートとコンサルテーションの必要性

第 17 章では，EMDR セラピートレーニングにお

けるコンサルテーションとスーパービジョンの役割について，包括的な議論を提供している。コンサルテーションに加えて，ピアグループは，EMDRセラピーを臨床実践に統合しようと試みる臨床家にとって重要な支援となりうる。これらのグループは，EMDRセラピーの初心者である臨床家が異なる段階の臨床家や同僚とつながることで，学習プロセスをより身近に感じる手助けをしてくれる。無料で情報を提供し合うEMDR学習グループなどは多くの地域で実施されており，しばしばインターネットのウェブ検索を通じて見つけることができる。いくつかのグループは，EMDRIA地方コーディネーターや認定コンサルタントによって運営されている。

● EMDRセラピーにおける継続研修

EMDRセラピーの標準的PTSDプロトコルおよび手続きは，成人のPTSD症候群に対して実証的な支持があり，効果的な治療法として広く認識されてきた。さらに，心理療法としてのEMDRセラピーは今も進化し続けている。より幅広いEMDRセラピーの作用メカニズムに関する研究や，AIPモデルの心理学的，神経学的基盤の研究は，現在も発展途中なのだ。また，PTSDのケースにEMDRセラピーを適用し肯定的な結果を得ている経験から，多くの臨床家は，EMDRのベーシックトレーニングではEMDRセラピーが適用可能かつ有効と思われる臨床的事例の全範囲が網羅されてはいないと感じ始めている。幸いにも，現在はEMDRセラピーの継続的な研修の機会は豊富に存在する。

EMDRIAとカナダ，ヨーロッパ，および他の数カ国のEMDR学会は，査読を経た多様なEMDRセラピー研究の発表や，豊富な臨床プログラムを内容とした年次大会を開催している。EMDRIAは，EM-DRIAの地域勉強会および商業的ワークショップが，EMDRIA認定単位が取得できる上級プログラムとして承認がされるよう支援している。これらのEMDRIA認定単位が取得できるプログラムは，EM-DRIAのウェブサイトに掲載されている。また，同ウェブサイトでは，過去のEMDRIA大会の録音資料や配布資料に関する情報が得られる。2007年以来，EMDRIAは *Journal of EMDR Practice and Research*

を年に4回発行している。IgentaConnectウェブサイトのオープンアクセスには，12カ月以上経過した上記ジャーナルの資料が掲載されている。最新のジャーナル情報はEMDRIA会員限定で公開されている。EMDRIAはまた，ニュースレターおよびウェブサイト上にて，2005年以来の査読記事を保持し掲載している。ノース・ケンタッキー大学のスティーリー図書館の図書員であるPhilip Yannarella氏と，EMDRIAの元会長であるBarbara J. Hensley博士の多大な努力により，EMDR国際協会向けに，「フランシーン・シャピロライブラリー」（Francine Shapiro Library）と呼ばれる総合的なEMDR用データベースがオンラインで閲覧可能となっている。この素晴らしいオンラインデータベースは，学術雑誌の記事，書籍の章，会議のポスター発表とプレゼンテーション，EMDRセラピーに関する学術論文などをまとめたものである。これら資料に関する詳細は，巻末の参考情報の一覧を参照していただきたい。

● 治療効果への信頼

EMDRセラピーを臨床現場で実践するときには，クライエントに対して，最も不快な外傷記憶にわざわざアクセスし，それを活性化するように求めることになる。そうすることへの疑問と不安を克服することは，EMDRセラピーの導入初期の最大の壁といえるだろう。ベーシックトレーニングにおける臨床実習は，臨床家が初めてEMDR臨床実践をし，指導を受け，そして十分な自信を持ってセラピーを開始する手助けとなるように組み立てられている。しかし，いざ臨床現場に戻り，トレーニング時の指導者が不在となった場合，臨床家として熟練した者であっても，言葉による従来の精神療法の慣習的な方法から移行してEMDRセラピーの領域に入り込むことで，まったく初心者に戻ってしまったような感覚に陥るケースが多々ある。

PTSDの症状が顕著なクライエントに対し，EMDRセラピーの再処理法を開始するのは，例えるならば，初めて一人でパラシュート降下をするようなものといえるだろう。まずは，あなたが学んだEMDRセラピーの手続きに忠実に従えば，あなたとあなたのクライエントは無事に着地できるという自信と安心

を持たなければならない。クライエントが感じている苦痛について，両側性刺激を中断して話し合いたいという衝動がとても強くなることもあるだろう。セットとセットの間の言葉による励ましや臨床的な反応を促すための最小限の声かけをして，両側性の眼球運動をクライエントに続けさせることは，初心の EMDR セラピストにとっては，あたかも自分がクライエントを最大の苦痛の瞬間に置き去りにしているかのように感じられるときもあるだろう。しかし，このような EMDR における標準的な最小限の声かけは，あらゆるケースの臨床的状況において，世界中の EMDR 臨床家とクライエントによって有効であると実証されてきたのだ。経験の浅い臨床家は，EMDR セラピーの臨床経験の初期段階におい

て，以前から同様の手法を用いて成功してきた何万人もの臨床家による研究と作業過程を信頼することが，まずは必要である。治療計画に従い，標準的な手続きを遵守しながら，あなたのクライエントがしばしばあなたを驚かせる方法で回復していくのをよく見ていてほしい。

　孤立した状況で EMDR セラピーを実践している間は，EMDR 臨床家としての自信，知識，技能を高めることは不可能である。幸運なことに，あなたの専門性の向上に関してあなたを支えてくれる多くの資源が存在する。次の第 17 章では，これらのなかで最も重要なもの，すなわちスーパービジョンとコンサルテーションの役割について検討する。

第17章

EMDRにおけるスーパービジョンとコンサルテーション

事例検討を通してEMDRにおける臨床スキルを向上させる

　眼球運動による脱感作と再処理法（EMDR）セラピーを安全に，効果的に使えるようになるには，幅広い知識とスキルを臨床家が統合することが要求される。まず適応的情報処理（AIP）モデルのなかで考えるようになることが必要である。心理トラウマ学，構造的解離，愛着理論，子ども時代の発達に関しての基本的知識と理解が必要である。複雑なクライエントの歴史についての大量の情報を，追跡できるようになる必要がある。明確な診断的概要を形成できる必要がある。いつEMDR再処理の使用を考慮するべきかを理解し，適切なEMDR治療プロトコルを選ぶことができる必要がある。事例概念化と治療計画のスキルが必要で，ターゲットの選択と順番について戦略的に考える必要がある。標準的なEMDRセラピーの手続きステップの順序を覚え，各々のステップで用いる標準的言い回しを覚えなくてはならない。再処理が効果的に進んでいるときを見極められなくてはいけない。もし，進んでいないなら，効果的な再処理へと復帰させるためのありうる幅広い介入から，うまく選択できなくてはいけない。

　治療マニュアルを学ぶことは，本質的な知識を獲得するのを助けてくれる。EMDRセラピーのベーシックトレーニングにおける実習への参加は，基本的なスキルを発展させる大事な第一歩である。しかし，一貫した肯定的な治療効果を得るには，EMDRセラピーを用いた実際の臨床経験を，より経験豊かなEMDRセラピーの臨床家とコンサルテーションのなかで，共有し続けなくてはいけない。資格取得前の臨床家[†42]なら，EMDRセラピーの講義や実習を終えた後に続くスーパービジョンがその機会となる。知識，スキル，臨床経験が時間とともに深まるにつれ，コンサルテーションやスーパービジョンを提供することで，あなたの知識やスキルを共有するために専門的なサービスを広げる決心をするかもしれない。コンサルテーションやスーパービジョンを提供することを始める決心は，次の実り多い旅の始まりである。しかしそれは，新しいスキルの開発や，いくつかの注意深い考慮を必要とする。それらは，潜在的に法的な，管理的な，リスクマネジメント的な，ビジネスの，倫理的な，そして，記録保持の課題を含んでいる。

　本章では，EMDR国際学会（EMDRIA）によって作られた，認定EMDRトレーニングのための要件を満たしたコンサルテーション，スーパービジョンの役割を検討する。さらには，EMDRセラピーにおけるEMDRIA認定臨床家，EMDRIA認定コンサルタントとしての上級資格を受ける場合についても検討する。EMDRセラピーの専門家学会を持つヨーロッパやオーストラリアや南米，その他の国々では，やや異なる基準がある。しかし，本章で検討される問

---

†42　大学院コースなどの修了生。

題や原理は，困難に対処し，コンサルテーションやスーパービジョンを活用するために適用できるものである。コンサルテーションを求める人の，EMDRセラピーの理解とスキルを広げたいというニーズに，「ベストフィット」なものを提供できる認定コンサルタントをどのように選べるかについても検討する。専門性の発展，倫理，記録保持の問題のいくつかに触れるが，これらは，これからその方向へ進もうとしている人や，すでにEMDRセラピーのコンサルテーションを提供している人にも必要なものである。

多くの臨床家はコンサルテーションやスーパービジョンにおいて，協力的な学習過程を期待するが，自身のワークが評価され，議論されると思うと，不安や自己不信，ろうばいを経験する場合もあるだろう。皆にとって支持される経験となるように，EMDRセラピーのコンサルテーションやスーパービジョンを構成するいくつかの戦略，異なる形式を探索する。コンサルテーションやスーパービジョンに参加する際に起こってくる，重要な法的，倫理的な問題もある。これらの問題が何であるか明らかにし，コンサルテーションやスーパービジョンの同意をどのように作り，こうした問題を上手に管理する手続きについても明確にする。

臨床的訓練のなかでのコンサルテーションやスーパービジョンの中心的役割

知識と技能の最低限の許容できる基準を達成する際の，スーパービジョンの中心的な役割は，州の免許委員会の要件において一貫して認められている。心理療法を実践する免許を得るのに典型的に必要とされるのは，3,000時間のスーパービジョン経験である。免許を受けた後，臨床家による一定時間の専門的コンサルテーションの必要性が，アメリカ心理学会（APA, 2002, 2010）とアメリカ結婚・家族療法学会（AAMFT, 2015）のようなほとんどすべての専門家機関の倫理綱領に記載されている。コンサルテーションの効能の認識は広く行きわたっているが，心

理療法の新しい方法を学ぶ際に，すべての臨床家がコンサルテーションを求めるわけではない。EMDRセラピーを臨床実践に統合する際に，コンサルテーションの回避は特に問題となりうる。EMDRセラピーの効果研究についての初期の論文では，研究参加者にEMDRセラピーを提供している研究者が，部分的なトレーニングしか受けていない場合が見られた。こうした研究や，臨床研究者がベーシックトレーニングの二つの週末[†43]を終えている研究においても，標準的なEMDR手続きやプロトコルへの忠実性が限定的である場合には効果値は小さかった（Lee & Cuijpers, 2013；Maxfield & Hyer, 2002；Perkins & Rouanzoin, 2002；Shapiro, 2001）。

EMDRセラピーの臨床経験において，より習熟するためにコンサルテーションを求めるニーズは，EMDRIAの歴史の早い時点で認識されていた。1999年に，EMDRIA認定EMDRセラピー臨床家資格のための基準が定められた際に，EMDRIAはベーシックトレーニングを終えた後に，20時間のコンサルテーションを必須とした（EMDRIA, 2008b）。さらに，追加で「コンサルテーションのためのコンサルテーション」20時間が，EMDR認定コンサルタントのために必須の要件となった。これら両方のコンサルテーションの時間はEMDRセラピーのEMDRIA認定EMDRセラピーコンサルタントが提供するが，一部はコンサルタント研修生（CIT）によっても提供される。EMDRIA認定セラピストと認定コンサルタントの資格を得るための基準は，本章で述べる。近年，EMDRIAは，ベーシックトレーニングの必須カリキュラムの最初の改訂のなかで，トレーニングを受ける臨床家にとってのコンサルテーションの中心的な役割をより認識して，2007年6月から10時間のコンサルテーションをベーシックトレーニングの一部とすることを開始した（EMDRIA, 2015a, 2008b）。

MaxfieldとHyer（2002）はEMDR効果研究における効果値と方法論の評価の関係を，FoaとMeadows（1997）から援用した絶対的基準値（GSスケール）を用いて検討した。彼らの報告では，「結果が示していることとしては，GSスケール値と効果値は

[†43] 最も多くのトレーニングを提供するEMDR Instituteのトレーニングは，二つの週末（金土日）でトレーニングを行っている。Weekend 1 & 2。

第Ⅴ部 専門的能力の開発

有意な関連があり，GS スケールによる，より厳密な研究ほど，より大きな効果値を示した」(Maxfield & Hyer, 2002, p.23)。Lee と Cuijpers（2013）による最近のメタ分析でも同様に，「マニュアルを用いた研究の効果値はゼロより有意に大きく，治療マニュアルを用いなかったものは有意にゼロより大きいとは言えなかった」(Lee & Cuijpers, p.235)。Maxfield と Hyer の結論は本章で強調したいポイントをさらに指し示している。臨床家がコンサルテーションを求めるときには，EMDR セラピーセッションの要約が提示されるが，口頭報告で得られるものは限られてしまうだろう。Maxfield と Hyer の結論は，「この方法論の特徴についての研究が提案することとしては，方法論の厳密性が結果に影響を与え，細部までの正確な注意が結果としてより明らかな効果につながる」(Maxfield & Hyer, 2002, p.39)。「細部までの正確な注意」という言い回しが示すのは，コンサルタントやスーパーバイザーが，実際の EMDR 治療の行動サンプルを直接的に観察することが必要であるということだ。生の観察，ビデオ録画，オーディオ録音，逐語録が必要となる。

● 言葉の定義：コンサルテーションとスーパービジョンの違い

　コンサルテーションとスーパービジョンは，教育的な枠組みに焦点を当てると本質的な点において共通しているが，基本的には異なるものだ。臨床家のなかには，これらの言葉を同等か互換的に使う人もいるが，アメリカの心理療法の免許においては，違っている。臨床家が，彼らの専門家同士の関係を論じるとき，これらの言葉は混同しないことが重要で，専門家としての関係を定義づける書面を交わすときにも重要となる。コンサルテーションとスーパービジョンの違いは，重要な倫理的，法的意味合いや影響を持っている。

　コンサルテーションやスーパービジョンでの専門家の，法的な，倫理的な問題を論じる前に，私自身が弁護士でないことは明確にしておく必要がある。本章の情報は，書籍や雑誌論文の展望であったり，学会の代表とのコンサルテーションに基づいてい

る。本章の内容のどれも，法的なアドバイスとは考えないでほしい。コンサルテーションやスーパービジョンを受けたり提供する前に，必要に応じて適切な法的アドバイスを受けるべきで，そのアドバイスは特に，どのように専門家としての関係を構成するかについて，自身の免許，管轄権に特有のものなのである。

　スーパーバイジーは，まだ法的に独立して臨床実践してよいとされていない。もしくは，ある場合には，資格委員会から課された復帰訓練の一環として，スーパーバイザーの下で業務を果たすことが求められる。スーパービジョンの特質や期間はスーパーバイジーによって決められるものでなく，外部の法人，一般的には資格委員会によって決められる。コンサルテーションとスーパービジョンの最も重要な区別は，**臨床的なスーパーバイザーはスーパーバイジーによって提供されているサービス内容に，法的な責任を負うという点である。**

　臨床的スーパービジョンは，その職の経験年数の長いメンバーと，実習生や経験年数の短いメンバーとの間の継続的な関係である。スーパーバイザーは実習生や経験年数の短いメンバーが提供する治療の質を監督し，職業的な機能を高め，経験年数の短いメンバーが独立して実践できるような資格取得のためにも寄与する。

　　　　　　　(Knapp & VandeCreek, 2006, p.217；Watkins, 1997)

　対照的に，**コンサルティは完全な職業的自律性を保持し，自身のサービスに法的責任を持つ。**それは，倫理的，職業的基準に合うように，自分からコンサルテーションを受けたときも（法的な必要性はなく），より上位の資格を得るために，自主的にコンサルテーションを受ける場合も同じである。したがって，コンサルテーションの本質は，対等な者同士の協力的な過程で，利用可能な職業的基準，研究の知見，コンサルティの技能の知識と適用を強める臨床経験を検討するものである。一般的に，コンサルティは自身の提供するサービスに，独自に責任を持たなくてはならない。リスク管理の観点から，コンサルタントは教育的役割を維持することに努めるべき

第17章　EMDRにおけるスーパービジョンとコンサルテーション

で，学術的な知識を参照し，職業的，またはその地域の基準を参照し，研究的知見を参照し，その一方で，失礼となるような働きかけを避けなくてはならない。

　個人がコンサルテーションに求めるものは，実践の新しい領域における技能の熟練かもしれないし，自身の職業的成長を強固にするためかもしれない。コンサルティのニーズによって，コンサルテーションの期間は決まり，臨床的判断の究極の責任はコンサルティにある。　(Thomas, 2007, p.221)

　コンサルタントは国内訴訟や，資格委員会の訴えで，名指しの非難を受けることもありうるが，**クライエントが誰であるか特定していたり，コンサルティの選択や行動を指示する立場をとっている場合でない限り**，一般的にはコンサルティの行動に責任は負わない。しかし，法廷や資格委員会において，コンサルティの行動，もしくは非行動の責任をコンサルタントが持つとみなされる場合もある。

関連した倫理的モデルと原理

　AAMFT[†44]の**倫理綱領**は，能力を維持し，知識を探求する義務の一部として，スーパーバイズを受ける経験の中核的なものと見なしている。「結婚・家族療法家は，教育，研修，スーパーバイズを受ける経験を通じて，結婚・家族療法における新しい発達の知識を探求し，能力を維持しなくてはいけない」(AAMFT, 2015, 原理3.1)。しかし，言葉の選択において，この原則が任意の「コンサルテーション」を含むことを意図しているのか，法的に必要とされた「スーパーバイズを受けた経験」のみを指しているのかが明確ではない。

　全米認定カウンセラー委員会（NBCC）は，原理24に明確な指示を挙げている。「認定カウンセラーは，クライエントの治療や専門的な実践において責任が不明確な場合，他の専門家と協力の下，スーパービジョンとコンサルテーションを探す」(NBCC, 2012,

p.3)。家族療法カリフォルニア学会（CAMFT）は，専門的な発展のためのコンサルテーションへのニーズについてさらに特化的であり，「結婚・家族療法家は，実践の新しい領域を発展させながら，教育，研修，コンサルテーション，またはスーパービジョンによって，自身の仕事の能力を確実にするステップを踏む」と述べている（CAMFT, 2011, section 3.9）。コンサルテーションはAPAの「心理学者の倫理規約および行動綱領」原理2，能力，において，心理学者の中心的責任として明確に述べられている。「サービスの提供，教授，または対象，領域，技法，新しい技術に関しての研究の実施を考える心理学者は，関連した教育，研修，スーパーバイズの経験，コンサルテーション，研究の義務を負う」(APA, 2010, p.5)。

EMDRベーシックトレーニングのためのEMDRIAの基準

　2006年5月，EMDRIAは，2007年6月に始まるEMDRベーシックトレーニング改訂版の必須カリキュラムを発表した。この基準（EMDRIA, 2015a）で必要とされているのは，EMDRベーシックトレーニングの一部として，最低限，20時間の講義と20時間の「スーパーバイズ付き実習」，10時間のコンサルテーションである。EMDRIAのwebサイトで手に入るカリキュラムは，ベーシックトレーニングにおける講義内容を定め，誰が教える資格を持ち，コンサルテーションの形式はどうなのかを定めている。EMDRIAは，スーパーバイズ付き実習と言っているが，「スーパーバイズ付き」は法的に求められたものと混同しないでほしい。ベーシックトレーニングにおける**スーパーバイズ付き実習**は，トレーニングの参加者が学習し，標準的な手続きに従うことを援助することに焦点が当たっていて，トレーニング実習の結果に法的な責任を持つという意味ではない。EMDRIA認定のベーシックトレーニング提供者は，トレーニング実習が心理療法を意図するものではないことを認識しているという書面に，参加者が署名することを一般的に求めている。トレーニング

---

†44　アメリカ最大の学会であるアメリカ家族療法学会（American Association for Marriage and Family Therapy）。

第Ⅴ部　専門的能力の開発

の提供者は，実習のエクササイズでは，トレーニングの環境に適切な個人的題材を選び，個人的な心理療法がよりふさわしい問題を扱うのは避けるように参加者に求めている。

● EMDR ベーシックトレーニングの受講資格

EMDRIA と他国の EMDR 学会は，EMDR トレーニングの受講資格に限定をかけて，精神保健領域の適切な大学院教育を受け，心理療法を実践する免許を持つ者か，有資格の精神保健専門家による規程のスーパービジョンの下で働いている者となっている。アメリカや EMDRIA の基準下で行っている国では，EMDRIA が認める提供者による認定 EMDR トレーニングに参加できるためには，州が発行する免許を保持しているか，いくつかの精神保健の専門家のうち一つの国家資格を保持しているか，大学院課程またはインターンシップ課程に在籍している必要がある。

資格のリスト内容は慎重に定義されている。受講できるためには，医師は精神医学の専門家訓練を受けている必要があり，現在有効な免許を持っていなくてはいけない。登録看護師は精神医学看護の修士号を持つ必要があり，現在の州の免許か国家の看護師委員会の登録が必要である。すべての他の精神保健の臨床家は，いくつかの特定の領域（ソーシャルワーク，カウンセリング，結婚・家族療法，心理学）の修士号か博士号を持つ必要があり，州か国の資格委員会による免許か資格を持つ必要がある。州ごとに一貫性のない基準のため，芸術療法またはドラッグとアルコールカウンセリングのプログラムを修了した臨床家は，彼らが終えたプログラムの詳細情報，州や国から出された現在の免許か資格の写しをEMDRIA に提出し，EMDRIA 認定のベーシックトレーニングに参加可能かどうか審査を受けなくてはならない。

EMDR トレーニングを受けるように大学院生を促すために，EMDRIA は，上述した精神保健領域の一つの修士，または博士の課程に属する院生に対して，受講基準を与えている。有資格の院生とは，まず，免許取得の課程に現在属していなければならない。彼らは，2 年生かそれ以降の実習，またはインターンシップの課程に属しており，さらに，有資格の精神保健の専門家のスーパービジョンの下で働いていなくてはいけない。当てはまる大学院生，免許取得前，Ph. D 取得後の臨床家は，スーパーバイザーからの手紙を EMDR ベーシックトレーニング提供者に提出しなくてはいけない。

気をつけてほしいのは，EMDR トレーニングの受講基準に当てはまる大学院生や免許取得前，およびPh. D 取得後の臨床家を指導するスーパーバイザーに対しては，EMDRIA は EMDR トレーニングを受けることを求めていないことである。EMDRIA は，規程の大学院生や免許取得前，Ph. D 取得後の臨床家が，EMDR ベーシックトレーニングや EMDRIA 認定の際に受ける，EMDR に特化したスーパービジョンについて関与していない。そうしたことは，免許取得前・ポスドクの臨床家が雇用される場での基準に任されている。EMDR ベーシックトレーニングと認定臨床家資格のために必要とされるコンサルテーションの時間は，免許取得に必要とされるスーパービジョンの資格委員会の要件に一般的には該当しない。まず，それらはコンサルテーションとして定義され，スーパービジョンではない。次に，中程度に組織されているだけで，詳細な監督にはならない。適切な条件としては，大学院生や Ph. D 取得後のインターンのスーパーバイザーが EMDR トレーニングを受けており，EMDRIA 認定臨床家か，認定コンサルタントである場合だ。スーパーバイザーがEMDR トレーニングを受けていない場合，本書はスーパーバイザーにとって，クライエントの準備，準備性や治療セッションについての情報を得るための助けとして，原理，手続き，形式のガイドを提供するものとなるだろう。

● EMDR ベーシックトレーニングの一部としてのコンサルテーションの基準

EMDR ベーシックトレーニングの一部としてのコンサルテーションの意図は，受講生が「安全に，効果的に EMDR セラピーの使用を自身の臨床の場に統合できる」ように支援することである（EMDRIA, 2015a, p.10）。EMDRIA は，個人とグループの両方に

ついて，コンサルテーションの要件を満たすものと認めている。グループの場合，「コンサルタントと受講生の比率は，1：10を越えない（受講生のより低い比率が望ましい）」（EMDRIA, 2015a, p.10）。参加者は，自身がケースを提示したか，積極的に参加したかを問わず，参加した各々のグループセッションの時間すべての単位を取得できる。EMDRベーシックトレーニングの一部としてのコンサルテーションは，EMDRIA認定コンサルタントか，「認定コンサルタントのスーパービジョンを受けている」コンサルタント研修中の研修生によってのみ，提供される（EMDRIA, 2015a）。

　ベーシックトレーニングのそれぞれの提供者は，まったく異なる方法でトレーニングプログラムを構成しており，コンサルテーションの形式や順序もさまざまである。週末にワークショップの形式に沿って行われるベーシックトレーニングもある。大学で毎週の形で提供される場合もある。講義形式の部分の合間に，トレーニングの提供者によってすべて前もってコンサルテーションセッションが計画され，散りばめられている場合もあれば，よりオープンな柔軟性のあるスケジュールによって，提供者が認定したメンバーリストから選んだコンサルタントと受講生が，個々にスケジュールを立てる場合もある。

　EMDRIAはベーシックトレーニングのコンサルテーションを，参加型の「教授と実習」であり，EMDRセラピーの「臨床使用」の復習であると記している。しかし，EMDRIAが強調しているのは，コンサルテーションの焦点は個々へのフィードバックで，「コンサルテーションは実際のケースについてであって，実習で起こるような経験についてではない」と特定している（EMDRIA, 2015a, p.10）。EMDRIAが提案しているのは，10時間の一部は実習エクササイズに当てられるかもしれないが，臨床家はコンサルテーションセッションの期間に，自分の臨床場面でEMDRセラピーを実際に適用することが必要であるということだ。したがって，受講生は，コンサルタントとともに，治療を求めてきた実際のクライエントに実施したEMDRセラピーについての検討をしなくてはならず，スーパービジョンがあろうとなかろうと，単に他の臨床家や，友人，近所の人，家

族などのクライエントではない人を相手とした実習セッションのレビューをするだけでは不十分である。EMDRIAの基準がさらに求めているのは，コンサルテーションが提供すべきなのは，「受講生のEMDRセラピーの全体的理解や知識について，そしてEMDRセラピースキルの実践についての**長所と短所を評価する**（ゴシック体は原著者追加）機会であるし，欠点を克服し，さらなる学習経験をあつらえる機会である」としている（EMDRIA, 2015a, p.10）。

　EMDRIAは，受講生がEMDRベーシックトレーニングを修了するために修得すべき最低限の知識やスキルの客観的な基準を示していないし，臨床セッションのなかでEMDR再処理セッションを何セッション使うべきかの下限も，示していない。グループでコンサルテーションを受ける受講生に対しても，EMDRIAは自身のケース材料を何時間提示すべきかの最小限度を示していない。それぞれの受講生の強みと弱みを評価し，個々のフィードバックをするために，コンサルタントは各受講生の職場での臨床経験を検討する必要がある。ベーシックトレーニングの間に，実際の臨床適用の十分なレビューをどう実施するのかという課題があるのだ。

● コンサルテーション中の個別フィードバックの基準

　EMDRIAは，コンサルテーションの期間に，受講生が示すべきと考えられる知識やスキルレベルの客観的な基準を示していない。しかし，受講生は，ケースの概念化，クライエントの準備性，ターゲットの選定，治療計画，特定のスキルの適用などについて，個別のフィードバックや教示を得るのが望ましい。EMDRIAはコンサルタントに各受講生の行動サンプルをレビューするようには言っていないが，EMDRIAはベーシックトレーニングの提供者がそれを要求することを選択できると認識している。「もし，実際のクライエントとEMDRを行っている受講生の行動サンプルが提供者から求められれば，コンサルテーションはそのための素晴らしい場を提供することとなる」（EMDRIA, 2015a, p.10, 444-446行）。**10時間のコンサルテーション中に，少なくとも各臨床家からの一つのワークサンプルとケース提示のレ**

第Ⅴ部　専門的能力の開発

ビューがなければ，現在のベーシックトレーニングのコンサルテーションの EMDRIA 基準で求められている個別のフィードバックや教示を，コンサルタントが与えることは難しいだろう。

　積極的な基準を提唱する意味で，EMDR ベーシックトレーニングの一部としてのコンサルテーションの追加的な最低限の基準を，以下に提案する。10 時間のコンサルテーションのコースで各受講生はケース材料を提示すべきだが，その際には，標準的な EMDR セラピーの手続き手順を用いた，少なくとも二つの異なるケースについての行動的ワークサンプルを，何らかの形で提示する必要がある。ケースの提示とディスカッションの長さは最短でも 20 分必要である。コンサルタントは各受講生のケース提示の時間を記す必要があり，知識とスキルに関して強みと弱みを記す必要がある。

● EMDR セラピーの臨床適用についての個別フィードバックの方法

　EMDR セラピーの臨床適用についての個別フィードバックを与える際に使える方法は，さまざまある。コンサルタントが得ることができ，反応できる細かい情報の程度は，時間，労力，事務処理という増加する負担と相関している。熱心さと負担の軽さ程度の順に，以下のものがある。

- 書面，もしくはビデオ録画されたモデル場面（Vignettes）に対する受講生の応答を観察する。
- 受講生同士のペア間の実習エクササイズを直接観察する。
- クライエントとの実際の臨床的やりとりや，再処理セッションの言語的要約を聞く。
- クライエントとの再処理セッションか，EMDR セラピーに関連した臨床的やりとりの逐語を検討する。
- クライエントとの再処理セッションか，EMDR セラピーに関連した臨床的やりとりの録音かビデオ録画を検討する。
- 実際の再処理セッションか，EMDR セラピーに関連した臨床的やりとりをマジックミラー越しに観察する。

● 書面，もしくはビデオ録画されたモデル場面（Vignettes）を用いる

　コンサルタントは受講生が，前もって用意された書面やビデオ録画されたモデル場面へどう応答するかを観察することができる。この方法が与えてくれる長所としては，コンサルタントが直接受講生の，いくつかの臨床的難局に対して知覚する能力，概念化する能力，反応する能力を観察できることである。この方法のさらなる長所としては，新たに訓練を受けた臨床家が出くわす共通の難局を，受講生に対して，より単純な場面から複雑な場面へと，段階を少しずつ上げて提示できることである。受講生はこの準備された場面において自分の反応を隠したり，歪めたりはできないとしても，このような人工的な環境での反応は仲間とコンサルタントに観察されているので，慣れた臨床場面の実際のクライエントとの普段どおりの知覚，概念，実践スキルのレベルを，正確に反映していないかもしれない。最も重要なこととして，この方法が不十分な点は，**実際のケース**からの EMDR セラピーの臨床適用のレビューという要請に応えていないことである。したがって，もし用いるのなら，実際のケースレビューの補助手段としてだけである。必要なたった 10 時間のコンサルテーションのうち，多くの時間をモデル場面のエクササイズに使うとしたら，それぞれの受講生に EMDR セラピーの実際の臨床適用のレビューを一つ以上与えるのが難しくなる。すべてを考えに入れて，受講生が何人かまだワークサンプルを準備できていないとき，最初のグループセッションにのみ使うのが最適だろう。

● トレーニーのペア間の実習エクササイズ

　コンサルタントは，受講生のペア間の実習エクササイズを直接観察できる。これは，ベーシックトレーニングにおけるスーパーバイズを受けながらの実習部分で用いた形式と同じであるが，より多く観察者がいる。一方，実習のスーパーバイザーは，典型的には三つの 3 人組か五つのペアの受講生を同時に見ることが期待されているが，コンサルテーションでは一度に，「臨床家」と「クライエント」の一つのペ

第17章　EMDRにおけるスーパービジョンとコンサルテーション

アのみ観察することが理想的である。グループの他の受講生は，この実習エクササイズを観察し，コンサルタントのフィードバックや教示を，実習の最中や後に聞く。実習エクササイズの使用は，明らかにベーシックトレーニングのコンサルテーションの一側面であるとEMDRIAから保証されているが，それに伴って，実際のケースでのEMDRセラピーの使用に関しての教授やディスカッションが必要である（EMDRIA, 2015a, p.10, 470-471行）。

この方法の持つ利点は，その受講生が利用可能なすべての知覚や臨床情報をコンサルタントが共有しアクセスできることである。「クライエント」の役をしている受講生が与えてくれる情報を，受講生がどのように集め，組織立て，利用するかを直接コンサルタントが観察できる。コンサルタントの選択として，リアルタイムか，遅れてかのフィードバックが選べる。他の受講生には，これらのエクササイズが他人のスキルや間違いから学ぶ機会を与えてくれる。

しかし，この方法が持つ潜在的な問題は，多重関係の必然性である。コンサルテーションの仲間が治療的な関係に入っていくことになる。実習エクササイズは一般的には単なるロールプレイではない。コンサルテーショングループのエクササイズとして適切なものの範囲を超えるような，重要な臨床的問題が現れるかもしれない。実際の臨床の場ではこれらの問題はしっかり扱われるが，ベーシックトレーニングのコンサルテーションの場では，こうした問題は脇にどけておき，資格を持った臨床家との個人的なEMDRセラピーセッションで扱うようにと「クライエント」に勧められる。実習エクササイズの仲間は，グループコンサルテーションの続きで，個人的な治療関係に入っていくことを決めるかもしれない。こうした治療関係がとても助けになるかもしれないが，同じコンサルテーショングループにいるという多重関係の存在が，害とか私利的な搾取といった危険性の増大を生む。ある受講生が別の個人的なEMDRセラピーセッションを受けているとすると，これらのセッションをコンサルテーショングループのケースディスカッションに含めるのかどうかという，さらなる問題があるだろう。これで，ケースの

ディスカッションから個人が特定できるような情報を除くという原則が侵されてしまう。これにより，二つの倫理的問題がコンサルタントに起こる。一つ目は，受講生間の多重関係の存在を知っていること。二つ目は，個人が特定されたクライエントのケース材料のディスカッションを行うことである。コンサルタントは，こうした起こりうる問題を，同意書に書き加えたり，グループコンサルテーションに入る受講生とのディスカッションで扱っておくべきであろう。

コンサルテーションでの実習エクササイズの間に，「クライエント」の役割の受講生は問題を開示するが，それが困惑させるようなものだったり，受講生のコミュニティでの名誉を傷つけるものだったりする可能性がある。より多くは，この実習エクササイズで扱われる問題と「クライエント」の機能のレベルは，受講生が臨床場面で遭遇するほど難しくなく，複雑でもないようだ。最も重要なことは，実習エクササイズは，それぞれのトレーニーが実際のケースを提示する臨床適用のレビューの必要性を満たしてはいないことである。したがって，場面エクササイズの使用の場合と同じように，実習エクササイズが用いられるのなら，実際のケースのレビューの補助でしかない。

● 臨床のやりとり，再処理セッションの口頭でのまとめ

臨床的やりとりか再処理セッションの口頭でのまとめは，臨床的ケースの検討をする方法としては，最も簡便な方法である。受講生にとってもコンサルタントにとっても，準備がもっとも少なく済む。最低限の内容のため，不完全で歪んだ再生の限界にさらされている。文書化された記録がないと，コンサルタントも他の受講生も，コンサルティが感じたもの，行ったことを直接的に検討できない。コンサルティにも，何が起こったかの客観的なまとめも得られない。書面のまとめ，録音やビデオ録画のいずれかの形での受講生自身のワークサンプルのレビューが，受講生が自身のワークを客観的に検討し，そこから学ぶことを促進する。また，受講生はしばしば，ケースの概念化，治療計画，ターゲットの選択，再

321

第Ⅴ部　専門的能力の開発

処理介入のために，臨床場面で何をしたらいいか分からない。したがって，彼らの口頭でのまとめは，重大な知覚的，行動的情報を与えてくれない。コンサルタントは必要な情報がないので，より経験を積んだ EMDR セラピーの臨床家として，ある場面で何を感じたり，何をしたりするかという決定ができない。この方法の一つの強みは，実際のクライエントとの適用に焦点を当てていることである。これは EMDRIA が必要としているものである。

● 書面のケースのまとめと逐語録の振り返り

　臨床的やり取りと再処理セッションの書面のケースのまとめと逐語録の振り返りは，先に記述した方法より利点がある。準備に時間がかかるが，書面のケースのまとめは，クライエントの病歴・生育歴，診断，精神状態，治療のゴール，医学的問題，治療の実際の流れで用いられた介入などについて，正確で，より整理された情報を与える。多くの臨床の場で，こうした材料のいくつかは，すでに準備が終わっていることかもしれない。こうした場合には，コンサルテーションでのレビューのために受講生がするべきことは，現在ある記録のコピーから，個人を特定する情報を取り除いたり，編集したり，変えたりすることである。表 17-1 が，ケースのまとめを準備するための様式である。

　セッションの逐語記録は，そのセッションで EMDR セラピーの手続きが用いられていると，実際のケース材料のディスカッションのための，客観的な材料を与えてくれる。逐語録をどう準備するかは表 17-2 を参照し，見本の逐語録は表 17-3 を参照してほしい。実際のケース材料のレビューのための他の方法よりも，めざましく優れたいくつかの利点があるが，逐語録にもいくつかの欠点がある。多くの臨床家は，セッション中に逐語録を作成するキーボードを打つスピードや正確さを持ち合わせていない。なかには，そうすることは治療関係に侵入してくると考えて，不快に感じる人もいるかもしれない。しかし，聞く話によれば，クライエントの耐性は，キーボードを叩こうがノートを取ろうが変わらないようだという。ケースのディスカッションの準備をする前に，キーボードの記録から，個人を特定され

そうな情報を取り除いたり変えたりするために，再度見直しをしなければならない。録音や手書きのノートから準備するなら，提示のためには臨床家は逐語録に余計な時間を割く必要がある。この時間への投資は最初は厄介な重荷ではあるが，逐語録を準備し，振り返る過程からどのくらい多くの学びがあるか，それがコンサルテーションのディスカッションに出す前にも起こることに，多くの臨床家が驚く。もちろん，臨床家は逐語録作成にお金を払うことができる。この場合はもう一人が必要で，その人は臨床家ではないが，守秘のケース材料にアクセスできるので，クライエントからはケース開示のサインが必要となる。

　書面のケースのまとめの場合と同様に，逐語録はコンサルテーショングループのメンバーに，豊富なケース材料を検討するのに時間効率の良い形式を与えてくれる。セッション全体の流れが見渡せると，臨床上のある場面の決定について検討ができる。録音やビデオによる検討はより難しく，明らかにより時間がかかる。しかし，録音，ビデオ録画よりもレビューが簡単だが，そのぶんマイナスもある。逐語録は，クライエントと臨床家のやりとりのタイミング，声の調子，表情，姿勢，他の非言語的コミュニケーションを直接とらえることはできない。そうしたセッションの非言語的要素は，いくつか注釈の形で表せるのだが，録音やビデオ録画では簡単にとらえられるのに，逐語録ではそのほとんどが省略されてしまう。

　最後に，書面のケースのまとめとセッションの逐語録は，電話やビデオチャットを通しての遠隔でのケースディスカッションの基礎となる，理想的な方法である。ほぼすべての臨床家は，インターネットを使える。こうした書面は，e メールの添付ファイルやオンライン Web サーバー上に置いて，アクセスをコンサルテーショングループのメンバーのみが知るパスワードで保護しつつ，前もって配布しておく。コンサルタントと他のグループメンバーは，配布された文書に言葉でコメントしたり，注釈を書き加えたりできる。グループセッションの時間中に，全員のグループメンバーがインターネットにアクセスできるなら，オンラインの作業場で配布し，コンサル

第 17 章　　EMDR におけるスーパービジョンとコンサルテーション

表 17-1　EMDR セラピーケース質問フォーム

EMDR セラピーの適用に関連した臨床ケースについてのコンサルテーションを行うとき，以下の情報に直接関連する部分を書き込んでください。個人情報の開示に関するクライエントの同意書と，個人を特定しうるデータを改変することへのクライエントの同意書を得る責任があるというということに留意してください。

臨床家のデータ

臨床家の名前 _____

1. あなたの職場と免許 _____

2. EMDR トレーニング以前の理論的立場

　_____

3. EMDR トレーニングのどの段階か　EMDR トレーニング中，ベーシック EMDR トレーニング修了，上級 EMDR セラピートレーニング，EMDRIA 認定 _____

　_____

4. EMDR セラピー経験の長さ：トレーニングの修了年，経験の量

　_____

このケースについてコンサルテーションを通じて扱いたい課題を教えてください。

□診断の明確化　　　　　　　□解離の程度の明確化　　　　□ケース概念化
□愛着の成り立ち　　　　　　□ターゲットの選択／流れ　　□安定化の方法
□解離的恐怖症の低減　　　　□防衛の再構成　　　　　　　□転移の問題
□再処理の問題の克服　　　　□物質乱用／誤用を扱う

クライエントのデータ

クライエントの仮名，もしくはコード _____

主訴（期間，深刻度，寛解を含む）

_____

_____

クライエントの治療目標 _____

年齢 _____　性別 _____　婚姻状態 _____　人種 _____

現在の同居者（家族員，配偶者，その他）

_____

ソーシャルサポートのシステム

_____

_____

仮定される愛着の形成状態

母との間 _____　父との間 _____　他の早期の人物 _____

最初の恋愛パートナー _____　2 番目の恋愛パートナー _____

最後の恋愛パートナー _____　現在の恋愛パートナー _____

［成人愛着分類：安心，拒否，とらわれ，混乱］[45]

過去，現在の生活上の問題，トラウマ的な出来事，法的な問題を含めたクライエントの生育歴の概要

_____

健康に関する生育歴（母親の妊娠期間，幼児期，思春期，成人期）

_____

自我強度，対処スキル，自己能力などを含めた資源

_____

過去の治療エピソードと診断

_____

過去の治療への肯定的，否定的反応

_____

_____

現在の診断と医学的健康状態

_____

_____

---

†45　一般的には，成人では「安心，とらわれ，拒絶－回避，恐れ－回避」，幼児では「安心，回避，アンビバレント，無秩序，無方向」などが提案されている。

323

第Ⅴ部　専門的能力の開発

表 17-1　EMDR セラピーケース質問フォーム（つづき）

解離のスクリーニング
DES Ⅱの平均値 ＿＿＿＿＿＿DES Ⅱ Taxon の可能性スコア ＿＿＿＿＿＿
SDQ20 か SDQ5 のスコア：＿＿＿＿＿　解離の多軸質問紙：＿＿＿＿＿
解離的症状の特性と深刻度：＿＿＿＿＿＿＿＿＿＿＿＿＿＿＿＿＿＿＿＿＿＿＿＿＿＿
＿＿
人格（ANP と EP）のわかっているパーツの一覧と，それらが組織立てられた手続きからわかったのか（例えば，会議室），
自発的提示によってわかったのかを示してください。
＿＿
＿＿
＿＿

過去と現在の安定性
アルコール，薬物，暴力的な衝動・行動，自傷行為，自殺念慮・衝動・計画，強迫的性行動，浪費癖，など，衝動コントロー
ルの問題があればいかなるものでも書いてください。
＿＿
＿＿

治療計画
全般的な治療計画について記してください。今日までの治療の長さ，治療による利益，推測できる大まかな治療期間
＿＿
＿＿

安定化，自我強化への反応。落ち着く／安全な場所，RDI，CIPOS など
用いられた安定化の方法と，反応を記してください。＿＿＿＿＿＿＿＿＿＿＿＿＿＿＿＿
＿＿
＿＿
＿＿
＿＿

落ち着く（安全な）場所エクササイズと RDI への反応
資源 1：＿＿＿＿＿＿＿＿＿＿＿＿＿＿＿＿＿＿＿＿＿＿＿＿＿＿＿＿＿＿＿＿＿＿＿＿
両側性刺激への反応 ＿＿＿＿＿＿＿＿＿＿＿＿＿＿＿＿＿＿＿＿＿＿＿＿＿＿＿＿＿＿
資源 2：＿＿＿＿＿＿＿＿＿＿＿＿＿＿＿＿＿＿＿＿＿＿＿＿＿＿＿＿＿＿＿＿＿＿＿＿
両側性刺激への反応 ＿＿＿＿＿＿＿＿＿＿＿＿＿＿＿＿＿＿＿＿＿＿＿＿＿＿＿＿＿＿

EMDR 再処理への反応
いくつのターゲットが再処理され，その効果がどうだったのか記してください。追加のターゲットが処理されたならこの部
分をコピーしてください。
ターゲット：＿＿＿＿＿＿　過去：＿＿＿＿＿＿　現在：＿＿＿＿＿＿　未来：＿＿＿＿＿＿
ターゲットの状況：＿＿＿＿＿＿＿＿＿＿＿＿＿＿＿＿＿＿＿＿＿＿＿＿＿＿＿＿＿＿＿
イメージ：＿＿＿＿＿＿＿＿＿＿＿＿＿＿＿＿＿＿＿＿＿＿＿＿＿＿＿＿＿＿＿＿＿＿＿
NC：＿＿＿＿＿＿＿＿＿＿＿＿＿＿＿＿＿＿＿＿＿＿＿＿＿＿＿＿＿＿＿＿＿＿＿＿＿＿
PC：＿＿＿＿＿＿＿＿＿＿＿＿＿＿＿＿＿＿＿＿＿＿＿＿＿＿＿＿＿＿＿＿＿＿＿＿＿＿
VoC：＿＿＿＿＿＿　感情：＿＿＿＿＿＿　SUDs：＿＿＿＿＿＿
身体感覚の部位 ＿＿＿＿＿＿＿＿＿＿＿＿＿＿＿＿＿＿＿＿＿＿＿＿＿＿＿＿＿＿＿＿
セッションの終了時点：SUDs：＿＿＿＿＿＿　VoC：＿＿＿＿＿＿　Body Scan：＿＿＿＿＿＿
セッションは完全 ＿＿＿＿＿＿，不完全 ＿＿＿＿＿＿
PC：（最終）＿＿＿＿＿＿＿＿＿＿＿＿＿＿＿＿＿＿＿＿＿＿＿＿＿＿＿＿＿＿＿＿＿＿

再評価（フォローアップセッション）
再処理が用いられたセッションの後に，クライエントの変化が観察されるか，報告された場合，それらについて記してください。
＿＿
＿＿

ANP（Apparently Normal part of the Personality：パーソナリティの一見正常なパート），CIPOS（Constant Installation of Present Orientation and Safety：現在への定位づけと安全の一貫した植えつけ），DES（Dissociative Experiences Scale：解離性体験尺度），EP（Emotional part of the Personality：パーソナリティの情動的パート），NC（Negative Cognition：否定的認知），PC（Positive Cognition：肯定的認知），RDI（Resource Development and Installation：資源の開発と植えつけ），SDQ（Somatoform Dissociation Questionaire：身体的解離質問紙），SUD（Subjective Units of Disturbance：自覚的苦痛単位），VoC（Validity of Cognition：認知の妥当性）
Adapted from Forgash and Leeds（1999）

第17章 EMDRにおけるスーパービジョンとコンサルテーション

表17-2 EMDRセラピー再処理セッションの逐語に近い要約の準備

「ケース質問フォーム」の関連部分を完成させる

逐語に近いサマリー文書に対して，行番号，ページ番号を入れる（Microsoft Word–書式–文書のレイアウト–その他–行番号–連続番号）

もし，第3段階の詳細（ターゲットのアセスメント）も含めて標準EMDRプロトコルを使うなら，読みやすくするために1.5～2.0の行間隔を使うように。

両側性刺激（BLS）の各セットへのクライエントの言語的，非言語的反応は，新しい行から始めること。

使われたBLSのモード（眼球運動，音，タッピング），スピードを記す。

行の初めに，セットごとのBLSの往復回数を記す。

あなた（臨床家）の言葉を［角括弧］に，クライエントの重要な非言語的反応を［角括弧］に記す。

「T」でターゲットに戻ったときを記す。

標準的なフレーズ（「それに気づいて」）は省いてもいい。しかし，［場所?］＝「どこに感じますか」のような他の言葉は含める必要がある。

EMDR（Eye Movement Desensitization and Reprocessing：眼球運動による脱感作と再処理法）

表17-3 EMDRセラピー再処理セッションの逐語に近い要約のサンプル

ターゲット：4歳。父親が母親を殴っている。

映像：母親の恐怖の表情。

NC：悪いのは私だ。私は価値がない。

PC：母親を守るのは私の責任ではなかった。私は価値がある。

VoC：3

感情：恐怖と恥

SUD：8

場所：胸と喉

BLSのモード：眼球運動，Eye scan，Speed 28–中程度の速さ。水平。

26：何もない。光が動くのを見ていただけ。

26：胸と喉の詰まっている感じが増した。母親の鼻から血が出ているのを憶えている［目は恐怖で見開いている］。

30：逃げて，隠れたかったのを憶えている。でも，動けなかった。［場所?］足に。

30：［SEM中，深く速い呼吸，目は恐怖で見開いている］固まっている感じ。［母親を守り，母親を安全に保つのは誰の責任? 4歳のあなた，それともあなたの母親，大人?］。母親だった。

24：なぜ，母親は父親から離れなかったの？ 彼はあれほどひどかったのに。［表情は今，恐怖より怒りを表す。嫌悪のわずかな表現］

28：私は母がとどまったことにとても怒っている。我々のためだと言ったが，弱くて出ていけなかったのだ。

26：おじいちゃんのことを考えていました。彼女の父親です。彼は，怒ってばかりの酒飲みで，彼の妻や子ども全員を殴ってました。母親は男はあんなもんだと思って育ってきたと思います。［目の涙を拭う］

26：彼女にはどうしたらいいかわからなかった。

26：父親が去った以上，母は良くなっている。今は尊厳を持っている。

T：それは，ただの映像です。今それほど気になりません。SUD：2。［最悪?］私を守ってくれる人がいなかったこと。［憐れみ深さの編み込み。今，その男の子に何と言うかイメージして］。

24：今あなたは安全だと言います。母親を守るのはあなたの仕事ではないとも。あなたは，良い人，優しい人とも言います。

24：落ち着いてきました。落ち着いてきています。

24：落ち着いています。

T：それが遠ざかった気がします。もう気になりません。SUD：0

24：同じです。SUD：0 PC：私は価値がある。最後のPC：私は良い人である。VoC：5。植えつけ。

24：VoC：6。植えつけ。

24：VoC：7。植えつけ。

24：VoC：7。同じ。［ボディスキャン］。首の後ろにこわばり。

26：こわばりが減った。

24：なくなった。［ボディスキャン］。軽く感じる。背が伸びた感じがする。

24：背が伸びて，まっすぐ立っている感じがする。あなたを見ることが前より簡単に感じる。

24：同じ。良い気分。

BLS（BiLateral Stimulation：両側性刺激），NC（Negative Cognition：否定的認知），PC（Positive Cognition：肯定的認知），
SUD（Subjective Units of Disturbance：自覚的苦痛単位），VoC（Validity of Cognition：認知の妥当性）

第Ⅴ部　専門的能力の開発

タントが即座に注釈を加えることさえできる。書面
のケースのまとめと逐語録が与えてくれるのは，注
釈とともに，臨床家のケースワークとフィードバッ
クの両方の文書記録である。それらのフィードバッ
クは，ケースの概念化，治療計画，臨床の治療効果
を高める特別な方略を明確化する，アイディアと方
向性を伴っている。

● 録音，ビデオ録画のレビュー

　生育歴・病歴聴取と準備段階，またある再処理
セッション全般の臨床的やりとりを振り返ってレ
ビューするためには，ビデオ録画が最も正確で包括
的な証拠を提供してくれることは明らかである。ビ
デオ録画は，表情や，声の調子，しぐさ，姿勢など
といった，クライエントのコミュニケーションの非
言語の要素についても最大限の情報を与えてくれ
る。反応のタイミングも伴い，正確に何と言ったの
かをとらえている。最も重要なのは，録画がとらえ
ることができることは，セッション時に臨床家が気
づき損なったり，理解し損なったりする非言語の情
報である。それに光が当たり，実践のスキルや概念
化のスキルを改善するために検討できる。たとえば，
クライエントが選ばれたターゲットがもはや苦痛で
ないと報告すると，新たにトレーニングを受けた
EMDR セラピーの臨床家は，素材が処理された場合
と，解離によって素材との接続が切れた場合の区別
が難しいかもしれない。逐語録は，この瞬間を見つ
けるのに十分な情報を明らかにする可能性はある
が，ビデオ録画では，こうした場面は直接的にしば
しば観察できる。この瞬間を明確にし，扱う戦略は
よりたやすく検討できるだろう。

　ビデオ録画の豊かさは，他のどんな回顧的なレ
ビューも匹敵しない。しかし，限界もあるので，考
慮されなくてはならない。グループのケース検討で
は，治療セッション全体のビデオ録画を振り返るの
は，あまりに時間がかかり過ぎる。臨床家に勧める
べきなのは，ビデオを検討するために，治療セッショ
ンの鍵となる部分を選ぶことである。もし逐語録な
らば，セッションの言語的部分をより時間効率的で，
包括的に振り返ることができる。さらに全体を見渡
し，レビューし，次のレビューに進むことができる。

グループでの検討では，グループメンバーがそれぞ
れ，自分用の文書のコピーの特定の部分に光を当て
たり，コメントをしたりできる。

　ビデオ録画では，グループセッションの中で，一
つのコピーしか振り返れない。これにより，グルー
プのメンバーは，レビューのために選ばれたセッ
ションの一部しか振り返れず，その記録に書き込む
などの直接的なやりとりはできないという限界があ
る。今の技術は，ビデオ全体を個人用のパスワード
で守られたオンラインのビデオストレージに置いて
おき，コンサルテーショングループのメンバーが完
全に，個別に振り返れる。しかし，現在そのような
サービスを利用できる技術的な知識を持っている臨
床家は少ない。安全で，個別のオンラインアクセス
があっても，ビデオ録画のレビューは時間がかかり，
コンサルテーショングループのメンバーが振り返れ
る材料の量としては限界がある。

　ビデオ録画をコンサルテーションで使うには，他
にも限界がある。ビデオ録画の器具の出費，録画を
ケースのコンサルテーション目的で開示することの
許可を文書で求めることの難しさ，クライエントの
個人特定情報を隠すことの難しさがある。ビデオ録
画の道具の出費や保存メディアの価格は近年大きく
下がっているが，そして，「スマートな」携帯電話が
高品質な録画を可能にしているが，すべての臨床家
が使える録画器具を持っているわけではない。多く
のクライエントは，特に私設開業では，ビデオで録
画されることは望まないか，躊躇する。クライエン
トがしばしば懸念するのは，録画された高度に秘密
性の高い材料の安全性についてである。彼らの懸念
は，レビューの後オリジナルの録画が破棄されない
こと，または，コピーが作成され，正当でない人の
手に渡ることでもある。どのように記録が保護され
るかを保証することで，この懸念を克服できるかも
しれないが，セッションの第一の目的から離れたこ
とに時間を取ることとなる。

　最後に，ビデオ録画の大きなジレンマは，クライ
エントの個人が特定されないための保護である。ク
ライエントが他の臨床家に顔をさらしてもいいと
言っても，そうすることでビデオを見た人はある個
人を特定する。これは，ケース検討の特質を変え，

第17章 EMDRにおけるスーパービジョンとコンサルテーション

コンサルタントを特定のクライエントに巻き込み，リスクマネジメントの問題を変えてしまう。治療中に顔を録画されたクライエントは，後になって，コンサルタントを名指しで民事訴訟を起こしたり理事会へ訴えるかもしれない。コンサルタントはクライエントが誰であるかを知っているので，結果として，コンサルタントはある特定のクライエントの治療の方向を指示したことになり，治療が不十分であれば責任を負うべきだ，という論争になりうる。もし，クライエントの特定を防ぐために，ビデオ録画のクライエントの顔を省くか変えると，ビデオ録画の豊かさを大きく損なうこととなる。

さらに，セッションをビデオ録画する場合，コンサルティはクライエントに，一緒に住むパートナーや家族，加害者を名前で呼ばないように言っておく必要がある。臨床家も，普段はセッションで呼んでいる名前を呼ぶのを避ける必要がある。もし，ビデオ録画で名前や他の特定につながる情報が言葉にされたら，コンサルタントや他のコンサルティに見せる前に編集され，録画から特定できる情報を取り除くことが必要となる。この類のビデオ編集のスキルや必要な装置へのアクセスをすべての臨床家が持っているわけではない。必要とされる装置やスキルを持つビデオの編集者への支払いも必要であろう。表17-4で，ビデオ録画とコンサルテーションで録画を見せることの同意書のサンプルを参照してほしい。

ビデオ録画で見出せる視覚的な情報は，録音ではまったくとらえられない。しかし，やりとりの音声のトーンとタイミングを伴って，正確に言われたことをとらえられる。録音を振り返ることは，ビデオ録画を見る以上に時間を取られることがあるが，それは，早送りなどして，素早く特別な瞬間をとらえることがより難しいからである。ビデオ録画では，セッションのなかで起こっていることの流れをとらえる助けになるような，視覚的手がかりがある。こうした視覚的手がかりが，セッションのレビューで，鍵となる場面へとスキップすることをより簡単にする。ほとんどの臨床家の逐語録よりも，録音は言語化のより完全な情報をとらえる。セッション中に包括的なメモを取りたくない臨床家にとって，録音はセッション後に逐語録に起こされ，ケースコンサル

テーションで提示できるやりとりを与えてくれることとなる。

コンサルテーションでビデオ録画を使用するに関しては，多くの難点がある。しかし，与えてくれる情報の豊かさゆえに，コンサルティのワークサンプルをレビューし，彼らのEMDRセラピーの知識やスキルの備えについて細かくフィードバックを与えるには，考慮すべき選択肢である。ビデオ録画はケース検討のための材料の豊かな源で，コンサルテーションやスーパービジョンの場で使われ続けている。ビデオ録画の使用のためには，情報開示とクライエントの秘密を保護する適切な書面が必要である。自身の合意の書式を準備する臨床家に，出発点としてサンプル書式が与えられる。コンサルタントとコンサルティは，安全対策として，ビデオ録画と情報開示の形式に関する同意の書式のすべてに，目を通したことを確認するべきである。その際，専門家団体の倫理委員や，資格委員会の基準と州法に明るい弁護士にも，目を通してもらうべきである。

● ワンウェイミラーを通しての実際の臨床セッションの観察

ワンウェイミラーを通しての実際の臨床セッションの観察は，受講生のEMDRセラピーの臨床適用の，包括的なレビューの機会を与えてくれる。コンサルタントやコンサルテーショングループのメンバーは，観察される臨床家と同様に，すべての情報やその反応のすべてを観察可能である。受講生のワークを観察するこの方法は妥当で詳細だが，いくつかの限界と問題を抱えている。ビデオ録画では，臨床家は回顧的なレビューとして，どの記録を提示するか選択する自由がある。ライブの観察では，EMDRトレーニングを受けている臨床家は，そのセッションの次に何が起こるのか知りようがない。この不確かさが増すことにより，今まさに観察されているというパフォーマンス不安の感覚が増大する。比較をすると，ある部分を選んだり，省略できることを臨床家がわかっている場合よりは不安が大きいといえる。

ライブの観察では，クライエントの個人の匿名性を維持するのはきわめて難しい。観察者はクライエ

327

第Ⅴ部　専門的能力の開発

表17-4　コンサルテーションのためのビデオ録画，および視聴の同意書のサンプル

私，＿＿＿＿＿＿＿＿＿は，私のセラピスト＿＿＿＿＿＿＿＿＿＿とのセッションのビデオ録画を撮ることを許可する。
その目的は，私のセラピストが，専門的な成長を促進するコンサルテーションを受けるためである。
　同意を与えるに際して以下のことを了解している。
　この同意を与えることに何ら義務はない。
　将来のどの時点においても，この同意をやめることができる。その際には，私のセラピストに，この同意をやめることの
日付と署名が入ったメモを渡す。
　この同意を拒んだり，やめたりしても，与えられるサービスに何ら影響がないことを了解している。
　私は，私の顔，＿＿＿，＿＿＿が記録されないこと，私の名前が明かされないことを了解している。
　私は，私のセッションのビデオ録画が私のセラピストと，以下の人によって検討されることを了解している。
　[　]　＿＿＿＿＿＿EMDRセラピーにおける認定コンサルタント＿＿＿＿＿＿＿＿＿＿
　[　]　＿＿＿＿＿＿コンサルタント研修生＿＿＿＿＿＿＿＿＿＿
　[　]　＿＿＿＿＿＿私のセラピストと一緒のコンサルテーショングループの他の臨床家
　私のセッションのビデオ録画は，ずっと私のセラピストの管理下にあり，私が他の同意書で将来の日付で同意しない限り，
複製されたり，他の目的で見せられたりしないことを了解している。
　この同意書は，私のファイルに保存され，私が治療を受けている間は有効であり続けることを了解している。
　私のセラピストがコンサルテーション，および，ビデオ録画されたセッションのレビューを終えた後は，このビデオ録画
について以下のようにすることに同意する。
　[　]　＿＿＿＿＿＿ビデオ録画は私のファイルの中に残る。
　[　]　＿＿＿＿＿＿すべての存在するビデオ録画は，破棄され，処分される。
　いつでも私が選択した時点で，この同意をやめることができる。もし，同意をやめたときには，セラピストと話した後に，
ビデオ録画のいずれもすべて，私の裁量により，それ以上の視聴が制限されるもしくは，破棄されると了解している。
　私は下記に示すものにイニシャルで意志を記す。
＿＿＿＿＿＿私はこの同意書のコピーを受け取った。＿＿＿＿＿＿私はこの同意書のコピーを受け取ることを放棄した。
　私はこの同意書のすべてを読み，自由意志で同意する。

＿＿＿＿＿＿＿＿＿＿　　　＿＿＿＿＿＿＿＿＿＿　　　＿＿＿＿＿＿＿＿＿＿
　　クライエントの名前　　　　　　　署名　　　　　　　　　　日付
＿＿＿＿＿＿＿＿＿＿　　　＿＿＿＿＿＿＿＿＿＿　　　＿＿＿＿＿＿＿＿＿＿
　　セラピストの名前　　　　　　　　署名　　　　　　　　　　日付

コンサルテーションのためにビデオ録画をすることと，録画を視聴することに対しての同意をとりやめる。
　私，＿＿＿＿＿＿＿＿＿は，ここに，＿＿＿＿＿＿＿＿＿との私のセッションのビデオ録画の許可をとりやめる。
　[　]　＿＿＿＿＿＿すべてのビデオ録画が，それ以上の視聴が制限され，私のファイルの中に残ることを望む。
　[　]　＿＿＿＿＿＿すべての存在するビデオ録画が，破棄され，処分されることを望む。

＿＿＿＿＿＿＿＿＿＿　　　＿＿＿＿＿＿＿＿＿＿　　　＿＿＿＿＿＿＿＿＿＿
　　クライエントの名前　　　　　　　署名　　　　　　　　　　日付
＿＿＿＿＿＿＿＿＿＿　　　＿＿＿＿＿＿＿＿＿＿　　　＿＿＿＿＿＿＿＿＿＿
　　セラピストの名前　　　　　　　　署名　　　　　　　　　　日付

ントの顔を見るし，また個人を特定するような情報に気づきがちであろう。前に論じたように，コンサルタントがクライエントの個人特性を知れば，クライエントが治療の過程で生じるようないかなる問題の責任をも，コンサルタントに帰するリスクが高まる。物理的にその場にコンサルタントがいれば，治療セッションで受動的な観察者役割でしかなくても，第三者からは治療効果に責任があるように見え

る。正反対の内容の書面の同意があったにせよ，そうなのである。クライエントも，他の臨床家がそのセッションを見ているので，緊張する。難しい材料を表面化させることがあまりできないか，積極的になれないだろう。効果的ではない再処理のリスクが増大する。

　ワンウェイミラーを通しての直接的な観察が用いられるのはセラピーの訓練プログラムにおいてで，

観察対象の臨床家が，まだ独立した実践の資格を取っていない場合である。こうした場合，観察者は実際にスーパーバイザーで，提供される治療の質について法的な責任を持ち，クライエントの個人情報を知ることを許され，むしろ期待されている。大学院のトレーニングプログラム，Ph. D 取得後のインターンシップの場合は，スーパーバイザーでないコンサルタントにとって，直接的な観察ができ，不相応な複雑さや付加的なリスクマネジメントの問題は伴わない。

EMDRIA 認定 EMDR セラピー臨床家になるためのコンサルテーション基準[†46]

EMDRIA が与える EMDR 臨床家資格は，数多くの病院，国立精神保健センター，地域の精神保健センター，第三者支払機関によって認められた，専門的な熟練の重要な証明である。EMDRIA 認定 EMDR 臨床家資格を取ろうと申請する臨床家が必要とするのは，EMDRIA 認定コンサルタントまたはコンサルタント研修生から，20 時間のコンサルテーションを受けることである。最大 15 時間までは，コンサルタント研修生から受けることができる。残りの 5 時間は，認定コンサルタントから受けることが必要である。これらの時間は，EMDR ベーシックトレーニングを修了してから受けなくてはならない。

免許取得前の臨床家は，独立して実践できる資格を受けるまで認定を取得できない。しかし，免許取得前の臨床家は EMDR ベーシックトレーニングを完了することができ，認定のためのコンサルテーション 20 時間すべてを受けることができる。認定の申請は，申請者が「申請者自身の，免許，資格，登録のある分野における最低 2 年間の経験」（EMDRIA, 2015d）を持っているとする公証が必要である。申請には，その 2 年間が免許取得後でなければならないとの記述はない。ほとんどの免許や資格は，免許取得前に少なくとも 2 年間の経験を必要としている。もし，他のすべての要件に合っていれば，認定申請者が，独立して実践できる免許を取得したら直ちに

認定のための申請を出し，認定 EMDR 臨床家として登録されうる。この理由から，認定のためのコンサルテーションのための書面での契約書のサンプルには，オプションとして，免許取得前の臨床家を担当するスーパーバイザーに関しての文面がある。表 17-5 と表 17-6 を参照のこと。

20 時間のうち 10 時間までは，出席者最大 8 名までのグループコンサルテーションで得られる「グループ時間」になりうる。ベーシックトレーニングが課す 10 時間を満たすためのコンサルテーションとは違って，参加者の数に基づいた最小限度の 1 回のグループ時間というものはない。8 人までのグループならどんな 1 回のグループ時間でもありうる。たとえば，1～3 時間まで，時間に決まりはない。さらに，EMDR ベーシックトレーニングのコンサルテーションの基準とは異なり，コンサルテーションの時間に対して，発展的に構造化され，時間をかけて行うべきというような，明確な要件はない。理論的には，3, 4 日の集中的なコンサルテーションプログラムで全部一挙に実施することも可能である。さらに，グループコンサルテーションの間に，個人コンサルテーションの一部もしくはすべての時間を稼ぐことも可能である。

EMDRIA は，EMDRIA 認定の申請者には，申請書類とともに，2 年間の臨床経験，および「50 回以上の EMDR セッションで 25 人以上のクライエント」への実施を証明する，公的な文書の提出を求めている（EMDRIA, 2015d）。しかし，必要とされる 20 時間のコンサルテーションにおいて，何名のケースをコンサルティが提示すべきかの最小基準はない。

認定へのコンサルティの準備性を評価する

1997 年の認定基準の最初の制定以来，EMDRIA は「コンサルテーションパケット」を公開している。直近の改訂は 2008 年で，「EMDR 評価表による認定」を含んでいる（EMDRIA, 2015e）。しかしながら，この評価表は「サンプル」と記されている。サンプル評価表の使用は明確には要件とされてはいないが，サンプルに記されている知識と技術は，認定コ

[†46] 日本の場合，認定 EMDR 臨床家になる手続きや基準は異なる点がある。詳細は日本 EMDR 学会のホームページで確認のこと。

第Ⅴ部　専門的能力の開発

表17-5　EMDRIA認定臨床家に向けてのコンサルテーション同意書のサンプル

　　この同意書は＿＿＿＿＿＿＿＿（EMDRIA認定コンサルタント，以下この同意書では「コンサルタント」）と＿＿＿＿＿＿
（「コンサルティ」）の間で交わされるものである。コンサルタントはコンサルティに，EMDRセラピーの使用に関する臨床
ケースコンサルテーションを提供する。そのコンサルテーションは，EMDRIA認定EMDRセラピー臨床家資格の任命に向
けてのコンサルテーションの基準と，合致している必要がある。

サービスの性質　　コンサルティは，EMDRセラピーの使用に関してのスキルを向上させるために，コンサルテーションを
求めている。さらに，コンサルティは，コンサルタントに評価を求めており，その評価内容は，EMDRセラピーの方法，手
続きの技術的適用の忠実性である。特定の学習目標は，心理療法の方法としてのEMDRセラピーの理論的，実際的，技術的
適用に関する，実践的，概念的，機能的スキルである。EMDRセラピーのケースの見立てや治療計画スキルも扱われる。人
格障害や解離性障害を持つ個人の特異な診断の問題をスクリーニングする手続きについても扱われうる。しかし，EMDR治
療手続きや，プロトコルの変法を，複雑な人格障害や解離性障害を持つ個人に適用することは，この同意書の範囲では扱わ
れておらず，含まれていないことにコンサルティは同意している。

サービスの限界　　コンサルタントとコンサルティの間には，スーパービジョンや雇用の関係がないことは明確に理解され
ている。コンサルティは自分が法的責任の下，心理療法を実施するための，独立した資格認定を受けていることを認めてい
る。さらに，専門職の責任保険に加入しており，コンサルティのクライエントに対して，与えられるサービスの特性や質に
責任を単独で負っているということもまた認めている。コンサルタントはコンサルティに，研究，学術的合意，およびコン
サルタントの経験に基づく情報を与えることに同意している。

　　コンサルティは，自分のクライエントに心理療法サービスを提供するときは常に，コンサルティ自身の判断と，裁量を拠
り所とする。コンサルティの免許や資格，法的責任，専門学会の会員資格による専門性の基準に則して，重大な，臨床的，倫
理的，法的，専門的問題が生じたら，追加のコンサルテーションを他のコンサルタントから受ける必要について，コンサル
ティが検討する。

（**サービスの限界**について，コンサルティが法的に必要なスーパービジョンの下で，免許取得前臨床家として仕事をしている
場合，以下の代わりの文言が用いられる：コンサルタントとコンサルティの間には，スーパービジョンや雇用の関係がない
ことは明確に理解されている。コンサルティは，自分が法的責任の下，心理療法を実施するための，独立した，資格認定を
受けていないことを認識している。コンサルティが心理療法サービスを提供できるのは，＿＿＿＿＿＿＿＿＿＿＿＿＿［「スー
パーバイザー」の氏名を書く］の法的に必要なスーパービジョンの下においてである。下部に署名するように，コンサルティ
のクライエントに与えられるサービスの特性や質に，スーパーバイザーが責任を単独で持っているとスーパーバイザーは認
識する。コンサルティは，スーパーバイザーとのケース討論の間に，コンサルタントから受けた情報をレビューすることに
同意している。コンサルティもスーパーバイザーも専門職の責任保険に入っていることを確約する。コンサルタントはコン
サルティに情報を与えるが，その内容は，コンサルティが考慮すべき研究，学術的合意，コンサルタントの経験に基づいて
いる。コンサルティは，コンサルティのクライエントに心理療法のサービスを提供する際には常にスーパーバイザーと密に
連携し，スーパーバイザーの判断に委ねる。重要な，臨床的，法的，倫理的，専門的問題が生じたら，コンサルティ，もし
くはスーパーバイザー，もしくは，両者ともが，さらに他のコンサルタントからコンサルテーションを受ける必要について
検討する。その際に，そのコンサルタントが，コンサルティのインターンシップの要件および，スーパーバイザーの免許ま
たは資格，管轄，専門学会の会員という専門的基準に対応していることが必要である）

守秘義務　　コンサルティは，コンサルタントにどのような秘匿的ケース材料であれ，提示する際には，クライエントに知
らせ，文書でのインフォームドコンセントを得る。コンサルティはコンサルタントに，いかなる個人が特定されるような情
報をも開示しないことに同意している。そして，潜在的に特定されそうな情報は，それが，口述，書面，音声，ビデオ録画
のいずれの形態で提示されるケース材料であろうとも，改変，除外する手続きを取ることに同意している。

EMDRセラピーの使用においての忠実性の証拠　　コンサルティの知識やスキルを評価するコンサルタントを助けるため
に，コンサルティは，実際の臨床セッションからの行動ワークサンプルをコンサルタントに提示する。これは，音声，ビデ
オ録画，逐語録の形を取る。二つ以上のワークサンプルで，標準的なEMDRセラピーの原理，手続き，プロトコルに十分忠
実であると示す必要がある。二つ以上のレビューが，十分な忠実性を示すためには必要である。コンサルテーションの5時
間目までに，コンサルティは少なくとも一つのワークサンプルをコンサルタントに提出する。もし，コンサルタントが，コ
ンサルティをEMDR認定臨床家に推薦できない，重大な問題を発見したら，なるべく早くコンサルティに通知する必要があ
る。コンサルタントは，コンサルティにできうる修正行動を推薦する。

記録と通信　　コンサルタントは，コンサルティが終了した，コンサルテーション時間を記録しなくてはならない。コンサ
ルティは，コンサルタントに対して情報を開示することを認められた個々のケースファイルに，記入済みの情報開示書式を
残さなくてはならない。コンサルティが必要な時間数のコンサルテーションを終えた，もしくはコンサルテーションを中断
したときに，それまでに終了したコンサルテーション時間を示した書面を，コンサルタントがEMDRIA[†47]に送ることにコン
サルティは同意する。コンサルティはいつでもセッションを中断できるが，そのときに，コンサルタントがEMDRIAに，何
時間のコンサルテーションが終わっているのかを記した書面を送るということを理解しておく必要がある。もし，コ

[†47]　EMDRIAは主にアメリカを中心とした北米の組織であり，日本EMDR学会はEMDR Asiaの一員としてEMDR Asiaの基準に
　　従っている。

第 17 章　EMDR におけるスーパービジョンとコンサルテーション

表 17-5　EMDRIA 認定臨床家に向けてのコンサルテーション同意書のサンプル（つづき）

ンサルティがコンサルテーションを中断するとき，コンサルタントが見つけた重要な問題が未解決で終わっているならば，コンサルタントは，修正的な行動の提案と共に，EMDRIA にこの問題を書面にて知らせる。コンサルティがコンサルテーションの必要時間を終え，十分な知識とスキルの証拠があることを示せば，コンサルタントはコンサルティを，EMDRIA 認定 EMDR セラピー臨床家資格の任命にふさわしいとして推薦する。

料金　コンサルティはコンサルタントに，コンサルテーションの1時間当たり，_____ 円を支払う。もし，コンサルティが，ワークサンプルを，例えば，ビデオ録画，音声記録などを，コンサルティが不在のときにレビューすることをコンサルタントに頼む場合，コンサルティは _____ 円の料金を，記録ワークサンプルレビューの1時間毎に支払うことに同意する。コンサルテーションの時間としての計上は，コンサルタントとコンサルティの両者が同席したときのレビューにのみ適用される。予約のキャンセルは，コンサルティ，コンサルタントいずれも少なくとも，_____ 時間前までに行う。

問題の解決　コンサルタントとコンサルティは，自身のそれぞれの専門家組織の倫理綱領に従うことに同意している。もし，コンサルテーション関係に関して，職業的，もしくは倫理的問題が起これば，コンサルタントとコンサルティはそれらを形式張らず，善意で解決するよう全力を尽くすものとする。

認定コンサルタント　　　　　　　　コンサルティ
署名 _____　　　　署名 _____
名前 _____　　　　名前 _____
日付 _____　　　　日付 _____

（以下の名前と署名は，コンサルティがスーパービジョンの下に働いている場合にのみ必要である）
スーパーバイザー
署名 _____
名前 _____
日付 _____

EMDRIA（EMDR International Association：EMDR 国際学会）

ンサルタントが EMDRIA 認定に向けてのコンサルテーションのなかで扱うべきことだと，EMDRIA が信じているもののようである。EMDRIA が認定コンサルタントに求めるのは，申請者の「EMDR 使用」について，資格取得の推薦状を書くことである（EMDRIA, 2015g）。しかし EMDRIA は，認定コンサルタントが申請者を認定に推薦するべきかどうかを決定できるような，客観的な基準をなんら制定していない。2007 年のベーシックトレーニングカリキュラムとともに，EMDRIA が提供したのは，ベーシックトレーニングの一部としてのコンサルテーションの期間に，認定コンサルタントがするべきことの記述である。もし，EMDRIA が認定コンサルタントに対して，EMDRIA 認定資格取得に向けたコンサルテーションの基準のなかで行われるべきものについての詳細な指針を提供すれば，そしてその指針が，「コンサルテーションパケット」内の「評価表のサンプル」で間接的に提案されているものより詳細なら，役に立つものになるであろう。

「コンサルテーションパケット」の評価表のサンプルは，17 の尺度項目と，二つの「強み」と「弱み」についてのまとめがある。EMDRIA に提出するか，

コンサルティのファイルに，認定コンサルタントのコンサルテーションの記録の一部として保持するよう提案がされているので，認定コンサルタントがサインし，日付を書き込むスペースがある。評価表のサンプルは，資格取得の候補者を評価する良い基礎となる。認定コンサルタントは，評価表のサンプルでは明確には評価されない，少なくとも以下の三つの広い問題を考慮すべきであろう。

- Shapiro（2001）の基礎テキストに記されているような，EMDR セラピーの原理，プロトコル，手続きについての申請者の知識。
- 標準的再処理手続きステップをしっかりと忠実に，（テキストなどを見ずに）適用できる申請者の能力。
- EMDR セラピーについての科学的文献と一貫したような治療効果を得られる，申請者の能力。

候補者の認定評価では，認定コンサルタントは標準的忠実性評価スケールとセッションサマリー書式，および本書で提示しているような治療サマリー書式の使用を統合することを考慮すべきである。付

331

第Ⅴ部　専門的能力の開発

表 17-6　EMDRIA 認定に向けてのコンサルタント研修生とのコンサルテーション同意書のサンプル

　この同意書は ＿＿＿＿＿＿＿＿（EMDRIA 認定コンサルタント研修生，以下この同意書では「コンサルタント研修生」）と ＿＿＿＿＿＿＿＿（「コンサルティ」）の間で交わされるものである。コンサルタント研修生は，コンサルティに，EMDR セラピーの使用に関する臨床ケースコンサルテーションを与える。その際，そのコンサルテーションは，EMDRIA 認定 EMDR セラピー臨床家資格の任命にふさわしいコンサルテーションの基準と，合致している必要がある。コンサルタント研修生は ＿＿＿＿＿＿＿＿（EMDRIA 認定コンサルタント，以下この同意書では「コンサルタント」）からコンサルテーションを受ける。コンサルタント研修生とコンサルタントは，必要な 20 時間のコンサルタント中，最大 15 時間まではコンサルタント研修生から受けることができると認識している。後の 5 時間は EMDRIA 認定コンサルタントから得なければならない。

サービスの性質　　コンサルティは EMDR セラピーの使用に関してのコンサルティのスキルを向上させるためにコンサルテーションを求めている。さらに，コンサルティはコンサルタント研修生に評価を求めており，その評価内容は，EMDR セラピーの方法，手続きの技術的適用の忠実性である。特定の学習目標は，心理療法の方法としての EMDR セラピーの理論的，実際的，技術的適用の際の，実践的，概念的，機能的スキルである。EMDR セラピーのケースの見立てや治療計画スキルも扱われる。人格障害や解離性障害を持つ個人の特異な診断の問題をスクリーニングする手続きについても扱われうる。しかし，EMDR 治療手続きやプロトコルの変法を，複雑な人格障害や解離性障害を持つ個人に適用することは扱われておらず，この同意書の範囲に含まれていないことにコンサルティは同意している。

サービスの限界　　コンサルタント研修生とコンサルティの間には，スーパービジョンや雇用の関係がないことは明確に理解されている。コンサルティは，自分が法的責任の下，心理療法を実施するための，独立した資格認定を受けていることを認めている。さらに，専門職の責任保険に加入していて，コンサルティのクライエントに対して，与えられるサービスの特性や質に責任を単独で負っているということもまた認めている。コンサルタント研修生はコンサルティに，コンサルティが考慮すべき研究，学術的合意，コンサルタント研修生の経験に基づく情報を与えることに同意している。コンサルティがクライエントに心理療法サービスを提供するときは常に，コンサルティは自身の判断と裁量を拠り所とする。コンサルティの免許や資格，法的責任，専門学会の会員資格による専門性の基準に則して，重大な，臨床的，倫理的，法的，専門的問題がある場合には，コンサルティは，必要に応じて，追加のコンサルテーションを他のコンサルタントから受ける。

（**サービスの限界**について，コンサルティが法的に必要なスーパービジョンの下で，免許取得前臨床家として仕事をしている場合，以下の代わりの文言が用いられる：コンサルタント研修生とコンサルティの間には，スーパービジョンや雇用の関係がないことは明確に理解されている。コンサルティは，自分が自身の法的責任の下，心理療法を実施するための，独立した資格認定を受けてはいないことを認識している。コンサルティが心理療法サービスを提供できるのは，＿＿＿＿＿＿＿＿＿＿＿＿＿＿＿「スーパーバイザー」の氏名を書く〕の必要なスーパービジョンの下においてである。下部に署名するように，コンサルティのクライエントに与えられるサービスの特性や質に，スーパーバイザーが責任を単独で負っているとスーパーバイザーは認識する。コンサルティは，コンサルタント研修生から受け取った情報を，スーパーバイザーとのケース討議のなかで，振り返ることに同意している。コンサルティもスーパーバイザーも，専門家責任保険に加入していることを確約する。研究，学術的合意，およびコンサルタント研修生の経験に基づく情報を与えることにコンサルタント研修生は同意している。コンサルティは，コンサルティのクライエントに心理療法のサービスを提供する際には常に，スーパーバイザーと密に連携をし，スーパーバイザーの判断に委ねる。重要な，臨床的，倫理的，専門的問題が生じたら，コンサルティ，もしくはスーパーバイザーもしくは，両者ともがさらに他のコンサルタントからコンサルテーションを受ける。その際に，そのコンサルタントは，コンサルティのインターンシップの要件および，スーパーバイザーの免許か資格，管轄，専門学会の会員という基準を満たしていることが必要である。

守秘義務　　コンサルティは，コンサルタント研修生とコンサルタントに対してどのような秘匿的ケース材料であれ，提示する際には，自身のクライエントに知らせ，文書でのインフォームドコンセントを得る。コンサルティはコンサルタント研修生に対して，いかなる個人が特定されるような情報をも開示しないことに同意している。そして，潜在的に特定されそうな情報は，それが，口述，書面，音声，ビデオ録画のいずれの形態で提示されるケース材料であろうとも，改変，除外する手続きを取ることに同意している。

EMDR セラピーの使用においての忠実性の証拠　　コンサルティの知識やスキルを評価するコンサルタント研修生を助けるために，コンサルティは実際の臨床セッションからの行動ワークサンプルをコンサルタント研修生に提示する。これは，音声，ビデオ録画，逐語録の形を取る。二つ以上のワークサンプルで，標準的な EMDR セラピーの原理，手続き，プロトコルに十分忠実であると示す必要がある。二つ以上のレビューが，十分な忠実性を示すには必要である。コンサルテーションの 5 時間目までに，コンサルティは少なくとも一つのワークサンプルをコンサルタント研修生に提出する。もし，コンサルタント研修生が，コンサルティを EMDR 認定臨床家に推薦できない，重大な問題を発見したら，なるべく早くコンサルティに通知する必要がある。この同意書および，コンサルティのことに関して EMDRIA との間で交わされたすべての文書のコピーをコンサルタントに提供してよいと，コンサルティはコンサルタント研修生に明確に許可する。

記録と通信　　コンサルタント研修生は，コンサルティによって終えられたコンサルテーション時間を記録しなくてはならない。コンサルティは，コンサルタント研修生とコンサルタントに対して情報を開示することを認めた個々のケースファイルに，記入済みの情報開示書式を残さなくてはならない。コンサルティが必要な時間数のコンサルテーションを終えたかもしくは，コンサルテーションを中断したときに，コンサルテーション時間を示した書面をコンサルタント研修生が，EMDRIA に送ることをコンサルティは同意している。コンサルティはいつでもセッションを中断できるが，そのときに，コンサルタント研修生が，EMDRIA に，何時間のコンサルテーションが終わっているのかを記した書面を送るということを理解してお

第17章　EMDRにおけるスーパービジョンとコンサルテーション

表17-6　EMDRIA認定に向けてのコンサルタント研修生とのコンサルテーション同意書のサンプル（つづき）

く必要がある。もし，コンサルティがコンサルテーションを中断するとき，コンサルタント研修生が見つけた重要な問題が未解決で終わっているならば，コンサルタント研修生は，修正的な行動の提案と共に，EMDRIAにこの問題を書面にて知らせる。コンサルティがコンサルテーションの必要時間を終え，十分な知識とスキルを示せば，コンサルタント研修生はコンサルティを，EMDRIA認定EMDRセラピー臨床家資格の任命にふさわしいとして推薦する。

料金　コンサルティはコンサルタント研修生に，コンサルテーションの1時間当たり，＿＿＿＿＿円を支払う。もし，コンサルティが，ワークサンプルを，たとえば，ビデオ録画，音声記録などをコンサルティの不在のときにレビューすることをコンサルタント研修生に頼む場合，コンサルティは＿＿＿＿＿円の料金を記録ワークサンプルレビューの1時間毎に支払うことに同意する。コンサルテーション時間としての計上は，コンサルタント研修生とコンサルティの両者が同席したときのレビューにのみ適用される。予約のキャンセルは，コンサルティ，コンサルタント研修生いずれも少なくとも，＿＿＿＿時間前までに行う。

問題の解決　コンサルタント研修生とコンサルティは，自身のそれぞれの専門家組織の倫理綱領に従うことに同意している。もし，コンサルテーション関係に関して，職業的，もしくは倫理的問題が起これば，コンサルタント研修生とコンサルティはそれらを形式張らず，善意で解決するよう全力を尽くすものとする。

コンサルタント研修生　　　　　　　　　コンサルティ
署名 ＿＿＿＿＿＿＿＿＿＿＿＿＿＿　　　署名 ＿＿＿＿＿＿＿＿＿＿＿＿＿＿
名前 ＿＿＿＿＿＿＿＿＿＿＿＿＿＿　　　名前 ＿＿＿＿＿＿＿＿＿＿＿＿＿＿
日付 ＿＿＿＿＿＿＿＿＿＿＿＿＿＿　　　日付 ＿＿＿＿＿＿＿＿＿＿＿＿＿＿

（以下の名前と署名は，コンサルティがスーパービジョンの下に働いている場合にのみ必要である）
スーパーバイザー
署名 ＿＿＿＿＿＿＿＿＿＿＿＿＿＿
名前 ＿＿＿＿＿＿＿＿＿＿＿＿＿＿
日付 ＿＿＿＿＿＿＿＿＿＿＿＿＿＿

EMDRIA（EMDR International Association：EMDR国際学会）

録Aにあるような忠実性評価書式は，コンサルティによる自己評定にも，コンサルティから提供される行動的ワークサンプルを認定コンサルタントが評定するのにも，用いることができる。セッションサマリーと治療記録の書式（巻末付録B参照）は，EMDRセラピーについての科学的文献と一貫した治療効果を得られるコンサルティの能力の証明を支援してくれる。

　EMDRIAのベーシックEMDRトレーニングの基準に合致した，正式に許可された大学院コースは，客観的試験をして，EMDRセラピーの理論と手続きについての基本的知識を評定する必要がある。現在EMDRIAは，EMDRIA認定のEMDRベーシックトレーニングプログラムでそのような試験を求めていない。EMDRIA認定臨床家，認定コンサルタントプログラムのような卒後資格養成プログラムで，専門的な知識やスキルを評価する，科学的に妥当で，信頼性のある客観的筆記技能試験を開発することは可能である（Gorman & Slavik, 2014；McGhan et al., 1982；Vu et al., 2006）。EMDRIAの専門的開発準備委員会（2015b）とEMDRIAの最高責任者Mark Doherty（私

信，2015年8月4日）との書簡の報告に基づいて，EMDRIAはEMDRIA認定のための「能力モデル」の開発に関わっている。この「能力モデル」には，客観的試験，および一つ以上のビデオについて妥当性のある評価者による忠実性の評価が含まれている。EMDRIA認定へのこの「能力モデル」の適用の期日はまだ定められていないが，ここ数年内に段階的に実施するようである。同様の「能力モデル」が，EMDRIA認定コンサルタントの資格取得にも適用されるであろう。

　EMDRセラピーの信頼できる客観的な専門的試験と，一つ以上のビデオワークサンプルの評価に基づくEMDRIA認定の「能力モデル」への移行に伴って，現行のコンサルテーション時間数の設定は変更されるか，撤廃されることもありうる。EMDRベーシックトレーニングを完了した後，20時間よりもずっと少ない時間数で，EMDRセラピー使用の適切な知識やスキルを示せる申請者もいるかもしれないが，なかには，20時間のコンサルテーションより多くを必要とし，さらに加えて，トレーニングの復習や教育的資源も必要になる場合もあるだろう。「能力

333

第Ⅴ部　専門的能力の開発

モデル」の下では，コンサルテーションを与える認定コンサルタントは，教育者であり，評価者であるという二重の役割から解放され，教育の要素のみに焦点を当てられるようになるだろう。このことは，「20時間のコンサルテーション」モデルの下で，認定コンサルタントが抱えていた重要なリスクマネジメントの問題を大きく低減できる。というのも，「20時間のコンサルテーション」のモデルの下では，認定コンサルタントは教育と評価という，二つの役割を求められているからである。EMDRIAがEMDRセラピーの知識とスキルを評価するのに「能力モデル」を用いるまでは，認定コンサルタントは臨床家の**ワークサンプル**をレビューし，評価するのを，必修のコンサルテーション時間内にしなくてはならない。認定コンサルタントが考慮できる**ワークサンプル**の種類は，EMDRベーシックトレーニングの一部としてのコンサルテーションについての節で，すでに展望し考察した。**先述した方法のなかで，ビデオ録画とセッション逐語録は，臨床家がEMDRの再処理セッションで実際にしたことについての実際的に意味があり，かつ入手可能な情報を与えてくれる。**

● EMDRセラピーにおける EMDRIA 認定のためのコンサルテーションのための望ましい基準

　基準設計の唱道精神によって，ここにEMDRセラピーにおけるEMDRIA認定へのコンサルテーションのための，認定コンサルタントが考慮する最小限の基準を**提案**する。認定コンサルタントのなかには，これらのいくつか，もしくはすべての基準をすでに採用している者もいる。グループコンサルテーションを受けるコンサルティは，**グループコンサルテーション**の10時間のうちに，各々のコンサルティは少なくとも異なる三つのケースについて提示をする必要があり，そのどれにおいても標準的なEMDRセラピーの手続きステップが用いられている必要がある。ケースの提示とディスカッションは，最低でも20分は必要であろう。認定コンサルタントは，各々のコンサルティのケース提示の時間と，各々の提示における知識とスキルの長所と短所の評定を書きとめておく必要がある。

　少なくとも10時間（～20時間まで）の**個人コンサルテーション**では，各々のコンサルティは，少なくとも3人の異なるケースにまたがる，最低五つのEMDR再処理セッションについて，ケース材料か行動的ワークサンプルを提示しなくてはならない。それらにおいて，標準的なEMDRセラピーの手続きステップが用いられている必要がある。すべての20時間のコンサルテーションが個人コンサルテーションでこなされる場合，コンサルティは，少なくとも5人の異なるケースにまたがる，最少八つのEMDR再処理セッションのケース材料か，行動的ワークサンプルを提示しなくてはならない。それらにおいて，標準的なEMDRセラピーの手続きステップが用いられている必要がある。こうした行動ワークサンプルは，標準化された忠実性の評価尺度で，少なくとも「十分な」または「良い」というスコアを得なければならない。付録Aにこの目的にそって，標準化された忠実性尺度があるので参照のこと。

● EMDRIA 認定へ向けてのコンサルテーションの範囲

　EMDRセラピーにおけるEMDRIA認定へ向けての，コンサルテーションの書面での契約を成立させるために考慮すべき問題の一つは，含まれるべき臨床材料とEMDRセラピーの範囲，EMDRIA認定臨床家資格のコンサルテーションの時間に適切なケースの種類である。EMDRIA認定の目的は，コンサルティが標準的なEMDRセラピーのプロトコルと手続き（Shapiro, 2001）を用いる，一定の水準の質を確立することである。しかし，臨床ケースのなかには，複雑な人格や解離性障害があって，その分野では，学術雑誌や書籍でEMDRセラピーのプロトコルや手続きの変法を用いる必要性が述べられている。これらは，EMDRベーシックトレーニングカリキュラムには一般的に含まれていない。これらの他の選択肢としてのプロトコルや手続きは，統制研究の対象とはなっていないが，詳細なケース報告で記述されている（たとえば，Knipe, 2014；Lanius et al., 2014；Mosquera et al., 2012；van der Hart et al., 2013, 2014）。EMDRIAはこの問題について公式の立場は取っていないようだが，認定コンサルタントのEMDRIAコミュ

ニティ内の議論では，EMDRIA認定への時間として必要とされる時間から，他のプロトコル選択肢や手続きについてのディスカッションに要した時間を省くことが，ここ数年のEMDRIA認定の契約の基準になりつつある。表17-3，17-4の契約見本にそのような文言が含まれている。

● コンサルティの知識，スキルに見つかった弱点への反応

EMDRIA認定へのコンサルテーションプロセスは，1997年に制定され，本書の第2版発刊まで継続しているが，コンサルタントが二つの役割を果すことを求めている。一つは，認定コンサルタントは教育者であり，EMDRベーシックトレーニングでカバーされる概念，原理，技法を復習し，また，個々の臨床ケースに応じて，EMDRに関する学術文献中の概念，原理，技法を復習指導する。そして，二つ目の役割では，認定コンサルタントは推薦状を与える前に，EMDRIA認定の申請者を評価する必要がある。EMDRIAは以下のように言明している。認定コンサルタントは「（必要があれば）コンサルテーションの初期の段階で申請者の認定への準備性についての懸念を伝え，申請者が適切な修正手段がとれるように」することが期待されている（EMDRIA, 2015e）。

ほとんどのケースにおいては，これら二つの役割はスムーズに，支持的で対等的プロセスのうちに統合される。数例において，認定コンサルタントが，コンサルティの知識やスキルに，重大でなかなか変わらない弱点を見つけ，それがEMDRセラピーに影響を与えていることを発見した場合には，問題が起こりうるし，起こっている。組織の中で資格のあるスーパーバイザーからコンサルテーションの時間を得ているのとは異なり，EMDRIA認定を取ろうとするほとんどのコンサルティは，必修のコンサルテーション時間のために料金を支払っている。彼らは多くの場合，最低限の20時間のコンサルテーションを終えると，認定コンサルタントがEMDRIA認定への推薦状を書いてくれるだろうと期待している。しかし，どんなにうまく認定コンサルタントが自身の責任を果しても，20時間のコンサルテーションでは，すべてのコンサルティの問題にアプローチするのに十分とは限らない。

EMDRIAは認定コンサルタントやコンサルティが従うべき十分なガイドラインを提示していない。20時間のコンサルテーションを終え，しかし，認定コンサルタントが，コンサルティのEMDRセラピーの理解に未解決の弱点があることに気づき，資格申請にまだ準備ができていないことが示されている場合に，どうするのか，が明らかではないのである。さらにEMDRIAは，申請者がEMDRセラピーの使用の知識やスキルでの未解決な弱点が示されたために，認定コンサルタントが資格候補者としての推薦を留保するような状態となり，20時間未満で申請者がコンサルテーションを中断したとする。こういう場合の認定コンサルタントの責任が特定されていない。こういうことは高頻度で起こることではないだろうが，起こることである。

必修のコンサルテーション時間が未完で終わった場合でもなお，認定コンサルタントは，修了した時間分のコンサルテーション時間を示す文書を書くことは求められている。しかし，それは申請者から求められた場合のみでよい。EMDRIAのコンサルテーションの考え方（EMDRIA's Philosophy of Consultation, EMDRIA, 2015e）には示されていない二つの関連した問題を，コンサルテーションの書面による同意書では扱う必要がある。一つめは，申請者が修了した時間分の証明を求めてきたときに持ち上がる問題である。この最初のケースでは，認定コンサルタントはこの必要な文書に，申請者がコンサルテーションを中断した際の，申請者についての但し書きを含めることは求められているのか，勧められるべきなのか，許されているのだろうか。二つめは，申請者がコンサルテーションを中断し，文書を求めない場合である。この二つめのケースでは，申請者がコンサルテーションを中断する時点において，認定コンサルタントがEMDRIAと連絡をとって申請者に関する但し書きを提出するという行為は，その但し書きが請求されたものでないだけに，義務もしくは推奨される行為となりうるだろうか，そもそもその行為は許されるものなのだろうか。

申請者の最初の認定コンサルタントが，認定についてのコンサルティの準備性に未解決の問題を見つ

第Ⅴ部　専門的能力の開発

けた場合には，この最初のコンサルタントは推薦状を書くのを拒否するだろう。認定コンサルタントは，そのような推薦状を差し控えることを，専門家の基準として求められているかもしれない。申請者は他の認定コンサルタントを見つけようとする可能性がある。もし，ほとんどのコンサルテーションの時間が最初の認定コンサルタントで満たされていて，残されたわずかな時間のコンサルテーションでは，最後の認定コンサルタントは最初のコンサルタントが気づいた未解決の問題に気づかないかもしれない。いくつかの場合では，コンサルティが，認定のための推薦について異なる，そしておそらくはより厳しくない主観的基準を持つ認定コンサルタントを探すかもしれない。こうしたことは，経験のあるコンサルタントが直面してきた問題である。この問題への対処としては，認定コンサルタントとコンサルティの間で交わす書面での同意書にこの問題を上げておくことで，この問題が起こったときに，認定コンサルタントがそれをどう扱うか知らせておくという方法もあるのではないだろうか。

　申請者がコンサルテーションを中断して，文書を求めない場合，認定を受けようとするのを諦めたのかもしれない。また，最初の認定コンサルタントとは別の，多分より厳密でない基準の持ち主である異なる認定コンサルタントと，認定を受ける努力を続ける可能性もある。コンサルテーションの同意書の明確な条項があれば，申請者がすべての必要な時間を終えずにコンサルテーションを中断する場合に，認定コンサルタントが取るべき行動の基準を明らかにすることができる。認定について，申請者の準備性について重大な懸念を認定コンサルタントが見つけている場合には，これはさらに重要となる。こうした懸念が，申請者のその後の修正的な行動で大きく和らげられることもあるかもしれないが，そうでないこともありうる。前もってのはっきりした同意書があるので，最初の認定コンサルタントは，申請者がコンサルテーションを中断した場合に，適切にこの懸念を文書によって申請者と EMDRIA に開示することができる。そのようなコミュニケーション

が認定プログラムを強固にする。そのようにして，すべての申請者と EMDRIA に適切なフィードバックが与えられるからである。

　コンサルテーションの目的は，コンサルティが認定への準備性を，支持的教育的な枠組みのなかで獲得するのを援助することにある。そのため，知識やスキルに弱点を持つ申請者に，認定コンサルタントはコンサルテーションを越えて，さまざまな学習方法を推薦するかもしれない。これには，EMDR セラピー関連の特定の本，雑誌論文を読むこと，認定 EMDR トレーニングの再参加，EMDRIA 認定継続研修への参加，EMDRIA 学会配布物や録音での学習などがある。他には，治療の忠実性の高さを示している EMDR セラピーセッションのビデオ録画を見ること，経験により学習を強めるために，また逆転移の問題を扱うために，EMDR 治療を受けることなどがある。

● EMDRIA 認定へ向けてのコンサルテーションの契約の要素

　EMDRIA は EMDRIA 認定の申請者のためのコンサルテーションに関して，書面での契約要件を明示していない。しかし，EMDRIA は契約書のサンプルを提示している（EMDRIA, 2008a）。用心深いリスクマネジメントと，前もって問題を明確にしておくことを重視すると，書面でのコンサルテーションの同意書作成は賢明な考えである。本章で取り上げた問題のいくつかは，この契約書のサンプルで取り扱われるもの（EMDRIA, 2015e）を越えている。EMDRIA 認定に向けてのコンサルテーション同意書で扱われるべき鍵となる問題のいくつかは，以下のとおりである[48]。

　(1) 関係の特質の特定（コンサルテーションであって，スーパービジョンではない）。
　(2) 金銭的取り決め。
　(3) コンサルティの責任のリスト。
　(4) 認定コンサルタントの責任のリスト。

---

[48] 日本におけるコンサルティおよびコンサルタントの役割および責任については，日本 EMDR 学会のホームページを参照のこと。

336

第17章　EMDRにおけるスーパービジョンとコンサルテーション

コンサルティの責任には，以下のようなものがある。

(1) コンサルテーションでケース材料を提示する前に，各クライエントから，認定コンサルタントへの情報開示に関しての同意文書を得ておくこと。

(2) クライエントのファイルに，完成した開示同意書すべてを保存しておくこと。

(3) クライエントの名前や，人物を特定できる情報の開示を避けること。これは，口頭，文書，クライエントのセッションの録音，録画などに当てはまる。

(4) ケースサマリー，治療計画，セッションサマリー，セッションの行動的ワークサンプルを提示すること。さらに，コンサルティと認定コンサルタントの両者に役立つような自己評価を提示すること。この自己評価は，コンサルティのEMDRセラピーの理論，原理，スキルについての知識を評価するのに役立つものであること。

(5) 認定コンサルタントとの支払い同意書を尊重すること。

(6) コンサルティの自己裁量によって，認定コンサルタントから提示された，鍵となる情報，原理，方法等の選択や使用を決めること。

(7) 追加の読書，教育，コンサルテーション，または，トレーニングの必要性を考慮すること。その際，コミュニティや専門的基準に基づく知識や，技術の最小基準を満たすために，また認定コンサルタントに勧められたものとして，考慮すること。

認定コンサルタントの責任には，以下のようなものがある。

(1) コンサルテーションを始める前に，コンサルティとの同意書を完成しておくこと。

(2) もし，コンサルティが法的に必要なスーパービジョンを受けているなら，スーパーバイザーの名前，連絡先，EMDRセラピーの臨床使用についてコンサルティがコンサルテーションを受けることへの承認の文書をもらうこと。

(3) 正確な記録を保持し，コンサルティおよび，EMDRIA研修・トレーニングコーディネーターへ，コンサルテーション時間の証明書を提供すること。

(4) EMDRセラピーに関連した研究，書籍，EMDRIA基準，資源[49]について最新情報を得ておくこと。

(5) 特定のクライエント群への知識と能力について，コンサルタント自身の限界に気づいておくこと。合意があれば，コンサルティを，コンサルティが治療する対象に詳しい他の認定コンサルタントに紹介すること。

(6) コンサルティに，EMDRセラピーの臨床適用の適切な書面記録と，行動的ワークサンプルを作成することを促すこと。これらの記録に対して，忠実性評価尺度を通して，自己評価をすることを促すこと。

(7) EMDRセラピーの適用，理論，原理，スキルに関する知識について，明確かつ，具体的で客観的なフィードバックを与えること。これらは，コンサルティの自己報告，行動的ワークサンプル，忠実性尺度に基づいていること。

(8) EMDRベーシックトレーニングに関してEMDRIAが要求するカリキュラムや，EMDRセラピーに関連した専門的な文献でカバーされる知識やスキルを，明確化し，必要に応じて，教示すること。

(9) コンサルティがさらに研鑽を積み，準備性を高める必要のある領域についての懸念と，EMDRIA認定の基準を満たすことへのコンサルティの準備性についての懸念を，定期的に，そしてなるべく早い時期から伝えること。

(10) 付加的な専門的読書，教育，訓練，およびコンサルテーションを推薦し，コンサルティがさらに研鑽を積む必要のある領域と取り組むことを助けること。

---

†49　補助資料など。

第Ⅴ部 専門的能力の開発

（11）EMDRIAの研修・トレーニングコーディネーターに書面の推薦を送るか，認められれば，コンサルティが必要なコンサルテーションを終えるとき，もしくはコンサルテーションを中断するとき，さらなる研鑽が必要な領域についての懸念を伝えること。

　認定コンサルタントとEMDRコンサルテーションを求める臨床家を支援するために，二つの同意書のサンプルを示す。表17-5は，認定コンサルタントによって提供されるコンサルテーション同意書のサンプルである。表17-6は，コンサルタント研修生が提供するコンサルテーションの同意書のサンプルである。自らの基準と発展するEMDRIAの要件，専門職要件および法定要件の理解に基づいて，認定コンサルタントとコンサルタント研修生は独自性を活かしたコンサルテーション契約を作成するべきである。この同意書のサンプルは，認定コンサルタントやコンサルティによっては，詳細すぎることもあるかもしれない。EMDRIA認定に向けてのコンサルテーションに入る際に，臨床家が考慮しなければならないすべての問題を展望することを助けるために，サンプル同意書は可能な限り包括的なものとしている。認定コンサルタントとコンサルタント研修生は，自身の書面での同意書の原案ができたら，所属の専門学会や弁護士のチェックを受けるべきである。

● 認定コンサルタントを選ぶこと

　認定コンサルタントを選ぶことは重要である。選んだ認定コンサルタントは臨床家の教師やコーチになるだけでなく，評価者にもなる。適合するコンサルタントを選ぶために，自身の学習スタイルと，コンサルタントの持っているであろう教授スタイル，理論の方向性，専門的な基準，目標を考慮する必要がある。EMDRIAは，コンサルテーションセッションをどう構造化するか，候補者を資格に推薦する際，どんな基準を適用するかについて，認定コンサルタントの裁量に多くを任せている。したがって，共に作業をしようとする認定コンサルタントが，どのようにコンサルテーションを組織立てているかに留意

する必要がある。

　EMDRIAが臨床家に求めているのは，全部で20時間のコンサルテーションである。前述したように，EMDRIAは，10時間までは参加者8名以下のグループでのコンサルテーションを認めている。多くの資格申請者は，10時間は1対1の個人コンサルテーション，10時間はグループセッションのグループコンサルテーションを選択する。これら10時間のグループコンサルテーションの間に，いつも自身のケース材料を提示しなければならないわけではない。かわりに，しばしば他のケース材料の議論を聞いたり，参加したりする。しかし，グループコンサルテーションのなかで，自身がケース材料を提示した時間を個人コンサルテーション時間として数えることを，EMDRIAは許可している。グループコンサルテーションのなかで，個人コンサルテーションの時間を何時間計上できるかについては，決まった限界はない。臨床家とコンサルタントが同意すれば，グループコンサルテーションの複数のセッションをまたいで，自身のケース材料を10時間出すことも可能である。グループセッションの1時間当たりの料金は，個人セッションの料金より一般的にずっと安いので，すべての必修の20時間を得るためには，料金を節約できる大きな方法である。しかし，グループセッションを通して10時間の個人コンサルテーションの時間を得るのは，1対1のセッションの場合よりずっと長い期間を要するだろう。

　すべての20時間を集める金銭面や時間効率を考えることに加えて，グループ内の他の臨床家からグループセッションの場でもらうフィードバックや励ましが，個人のケース材料提示を，より支持的で，より幅広い基盤を持つ経験にしてくれるものだと，多くの臨床家は感じている。グループコンサルテーションの間に，他の臨床家は励まし，似たようなケースを議論し，さらなる質問を投げかけ，他の資源を教える。もし，ギブアンドテイクのグループコンサルテーションを望むなら，個人コンサルテーションの一部もしくはすべてを，グループコンサルテーションで得ることを許してくれる認定コンサルタントを見つけたいと思うかもしれない。一方，より個別の注意を払われることを好むとか，秘匿性の強い

第17章　EMDRにおけるスーパービジョンとコンサルテーション

ケースの場合，1名の認定コンサルタント以外への開示の必要を避けたいと思うかもしれない。難しいケースについてサポートを受けるためや，より速く認定要件を満たすために，より頻繁に個人のコンサルテーションを組みたいと考えるかもしれない。この場合，すべてのコンサルテーションの時間を個人セッションで実施できるような認定コンサルタントを探すことになるだろう。

　認定コンサルタントを選ぶ際に，いくつかの問題を考慮する必要がある。プロセスを終えるのに，スピードと経費がどれほど自分にとって重要か。自分の居住地のコンサルタントと，対面でのコンサルテーションをしたいのか。電話やビデオカンファレンスのコンサルテーションを希望する，もしくは必要とするのか。特定の特殊な対象に関する知識やスキルを高めたいのか。3，4名の小さいグループの学習を好むのか，8名のより大きなグループを好むのか，個人セッションを好むのか。再処理セッションのビデオ録画か，逐語を準備でき，それを望んでいるのか。

　もし，地方に住んでいるなら，近隣の地域に認定コンサルタントやコンサルタント研修生が少ない，もしくはいないかもしれない。認定コンサルタントやコンサルタント研修生に会うのに，時間やガソリンを使っての小旅行が余儀なくされるかもしれない。しかし，EMDRIAは，地方に住んでいて，対面が容易な認定コンサルタントが近くにいない場合には，電話コンサルテーションを提供している（EMDRIA, 2015d）。前もっての承認は必要ない。EMDRIAは「アクセスが容易でない」認定コンサルタントとの場合のために電話コンサルテーションの選択肢を設けたが，この選択肢は誰でも使用できる。したがって，アクセスのしやすさに加えて，他の要因に基づいて，他の地域から認定コンサルタントを選ぶことができる。料金の違い，専門性領域，認定の方法や基準，教え方などで，電話コンサルテーションを考慮すれば良いであろう。

　EMDRIA認定に向けての電話コンサルテーションは，旧来の電話で行わなければならないわけではない。たとえばSkypeのようなオンラインサービスを用いる，コンピューターベースの「ボイスチャッ

ト」や「ビデオチャット」を含む，どのようなリアルタイムの音声，またはビデオ会議のコミュニケーションも，同様に使えるだろう。これは，国際的なコンサルテーションさえ，難なく実現可能な選択肢とする。ここ数年のテクノロジーの進歩が，格段に使用を容易にし，コストを大きく下げたことで，インターネット上の音声プロトコル（VOIP）に基づいたコミュニケーションを，広く用いることができるようになった。こうしたテクノロジーでファイルの共有やビデオ会議が容易に可能となり，今までにないEMDRセラピーのケースディスカッションが実現している。

　臨床家がケースサマリーと行動ワークサンプルを手書きで用意する場合，前もって認定コンサルタントへFAXするか，スキャンしてEメールで送ることができる。個人コンサルテーションならこれでうまくいく。グループコンサルテーションにとっては，FAXや直接のeメールは便利さが劣り，FAXの送り間違いや，守秘すべきクライアント材料を別の受け取り手に送るリスクを増加させる。臨床家が自身の材料をコンピュータ上に用意する場合，無料のオンラインファイルシェアサービス，たとえば，Box.net, Dropbox.com, Onedrive.live.comなど，招待した相手にアクセスが限定されているものを利用することができる。電子的なファイル配信は，8人の臨床家がアクセスを必要としたときも，認定コンサルタントのみがアクセスを必要としたときも同様に，簡単で，安全である。

　臨床家は，EMDRIAのwebサイトのメインページにある「find a therapist」の選択肢から，認定コンサルタントサーチフィールドで「Yes」と特定すれば，地域での認定コンサルタントを見つけられる。さまざまな地域もチェックできる。認定コンサルタントのなかには，電話コンサルテーションの宣伝を*EMDRIA Newsletter*に掲載している人もいる。EMDRIA webサイトの会員ページを通して，過去のニュースレターの記事も現在のものも，アクセスができる。

第Ⅴ部　専門的能力の開発

EMDRIA 認定 EMDR セラピーコンサルタントになる[†50]

　EMDRIA 認定 EMDR セラピー臨床家資格を取得した後に，EMDR セラピーにおける経験を積み，知識やスキルに自信を持ち，認定コンサルタント取得へと専門的に進みたいと考えるかもしれない。認定コンサルタントになると，コンサルテーションを通して，専門的な成長の過程で他の臨床家を援助する機会を与えられる。認定コンサルタントとして臨床家は，EMDR ベーシックトレーニングの実習部分をスーパーバイズすることができる。認定コンサルタントになることは，EMDR ベーシックトレーニングのトレーナーになる道筋でもある。

　認定コンサルタントになるプロセスは，それになるために申請する基準になじむことから始まる。必要な経験は，「75 人以上のクライエントに，300 セッション以上の EMDR セラピーセッション」を含む（EMDRIA, 2015f）。そして，「コンサルテーションのためのコンサルテーション」を与えてくれる，メンターを務める 1 人の認定コンサルタントを見つける。あなたが与えるコンサルティへのコンサルテーションについて，認定コンサルタントと検討する同意書を作成する。認定コンサルタントと同意書を交わしたら，「どの認定コンサルタントと協働して，コンサルテーションのコンサルテーションを行うか」を，EMDRIA に伝える必要がある。それは，認定コンサルタント要件を満たすための過程を始める前に実施する必要がある（EMDRIA, 2015f）。こうして，コンサルタント研修生となる。

　コンサルタント研修生として，認定コンサルタントと同じすべての責任と，同じ特権のうちの多くを持つことになるが，三つの大きな違いがある。第一に，資格に必要なコンサルテーションの時間 20 時間中，研修生が提供可能なのは 15 時間のみである。第二に，資格のためのコンサルテーションを与えるのに，認定コンサルタントからのコンサルテーションを受ける必要がある。EMDR ベーシックトレーニング内で活動する場合，コンサルテーションを与えたり，実習をリードする際には，「認定コンサルタントのコンサルテーションの下」でなくてはならない（EMDRIA, 2015a, p.10）。しかし，認定コンサルタントからのコンサルテーションの必要頻度を，EMDRIA は規定していない。第三は，認定コンサルタントになるための，コンサルテーションのためのコンサルテーションは担当できない。コンサルタント研修生としては，認定コンサルタントになるための要件のすべてを終えるまで，申請料や申請用紙を出す必要はない。しかし，EMDR 臨床家資格の地位を維持し，コンサルタント研修生のサービスを開始する前に，EMDRIA にコンサルタント研修生の地位を登録する必要がある。

認定コンサルタントになるにあたってのコンサルテーションの基準

　EMDRIA は，「コンサルテーションのためのコンサルテーション」について，その頻度，書面，構成，焦点などに明確な基準を与えておらず，コンサルタント研修生によるサービスの評価についても同様である。「コンサルタント研修生の評価表」が，「コンサルタントパケット」内にある（EMDRIA, 2015e）。しかし，EMDRIA は公式，非公式の評価プロセスの基準を示していないし，成績の基準も示していない。コンサルタント研修生評価表の内容は，研修生にコンサルテーションを提供し，研修生のサービスを評価するための潜在的なガイドラインであるだけでなく，EMDRIA は認定コンサルタントに対して，彼ら自身の基準を決めるよう，広い裁量を認めているようにも感じられる。コンサルタント研修生の評価表については，後にさらに論じる。EMDRIA 認定コンサルタントの実践についての調査は出版されておらず，EMDRIA 年次大会において今日まで発表されてもいない。したがって，コンサルタント研修生とのワークにおける認定コンサルタントの方法や基準は，ほとんど知られていない。

---

†50　日本の場合，認定コンサルタントになる手続きや基準は異なる点がある。詳細は日本 EMDR 学会のホームページで確認のこと。

第 17 章 EMDR におけるスーパービジョンとコンサルテーション

● EMDRIA のコンサルタント研修生に関するコンサルテーションのためのコンサルテーションに関する望ましい基準

最小限の望ましい基準を提案する目安として，認定コンサルタントが，コンサルタント研修生にコンサルテーションのためのコンサルテーションを提示する際に考慮すべき，**提案としての基準**がある。認定コンサルタントのなかには，すでにこれら基準のすべてか一部を採用している人もいる。

（1）認定コンサルタントとコンサルタント研修生の間で，同意書を交わすこと。この同意書に書かれるべき要素は，次項に箇条書きにする。

（2）認定コンサルタントとコンサルタント研修生の両者は，EMDRIA に，コンサルタント研修生がコンサルテーションサービスを提供し始めると伝えること。

（3）「EMDR セラピーにおける EMDRIA 認定のためのコンサルテーションのための望ましい基準」の項で提案されている基準に見合うように研修生がコミットすること。

● コンサルタント研修生に対するコンサルテーションのための契約の要素

臨床家資格のためのコンサルテーションと同じように，EMDRIA はコンサルタント研修生とのコンサルテーションについての，書面での契約の必要を明示していない。契約のサンプル（EMDRIA, 2015e）を提示してはいるが，それは研修生の基準を満たすための**グループコンサルテーション**の一つのモデルに当てはまるものの，コンサルタント研修生と認定コンサルタントとの個人コンサルテーションのような，他の選択肢は扱われていない。本章では，EMDRIA が提供している契約サンプルでは扱われていない，さらなる課題に取り組んでいる。EMDRIA 認定コンサルタント資格を目指しているコンサルタント研修生とのコンサルテーション契約で扱うべき課題は，以下のようである。

（1）関係の特性の明確化（コンサルテーションで

あって，スーパービジョンではない）。

（2）金銭的取り決めの記述。

（3）コンサルタント研修生の責任のリスト。

（4）認定コンサルタントの責任のリスト。

コンサルタント研修生の責任には，以下のようなものが含まれる。

（1）EMDRIA に，コンサルタント研修生サービスを提供する意志を伝えること。

（2）資格取得のためのコンサルテーションを始める前に，各々のコンサルティと書面での同意書を交わすこと。この同意書は，表 17-5 か表 17-6 にある，EMDRIA のコンサルテーションの希望的基準を満たすこと。

（3）コンサルタント研修生の各々のコンサルティが各クライエントから，コンサルタント研修生および認定コンサルタントに対する情報開示の同意を書面で得ていること。これはコンサルテーションの開始前に必要である。

（4）クライエントのファイルに，完成した情報開示書式すべてをコンサルティが保存することを確かめること。

（5）コンサルティに指示して，クライエントの名前や個人が特定できるような他の情報を開示しないように指導すること。これは，クライエントセッションの逐語，書面，録画・録音に該当することで，コンサルタント研修生とのコンサルテーションでも同様である。

（6）ケースサマリー，治療計画，セッションサマリー，セッションの行動的ワークサンプル，自己評価，などをどのように吟味したかを文書で記録すること。これは，コンサルティが EMDR セラピーを用いる際の EMDR セラピーの理論，原理，スキルを，コンサルティとコンサルタント研修生両方が，評価する支援となる。

（7）認定コンサルタントとの金銭的同意を尊重すること。

（8）認定コンサルタントがコンサルタント研修生に注意を促した，鍵となる情報，原理，方法について，その選択と利用は，自身の裁量である

341

第Ⅴ部　専門的能力の開発

ことに責任を負うこと。

(9) 追加の読書，教育，コンサルテーション，原理，方法の必要性を検討すること。これは，コミュニティおよび専門的基準に基づくEMDRセラピーのコンサルテーションを与えるための知識，スキルの最小限の基準を満たし，また，認定コンサルタントによる推奨にこたえるものである。

認定コンサルタントの責任には，以下のようなものが含まれる。

(1) コンサルタント研修生に同意文書をすべて記入してもらい，コンサルタント研修生がコンサルテーションを始める前に，そして，コンサルタント研修生にコンサルテーションのためのコンサルテーションを与える前に，EMDRIAに報告すること。

(2) 正確な記録を残す。コンサルタント研修生へのコンサルテーション時間を書面で，コンサルタント研修生およびEMDRIAの研修トレーニングコーディネーターに知らせる。

(3) EMDRセラピーの最新知見に明るく，EMDRセラピー関連の研究，書籍，EMDRIAの基準，資源に明るいこと。

(4) ある種のクライエント群に関しての知識と能力の限界をコンサルタントが気づいていること。合意があれば，コンサルティが治療する対象により馴染んでいる他の認定コンサルタントへと，コンサルタント研修生を紹介すること。

(5) コンサルタント研修生に，コンサルテーションとスーパービジョンの違いをわかってもらい，コンサルテーションを与える際に，教示的，コンサルティングの枠組み（an instructional and consulting frame-work）から働きかけるようにコンサルタント研修生を導くこと。

(6) コンサルタント研修生が，コンサルティングサービスの適切な書面での記録，行動的ワークサンプルを作るように励ますこと。これらは，EMDRセラピーの臨床適用に対して提供されたコンサルテーションについてのもので，これ

らの記録の自己評価をすることも励ますこと。

(7) コンサルタント研修生のEMDRセラピーの理論，原理，スキルに関する知識と適用についての，明確で，具体的で，客観的なフィードバックを，コンサルタント研修生の自己報告，行動的ワークサンプルに基づいて行うこと。

(8) EMDRセラピーの臨床使用についてのコンサルテーションにおける，コンサルタント研修生の知識とスキルを明確に吟味し，必要に応じて教示すること。

(9) コンサルタント研修生の，さらなる成長が必要な領域，準備性について，EMDRIA認定コンサルタントの基準に満たない懸念があれば，しばしば伝えること。時期的には，コンサルテーションプロセスのなるべく早い時期からがよい。

(10) さらに，特定の専門的読書，研修，トレーニング，およびコンサルテーションを推薦すること。これは，コンサルタント研修生がさらなる成長を必要とする領域に対処するのを，援助するためである。

(11) コンサルタント研修生がコンサルテーションの要件を終了した際，もしくは，コンサルテーションについてのコンサルテーションを中断した場合，EMDRIAの研修・トレーニングコーディネーターに，認定コンサルタントになるための文書での推薦を与えるか，正当なら（if warranted）さらなる成長の必要な領域についての懸念を文書で表明する。

(12) 必要な場合，コンサルタント研修生のコンサルティに対して，コンサルタント研修生から得たコンサルテーションの時間を文書で提示するのを手伝うこと。また，コンサルティが受けたコンサルテーションの時間についての証明を提供せずに，コンサルタント研修生がコンサルテーションのためのコンサルテーションを中断した場合には，必要かつ適切ならば，資格取得への推薦状をコンサルティに与えること。

表17-7は，EMDRIA認定コンサルタントとコンサルタント研修生間での，コンサルテーション同意

第 17 章　　EMDR におけるスーパービジョンとコンサルテーション

表 17-7　EMDRIA 認定コンサルタントにむけてのコンサルテーション同意書のサンプル

この同意書は ＿＿＿＿＿＿＿＿（EMDRIA 認定コンサルタント，以下この同意書では「コンサルタント」）と ＿＿＿＿＿＿＿
＿＿＿＿（EMDRIA 認定コンサルタント研修生，以下この同意書ではコンサルタント研修生）の間で交わされるものである。コ
ンサルタントは，EMDRIA 認定コンサルタントへの任命を目指しているコンサルタント研修生に，申請者[51]（以下コンサル
ティ）の EMDR セラピー使用に対するコンサルテーションを，どのように提供するかということに関する，臨床ケースコン
サルテーションを与える。

サービスの性質　　コンサルタント研修生が，コンサルテーションサービスを求めているのは，コンサルティが EMDR セラ
ピーを使用することに対するコンサルタント研修生のコンサルテーションスキルを向上させるためである。特定の学習目標
は，心理療法の方法としての EMDR セラピーの理論的，実際的，技術的適用における，実践的，概念的，機能的スキルであ
る。コンサルテーションの戦略とコンサルテーション基準の新しい発展に加えて，EMDR セラピーのケースの見立や治療
計画スキルも扱われる。

サービスの限界　　コンサルタントとコンサルタント研修生の間には，スーパービジョンや雇用の関係がないことは明確に
理解されている。コンサルタント研修生は，自分自身が法的責任の下，心理療法を実施する，独立した資格認定を受けてい
ることを認めている。さらに，専門職の責任保険に加入していて，コンサルタント研修生からコンサルティが受けるコンサ
ルテーションサービスの特性や質に，責任を単独で負っているということも認めている。コンサルタントは，コンサルタン
ト研修生に，コンサルタント研修生が考慮すべき研究，学術的合意，EMDRIA の基準，コンサルタントの経験に基づく情報
を与えることに同意している。コンサルタント研修生がコンサルティにコンサルテーションサービスを提供する際に，コン
サルタント研修生は自身の判断，裁量に応じてこれを行っている。

守秘義務　　コンサルタント研修生は，コンサルティが，コンサルタント研修生とコンサルタントにどのような秘匿的ケー
ス材料であれ，提示する前に，コンサルティのクライエントから文書でのインフォームドコンセントを得ることを確実にす
る。そこには，コンサルタントとコンサルタント研修生の名前が記されている必要がある。コンサルタント研修生は，コン
サルタントに，いかなる個人が同定されるような情報をも開示しないことに同意している。そして，潜在的に特定されそう
な情報は，それが，口述，書面，音声，ビデオ録画のいずれの形態で提示されるケース材料であろうとも，改変，除外する
手続きを取ることに同意している。

EMDR セラピーの使用においての忠実性の証拠　　コンサルタントがコンサルタント研修生のために，EMDRIA 認定コンサ
ルタント資格への推薦状を書く前に，コンサルタント研修生がコンサルタントに文書を渡す必要がある。その文書とは，
EMDR セラピーの訓練を受けた臨床家が，標準的な EMDR セラピーの原理，手続き，プロトコルに十分忠実であるという合
理的基準を満たしているか，いないかをコンサルタント研修生が判断できることを示すものである。また，コンサルタント
研修生が効果的なコンサルテーションサービスを提供し，それが，こうした基準に臨床家が合致する助けとなることも示さ
なくてはいけない。この文書には，①一つ以上の EMDR セラピーの治療セッションの行動的ワークサンプル（逐語か記録の
ような）で，コンサルタント研修生の，コンサルティなどに対するフィードバックが付いているものと，② EMDR セラピー
の治療計画か治療のレビューで，コンサルタント研修生の，コンサルティなどに対するフィードバックが付いているものが
含まれる。もし，コンサルタントが，コンサルタント研修生を EMDRIA 認定コンサルタント資格に推薦できない重大な問題
を発見したら，なるべく早くコンサルタント研修生に通知する必要がある。コンサルタントはコンサルタント研修生に可能
な修正行動を推薦する。

記録と通信　　コンサルタントは，コンサルタント研修生によって終えられた，コンサルテーション時間の記録を残さなく
てはならない。コンサルタント研修生は，EMDRIA に対して，コンサルタント研修生が，EMDR セラピーの訓練を受けた臨
床家と EMDRIA 認定 EMDR 臨床家資格に向けてのコンサルテーションを始めたことを知らせなくてはならない。コンサル
タント研修生が，必要な時間数のコンサルテーションを終えたか，コンサルテーションを中断したときに，コンサルタント
がコンサルテーション時間を示した書面を EMDRIA に送ることがあるということに，コンサルタント研修生は同意する。コ
ンサルタント研修生はいつでもセッションを中断できるが，以下のことに同意している必要がある。①コンサルタントが，コ
ンサルタント研修生の終えたコンサルテーション時間を示した書面を，EMDRIA に提出する。②コンサルタントが，コンサ
ルタント研修生のコンサルティについて，何時間のコンサルテーションが終わっているのかの書面を作成できるように，コ
ンサルタント研修生はコンサルタントに対して，コンサルティそれぞれに提供した個人コンサルテーションと，グループコ
ンサルテーションの時間をリストにして提供する。それは，この同意書の有効期間中，コンサルタント研修生が，コンサル
ティに対して行ったコンサルテーション時間についてのリストである。もし，コンサルタント研修生がコンサルテーション
を中断するとき，コンサルタントが見つけた重要な問題が未解決で終わっているならば，コンサルタントは，修正的な行動
の提案と共に，EMDRIA にこの問題を書面にて知らせる。もし，コンサルタント研修生がコンサルテーションの必要時間を
終え，EMDR セラピーの適用に関してのコンサルテーションの十分な知識とスキルを示せば，コンサルタントはコンサルタ
ント研修生を，EMDRIA 認定 EMDR コンサルタント資格者として推薦する。

料金　　コンサルタント研修生はコンサルタントに，コンサルテーションサービスの 1 時間当たり，＿＿＿＿＿ 円を支払う。
もし，コンサルタント研修生が，ワークサンプルを，たとえば，ビデオ録画，音声記録などをコンサルタント研修生の不在
のときにレビューすることをコンサルタントに頼む場合，コンサルタント研修生は ＿＿＿＿＿ 円の料金を記録ワークサンプル

---

[51]　EMDRIA 認定臨床家資格取得の申請者のこと。

343

第Ⅴ部　専門的能力の開発

表 17-7　EMDRIA 認定コンサルタントにむけてのコンサルテーション同意書のサンプル（つづき）

レビューの 1 時間毎に支払うことに同意する。コンサルテーションの時間としての計上は，コンサルタントとコンサルタント研修生の両者が同席したときのレビューにのみ適用される。予約のキャンセルは，コンサルタント研修生，コンサルタントいずれも少なくとも，_____ 時間前までに行う。

問題の解決　　コンサルタントとコンサルタント研修生は，それぞれの所属する専門家組織の倫理綱領に従うことに同意している。もし，コンサルテーション関係に関して，職業的，もしくは倫理的問題が起これば，コンサルタントとコンサルタント研修生はそれらを形式張らず，善意で解決するよう全力を尽くす。

認定コンサルタント　　　　　　　　コンサルタント研修生

署名＿＿＿＿＿＿＿＿＿＿＿＿＿　　署名＿＿＿＿＿＿＿＿＿＿＿＿＿

名前＿＿＿＿＿＿＿＿＿＿＿＿＿　　名前＿＿＿＿＿＿＿＿＿＿＿＿＿

日付＿＿＿＿＿＿＿＿＿＿＿＿＿　　日付＿＿＿＿＿＿＿＿＿＿＿＿＿

EMDRIA（EMDR International Association：EMDR 国際学会）

書のサンプルである。

●「コンサルテーションのためのコンサルテーション」を提供するための書式

　コンサルテーションのためのコンサルテーションは，コンサルタント研修生と認定コンサルタントの間で個別に，電話，コンピュータボイスチャット，ビデオ会議などを通して提供される。グループコンサルテーションを提供することも可能である。認定コンサルタントの EMDRIA 申請要件（EMDRIA, 2015f）は，20 時間の必修コンサルテーションについて，何時間が個人で，何時間がグループか特定するよう求めている。この申請で EMDRIA は，グループコンサルテーションは，4 人のコンサルタント研修生より多くてはいけないと述べている。

　実質的なコンサルテーションのためのコンサルテーションを提供するには，コンサルタント研修生は，彼ら自身のコンサルテーションを受けているコンサルティの，行動ワークサンプルを提示できることが必要である。認定コンサルタントとコンサルタント研修生が，検討のために選ぶ行動的ワークサンプルの書式で形式が決まる。コンサルタント研修生は，コンサルティの臨床的やりとりや，再処理セッションの言語サマリーへのコンサルテーションの言語サマリーを口頭で提供できる。言語サマリーの口頭提供形式では，コンサルタント研修生とコンサルティの準備時間は最も少なく済む。この場合，認定コンサルタントにとっての困難は，客観的な基盤のない多くの自己申告の情報を吸い上げ，統合することである。これが，コンサルテーションにおいての

最弱の形式である，口頭サマリーは，コンサルタント研修生と認定コンサルタントに，最も少量の直接観察できる材料を与えるのみだからである。

　コンサルタント研修生のなかには，EMDR トレーニングにおけるトレーニー同士の実習の直接観察を含んだ，グループコンサルテーションセッションを行う者がいる。こうした実習は，コンサルティとコンサルタント研修生間のコンサルテーション的会話をとらえるために，ビデオ録画されうる。こうしたビデオ録画の抜粋について，認定コンサルタントと議論できるだろう。この形式は，レビューのために客観的なワークサンプルを提供するが，本章で先に論じたように，実習の使用は実際の臨床材料の検討との関連性は限られている。実習は根本的に，実際の臨床ケースとは異なる。EMDRIA の基準は，資格を目指してのコンサルテーションは，実際の臨床ケースに関してのものであることを明確に要求している（EMDRIA, 2015e, 2015f）。最善でもこの形式は，もしコンサルテーションのコンサルテーションにおいて用いられるならば，限定的な役割であるべきだろう。

　コンサルティが用意した文書でのケース材料に基づいて，コンサルタント研修生がコンサルテーションを行う。これには，ケースの生育歴，病歴，ケースの概念化のサマリーと臨床的やり取り，再処理セッションの逐語が含まれる。コンサルタント研修生はそこで，この文書に，観察やフィードバックの注釈を付ける。この方法は，コンサルティの基本的な臨床ワークと，コンサルタント研修生のコンサルテーション反応の，両方の行動ワークサンプルを提

344

示してくれる。本章で先に論じたように，文書によるケースの生育歴，病歴，ケースの概念化のサマリー，そして逐語録は，正確で簡単にレビューできる客観的材料のセットを提示してくれる。文書の材料は，臨床セッションのタイミングのすべてを省くし，非言語的要素もほとんどは省かれるが，この方法は時間節約的方法で，コンサルテーションのためのコンサルテーションとして意味があり，客観的なワークサンプルを提供してくれる。

　コンサルタント研修生は，EMDR セラピーが用いられた実際のケースのビデオ録画を，コンサルティに見せるように依頼することもある。こうした行動的ワークサンプルへのコンサルテーション的応答をビデオ録画することもできる。こうしたビデオ記録が与えてくれるのは，認定コンサルタントがコンサルタント研修生とともに吟味し，議論する客観的で豊かな材料である。もしくは，コンサルティのビデオへの反応を，書面で逐語に近いサマリーを準備するかもしれない。そして，こうしたビデオや応答の逐語録を，認定コンサルタントとの議論の焦点とすることができる。

　まれなことではあるが，マジックミラーを通して臨床セッションをコンサルタント研修生が観察した後に，コンサルテーションを提供することもできる。これらのセッションとコンサルテーションセッションを，ビデオ録画することもできる。認定コンサルタントは，この記録の抜粋をレビューすることができる。こうしたビデオ録画が与えてくれるのは，実際の臨床的プロセス，コンサルテーションのプロセスのワークサンプルの密な記録である。先述の通り，時間の制約上，ほとんどのケースでは抜粋のみがレビューされる。この形式は，コンサルテーションのためのコンサルテーションのために，ビデオ録画の豊かな素材を与えてくれるが，レビューできる材料の量は限られている。

● コンサルタント研修生を評価する

　EMDRIA は明らかに，認定コンサルタントがコンサルタント研修生を評価してから，認定コンサルタントとして受け入れるための推薦をすることを期待している。コンサルタント研修生のための契約のサンプルでは，「認定コンサルタントは，申請者の成績を評価する権利，よい成果を得るために申請者がどれだけのワークをこなすべきか査定する権利を保持している」(EMDRIA, 2015e, p.5)。この文章の意味することは，必要な 20 時間はあくまで最低要件であり，コンサルタント研修生は，認定コンサルタントとして貢献する準備ができているかの EMDRIA の基準を満たしているべきだということである。基準の明確な記載がないので，EMDRIA は認定コンサルタントに広い裁量を与え，何が基準で，コンサルタント研修生の準備性をどう評価するかをコンサルタントが決定できるようにしているようである。

　EMDRIA は，どのようにコンサルタント研修生の準備性を評価するかについて，ガイドラインを「コンサルタント研修生評価表」で与えている (EMDRIA, 2015e)。EMDRIA はこの書式の使用を必須条件とはしていないし，他の特定の評価方法も求めてはいない。このサンプル評価書式は 7 つの段階評価項目と，コンサルタント研修生によるコンサルテーションのタイプについての一つのチェックリスト，二つの文章によるサマリー（一つは長所，一つは懸念や短所）を含んでいる。最初の段階評価項目は，EMDR セラピー資格の評価表サンプルを用いている頻度についてである。このサンプルは同じコンサルテーションパケットに入っている。この項目が意味しているのは，EMDRIA は，EMDR セラピー資格の評価表，もしくはコンサルティを評価するために使用する似たような書式を望ましいと考えているということである。

　このコンサルタント研修生評価表は，評価表を開発する有益な出発ポイントではあるが，1999 年に作成され，その後改訂されていない。コンサルタント研修生を認定コンサルタントと認めるために推薦する前に，認定コンサルタントが考慮すべきいくつかの鍵となる領域が欠けている。以下がそれである。

- AIP モデルからのケースの概念化の原理と，手続きステップの理論的根拠を教えられる能力。
- 標準的な EMDR セラピーの手続きステップでの技術的ミスや欠損を，一貫して認識し，適切に正せる能力。

第Ⅴ部　専門的能力の開発

- 再処理が効果的，もしくは非効果的なときを認識し，適切な介入，特に編み込みの使用を提案し，効果的な再処理へ戻せる能力。
- コンサルタント研修生がコンサルティを導く際に，再処理の準備性に合う場合には準備期間を延ばさず，標準的な EMDR セラピーの手続きステップに合わせて再処理へと進み，再処理への準備性が不足する場合のみ，準備を延長することが適切にできるかどうか。
- コンサルタント研修生が，忠実性の評価スケールを適切に効果的に使えるかどうか。
- コンサルタント研修生がコンサルティに，適切な専門的な書籍，雑誌論文，他の教育的な資源を紹介し，特殊な対象と臨床問題に専門的な成長を与えられるかどうか。
- コンサルタント研修生が，コンサルテーションのプロセスで生じる倫理的，専門的，リスクマネジメント的問題を適切に処理できるかどうか。

　コンサルタント研修生の評価において，認定コンサルタントは，EMDRIA のミッションを満たすことに全責任を負う。ミッションとは「EMDR の長所と真正さの最高基準に邁進する」ことである（EMDRIA, 2015h）。認定コンサルタントは，コンサルティとコンサルタント研修生が EMDRIA 認定臨床家，認定 EMDR コンサルタントとして，より上級の認識を備えるようになるために，教示，ガイダンス，評価，推薦を与える。これは，認定コンサルタントが EM-DRIA の将来の守護者であるということである。EMDRIA 認定コンサルタントとして承認されることは，現在のところ，EMDRIA が与える専門性の成長プログラムでは，最高レベルである。認定コンサルタントは，EMDRIA にトレーニングマニュアルを提出して，EMDR ベーシックトレーニングの提供者になれる。ベーシックトレーニングの提供者のなかには，単に認定コンサルタントを持って，ベーシックトレーニングの講義部分をトレーナーとして担当している提供者よりも，より高い基準に達している者がいるのだが，EMDRIA には「EMDRIA 認定トレーナー」の公式の資格がなく，この責任を認定コ

ンサルタントに委任している。認定コンサルタントが与えるガイダンスがあまりに漠然として，もしくはあまりに偏っていて，もし，認定コンサルタントの基準があまりに寛大だったりすると，危険が生じることになる。ここでいう危険とは，効果のない EMDR 治療や，強力でない EMDR セラピーのコンサルテーションやスーパービジョンを与えてしまうおそれのある資格申請者をトレーニングし，さらに資格を与えてしまうようになることである。彼らのガイダンスが独断的すぎたり，基準が厳格的すぎる場合は，やはり危険が生じることになる。この危険とは，トレーニングの参加者や申請者のやる気をくじき，科学性に基づいた EMDR セラピーやコンサルテーションの臨床的適用というような進化を支えるために必要な臨床的創造性をつぶすことである。認定コンサルタントを支えるような追加的資源を発展させるために，また，同時にコンサルテーションのプロセスをガイドするより明確な基準を作るために，さらなる努力が必要である。

本章のまとめ

　EMDR セラピーの使用についてのコンサルテーションは，臨床家，スーパーバイザー，コンサルタント，研究者のトレーニングや成長において，非常に重要な要素である。コンサルテーションの経験は豊かでやりがいのあるものである。臨床家が非公開の場で取り組んでいる難しい仕事について話し合う，貴重な機会を提供してくれる。「成功」や「失敗」について振り返ることができる。コンサルテーションが与えてくれるのは，知的な刺激，情動的サポート，専門的成長への気づきのためのフォーラムである。さらにコンサルテーションは，知識とスキルの成長のための要件であり，専門的基準，倫理的基準，リスクの認識とマネジメントについての熟慮を与えてくれる。EMDRIA 認定コンサルタントは，EMDR ベーシックトレーニングの実施を支援し，治療効果研究の進展，評価を支援し，EMDR トレーニングを受けた臨床家の専門的成長を援助する重要な役割を演じるのだ。

付録 A

忠実度チェックリスト

　自分の仕事を評定されることを望んでいる臨床家は少ないだろう。しかしながら，このような評価は，科学的な知見を蓄積し，臨床的技術を向上させるうえでは不可欠である。どれほど標準化された方法を用いているかといった度合いは，忠実度評定（a fidelity rating）と呼ばれている。正確な評定システムは，心的外傷後ストレス障害への治療効果における「絶対的基準」（Foa & Meadows, 1997）の基本的構成要素である。加えて，EMDR 国際学会（EMDRIA）認定コンサルタントは，眼球運動による脱感作と再処理法（EMDR）セラピーにおける EMDRIA 認定を求める専門家の臨床的活動を評価するために，客観的な基準を保持している必要がある。トレーニングのスーパーバイザーにとっても，EMDR セラピーを用いている資格取得前の臨床家の仕事を評価するうえで，重要であるといえるだろう。

　2008 年に子ども用「EMDR 忠実度質問紙」（Adler-Tapia & Settle, 2008）が刊行されるまで，EMDR セラピーの適正さを評定するための忠実度評定尺度は存在しなかった。本書の初版において，六つの評定尺度が誕生した。今回，この第 2 版で，これらの尺度を慎重に見直し，改訂している。以下に示した資料は，EMDR セラピー評定に関連する標準的な評定尺度である。「EMDR 評定質問紙」（Adler-Tapia & Settle, 2008），EMDR 準備性質問紙（Sine & Vogelman-Sine, 2004），EMDRIA 研究委員会より入手可能な「EMDR 実施評定尺度」（Korn et al., 2001），EMDRIA コンサルテーションパケット（Standards and Training Committee, EMDR International Association, 2001），EMDR ヨーロッパ認定臨床家能力基準（EMDR Europe, 2015），そして，「六つの主要能力における臨床能力：EMDRIA 専門家開発委員会による更新版」（EMDRIA Professional Development Subcommittee, 2015b）。

　こうした評定尺度は，臨床家が自己チェックの目的として使用することが可能である。これらは，EMDR セラピー使用の適切性を測るうえで，スーパーバイジーとスーパーバイザーによる臨床スーパービジョンにおいても，用いることが可能である。また，これらは EMDR ベーシックトレーニングのコンサルテーション内で用いることも可能であり，かつ，EMDRIA 認定の臨床家を育てるうえでも役に立つ。研究者には，本章で紹介する評定尺度に加えて，EMDRIA のウェブ上で紹介されているように，EMDRIA 研究委員会による「EMDR 実施忠実度評定尺度」（Korn et al., 2001）も入手可能であることも知っておいてほしい。以下に，本書用に開発された六つの忠実度評定尺度[52] の概要を示す。

（1）生育歴・病歴聴取，事例の概念化，治療計画を一つの忠実度尺度で網羅している。

（2）準備段階では三つの忠実度尺度が存在する。一つ目の尺度は，インフォームドコンセントも含んだ，一般的な準備段階における注意点に関する内容を含んでいる。二つ目の尺度は，安全な場所エクササイズでの使用に対応している。三つ目の尺度は，資源の開発と植えつけ（RDI）の使用に対応しており，適切な使用と，過度や不適切な使用への回避の両方を含んでいる。この尺度は多くの治療状況において，該当しない場合は省くことが可能である。該当する場合，1

---

[52] 表 A-1 から表 A-6 を参照。

回以上の治療セッションにおいて，資源の開発と植えつけが必要であると判断した際は，この尺度をくり返し使用することもできる。

(3) 再処理段階の忠実度尺度では，ターゲットとなった多くの記憶に対して，必要に応じてくり返し用いることが可能である。また，この尺度には，クライエントの最初の再処理セッションにおいては，省略され，得点化されない初めの再評価段階も含まれている。

(4) 6番目の評定尺度は，前回セッションでの再処理や再評価が適切に行われたか，過去・現在・未来に関連したターゲットが同定され，適切に再処理されていたか，治療計画は達成されたかといった点を基盤としながら，治療計画の妥当性の検討も含んだ，治療全体に関するアセスメントに対応している。

6項目に分かれている忠実度評価尺度は，3ポイントによって評価を行う。

(a)「0」は，不備がある，あるいは遵守されていないことを示す。

(b)「1」は，遵守はされているものの，実施が弱い，あるいは不完全であることを示す。

(c)「2」は，十分に遵守されていることを示す。

評価尺度の平均値は，尺度全体，および再処理尺度の六つのセクション別に計算される。ただし，一部の項目は該当する場合にのみ採点を行うため，その項目を含む段階では，平均化する項目の合計数をカウントする必要がある。また，項目の中には，二つの項目として計算する重要な項目がいくつか存在することにも注意する必要がある。これらの二重に計算される項目は，平均化する項目数を数えやすくするために，2セットの評価番号が含まれている。

最後に，適用可能な各忠実度評価尺度の平均得点をリスト化し，全体的な忠実度評定尺度の得点を計算することができるように，集計表を載せている[53]。この表には，RDI段階の評価尺度において三つの記載箇所，再処理段階の評価尺度において八つの記載箇所が設けられている。平均評価の解釈は以下のとおりである。平均評価点が1より小さい場合，遵守が不十分であることを示す。平均評価得点が1より大きい場合，遵守が弱いことを示す。平均評価得点が1.25より大きい場合，適度に遵守されていることを示す。平均評価得点が1.5より大きい場合，よく遵守されていることを示す。平均評価得点が1.75の場合，十分に遵守されており優れていることを示す。

---

†53　表A-7を参照。

付録 A　忠実度チェックリスト

表 A-1

生育歴／病歴聴取・事例概念化・治療計画における EMDR セラピー忠実度評定尺度				
クライエントコード		セッション日		
評価者		評価日		
コメント		平均評価得点		

評価尺度：遵守できていない：0，遵守が弱い：1，十分遵守ができている：2

1	臨床家は，主訴や症状のリストを作成したか。	0	1	2
2	臨床家は，クライエントの治療に関する心配や不安とともに，望まれる行動，身体感覚，感情，認知の変化に関する治療目標も把握したか。	0	1	2
3	臨床家は，クライエントの症状に関連した外的刺激，内的刺激，（それに対する）反応の傾向を把握したか。	0	1	2
4	臨床家は，クライエントの逆境的でトラウマ的な体験に関する生育歴を作成したか。	0	1	2
5	臨床家は，クライエントの幼少期，および，現在の愛着傾向を特定したか。	0	1	2
6	臨床家は，EMDR セラピーでの再処理を実施するにあたり，医学的問題や他の問題について除外したか。	0	1	2
7	臨床家は，標準的ツールや臨床的評価を用いて，構造的解離（第 1 次・第 2 次・第 3 次）の特徴や程度について把握したか。	0	1	2
8	臨床家は，多くのパーソナリティ障害を含む，特定の，あるいは，併存的な問題を確認したか。	0	1	2
9	臨床家は，過去，および，現在の薬物乱用についてのアセスメントを行ったか。	0	1	2
10	臨床家は，過去，および，現在の自己，および，他者に対する危険度についてアセスメントを行ったか。	0	1	2
11	臨床家は，過去，および，現在の緊張低減，自傷行為，治療妨害的行為に関してアセスメントを行ったか。	0	1	2
12	臨床家は，クライエントのコーピングスキルや感情耐性に関するアセスメントを行い，準備段階に適切な時間を費やしているか（再処理段階を遅らせたり，回避したりしてはいないか）。	0	1	2
13	臨床家は，症状の重篤度や治療目標によって適切にグループ化され，優先順位が付けられた一連のターゲットを設定し，協同的な治療計画を練ることができたか。	0	1	2
14	臨床家は，全体を通して，適応的情報処理モデル（AIP）に基づいて全体的な事例概念化を立案することができたか。	0	1	2
	生育歴・病歴聴取段階平均得点：14 項目で合計得点の平均を算出する。			

表 A-2

準備段階における EMDR セラピー忠実度評定尺度			
クライエントコード		セッション日	
評価者		評価日	
コメント		平均評価得点	

評価尺度：遵守できていない：0，遵守が弱い：1，十分遵守ができている：2

1	臨床家は，トラウマに関する心理教育や，回復過程に関する心理教育を行ったか。	0	1	2
2	臨床家は，この段階におけるクライエントの役割についての心理教育を行ったか。	0	1	2
3	臨床家は，EMDR セラピーにおけるインフォームドコンセントを行い記録を残したか。	0	1	2
4	臨床家は，EMDR セラピーにおいて，眼球運動（タッピングや音声刺激に優先するものとして）による両側性刺激の使用を推奨し，クライエントの眼球運動に対する耐性を確認したか。	0	1	2
		0	1	2
5	臨床家は，クライエントにストップサインに関する説明を行い，試行をしたか。	0	1	2
6	臨床家は，マインドフルな気づきを強めるような適切な比喩を伝えたか。	0	1	2
7	臨床家は，必要に応じて，クライエントの不安軽減スキルのアセスメントを行い，教え，再評価を行ったか。	0	1	2
8	臨床家は，必要に応じて，クライエントの解離状態を回避するスキルのアセスメントを行い，教え，再評価を行ったか。	0	1	2
9	臨床家は，再処理段階の前に，落ち着く（安全な）場所のワークや RDI を取り入れたか。	0	1	2
準備段階平均得点： 10 項目で平均得点を算出する。9 項目であるが，項目 4 は 2 回得点化する 。				

付録 A　忠実度チェックリスト

表 A-3

落ち着く（安全な）場所エクササイズにおける EMDR セラピー忠実度評定尺度				
クライエントコード		セッション日		
評価者		評価日		
コメント		平均評価得点		

評価尺度：遵守できていない：0，遵守が弱い：1，十分遵守ができている：2

1	臨床家は，クライエントに安全な場所エクササイズの目的と必要性について説明を行ったか。	0	1	2
2	臨床家は，クライエントが適切な記憶やイメージを同定できるように手助けを行ったか。	0	1	2
3	臨床家は，クライエントからさらなる感覚情報の詳細を引き出したか。	0	1	2
4	臨床家は，眼球運動（あるいは代替の両側性刺激）を短いセット（4～12往復の両側性刺激）で行ったか。	0	1	2
5	臨床家は，各セットの後に，感じや気づきをクライエントに尋ねたか。	0	1	2
6	臨床家は，手がかり語やフレーズを同定し，イメージとそれらを結び付けるようにクライエントに求めた状態で，さらに両側性刺激を加えたか。	0	1	2
7	臨床家は，クライエント一人で，イメージと手がかり語を意識して，くり返すように求めたか。	0	1	2
8	臨床家は，クライエントに，不快な出来事や状況を思い出してもらい，再び安全な場所を思い浮かべるように指示したか。	0	1	2
9	臨床家は，クライエントに，今度は別の不快な出来事や状況を思い出してもらい，クライエント一人で安全な場所を思い出す練習を行ったか。	0	1	2
10	最初の記憶が否定的な記憶と結びついた場合，臨床家は，他の記憶やイメージに変えるように，クライエントに求めたか（該当しない場合は飛ばす）。	0	1	2
落ち着く（安全な）場所エクササイズ段階平均得点：1項目を省くことが可能である。最大10項目で平均得点を算出する。				

351

表 A-4

資源の開発と植えつけにおける EMDR セラピー忠実度評定尺度			
クライエントコード		セッション日	
評価者		評価日	
コメント		平均評価得点	

評価尺度：遵守できていない：0，遵守が弱い：1，十分遵守ができている：2

1	安定化のために RDI を用いた場合，臨床家は，RDI を実施する前に，以下に示した四つのうちの一つでも，現在のクライエントに該当するかどうかを確認していたか（RDI を実施しなかった場合は省略し，該当する場合は 2 項目として計算する）。 a. クライエントに，セルフコントロールスキルの低下，怒りの表出，不適切な緊張低減行動，薬物乱用の危険度の増加，自傷行為が見られていた，あるいは，治療を妨害する行動や，EMDR 再処理実施への抵抗感が見られ，そして，セルフコントロール（リラクセーション，呼吸法，安全な場所エクササイズなど）が不十分であった。 b. 臨床家に対するボーダーライン的理想化とこき下ろしなどの評価の変化，自我の弱さ，耐え難い羞恥感情，緊張低減行動，あるいは，再処理が不完全に終了した場合に対処不能，その他の侵入的記憶，苦痛な記憶と向き合うだけの力が十分に備わっていないなどが理由となり，EMDR を実施した場合，クライエントが早期の段階で治療を終わらせる危険性があると判断した。 c. クライエントは，感情に圧倒されており，混乱して，一貫性を持った状態で出来事に対する自身の考え，不安，感情を語ることができない。 d. EMDR セラピーの再処理段階を実施したが，慢性的に不完全なセッションで終わってしまい，あるいは，クライエントの日々の生活機能に悪影響を及ぼす危険性があった。	0 0	1 1	2 2
2	臨床家は，RDI を実施することの説明と目的をクライエントに伝えたか。	0	1	2
3	臨床家は，クライエントの一連の行動傾向や不完全な処理となっているターゲットを手がかりとしながら，現在の扱うべき適切なターゲットを同定したか。	0	1	2
4	臨床家は，ターゲット状況に必要となる一つ，あるいは，複数の特性やスキルを同定するようにクライエントに促したか。	0	1	2
5	臨床家は，ターゲット状況に必要となる特性やスキルに関する一つ，あるいは，複数の適切な記憶やイメージを同定するようにクライエントに促したか。	0	1	2
6	臨床家は，必要かつ適切であると判断した場合，クライエントを適応的な反応に導くための資源となりうる達成感の記憶，役割モデル，支えとなる他者，象徴を適応的反応の源泉として思い描くようにクライエントに促したか（該当しない場合は省略する）。	0	1	2
7	臨床家は，クライエントからさらなる感覚情報を引き出したか。	0	1	2
8	臨床家は，焦点を当てた記憶やイメージの想起の質や鮮明度をより高めるために感覚情報をくり返したか。	0	1	2
9	臨床家は，眼球運動（あるいは代替の両側性刺激）を短いセット（4～12 往復の両側性刺激）で行ったか。	0	1	2
10	臨床家は，各セット終了後に，感じや気づきをクライエントに尋ねたか。	0	1	2
11	必要に応じて，臨床家は，次の刺激のセットに移行する前に，資源である記憶やイメージへのアクセスを回復するために，感覚情報を声に出してくり返したか。	0	1	2
12	臨床家は，クライエントに，手がかり語，あるいは，関連するイメージを思い浮かべるように求め，それらとともに，さらなる両側性刺激を実施したか。	0	1	2
13	最初に定めた記憶がネガティブな出来事を引き出した場合，臨床家は，代わりの記憶，あるいは，イメージを同定するように，クライエントに求めたか（該当しない場合は省略する）。	0	1	2
14	臨床家は，クライエントが，今回扱ったターゲット記憶に関連する出来事が未来で起こった場合であっても，十分な自信を持った状態で，一つあるいは複数の資源の使用をメンタルリハーサルできるかどうかを確認したか。	0	1	2
15	臨床家は，フォローアップのセッションにおいて，クライエントが，ターゲット状況に対してより良く対処することができていたことを確認したか（該当しない場合は省略する）。	0	1	2
	資源の開発と植えつけ段階平均得点： 最大 4 項目を省略することが可能である。15 項目であるが，項目 1 は 2 回得点化する。			

付録 A 忠実度チェックリスト

表A-5

再処理セッションにおける EMDR セラピー忠実度評定尺度				
クライエントコード		セッション日		
評価者		評価日		
コメント		平均評価得点		

評価尺度：遵守できていない：0，遵守が弱い：1，十分遵守ができている：2

再評価段階平均得点 （項目1～4）				
アセスメント段階平均得点 （項目5～14）				
脱感作段階平均得点 （項目15～28）				
植えつけ段階平均得点 （項目29～34）				
ボディスキャン段階平均得点 （項目35～38）				
終了段階平均得点 （項目39～45）				
再評価段階				
1	臨床家は，前回からの経過をよく再評価したか。日誌の記録や現在の苦痛，現在の刺激への反応に留意し，さらに，治療計画の変更を要するような重要な問題や記憶が新たに現れていないか再評価したか（これは，生育歴・病歴聴取後だけではなく，安定化と再処理のセッション後においても重要である）。	0	1	2
2	臨床家は，前回セッションからのターゲットの SUD と VoC の確認を行ったか（**今回が初回のセッションである場合は省略する**）。	0	1	2
3	臨床家は，前回のセッションに決めたターゲットにおいて，さらに再処理が必要かもしれない追加の側面があるかどうかについての確認を行ったか（**今回が初回のセッションである場合は省略する**）。	0	1	2
4	前回のセッションで扱ったターゲットが不完全で終了している，あるいは，今回のセッションにおいて，クライエントが，現在，SUD が1かそれ以上である，もしくは，VoC が5かそれ以下である，と報告した場合，臨床家は，前回のセッションからのターゲットの再処理を継続したか（**今回が初回のセッションである，もしくは，より適切で，心をかき乱す，より早期の記憶が特定され，次のターゲットとして選定された場合は省略する**）。	0	1	2
再評価段階平均得点 （項目1～4）				
4項目における可能な平均得点を算出する。再処理セッションが始まる前であれば，3項目（項目2, 3, 4）は省略することができる。				
アセスメント段階				
5	臨床家は，治療目標に基づき，適切なターゲットを選定したか。	0	1	2
6	臨床家は，ターゲットとする出来事の最悪な部分，あるいは，出来事全体を表すような視覚イメージ（あるいは，その他の感覚記憶）をクライエントから引き出すことができたか。	0	1	2
7	臨床家は，適切な否定的認知（NC）をクライエントから引き出したか。	0	1	2
8	臨床家は，適切な肯定的認知（PC）をクライエントから引き出したか。	0	1	2
9	臨床家は，選定した NC と PC が，今回扱うターゲットと同じテーマ（責任，安全，選択）で焦点を当てられているかを確認したか。	0	1	2
10	臨床家は，クライエントがその映像（あるいは，その他の感覚記憶）に焦点を当てている間，現在の PC から感じられた実感を参照することで妥当な VoC を評定したか。	0	1	2
11	臨床家は，その映像と NC を結び付けることで，現在の感情をクライエントから引き出したか。	0	1	2
12	臨床家は，適切な SUD を引き出したか（単なる現在の感情ではなく，ターゲットの出来事全体に対する現在の不快のレベルを引き出せているか）。	0	1	2
13	臨床家は，クライエントが，現在の苦痛を身体のどの場所で感じているかを確認したか。	0	1	2
14	臨床家は，上記に記した一連の標準的アセスメントに則ってセラピーを進めているか。	0	1	2
アセスメント段階平均得点 （項目5～14） 10項目で平均得点を算出する。				
脱感作段階				
15	眼球運動，あるいは，その他の両側性刺激を実施する前に，臨床家は，クライエントにターゲットとなる出来事の映像，NC（私は，で始まる一人称），身体部位に焦点を当てるように伝えたか。	0	1	2

353

表 A-5（つづき 1）

	再処理セッションにおける EMDR セラピー忠実度評定尺度			
16	臨床家は，眼球運動，あるいは，代替の両側性刺激を実施する際には，クライエントが無理しすぎることのない状態で可能な限りの速いスピード（少なくとも，1 セット 24～30 往復）で実施したか（子どもや思春期，あるいは，ときには成人のクライエントの場合も，1 セットあたりの回数はより少なくてもかまわない〈たとえば，14～20 往復〉）。	0	1	2
17	眼球運動，あるいは，代替の両側性刺激を実施している間，臨床家は，クライエントに対して，言語的やり取りは避けつつも，定期的に言語的なサポート（おそらく，クライエントの非言語的変化に応じて）を加えたか。	0	1	2
18	眼球運動，あるいは，代替の両側性刺激の各セット終了時には，臨床家は，クライエントに対して，「休んで。深呼吸してください。解放して」と適切な言葉かけを行ったか（その際，「リラックスして下さい」と言ってはいけない）。その後，**一般的な**言葉かけ（「今，何に気づいていますか」）を行ったか。その際，イメージ，感覚，あるいは，感情に対する**特定の**質問を投げかけてはいけない。	0	1	2
19	それぞれの言語的反応後，臨床家は，その反応に対して議論を行うなど，過度に時間を遅延させたり，クライエントの反応をくり返したりせず，すぐに次のセットに移行したか。	0	1	2
20	言語的・非言語的な反応から，現在行っている再処理方法が効果的に働いていることが示された場合，処理の過程において中立，あるいは，肯定的チャンネルの終わりまで到達してから，臨床家は，最初のターゲット記憶に戻り，そして，必要に応じて，再処理におけるさらなる材料が残っているかについて確認を行ったか（例「今，その記憶について最悪の部分は何ですか」）。	0	1	2
21	言語的・非言語的な反応から，現在行っている再処理の方法が効果的に働いていないと示されたとき，臨床家は，眼球運動，あるいは，代替の両側性刺激の特性（速さ，方向，刺激の様式を変更）の修正を試みたか（**該当しない場合は省略し，該当する場合は 2 項目として計算する**）。	0 0	1 1	2 2
22	言語的・非言語的な反応から，現在行っている再処理の方法が効果的に働いていないと感じた場合，臨床家は，以下のような方法を試みたか（**該当しない場合は省略し，該当する場合は 2 項目として計算する**）。 (1) 類似した感情，身体感覚，行動反応，衝動，あるいは，信念とともに，より早期の問題となる記憶がないかを探索する。 (2) 再処理を妨害しているような信念，不安，恐怖が何かを探索し，その後，関連する記憶を同定する。 (3) より苦痛となるイメージ，音声，匂い，思考，信念，感情，身体感覚についてのターゲット記憶を探索する。 (4) クライエントに，言語化していない，あるいは，行動化していないことを表現するイメージをしてみるように伝える。 (5) 上記のいくつかを組み合わせた方法を試みる。	0 0	1	2 2
23	クライエントが長期的に激しい情動を表出する，あるいは，再処理が効果的に働いていない場合，臨床家は，冗長になることを避けつつ，責任，安全，選択などのカテゴリーから一つ（あるいは複数）の編み込みを選択し，実施するといった適切な対応を行ったか（**該当しない場合は省略し，該当する場合は 2 項目として計算する**）。	0 0	1 1	2 2
24	クライエントが長期的に激しい情動を表出した場合，臨床家は，1 セットでの反復数を増やして眼球運動，あるいは，代替の両側性刺激を続行したか。また，「ただ気づいて」，「追って」など，クライエントに対して，両側性刺激とともに言語的な介入も行ったか（**該当しない場合は省略し，該当する場合は 2 項目として計算する**）。	0 0	1 1	2 2
25	より最近の記憶が表出した場合，臨床家は，その重要性は認めつつ，クライエントには，後でその記憶に戻ることを提案し，1 セットか 2 セットの眼球運動，あるいは代替の両側性刺激を用いながら，ターゲット記憶に再び意識を向けるように伝えたか（**該当しない場合は省略する**）。	0	1	2
26	ターゲットとしている記憶よりもさらに前の（先行する）記憶が表出した場合，臨床家は，ターゲット刺激に戻る段階までに，その前の記憶の処理が完了するまで，眼球運動，あるいは，代替の両側性刺激を加え続けたか（あるいは，クライエント自身が，その記憶を処理する準備が十分にできていないことを配慮して別日に行うと判断した場合は，その問題に対応できるようにクライエントに臨床的な対処法を伝えたか）（**該当しない場合は省略する**）。	0	1	2
27	セッション時間内に，再処理を終わらせることが困難であると判断した場合，臨床家は，クライエントにターゲット記憶に対する残りの苦痛に意識を向けないように伝え，植えつけ段階やボディスキャンの段階は飛ばして，セッションを終了するように適切な判断と実施が行えたか（**該当しない場合は省略する**）。	0	1	2
28	適切に再処理段階が終了した場合，臨床家は，植えつけ段階に進む前に，少なくとも 1 回以上の眼球運動，あるいは代替の両側性刺激を実施することで，ターゲット記憶に対する SUD が 0（あるいは，「生態学的に」妥当）になっているかをクライエントに確認したか（**該当しない場合は省略する**）。	0	1	2
	再処理段階平均得点（項目 15～28）： 最大 8 項目を飛ばすことが可能である。14 項目であるが，4 項目は 2 回得点化する。			

354

付録 A　忠実度チェックリスト

表 A-5（つづき 2）

再処理セッションにおける EMDR セラピー忠実度評定尺度			
植えつけ段階			
脱感作段階が終了した場合（さらに，項目 28 の点数がついた場合）は，植えつけ段階の項目へと進む。もし，脱感作段階が終了できていない場合，植えつけ段階とボディスキャン段階の項目は省略し，終了段階の項目へと進む。ただし，もし，再処理段階が終了していないのに，臨床家が誤って植えつけ段階やボディスキャン段階に進んでしまった場合は，以下の項目を確認し，状況に応じて評価を行うこと。			
29 臨床家は，最初の段階で決めた PC が現在も適切であるか，あるいは，より適切な PC があるかをクライエントに尋ねることで，最終的な PC の確認を行ったか。	0	1	2
30 眼球運動，あるいは，代替の両側性刺激を実施する前に，臨床家は，適切な VoC をクライエントに確認したか（ターゲットとなった出来事を考えると同時に PC を思い浮かべ，PC への感じとしての確信度の評定をクライエントに行ったか）。	0	1	2
31 臨床家は，クライエントに，ターゲットとなる出来事と最終的な PC に意識を向けてもらうように求めてから，1 回以上の眼球運動，あるいは，代替の両側性刺激を実施したか。	0	1	2
32 臨床家は，眼球運動，あるいは，代替の両側性刺激のそれぞれのセット後に，妥当な VoC を得たか。	0	1	2
33 眼球運動，あるいは，代替の両側性刺激のセット後，もし，VoC が 7 にならなかった場合，臨床家は，クライエントに，7 になることを妨げているものは何かを尋ね，その後，その思考をターゲットにする，あるいは，ボディスキャン段階や終了段階に移行するといった適切な判断を行ったか（**該当しない場合は省略する**）。	0	1	2
34 臨床家は，VoC が 7 になり，これ以上は上がらない（あるいは，「生態学的に」妥当）という段階まで，眼球運動，あるいは，代替の両側性刺激のセットを行ったか（**該当しない場合は省略する**）。 （**項目 33 と項目 34 については，①植えつけ段階が終了するまで十分な時間が取れない，②植えつけ段階の終了を妨げている新たなターゲットが見つかった，という状況にならない限りは評定すること**）	0	1	2
植えつけ段階平均得点（項目 29 〜 34）： 最大 2 項目を省略することが可能である。最大 6 項目で平均得点を算出する。			
ボディスキャン段階			
35 臨床家は，（クライエントに，目を閉じた状態で，①最終的な PC と②ターゲットの出来事に焦点を当ててもらった状態で，③不快な感覚がないかを報告してもらうことで）適切なボディスキャンを得ることができたか。	0	1	2
36 **クライエントから不快な感覚が報告された場合**，臨床家は，これらの感覚が中立，もしくは，肯定的反応に変わるまで，眼球運動，あるいは，代替の両側性刺激のセットを継続したか。もし，不快な感覚が報告され，両側性刺激が行われない場合，適切な臨床的根拠（異なる記憶との結合など）があるのか（**該当しない場合は省略する**）。	0	1	2
37 **新たな記憶が表出した場合**，臨床家は，治療計画の一部として，セッション内，あるいは，次セッションに新たな記憶をターゲットにするという適切な判断を行ったか（**該当しない場合は省略する**）。	0	1	2
38 **肯定的感覚が報告された場合**，臨床家は，その感覚がより強化されるように，可能な限り，眼球運動，あるいは，代替の両側性刺激のセットを継続したか（**該当しない場合は省略する**）。	0	1	2
ボディスキャン段階平均得点（項目 35 〜 38）： 最大 3 項目を省略することが可能である。最大 4 項目で平均得点を算出する。			
終了段階			
39 臨床家は，終了に移行するにあたり，適切な判断を行ったか。	0	1	2
40 臨床家は，クライエントに，①セッションでの残りの苦痛の程度を確認し，状態変化によって，現在に意識をはっきり戻す必要があるかどうかの**アセスメントを行ったか**。②その後，**必要であれば**，不安や苦痛や解離を軽減させたり，自身の中にしまっておくために，適切で十分な対処方法（誘導イメージや呼吸法など）をクライエントに伝えたか。	0	1	2
41 臨床家は，クライエントに対して，ターゲットとした出来事に関する気づき，見方，自己受容などの変化について言葉にしてみるよう伝えることで，クライエントがそのことに関して意識化できるようにしたか。	0	1	2
42 臨床家は，適切であれば，クライエントに共感を示したり，心理教育を行ったりし，また，クライエントの経験をクライエント自身が正常なものととらえ，大局的に見られるような言葉かけを行うことができたか（**該当しない場合は省略する**）。	0	1	2
43 臨床家は，今回のセッションでの処理は今後も続くかもしれないこと，また，次回までに再処理した出来事に関連した，あるいは，新たな洞察，肯定的考えや，不快な考え，感情，イメージ，感覚，衝動，夢に気づくかもしれない可能性について，クライエントに説明を行ったか。	0	1	2

355

表 A-5（つづき 3）

	再処理セッションにおける EMDR セラピー忠実度評定尺度			
44	臨床家は，処理が続いている問題や新たな問題，あるいは，他の何かしらの変化にクライエントが気づいた場合は，次回セッションに共有することを目的として，日誌などに書きとめておくように伝えたか。	0	1	2
45	臨床家は，クライエントに，毎日，あるいは，必要に応じて，セルフコントロールの練習を実施するように伝えたか。	0	1	2
	終了段階平均得点（項目 39〜45）： 7 項目で平均得点を算出する。項目 42 のみ省略することができる。			

表 A-6

治療全体についての EMDR セラピー忠実度評定尺度			
クライエントコード		セッション日	
評価者		評価日	
コメント		平均評価得点	

評価尺度：遵守できていない：0，遵守が弱い：1，十分遵守ができている：2

1	臨床家は，クライエントが望んだ行動，身体感覚，感情，思考の変化に関する治療目標の達成程度について，アセスメントを十分に行えたか。	0	1	2
2	臨床家は，クライエントの生育歴・病歴聴取段階で得られた逆境的でトラウマ的な出来事が解決された程度についてアセスメントを行い，そして，それに応じて，さらなる EMDR セラピーによる再処理を実施できたか。	0	1	2
3	臨床家は，クライエントの現在の外的刺激や内的刺激に対する不適応状態が解決された程度についてアセスメントを行い，そして，それに応じて，さらなる EMDR セラピーによる再処理を実施できたか。	0	1	2
4	臨床家は，クライエントが，新たな行動選択（これまでの回避的行動の克服など）や，あるいは，新たなスキルや新たな自己イメージを発見し，自己と統合していくことで利益を得ることがどのくらいできたかについてアセスメントを行えたか。そして，それに応じて，自己イメージをより強固にすることを目的とした未来の鋳型や RDI を含めたさらなる EMDR での再処理を実施したか。	0	1	2
	全体的治療平均得点： 4 項目で平均得点を算出する。			

付録 A　忠実度チェックリスト

表 A-7

EMDR セラピー忠実度サマリーチャート		
忠実度評定尺度	平均得点 評価者 1	平均得点 評価者 2
生育歴・病歴聴取段階		
準備段階		
落ち着く（安全な）場所のエクササイズ		
RDI 1（実施に応じて）		
RDI 2（実施に応じて）		
RDI 3（実施に応じて）		
再処理セッション 1		
再処理セッション 2		
再処理セッション 3		
再処理セッション 4		
再処理セッション 5		
再処理セッション 6		
再処理セッション 7		
再処理セッション 8		
全体的治療		
全段階平均得点		
評価者 1 コメント欄		
評価者 2 コメント欄		

	平均得点	忠実度遵守程度
	0.00 ～ 0.99	遵守が不十分である
	1.00 ～ 1.25	遵守が弱い
	1.26 ～ 1.50	適度に遵守されている
	1.51 ～ 1.75	よく遵守されている
	1.76 ～ 2.00	十分に遵守されており，優れている

357

付録 B

治療計画立案と記録のためのスクリプトおよび書式

表 B-1

治療ゴールと懸念事項		

名前 _____　　　　　　　　　日付 _____

行動：増やしたいもの	減らしたいもの	懸念事項

感情：増やしたいもの	減らしたいもの	懸念事項

認知：増やしたいもの	減らしたいもの	懸念事項

身体：増やしたいもの	減らしたいもの	懸念事項

付録 B　治療計画立案と記録のためのスクリプトおよび書式

表 B-2

再処理のための安定性と準備性の評価

名前 ＿＿＿＿＿＿＿＿＿＿　　　　　　　　　　　　日付 ＿＿＿＿＿＿＿

生育歴・病歴聴取のためには最悪の出来事の重症度を記入
現状では，評価時点での重症度を記入
安定についての要因強度　　0：安定　　1：やや安定　　2：やや不安定　　3：不安定

問題点	生育歴・病歴	重症度				現状	重症度			
2次的利得／損失		0	1	2	3		0	1	2	3
信頼または真実の欠如		0	1	2	3		0	1	2	3
外的な危機		0	1	2	3		0	1	2	3
金銭的な不安定さ		0	1	2	3		0	1	2	3
健康上のリスク		0	1	2	3		0	1	2	3
双極性うつ		0	1	2	3		0	1	2	3
自殺念慮		0	1	2	3		0	1	2	3
自殺企図		0	1	2	3		0	1	2	3
自傷		0	1	2	3		0	1	2	3
他害		0	1	2	3		0	1	2	3
ハイリスク行動		0	1	2	3		0	1	2	3
診断の否認		0	1	2	3		0	1	2	3
事故傾性的な自己		0	1	2	3		0	1	2	3
薬物乱用		0	1	2	3		0	1	2	3
強迫的性行動		0	1	2	3		0	1	2	3
強迫行動（金銭に関する）		0	1	2	3		0	1	2	3
失感情症		0	1	2	3		0	1	2	3
感情の氾濫		0	1	2	3		0	1	2	3
離人感		0	1	2	3		0	1	2	3
健忘または遁走		0	1	2	3		0	1	2	3
DID あるいは OSDD		0	1	2	3		0	1	2	3

DID（Dissociative Identity Disorder：解離性同一性障害），OSDD（Other Specified Dissociative Disorder：他の特定される解離性障害）
この表は質問紙でもないし，構造化面接でもない。臨床家がクライエントのEMDR処理への準備性の臨床的な評価を組織立てるのを支援することを意図している。それは，自身の記録として，また，臨床コンサルタントやスーパービジョンでのプレゼンテーションのためにも用いられる。それぞれの項目に対する評価点尺度は，相対的な重症度を示している。しかし，これらの評価点を合計することに意味はない。太字で示された項目は，一般的にはクライエントの安定性をアセスメントするためには，より重要な項目と見なされているものの，それらの太字の項目がすべて0点の場合であっても必ずしも再処理への準備性を示しているとはいえない。金銭的な不安定さ，診断の否認，信頼性の欠如といったような，項目のうちどれ一つをとっても，標準EMDR再処理を延期して，安定化へ焦点づける必要性の指針となりうる。臨床家による賢明な臨床的判断は常に，クライエントが標準的EMDR再処理を始める準備ができているかを判断するための，最終的な基準になる。

表 B-3

再処理に向けた安定性と準備性の評価に関する注釈	
2次的利得／損失	2次的利得が中等度もしくは重度であった場合，再処理は不完全となりやすく，問題解決が求められる場合がある。不完全な再処理が治療の早期の中断につながらなければ再処理を行ってもよい。
信頼または真実の欠如	クライエントが正直かどうか十分信頼できないときや，**さらに加えて**，危険または治療を妨げるような行動が見られる場合，再処理は延期すべきである。明白に危険な徴候がない場合でも，不十分な信頼と開示（真実を話すこと）を伴う場合，ターゲットを再処理しようと試みることは，危険な行動化や，将来的に再処理をできなくする混乱につながりうる。
外的な危機	外的な，職場，個人または家族の危機が，クライエントの最大の関心を引くとき，再処理は延期されるべきである。関連する早期の記憶についての迅速な再処理が，効果をみるクライエントもいる。
経済的な不安定さ	治療をやりとげることができないこと，または，基本的な経済的安定が失われそうだという現実的な恐れは，再処理の前に扱う必要がある。
健康上のリスク	感情的な再処理によって悪化する可能性のある，生命を脅かす健康上のリスクや，眼科的な病歴は，再処理を行う前に医師によって診断され，対応されるべきである（例：脳卒中や心臓発作のリスク）。また，妊娠している場合の，未確認だが潜在的なリスクに対して，説明と同意および医師の許可が必要である。
双極性うつ	双極性のうつは，自殺企図の大きな危険をはらんでいる。
自殺念慮	自殺念慮は，その強さ，計画，致死性について注意深いアセスメントと持続的なモニタリングを必要とする。
自殺企図	現在のリスクを評価するためには，過去の自殺未遂を十分に理解する必要がある。治療の間中ずっとモニタリングを必要とする。リスクが今もあるときは，臨床家は，再処理を考慮する際に注意すべきである。クライエントを守るために，治療契約と必須の対処行動を明示すべきである。
自傷	命の危機や自傷行為のリスクに備えて，自己を傷つける行動を注意深く評価する必要がある。危険な自傷行為は，再処理の前に十分に安定させ，再処理の間，注意深くモニターされる必要がある。クライエントを守るために，治療契約と必須の対処行動を明示すべきである。
他害	過去および現在の行為と衝動は，リスクと致死性を注意深く評価，モニターするべきである。臨床家は，リスクファクターがある場合は，再処理を注意深く考慮すべきである。クライエントを守るために，治療契約と必須の対処行動を明示すべきである。
ハイリスク行動	ハイリスクな行動に対する現在の脆弱性は，注意して評価され，扱うべきである。それは，危険な自傷行為，再外傷化，他害からクライエントを守るためである。
診断の否認	クライエントが，物質依存，解離性障害，双極性障害あるいは他の精神疾患のような主要な診断の否認をする場合，再処理を進めようとすると，危険な状態に至る可能性がある。
事故傾性的自己	事故を起こしやすい傾向があることは，無意識の自傷行為や暴力行為を引き起こす可能性があり，現在のリスクを慎重に評価すべきである。
薬物乱用	命や健康の脅威になりうる物質乱用のタイプには，安定した回復が達成されるまで再処理は延期すべきである。これらのクライエントに対する EMDR セラピーの研究論文は限られており，治療上の問題点として，注意深い考察とインフォームドコンセントが必要である。
強迫的性行動	自身および他者に対する危険性は注意深く考慮されるべきである。
強迫行動（金銭に関する）	強迫的な浪費およびギャンブルは，情動的な再処理により不安定になり，悪化することがある。統制された研究がないことは，インフォームドコンセントに含まれるべきである。安定化の介入が考慮される必要がある。
失感情症	（感情に名前をつけることができないといったような）軽度の失感情症は再処理を邪魔しない。 （情動にアクセスできない）中等度～重度の失感情症は，再処理を妨げる傾向がより強く，再処理の手続きにおいて修正を必要とすることがある。失感情症それ自体は，EMDR セラピーを留保する理由には滅多にならない。しかし，他の要因があるときには留保する理由になることがある。
感情の氾濫	言語セラピーの間に長く続く強い泣き，怒り，恐怖，恥がある場合は，再処理ができないことが予測されるかもしれない。感情耐性と感情マネジメントスキルの構築がとても重要になるかもしれない。現時点の再処理における失敗が将来再処理を受けることの拒否につながるようでなければ，標準的な再処理は保留されるべきではない。

360

付録 B　治療計画立案と記録のためのスクリプトおよび書式

表 B-3 (つづき)

再処理に向けた安定性と準備性の評価に関する注釈	
離人感と非現実感	離人感と非現実感の体験が，クライエントにとって強い苦痛で脅威で恥ずかしいと感じられる可能性がある。言語セラピーにおいて，離人感と非現実感を頻繁に経験するクライエントは，再処理中はさらにそれらが強くなる傾向がある。セルフコントロールと感情マネジメントのための戦略を，再処理が成功する前に実践することが必要である。
健忘症または遁走	過去もしくは現在の遁走や健忘症の徴候 (時間の喪失) がある場合は，再処理の前に，クライエントに害を与えるリスクを避けるために，解離の完全な評価が必要である。
DID あるいは OSDD	DID (解離性同一性障害) や OSDD (他の特定される解離性障害) の診断が現在ある場合は，クライエントに害を与えるリスクを避けるために，再処理の前に解離のより注意深い評価が必要である。コントロールされていない人格の急速なスイッチング，コントロールされていないフラッシュバック，パーソナリティのパート間の乏しい協力やコミュニケーションといったような形で現れる DID や，その他の解離性障害における安定化の欠如があれば，再処理を延期する必要がある。ISST-D や EMDR セラピーガイドラインに従わなければならない。

ISST-D (International Society for the Study of Trauma and Dissociation：国際トラウマ解離研究学会)

361

表 B-4

ターゲット記憶の基本治療計画一覧表					
基本治療計画表					

記憶と資源を最早期のもの（上）から最近のもの（下）の順に列挙する。

名前 ＿＿＿＿＿＿＿＿＿＿　　　　　　　　　　　　　　　　　　　＿＿＿＿＿ ページ中 ＿＿＿＿＿

ID	年齢	トラウマ記憶または持続的なストレッサー；その治療日：治療後の SUDS	ID	年齢（年）	資源となる記憶；治療日：資源の開発と植えつけ後の VOR
1			A		
2			B		
3			C		
4			D		
5			E		
6			F		
7			G		
8			H		
9			I		
10			J		

症状および関連する現在の刺激要因のリスト。頻度（F）と深刻度（S）0-7

ID	症状	現在の刺激	インテークFとS	望ましいFとS	終了時FとS
a					
b					
c					
d					
e					
f					
g					

RDI（Resource Development and Installation：資源の開発と植えつけ），SUDS（Subjective Units of Disturbance：自覚的苦痛単位），VoR（Validity of Resource：資源の妥当性）

付録 B　治療計画立案と記録のためのスクリプトおよび書式

表 B-5

治療記録

基本治療計画による症状名あるいは文字記号（a, b, c など）で症状を記載すること。悪化は−3, −2, −1, 変化なしは 0,
改善は＋1, ＋2, ＋3 で示すこと。
各セッションに対して，以下の略号を用いて活動をコード化すること。

Hx＝生育歴・病歴聴取　　RE＝再評価　　　　　SC＝構造化された鎮静　　RDI＝穏やかな場所か資源
　　（History taking）　　　　（Reevaluation）　　　（Structured calming）　　　（Calm Place or Resource）
Mem＝ターゲット記憶　　Crs＝現在の刺激　　　Fut＝未来の鋳型　　　　VT＝言語セラピー
　　（Target memory）　　　（Current stimuli）　　　（Future template）　　　（Verbal therapy）
IVE＝現実曝露　　　　　CBT＝認知行動療法　　Art＝芸術療法　　　　　Hyp＝催眠
　　（In vivo exposure）　　（Cognitive）　　　　　（Art therapy）　　　　　（Hypnosis）
IM＝イメージ
　　（Imagery）

RDI セッションおよび EMDR セッションに関して，選択したターゲット記憶，刺激，あるいは資源を基本治療計画表からの
ID（番号・文字記号）で列挙してよい。

名前 _____　　　　　_____ ページ中 _____

セッション	日付	症状	セッション内容 ターゲット	治療前の SUD と VoC	治療後の SUD と VoC	選択された否定的認知 と最終的な肯定的認知	結果 宿題
1							
2							
3							
4							
5							
6							
7							
8							
9							
10							
11							
12							

GAF（Global Assessment of Functioning：機能の全体的評定尺度），NC（Negative Cognition：否定的認知），PC（Positive Cognition：
肯定的認知），SUD（Subjective Units of Disturbance：自覚的苦痛単位），VoC（Validity of Cognition：認知の妥当性）

363

表 B-6

資源の開発と植えつけのための基本的手続きステップとスクリプト

(1) 「症状かストレス状況を説明してください」 _____

「今, それはどれくらい苦痛ですか。0～10で, 0が苦痛がないか中立の感じ, 10が想像できる最大の苦痛とすると」
SUD：　0　1　2　3　4　5　6　7　8　9　10

---

(2) 「どのような肯定的な資源, スキルまたは強さが, ストレスフルな状況にうまく対応するために役立ちますか」（可能であれば最大三つ同定してください。最初は一つでもあれば十分なのでステップ（4）まで進めてください。次に, ステップ（2）に戻って2番目の資源を同定してください。その次に, 再度ステップ（2）に戻り, 3番目の資源を同定してください。〈できれば現在のストレス状態への対処とその後の病因的な経験の処理の両方に役立つ資源を選ぶこと〉)

　　① _____
　　② _____
　　③ _____

「資源, スキル, 強さを経験した瞬間または状況を説明してください」

　　① _____
　　② _____
　　③ _____

---

(3) 「どんなイメージがこの状況を最もよく表しますか」

　　① _____
　　② _____
　　③ _____

「身体の中のどの場所でそれを感じますか」

　　① _____
　　② _____
　　③ _____

---

(4) 「次にそのイメージに焦点を当てて身体で感じる場所に気づいてください。そして, 私の指（光, タッピング, 音）を追ってください」
　　（6～12往復の1セットを加える）
　　「身体で今, 何に気づきますか」。

　　① _____
　　② _____
　　③ _____

　　（体験が肯定的なままであるか, 強まるなら, 6～12往復の2番目のセットを行う）
　　「それと一緒に, もう一度追って」
　　「身体で今, 何に気づきますか」

　　① _____
　　② _____
　　③ _____

「この資源を同定しやすくなるような言葉かフレーズを教えてください」

　　① _____
　　② _____
　　③ _____

付録 B　治療計画立案と記録のためのスクリプトおよび書式

表 B-6（つづき）

資源の開発と植えつけのための基本的手続きステップとスクリプト
（3番目の6〜12往復のセットを行う） 「身体で感じる場所に焦点を当て，その言葉かフレーズをくり返し，もう一度追ってください」
(5) 他の二つの資源についてもステップの (2)〜(4) をくり返し，ステップ (6) へ進む。
(6)「今日のセッションで見つけた資源のすべてに焦点を当ててください。身体の感じる場所に気づいてください。それぞれの資源に対して，言葉やフレーズをくり返してください」 （1セットの6〜12往復を加える） 「もう一度追ってください」 「身体で今，何に気づきますか」 ――――――――――――――――――――― 「では，初めにおっしゃったストレス状況について考えて，この肯定的な感じにも気づいてください」 （1セットの6〜12往復を加える） 「もう一度追ってください」 「身体で今，何に気づきますか」 ――――――――――――――――――――― 「初めにおっしゃったストレス状況について焦点を当ててください。今，それはどのくらい苦痛ですか。0〜10で，0が苦痛がないか中立の感じ，10が想像できる最大の苦痛とすると」 SUD： 0　1　2　3　4　5　6　7　8　9　10
(7) 次のセッションで，同定したストレス状況への対処能力をチェックする。このターゲットもしくは他のターゲット状況で，ステップ (2)〜(6) を，必要ならくり返す。

SUD（Subjective Units of Disturbance：自覚的苦痛単位）

表 B-7

資源の開発と植えつけの詳細な手続きステップとスクリプト

各段階においてリストアップしてある太字のゴシック体で書いたフレーズから各クライエントに適切なものを選ぶ

ターゲット状況

1-1　臨床家は，不適応的な衝動，強烈な感情（恥，恐怖，怒り），離人感などの引き金となる現在の状況をターゲット状況として選ばなければならない。このターゲットは，一般的には行動連鎖分析（Behavior Chain Analysis）を用いて選ばれる。

　　　このターゲットは，再処理した記憶ではあるがいつも未完了のままになっている記憶でもよい。

　　　ターゲット場面：＿＿＿＿＿＿＿＿＿＿＿＿＿＿＿＿＿＿＿＿＿＿＿＿＿＿＿＿＿＿＿＿＿＿＿＿＿＿＿

1-2　あなたが ＿＿＿＿（ターゲット場面）を考えたとき，**今最悪な部分はどれですか。**

　　　最悪な部分：＿＿＿＿＿＿＿＿＿＿＿＿＿＿＿＿＿＿＿＿＿＿＿＿＿＿＿＿＿＿＿＿＿＿＿＿＿＿＿

1-3　SUD：その問題を思い浮かべたとき，0～10 のスケールでどのくらい苦痛ですか。0 が全く苦痛がない状態，10 が想像できる最大の苦痛とした場合。

　　　もしくは

1-4　LOU：その状況を思い浮かべたとき，その衝動の強さは 0～10 のスケールでどのくらいの強さですか。0 が普通もしくは衝動がない状態，10 が想像できる最大の強さの衝動とした場合。

SUD もしくは LOU レベル：　0　　1　　2　　3　　4　　5　　6　　7　　8　　9　　10

資源を同定するために，下の 2-1 もしくは，2-2，2-3，2-4 の**いずれか**からフレーズを選んでください。

2-1　**この場面を考えたときにあなたが必要とする特質または強さは何ですか。** 　　　望ましい特質もしくは強さ	資源を同定する（具体的） 2-2　**その状況のなかで何ができるようになりたいですか。** 　　　望ましい行動 2-3　**この状況であなた自身について何を信じたいですか。** 　　　望ましい信念 2-4　**この状況であなたはどんな感情を感じたいですか。** 　　　望ましい感情

1 回につき 2-5～2-8 から，一つの資源を選んで，4-6 まで進めてください。
それから，クライエントが安定するまでにできるだけ多くの資源が必要なため，ステップ 2 の最初に戻ってください。可能なら，現在のストレス状況への対処と，その後の病因的な経験の再処理の両方に有用な資源を選んでください。

資源体験の記憶とイメージを探索する
達成体験

2-5　＿＿＿＿＿＿＿（クライエントの望ましい行動，特質を言う）ができたときのことを考えてください。
　　　＿＿＿＿＿＿＿（望ましい信念を言う）を信じることができたときのことを考えてください。
　　　＿＿＿＿＿＿＿（望ましい感情を言う）を感じたときのことを考えてください。

達成体験：＿＿＿

LOU（Level of Urge：衝動のレベル），SUD（Subjective Units of Disturbance：自覚的苦痛単位）

付録 B　治療計画立案と記録のためのスクリプトおよび書式

表 B-7（つづき 1）

資源の開発と植えつけの詳細な手続きステップとスクリプト

関係資源：モデル

2-6　あなたの人生においてこの特質を所有し，具体化した人のことを考えてください。
実際の生活で，あなたのロールモデルになりうる人のことを考えてください。
あなたの人生において，他の選択を示すことによって違いを作ってくれた人のことを考えてください。

モデル：_____

関係資源：支持的な人物

2-7　あなたが，自分を助けてほしいと思う人，あなたにとって何が最も良いのか教えてほしいと思う人，あなたにとって何が最も良いのか考えることを教えてほしいと思う人，そしてあなたが _____（クライエントの望ましい感情を言う）な気持ちを感じるのを助けてくれる人のことを考えてください。
励まし，支えてくれる友達，親戚，先生，養育者，動物もしくはペットを思い浮かべてください。
精神的な支えやあなたに希望や力を与えてくれる誰かのことを考えてください。

支持的な人物：_____

比喩と象徴資源

2-8　よければ目を閉じて（もし開けておきたければ開けたままで），あなたが _____ する（クライエントの望む行動または特質を言う）のに役立つ，もしくは _____ を信じる（クライエントの望ましい信念を言う），もしくは _____ を感じる（クライエントの望ましい感情を言う）のに役立つイメージ（もしくは象徴）が浮かんでくるままにしてください。

象徴：_____

資源の開発 ── より感覚的，感情的な情報にアクセスする
（一度に一つの資源となる記憶もしくはイメージについてワークする）

3-1　あなたが _____（その体験，人，象徴など）に焦点を当てるとき，何が見えますか。何が聞こえますか。どんな匂いがしますか。あなたの身体のなかのどんな感覚に気づきますか。このイメージや記憶に焦点を当てると，どんな感情に気づきますか。これらの感覚をあなたは，身体のどの部分で感じますか。
（クライエントの単語やフレーズを言葉通りに記述）

イメージ：_____

音：_____

感情と感覚：_____

感覚の場所：_____

資源の生態学，資源の妥当性（VoR）のチェック

3-2　あなたが _____（資源イメージの言葉をくり返す）に焦点を当て，_____（資源となる音，臭い，感情，感覚の単語をくり返す）に気づくとき，今，どのように感じますか。

VoR の評価

3-3　_____（ターゲットとなる状況）の最悪の部分を代表する映像に焦点を当てると，_____（資源のイメージや感覚の描写をくり返す）はどれぐらい本当である，もしくは役に立つと感じられますか。1 が完全に間違いもしくは役に立たない，7 が完全に正しいもしくは役に立つだとするとどうですか（最初の VoR が 1 の場合は注意すること）。
VoR：　1　2　3　4　5　6　7

資源を味わう

3-4　よければ目を閉じて（もし開けておきたければ開けたままで），_____（資源イメージの単語をくり返す）に意識を向けて，_____（資源となる感じ，感覚，臭い，音の記述をくり返す）に気づいていてください。（クライエントが言ったイメージ，音，感情や感覚の単語を順番を変えながらくり返す）

367

表 B-7（つづき 2）

資源の開発と植えつけの詳細な手続きステップとスクリプト

資源が肯定的連想または情動につながることを確認する

3-5　今，何に気づきますか，または，どんな感じですか。

クライエントが肯定的な感覚や連想を言った場合，4-1 の植えつけに進む。
もしクライエントが否定的な連想や感情を報告したら，この資源では続けずに他の資源でやり直す。

資源の植えつけ

4-1　それでは，_____（クライエントの資源イメージ，感情，感覚の単語を言う）に焦点を当てながら私の指（もしくは音，光，タッピング）を追ってください。

最初のセットの 6〜12 往復を行う。そして，**何を感じますか。何に気づきますか。**
_____

もしクライエントが否定的な連想や感情を報告したら両側性刺激を中止する。否定的な連想を中和し，否定的なものを横に置いておいて，別の資源でやり直す。肯定的な場合は，続ける。
2 回目のセットの 6〜12 往復を行う。そして，**何を感じますか。何に気づきますか。**
_____

3 回目のセットの 6〜12 往復を行う。そして，**何を感じますか。何に気づきますか。**
_____

言語もしくは感覚の手がかりを結びつける（時に自然に起こる）

4-2，4-3，4-4，4-5 から一つもしくは複数のフレーズを選ぶ，そして 2 セットの両側性刺激を加える。

- -

（達成体験のために）

4-2　その体験に注意を向けながら（もし必要ならクライエントが言うイメージ，感情，感覚の単語を繰り返しながら），今，あなたがあなた自身について言う，一番肯定的な言葉を考えてください。

（モデル）

4-3　あなたが最もなりたい人物 _____（モデルとなる人物の名前）を見て，聞くところを想像してください。そしてあなたが望むなら，_____（モデルとなる人物の名前）の身体の中に入り込んだところを想像してください。そして，あなたはその人物の目を通して物を見ることができます。そして，その人物のように行動することができ，感じられ，考えるのはどういうことか，感じとることができます。

（支えてくれる人物）

4-4　あなたの側にいて，あなたに必要なものを教えてくれる _____（支えてくれる人物の名前）を想像してください。支えてくれる彼または彼女は，あなた自身になんて声をかけたらよいかを知っている，あなたはどんなことを聞く必要があるかを知っていると想像してください。あなたがまさに必要としている方法でなされる，元気づけるような触れ合いを想像してください。

（比喩，象徴資源）

4-5　_____（象徴の名前）を見るところを想像してください。_____（象徴の名前）をあなたの両手で持っているところを想像してください。_____（イメージや感覚の名前）に囲まれているところを想像してください。_____（イメージや感覚の名前）のなかで呼吸をしていてください。身体の中で肯定的な感覚を感じている場所に気づいてください。

4-6　有益な処理が続いているようなら，あと 2 セットの両側性刺激を続ける。
4 セット目の 6〜12 往復の両側性刺激を行う。そして，**どんな感じですか。何に気づきますか。** _____
_____
5 セット目の 6〜12 往復の両側性刺激を行う。そして，**どんな感じですか。何に気づきますか。** _____

同一もしくは別の属性または能力のための，さらなる資源の植えつけ
5　2-1 から 4-6 のステップをできるだけ多くの，同種もしくは別の属性，または能力のための追加的な資源で，クライエントがステップ 6-1 から 6-9 の未来の鋳型を完了するまでくり返す。

未来の鋳型
6-1 から 6-4 のなかから一つもしくは複数のフレーズを選び，あと 2 セット両側性刺激を加える。

6-1　あなたが将来に直面するような出来事 _____（ターゲット状況）**として，未来における可能な対応** _____（資源となる体験において，あるいはこの資質を獲得できたとき，行動し，考え，そして感じることができること）**について考**えてください。

368

付録 B　治療計画立案と記録のためのスクリプトおよび書式

表 B-7（つづき 3）

資源の開発と植えつけの詳細な手続きステップとスクリプト

（達成体験のために）

6-2　_____（達成行動の名前を言う）の行動ができる状態を想像してください。そしてそれは，_____（クライエントの過去の達成体験の記憶を言う）を思い出しながらです。_____（クライエントの達成についての信念）を考えてください。あなたがこの次_____（ターゲット状況）に直面する未来における_____（達成体験）を感じることを想像してください。

それぞれのクライエントに適したフレーズを，各ステップに記載された太字のゴシック体のなかから選ぶ。

（モデルのために）

6-3　あなたが最もなりたいものとして，_____（クライエントのモデルを言う）を見ているところ，聞いているところを想像してください。または，もし，望むなら，_____の身体に入り込んでいるところを想像してください。そうすれば，あなたはその人の目を通して見ることができ，あなたが次に_____（ターゲット状況）に直面したときに，その人のように行動し，感じ，考えることがどんなふうかを感じることが可能になります。

（支えてくれる人物）

6-4　あなたが向き合っているこの状況の下で，_____（クライエントを支えてくれる人を言う）とつながっている感覚を想像してください。それがあなたにとってどのような感じか気づいてください。_____（支えてくれる人物の名前）が，あなたが将来また_____（ターゲット状況）に直面したときに，まさにあなたが聞く必要があることを言ってくれるのを聞いてください。

（象徴資源のために）

6-5　あなたが必要とする方法で，象徴を見て感じてください。あなたが将来また_____（ターゲット状況）に直面したとき，まさにそれをあなたが経験する必要がある方法で，この象徴を意識してください。

処理が有効であればあと 2 セット両側性刺激を続ける
未来の鋳型に対して 1 セット目の 6～12 往復の両側性刺激を加える。そして，**今何を感じますか。何に気づきますか。** と聞く。
未来の鋳型に対して 2 セット目の 6～12 往復の両側性刺激を加える。そして，**今何を感じますか。何に気づきますか。** と聞く。

資源の妥当性（VoR）のチェック

6-6　そして今，あなたが_____な状況（ターゲット状況）にいるところを想像してください。将来，_____（資源〈複数個の場合もある〉の名前，自己陳述もしくは，クライエントのイメージ，知覚，感覚に対するクライエントの言葉を言う）はどれぐらい，正しいもしくは役に立つと，今あなたに感じられますか。1 が完全に間違いもしくは役に立たない，7 が完璧に正しいもしくは役立つとして，どうですか。
VoR：　1　　2　　3　　4　　5　　6　　7

6-7　追加の資源を用いて，この手順を VoR が 6 になり，現在のターゲットの SUD もしくは LOU が 5 以下になるまで繰り返す。

それぞれの資質もしくは資源を繰り返す
SUD もしくは LOU

6-8　あなたが_____（植えつけたそれぞれの資源の名前を言う）について**考え，**_____な状況（ターゲット状況）に将来いることを想像すると，今，どのくらいの苦痛を感じますか。0 から 10 の尺度で言ってください。0 が中立もしくは苦痛のない状態，10 が想像できる最大の苦痛です。

もしくは

6-9　_____（植えつけた資源の名前を言う）のことを**考え**_____な状況（ターゲット状況）に将来いることを想像すると，今，どれぐらいの衝動を感じますか。0 が中立もしくは衝動のない状態，10 が想像できる最大の衝動です。

クライエントの記録からのフィードバックを用いて，ターゲット状況の安定性を確かめる

7　クライエントが現在，ターゲットとなる状況において不適応的な衝動や，圧倒的な感情，解離せずに適応的な処理ができているか，あるいは，過去に不完全な再処理を受けたままの記憶が，正常に再処理できているかを評価するために，クライエントの記録を検討する。

LOU（Level of Urge：衝動のレベル），SUD（Subjective Units of Disturbance：自覚的苦痛単位）

表 B-8

日誌（記録）

短い記録をつけることは，あなたの体験と治療への反応について重要な情報を提供することになります。あなたがつけた記録は，私たちがあなたをモニターし，治療プランを調整することの助けになります。それぞれの空欄に，単語もしくは短いフレーズであなたの体験を記入してください。

名前 _____ 週中 _____ 週目 _____

日付	引き金／出来事	イメージ／音／匂い	信念／自己陳述	情動	感覚の場所	SUD 0〜10	備考

SUD（Subjective Units of Disturbance：自覚的苦痛単位）

付録 B　治療計画立案と記録のためのスクリプトおよび書式

表 B-9

EMDR 再処理の手続きステップスクリプト

基本治療計画のターゲット記憶一覧表から選んだターゲット

第 3 段階：ターゲットの評価

映像
「どんな映像が，その出来事の最悪の場面を表しますか」
もしクライエントが何もイメージが思い浮かばなかったら，**感覚**記憶の他の側面を引き出す。「あなたがその出来事を考えるとき，あなたはその出来事のどの部分に気づきますか」

否定的認知（NC）
「あなた自身についての否定的な信念を表すどんな言葉が，その映像（もし何の映像も出てこなかったら，「その出来事について」と言う）にしっくり当てはまりますか」

肯定的認知（PC）
「その映像を思い浮かべたとき，現在のあなたについてどんなことを信じたいですか」

認知の妥当性（VoC）
「その映像（もし何の映像も出てこなかったら，「その出来事」と言う）を思い浮かべたとき，これらの言葉 _____ （PCを「私は」で始まる文でくり返して）はどれくらい本当に感じますか。1 から 7 のスケールで，1 が完全に誤り，7 が完全に正しい感じです」

	1	2	3	4	5	6	7	
	完全に誤り					完璧に正しい		

感情
「その映像（もし何の映像も出てこなかったら，「その出来事」と言う）を思い浮かべ，そして_____ という言葉（「私は」で始まる文で否定的認知をくり返す）を考えたとき，今，どんな感情を感じますか」

SUD 尺度
「0 から 10 の尺度で，0 が苦痛がないか，中立，10 が想像できる最大の苦痛とすると，その出来事は今，どのくらい苦痛に感じますか」

	0	1	2	3	4	5	6	7	8	9	10	
	苦痛がないもしくは中立									最大の苦痛		

感覚を感じる場所
「身体のどこでそれを感じますか」

再処理の説明
「今から再処理を始めます。眼球運動（もしくはタッピングや音の刺激）をしていると，変化が起こったり，起こらなかったりします。あなたは，他の映像や考え，感情，身体の感覚に気づくかもしれません。他の記憶が浮かんでくるかもしれません。ときには，目の動き（あるいはタッピングや音の刺激）以外に何も気づかないかもしれません。電車に乗っている比喩を思い出してください。正しい反応，誤った反応というものはありません。起こっていることにただ気づいてください。もし止める必要があれば，先ほど練習したストップサインを示してください」

第 4 段階：脱感作

「その映像（もし何の映像も出てこなかったら，「その出来事」と言う）と，これらの否定的な言葉 _____ （「私は」で始まる文章で否定的認知をくり返す）を思い浮かべてください。身体のどこでそれを感じるかに注意しながら，私の指（もしくは光，タッピング，音の刺激）を追ってください」

24〜30 往復のセットの後
「はい，深呼吸をして。何に気づきますか」

クライエントの報告の後，再処理を続ける
「それに焦点を当てて，次に何が起こるかに気づいてください」

表 B-9（つづき 1）

EMDR 再処理の手続きステップスクリプト

クライエントが，再処理が進んでいると報告をしている限り，前述した通り眼球運動を続け，連想のチャンネルをたどり脱感作を進める。もしクライエントが 2 セットの両側性刺激の後も，まったく同じ内容を言った場合は，眼球運動の方向や高さ，速さや振幅を変える。聴覚刺激を用いている場合は，刺激の速さや音を変えてみる。機械的刺激を用いている場合は，刺激の速さ，強さ，場所を変えてみる。

ターゲットに戻る
クライエントが，苦痛な題材を報告しなくなり，中立的あるいは肯定的な内容を報告するまで両側性刺激を続ける。また，連想が元のターゲットから離れすぎ，記憶の再処理が進んでいないと判断した場合は，ターゲットに戻る。そして，ターゲットに戻り，次のように言う。「今，元の出来事に注意を向けると，あなたは何に気づきますか」

もしクライエントが，さらなる苦痛な題材を報告したら，次のように告げる。
「それに集中し，次に何が起こるかに気づいてください」
ターゲットに戻ったとき，クライエントがあいまいな，あるいは明らかに中立な，もしくは肯定的な連想を報告すれば，SUD を確認する。

SUD 尺度のチェック
「元の体験に集中してください。0 から 10 の尺度で，0 が苦痛がない，もしくは，中立の状態，10 が想像できる最大の苦痛とすれば，それはどれくらいの苦痛ですか」

SUD をチェックした後に
もし SUD が 1 以上であれば，
「そのなかで最悪の部分は何ですか」＿＿＿＿＿＿＿＿＿＿＿＿＿
そして，「それに集中して。そして，次に何が起こるかに気づいてください」と伝える。
もしくは，
「それをあなたは身体のどこに感じますか」＿＿＿＿＿＿＿
「それに集中して。そして，次に何が起こるかに気づいてください」と伝える。

もし SUD が 0 なら次にように伝える。
「今ならその出来事があなたにとってどのように見えるかに集中し，次に何が起こるかに気づいてください」
クライエントが 2 回目の SUD 0 を報告したら，植えつけ段階に進む。

第 5 段階：植えつけ

より良い肯定的認知（PC）のチェック
「私は＿＿＿＿＿＿＿（肯定的認知をくり返す）は，まだぴったりしていますか？それとも，もっとしっくりする肯定的な言い方が何かありますか」

選択された肯定的認知（PC）に対する認知の妥当性（VoC）のチェック
「もともとの出来事と，私は＿＿＿＿＿＿＿（選ばれた肯定的認知をくり返す）を思い浮かべてください。1 は完全に誤りの感じで，7 は完全に本当だという感じです。今，どれくらい本当の感じがしますか」

	1	2	3	4	5	6	7	
	完全に誤り						完全に本当	

植えつけ段階の各両側性刺激（BLS）の前に，もともとの出来事と PC を結びつける
「もともとの出来事を考えながら，あの言葉＿＿＿＿＿＿＿私は（選ばれた肯定的認知を一人称でくり返す）を一緒に思い浮かべてください。そして，私の指を目で追ってください」と両側性刺激を加える。

植えつけ段階の両側性刺激の各セットの後は，毎回 VoC をチェックする。
選んだ PC に対する VoC をチェックする。
「もともとの出来事と私は＿＿＿＿＿＿＿（選ばれた肯定的認知をくり返す）を思い浮かべてください。1 は完全に誤りの感じで，7 は完全に本当だという感じです。今，どれくらい本当の感じがしますか」

	1	2	3	4	5	6	7	
	完全に誤り						完全に本当	

VoC が上昇しているとき
クライエントが，PC やその他の肯定的要素について自信が高まっていくという報告が続く限り，植えつけ段階を続ける。

付録 B　治療計画立案と記録のためのスクリプトおよび書式

表 B-9（つづき 2）

EMDR 再処理の手続きステップスクリプト

VoC が 7 まで上がらないとき

数セットの両側性刺激の後，報告された内容が肯定的でなく，VoC が 7 まで上がらない場合，両側性刺激の方向を変えるか，種類を変える。もし，クライエントが，両側性刺激の方向を変えるか，種類を変えても 6 以下の VoC を報告した場合，防衛的な信念をチェックする。「どんな信念が，この言葉が完全に正しいと思えることを邪魔しているのですか」この防衛的な信念は，ときには，そのままターゲットとなり，その後数セットの両側性刺激で解決する場合がある。そして次に，前に示した標準的な植えつけ段階の手順に戻り，植えつけ段階を完了する。

それ以外の場合，クライエントの表現した防衛的信念から開始し，感情の架け橋やソマティックな架け橋技法を用いて，このセッションや次のセッションで再処理するための関連する記憶やターゲットを同定する。これは，防衛的信念の根源の再処理が行われるまでは，このセッションで選ばれた元の出来事は，ターゲットとして未完了のまま残るということを示している。

植えつけ段階の完了

クライエントが VoC が 7 となったことを報告し，題材がこれ以上肯定的にならないとき，ボディスキャンに進む。

第 6 段階：ボディスキャン

「目を閉じてください。今の自分に思い浮かぶままでよいので元の出来事と _____（PC をくり返す）に集中してください。次に，身体のさまざまな部分に注意を向けてください。まず頭のてっぺんから始め，下に降りていきます。緊張，こわばり，普通とは違う感覚を感じる場所があれば教えてください」

クライエントがどんな否定的な感覚を報告しても，中立的な，もしくは肯定的な感覚を報告するまで追加の両側性刺激を加える。そして，また元の出来事に戻り，前述のボディスキャンの手続きに従い，身体のどこかに残っている感覚がないかチェックする。

肯定的な感覚が報告された場合，それ以上肯定的な報告がなされなくなるまで両側性刺激を加えて強化する。ボディスキャンの段階では，両側性刺激の後には，脱感作段階と同様に，以下の言葉掛けをする。

「はい，深呼吸をして。今，何に気づきますか」

「それに焦点を当てて，次に何が起こるかに気づいてください」

第 7 段階：終了

不完全なセッションの終了手順

不完全なセッションとは，SUD が 1 以上／VoC が 6 以下／または，セッションが始まる前には報告されていなかったが，ボディスキャン中に報告され，ターゲット記憶に関連すると思われる否定的な感じが残存している場合である。

ここで終える必要性を説明する。このセッションでの頑張りを励ます。脱感作段階が未完了なら，肯定的認知の植えつけとボディスキャン段階は割愛する。クライエントの身体的，感情的そして認知的状態を探索する。構造化された包み込みや安定化の手続きが必要かどうかを評価する。

「もうほとんど時間がなくなりましたので，終了しなくてはなりません。あなたはとてもよく頑張りました。あなたの努力に感謝します。今はどんな気分ですか」

必要があれば，さらなる包み込み，安定化，感覚定位のエクササイズを行う。

クライエントが安定している場合は，以下のような簡単な振り返りを行う。

完全なセッションの終了の手続き

セッションにおけるクライエントの努力に感謝を述べる。時間が残っていれば，セッションでどのようなことが起こったかに対しての気づきを話し合うように促す。また適切なら，クライエントが言及しなかったが，観察された変化，進歩について簡単に触れる。

「今日はよくやりました。今，どんな感じですか」

以下のことを簡単に説明し，クライエントに記録を求める

「私たちが今日行った処理は，セッション後も続くかもしれません。あなたは新しい洞察，考え，記憶，身体感覚，夢に気づくかもしれませんし，気づかないかもしれません。あなた自身の日常に変化を感じるかもしれません。私たちが，今日のセッションに対するあなたの反応を評価する助けになるので，次回までに気づくことを記録してください。不快なことがあれば今週一緒にやってきたエクササイズ _____ を練習することを忘れないでください。あなたの記録について次回話し合い，私たちのワークを続けましょう。次のセッションまでに何か知らせなければならない，もしくは追加の援助が必要な緊急事態が起こった場合，電話してください」

BLS（Bilateral Stimulation：両側性刺激），SUD（Subjective Units of Disturbance：自覚的苦痛単位）
From *EMDR Isitute Training Manual*, by F. Shapiro, (Jan, 2008 & Jan, 2005), Watsonville, CA：EMDR Institute. Copyright 2008, 2005 by EMDR Institute. Adapted with permission.
From *Eye Movement Desensitization and Reprocessing*：*Basic Principles, and Procedures* by F. Shapiro, 2001, NY：Guliford Press. Copyright 2001 by Guilford Press. Adapted with permisson.

373

表 B-10

セッション・サマリー	
クライエントの名前	セッションの日時
臨床家	セッション No.
セッション前のテストのスコア	
テスト	テスト
スコア	スコア
一般的な記録と日誌記録	
このセッションでのターゲット	
ターゲットの評価	
映像	
NC	
PC	

VoC	感情		SUD	身体の場所

付録 B　治療計画立案と記録のためのスクリプトおよび書式

表 B-10（つづき）

セッション・サマリー

セッション後のまとめ

クライエントの名前	セッションの日時
臨床家	セッション No.

ターゲットの処理： 　完了　□	ターゲットの処理： 　未完了　□	最終の SUD：□	後頭部尺度：□

VoC	最終の PC（もし変更があれば）

ボディスキャン終了時における最終の感覚とそれを感じる部位

中立　□　　　　　　快　□　　　　　　不快　□

セッション修了時に用いられた安定化の技法

不要　□

セッション中に明らかになったさらなる注意を必要とする問題点

セッション終了時のクライエントの安定状態，方向感覚，セッションに対する気持ち

NC（Negative Cognition：否定的認知），PC（Positive Cognition：肯定的認知），VoC（Validity of Cognition：認知の妥当性），SUD（Subjective Units of Disturbance：自覚的苦痛単位）

375

表 B-11

未来の鋳型の手続きステップスクリプト

第 3 段階　ターゲットの評価。 過去と現在のターゲットの再処理をした後，**予期不安および回避行動を乗り越える**ために，未来に起きることが分かっている，あるいは起こりうる状況を含むターゲットを選ぶこと。

脱感作の終了に近い段階で，別のありうるシナリオにも注意しておくこと。

イメージ 「どんなイメージが，将来起こりうる最悪の状況を表しますか」
もしイメージがなければ，「将来のどんな状況が，最大の不安や，避けたいという衝動をもたらしますか」

否定的認知（NC） 「どんな言葉がそのイメージにぴったりしますか」
（もしイメージがないときは，「どんな言葉が，将来起こりうるその状況にぴったりしますか」と聞く）「どのような言葉が現在の自分自身についての否定的な信念を表わしていますか」

肯定的認知（PC） 「そのイメージを思い浮かべるとき，自分自身について今何を信じたいですか」

認知の妥当性（VoC） 「そのイメージを思い浮かべたとき（イメージが思い浮かばないときは，その出来事について考えたとき），あなたにとってこの言葉 ＿＿＿＿＿（私は，で始まる PC をくり返す）は，どのくらい正しいと感じますか。1〜7 の尺度で，1 が完全に間違い，7 が完全に正しいとして」

1　　　2　　　3　　　4　　　5　　　6　　　7

完全に間違い　　　　　　　　　　　　　　　　　完全に正しい

感情 「そのイメージに焦点を当てたとき（もしなければ，その出来事に焦点を当てたとき）
それらの言葉 ＿＿＿＿＿（私は，で始まる NC をくり返す）について考えてください。どんな感情を**今**感じますか」

SUD 尺度
「0〜10 の尺度で，その出来事は今どの程度苦痛に**感じ**ますか。0 が全く苦痛がない状態，10 が想像できる最大の苦痛とした場合です」

0　　1　　2　　3　　4　　5　　6　　7　　8　　9　　10

（苦痛がない，もしくは中立的な状態）　　　　　　　　　　（最大の苦痛）

SUD が 6 以上の場合，標準的な未来の鋳型に移行する前に，未解決の記憶や，現在の刺激を同定するために感情の架け橋，ソマティックな架け橋，防衛的衝動の架け橋などを用いるかを検討する。

身体感覚の場所
「それをあなたは身体のどこに感じますか」

再処理の説明
「これから記憶の再処理を始めます。眼球運動（タッピングもしくは音）をしているとき，何かが変化することもあれば，しないこともあります。別のイメージ，考え，感情，身体感覚に気づくかもしれません。他の記憶が浮かんでくるかもしれません。眼球運動（タッピングもしくは音）以外に気づかないかもしれません。以前に説明した電車に乗っている比喩を思い出して下さい。何が正しい，何が間違いということはありません。ただ起こっていることに気づいてください。どの段階でも，止めることが必要なら，練習でしたようにストップサインを出してください」

第 4 段階：脱感作
「そのイメージと（もしイメージがない場合は，その出来事）これらの否定的な言葉
＿＿＿＿＿（私は，で始まる NC をくり返す）に集中してください」
「身体で感じている場所に気づいていてください。そして私の指（もしくは，光，タッピング，音）を追ってください」
24〜30 往復の後
「はい，深呼吸してください。今，何に気づきますか」

クライエントが報告後，再処理を続ける
「それに注意しながら，次に何が起こるかに気づいてください」

376

付録 B　　治療計画立案と記録のためのスクリプトおよび書式

表 B-11（つづき 1）

未来の鋳型の手続きステップスクリプト

再処理が起きているとクライエントが報告している限り，以前に説明した教示を用いながら眼球運動を続けて連想のチャンネルを下りてゆく。2 セットの両側性刺激の後も変化がないとクライエントが報告したら，眼球運動の方向，高さ，スピード，または（および），幅を変える。聴覚刺激を用いている場合は，音のスピードもしくは種類を変える。もし，機械的な刺激を用いている場合は，スピード，強さ，または位置を変えてみる。

ターゲットに戻る

これ以上不快なものがなくなり，中立的もしくは肯定的なものが出るまで，両側性刺激のセットを続ける。連想が最初のターゲットからとても離れており，臨床的に最初のターゲットの記憶の処理が起こっていないと判断されるときは，再度，ターゲットへ戻る。ターゲットに戻るために

「あなたの最初の体験に注意を戻すと，あなたは今，何に気がつきますか」と言う。

もしクライエントが他に不快なものを報告したら

「その記憶に焦点を当てて，次に何が起こるかについて気づいていてください」

ターゲットに戻ったときにクライエントの報告が曖昧であったり，あきらかに中立もしくは肯定的な場合，SUD を聞く。

SUD 尺度

「0～10 の尺度で，その出来事は今，どのくらい苦痛に**感じますか**。0 がまったく苦痛がない状態，10 が想像できる最大の苦痛とした場合です」

　　　　　　　　　0　　1　　2　　3　　4　　5　　6　　7　　8　　9　　10

（苦痛がない，もしくは中立的な状態）　　　　　　　　　　　　　　　　（最大の苦痛）

SUD をチェックした後

SUD が 1 以上だった場合

「そのなかで最悪の部分は何ですか」＿＿＿＿

そして，「それに集中して，次に何が起こるかについて気づいてください」

もしくは

「それをあなたは身体のどこに感じますか」＿＿＿＿

「それに集中して次に何が起こるか気づいてください」

任意施行のシナリオ：SUD が 0 の場合

「次に，他のことが起こって，さらに厳しい状況になるとイメージしてください」

セラピストもしくはクライエントのどちらかが，不安や回避が増加するような一つもしくはそれ以上の手がかりを見つけることがある。任意施行のシナリオによる脱感作後，クライエントが SUD0 を報告したときは，植えつけ段階に移行する。

第 5 段階：植えつけ

さらに相応しい肯定的認知のチェック

「＿＿＿＿（私は，で始まる肯定的認知をくり返す）は，まだぴったりしていますか。あるいは，もっとぴったりくる言葉がありますか」

選ばれた肯定的認知について VoC をチェックする

「元の出来事とこの言葉 ＿＿＿＿（一人称で始まる PC をくり返す）を思い浮かべたとき，

1～7 の尺度で，それはあなたにとってどのくらい正しいと今，感じますか。1 が完全に間違い，7 が完全に正しいとして」

　　　　　　　　　1　　　2　　　3　　　4　　　5　　　6　　　7

　　　　完全に間違い　　　　　　　　　　　　　　完全に正しい

377

表 B-11（つづき 2）

未来の鋳型の手続きステップスクリプト

植えつけ段階において，両側性刺激の各セットの前に，最初の体験と PC を関連づける。
「最初の体験とその言葉 ＿＿＿＿（一人称で始まる PC をくり返す）に集中して，私の指を追ってください」
両側性刺激をもう 1 セット加える。

両側性刺激の後に再度 VoC をチェックする。
選ばれた PC で VoC をチェックする。
「元の出来事とこの言葉 ＿＿＿＿（一人称で始まる PC をくり返す）を思い浮かべたとき，1～7 の尺度で，あなたにとってどのくらい正しいと感じますか。1 が完全に間違い，7 が完全に正しいとして」

	1	2	3	4	5	6	7	
完全に間違い							完全に正しい

VoC がまだ上昇を続けているとき
クライエントが PC やその他の肯定的な素材に対して自信を強めていると報告する限り，植えつけを続ける。

VoC が 7 まで上昇しないとき
数セットの両側性刺激の後でも，報告された素材の VoC が 7 にならないとき，両側性刺激の方向や種類を変える。両側性刺激の方向や種類を変えても VoC が 6 以下のとき，防衛的な信念をチェックする。

「どんな考えや懸念がこれらの言葉を完全に本当だと感じることを妨げていますか」
この防衛的な信念は，直接ターゲットとなり，数セットの両側性刺激によって解決可能なことがある。その後，植えつけの段階を完了するために，前述した標準的な植えつけの段階に戻る。
その他のケースでは，クライエントの表現した防衛的信念から始めながら，関連した記憶やこのセッションや次のセッションにおいて再処理をするためのターゲットを同定するために，感情の架け橋やソマティックな架け橋の技法を使ってもよい。これは一般的には，防衛的信念の源が再処理されるまでは，最初に選ばれたターゲットが，不完全のまま残るということを意味している。

植えつけ段階を終える
VoC が 7 になるか，素材がこれ以上改善しないときは，ボディスキャンの段階に進む。

第 6 段階：ボディスキャン
「目を閉じてください。元の体験を今思い浮かぶままに浮かべて，同時にこれらの言葉
＿＿＿＿（PC をくり返す）を思い浮かべてください」
「そして，あなたの身体のすべての部分に注意を向けてください。頭から始めて，足のつま先までスキャンしてください。どこか緊張したところや詰まった感じのするところ，変な感覚がするところなどがあったら言ってください」
否定的な感覚が報告されたら，中立的もしくは肯定的な感覚が報告されるまで両側性刺激を追加する。
そして，またターゲットに戻り，前述のボディスキャンを使い，残った感覚がないかチェックする。
肯定的な感覚に関しては，それ以上肯定的にならなくなるまで肯定的な感覚を高めるよう両側性刺激を継続する。ボディスキャンの段階でも，両側性刺激のセットの間，脱感作の段階と同じ標準的な以下の教示を用いる。

「はい，深呼吸して。何に気づきますか」
「それに集中して次に何が起きるかに気づいてください」

第 7 段階：終了
不完全なセッションの終了手順
不完全なセッションとは，SUD が 1 以上／VoC が 6 以下／セッションが始まる前には報告されていなかったが，ボディスキャン中に報告され，ターゲット記憶に関連すると思われる否定的な感じが残存している場合である。
ここで終える必要性を説明する。このセッションでの頑張りを励ます。脱感作段階が未完了なら，肯定的認知の植えつけとボディスキャン段階は割愛する。クライエントの身体的，感情的そして認知的状態を確認する。構造化された包み込みや安定化の手続きが必要かどうかを評価する。
「もうほとんど時間がなくなりましたので，終了しなくてはなりません。あなたはとてもよく頑張りました。あなたの努力に感謝します。今はどんな気分ですか」
必要があれば，さらなる包み込み，安定化，感覚定位のエクササイズを行う。
クライエントが安定している場合は，以下のような簡単な振り返りを行う。

付録 B　治療計画立案と記録のためのスクリプトおよび書式

表 B-11（つづき 3）

未来の鋳型の手続きステップスクリプト
完全なセッションの終了の手続き セッションにおけるクライエントの努力に感謝を述べる。時間が残っていれば，セッションでどのようなことが起こったかに対しての気づきを話し合うように促す。また適切なら，クライエントが言及しなかったが，観察された変化，進歩について簡単に触れる。 「今日はよくやりました。今，どんな感じですか」
以下のことを簡単に説明し，クライエントに記録を求める 「私たちが今日行った処理は，セッション後も続くかもしれません。あなたは新しい洞察，考え，記憶，身体感覚，夢に気づくかもしれませんし，気づかないかもしれません。あなた自身の日常に変化を感じるかもしれません。私たちが，今日のセッションに対するあなたの反応を評価する助けになるので，次回までに気づくことを記録してください。不快なことがあれば今週一緒にやってきたエクササイズ _____ を練習することを忘れないでください。あなたの記録について次回話し合い，私たちのワークを続けましょう。次のセッションまでに何か知らせなければならない，もしくは追加の援助が必要な緊急事態が起こった場合，電話してください」

BLS（Bilateral Stimulation：両側性刺激），SUD（Subjective Units of Disturbance：自覚的苦痛単位）
From *EMDR Institute Training Manual*, by F. Shapiro,（January, 2008 & January, 2005），Watsonville, CA：EMDR Institute. Copyright 2008, 2005 by EMDR Institute. Adapted with permission. From *Eye Movement Desensitization and Reprocessing*：*Basic Principles, Protocols, and Procedures* by F. Shapiro, 2001, NY：Guilford Press. Copyright 2001 by Guilford Press. Adapted with permisson.

表 B-12

肯定的な鋳型の手続きステップスクリプト

肯定的なターゲット

過去および現在のターゲットが処理されたことを確認して，さらに必要な心理教育あるいはスキルの獲得を行った後，自分が新しいまたは向上した戦略，あるいは能力を用いているという肯定的な未来の状況を想像するように，クライエントに求める。多くの段階を含む未来の状況に関しては，それぞれ別のものとして一連の肯定的鋳型の中で扱ってもよい。

肯定的認知（PC）

「自分が将来その状況にあると想像するとき（または，そういう努力をしているとき），自分自身に関してどんなことを信じたいですか」

PC：

肯定的なイメージ

「この状況で，考えたい，振る舞いたい，感じたいと思っている通り，正確に想像して下さい。（もしくは，そういう努力をしているとき）最初から最後までできる限り詳細に想像して下さい。最後まで行ったら教えてください」

肯定的なリハーサル

クライエントが最初から最後まで肯定的なリハーサルの報告をしたら，肯定的認知の植えつけを用いて，視覚化（Visualization）を続ける。

否定的な侵入

もしクライエントが，**強度の**不快な思考，感覚，イメージあるいは衝動に苦痛を感じていると報告すれば，まず，それらが適切なのか，あるいはさらなる心理教育やスキル習得が必要であるかと考える。もし SUD が 4 以下なら，肯定的な鋳型に戻る前に標準的な未来の鋳型にシフトすることを考慮し，これらの問題を解決しておく。SUD が 5 以上の場合は，感情および，ソマティックな，もしくは防衛衝動の架け橋技法を使い，未解決な記憶や引き金を同定する。そしてこれらを，肯定的な鋳型に戻る前に，標準的な EMDR の再処理のスクリプトで処理する。
比較的軽度な不快な思考，感覚，イメージあるいは衝動（SUD が 1 か 2）に対しては，「挑戦」としてむしろ歓迎する。クライエントに，以前に植えつけた一つもしくはそれ以上の資源を確認するように伝える。これらには，手がかり語をくり返すことによってアクセスする。クライエントに不快なものが身体のどこにあるか位置づけるように求める。クライエントに資源（複数のこともある）を心にとめている間に感じることに気づいているよう求める。そして，短いセットの両側性刺激をいくつか加える。重要でない苦痛が解消したら，肯定的な資源の視覚化に戻る。もし，重要でないクライエントの混乱が改善しなければ，標準的な未来の鋳型に移行するか，感情の架け橋，ソマティックな架け橋，もしくは防衛衝動の架け橋技法を使い，未解決な記憶や引き金を同定する。これらを，肯定的な鋳型に戻る前に，標準的な EMDR の再処理のスクリプトで処理する。
否定的な侵入がなくなれば，植えつけの視覚化を続ける。

肯定的な認知の植えつけに伴う肯定的な視覚化

「これから眼球運動（もしくはタッピング，音）を始めます。これらの肯定的な言葉 ＿＿＿＿＿（私は，で始まる肯定的認知をくり返す）について考えて下さい。そしてもう一度あなたがその状況でどうなりたいか，どう振る舞いたいか，最初から最後までできるだけ詳細に，正確に想像してください。そして最後まできたら教えてください」

必要であれば追加のステップや状況をくり返す。

付録 B　治療計画立案と記録のためのスクリプトおよび書式

表 B-13

資源の開発と植えつけを使った新しいアイデンティティの強化手続きステップスクリプト

(1) EMDR セラピーで獲得した強みを同定するためにクライエントを導く。これには，クライエントが書いた記録を声に出して読んでもらうことも含む。クライエントに，獲得したい資源，新しいコーピングスキルや対人関係を表すリストや雑誌や写真の切り抜きで作ったコラージュ，ウェブで見つけた素材などを用意してもらうこともできる。最初は，順番に焦点を当てていけばよい。この手順の最後に，これらの資源は一緒に組み込まれる。

(2) 「一連の EMDR セラピーのなかで得られた成果について考えてください。あなたは，あなたに新しい自己感覚や対処能力を与えることとなった，どのような資源や能力を発見し，または取り戻しましたか」（これらを可能であれば三つ以上〈①，②，③〉列挙する。最初は，一つでも同定できればよい。次にステップ（4）まで進める。そして，戻ってきて二つ目，さらにその後戻ってきて，三つ目を同定する）

① _____

② _____

③ _____

「あなたがその資源やスキルや強さを経験したときのことや，その状況を説明してください」

① _____

② _____

③ _____

(3) 「どんなイメージが最もよくこの状況や，あなたが見つけた資源を表しますか」

① _____

② _____

③ _____

「それをあなたは身体のどこに感じますか」

① _____

② _____

③ _____

(4) 「では，そのイメージに焦点を当てて，あなたが身体のどこで感じているかに気づいてください。そして，私の指（もしくは，光，タッピング，音）を追ってください」
（6〜12往復の両側性刺激を 1 セット追加する）
「今，あなたの身体の中で何に気づきますか」

① _____

② _____

③ _____

「この資源を思い出すのに役立つ言葉やフレーズを教えてください」

① _____

② _____

③ _____

（3 セット目の 6〜12 往復の両側性刺激を行う）
「あなたが身体の中でそれを感じるところに焦点を当てて，その言葉やフレーズをくり返しながら追ってください」

(5) ステップ（2）〜（4）を他の二つの資源を用いてくり返す。そしてステップ（6）へ進む。

表 B-13（つづき）

資源の開発と植えつけを使った新しいアイデンティティの強化手続きステップスクリプト

⑹「このセッションで見つけたすべての資源に焦点を当ててください。あなたがそれらの資源を身体のどこに感じるかに気づいてください。それぞれについての単語，フレーズをくり返してください」
　（6〜12 往復の両側性刺激を加える）

　「もう一度指を追ってください」

　「今，あなたの身体の中で何に気づきますか」
　「さあ，あなたが初めに同定した未来のその状況（複数のこともある）や問題（複数のこともある）に取り組むとき，これらの肯定的な感覚に気づいてください」（6〜12 往復の両側性刺激を加える）

　「また，指を追ってください」

　「今，何に気づきますか。または感じますか」

⑺「これらの資源や能力が今ではあなたの一部になっていることや，あなたがこの部屋を出ていくときには，それらを持ち帰るということをじっくり受けとめ味わってください。それらがあなたの内に流れ込んでくるのを思い浮かべ，感じてください」（6〜12 往復の両側性刺激を加える）

　「また，指を追ってください」

　「今，何に気づきますか。または感じますか」

付録 B　治療計画立案と記録のためのスクリプトおよび書式

表 B-14

EMDR セラピーケース質問フォーム

ケースについて，EMDR セラピーの適用に関する相談があれば，下記の質問に答えてください。あなたには，クライエントから個人情報の共有についての文書許可を取得する責任，および，個人が特定できないようにデータを改変する責任があることに留意してください。

臨床家のデータ
臨床家の名前：＿＿＿＿＿＿＿＿＿＿
職場，免許について記してください：＿＿＿＿＿＿＿＿＿＿＿＿＿＿＿＿＿
EMDR セラピートレーニング前の理論的オリエンテーションを記してください：＿＿＿＿＿＿＿＿＿＿＿＿＿＿＿
EMDR トレーニング状況を記入してください：トレーニング中，ベーシックトレーニング修了，上級トレーニング中，EM-DRIA 認定セラピスト＿＿＿＿＿＿＿＿＿＿＿＿＿＿＿＿
EMDR セラピーの治療経験年数＿＿＿＿　トレーニング修了年＿＿＿＿　症例数＿＿＿＿＿＿＿＿＿＿＿＿
コンサルテーションのなかであなたが取り組みたいこの症例に関する課題をチェックしてください。
☐ 診断の明確化　　　　　　　☐ 解離の程度の明確化　　　　☐ ケース概念化
☐ 愛着構造　　　　　　　　　☐ ターゲットの選択／順番　　☐ 安定化の方法
☐ 解離性恐怖の低減　　　　　☐ 防衛の再構成　　　　　　　☐ 転移の問題
☐ 再処理の問題の克服　　　　☐ 薬物乱用／誤用の扱い

クライエントのデータ
仮名か ID：＿＿＿＿＿＿＿＿＿＿
主訴（期間，重症度，症状の軽減があったかを含む）：
＿＿＿＿＿＿＿＿＿＿＿＿＿＿＿＿＿＿＿＿＿＿＿＿＿＿＿＿＿＿＿＿＿＿＿＿＿＿
＿＿＿＿＿＿＿＿＿＿＿＿＿＿＿＿＿＿＿＿＿＿＿＿＿＿＿＿＿＿＿＿＿＿＿＿＿＿
クライエントの治療ゴール：＿＿＿＿＿＿＿＿＿＿＿＿＿＿＿＿＿＿＿＿＿＿＿
年齢：＿＿＿＿　　性別：＿＿＿＿　　未婚・既婚：＿＿＿＿＿　　民族的背景：＿＿＿＿＿＿＿
現在同居の家族（家族メンバー，配偶者など）：
＿＿＿＿＿＿＿＿＿＿＿＿＿＿＿＿＿＿＿＿＿＿＿＿＿＿＿＿＿＿＿＿＿＿＿＿＿＿
社会支援システム：＿＿＿＿＿＿＿＿＿＿＿＿＿＿＿＿＿＿＿＿＿＿＿＿＿＿＿＿＿
愛着構造の仮説：
母＿＿＿＿　　　父＿＿＿＿　　　人生早期の他の人物＿＿＿＿
最初の恋愛対象＿＿＿＿＿＿　　　2 番目の恋愛対象＿＿＿＿＿＿
最後の恋愛対象＿＿＿＿＿＿　　　現在の恋愛対象＿＿＿＿＿＿

（成人愛着スタイル：安定型・拒絶回避型・とらわれ型・混乱型）
クライエントの過去および現在の問題，トラウマ的な出来事，法律上の問題など生活史の概要：
＿＿＿＿＿＿＿＿＿＿＿＿＿＿＿＿＿＿＿＿＿＿＿＿＿＿＿＿＿＿＿＿＿＿＿＿＿＿
＿＿＿＿＿＿＿＿＿＿＿＿＿＿＿＿＿＿＿＿＿＿＿＿＿＿＿＿＿＿＿＿＿＿＿＿＿＿
既往歴（母親の妊娠中，幼少期，思春期，成人後を含む）：
＿＿＿＿＿＿＿＿＿＿＿＿＿＿＿＿＿＿＿＿＿＿＿＿＿＿＿＿＿＿＿＿＿＿＿＿＿＿
＿＿＿＿＿＿＿＿＿＿＿＿＿＿＿＿＿＿＿＿＿＿＿＿＿＿＿＿＿＿＿＿＿＿＿＿＿＿
自我の強さ，ストレス対処能力，自己容量を含む資源：
＿＿＿＿＿＿＿＿＿＿＿＿＿＿＿＿＿＿＿＿＿＿＿＿＿＿＿＿＿＿＿＿＿＿＿＿＿＿
＿＿＿＿＿＿＿＿＿＿＿＿＿＿＿＿＿＿＿＿＿＿＿＿＿＿＿＿＿＿＿＿＿＿＿＿＿＿
＿＿＿＿＿＿＿＿＿＿＿＿＿＿＿＿＿＿＿＿＿＿＿＿＿＿＿＿＿＿＿＿＿＿＿＿＿＿
過去の治療歴および診断：
＿＿＿＿＿＿＿＿＿＿＿＿＿＿＿＿＿＿＿＿＿＿＿＿＿＿＿＿＿＿＿＿＿＿＿＿＿＿
過去の治療に対する反応性（肯定的，否定的を含めて）：
＿＿＿＿＿＿＿＿＿＿＿＿＿＿＿＿＿＿＿＿＿＿＿＿＿＿＿＿＿＿＿＿＿＿＿＿＿＿
現在の診断および医学的健康状態：
＿＿＿＿＿＿＿＿＿＿＿＿＿＿＿＿＿＿＿＿＿＿＿＿＿＿＿＿＿＿＿＿＿＿＿＿＿＿
＿＿＿＿＿＿＿＿＿＿＿＿＿＿＿＿＿＿＿＿＿＿＿＿＿＿＿＿＿＿＿＿＿＿＿＿＿＿

表 B-14（つづき）

EMDR セラピーケース質問フォーム

解離のスクリーニング
DES II 平均スコア：＿＿＿＿＿　　　　DES II Taxon 可能性スコア：＿＿＿＿＿
SDQ 20 もしくは SDQ 5 スコア：＿＿＿＿＿　　　　解離多次元尺度スコア：＿＿＿＿＿
解離症状の特徴，重症度：＿＿＿＿＿＿＿＿＿＿＿＿＿＿＿＿＿＿＿＿＿＿＿＿＿
＿＿＿＿＿＿＿＿＿＿＿＿＿＿＿＿＿＿＿＿＿＿＿＿＿＿＿＿＿＿＿＿＿＿＿＿＿＿＿

既知の人格のパーツ（ANP と EP）を一覧にし，組織だった方法（たとえば，会議室）で特定されたのか，自発的に現れたのかを記してください：
＿＿＿＿＿＿＿＿＿＿＿＿＿＿＿＿＿＿＿＿＿＿＿＿＿＿＿＿＿＿＿＿＿＿＿＿＿＿＿
＿＿＿＿＿＿＿＿＿＿＿＿＿＿＿＿＿＿＿＿＿＿＿＿＿＿＿＿＿＿＿＿＿＿＿＿＿＿＿
＿＿＿＿＿＿＿＿＿＿＿＿＿＿＿＿＿＿＿＿＿＿＿＿＿＿＿＿＿＿＿＿＿＿＿＿＿＿＿

過去および現在の安定性
アルコール，薬物，暴力的衝動，暴力行動，自傷行為，自殺念慮，自殺衝動，自殺企図，セックス依存，買い物依存など，衝動のコントロールに関する問題：
＿＿＿＿＿＿＿＿＿＿＿＿＿＿＿＿＿＿＿＿＿＿＿＿＿＿＿＿＿＿＿＿＿＿＿＿＿＿＿
＿＿＿＿＿＿＿＿＿＿＿＿＿＿＿＿＿＿＿＿＿＿＿＿＿＿＿＿＿＿＿＿＿＿＿＿＿＿＿
＿＿＿＿＿＿＿＿＿＿＿＿＿＿＿＿＿＿＿＿＿＿＿＿＿＿＿＿＿＿＿＿＿＿＿＿＿＿＿

治療計画
全体的な治療計画，これまでの治療期間，治療による効果，予想される治療期間：
＿＿＿＿＿＿＿＿＿＿＿＿＿＿＿＿＿＿＿＿＿＿＿＿＿＿＿＿＿＿＿＿＿＿＿＿＿＿＿
＿＿＿＿＿＿＿＿＿＿＿＿＿＿＿＿＿＿＿＿＿＿＿＿＿＿＿＿＿＿＿＿＿＿＿＿＿＿＿

安定化や自我強化に対する反応：落ち着く（安全な）場所，RDI，現在のオリエンテーションと安全性についてのコンスタントな植えつけ（CIPOS）など。
これまで行った安定化の方法および，それに対する反応を記してください：＿＿＿＿＿＿＿＿＿＿＿＿＿＿＿＿＿
＿＿＿＿＿＿＿＿＿＿＿＿＿＿＿＿＿＿＿＿＿＿＿＿＿＿＿＿＿＿＿＿＿＿＿＿＿＿＿
＿＿＿＿＿＿＿＿＿＿＿＿＿＿＿＿＿＿＿＿＿＿＿＿＿＿＿＿＿＿＿＿＿＿＿＿＿＿＿
＿＿＿＿＿＿＿＿＿＿＿＿＿＿＿＿＿＿＿＿＿＿＿＿＿＿＿＿＿＿＿＿＿＿＿＿＿＿＿

落ち着く（安全な）場所および RDI に対する反応
資源 1：＿＿＿＿＿＿＿＿＿＿＿＿
両側性刺激に対する反応：＿＿＿＿＿＿＿＿＿＿＿＿＿
資源 2：＿＿＿＿＿＿＿＿＿＿＿＿
両側性刺激に対する反応：＿＿＿＿＿＿＿＿＿＿＿＿＿

EMDR の再処理に対する反応
これまでに再処理したターゲットの数とその結果を記述してください。追加のターゲットに応じてこの部分をコピーして使用。
ターゲット：＿＿＿＿＿＿＿＿＿＿＿ 過去；＿＿＿＿＿＿＿＿＿＿＿ 現在；＿＿＿＿＿＿＿＿＿＿＿ 未来
ターゲットの状況：＿＿＿＿＿＿＿＿＿＿＿＿＿＿＿＿＿＿＿＿＿＿＿＿＿＿＿＿＿
イメージ：＿＿＿＿＿＿＿＿＿＿＿＿＿＿＿＿＿＿＿＿＿＿＿＿＿＿＿
NC：＿＿＿＿＿＿＿＿＿＿＿＿＿＿＿＿＿＿＿＿＿＿＿＿＿＿＿
PC：＿＿＿＿＿＿＿＿＿＿＿＿＿＿＿＿＿＿＿＿＿＿＿＿
VoC：＿＿＿＿＿＿＿＿＿＿　　　　感情：＿＿＿＿＿＿＿＿＿＿＿　　　　SUDs：＿＿＿＿＿
身体感覚を感じる場所：＿＿＿＿＿＿＿＿＿＿＿＿＿＿＿＿＿＿＿＿＿＿＿＿＿
セッション終了時　SUDs：＿＿＿＿＿　　　　VoC：＿＿＿＿＿＿＿　　ボディスキャン
セッションは　完全だった ＿＿＿＿＿；不完全だった
最終の PC ＿＿＿＿＿＿＿＿＿＿＿＿＿＿＿＿＿＿＿＿＿＿

再評価（フォローアップセッション）
再処理セッション後にクライエントの機能が変化したら，観察されたものであれ，語られたものであれ記述してください。
＿＿＿＿＿＿＿＿＿＿＿＿＿＿＿＿＿＿＿＿＿＿＿＿＿＿＿＿＿＿＿＿＿＿＿＿＿＿＿
＿＿＿＿＿＿＿＿＿＿＿＿＿＿＿＿＿＿＿＿＿＿＿＿＿＿＿＿＿＿＿＿＿＿＿＿＿＿＿
＿＿＿＿＿＿＿＿＿＿＿＿＿＿＿＿＿＿＿＿＿＿＿＿＿＿＿＿＿＿＿＿＿＿＿＿＿＿＿

Adapted from Forgash and Leeds (1999).

付録C

◇◇

用語集

編み込み（interweaves）　記憶ネットワークの統合と肯定的な治療成果を促進するために，EMDR 再処理中に，クライエントの適応的記憶ネットワーク（一般的には成人の視点）に意図的にアクセスすること。

意味記憶（semantic memory）　事実，思考，意味，概念に関する一般的な知識。宣言的記憶または顕在的記憶の 2 種類のうちの一つ（エピソード記憶〈episodic memory〉と宣言的記憶〈declarative memory〉も参照）。

イメージ曝露（imaginal exposure）　**持続性曝露**療法において，恐怖状況に直接直面するのが安全または可能でない場合に，クライエントはその恐怖対象の画像または状況を想像することに専念するように求められる。

インデックストラウマ（index trauma）　急性ストレス障害または PTSD の明白な症状を引き起こしている際立ったトラウマ経験。この経験に関連する症状は，インテーク時の主訴の主要問題となる。病因的経験（etiological experiences）も参照。

エピソード記憶（episodic memory）　自伝的な出来事（時間／場所／関連する感情／およびその他の文脈，何がいつ，どこで，なぜといった知識）として顕在的に記憶されている。宣言的記憶または顕在的記憶の 2 種類のうちの一つ（意味記憶〈semantic memory〉と宣言的記憶〈declarative memory〉を参照）。

感情の架け橋（affect bridge）　Watkins（1971, 1990）が最初に述べた催眠分析的技法。現在の感情経験からの連想によって，病因となるまたは寄与的な初期経験を特定するために用いる。

完了したセッション（completed session）　SUD が 0，VoC が 7，ボディスキャンが中立的または肯定感のみの状態で完了した EMDR 再処理セッション。

記憶ネットワーク（memory networks）　Shapiro（2001）の AIP モデルの一要素であり，情報が記憶の五つの側面（映像，思考・音，身体感覚，感情，信念）に貯蔵されているとする。Leeds（2001）は記憶ネットワークの第 6 の要素として，「行為，衝動，および状態」を提唱した。

機能不全的に貯蔵された外受容性の情報（exteroceptive-dysfunctionally stored information：E-DSI）　機能不全的に貯蔵された外受容性の自伝的記憶（不利益な人生経験やトラウマ体験を含む）に関する記憶ネットワークを指す。

機能不全的に貯蔵された内受容性の情報（interoceptive-dysfunctionally stored information：I-DSI）　情緒的，行動的，および対人的な自己調整／自己認知／ボディイメージ／および防衛，感情耐性，トラウマに影響された心的行動についての恐怖症，パーソナリティのその他のパートに対しての恐怖症を含む主に内受容性の情報。

逆制止（reciprocal inhibition）　Wolpe（1954）が提唱した，二つの相反的な反応（リラクセーションと不安）は共存できないという原理。

脅威刺激（threat cues）　外界からの感覚刺激および身体内部の知覚で，人生初期のつらい体験やその記憶のために生じている不適応的な機能不全反応を誘発する。

恐怖構造（fear structures）　Lang（1977, 1979）が最初に提唱した不安を定義するためのモデルで，生理学的活動，顕在行動，主観的報告の三つのシステムにおける行動反応を含む。

寄与経験（contributory experiences）　臨床症状の直接原因となった可能性はなさそうだが，脆弱性因子の増大，またはその後起こる**病因的経験**に対する不適応反応に強く影響しているような経験。

グラウンディング（grounding）　身体的感覚としてのグラウンディングとは，バランス感と安心感をもたらし，機敏な動きを可能にする下半身（骨盤，脚，足首，足）の安定（alignment）と平衡感覚のダイナミックなプロセスを指す。イメージ上の経験としてのグラウンディングとは，下半身と地球との間に何らかのエネルギー的感覚を行ったり来たりさせることを指す。

現在化（presentification）　身体外部と内部の両方の環境を意識して現時点におり，行動することを指す。身体とも外部環境とも接触欠如となる脱-現在化（de-presentification）と対照的である。グラウンディング（grounding）も参照。

現在への方向づけと安全感の一貫した植えつけ（Constant Installation of Present Orientation and Safety：CIPOS）　現在への方向づけと安全感の一貫した植えつけ（Knipe, 2014）とは，構造的解離を伴うクライエントが現在における安全感を増し，解離している素材との短時間の接触が可能となる，EMDR セラピーにおける代替的な手法。

合意モデル（consensus model）　Janet の**段階モデル**に基づくトラウマに対する治療法。

肯定的鋳型（positive template）　パフォーマンス向上のための EMDR セラピーの手続き。心理的リハーサルによってパフォーマンスを向上させる。恐怖症的回避や重大な障害は含まず，否定的認知を用いない点などで，未来の鋳型とは異なる。

肯定的なチャンネルの終了（positive channel ends）　DESNOS を処理するための**反転プロトコル**とともに Hofmann（2010）によって提唱された用語。再処理が連続的に効果を出すための十分な適応的記憶ネットワーク（資源）が利用可能であることが前提。最初に高い SUD のターゲットから始め，そのチャンネルの終わりにきたときには，積極的に強化された適応的連想に至るようにする。ターゲット記憶に戻り，別の障害的要素が残っていないか確認するのは，その後の作業となる。

行動システム（action systems）　進化に根ざした 7 種の神経生物学的情動的回路。ほ乳類に共通であり，人間の行動と意識の基礎である（Panksepp, 1998；Panksepp & Biven, 2012）。

サッケード眼球運動（saccadic eye movement）　注視ポイントを突然変化させる素早い弾道的な眼球運動。通常，読書中や，部屋の周囲を眺めるとき，またはレム睡眠中に起こる。自発的にもできるが無意識のうちにしばしば行われる。サッケード眼球運動は 15～100 ms[54] の間に起こる目標の位置の変化に適応できないため，弾道的（ballistic）と呼ばれる（Purves et al., 2001）。

試金石記憶（touchstone memory）　Shapiro（1995, 2001）が提案した用語で，特定の症状を引き起こす原因や寄与的要因となると推定される不適応性の，幼少期または思春期の記憶を指す。

資源の開発と植えつけ（Resource Development and Installation：RDI）　EMDR セラピーの準備段階や，クライエントのパフォーマンス向上のために最も一般的に使用される，自我強化や技能強化のための手続き。特定の肯定的イメージあるいは記憶および関連した肯定的体感を，標準的な EMDR 再処理法よりも少々遅い，かつ，1 セットあたりの往復回数が少ない（典型的には 6～12 回）両側性眼球運動，または代替の両側性刺激と組み合わせて用いる（Korn & Leeds, 2002；Leeds, 1997, 1998a, 2001）。

---

†54　1 ms（ミリ秒）は 1/1000 秒。

付録 C　用語集

視床皮質性不整脈（thalamocortical dysrhythmia：TCD）　視床と皮質間回路の機能不全。耳鳴り，末梢神経痛，パーキンソン病，トゥーレット症候群，PTSD，注意欠陥障害，片頭痛，統合失調症，不在発作などの，一連の神経および心理学的疾患に関与しているとされる（Lanius & Bergmann, 2014）。

持続性曝露法（prolonged exposure：PE）　PE はフラッディング法やインプロージョン療法（Stampfl & Levis, 1967）に基づいており，神経が刺激を受け続けられる時間は限られているという，消去の原理に基づいている。

失感情症（alexithymia）　他人に自分の感情を特定し，伝えることが困難な状態。

状態特異的記憶（state-specific memory）　Bower（1981）によって提唱された概念。状態特異的記憶は，①出来事が発生したときの，情動的または生理学的な状態によってコード化され，②同様の情動的または生理学的状態において容易に想起される。

情動処理（emotional processing）　最初に Rachman（1980）によって記述された概念。恐怖を想起するイメージに対し，より強い生理学的反応を生成することから始め，その後リラクセーションに起因するイメージをより鮮明にしていくことで，その恐怖の減少につなげる。

除反応（abreaction）　精神分析理論において，過去の経験を再体験することにより，感情的な緊張を浄化できるという理論。Pierre Janet による調和と統合の原理を支持する，William James らによって否定された。

随伴的応答（contingent responses）　人の感情的な表現に対応して，その場で臨機応変にケア提供者または他の人によって示される応答。

スムーズな追尾的眼球運動（smooth pursuit eye movement）　スムーズな追尾的眼球運動は，網膜の中心窩に動いている刺激を保持するように働く。眼球の自発的な追跡運動であり（弾道的な眼球運動〈サッケード EM〉よりも）はるかに遅い。高度に訓練された観察者だけが，移動する標的が無くても円滑な追尾的 EM を行うことができる。他の観察者は一般的にサッケード EM になる（Purves et al., 2001）。

宣言的記憶（declarative memory）　意識的に思い出すことができる記憶を指し，エピソード的または自伝的記憶と，事実や知識などの意味記憶を含む（非宣言的記憶〈non-declarative memory〉も参照）。

ソマティックな架け橋（somatic bridge）　Watkins（1971, 1990）が最初に述べた催眠分析的技法。現在の身体感覚から連想的に，早期の病因的経験や寄与体験を特定するために用いられる。

ターゲット（target）　標準的な EMDR セラピーおよび RDI の手続きにおいて，ターゲットとは対処されるべき特定の外受容性記憶のネットワークであり，過去における体験，現在の引き金（脅威刺激），または特定の時間や場所における将来の不安を指す。代替的な EMDR セラピー手続きにおいては，ターゲットは機能不全的に貯蔵されている内受容性の情報であり，防衛または解離性恐怖症などを指す（Gonzalez et al., 2012 b；Knipe, 2014）。

多重迷走神経理論（Polyvagal Theory）　Stephen Porges により提唱された理論。迷走神経または第 10 頭蓋神経の，機能的および進化的に異なる二つの神経枝を指す。①進化上の早期および，より原始的な背側迷走神経-固まり行動を媒介する，②進化上，より新しく発達した腹側迷走神経-対人コミュニケーションと自己鎮静化に結びついている（Porges, 2011）。

段階志向アプローチ（phase-oriented approach）　Janet（1889, 1977）が最初に提案した外傷後症候群の一般的な治療モデル。以下の 3 段階から成り立っている。①安定化と症状の軽減，②トラウマ性記憶の曝露および改変，③人格統合。

定位反応（orienting response：OR）　最初に Pavlov（1927）が「おや，何だ？」反射として記述し，後に Sokolov（1990）が二つの異なる段階を有すると記述した，精神生理学において最も徹底的に研究された話題。第一に，環境内の新奇刺激に対する警戒反応（交感神経の緊張増加），第二に，危険や脅威に直面することがない場合，刺激提

示にくり返し接しながら定位反応の低下（副交感神経の緊張増加）に至る馴化という二つの段階である。

適応的情報処理モデル（Adaptive Information Processing model：AIP model）　Francine Shapiro（2001）によって開発された理論モデル。標準的な EMDR セラピーの観察された効果を説明し，治療効果を予測するための理論。

トラウマ周辺解離（peritraumatic dissociation）　トラウマ経験時に起きる離人感，または非現実感を指す。

二重注意（dual attention）　EMDR セラピストの表情や声を伴うサッケード両側性眼球運動（saccadic）またはスムーズな追尾的両側性眼球運動に代表される現在の知覚と，過去のターゲット記憶やイメージに対し，比較的均等に意識を向けることができる**マインドフルネス**の状態。

認知の編み込み（cognitive interweaves）　interweaves を参照。

媒介変数（mediator）　「独立変数と従属変数との関係を統計的に説明できる可能性があるが，必ずしも変化がどのように起こったのかを説明するものではない。一つの介在変数（眼球運動 vs 非眼球運動実験条件など）である」（Kazdin, 2007）。

背側迷走神経反応（dorsovagal response）　進化論的に原始的な迷走神経枝として，爬虫類や両生類の生存戦略に関連し，脅威を感じると凍結し，代謝作用を保守するとされる（Porges, 2011）。ventral vagal response も参照。

パーソナリティの一見正常なパート（an apparently normal part of the personality：ANP）　van der Hart ら（2006）による定義。正常な日常生活のための行動システムの周りに組織されている，パーソナリティの構造的に分離された部分を指す。パーソナリティの情動的なパート（EP）も参照。

パーソナリティの情動的パート（an emotional part of the personality：EP）　van der Hart ら（2006）による定義。防衛のための行動システムの周りに組織された，パーソナリティの構造的に分離された部分を指す。パーソナリティの一見正常なパート（ANP）も参照。

半球抑制（hemispheric suppression）　幼児期に虐待やネグレクトを経験したクライエントに見られる，右半球がトラウマ記憶の想起中に左半球の活動を抑制し，左半球が肯定的記憶の想起中に右半球の活動を抑制する現象を指す（Rauch et al., 1996；Teicher et al., 1997；van der Kolk et al., 1996）。

反転プロトコル（inverted protocol）　Hofmann（2004, 2005, 2010）が述べた複雑性 PTSD の治療計画の一般的なアプローチであり，まず，自我強化と安定化のための EMDR セラピーの適用を行う。未来のターゲットから始め，次に現在へ移行し，肯定的な治療効果が十分達成されてから初めて過去の病因的経験と取り組む方法。

BLS　両側性刺激（bilateral stimulation）を参照。

非効果的な再処理（ineffective reprocessing）　再処理によっても適応的解決が自発的にもたらされず，臨床家が基本的な EMDR セラピーの手続きを超えたさらなる介入を行う必要がある場合。

非宣言的記憶（non-declarative memory）　潜在的に貯蔵されている「ハウツー」記憶，または手続き記憶とも呼ばれる。自転車の乗り方，靴ひもの結び方，知覚的な記憶などの無意識的記憶，およびトラウマ記憶を含んだ一連の条件づけ的経験を指す。

病因的経験（etiological experiences）　不適応的記憶ネットワークを作り出し，即時かつ明白な臨床的症候群を引き起こす，トラウマ性およびその他の逆境的な人生経験。

不完全なセッション（incomplete session）　SUD 評価は 1 以上，VoC の評価は 6 以下。または，セッション開始前には報告されなかったが，ターゲット素材に関連していると思われる否定的感覚が，ボディスキャンで残存し

388

ていると報告された状態。

複雑性 PTSD（complex PTSD）　　Herman（1992 a, 1992 b）が提案した，長期にわたりくり返されるトラウマに続く複雑な一連の症状。加害者による監禁や監視下（たとえば刑務所，強制収容所，奴隷労働，一部のカルト宗教団体，売春宿など）の状態におかれる経験によって生じる。一部の家庭でも生じる。他に特定されない極度のストレス障害（DESNOS）も参照。

腹側迷走神経反応（ventral vagal response）　　進化論的により新しい迷走神経枝として，対人コミュニケーションと自己鎮静行動に関連する。dorsovagal response（背側迷走神経反応）も参照。

プログレッシブ（漸進的）アプローチ（progressive approach）　　Gonzalez と Mosquera（2012）によって提唱され，開発された。**プログレッシブ（漸進的）アプローチ**は，修正版 EMDR セラピーを準備段階の初期に統合することで，複雑な解離性障害のクライエントのより成熟した統合機能，メタ認知的機能を高めることを目指す。また，同時に，トラウマ記憶への接近とその解消には滴定に基づいた EMDR セラピーを漸進的に適用していく。この**プログレッシブアプローチ**は，ISST-D（2011）治療ガイドラインの保守的モデルとは異なり，拡張された準備段階が完了するまで EMDR セラピーを延期することは提案していない。

ブロックされた反応（blocked responses）　　非効果的な再処理（ineffective reprocessing）を参照。

他に特定されない極度のストレス障害（disorders of extreme stress not otherwise specified：DESNOS）　*DSM-5*（APA, 2013）には含まれていないものの，*DSM-IV* において「PTSD に関連する特徴」として列挙され，六つの領域の症状からなる。①感情と衝動の調整，②注意または意識，③自己感覚（self-perception），④他者との関係，⑤身体化，⑥意味のシステム。「複雑性 PTSD」という用語と同義語として使用されることが多いが，DESNOS の基準を満たしているすべての人が PTSD の基準を満たしているわけではなく，その逆も同様。*DSM-5* には記載されなかったが，PTSD における可能な症状のリストに DESNOS の症状がいくつか追加された（Friedman, 2013；Jones & Cureton, 2014 の議論を参照）。

マインドフルネス（mindfulness）　　今の瞬間に起きている情動，思考，感覚に向けられた受容的な注意集中。仏教における修行の本質的な要素として，通常は呼吸，身体意識，思考（記憶を含む），感情，行動，および意識のマインドフルネスとして培われる。

未来の鋳型（future template）　　標準的 EMDR セラピーによる PTSD プロトコルの第 3 の分岐で，通常は過去記憶と現在の脅威刺激が解消されてから，未来の状態が焦点となる。

メカニズム（mechanism）　　観察された変化の主要因となっているプロセスまたは一連の出来事。

モデレーター（moderator）　　独立変数と従属変数間の関係の方向または大きさ（たとえば，Kazdan〈2007〉によるクライエントの状態に対する両側性眼球運動の影響）に影響を及ぼす特性（情動耐性不全または解離性障害など）を指す。

両側性刺激（bilateral stimulation）　　EMDR セラピーにおける，一般的に左右交互性の中性的な眼球運動を伴った感覚刺激，または軽い身体感覚刺激，または聴覚刺激の使用のこと。

389

参考情報

● EMDR セラピーのメタ分析

Bisson, J. I., Roberts, N. P., Andrew, M., Cooper, R., & Lewis, C. (2013). Psychological therapies for chronic post-traumatic stress disorder (PTSD) in adults. *Cochrane Database of Systematic Reviews (Online), 12*, CD003388. doi:10.1002/14651858.CD003388.pub4

Bradley, R., Greene, J., Russ, E., Dutra, L., & Westen, D. (2005). A multidimensional metaanalysis of psychotherapy for PTSD. *American Journal of Psychiatry, 162*, 214–227.

Davidson, P. R., & Parker, K. C. H. (2001). Eye movement desensitization and reprocessing (EMDR): A meta-analysis. *Journal of Consulting and Clinical Psychology, 69*, 305–316.

Jeffries, F. W., & Davis, P. (2012). What is the role of eye movements in eye movement desensitization and reprocessing (EMDR) for post-traumatic stress disorder (PTSD)? A review. *Behavioural and Cognitive Psychotherapy, 41*(3) 1–11. doi:10.1017/S1352465812000793

Lee, C. W., & Cuijpers, P. (2013). A meta-analysis of the contribution of eye movements in processing emotional memories. *Journal of Behavior Therapy and Experimental Psychiatry, 44*(2), 231–239. doi:10.1016/j.jbtep.2012.11.001

Lee, C. W., & Cuijpers, P. (2014). What does the data say about the importance of eye movement in EMDR? *Journal of Behavior Therapy and Experimental Psychiatry, 45*(1), 226–228. doi:10.1016/j.jbtep.2013.10.002

Maxfield, L., & Hyer, L. A. (2002). The relationship between efficacy and methodology in studies investigating EMDR treatment of PTSD. *Journal of Clinical Psychology, 58*, 23–41.

Rodenburg, R., Benjamin, A., de Roos, C., Meijer, A. M., & Stams, G. J. (2009). Efficacy of EMDR in children: A meta-analysis. *Clinical Psychology Review, 29*(7), 599–606. doi:10.1016/j.cpr.2009.06.008

Seidler, G. H., & Wagner, F. E. (2006). Comparing the efficacy of EMDR and trauma-focused cognitive-behavioral therapy in the treatment of PTSD: A meta-analytic study. *Psychological Medicine, 36*(11), 1515–22.

van Etten, M., & Taylor, S. (1998). Comparative efficacy of treatments for posttraumatic stress disorder: A meta-analysis. *Clinical Psychology and Psychotherapy, 5*, 126–144.

● EMDR セラピーのための治療ガイドライン一覧

【アメリカ合衆国のガイドライン】

American Psychiatric Association. (2004, 2010). *Practice guideline for the treatment of patients with acute stress disorder and posttraumatic stress disorder*. Retrieved from http://psychiatryonline.org/guidelines

California Evidence-Based Clearinghouse for Child Welfare. (2010). Trauma treatment for children. Retrieved from http://www.cebc4cw.org/program/eye-movement-desensitization-and-reprocessing/

Department of Veterans Affairs & Department of Defense. (2004). *VA/DoD treatment guidelines: Post traumatic stress disorder*. Retrieved from http://www.healthquality.va.gov/guidelines/MH/ptsd/

National Registry of Evidence-Based Programs and Practices. (2011). Retrieved from http://nrepp.samhsa.gov/ViewIntervention.aspx?id = 199

【国際的なガイドライン】

Australian Centre for Posttraumatic Mental Health. (2007). *Australian guidelines for the treatment of adults with acute stress disorder and posttraumatic stress disorder*. Melbourne, Australia: Author. Retrieved from http://phoenixaustralia.org/resources/ptsd-guidelines/

Bisson, J. I., Roberts, N. P., Andrew, M., Cooper, R., & Lewis, C. (2013). Psychological therapies for chronic post-traumatic stress disorder (PTSD) in adults. *Cochrane Database of Systematic Reviews (Online), 12*, CD003388. doi:10.1002/14651858.CD003388.pub4

Clinical Resource Efficiency Support Team. (2003). *The management of post traumatic stress disorder in adults*. Belfast, Ireland: Northern Ireland Department of Health, Social Services, and Public Safety.

Dutch National Steering Committee for Mental Health Care. (2003). *Multidisciplinary guideline anxiety disorders*. Utrecht, the Netherlands: Quality Institute Health Care CBO/Trimbos Institute.

Foa, E. B., Keane, T. M., Friedman, M. J., Cohen, J. A., & International Society for Traumatic Stress Studies. (2009). *Effective treatments for PTSD: Practice guidelines from the International Society for Traumatic Stress Studies* (2nd ed.). New York, NY: Guilford Press.

Institut National de la Santé et de la Recherche Médicale. (2004). *Psychotherapy: An evaluation of three approaches*. Paris, France: French National Institute of Health and Medical Research.

National Institute for Health and Clinical Excellence. (2007). *Post-traumatic stress disorder*. Retrieved from http://www.nice.org.uk/guidance/CG026

Sjöblom, P. O., Andréewitch, S., Bejerot, S., Mörtberg, E., Brinck, U., Ruck, C., & Körlin, D. (2003). *Regional treatment recommendation for anxiety disorders*. Stockholm, Sweden: Medical Program Committee/ Stockholm City Council.

United Kingdom Department of Health. (2001). *Treatment choice in psychological therapies and counseling: Evidence based clinical practice guideline*. London, England.

World Health Organization. (2013). *Guidelines for the management of conditions specifically related to stress*. Geneva: Author. Retrieved from http://www.who.int/mental_health/emergencies/stress_guidelines/en/ index.html

World Health Organization and United Nations High Commissioner for Refugees. (2013). *Assessment and management of conditions specifically related to stress: mhGAP intervention guide module* (version 1.0). Geneva, Switzerland: WHO. Retrieved from http://www.who.int/mental_health/emergencies/mhgap_ module_management_stress/en/index.html

● EMDR セラピーの研究と出版物のデータベース

EMDRIA Newsletter は，Andrew, M. Leeds, PhD. によって編集された研究コラムを出版している。そこでは，EMDR セラピーに関する最新の研究が一覧できる。コラムは季刊で，EMDR セラピーに関係のあるすべての雑誌論文の引用，要約，前刷り／別刷り情報を，それらの情報が利用可能な場合，掲載している。2005 年のコラムから，現在のコラムまでを，EMDRIA のウェブサイト http://www.emdria.org/?page=43 で入手することができる。

Francine Shapiro Library（FSL）は，適応的情報モデル（AIP）と EMDR セラピーに関連した学術論文や，他の重要な書物の管理センター（repository）である。FSL は，Dr. Barbara Hensley が EMDR 国際学会（EMDRIA）に対する貢献として創設した。FSL は以下のウェブサイトで入手することができる。https://emdria/ omeka.net/

Trauma Information Pages は，1989 年から 2005 年までの間の，EMDR セラピーに関連して出版されたすべての学術記事の包括的なリストを含んでいる。以下のウェブサイトで利用ができる。http://www. trauma-pages.com/s/emdr-refs.php.

● 標準化されたアセスメントツール

Trauma Assessment Packet は，Justice Resource Institute 内の the Trauma Center で入手できる。住所は，1269 Beacon Street, 1 st floor, Brookline, MA 02446, USA. 電話は，（617）232-1303 内線 204 である。料金と注文情報は次のウェブサイトで入手できる。https://www.traumacenter.org/products/instruments. php

The Adult Attachment Interview（AAI）Protocol の Mary Main による要約版は，AAI で用いられる 20 の質問を含んでいる。この要約版は，Stony Brook 大学心理学部の PhD である Everett Waters によって，次のウェブサイトで利用できるようになった。http://www.psychology.sunysb.edu/attachment/measures/content/aai_interview.pdf

アタッチメント研究に関する，広範囲にわたる追加情報が次のホームページで利用できる。http://www. psychology.sunysb.edu/attachment/

Adult Attachment Projective (AAP) は，次のウェブサイトで利用できる。http://www.attachment-projective.com/

Clinician-Administered PTSD Scale (CAPS) は，The National Center for PTSD もしくは Western Psychological Services (WPS) に問合わせすることで入手できる。また，次のウェブサイトから入手することもできる[†55]。http://www.mentalhealth.va.gov/MENTALHEALTH/ptsd/Assessment_instrument_request_form.asp www.wpspublish.com/

The Dissociative Disorders Interview Schedule (DDIS) は以下のウェブサイトで入手できる。http://www.rossinst.com/ddis.html

The Dissociative Experiences Scale-Ⅱ（DES-Ⅱ；Carlson & Putnam, 1993）は，以下に示すようないくつかの情報源から得ることができる。Oregon 大学の Scholar's Bank は，雑誌 Dissociation のすべてのバックナンバーを，無料の公共サービスとして提供している。DES-Ⅱ は，Carlson と Putnam（1993）の付録として含まれていて，次のウェブサイトから入手できる[†56]。https://scholarsbank.uoregon.edu/xmlui/handle/1794/1539

Sidran foundation は DES-Ⅱ を非常に安価で販売していて，次のウェブサイトから入手できる。http://www.sidran.org/shop/atools/dissociative-experiences-scale-ii/

DES taxon calculator は Waller と Ross（1997）によって作成され，International Society for the Study of Trauma and Dissociation（ISST-D）から，無料で手に入れることができる。入手できるのは次のウェブサイトからである。http://www.isst-d.org/default.asp?contentID=66

Impact of Events Scale-Revised (IES-R) は，心的外傷後ストレス障害（PTSD）における，侵入，回避，過覚醒症状を査定する，22 項目の自記式尺度である。これは次のウェブサイトで入手できる。http://www.swin.edu.au/victims/resources/assessment/ptsd/ies-r.html[†57]

Life Events Checklist for DSM-5 (LEC-5) は，記入者の人生において，潜在的にトラウマ的な出来事をスクリーニングするようにデザインされた，自記式尺度である。これは以下のウェブサイトから入手できる。http://www.ptsd.va.gov/professional/assessment/te-measures/life_events_checklist.asp

Maltreatment and Abuse Exposure Scale (MAES) は，10 種類の児童虐待にどの程度さらされたのかをアセスメントする，52 の質問で構成されている。これは，MAES のスコアリングをするための Excel スプレッドシートとともに，以下のウェブサイトからダウンロードできる。http://journals.plos.org/plosone/article?id=10.1371/journal.pone.0117423

Maltreatment and Abuse Chronology of Exposure (MACE) scale は，子ども時代のそれぞれの年にさらされた，10 種類の児童虐待の激しさを計測する，52 の質問で構成されている。これは，MACE のスコアリングをするための Excel スプレッドシートとともに，以下のウェブサイトからダウンロードできる。http://journals.plos.org/plosone/article?id=10.1371/journal.pone.0117423

Combat Exposure Scale (CES) は，兵士が戦争中に経験したストレッサーをアセスメントする，7 項目の自記式尺度である。これは National Center for PTSD の以下のウェブサイトからダウンロードできる。http://www.ptsd.va.gov/professional/assessment/te-measures/ces.asp

Inventory of Altered Self-Capacities (IASC) は，John Briere, PhD によって開発された。これは，PAR 株式会社 16204 North Florida Avenue, Lutz, FL 33549, USA 無料通話 1（800）727-9329，国際電話 1（813）961-2196 から入手できる。また，以下のウェブサイトからも入手可能である。http://www4.parinc.

[†55] 日本語版 CAPS（PTSD 診断用構造化面接）は，公認の講習を受けてから使用ができる。講習の情報はウェブ上で検索できる。
[†56] 日本語版 DES-Ⅱ（解離体験尺度Ⅱ）はウェブ上で無料で入手できる。
[†57] 日本語 IES-R（改訂出来事インパクト尺度）はウェブ上で無料で入手できる。

com/Products/Product.aspx?ProductID=IASC

Panic and Agoraphobia Scale (PAS) は，パニックと広場恐怖症状の程度をアセスメントする，14項目の自記式ツールであって，パニック（または広場恐怖を伴うパニック）の診断が行われた後に使うことを意図している。これは，Bandelow（1995）において得られる。また，無料のオンライン版が以下のウェブサイトで入手できる。http://psychology-tools.com/pas/

Fear Questionnarie (FQ；Marks & Mathews, 1979) は，一般的な恐怖症と，それに関連する症状を評価するための，34項目の自己採点式調査票である。これは以下のウェブサイトでダウンロードできる。http://at-ease.dva.gov.au/professionals/files/2012/11/FQ.pdf

Multidimentional Inventory of Dissociation (MID) は，Paul F. Dell 氏から入手することができる。氏の所属は，Trauma Recovery Center, 1709 Colley Avenue, Ste. 312, Norfolk, VA 23517 USA. である。MID のコピーをリクエストする人は，以下のものを受け取る。①MID，②Excel に基づいた MID スコアリングプログラム，③スコアリングプログラムの説明書，④MID ミニマニュアル。MID はパブリックドメインであって，すべてのメンタルヘルス専門家が，E メールでのリクエストで自由に（無料で）利用することができる。E メールアドレスは，PFDell@aol.com である。ISST-D の会員は，以下の会員ページ http://www.isst-d.org/ にて，直接リクエストするか，ダウンロードすることができる。

Psychotherapy Assessment Checklist (PAC) Forms (McCullough, 2001)，Pac Summary Form (McCullough, 1998)，そしてそれらの説明書 (McCullough, 2003) は，以下のウェブサイトで入手できる。http://affectphobiatherapy.com/forms/

Multimodal Life History Inventory は，Arnold A. Lazarus と Clifford N. Lazarus（1991），Research Press, 2612 North Mattis Avenue, Champaign, IL, 61821, USA 無料通話番号（800）519-2707，ウェブサイト https://www.researchpress.com/books/627/multimodal-life-history-inventory に問い合わせできる。

Schema Questionnaires のセットは，Jefferey Young, PhD によって開発された。これは以下のウェブサイトから，引用参考文献リストとともにダウンロードもしくは購入することができる。http://www.schema-therapy.com/

Somatoform Dissociation Questionnaire は以下のウェブサイトで入手できる。http://www.enijenhuis.nl/sdq.html

Structured Clinical Interview for DSM-Ⅳ Dissociative Disorders-Revised (SCID-D-R) は，American Psychiatric Publishing 株式会社，（703）907-7322，無料通話番号（800）368-5777 からか，以下のウェブサイトから入手できる。http://www.appi.org/home/search-results?findmethis=Marlene%20Steinberg&product=true

Symptom Checklist 90-R (SCL 90 R) と，Brief Symptom Inventory (BSI) は，Pearson Assessments から入手できる。無料通話番号（800）627-7271，ウェブサイト http://pearsonclinical.com/psychology/products/100000645/symptom-checklist-90-revised-scl90r.html および http://pearsonclinical.com/psychology/products/100000450/brief-symptom-inventory-bsi.html

Trauma Symptom Inventory-2 (TSI-2) は，John Briere, Ph. D によって開発された。これは，PAR 株式会社 16204 North Florida Avenue, Lutz, FL 33549, USA 無料通話番号 1（800）727-9329，国際電話番号 1（813）961-2196 から入手できる。また，以下のウェブサイトからも入手可能である。http://www4.parinc.com/Products/Product.aspx?ProductID=TSI-2

ISST-D。ISST-D の成人治療ガイドラインは以下のウェブサイトで入手できる。http://www.isst-d.org/default.asp?contentID=49

● 専門組織

EMDR International Association
    5806 Mesa Drive, Suite 360, Austin, TX 78731
    Telephone: 512-451-5200, toll-free in the United States: 866-451-5200
    Fax: 512-451-5256
    Email: info@emdria.org
    Website: http://www.emdria.org/

EMDR Europe Association
    P.O. Box 784, Hertfordshire AL2 3WY, UK
    Website: http://www.emdr-europe.org/
International Society for the Study of Trauma and Dissociation
    8201 Greensboro Drive, Suite 300, McLean, VA 22102
    Telephone: 703/610-903, fax: 703/610-9005
    Email: info@isst-d.org
    Website: http://isst-d.org
International Society for Traumatic Stress Studies (ISTSS)
    60 Revere Drive, Suite 500, Northbrook, IL 60062
    Telephone: 847-480-9028, fax: 847-480-9282
    Website: http://www.istss.org/
American Psychological Association (APA)
    750 First Street, NE, Washington, DC 20002-4242
    Telephone: (800) 374-2721 or (202) 336-5500
    Website: http://apa.org/

● 機器業者

"Genogram-Maker Millennium Software to accompany *Genograms：Assessment and intervention*" by McGoldrick, Gerson, and Petry（2008）（3rd ed.）. New York, NY：W. W. Norton & Company はジェノグラム作成用ソフトを販売しており，以下のサイトで購入できる。http://www.genogram.org/

"Institute of HeartMath"

　指または耳のセンサー経由でパルスデータを収集し，心拍情報を，コンピュータースクリーンやポケットサイズのモバイルデバイスに表示することができるデバイスやソフトウェアを販売している。

    14700 West Park Ave., Boulder Creek, CA 95006
    Telephone: (831) 338-8500
    Fax: (831) 338-8504
    E-mail: ihminquiry@heartmath.org
    Website: http://www.heartmath.org/

"NeuroTek Corporation"

　有資格の EMDR セラピーの訓練を受けた臨床家のために，両側性の視覚的・聴覚的・運動感覚的刺激を作り出す，Eyescan, Lapscan, Tac/AudioScan, CATScan を販売している。

    12100 W. 52nd Ave., Unit 116, Wheat Ridge, CO 80033
    Telephone: (303) 420-8680
    Fax: (303) 422-9440
    E-mail: emdrtools@neurotekcorp.com
    Website: http://neurotekcorp.com

"Go With That"

　EMDR セラピーのための，視覚的・聴覚的刺激を提供するためのソフトウェアツールを提供する。スク

リーンまたはプロジェクターが二つあると最もよく機能するが，単一スクリーンでも用いることができる。視覚的ターゲットや，聴覚的両側性刺激のトーンには，多くの異なったオプションが用意されている。触覚モードのオプションを用いるためには，追加のハードウェア購入が必要となる。

P.O. Box 2921, Denton, TX 76202
Telephone (940) 383-0711
E-mail: sales@GoWithThat.com
Website: http://gowiththat.com/

● コンサルテーションのサービス

【Skype.com】

スカイプ使用者には，無料の音声またはビデオカンファレンス，そして電話カンファレンスに対しても，低料金の電話サービス。すべてのコンピュータ OS で動作する。HIPAA[58] に準拠していない場合がある。

【http://vsee.com】

コンサルテーションや遠距離心理療法に適した，無料のビデオカンファレンスと，有料のビデオカンファレンス。有料サービスは HIPAA に準拠している。

【無料電話カンファレンス通話サービス】

FreeConferenceCall.com

FreeConference.com

【オンラインの文章，音声，動画ファイルの共有】

Box.net（無料のファイル共有サービスが利用できる）

Dropbox.com（無料のファイル共有サービスが利用できる）

Skydrive.live.com（無料のファイル共有サービスが利用できる）

● 脳と EMDR セラピーについて学ぶ

Brain Facts は，脳と神経システムに関する無料ダウンロード形式の書籍であり，Society for Neuroscience によって出版された。PDF，EPUB または MOBI の形式で利用できる。以下のウェブサイトで入手できる。http://www.brainfacts.org/about-neuroscience/brain-facts-book/

3D Brain は，iPhone，iPad そして Android の無料アプリであって，脳の重要な構造に関して，3 次元画像や，各部の名称，基礎的な情報を提供する。以下のウェブサイトで入手できる。http://www.g2conline.org/2022

【EMDR セラピー前後の脳画像】

Bergman, U. (2012). *Neurobiological foundations for EMDR practice*. New York, NY: Springer Publishing Company.

Pagani, M., Hogberg, G., Fernandez, I., & Siracusano, A. (2013). Correlates of EMDR therapy in functional and structural neuroimaging: A critical summary of recent findings. *Journal of EMDR Practice and Research, 7*(1), 29–38. doi:10.1891/1933-3196.7.1.29. Retrieved from http://www.ingentaconnect.com/content/springer/emdr/2013/00000007/00000001/art00003

Richardson, P., Williams, S. R., Hepenstall, S., Gregory, L., McKie, S., & Corrigan, F. (2009). A single-case

---

[58] Health Insurance Portability and Accountability：医療保険の携行性と責任に関する法律。個人の健康情報の守秘を策定している。

fMRI study EMDR treatment of a patient with posttraumatic stress disorder. *Journal of EMDR Practice and Research,* 3(1), 10–23. doi:10.1891/1933-3196.3.1.10. Retrieved from http://www.ingentaconnect .com/content/springer/emdr/2009/00000003/00000001/art00002

● トラウマと治療に関する資源

【逆境的な子ども時代の体験についての研究】

Kaiser Permanente's Department of Preventive Medicine in San Diego, California と，U. S. Centers for Disease Control and Prevention との間で現在進行中の共同研究により作成された，逆境的な子ども時代の体験の，成人の健康とウェルビーングに対する影響に関する無料プリント資料が提供されている。以下のウェブサイトで入手することができる[†59]。http://www.acestudy.org

【The Child Trauma Academy Library】

確実な情報資源として，Office of Disease Prevention と，Health Promotion of the U. S. Department of Health and Human Services によって認められた，子ども時代のトラウマに関連するさまざまな資料を提供している。以下のウェブサイトで利用できる。http://childtrauma.org/cta-library/

脳，人，社会に対する，子ども時代のトラウマの影響および，愛着に関する無料のオンライン講座。以下のウェブサイトで利用できる。http://childtraumaacademy.com/

【The National Child Traumatic Stress Network】【Learning Center for Child and Adolescent Trauma】

子ども時代のトラウマが発達に与える衝撃，複雑性トラウマのアセスメントと治療，そして自然災害後の子どもと家族の治療に関する Continuing Education Units (CEUs) のクレジットが付く，無料のオンライン講座。Center for Mental Health Services (CMHS)，Substance Abuse and Mental Health Services Administration (SAMSHA)，U. S. Department of Health and Human Services らによって資金提供がされており，University of California と Los Angels and Duke University が共同でコーディネートしている。以下のウェブサイトで利用できる。http://learn.nctsn.org/

【The Sidran Traumatic Stress Institute, Inc.】

The Sidran Traumatic Stress Institute 株式会社（正式には，The Sidran Foundation）は，人々がトラウマ的なストレス（PTSD を含む），解離性障害，そして，嗜癖，自傷，自殺傾向といったような併発する問題を理解し，そこから回復し，治療することを援助する。書籍，ビデオ，アセスメントツール，ニュースレター，CE と CME の家庭学習プログラムが出版され，提供されている。専門家とスーパーバイザーに対して，優れた，無料ウェブサイトベースの資源が提供されている。治療についての情報や照会も得られる。

200 East Joppa Road, Suite 207, Baltimore, MD 21286-3107　USA

以下のウェブサイトで利用できる。http://www.sidran.org

【The Trauma Information Pages】

賞を獲得したウェブサイトである。豊富な学術的資源とサポート資源を臨床家，クライエントおよびその家族に提供し，EMDR セラピー研究の出版目録，論文の全文掲載，他の上質なウェブサイトへのリンクも含んでいる。以下のウェブサイトで利用できる。http://www.trauma-pages.com/

[†59] 関連図書として Nakazawa, D. J. (2015) ＝清水由貴子訳 (2018) といった邦訳書がある。邦訳文献 (p.431 参照)。

文　　献

Abbasnejad, M., Mahani, K. N., & Zamyad, A. (2007). Efficacy of "eye movement desensitization and reprocessing" in reducing anxiety and unpleasant feelings due to earthquake experience. *Psychological Research, 9*(3–4), 104–117.

Abreaction. (2007, November 10). In *Wikipedia, the free encyclopedia.* Retrieved December 1, 2007, from http://en.wikipedia.org/w/index.php?title = Abreaction&oldid = 170595413

Adler-Tapia, R., & Settle, C. (2008). *EMDR and the art of psychotherapy with children.* New York, NY: Springer.

Adshead, G. (2000). Psychological therapies for post-traumatic stress disorder. *The British Journal of Psychiatry, 177*, 144–148.

Ahmad, A., Larsson, B., & Sundelin-Wahlsten, V. (2007). EMDR treatment for children with PTSD: Results of a randomized controlled trial. *Nordic Journal of Psychiatry, 61*(5), 349–354.

Ainsworth, M. D., Blehar, M. C., Waters, E., & Wall, S. (1978). *Patterns of attachment: Assessed in the strange situation and at home.* Hillsdale, NJ: Lawrence Erlbaum.

Allami, N., Paulignan, Y., Brovelli, A., & Boussaoud, D. (2008). Visuo-motor learning with combination of different rates of motor imagery and physical practice. *Experimental Brain Research, 184*(1), 105–113.

Allen, J. G. (2003). Mentalizing. *Bulletin of the Menninger Clinic, 67*, 91–112.

Altmaier, E. M. (2002). EMDR: Past, present and future. *Clinician's Research Digest, 20*(6), 5.

American Association for Marriage and Family Therapy. (2015). *AAMFT code of ethics.* Retrieved August 13, 2015, from http://aamftca.org/code-of-ethics/

American Psychiatric Association. (1980). *Diagnostic and statistical manual of mental disorders* (3rd ed.). Washington, DC: Author.

American Psychiatric Association. (1994). *Diagnostic and statistical manual of mental disorders* (4th ed.). Washington, DC: Author.

American Psychiatric Association. (1998). Practice guideline for the treatment of patients with panic disorder. *American Journal of Psychiatry, 155*(5 Suppl.), 1–34.

American Psychiatric Association. (2000). *Diagnostic and statistical manual of mental disorders* (4th ed.). Washington, DC: Author.

American Psychiatric Association. (2004). *Practice guideline for the treatment of patients with acute stress disorder and posttraumatic stress disorder.* Arlington, VA: American Psychiatric Association Practice Guidelines.

American Psychiatric Association. (2013). *Diagnostic and statistical manual of mental disorders: DSM-5* (5th ed.). Washington, DC: Author.

American Psychological Association, Working Group on Investigation of Memories of Childhood Abuse. (1998). Final conclusions of the American Psychological Association Working Group on Investigation of Memories of Child Abuse. *Psychology, Public Policy, and Law, 4*(4), 933–940. doi:10.1037/1076-8971.4.4.933

American Psychological Association. (1992). Ethical principles of psychologists and code of conduct. *American Psychologist, 57*, 1597–1611.

American Psychological Association. (2002). Ethical principles of psychologists and code of conduct. *American Psychologist, 57*(12), 1060–1073.

American Psychological Association. (2010). *Ethical principles of psychologists and code of conduct, as amended 2010.* Retrieved August 13, 2015, from http://www.apa.org/ethics/code/index.aspx

Amundsen, J. E., & Kårstad, K. (2006). *Om bare Jeppe visste - EMDR og rusbehandling.* [Integrating EMDR and the treatment of substance abuse.]. *Tidsskrift for Norsk Psykologforening, 43*(5), 469.

Anderson, G., Yasenik, L., & Ross, C. A. (1993). Dissociative experiences and disorders among women who identify themselves as sexual abuse survivors. *Child Abuse and Neglect, 17*(5), 677–686.

Andrade, J., Kavanagh, D., & Baddeley, A. (1997). Eye-movements and visual imagery: A working memory approach to the treatment of post-traumatic stress disorder. *British Journal of Clinical Psychology, 36*, 209–223.

APA—Questions and Answers About Memories of Childhood Abuse. (n.d.). [Web page]. Retrieved June 11,

2015, from www.apa.org; http://www.apa.org/topics/trauma/memories.aspx

Arabia, E., Manca, M. L., & Solomon, R. M. (2011). EMDR for survivors of life-threatening cardiac events: Results of a pilot study. *Journal of EMDR Practice and Research, 5*, 2–13. doi:10.1891/1933-3196.5.1.2.

Armstrong, M. S., & Vaughan, K. (1996). An orienting response model of eye movement desensitization. *Journal of Behavior Therapy and Experimental Psychiatry, 27*, 21–32.

Armstrong, N., & Vaughan, K. (1994, June). *An orienting response model for EMDR*. Paper presented at the meeting of the New South Wales Behaviour Therapy Interest Group, Sydney, Australia.

Arntz, A. (2002). Cognitive therapy versus interoceptive exposure as treatment of panic disorder without agoraphobia. *Behaviour Research and Therapy, 40*, 325–341.

Aubert-Khalfa, S., Roques, J., & Blin, O. (2008). Evidence of a decrease in heart rate and skin conductance responses in PTSD patients after a single EMDR session. *Journal of EMDR Practice and Research, 2*(1), 51–56. doi:10.1891/1933-3196.2.1.51

Australian Centre for Posttraumatic Mental Health. (2007). *Australian guidelines for the treatment of adults with acute stress disorder and posttraumatic stress disorder*. Melbourne, Victoria: Author.

Baddeley, A. D. (1986). *Working memory*. Oxford, UK: Oxford University Press.

Baddeley, A. D., & Hitch, G. J. (1974). Working memory. In G. A. Bower (Ed.), *The psychology of learning and motivation* (pp. 47–89). New York, NY: Academic Press.

Bae, H., & Kim, D. (2012). Desensitization of triggers and urge reprocessing for an adolescent with internet addiction disorder. *Journal of EMDR Practice and Research, 6*(2), 73–81. doi:10.1891/1933-3196.6.2.73

Bae, H., Kim, D., & Park, Y. C. (2008). Eye movement desensitization and reprocessing for adolescent depression. *Psychiatry Investigation, 5*(1), 60–65.

Bakker, A., van Dyck, R., Spinhoven, P., & van Balkom, A. J. (1999). Paroxetine, clomipramine and cognitive therapy in the treatment of panic disorder. *Journal of Clinical Psychiatry, 60*, 831–838.

Baldwin, D. V. (Revised April 9, 2002). *EMDR bibliography: 1989 through 2001, Published journal articles, by year*. Retrieved July 7, 2002, from Trauma Information website: http://www.trauma-pages.com/emdr-2001.htm

Bandelow, B. (1995). Assessing the efficacy of treatments for panic disorder and agoraphobia. II. The panic and agoraphobia scale. *International Clinical Psychopharmacology, 10*(2), 73–81.

Barach, P. M. (1991). Multiple personality disorder as an attachment disorder. *Dissociation, 4*, 117–123.

Barber, B. (1961). Resistance by scientists to scientific discovery. *Science, 134*, 596–602.

Barlow, D. H. (1994). Effectiveness of behavior treatment for panic disorder with and without agoraphobia. In B. Wolfe & J. Maser (Eds.), *Treatment of panic disorder: A consensus development conference*. Washington, DC: American Psychiatric Press.

Barlow, D. H. (2002). *Anxiety and its disorders: The nature and treatment of anxiety and panic* (2nd ed.). New York, NY: Guilford Press.

Barlow, D. H., Gorman, J. M., Shear, M. K., & Woods, S. W. (2000). Cognitive-behavioral therapy, imipramine, or their combination for panic disorder: A randomized controlled trial. *The Journal of the American Medical Association, 283*, 2529–2536.

Barone, L., Fossati, A., & Guiducci, V. (2011). Attachment mental states and inferred pathways of development in borderline personality disorder: A study using the adult attachment interview. *Attachment & Human Development, 13*(5), 451–469. doi:10.1080/14616734.2011.602245

Barrowcliff, A. L., Gray, N. S., Freeman, T. C. A., & MacCulloch, M. J. (2004). Eye-movements reduce the vividness, emotional valence and electrodermal arousal associated with negative autobiographical memories. *Journal of Forensic Psychiatry and Psychology, 15*, 325–345.

Barrowcliff, A. L., Gray, N. S., MacCulloch, S., Freeman, T. C., & MacCulloch, M. J. (2003). Horizontal rhythmical eye movements consistently diminish the arousal provoked by auditory stimuli. *British Journal of Clinical Psychology, 42*(Pt. 3), 289–302.

Barrowcliff, A. L., MacCulloch, M. J., & Gray, N. S. (2001). *The de-arousal model of eye movement desensitization and reprocessing (EMDR), Part III: Psychophysiological and psychological concomitants of change in the treatment of post-traumatic stress disorder (PTSD) and their relation to the EMDR protocol*. Paper presented at the EMDR Europe 2nd Annual Conference on EMDR Innovations in Theory and Practice, London, UK.

Barrowcliff, A. L., MacCulloch, M. J., Gray, N. S., MacCulloch, S., & Freeman, T. C. A. (2001). *The de-arousal model of eye movement desensitization and reprocessing (EMDR), Part II: An investigation of the mechanisms underlying treatment effects in EMDR*. Paper presented at the EMDR Europe 2nd Annual Conference on EMDR Innovations in Theory and Practice, London, UK.

Bartholomew, K. (1990). Avoidance of intimacy: An attachment perspective. *Journal of Social and Personal Relationships, 7*, 147–178.

Bartholomew, K. (1997). Adult attachment processes: Individual and couple perspectives. *British Journal of*

文　献

Medical Psychology, 70(Pt. 3), 249–263; discussion 281–290.

Bartholomew, K., & Horowitz, L. M. (1991). Attachment styles among young adults: A test of a four category model. *Journal of Personality and Social Psychology, 61*, 226–244.

Beck, A. T., & Emery, G. (1985). *Anxiety disorders and phobias*. New York, NY: Basic Books.

Beck, A. T., Emery, G., & Greenberg, R. L. (2005). *Anxiety disorders and phobias: A cognitive perspective* (15th anniversary ed.). Cambridge, MA: Basic Books.

Becker, E. S., Rinck, M., Turke, V., Kause, P., Goodwin, R., Neumer, S., & Margraf, J. (2007). Epidemiology of specific phobia subtypes: Findings from the Dresden Mental Health Study. *European Psychiatry, 22*(2), 69–74.

Becker, L., Todd-Overmann, T., Stoothoff, W., & Lawson, P. (1998). *Ironic memory, PTSD and EMDR: Do eye movements hinder the avoidance process leading to greater accessibility of traumatic memories?* Paper presented at the EMDRIA Annual Conference, Baltimore, MD.

Becker-Blease, K. A., DePrince, A. P., & Freyd, J. J. (2011). Why and how people forget sexual abuse. The role of traumatic memories. In V. Ardina (Ed.), *Posttraumatic syndromes in children and adolescents* (pp. 135–155). West Sussex, UK: Wiley/Blackwell.

Bedi, R., Muller, R. T., & Classen, C. C. (2014). Cumulative risk for deliberate self-harm among treatment-seeking women with histories of childhood abuse. *Psychological Trauma: Theory, Research, Practice, and Policy, 6*(6), 600. doi:10.1037/a0033897

Beers, M. H. (2004). *The Merck manual of health & aging*. Whitehouse Station, NJ: Merck Research Laboratories.

Benson, H. (1975). *The relaxation response*. New York, NY: Morrow.

Bergmann, U. (1998). Speculations on the neurobiology of EMDR. *Traumatology, 4*(1), 4–16. Retrieved January 31, 2009, from http://www.fsu.edu/ ~ trauma/contv4i1.html

Bergmann, U. (2001). Further thoughts on the neurobiology of EMDR: The role of the cerebellum in accelerated information processing. *Traumatology, 6*(3), 175–200. Retrieved January 31, 2009, from www.fsu.edu/ ~ trauma.

Bergmann, U. (2008). Hidden selves: Treating dissociation in the spectrum of personality disorders. In C. Forgash & M. Copeley (Eds.), *Healing the heart of trauma and dissociation with EMDR and ego state therapy* (pp. 227–266). New York, NY: Springer.

Bergmann, U. (2008). The neurobiology of EMDR: Exploring the thalamus and neural integration. *Journal of EMDR Practice and Research, 2*(4), 300–314. doi:10.1891/1933-3196.2.4.300

Bergmann, U. (2010). EMDR's neurobiological mechanisms of action: A survey of 20 years of searching. *Journal of EMDR Practice and Research, 4*(1), 22–42. doi:10.1891/1933-3196.4.1.22

Bergmann, U. (2012). Consciousness examined: An introduction to the foundations of neurobiology for EMDR. *Journal of EMDR Practice and Research, 6*(3), 87–91. doi:10.1891/1933-3196.6.3.87

Bernstein, E. M., & Putnam, F. W. (1986). Development, reliability and validity of a dissociation scale. *Journal of Nervous and Mental Disease, 174*, 727–735.

Besson, J., Eap, C., Rougemont-Buecking, A., Simon, O., Nikolov, C., & Bonsack, C., & Gothuey, I. (2006). [Addictions]. *Revue Médicale Suisse, 2*(47), 9–13.

Bienvenu, O. J., Onyike, C. U., Stein, M. B., Chen, L. S., Samuels, J., Nestadt, G., & Eaton, W. W. (2006). Agoraphobia in adults: Incidence and longitudinal relationship with panic. *The British Journal of Psychiatry, 188*, 432–438.

Bisson, J., & Andrew, M. (2007). Psychological treatment of post-traumatic stress disorder (PTSD). *Cochrane Database of Systematic Reviews*, (3), CD003388.

Bisson, J. I., Roberts, N. P., Andrew, M., Cooper, R., & Lewis, C. (2013). Psychological therapies for chronic post-traumatic stress disorder (PTSD) in adults. *Cochrane Database of Systematic Reviews (Online)*, 12, CD003388. doi:10.1002/14651858.CD003388.pub4

Black, D. W. (2007). Compulsive buying disorder: A review of the evidence. *CNS Spectrum, 12*(2), 124–132.

Blake, D. D., Weathers, F. W., Nagy, L. M., Kaloupek, D. G., Gusman, F. D., Charney, D. S., & Keane, T. M. (1995). The development of a clinician-administered PTSD scale. *Journal of Traumatic Stress, 8*(1), 75–90.

Blore, D. C., Holmshaw, E. M., Swift, A., Standart, S., & Fish, D. M. (2013). The development and uses of the blind to therapist EMDR protocol. *Journal of EMDR Practice and Research, 7*(2), 95–105. doi:10.1891/1933-3196.7.2.95

Bodycoat, N., Grauaug, L., Olson, A., & Page, A. C. (2000). Constant versus rhythmic muscle tension in applied tension. *Behaviour Change, 17*(2), 97–102.

Böhm, K., & Voderholzer, U. (2010). Use of EMDR in the treatment of obsessive-compulsive disorders: A case series. *Verhaltenstherapie, 20*(3), 175–181.

Borstein, S. S. (2009). Brief adjunctive EMDR. *Journal of EMDR Practice and Research, 3*(3), 198–204. doi:10.1891/1933-3196.3.3.198

399

Bossini, L., Tavanti, M., Calossi, S., Polizzotto, N. R., Vatti, G., Marino, D., & Castrogiovanni, P. (2011). EMDR treatment for posttraumatic stress disorder, with focus on hippocampal volumes: A pilot study. *The Journal of Neuropsychiatry and Clinical Neurosciences, 23*(2), E1–E2. doi:10.1176/appi.neuropsych.23.2.E1

Bower, G. (1981). Mood and memory. *American Psychologist, 36*, 129–148.

Bowlby, J. (1973). *Separation: Anxiety and anger.* New York, NY: Basic Books.

Bowman, E. S. (2006). Why conversion seizures should be classified as a dissociative disorder. *Psychiatric Clinics of North America, 29*(1), 185–211.

Bowman, E. S., & Coons, P. M. (2000). The differential diagnosis of epilepsy, pseudoseizures, dissociative identity disorder, and dissociative disorder not otherwise specified. *Bulletin of the Menninger Clinic, 64*(2), 164–180.

Bradley, R. T., McCraty, R., Atkinson, M., Arguelles, L., Rees, R. A., & Tomasino D. (2007). *Reducing test anxiety and improving test performance in American's schools: Summary of results from the TestEdge National Demonstration Study.* Retrieved August 22, 2008, from Institute of HeartMath Publication website: http://www.heartmath.org

Bremmer, J. D., Randal, P., Scott, T. M., Bronen, T. A., Seibyl, J. P., Southwick, S.,...Innis, R. B. (1995). MRI-based measurement of hyppocampal volume in patients with PTSD. *American Journal of Psychiatry, 152*, 973–981.

Bremner, J. D., Elzinga, B., Schmahl, C., & Vermetten, E. (2008). Structural and functional plasticity of the human brain in posttraumatic stress disorder. *Progress in Brain Research, 167*, 171–186.

Breuer, J., & Freud, S. (1955). Studies on hysteria. In J. Strachey (Ed. & Trans.), *The standard edition of the complete psychological works of Sigmund Freud* (Vol. 2, pp. 1–335). London, UK: Hogarth Press. (Original work published in 1895)

Brewin, C. R., & Holmes, E. A. (2003). Psychological theories of posttraumatic stress disorder. *Clinical Psychology Review, 23*, 339–376.

Brewin, C. R., Andrews, B., & Valentine, J. D. (2000). Meta-analysis of risk factors for posttraumatic stress disorder in trauma-exposed adults. *Journal of Consulting and Clinical Psychology, 68*(5), 748–766. doi:10.1037//0022-006x.68.5.748

Briere, J. (1995). *Trauma symptom inventory (TSI-2), psychological assessment resources, P.O. Box 998, Odessa, FL, 33556; (800) 331-TEST.* Retrieved November 20, 2015, from http://www4.parinc.com/Products/Product.aspx?ProductID=TSI-2

Briere, J. (1996). *Therapy for adults molested as children: Beyond survival* (2nd ed.). New York, NY: Springer.

Briere, J. (2000). *Inventory of altered self-capacities (IASC), psychological assessment resources, P.O. Box 998, Odessa, FL, 33556; (800) 331-TEST.* Retrieved November 20, 2015, from http://www4.parinc.com/products/product.aspx?Productid=IASC

Brown, D., & Fromm, E. (1986). *Hypnotherapy and hypnoanalysis.* Hillsdale, NJ: Lawrence Erlbaum Associates.

Brown, K. W., McGoldrick, T., & Buchanan, R. (1997). Body dysmorphic disorder: Seven cases treated with eye movement desensitization and reprocessing. *Behavioral and Cognitive Psychotherapy, 25*, 203–207.

Brown, M. Z., Comtois, K. A., & Linehan, M. M. (2002). Reasons for suicide attempts and non-suicidal self-injury in women with borderline personality disorder. *Journal of Abnormal Psychology, 111*(1), 198–202.

Brown, S., & Gilman, S. (2007). *Integrated trauma treatment program for co-occurring PTSD and substance abuse in a drug court program.* Retrieved October 25, 2008, from www.nadcp.org/postcon/agendadocs/clinic%206%20HO1.pdf

Brown, S., & Shapiro, F. (2006). EMDR in the treatment of borderline personality disorder. *Clinical Case Studies, 5*(5), 403–420.

Brown, S., Gilman, S. G., & Kelso, T. (2008). *Integrated trauma treatment program: A novel EMDR approach for PTSD and substance abuse.* Paper presented at the EMDRIA Conference, Phoenix, AZ.

Brown, S. H., Gilman, S. G., Goodman, E. G., Adler-Tapia, R., & Freng, S. (2015). Integrated trauma treatment in drug court: Combining EMDR therapy and seeking safety. *Journal of EMDR Practice and Research, 9*(3), 123–136. doi:10.1891/1933-3196.9.3.123

Brown, T. A., DiNardo, P., & Barlow, D. H. (2004). *Anxiety disorder interview schedule ADIS-IV and ADIS-IV-L combination specimen set.* New York, NY: Oxford University Press.

Brunstein Klomek, A., & Stanley, B. (2007). Psychosocial treatment of depression and suicidality in adolescents. *CNS Spectrum, 12*(2), 135–144.

Bryan, C. J., & Rudd, M. D. (2006). Advances in the assessment of suicide risk. *Journal of Clinical Psychology, 62*(2), 185–200.

Bryant, R. A., O'Donnell, M. L., Creamer, M., McFarlane, A. C., & Silove, D. (2013). A multisite analysis of the fluctuating course of posttraumatic stress disorder. *JAMA Psychiatry, 70*(8), 839–846. doi:10.1001/jamapsychiatry.2013.1137

Caldirola, D., & Perna, G. (2015). Is there a role for pharmacogenetics in the treatment of panic disorder?

Pharmacogenomics, 16(8), 771–774. doi:10.2217/pgs.15.66

California Association for Marriage and Family Therapy (CAMFT). (2011). *Ethical standards.* Retrieved August 15, 2015, from http://www.camft.org/images/PDFs/CodeOfEthics.pdf

Campbell-Sills, L., & Stein, M. B. (2006). *Guideline watch: Practice guideline for the treatment of patients with panic disorder.* Retrieved December 12, 2008, from American Psychiatric Association website: http://www.psych.org/psych_pract/treatg/pg/prac_guide.cfm

Capezzani, L., Ostacoli, L., Cavallo, M., Carletto, S., Fernandez, I., Solomon, R.,...Cantelmi, T. (2013). EMDR and CBT for cancer patients: Comparative study of effects on PTSD, anxiety, and depression. *Journal of EMDR Practice and Research, 7*(3), 134–143. doi:10.1891/1933-3196.7.3.134

Cardeña, E., Maldonado, J., van der Hart, O., & Spiegel, D. (2000). Hypnosis. In E. B. Foa, T. M. Keane, & M. J. Friedman (Eds.), *Effective treatments for PTSD: Practice guidelines from the International Society for Traumatic Stress Studies.* New York, NY: The Guilford Press.

Carlson, E. A., & Sroufe, L. A. (1995). Contribution of attachment theory to developmental psychopathology. In D. Cicchetti & D. J. Cohen (Eds.), *Developmental psychopathology* (Vol. 1, pp. 581–587). New York, NY: Wiley.

Carlson, E. B. (1997). *Trauma assessments: A clinician's guide.* New York, NY: The Guilford Press.

Carlson, E. B., & Putnam, F. W. (1993). An update on the Dissociative Experiences Scale. *Dissociation, 6,* 16–27.

Carlson, J. G., Chemtob, C. M., Rusnak, K., & Hedlund, N. L. (1996). Eye movement desensitization and reprocessing treatment for combat related posttraumatic stress disorder. *Psychotherapy, 33,* 104–113.

Carnes, P. J. (2000). Sexual addiction and compulsion: Recognition, treatment, and recovery. *CNS Spectrum, 5*(10), 63–72.

Cassidy, J., & Shaver, P. R. (Eds.). (1999). *Handbook of attachment: Theory, research, and clinical applications.* New York, NY: Guilford Press.

Chambless, D. L., & Gillis, M. M. (1993). Cognitive therapy of anxiety disorders. *Journal of Consulting and Clinical Psychology, 61,* 248–260.

Chambless, D. L., & Gillis, M. M. (1994). A review of psychosocial treatments for panic disorder. In B. F. Wolfe & J. D. Maser (Eds.), *Treatment of panic disorder: A consensus development conference* (pp. 149–173). Washington, DC: American Psychiatric Press.

Chemali, Z., & Meadows, M. E. (2004). The use of eye movement desensitization and reprocessing in the treatment of psychogenic seizures. *Epilepsy & Behavior, 5*(5), 784–787.

Chemtob, C. M., Nakashima, J., & Carlson, J. G. (2002). Brief treatment for elementary school children with disaster-related posttraumatic stress disorder: A field study. *Journal of Clinical Psychology, 58*(1), 99–112.

Chen, Y. R., Hung, K. W., Tsai, J. C., Chu, H., Chung, M. H., Chen, S. R.,...Chou, K. R. (2014). Efficacy of eye-movement desensitization and reprocessing for patients with posttraumatic-stress disorder: A meta-analysis of randomized controlled trials. *PLoS ONE, 9*(8), e103676. doi:10.1371/journal.pone.0103676

Christman, S. D., & Propper, R. E. (2001). Superior episodic memory is associated with interhemispheric processing. *Neuropsychology, 15,* 607–616.

Christman, S. D., Garvey, K. J., Propper, R. E., & Phaneuf, K. A. (2003). Bilateral eye movements enhance the retrieval of episodic memories. *Neuropsychology, 17*(2), 221–229.

Christman, S. D., Propper, R. E., & Brown, T. J. (2006). Increased interhemispheric interaction is associated with earlier offset of childhood amnesia. *Neuropsychology, 20*(3), 336–345. doi:10.1037/0894-4105.20.3.336

Christman, S. D., Propper, R. E., & Dion, A. (2004). Increased interhemispheric interac-tion is associated with decreased false memories in a verbal converging semantic associates paradigm. *Brain and Cognition,* 56, 313–319.

Chu, J. A. (1998). *Rebuilding shattered lives: Treating complex post-traumatic and dissociative disorders.* New York, NY: John Wiley & Sons.

Clark, D. M. (1994). Cognitive therapy for panic disorder. In B. Wolfe & J. Maser (Eds.), *Treatment of panic disorder: A consensus development conference.* Washington, DC: American Psychiatric Press.

Clarkin, J. F., Levy, K. N., Lenzenweger, M. F., & Kernberg, O. F. (2007). Evaluating three treatments for borderline personality disorder: A multiwave study. *American Journal of Psychiatry, 164*(6), 922–928.

Cloitre, M. (2009). Effective psychotherapies for posttraumatic stress disorder: A review and critique. *CNS Spectrums, 14*(1 Suppl. 1), 32–43.

Cloitre, M., Koenen, K. C., Cohen, L. R., & Han, H. (2002). Skills training in affective and interpersonal regulation followed by exposure: A phase-based treatment for PTSD related to childhood abuse. *Journal of Consulting and Clinical Psychology, 70*(5), 1067.

Coffey, S. F., Gudmundsdottir, B., Beck, J. G., Palyo, S. A., & Miller, L. (2006). Screening for PTSD in motor vehicle accident survivors using the PSS-SR and IES. *Journal of Traumatic Stress, 19*(1), 119–128.

Cohen, J. S. (2004). *The underlying cause of suicides and homicides with SSRI antidepressants: Is it the drugs, the doctors, or the drug companies?* Retrieved July 1, 2008, from http://www.medicationsense .com/articles/april_june_04/underlying_cause.html

Compton, R. J., & Mintzer, D. A. (2001). Effects of worry and evaluation stress on interhemispheric interaction. *Neuropsychology, 15,* 427–433.

Comtois, K. A., & Linehan, M. M. (2006). Psychosocial treatments of suicidal behaviors: A practice-friendly review. *Journal of Clinical Psychology, 62*(2), 161–170.

Connor, D. F., Melloni, R. H., Jr., & Harrison, R. J. (1998). Overt categorical aggression in referred children and adolescents. *Journal of the American Academy of Child Adolescent Psychiatry, 37*(1), 66–73.

Connors, R. (1996). Self-injury in trauma survivors: 1. Functions and meanings. *American Journal of Orthopsychiatry, 66*(2), 197–206.

Conrad, A., & Roth, W. T. (2007). Muscle relaxation therapy for anxiety disorders: It works but how? *Journal of Anxiety Disorders, 21*(3), 243–264.

Cooper, N. A., & Clum, G. A. (1989). Imaginal flooding as a supplementary treatment for PTSD in combat veterans: A controlled study. *Behavior Therapy, 20,* 381–391.

Corrigan, F. M. (2004). Psychotherapy as assisted homeostasis: Activation of emotional processing mediated by the anterior cingulate cortex. *Medical Hypotheses, 63*(6), 968–973.

Courtois, C. (1988). *Healing the incest wound: Adult survivors in therapy.* New York, NY: Norton.

Courtois, C. A. (1999). *Recollections of sexual abuse: Treatment principles and guidelines.* New York, NY: W.W. Norton.

Cox, R. P., & Howard, M. D. (2007). Utilization of EMDR in the treatment of sexual addiction: A case study. *Sexual Addiction & Compulsivity, 14*(1), 1.

Craske, M. G., Rowe, M., Lewin, M., & Noriega-Dimitri, R. (1997). Interoceptive exposure versus breathing retraining within cognitive-behavioural therapy for panic disorder with agoraphobia. *The British Journal of Clinical Psychology, 36*(Pt. 1), 85–99.

Craske, M. G., Roy-Byrne, P., Stein, M. B., Donald-Sherbourne, C., Bystritsky, A., Katon, W., & Greer, S. (2002). Treating panic disorder in primary care: A collaborative care intervention. *General Hospital Psychiatry, 24,* 148–155.

Crouch, J. L., & Behl, L. E. (2001). Relationships among parental beliefs in corporal punishment, reported stress, and physical child abuse potential. *Child Abuse and Neglect, 25*(3), 413–419.

Crowell, J. A., Fraley, R. C., & Shaver, P. R. (1999). Measurement of individual differences in adolescent and adult attachment. In J. Cassidy & P. R. Shaver (Eds.), *Handbook of attachment: Theory, research, and clinical applications* (pp. 434–465). New York, NY: Guilford Press.

Curcio, G., Ferrara, M., & De Gennaro, L. (2006). Sleep loss, learning capacity and academic performance. *Sleep Medicine Reviews, 10*(5), 323–337.

Czyz, B., & Muhlbauer, C. (2015). EMDR adjunctive therapy at a community agency, treating clients with a spectrum of mental health disorders. *Journal of EMDR Practice and Research, 9*(1), 35–45. doi:10.1891/1933-3196.9.1.35

Dalenberg, C. J. (2000). *Countertransference and the treatment of trauma* (1st ed.). Washington, DC: American Psychological Association.

Dammen, T., Bringager, C. B., Arnesen, H., Ekeberg, O., & Friis, S. (2006). A 1-year follow-up study of chest-pain patients with and without panic disorder. *General Hospital Psychiatry, 28*(6), 516–524. doi:10.1016/j. genhosppsych.2006.08.005

Dannon, P. N., Lowengrub, K., Gonopolski, Y., Musin, E., & Kotler, M. (2006). Pathological gambling: A review of phenomenological models and treatment modalities for an underrecognized psychiatric disorder. *Primary Care Companion to the Journal of Clinical Psychiatry, 8*(6), 334–339.

Davanloo, H. (1989a). The technique of unlocking the unconscious in patients suffering from functional disorders. Part I. Restructuring ego's defenses. *International Journal Short-Term Psychotherapy, 4*(2), 93–116.

Davanloo, H. (1989b). The technique of unlocking the unconscious in patients suffering from functional disorders. Part II. Direct view of the dynamic unconscious. *International Journal Short-Term Psychotherapy, 4*(2), 117–148.

Davey, G. (1997). *Phobias: A handbook of theory, research, and treatment.* Chichester, NY: Wiley.

de Beurs, E., van Balkom, A. J., Van Dyck, R., & Lange, A. (1999). Long-term outcome of pharmacological and psychological treatment for panic disorder with agoraphobia: A 2-year naturalistic follow-up. *Acta Psychiatrica Scandinavica, 99*(1), 59–67.

de Bont, P. A., van Minnen, A., & de Jongh, A. (2013). Treating PTSD in patients with psychosis: A within-group controlled feasibility study examining the efficacy and safety of evidence-based PE and EMDR protocols. *Behavior Therapy, 44*(4), 717–730. doi:10.1016/j.beth.2013.07.002

de Castro Lopes, C., Carvalho, S. C., & Barbosa, M. R. (2014). Tratamento de fobia específica por des-sensibilização e reprocessamento por meio dos movimentos oculares [Treatment of specific phobia through eye movement desensitization and reprocessing]. *Psicologia: Teoria E Prática, 1*(1), 31–42. doi:10.15348/1980-6906/psicologia.v16n1p31–42

de Jongh, A. (2012). Treatment of a woman with emetophobia: A trauma focused approach. *Mental Illness, 4*(1), e3.

de Jongh, A., & Ten Broeke, E. (1994). Opmerkelijke veranderingen na één zitting met eye movement desen-sitization and reprocessing: Een geval van angst voor misselijkheid en braken. [Remarkable changes after one session of EMDR: Fear of nausea and vomiting]. *Tijdschrift voor Directieve Therapie en Hyp-nose, 14*, 89–101.

de Jongh, A., & Ten Broeke, E. (1996). Eye movement desensitization and reprocessing (EMDR): een pro-cedure voor de behandeling van aan trauma gerelateerde angst. [Eye movement desensitization and reprocessing (EMDR): A procedure for the treatment of trauma- related anxiety]. *Tijdschrift voor Psycho-therapie, 22*, 93–114.

de Jongh, A., & Ten Broeke, E. (2007). Treatment of specific phobias with EMDR: Conceptualization and strategies for the selection of appropriate memories. *Journal of EMDR Practice and Research, 1*(1), 46–56.

de Jongh, A., & ten Broeke, E. (2009). EMDR and the anxiety disorders: Exploring the current status. *Journal of EMDR Practice and Research, 3*(3), 133–140. doi:10.1891/1933-3196.3.3.133

de Jongh, A., Ernst, R., Marques, L., & Hornsveld, H. (2013). The impact of eye movements and tones on disturbing memories involving PTSD and other mental disorders. *Journal of Behavior Therapy and Experimental Psychiatry, 44*(4), 477–483. doi:10.1016/j.jbtep.2013.07.002

de Jongh, A., Holmshaw, M., Carswell, W., & van Wijk, A. (2010). Usefulness of a trauma-focused treatment approach for travel phobia. *Clinical Psychology & Psychotherapy, 18*(2), 124–137. doi:10.1002/cpp.680

de Jongh, A., ten Brocke, E., & Meijer, S. (2010). Two method approach: A case conceptualization model in the context of EMDR. *Journal of EMDR Practice and Research, 4*(1), 12–21. doi:10.1891/1933-3196.4.1.12

de Jongh, A., Ten Broeke, E., & Renssen, M. R. (1999). Treatment of specific phobias with eye movement desensitization and reprocessing (EMDR): Protocol, empirical status, and conceptual issues. *Journal of Anxiety Disorders, 13*(1–2), 69–85.

de Jongh, A., Ten Broeke, E., & Van der Meer, K. (1995). Eine neue entwicklung in der behandlung von angst und traumata [Eye movement desensitization and reprocessing (EMDR)]. *Zeitschrift für Klinische Psychologie, Psychopathologie und Psychotherapie, 43*, 226–233.

de Jongh, A., Van Den Oord, H. J., & Ten Broeke, E. (2002). Efficacy of eye movement desensitization and reprocessing in the treatment of specific phobias: Four single-case studies on dental phobia. *Journal of Clinical Psychology, 58*(12), 1489–1503.

de Roos, C., & de Jongh, A. (2008). EMDR treatment of children and adolescents with a choking phobia. *Journal of EMDR Practice and Research, 2*(3), 201–211. doi:10.1891/1933-3196.2.3.201

de Roos, C., Greenwald, R., den Hollander-Gijsman, M., Noorthoorn, E., van Buuren, S., & de Jongh, A. (2011). A randomised comparison of cognitive behavioural therapy (CBT) and eye movement desensitisa-tion and reprocessing (EMDR) in disaster exposed children. *The European Journal of Psychotraumatol-ogy, 2*, 5694. doi:10.3402/ejpt.v2i0.5694

de Roos, C., Veenstra, A. C., de Jongh, A., den Hollander-Gijsman, M., van der Wee, N. J., Zitman, F. G., & van Rood, Y. R. (2010). Treatment of chronic phantom limb pain using a trauma-focused psychological approach. *Pain Research and Management, 15*(2), 65–71.

Dell, P. F. (2006a). The multidimensional inventory of dissociation (MID): A comprehensive measure of pathological dissociation. *Journal of Trauma and Dissociation, 7*(2), 77–106.

Dell, P. F. (2006b). A new model of dissociative identity disorder. *Psychiatric Clinics of North America, 29*(1), 1–26.

Dell, P. F., & Lawson, D. (2009). Empirically delineating the domain of pathological dissociation. In P. F. Dell, & J. A. O'Neil (Eds.), *Dissociation and the dissociative disorders: DSM–V and beyond* (pp. 667–692). New York, NY: Routledge.

Demos, E. V. (1988). Affect and development of the self: A new frontier. In A. Goldberg (Ed.), *Frontiers in self-psychology* (pp. 27–53). Hillsdale NJ: The Analytic Press.

Department of Veterans Affairs and Department of Defense. (2004). *VA/DoD Clinical practice guideline for the management of post-traumatic stress*. Veterans Health Administration, Department of Veterans Affairs and Health Affairs, Department of Defense: Office of Quality and Performance Publication.

Derogatis, L. R. (1991). *Symptom checklist revised*. Minneapolis, MN: NCS Professional Assessment Services.

Diamond, D. M., Campbell, A. M., Park, C. R., Halonen, J., & Zoladz, P. R. (2007). The temporal dynam-ics model of emotional memory processing: A synthesis on the neurobiological basis of stress-induced amnesia, flashbulb and traumatic memories, and the Yerkes–Dodson law. *Neural Plasticity, 2007*, 60803.

doi:10.1155/2007/60803

Doering, S., Ohlmeier, M.-C., de Jongh, A., Hofmann, A., & Bisping, V. (2013). Efficacy of a trauma-focused treatment approach for dental phobia: A randomized clinical trial. *European Journal of Oral Sciences, 121*(6), 584–593. doi:10.1111/eos.12090

Dolan, Y. M. (1991). *Resolving sexual abuse: Solution-focused therapy and Ericksonian hypnosis for adult survivors* (1st ed.). New York, NY: Norton.

Dorahy, M. J., Brand, B. L., Sar, V., Krüger, C., Stavropoulos, P., Martínez-Taboas, A.,...Middleton, W. (2014). Dissociative identity disorder: An empirical overview. *The Australian and New Zealand Journal of Psychiatry, 48*(5), 402–417. doi:10.1177/0004867414527523

Dozier, M., Stovall, K. D., & Albus, K. E. (1999). Attachment and psychopathology in adulthood. In J. Cassidy & P. R. Shaver (Eds.), *Handbook of attachment: Theory, research and clinical applications* (pp. 497–519). New York, NY: Guilford.

Drescher, K. D., Foy, D. W., Kelly, C., Leshner, A., Schutz, K., & Litz, B. (2011). An exploration of the viability and usefulness of the construct of moral injury in war veterans. *Traumatology, 17*(1), 8–13. doi:10.1177/1534765610395615

Dunn, A. L., Trivedi, M. H., Kampert, J. B., Clark, C. G., & Chambliss, H. O. (2002). The DOSE study: A clinical trial to examine efficacy and dose response of exercise as treatment for depression. *Control Clinical Trials, 23*(5), 584–603.

Dutch National Steering Committee Guidelines Mental Health Care. (2003). *Multidisciplinary guideline anxiety disorders.* Utrecht, the Netherlands: Quality Institute Heath Care CBO/Trimbos Institute.

Dworkin, M. (2005). *EMDR and the relational imperative: The therapeutic relationship in EMDR treatment.* New York, NY: Routledge.

Dyck, M. J. (1993). A proposal for a conditioning model of eye movement desensitization treatment of post-traumatic stress disorder. *Journal of Behavior Therapy and Experimental Psychiatry, 24*, 201–210.

Dziegielewski, S., & Wolfe, P. (2000). Eye movement desensitization and reprocessing (EMDR) as a time-limited treatment intervention for body image disturbance and self-esteem: A single subject case study design. *Journal of Psychotherapy in Independent Practice, 1*, 1–16.

Edlin, J. M., & Lyle, K. B. (2013). The effect of repetitive saccade execution on the attention network test: Enhancing executive function with a flick of the eyes. *Brain and Cognition, 81*(3), 345–351. doi:/10.1016/j.bandc.2012.12.006

Edmond, T., & Rubin, A. (2004). Assessing the long-term effects of EMDR: Results from an 18-month follow-up study with adult female survivors of CSA. *Journal of Child Sexual Abuse, 13*(1), 69–86.

Edmond, T., Rubin, A., & Wambach, K. (1999, June). The effectiveness of EMDR with adult female survivors of childhood sexual abuse. *Social Work Research, 23*(2), 103–116.

Egan, K. J., Carr, J. E., Hunt, P. P., & Adamson, R. (1988). Endogenous opiate system and systematic desensitization. *Journal of Clinical and Consulting Psychology, 56*(2), 287–291.

Egli-Bernd, H. (2011). EMDR in dissociative processes within the framework of personality disorders: The impact of cognitions in the EMDR process: The dialogue protocol. *Journal of EMDR Practice and Research, 5*(3), 131–139. doi:10.1891/1933-3196.5.3.131

Ehrsson, H. H. (2007). The experimental induction of out-of-body experiences. *Science, 317*(5841), 1048.

Eifert, G. H., & Heffner, M. (2003). The effects of acceptance versus control contexts on avoidance of panic-related symptoms. *Journal of Behavior Therapy and Experimental Psychiatry, 34*(3–4), 293–312.

Eisen, M. R., & Fromm, E. (1983). The clinical use of self-hypnosis in hypnotherapy: Tapping the functions of imagery and adaptive regression. *International Journal of Clinical and Experimental Hypnosis, 31*(4), 243–255.

Ekman, P., & Friesen, W. V. (2003). *Unmasking the face: A guide to recognizing emotions from facial clues.* Cambridge MA: Malor Books.

El Khoury-Malhame, M., Lanteaume, L., Beetz, E. M., Roques, J., Reynaud, E., Samuelian, J. C.,...Khalfa, S. (2011). Attentional bias in post-traumatic stress disorder diminishes after symptom amelioration. *Behaviour Research and Therapy, 49*(11), 796–801. doi:10.1016/j.brat.2011.08.006

Ellis, A. (1994). *Reason and emotion in psychotherapy* (Rev. and updated ed.). Secaucus, NJ: Carol Publishing Group.

Elofsson, U. O., von Scheele, B., Theorell, T., & Sondergaard, H. P. (2008). Physiological correlates of eye movement desensitization and reprocessing. *Journal of Anxiety Disorders, 22*(4), 622–634.

EMDRIA. (2008a). *History.* Retrieved February 18, 2015, from http://www.emdria.org/?page=3

EMDRIA. (2008b). *Resources for researchers.* Retrieved February 7, 2015, from EMDRIA website: https://emdria.site-ym.com/?page=46

EMDRIA. (2015a). *Basic training curriculum requirements.* Retrieved May 31, 2015, from http://c.ymcdn.com/sites/www.emdria.org/resource/resmgr/BasicTraining/BTCRequirements.pdf

404

EMDRIA Professional Development Subcommittee. (2015b). *Clinical competencies for the six core competencies: An update on the work of the EMDRIA professional development subcommittee.* Retrieved January 16, 2015, from http://c.ymcdn.com/sites/emdria.site-ym.com/resource/resmgr/Files/Document_1_-_Clinical_Compet.pdf

EMDRIA. (2015c) *Randomized clinical trials.* Retrieved February 18, 2015, from http://www.emdria.org/?page=Randomized

EMDRIA. (2015d). *Certification criteria; application for EMDRIA certification in EMDR; frequently asked questions.* Retrieved August 15, 2015, from http://www.emdria.org/?page=21

EMDRIA. (2015e). *EMDR International Association consultation packet.* Retrieved August 15, 2015, from http://www.emdria.org/?page=113

EMDRIA. (2015f). *Application for EMDRIA approved consultant.* Retrieved August 15, 2015, from http://www.emdria.org/?page=51

EMDRIA. (2015g). *Certification in EMDR.* Retrieved August 15, 2015, from http://www.emdria.org/?page=21

EMDRIA. (2015h). *Mission.* Retrieved August 15, 2015, from http://www.emdria.org/?page=4

EMDR Europe. (2015). *EMDR Europe accredited practitioner competency based framework.* Retrieved February 7, 2015, from http://www.emdrassociation.org.uk/training/practitioners_accreditation.htm

EMDR Research Foundation. (2015). *EMDR early intervention researcher's toolkit.* Retrieved February 21, 2015, from http://emdrresearchfoundation.org/emdr-early-intervention-researchers-toolkit/

Fairbank, J. A., & Keane, T. M. (1982). Flooding for combat-related stress disorders: Assessment of anxiety reduction across traumatic memories. *Behavior Therapy, 13*, 499–510.

Faretta, E. (2013). EMDR and cognitive behavioral therapy in the treatment of panic disorder: A comparison. *Journal of EMDR Practice and Research, 7*(3), 121–133. doi:10.1891/1933-3196.7.3.121

Farima, R., Dowlatabadi, S., & Behzadi, S. (2015). The effectiveness of eye movement desensitization and reprocessing (EMDR) in reducing pathological worry in patients with generalized anxiety disorder: A preliminary study. *Archives of Psychiatry and Psychotherapy, 1*, 33–43. doi:10.12740/APP/39259

Farina, B., Imperatori, C., Quintiliani, M. I., Castelli Gattinara, P., Onofri, A., Lepore, M.,...Della Marca, G. (2014). Neurophysiological correlates of eye movement desensitization and reprocessing sessions: Preliminary evidence for traumatic memories integration. *Clinical Physiology and Functional Imaging, 35*(6), 460–468. doi:10.1111/cpf.12184

Fava, G. A., & Mangelli, L. (1999). Subclinical symptoms of panic disorder: New insights into pathophysiology and treatment. *Psychotherapy and Psychosomatics, 68*, 281–289.

Feldman, G. (2007). Cognitive and behavioral therapies for depression: Overview, new directions, and practical recommendations for dissemination. *Psychiatric Clinics of North America, 30*(1), 39–50.

Felitti, V. J., Anda, R. F., Nordenberg, D., Williamson, D. F., Spitz, A. M., Edwards, V.,...Marks, J. S. (1998). Relationship of childhood abuse and household dysfunction to many of the leading causes of death in adults: The Adverse Childhood Experiences (ACE) study. *American Journal of Preventative Medicine, 14*(4), 245–258.

Fernandez, I. (2008). EMDR after a critical incident: Treatment of a tsunami survivor with acute posttraumatic stress disorder. *Journal of EMDR Practice and Research, 2*(2), 156–159.

Fernandez, I., & Faretta, E. (2007). EMDR in the treatment of panic disorder with agoraphobia. *Clinical Case Studies, 6*(1), 44–63.

Ferreira, C., Deslandes, A., Moraes, H., Cagy, M., Basile, L. F., Piedade, R., & Ribeiro, P. (2006). The relation between EEG prefrontal asymmetry and subjective feelings of mood following 24 hours of sleep deprivation. *Arquivos de Neuro-Psiquiatria, 64*(2B), 382–387.

Ferrie, R. K., & Lanius, U. F. (2001). *Opioid antagonists and EMDR.* Paper presented at the EMDR International Association, Austin, TX.

Feske, U., & Goldstein, A. J. (1997). Eye movement desensitization and reprocessing treatment for panic disorder: A controlled outcome and partial dismantling study. *Journal of Consulting and Clinical Psychology, 65*(6), 1026–1035.

Fine, C. G., Paulsen, S., Rouanzoin, C., Luber, M., Puk, G., & Young, W. (1995). EMDR dissociative disorders task force recommended guidelines: A general guide to EMDR's use in the dissociative disorders. In F. Shapiro (Ed.), *Eye movement desensitization and reprocessing, basic Principles, protocols and procedures* (pp. 365–369). New York, NY: The Guilford Press.

Fine, C. G., Paulsen, S., Rouanzoin, C., Luber, M., Puk, G., & Young, W. (2001). EMDR dissociative disorders task force recommended guidelines: A general guide to EMDR's use in the dissociative disorders. In F. Shapiro (Ed.), *Eye movement desensitization and reprocessing, basic principles, protocols and procedures* (2nd ed., pp. 441–445). New York, NY: The Guilford Press.

Fleet, R. P., Dupuis, G., Marchand, A., Burelle, D., Arsenault, A., & Beitman, B. D. (1996). Panic disorder in emergency department chest pain patients: Prevalence, comorbidity, suicidal ideation, and physician recognition. *American Journal of Medicine, 101*, 371–380.

Fleet, R. P., Lavoie, K. L., Martel, J. P., Dupuis, G., Marchand, A., & Beitman, B. D. (2003). Two-year follow-up status of emergency department patients with chest pain: Was it panic disorder? *CJEM: Canadian Journal of Emergency Medical Care = JCMU: Journal Canadien De Soins Médicaux D'urgence, 5*(4), 247–254.

Fleming, J. (2012). The effectiveness of eye movement desensitization and reprocessing in the treatment of traumatized children and youth. *Journal of EMDR Practice and Research, 6*(1), 16–26. doi:10.1891/1933-3196.6.1.16

Flik, C. E., & de Roos, C. (2010). [Eye movement desensitisation and reprocessing (EMDR) as a treatment for phantom limb pain.]. *Tijdschrift Voor Psychiatrie, 52*(8), 589–593.

Flipse Vargas, A., Hanson, T., Kraus, D., Drescher, K., & Foy, D. (2013). Moral injury themes in combat veterans' narrative responses from the national vietnam veterans' readjustment study. *Traumatology, 19*(3), 243–250. doi:10.1177/1534765613476099

Foa, E. B., Hembree, E. A., & Rothbaum, B. O. (2007). *Prolonged exposure therapy for PTSD: emotional processing of traumatic experiences: Therapist guide*. New York, NY: Oxford University Press.

Foa, E. B., Keane, T. M., Friedman, M. J., Cohen, J. A., & International Society for Traumatic Stress Studies. (2009). *Effective treatments for PTSD: Practice guidelines from the International Society for Traumatic Stress Studies* (2nd ed.). New York, NY: Guilford Press.

Foa, E. B., Keane, T. M., & Friedman, M. J. (2000). *Effective treatments for PTSD: Practice guidelines from the International Society for Traumatic Stress Studies*. New York, NY: Guilford Press.

Foa, E. B., & Kozak, M. J. (1985). Treatment of anxiety disorders: Implications for psychopathology. In A. H. Tuma & J. D. Maser (Eds.), *Anxiety and the anxiety disorders* (pp. 451–452). Hillsdale, NJ: Erlbaum.

Foa, E. B., & Kozak, M. J. (1986). Emotional processing of fear: Exposure to corrective information. *Psychological Bulletin, 99*(1), 20–35.

Foa, E. B., & Meadows, E. A. (1997). Psychosocial treatments for posttraumatic stress disorder: A critical review. *Annual Review of Psychology, 48*, 449–480.

Foa, E., & Riggs, D. (1995). Posttraumatic stress disorder following assault: Theoretical considerations and empirical findings. *Current Directions in Psychological Science, 4*, 61–65.

Foa, E. B., & Rothbaum, B. O. (1998). *Treating the trauma of rape: Cognitive-behavioral therapy for PTSD*. New York, NY: Guilford.

Foldvary-Schaefer, N. (2006). *Getting a good night's sleep*. Cleveland, OH: Cleveland Clinic Press.

Follette, V. M., & Ruzek, J. I. (2006). *Cognitive-behavioral therapies for trauma* (2nd ed.). New York, NY: Guilford Press.

Fonagy, P., Gergely, G., Jurist, E. L., & Target, M. (2002). *Affect regulation, mentalization, and the development of the self*. New York, NY: Other Press.

Fonagy, P., Leigh, T., Steele, M., Steele, H., Kennedy, R., Mattoon, G.,...Gerber, A. (1996). The relation of attachment status, psychiatric classification, and response to psychotherapy. *Journal of Consulting and Clinical Psychology, 64*(1), 22–31.

Forgash, C., & Copeley, M. (2008). *Healing the heart of trauma and dissociation with EMDR and ego state therapy*. New York, NY: Springer.

Forgash, C., & Leeds, A. M. (1999). *Case inquiry format*. Unpublished manuscript.

Forgash, C., Leeds, A. M., Stramrood, C. A. I., & Robbins, A. (2013). Case consultation: Traumatized pregnant woman. *Journal of EMDR Practice and Research, 7*(1), 45–49. doi:10.1891/1933-3196.7.1.45

Foster, S., & Lendl, J. (1995). Eye movement desensitization and reprocessing: Initial application for enhancing performance in athletes. *Journal of Applied Sport Psychology, 7*(Suppl.), 63.

Foster, S., & Lendl, J. (1996). Eye movement desensitization and reprocessing: Four case studies of a new tool for executive coaching and restoring employee performance after setbacks. *Consulting Psychology Journal, 48*, 155–161.

Fowler, J. C. (2012). Suicide risk assessment in clinical practice: Pragmatic guidelines for imperfect assessments. *Psychotherapy, 49*(1), 81–90. doi:10.1037/a0026148

Fraley, R. C., Waller, N. G., & Brennan, K. A. (2000). An item response theory analysis of self-report measures of adult attachment. *Journal of Personality and Social Psychology, 78*(2), 350. doi:10.1037/0022-3514.78.2.350

Francine Shapiro Library. (2015). *History*. Retrieved February 20, 2015, from https://emdria.omeka.net/items/search?collection=1

Frederick, C., & McNeal, S. (1999). *Inner strengths: Contemporary psychotherapy and hypnosis for ego-strengthening*. Mahwah, NJ: Lawrence Erlbaum Associates.

Freud, S. (1955). Beyond the pleasure principle. In S. Freud & J. Strachey (Eds.), *The standard edition of the complete psychological works of Sigmund Freud*. London, UK: Hogarth Press.

文　　献

Freyd, J. J. (1996). *Betrayal trauma: The logic of forgetting childhood abuse.* Cambridge, MA: Harvard University Press.

Freyd, J. J., & Birrell, P. (2013). *Blind to betrayal: Why we fool ourselves, we aren't being fooled.* Hoboken, NJ: Wiley.

Freyd, J. J., & DePrince, A. P. (Eds.). (2001). *Trauma and cognitive science: A meeting of minds, science and human experience.* New York, NY: The Haworth Maltreatment & Trauma Press.

Fried, R., Fox, M. C., & Carlton, R. M. (1990). Effect of diaphragmatic respiration with end-tidal CO_2 biofeedback on respiration, EEG, and seizure frequency in idiopathic epilepsy. *Annals of the New York Academy of Sciences, 602,* 67–96.

Friedman, M. J. (2013). Finalizing PTSD in *DSM-5*: Getting here from there and where to go next. *Journal of Traumatic Stress, 26*(5), 548–556. doi:10.1002/jts.21840

Fromm, E., & Kahn, S. (1990). *Self-hypnosis: The Chicago paradigm.* New York, NY: Guilford Press.

Frustaci, A., Lanza, G. A., Fernandez, I., di Giannantonio, M., & Pozzi, G. (2010). Changes in psychological symptoms and heart rate variability during EMDR treatment: A case series of subthreshold PTSD. *Journal of EMDR Practice and Research, 4*(1), 3–11. doi:10.1891/1933-3196.4.1.3

Furukawa, T. A., Watanabe, N., & Churchill, R. (2006). Psychotherapy plus antidepressant for panic disorder with or without agoraphobia: Systematic review. *British Journal of Psychiatry, 188,* 305–312.

Galfalvy, H., Oquendo, M. A., Carballo, J. J., Sher, L., Grunebaum, M. F., Burke, A., & Mann, J. J. (2006). Clinical predictors of suicidal acts after major depression in bipolar disorder: A prospective study. *Bipolar Disorder, 8*(5 Pt. 2), 586–595.

Gauvreau, P., & Bouchard, S. P. (2008). Preliminary evidence for the efficacy of EMDR in treating generalized anxiety disorder. *Journal of EMDR Practice and Research, 2*(1), 26–40.

Gauvry, S. B., Lesta, P., Alonso, A. L., & Pallia, R. (2013). Complex regional pain syndrome (CRPS), Sudeck's dystrophy: EMDR reprocessing therapy applied to the psychotherapeutic strategy. *Journal of EMDR Practice and Research, 7*(3), 167–172. doi:10.1891/1933-3196.7.3.167

Geer, J. H. (1965). The development of a scale to measure fear. *Behaviour Research and Therapy, 3,* 45–53.

Gelinas, D. J. (2003). Integrating EMDR into phase-oriented treatment for trauma. *Journal of Trauma and Dissociation, 4*(3), 91–135.

George, C., & West, M. (2001). The development and preliminary validation of a new measure of adult attachment: The adult attachment projective. *Attachment and Human Development, 3*(1), 30–61.

George, C., Kaplan, N., & Main, M. (1996). *Adult attachment interview* (3rd ed.). Unpublished manuscript, Department of Psychology, University of California, Berkeley, CA.

Gerlach, A. L., Spellmeyer, G., Vogele, C., Huster, R., Stevens, S., Hetzel, G., & Deckert, J. (2006). Blood-injury phobia with and without a history of fainting: Disgust sensitivity does not explain the fainting response. *Psychosomatic Medicine, 68*(2), 331–339.

Giesen-Bloo, J., van Dyck, R., Spinhoven, P., van Tilburg, W., Dirksen, C., van Asselt, T.,…Arntz, A. (2006). Outpatient psychotherapy for borderline personality disorder: Randomized trial of schema-focused therapy vs transference-focused psychotherapy. *Archives of General Psychiatry, 63*(6), 649–658.

Gil, E. (1988). *Treatment of adult survivors of childhood abuse.* Walnut Creek, CA: Launch Press.

Gloster, A. T., Wittchen, H. U., Einsle, F., Lang, T., Helbig-Lang, S., Fydrich, T.,…Arolt, V. (2011). Psychological treatment for panic disorder with agoraphobia: A randomized controlled trial to examine the role of therapist-guided exposure in situ in CBT. *Journal of Consulting and Clinical Psychology, 79*(3), 406–420. doi:10.1037/a0023584

Gold, S. N. (2000). *Not trauma alone: Therapy for child abuse survivors in family and social context.* Philadelphia, PA: Brunner/Routledge.

Goldstein, A. (1995). Treatment of panic disorder with agoraphobia: Going beyond the barrier. *In Session: Psychotherapy in Practice, 1*(3), 83–98.

Goldstein, A. J., de Beurs, E., Chambless, D. L., & Wilson, K. A. (2000). EMDR for panic disorder with agoraphobia: Comparison with waiting list and credible attention-placebo control conditions. *Journal of Consulting and Clinical Psychology, 68*(6), 947–956.

Goldstein, A., & Chambless, D. L. (1978). A reanalysis of agoraphobia. *Behavior Therapy, 9,* 47–59.

Goldstein, A., & Feske, U. (1994). Eye movement desensitization and reprocessing for panic disorder: A case series. *Journal of Anxiety Disorders, 8*(4), 351–362.

Goldstein, J. (1994). *Insight meditation: The practice of freedom.* Boston, MA: Shambhala Publications.

Gomez, A. M. (2012). *EMDR therapy and adjunct approaches with children.* New York, NY: Springer.

Gonzalez, A., & Mosquera, D. (2012). *EMDR and dissociation: The progressive approach.* Charleston, SC: Amazon Imprint.

Gonzalez, A., Mosquera, D., & Fisher, J. (2012). Trauma processing in structural dissociation. In A. Gonzalez & D. Mosquera (Eds.), *EMDR and dissociation: The progressive approach* (pp. 231–252). Charleston,

SC: Amazon Imprint.

Gonzalez, A., Mosquera, D., Leeds, A. M., Knipe, J., & Solomon, R. (2012). The AIP model and structural dissociation: A proposal to extend the framework. In A. Gonzalez & D. Mosquera (Eds.), *EMDR and dissociation: The progressive approach* (pp. 31–50). Charleston, SC: Amazon Imprint.

Gorman, S., & Slavik, R. (2014). Should key performance indicators be a component of performance assessment for individual clinical pharmacists? *The Canadian Journal of Hospital Pharmacy, 67*(2), 165–168.

Grand, D. (2003). Emerging from the coffin: Treatment of a masochistic personality disorder. In P. Manfield (Ed.), *EMDR casebook* (pp. 69–94). New York, NY: Norton.

Grant, M. (2009). *Pain control with EMDR: Treatment manual.* CreateSpace.

Grant, M., & Threlfo, C. (2002). EMDR in the treatment of chronic pain. *Journal of Clinical Psychology, 58*(12), 1505–1520. doi:10.1002/jclp.10101

Grbesa, G., Simonovic, M., & Jankovic, D. (2010). Electrophysiological changes during EMDR treatment in patients with combat-related PTSD. *Annals of General Psychiatry, 9*(Suppl. 1), S209. doi:10.1186/1744-859X-9-S1-S209

Greenwald, R. (2007). *EMDR: Within a phase model of trauma-informed treatment.* New York, NY: Haworth Press.

Greenwald, R., & Shapiro, F. (2010). What is EMDR? Commentary by Greenwald and invited response by Shapiro. *Journal of EMDR Practice and Research, 4*(4), 170–179. doi:10.1891/19333196.4.4.170

Greenwald, R., & Shapiro, F. (2011). What is EMDR? Concluding commentary by Greenwald and response by Shapiro. *Journal of EMDR Practice and Research, 5,* 25–28. doi:10.1891/1933-3196.5.1.25

Grey, E. (2011). A pilot study of concentrated EMDR: A brief report. *Journal of EMDR Practice and Research, 5,* 14–24. doi:10.1891/1933-3196.5.1.14

Griffin, R. M. (n.d.). *10 natural depression treatments* [Webpage]. Retrieved from www.webmd.com: http://www.webmd.com/depression/features/natural-treatments?page=2

Grimmett, J., & Galvin, M. D. (2015). Clinician experiences with EMDR: Factors influencing continued use. *Journal of EMDR Practice and Research, 9*(1), 3–16. doi:10.1891/1933-3196.9.1.3

Gunter, R. W., & Bodner, G. E. (2008). How eye movements affect unpleasant memories: Support for a working-memory account. *Behavior Research and Therapy, 46,* 913–931.

Gunter, R. W., & Bodner, G. E. (2009). EMDR works...But how? Recent progress in the search for treatment mechanisms. *Journal of EMDR Practice and Research, 3*(3), 161–168. doi:10.1891/1933-3196.3.3.161

Gupta, M. A., & Gupta, A. K. (2002). Use of eye movement desensitization and reprocessing (EMDR) in the treatment of dermatologic disorders. *Journal of Cutaneous Medicine and Surgery, 6*(5), 415–421.

Gupta, D., Gupta, N., & Choudhary, T. (2014). Effectiveness of the EMDR therapy on specific phobia in young children. *Delhi Psychiatry Journal, 17*(2), 175–178.

Guralnik, D. B. (1970). *Webster's New World dictionary of the American language* (2nd college ed.). New York, NY: World Pub. Co.

Hall-Flavin, D. (n.d.). *Natural remedies for depression: Are they effective?—Mayo Clinic* [Webpage]. Retrieved from www.mayoclinic.org; http://www.mayoclinic.org/diseases-conditions/depression/expert-answers/natural-remedies-for-depression/FAQ-20058026

Hammond, D. C. (1990). *Handbook of hypnotic suggestions and metaphors.* New York, NY: Norton.

Hansen, P. A. (1991). *Survivors and partners: Healing the relationships of sexual abuse survivors.* Longmont, CO: Heron Hill Publishing Co.

Harper, M. L., Rasolkhani-Kalhorn, T., & Drozd, J. F. (2009). On the neural basis of EMDR therapy: Insights from qEEG studies. *Traumatology, 15*(2), 81–95. doi:10.1177/1534765609338498

Harris, A. H., Cronkite, R., & Moos, R. (2006). Physical activity, exercise coping, and depression in a 10-year cohort study of depressed patients. *Journal of Affective Disorders, 93*(1–3), 79–85.

Hase, M. (2010). CravEx: An EMDR approach to treat substance abuse and addiction. In M. Luber (Ed.), *Eye movement desensitization and reprocessing (EMDR) scripted protocols: Special populations* (pp. 467–488). New York, NY: Springer.

Hase, M., Balmaceda, U. M., Hase, A., Lehnung, M., Tumani, V., Huchzermeier, C., & Hofmann, A. (2015). Eye movement desensitization and reprocessing (EMDR) therapy in the treatment of depression: A matched pairs study in an inpatient setting. *Brain and Behavior, 5*(6), e00342. doi:10.1002/brb3.342

Hase, M., Schallmayer, S., & Sack, M. (2008). EMDR reprocessing of the addiction memory: Pretreatment, posttreatment, and 1-month follow-up. *Journal of EMDR Practice and Research, 2*(3), 170–179.

Haskell, W. L., Lee, I. M., Pate, R. R., Powell, K. E., Blair, S. N., Franklin, B. A.,...Bauman, A. (2007). Physical activity and public health: Updated recommendation for adults from the American College of Sports Medicine and the American Heart Association. *Medicine & Science in Sports & Exercise, 39*(8), 1423–1434.

Hassett, A. L., Radvanski, D. C., Vaschillo, E. G., Vaschillo, B., Sigal, L. H., Karavidas, M. K.,...Lehrer, P. M. (2007). A pilot study of the efficacy of heart rate variability (HRV) biofeedback in patients with fibromyalgia. *Applied Psychophysiology and Biofeedback, 32*(1), 1–10.

Hazan, C., & Shaver, P. (1987). Romantic love conceptualized as an attachment process. *Journal of Personality and Social Psychology, 52*(3), 511–524.

Heber, R., Kellner, M., & Yehuda, R. (2002). Salivary cortisol levels and the cortisol response to dexamethasone before and after EMDR: A case report. *Journal of Clinical Psychology, 58*(12), 1521–1530.

Heide, F. J., & Borkovec, T. D. (1983). Relaxation-induced anxiety: Paradoxical anxiety enhancement due to relaxation training. *Journal of Consulting and Clinical Psychology, 51*(2), 171–182.

Heide, F. J., & Borkovec, T. D. (1984). Relaxation-induced anxiety: Mechanisms and theoretical implications. *Behaviour Research and Therapy, 22*(1), 1–12.

Hekmat, H., Groth, S., & Rogers, D. (1994). Pain ameliorating effect of eye movement desensitization. *Journal of Behavior Therapy and Experimental Psychiatry, 25*(2), 121–129.

Hembree, E. A., Foa, E. B., Dorfan, N. M., Street, G. P., Kowalski, J., & Tu, X. (2003). Do patients drop out prematurely from exposure therapy for PTSD? *Journal of Traumatic Stress, 16*(6), 555–562.

Hemingway, R. B., 3rd., & Reigle, T. G. (1987). The involvement of endogenous opiate systems in learned helplessness and stress-induced analgesia. *Psychopharmacology, 93*(3), 353–357.

Henry, S. L. (1996). Pathological gambling: Etiologic considerations and treatment efficacy of eye movement desensitization/reprocessing. *Journal of Gambling Studies, 12*(4, Winter), 395–405.

Herman, J. L., & van der Kolk, B. A. (1987). Traumatic origins of borderline personality disorder. In B. A. van der Kolk (Ed.), *Psychological trauma.* Washington, DC: American Psychiatric Press.

Herman, J. L. (1992a). Complex PTSD: A syndrome in survivors of prolonged and repeated trauma. *Journal of Traumatic Stress, 5*, 377–391.

Herman, J. L. (1992b). *Trauma and recovery: The aftermath of violence—from domestic abuse to political terror.* New York, NY: Basic Books.

Hofmann, A. (2004). *EMDR in the treatment of complex PTSD.* Paper presented at the EMDR International Association Conference, Montreal, Quebec.

Hofmann, A. (2005). *EMDR in der Behandlung psychotraumatischer Belastungssyndrome* [*EMDR therapy with posttraumatic stress syndromes*]. Stuttgart, Germany: Thieme.

Hofmann, A. (2010). The inverted EMDR standard protocol for unstable complex post-traumatic stress disorder. In M. Luber (Ed.), *Eye movement desensitization and reprocessing (EMDR) scripted protocols: Special populations* (pp. 313–328). New York, NY: Springer.

Hofmann, A., Hilgers, A., Lehnung, M., Liebermann, P., Ostacoli, L., Schneider, W., & Hase, M. (2014). Eye movement desensitization and reprocessing as an adjunctive treatment of unipolar depression: A controlled study. *Journal of EMDR Practice and Research, 8*(3), 103–112. doi:10.1891/1933-3196.8.3.103

Högberg, G., Pagani, M., Sundin, O., Soares, J., Aberg-Wistedt, A., Tarnell, B., & Hällström, T. (2007). On treatment with eye movement desensitization and reprocessing of chronic post-traumatic stress disorder in public transportation workers—A randomized controlled trial. *Nordic Journal of Psychiatry, 61*(1), 54–61.

Högberg, G., Pagani, M., Sundin, O., Soares, J., Aberg-Wistedt, A., Tarnell, B., & Hällström, T. (2008). Treatment of post-traumatic stress disorder with eye movement desensitization and reprocessing: Outcome is stable in 35-month follow-up. *Psychiatry Research, 159*, 101–108.

Hornsveld, H. K., de Jongh, A., & ten Broeke, E. (2012). Stop the use of eye movements in resource development and installation, until their additional value has been proven: A rejoinder to Leeds and Korn. *Journal of EMDR Practice and Research, 6*(4), 174–178. doi:10.1891/1933-3196.6.4.174

Hornsveld, H. K., Houtveen, J. H., Vroomen, M., Aalbers, I. K. D., Aalbers, D., & van den Hout, M. A. (2011). Evaluating the effect of eye movements on positive memories such as those used in resource development and installation. *Journal of EMDR Practice and Research, 5*(4), 146–155. doi:10.1891/1933-3196.5.4.146

Hornsveld, H. K., Landwehr, F., Stein, W., Stomp, M., Smeets, S., & van den Hout, M. A. (2010). Emotionality of loss-related memories is reduced after recall plus eye movements but not after recall plus music or recall only. *Journal of EMDR Practice and Research, 4*(3), 106–112. doi:10.1891/1933-3196.4.3.106

Horowitz, M. J. (1979). Psychological response to serious life events. In V. Hamilton & D. M. Warburton (Eds.), *Human stress and cognition.* New York, NY: Wiley.

Horowitz, M. J. (1986). *Stress response syndromes* (2nd ed.). Northvale, NJ: Jason Aronson Inc.

Horowitz, M., Wilner, M., & Alvarez, W. (1979). Impact of event scale: A measure of subjective stress. *Psychosomatic Medicine, 41*, 209–218.

Horvath, A. O., & Greenberg, L. S. (1989). Development and validation of the working alliance inventory. *Journal of Counseling Psychology, 36*(2), 223–233. Retrieved from Google Scholar.

Horvath, A., Gaston, L., & Luborsky, L. (1993). The therapeutic alliance and its measures. In N. E. Miller, L. Luborsky, J. P. Barber, & J. P. Docherty (Eds.), *Psychodynamic treatment research* (pp. 247–273). New York, NY: Basic Books.

Hunt, C. (2000). The unmet need for treatment in panic disorder and social phobia. In G. Andrews &

S. Henderson (Eds.), *Unmet need in psychiatry: Problems, resources, responses* (pp. 277–289). New York, NY: Cambridge University Press.

Hyman, J. W. (1999). *Women living with self-injury.* Philadelphia, PA: Temple University Press.

Ichii, M. (2003). *Effect of RDI for ameliorating depression in college students.* Poster session presented at the EMDR International Association, Denver, CO.

Ichii, M., & Nakajima, T. (2014). *Effect of eye movements in RDI (resource development and installation) procedure.* Paper presented at the EMDR Europe Conference Edinburgh, Scotland.

Institute of Medicine (IOM). (2007). *Treatment of posttraumatic stress disorder: An assessment of the evidence.* Washington, DC: The National Academies Press.

International Society for the Study of Trauma and Dissociation. (2011). Guidelines for treating dissociative disorder in adults, third revision. *Journal of Trauma & Dissociation, 12*(2), 115–187.

Ironson, G. I., Freund, B., Strauss, J. L., & Williams, J. (2002). A comparison of two treatments for traumatic stress: A pilot study of EMDR and prolonged exposure. *Journal of Clinical Psychology, 58*(1), 113–128.

ISTSS—Remembering Childhood Trauma. (n.d.). [Webpage]. Retrieved June 11, 2015, from www.istss.org; http://www.istss.org/public-resources/remembering-childhood-trauma.aspx

Iyengar, B. K. S. (1981). *Light on pranayama: The yogic art of breathing.* New York, NY: Crossroad.

Jaberghaderi, N., Greenwald, R., Rubin, A., S., D., & Zand, S. O. (2004). A comparison of CBT and EMDR for sexually abused Iranian girls. *Clinical Psychology and Psychotherapy, 11*(5), 358–368.

Jacobs, D. G., & Brewer, M. L. (2006). Application of the APA Practice Guidelines on suicide to clinical practice. *CNS Spectrums, 11*(6), 447–454.

Jacobson, E. (1938). *Progressive relaxation.* Chicago, IL: University of Chicago Press.

Jacobson, N. S., & Gortner, E. T. (2000). Can depression be de-medicalized in the 21st century: Scientific revolutions, counter-revolutions and the magnetic field of normal science. *Behaviour Research and Therapy, 38*(2), 103–117.

Jacobson, N. S., Dobson, K. S., Truax, P. A., Addis, M. E., Koerner, K., Gollan, J. K., . . . Prince, S. E. (1996). A component analysis of cognitive-behavioral treatment for depression. *Journal of Consulting and Clinical Psychology, 64*(2), 295–304.

Janet, P. (1889). *L'Automatisme psychologique[Psychological automatism].* Paris, France: Felix Alcan.

Janet, P. (1977). *The mental state of hystericals.* In D. N. Robinson (Ed.), *C. R. Corson* (Trans.). Washington, DC: University Publications of America.

Janoff-Bulman, R. (1992). *Shattered assumptions: Toward a new psychology of trauma.* New York, NY: Free Press.

Jarero, I., Artigas, L., & Luber, M. (2011). The EMDR protocol for recent critical incidents: Application in a disaster mental health continuum of care context. *Journal of EMDR Practice and Research, 5*(3), 82–94. doi:10.1891/1933-3196.5.3.82

Jeffries, F. W., & Davis, P. (2012). What is the role of eye movements in eye movement desensitization and reprocessing (EMDR) for post-traumatic stress disorder (PTSD)? A review. *Behavioural and Cognitive Psychotherapy, 41*(3), 1–11. doi:10.1017/S1352465812000793

Jobes, D. A., Wong, S. A., Conrad, A. K., Drozd, J. F., & Neal-Walden, T. (2005). The collaborative assessment and management of suicidality versus treatment as usual: A retrospective study with suicidal outpatients. *Suicide and Life Threatening Behavior, 35*(5), 483–497.

Johns, M. W. (1991). A new method for measuring daytime sleepiness: The Epworth sleepiness scale. *Sleep, 14*(6), 540–545.

Johnstone, K. A., & Page, A. C. (2004). Attention to phobic stimuli during exposure: The effect of distraction on anxiety reduction, self-efficacy and perceived control. *Behaviour Research and Therapy, 42*(3), 249–275.

Jones, L. K., & Cureton, J. L. (2014). Trauma redefined in the *DSM-5*: Rationale and implications for counseling practice. *The Professional Counselor, 4*(3), 257–271. doi:10.15241/lkj.4.3.257

Joseph, R. (1998). Traumatic amnesia, repression, and hippocampus injury due to emotional stress, corticosteroids and enkephalins. *Child Psychiatry and Human Development, 29*(2), 169–185.

Kabat-Zinn, J. (1994). *Wherever you go, there you are: Mindfulness meditation in everyday life* (p. 278). New York: Hyperion.

Kapoula, Z., Yang, Q., Bonnet, A., Bourtoire, P., & Sandretto, J. (2010). EMDR effects on pursuit eye movements. *PLoS ONE, 5*(5), e10762. doi:10.1371/journal.pone.0010762

Kar, N. (2011). Cognitive behavioral therapy for the treatment of post-traumatic stress disorder: A review. *Neuropsychiatric Disease and Treatment, 7*, 167–181. doi:10.2147/NDT.S10389.

Karavidas, M. K., Lehrer, P. M., Vaschillo, E., Vaschillo, B., Marin, H., Buyske, S., . . . Hassett, A. (2007). Preliminary results of an open label study of heart rate variability biofeedback for the treatment of major depression. *Applied Psychophysiology and Biofeedback, 32*(1), 19–30.

Kavanagh, D. J., Freese, S., Andrade, J., & May, J. (2001). Effects of visuospatial tasks on desensitization to emotive memories. *British Journal of Clinical Psychology, 40*(Pt. 3), 267–280.

Kazdin, A. E. (2007). Mediators and mechanisms of change in psychotherapy research. *Annual Review of Clinical Psychology, 3*, 1–27. doi:10.1146/annurev.clinpsy.3.022806.091432

Keane, T. M., Fairbank, J. A., Caddell, J. M., & Zimering, R. T. (1989). Implosive (flooding) therapy reduced symptoms of PTSD in Vietnam combat veterans. *Behavior Therapy, 20*, 245–260.

Keller, B., Stevens, L., Lui, C., Murray, J., & Yaggie, M. (2014). The effects of bilateral eye movements on EEG coherence when recalling a pleasant memory. *Journal of EMDR Practice and Research, 8*(3), 113–128. doi:10.1891/1933-3196.8.3.113

Kelley, S. D. M., & Selim, B. (2007). Eye movement desensitization and reprocessing in the psychological treatment of trauma-based psychogenic non-epileptic seizures. *Clinical Psychology and Psychotherapy, 14*(2), 135.

Kemp, M., Drummond, P., & McDermott, B. (2010). A wait-list controlled pilot study of eye movement desensitization and reprocessing (EMDR) for children with post-traumatic stress disorder (PTSD) symptoms from motor vehicle accidents. *Clinical Child Psychology and Psychiatry, 15*(1), 5–25. doi:10.1177/1359104509339086

Kessler, R. C., Chiu, W. T., Demler, O., & Walters, E. E. (2005). Prevalence, severity, and comorbidity of twelve-month *DSM–IV* disorders in the National Comorbidity Survey Replication (NCS-R). *Archives of General Psychiatry, 62*(6), 617–627.

Kessler, R. C., Sonnega, A., Bromet, E. J., Hughes, M., Nelson, C. B., & Breslau, N. (1999). Epidemiological risk factors for trauma and PTSD. In R. Yehuda (Ed.), *Risk factors for post-traumatic stress disorder* (pp. 23–59). Washington, DC: American Psychiatric Press.

Kessler, R. C., Sonnega, A., Bromet, E., Hughes, M., & Nelson, C. B. (1995). Posttraumatic stress disorder in the National Comorbidity Survey. *Archives of General Psychiatry, 52*(12), 1048–1060.

Killgore, W. D., Kahn-Greene, E. T., Lipizzi, E. L., Newman, R. A., Kamimori, G. H., & Balkin, T. J. (2007). Sleep deprivation reduces perceived emotional intelligence and constructive thinking skills. *Sleep Medicine, 8*(3), 215–221.

Killgore, W. D., Killgore, D. B., Day, L. M., Li, C., Kamimori, G. H., & Balkin, T. J. (2007). The effects of 53 hours of sleep deprivation on moral judgment. *Sleep, 30*(3), 345–352.

Kilpatrick, D. G., Resnick, H. S., Baber, B., Guille, C., & Gros, K. (2011). *The National Stressful Events Web Survey (NSES-W)*. Charleston, SC: Medical University of South Carolina.

Kilpatrick, D. G., Resnick, H. S., Milanak, M. E., Miller, M. W., Keyes, K. M., & Friedman, M. J. (2013). National estimates of exposure to traumatic events and PTSD prevalence using *DSM-IV* and *DSM-5* criteria. *Journal of Traumatic Stress, 26*(5), 537–547. doi:10.1002/jts.21848

Kim, D., & Kim, K.-I. (2004). A case series of eye movement desensitization and reprocessing (EMDR) in 30 psychiatric patients: Korean experience. *Journal of the Korean Neuropsychiatric Association, 43*(1), 113–118.

Kim, D., Bae, H., & Park, Y. C. (2008). Validity of the subjective units of disturbance scale in EMDR. *Journal of EMDR Practice and Research, 2*(1), 57–62.

Kirsch, I., & Lynn, S. J. (1995). The altered state of hypnosis: Changes in the theoretical landscape. *American Psychologist, 50*(10), 846–858.

Kleinknecht, R. A. (1993). Rapid treatment of blood and injection phobias with eye movement desensitization. *Journal of Behaviour Therapy and Experimental Psychiatry, 24*, 211–217.

Klosko, J., Barlow, D., Tassinari R., & Cerny J. (1990). A comparison of alprazolam and behavior therapy in treatment of panic disorder. *Journal of Consulting and Clinical Psychology, 58*(1), 77–84.

Kluft, R. P. (1993). Basic principles in conducting the psychotherapy of multiple personality disorder. In R. P. Kluft & C. G. Fine (Eds.), *Clinical perspectives on multiple personality disorder* (pp. 19–50). Washington, DC: American Psychiatric Press.

Kluft, R. P. (1999). An overview of the psychotherapy of dissociative identity disorder. *American Journal of Psychotherapy, 53*(3), 289–319.

Knapp, S., & VandeCreek, L. (2006). *Practical ethics for psychologists: A positive approach* (1st ed.). Washington, DC: American Psychological Association.

Kneff, J. C., & Krebs, K. (2004). Eye movement desensitization and reprocessing (EMDR): Another helpful mind-body technique to treat GI problems. *Gastroenterology Nursing, 27*(6), 286–287.

Knipe, J. (2002). A tool for working with dissociative clients. *The EMDRIA Newsletter, 7*(2), 14–16.

Knipe, J. (2003). "It was a golden time." Treating narcissistic vulnerability. In P. Manfield (Ed.), *EMDR casebook* (pp. 296–319). New York, NY: Norton.

Knipe, J. (2014). *EMDR toolbox: Theory and treatment of complex PTSD and dissociation.* New York, NY: Springer.

Knipe, J., & Forgash, C. (2001). *Safety focused EMDR/Ego state treatment of severe ego state disorders*. Paper presented at the EMDR International Association Conference, Austin, TX.

Koerner, K., Miller, A. L., & Wagner, A. W. (1998). Dialectical behavior therapy: Part I. Principle based intervention with multi-problem patients. *Journal of Practical Psychiatry and Behavioral Health, 4*, 28–36.

Konuk, E., & Zat, Z. (2015). Humanitarian programs and interventions in turkey. *Journal of EMDR Practice and Research, 9*(2), 106–113. doi:10.1891/1933-3196.9.2.106

Konuk, E., Epozdemir, H., Haciomeroglu Atceken, S., Aydin, Y. E., & Yurtsever, A. (2011). EMDR treatment of migraine. *Journal of EMDR Practice and Research, 5*(4), 166–176. doi:10.1891/1933-3196.5.4.166

Konuk, E., Knipe, J., Eke, I., Yuksek, H., Yurtsever, A., & Ostep, S. (2006). The effects of eye movement desensitization and reprocessing (EMDR) therapy on posttraumatic stress disorder in survivors of the 1999 Marmara, Turkey, Earthquake. *International Journal of Stress Management, 13*(3), 291.

Korn, D. L. (2009). EMDR and the treatment of complex PTSD: A review. *Journal of EMDR Practice and Research, 3*(4), 264–278. doi:10.1891/1933-3196.3.4.264

Korn, D. L., & Leeds, A. M. (1998). *Clinical applications of EMDR in the treatment of adult survivors of childhood abuse and neglect*. Baltimore, MD: EMDR International Association.

Korn, D. L., & Leeds, A. M. (2002). Preliminary evidence of efficacy for EMDR resource development and installation in the stabilization phase of treatment of complex posttraumatic stress disorder. *Journal of Clinical Psychology, 58*(12), 1465–1487.

Korn, D. L., Weir, J., & Rozelle, D. (2004). *Looking beyond the data: Clinical lessons learned from an EMDR treatment outcome study, Session 321*. Paper presented at the EMDR International Association Conference, Montreal, Quebec.

Korn, D. L., Zangwill, W., Lipke, H., & Smyth, M. J. (2001). *EMDR fidelity scale*. Unpublished monograph, The Trauma Center, Brookline, MA.

Krause, R., & Kirsch, A. (2006). [On the relationship between traumatization, amnesia and symptom stress—an empirical pilot study]. *Zeitschrift für Psychosomatische Medizin und Psychotherapie, 52*(4), 392–405.

Kristjánsdóttir, K., & Lee, C. W. (2011). A comparison of visual versus auditory concurrent tasks on reducing the distress and vividness of aversive autobiographical memories. *Journal of EMDR Practice and Research, 5*(2), 34–41. doi:10.1891/1933-3196.5.2.34

Krystal, S., Prendergast, J., Krystal, P., Fenner, P., Shapiro, I., & Shapiro, K. (2002). Transpersonal psychology, eastern nondual philosophy, and EMDR. In F. Shapiro (Ed.), *EMDR as an integrative psychotherapy approach: Experts of diverse orientations explore the paradigm prism* (pp. 319–339). Washington, DC: American Psychological Association.

Kuhn, T. S. (1996). *The structure of scientific revolutions* (3rd ed.). Chicago, IL: University of Chicago Press.

Kuiken, D., Bears, M., Miall, D., & Smith, L. (2001–2002). Eye movement desensitization reprocessing facilitates attentional orienting. *Imagination, Cognition and Personality, 21*(1), 3–20.

Kutz, I., Resnik, V., & Dekel, R. (2008). The effect of single-session modified EMDR on acute stress syndromes. *Journal of EMDR Practice and Research, 2*(3), 190–200.

Kvale G., Berggren U., & Milgrom P. (2004). Dental fear in adults: A meta-analysis of behavioral interventions. *Community Dentistry and Oral Epidemiology, 32*, 250–264.

Ladd, G. (2007). Treatment of psychological injury after a scuba-diving fatality. *Diving and Hyperbaric Medicine, 37*(1), 36–39.

Lamprecht, F., Köhnke, C., Lempa, W., Sack, M., Matzke, M., & Munte, T. F. (2004). Event-related potentials and EMDR treatment of post-traumatic stress disorder. *Neuroscience Research, 49*(2), 267–272.

Landin-Romero, R., Novo, P., Vicens, V., McKenna, P. J., Santed, A., Pomarol-Clotet, E.,...Amann, B. L. (2013). EMDR therapy modulates the default mode network in a subsyndromal, traumatized bipolar patient. *Neuropsychobiology, 67*(3), 181–184. doi:10.1159/000346654

Lang, P. J. (1968). Fear reduction and fear behavior: Problems in treating a construct. In J. M. Shlien (Ed.), *Research in psychotherapy* (Vol. 3, pp. 90–102). Washington, DC: American Psychological Association.

Lang, P. J. (1977). Imagery in therapy: An information processing analysis of fear. *Behavior Therapy, 8*, 862–886.

Lang, P. J. (1979). A bioinformational theory of emotional imagery. *Psychophysiology, 16*, 495–512.

Lanius, U. F. (2004, September 11, 2004). *PTSD, information processing and thalamo-cortical dialogue*. Paper presented at the EMDR International Association Conference, Montreal, Quebec.

Lanius, U. F. (2005). EMDR processing with dissociative clients: Adjunctive use of opioid antagonists. In R. Shapiro (Ed.), *EMDR solutions: Pathways to healing* (pp. 121–146). New York, NY: W.W. Norton.

Lanius, U. F. (2014). Dissociation and endogenous opioids: A foundational role. In U. F. Lanius, S. L. Paulsen, & F. M. Corrigan (Eds.), *Neurobiology and treatment of traumatic dissociation: Towards an embodied self* (pp. 81–104). New York, NY: Springer.

Lanius, U. F., & Bergmann, U. (2014). Dissociation, EMDR, and adaptive information processing: The role of sensory stimulation and sensory awareness. In U. F. Lanius, S. L. Paulsen, & F. M. Corrigan (Eds.),

文　献

Neurobiology and treatment of traumatic dissociation: Towards an embodied self (pp. 213–242). New York, NY: Springer.

Lanius, U. F., Paulsen, S. L., & Corrigan, F. M. (2014). *Neurobiology and treatment of traumatic dissociation: Towards an embodied self.* New York, NY: Springer.

Lankton, S. R. E. (1987). *Central themes and principles of Ericksonian therapy* (Ericksonian Monographs, No. 2). New York, NY: Brunner-Routledge.

Lansing, K. (2012). *The rite of return: Coming back from duty-induced PTSD.* High Ground Press.

Lansing, K. M., Amen, G. G., & Klindt, W. C. (2000, November). *Tracking the neurological impact of CBT and EMDR in the treatment of PTSD.* Paper presented at the Annual Meeting of the Association for the Advancement for Behavior Therapy, New Orleans, LA.

Lansing, K., Amen, D. G., Hanks, C., & Rudy, L. (2005). High-resolution brain SPECT imaging and eye movement desensitization and reprocessing in police officers with PTSD. *The Journal of Neuropsychiatry and Clinical Neurosciences, 17*(4), 526–532.

Lazarus, A. A. (1989). *The practice of multimodal therapy: Systematic, comprehensive, effective psychotherapy.* Baltimore, MD: John Hopkins University Press.

Lazarus, A., & Lazarus, C. (1991). *Multimodal life history inventory.* Champaign, IL: Research Press.

Lazrove, S., & Fine, C. G. (1996). The use of EMDR in patients with dissociative identity disorder. *Dissociation, 9*(4), 289–299.

LeDoux, J. E. (1996). *The emotional brain: The mysterious underpinnings of emotional life.* New York, NY: Simon & Schuster.

LeDoux, J., Romanski, L., & Xagoraris, A. (1989). Indelibility of subcortical emotional memories. *Journal of Cognitive Neuroscience, 1*(3), 238–243.

Lee, C. W. (2008). Crucial processes in EMDR: More than imaginal exposure. *Journal of EMDR Practice and Research, 2*(4), 262–268. doi:10.1891/1933-3196.2.4.262

Lee, C. W., & Cuijpers, P. (2013). A meta-analysis of the contribution of eye movements in processing emotional memories. *Journal of Behavior Therapy and Experimental Psychiatry, 44*(2), 231–239. doi:10.1016/j.jbtep.2012.11.001

Lee, C. W., & Cuijpers, P. (2014). What does the data say about the importance of eye movement in EMDR? *Journal of Behavior Therapy and Experimental Psychiatry, 45*(1), 226–228. doi:10.1016/j.jbtep.2013.10.002

Lee, C. W., & Drummond, P. D. (2008). Effects of eye movement versus therapist instructions on the processing of distressing memories. *Journal of Anxiety Disorders, 22*(5), 801–808.

Lee, C. W., & Schubert, S. (2009). Omissions and errors in the institute of medicine's report on scientific evidence of treatment for posttraumatic stress disorder. *Journal of EMDR Practice and Research, 3*, 32–38.

Lee, C., Gavriel, H., & Richards, J. (1996, November). Eye movement desensitisation: Past research, complexities, and future direction. *Australian Psychologist, 31*(3), 168–173.

Lee, C., Gavriel, H., Drummond, P., Richards, J., & Greenwald, R. (2002). Treatment of PTSD: Stress inoculation training with prolonged exposure compared to EMDR. *Journal of Clinical Psychology, 58*(9), 1071–1089.

Lee, C., Taylor, G., & Drummond, P. D. (2006). The active ingredient in EMDR: Is it traditional exposure or dual focus of attention? *Clinical Psychology and Psychotherapy, 13*, 97–107.

Leeds, A. M. (1997, July). *In the eye of the beholder: Reflections on shame, dissociation, and transference in complex posttraumatic stress and attachment related disorders. Principles of case formulation for EMDR treatment planning and the use of Resource Installation.* Paper presented at the EMDR International Association, San Francisco, CA.

Leeds, A. M. (1998a). Lifting the burden of shame: Using EMDR resource installation to resolve a therapeutic impasse. In P. Manfield (Ed.), *Extending EMDR: A casebook of innovative applications* (pp. 256–282). New York, NY: W.W. Norton.

Leeds, A. M. (1998b). *EMDR safe place survey.* Unpublished manuscript. Santa Rosa, CA, USA.

Leeds, A. M. (2001). *Strengthening the self: Principles and procedures for creating successful treatment outcomes for adult survivors of neglect and abuse* (Cassette Recording and Manual). Available from Andrew M. Leeds, PhD, 1049 Fourth Street, Suite G, Santa Rosa, CA 95404.

Leeds, A. M. (2004). *EMDR treatment made simple.* EMDRIA Approved Continuing Education Workshop, May 22, 2004, Los Angeles, CA.

Leeds, A. M. (2006, September 9). *Learning to feel good about positive emotions with the positive affect tolerance and integration protocol.* Paper presented at the EMDRIA Conference, Philadelphia, PA.

Leeds, A. M. (2009). Resources in EMDR and other trauma-focused psychotherapy: A review. *Journal of EMDR Practice and Research, 3*(3), 152–160. doi:10.1891/1933-3196.3.3.152

Leeds, A. M. (2012). EMDR treatment of panic disorder and agoraphobia: Two model treatment plans. *Journal of EMDR Practice and Research, 6*(3), 110–119. doi:10.1891/1933-3196.6.3.110

Leeds, A. M. (2015). Learning to feel good sharing positive emotion: the Positive Affect Tolerance protocol.

413

Workshop presented at EMDR International Association, August 30, 2015, Philadelphia, PA.

Leeds, A. M., & Korn, D. L. (2012). A commentary on Hornsveld et al. (2011): A valid test of resource development and installation? Absolutely not. *Journal of EMDR Practice and Research, 6*(4), 170–173. doi:10.1891/1933-3196.6.4.170

Leeds, A. M., & Shapiro, F. (2000). EMDR and resource installation: Principles and procedures for enhancing current functioning and resolving traumatic experiences. In J. Carlson & L. Sperry (Eds.), *Brief therapy strategies with individuals and couples* (pp. 469–534). Phoenix, AZ: Zeig, Tucker, Theisen, Inc.

Lehrer, P. M., Carr, R., Sargunaraj, D., & Woolfolk, R. L. (1994). Stress management techniques: Are they all equivalent, or do they have specific effects? *Biofeedback & Self Regulation, 19*(4), 353–401.

Lehrer, P. M., Woolfolk, R. L., & Sime, W. E. (2007). *Principles and practice of stress management* (3rd ed.). New York, NY: Guilford Press.

Lendl, J., & Foster, S. (2003). *EMDR 'Performance Enhancement' for the workplace: A practitioners' manual* (2nd USA Edition ed.). San Jose, CA: Performance Enhancement Unlimited.

Lenggenhager, B., Smith, S. T., & Blanke, O. (2006). Functional and neural mechanisms of embodiment: Importance of the vestibular system and the temporal parietal junction. *Reviews Neuroscience, 17*(6), 643–657.

Lenggenhager, B., Tadi, T., Metzinger, T., & Blanke, O. (2007). Video ergo sum: Manipulating bodily self-consciousness. *Science, 317*(5841), 1096–1099.

Le-Niculescu, H., Balaraman, Y., Patel, S. D., Ayalew, M., Gupta, J., Kuczenski, R., . . . Niculescu, A. B. (2011). Convergent functional genomics of anxiety disorders: Translational identification of genes, bio-markers, pathways and mechanisms. *Translational Psychiatry, 1*, e9. doi:10.1038/tp.2011.9

Levin, P., Lazrove, S., & van der Kolk, B. (1999). What psychological testing and neuroimaging tell us about the treatment of posttraumatic stress disorder (PTSD) by eye movement desensitization and reprocessing (EMDR). *Journal of Anxiety Disorders, 13*(1–2), 159–172.

Levy, K. N., Johnson, B. N., Clouthier, T. L., Scala, J. W., & Temes, C. M. (2015). An attachment theoretical framework for personality disorders. *Canadian Psychology/Psychologie Canadienne, 56*(2), 197. doi:10.1037/cap0000025

Lilley, S. A., Andrade, J., Turpin, G., Sabin-Farrell, R., & Holmes, E. A. (2009). Visuospatial working memory interference with recollections of trauma. *British Journal of Clinical Psychology, 48*(3), 309–321.

Linehan, M. M. (1993). *Cognitive-behavioral treatment of borderline personality disorder*. New York, NY: Guilford Press.

Liotti, G. (1992). Disorganized/disoriented attachment in the etiology of the dissociative disorders. *Dissociation, 5*(4), 196–204.

Liotti, G., Pasquini, P., & The Italian Group for the Study of Dissociation. (2000). Predictive factors for borderline personality disorder: Patients' early traumatic experiences and losses suffered by the attachment figure. *Acta Psychiatrica Scandinavica, 102*(4), 282–289.

Lipke, H. (1992). *Manual for the teaching of Shapiro's EMDR in the treatment of combat-related PTSD*. Pacific Grove, CA: EMDR Institute.

Lipke, H. (1995). EMDR clinician survey. In F. Shapiro (Ed.), *Eye movement desensitization and reprocessing, basic principles, protocols and procedures* (1st ed., pp. 376–386). New York, NY: The Guilford Press.

Lipke, H. (1999). *EMDR and psychotherapy integration: Theoretical and clinical suggestions with focus on traumatic stress*. Boca Raton, FL: CRC Press.

Llinás, R., & Ribary, U. (2001). Consciousness and the brain. The thalamocortical dialogue in health and disease. *Annals of the New York Academy of Sciences, 929*, 166–175.

Lobenstine, F., & Courtney, D. (2013). A case study: The integration of intensive EMDR and ego state therapy to treat comorbid posttraumatic stress disorder, depression, and anxiety. *Journal of EMDR Practice and Research, 7*(2), 65–80. doi:201310.1891/1933-3196.7.2.65

Loewenstein, R. J. (1991). An office mental status examination for complex chronic dissociative symptoms and multiple personality disorder. *Psychiatric Clinics of North America, 14*(3), 567–604.

Lohr, J. M., Tolin, D. F., & Kleinknecht, R. A. (1995). Eye movement desensitization of medical phobias: Two case studies. *Journal of Behavior Therapy and Experimental Psychiatry, 26*, 141–151.

Luber, M., & Shapiro, F. (2009). Interview with Francine Shapiro: Historical overview, present issues, and future directions of EMDR. *Journal of EMDR Practice and Research, 3*(4), 217–231. doi:10.1891/1933-3196.3.4.217

Lyle, K. B., & Jacobs, N. E. (2010). Is saccade-induced retrieval enhancement a potential means of improving eyewitness evidence? *Memory, 18*(6), 581–594. doi:10.1080/09658211.2010.493891

Lyle, K. B., & Martin, J. M. (2010). Bilateral saccades increase intrahemispheric processing but not inter-hemispheric interaction: Implications for saccade-induced retrieval enhancement. *Brain and Cognition,*

73(2), 128–134. doi:/10.1016/j.bandc.2010.04.004

MacCulloch, M. J., & Barrowcliff, A. L. (2001, May). *The de-arousal model of eye movement desensitization and reprocessing (EMDR), Part I: A theoretical perspective on EMDR*. Paper presented at the EMDR Europe 2nd Annual Conference "EMDR innovations in theory and practice," London, UK.

MacCulloch, M. J., & Feldman, P. (1996). Eye movement desensitization treatment utilizes the positive visceral element of the investigatory reflex to inhibit the memories of post-traumatic stress disorder: A theoretical analysis. *British Journal of Psychiatry, 169*, 571–579.

Magee, W. J., Eaton, W. W., Wittchen, H. U., McGonagle, K. A., & Kessler, R. C. (1996). Agoraphobia, simple phobia, and social phobia in the National Comorbidity Survey. *Archives of General Psychiatry, 53*(2), 159–168.

Main, M. (1996). Introduction to the special section on attachment and psychopathology: 2. Overview of the field of attachment. *Journal of Consulting and Clinical Psychology, 64*(2), 237–243.

Main, M., & Solomon, J. (1986). Discovery of a new, insecure-disorganized/disoriented attachment pattern. In T. B. Brazelton & M. Yogman (Eds.), *Affective development in infancy* (pp. 95–124). Norwood, NJ: Ablex.

Manfield, P. (2003). *EMDR casebook: Expanded* (2nd ed.). New York, NY: Norton.

Manfield, P. (2010). *Dyadic resourcing: Creating a foundation for processing trauma*. Seattle, WA: CreateSpace.

Marcus, S. V. (2008). Phase 1 of integrated EMDR: An abortive treatment for migraine headaches. *Journal of EMDR Practice and Research, 2*(1), 15–25. doi:10.1891/1933-3196.2.1.15

Marcus, S., Marquis, P., & Sakai, C. (1997). Controlled study of treatment of PTSD using EMDR in an HMO setting. *Psychotherapy, 34*, 307–315.

Marks, I., & Mathews, A. (1979). Brief standard self-rating for phobic patients. *Behaviour Research and Therapy, 17*, 59–68.

Marks, I., Kenwright, M., McDonough, M., Whittaker, M., O'Brien, T., & Mataix-Cols, D. (2004). Saving clinicians' time by delegating routine aspects of therapy to a computer: A randomised controlled trail in panic/phobia disorder. *Psychological Medicine, 34*, 9–17.

Marquis, J. N. (1991). A report on seventy-eight cases treated by eye movement desensitization. *Journal of Behavior Therapy and Experimental Psychiatry, 22*, 187–192.

Marr, J. (2012). EMDR treatment of obsessive-compulsive disorder: Preliminary research. *Journal of EMDR Practice and Research, 6*(1), 2–15. doi:10.1891/1933-3196.6.1.2

Martinsen, E. W., Hoffart, A., & Solberg, O. (1989). Comparing aerobic with nonaerobic forms of exercise in the treatment of clinical depression: A randomized trial. *Comprehensive Psychiatry, 30*(4), 324–331.

Mathews, A. M. (1971). Psychophysiological approaches to the investigation of desensitization and related procedures. *Psychological Bulletin, 76*(2), 73–91.

Maxfield, L. (2003). Clinical implications and recommendations arising from EMDR research findings. *Journal of Trauma Practice, 2*, 61–81.

Maxfield, L. (2008). Considering mechanisms of action in EMDR. *Journal of EMDR Practice and Research, 2*(4), 234–238. doi:10.1891/1933-3196.2.4.234

Maxfield, L. J. (2004). A working memory analysis of the dual attention component of eye movement desensitization and reprocessing (Doctoral dissertation, Lakehead University). *Dissertation Abstracts International, 64*(10-B).

Maxfield, L., & Hyer, L. (2002). The relationship between efficacy and methodology in studies investigating EMDR treatment of PTSD. *Journal of Clinical Psychology, 58*(1), 23–41.

Maxfield, L., Melnyk, W. T., & Hayman, G. C. A. (2008). A working memory explanation for the effects of eye movements in EMDR. *Journal of EMDR Practice and Research, 2*(4), 247–261. doi:10.1891/1933-3196.2.4.247

McCann, I. L., & Pearlman, L. A. (1990). *Psychological trauma and the adult survivor: Theory, therapy and transformation*. New York, NY: Brunner/Mazel, Inc.

McCraty, R., & Schaffer, F. (2015). Heart rate variability: New perspectives on physiological mechanisms, assessment of self-regulatory capacity, and health risk. *Global Advances in Health and Medicine, 4*(1), 46–61. doi:10.7453/gahmj.2014.073

McCraty, R., Atkinson, M., Tomasino, D., & Bradley, R. T. (2001). *The science of the heart: Exploring the role of the heart in human performance*. Boulder Creek, CO: Institute of HeartMath Publication. Retrieved August 22, 2008, from http://www.heartmath.org

McCraty, R., Atkinson, M., Tomasino, D., & Stuppy, W. P. (2001). Analysis of twenty-four hour heart rate variability in patients with panic disorder. *Biological Psychology, 56*(2), 131–150.

McCullough, L. (1996). *Changing character: Short-term anxiety-regulating psychotherapy for restructuring defenses, affects, and attachment*. New York, NY: Basic Books.

McCullough, L. (1998). *PAC summary form*. Retrieved May 31, 2015, from http://affectphobiatherapy.com/forms/

McCullough, L. (2001). *Psychotherapy assessment checklist*. Retrieved May 31, 2015, from http://affectpho-biatherapy.com/forms/

McCullough, L. (2003, February 13, 2003). *Directions for the Psychotherapy Assessment Checklist (PAC Forms)*. Retrieved May 31, 2015, from http://affectphobiatherapy.com/forms/

McCullough, L., Kuhn, N., Andrews, S., Kaplan, A., Wolf, J., & Hurley, C. (2003). *Treating affect phobia: A manual for short-term dynamic psychotherapy*. New York, NY: Guilford Press.

McEwan, T., Mullen, P. E., & Purcell, R. (2007). Identifying risk factors in stalking: A review of current research. *International Journal of Law and Psychiatry, 30*(1), 1–9.

McEwen, B. S. (2006). Protective and damaging effects of stress mediators: Central role of the brain. *Dialogues in Clinical Neuroscience, 8*(4), 367–381.

McGhan, W. F., Stimmel, G. L., Gilman, T. M., & Segal, J. L. (1982). Pharmacists as drug prescribers: Validation of certification exams and evaluation instruments. *Evaluation & The Health Professions, 5*(2), 115–129.

McGoldrick, M., Gerson, R., & Petry, S. S. (2008). *Genograms: Assessment and intervention* (3rd ed.). New York, NY: W.W. Norton.

McGoldrick, T., Begum, M., & Brown, K. W. (2008). EMDR and olfactory reference syndrome A case series. *Journal of EMDR Practice and Research, 2*(1), 63–68. doi:10.1891/1933-3196.2.1.63

McLeod, J. (1997). *Narrative and psychotherapy*. London, UK: Sage.

McMahan, D. L. (2008). *The making of Buddhist modernism*. Oxford, UK; New York, NY: Oxford University Press.

McNally, V. J., & Solomon, R. M. (1999). The FBI's critical incident stress management program. *FBI Law Enforcement Bulletin, 68*, 20–26.

Meichenbaum, D. (1985). *Stress inoculation training*. New York, NY: Pergamon Press.

Merckelbach, H., Hogervorst, E., Kampman, M., & de Jongh, A. (1994). Effects of "eye movement desensitization" on emotional processing in normal subjects. *Behavioural and Cognitive Psychotherapy, 22*, 331–335.

Merluzzi, T. V., Taylor, C. B., Boltwood, M., & Götestam, K. G. (1991). Opioid antagonist impedes exposure. *Journal of Clinical and Consulting Psychology, 59*(3), 421–430.

Merrill, R. M., Aldana, S. G., Greenlaw, R. L., Diehl, H. A., & Salberg, A. (2007). The effects of an intensive lifestyle modification program on sleep and stress disorders. *Journal of Nutrition, Health & Aging, 11*(3), 242–248.

Mick, T. M., & Hollander, E. (2006). Impulsive-compulsive sexual behavior. *CNS Spectrum, 11*(12), 944–955.

Miller, P. (2007). *A case series detailing phenomenology, EMDR protocol and clinical outcome of EMDR in severe depression, with psychosis, delusional dysmorphobia and schizophrenia*. Paper presented at the 8th EMDR Europe Conference, Paris, France.

Miller, P. (2015). *EMDR therapy for schizophrenia and other psychoses*. New York, NY: Springer.

Miller, R. (2010). The feeling-state theory of impulse-control disorders and the impulse-control disorder protocol. *Traumatology, 16*(3), 2–10. doi:10.1177/1534765610365912

Miller, R. (2012). Treatment of behavioral addictions utilizing the feeling-state addiction protocol: A multiple baseline study. *Journal of EMDR Practice and Research, 6*(4), 159–169. doi:10.1891/1933-3196.6.4.159

Mol, S. S., Arntz, A., Metsemakers, J. F., Dinant, G. J., Vilters-van Montfort, P. A., & Knottnerus, J. A. (2005). Symptoms of post-traumatic stress disorder after non-traumatic events: Evidence from an open population study. *British Journal of Psychiatry, 186*, 494–499.

Mosquera, D. (2014, September 19). *Self-harm, suicide and EMDR*. Paper presented at the EMDRIA Conference, Denver, CO.

Mosquera, D., & Gonzalez, A. (2014). *Borderline personality disorder and EMDR therapy*. D.M.B.

Mosquera, D., & González-Vázquez, A. (2012). [Borderline personality disorder, trauma and EMDR]. *Rivista Di Psichiatria, 47*(2), 26–32. doi:10.1708/1071.11736

Mosquera, D., & Knipe, J. (2015). Understanding and treating narcissism with EMDR therapy. *Journal of EMDR Practice and Research, 9*(1), 46–63. doi:10.1891/1933-3196.9.1.46

Mosquera, D., Gonzalez, A., & Leeds, A. M. (2012). Working on ambivalence, defenses and motivation for therapy. In A. Gonzalez & D. Mosquera (Eds.), *EMDR and dissociation: The progressive approach* (pp. 211–229). Charleston, SC: Amazon Imprint.

Mosquera, D., Leeds, A. M., & Gonzalez, A. (2014). Application of EMDR therapy for borderline personality disorder. *Journal of EMDR Practice and Research, 8*(2), 74–89. doi:10.1891/1933-3196.8.2.74

Mott, J. M., Mondragon, S., Hundt, N. E., Beason-Smith, M., Grady, R. H., & Teng, E. J. (2014). Characteristics of U.S. Veterans who begin and complete prolonged exposure and cognitive processing therapy for

PTSD. *Journal of Traumatic Stress, 27*(3), 265–273. doi:10.1002/jts.21927

Mulkens, A. A. N., De Jong, P., & Merckelbach, H. (1997). Disgust sensitivity and spider phobia. *Journal of Abnormal Psychology, 105*, 464–468.

Muris, P., & De Jongh, A. (1996). Eye movement desensitization and reprocessing. Een nieuwe behandeling-stechniek voor trauma-gerelateerde angstklachten: Over de behandeling van kinderen. [Eye movement desensitization and reprocessing. A new treatment method for trauma-related anxiety complaints: About the treatment of children]. *Kind en Adolescent, 17*, 159–217.

Muris, P., & Merckelbach, H. (1995). Treating spider phobia with eye movement desensitization and reprocessing: Two case reports. *Journal of Anxiety Disorders, 9*, 439–449.

Muris, P., Merceklbach, H., Holdrinet, I., & Sijsenaar, M. (1998). Treating phobic children: Effects of EMDR versus exposure. *Journal of Clinical and Consulting Psychology, 66*(1), 193–198.

Muris, P., Merckelbach, H., Van Haaften, H., & Mayer, B. (1997). Eye movement desensitisation and reprocessing versus exposure in vivo. A single-session crossover study of spider-phobic children. *British Journal of Psychiatry, 171*, 82–86.

Muzina, D. J., Colangelo, E., Manning, J. S., & Calabrese, J. R. (2007). Differentiating bipolar disorder from depression in primary care. *Cleveland Clinic Journal of Medicine, 74*(2), 89, 92, 95–89 passim.

Myers, K. J. (2015). EMDR with choking phobia: Reflections on the 2008 study by de roos and de jongh. *Journal of EMDR Practice and Research, 9*(1), 64–70. doi:10.1891/1933-3196.9.1.64

Nadler, W. (1996). EMDR: Rapid treatment of panic disorder. *International Journal of Psychiatry, 2*, 1–8. Retrieved November 8, 2008, from http://www.priory.com/emdr.htm

Najavits, L. (2002). *Seeking safety: A treatment manual for PTSD and substance abuse.* New York, NY: Guilford Press.

Najavits, L. M. (2015). The problem of dropout from "gold standard" PTSD therapies. *F1000prime Reports, 7*, 43. doi:10.12703/P7-43

Najavits, L. M., & Hien, D. (2013). Helping vulnerable populations: A comprehensive review of the treatment outcome literature on substance use disorder and PTSD. *Journal of Clinical Psychology, 69*(5), 433–479. doi:10.1002/jclp.21980

Najavits, L. M., Gallop, R. J., & Weiss, R. D. (2006). Seeking safety therapy for adolescent girls with PTSD and substance use disorder: A randomized controlled trial. *Journal of Behavioral Health Services & Research, 33*(4), 453–463.

Najavits, L. M., Schmitz, M., Gotthardt, S., & Weiss, R. D. (2005). Seeking safety plus exposure therapy: An outcome study on dual diagnosis men. *Journal of Psychoactive Drugs, 37*(4), 425–435.

Najavits, L. M., Weiss, R. D., Shaw, S. R., & Muenz, L. R. (1998). "Seeking safety": Outcome of a new cognitive-behavioral psychotherapy for women with posttraumatic stress disorder and substance dependence. *Journal of Traumatic Stress, 11*(3), 437–456.

Nardo, D., Högberg, G., Looi, J. C., Larsson, S., Hällström, T., & Pagani, M. (2009). Gray matter density in limbic and paralimbic cortices is associated with trauma load and EMDR outcome in PTSD patients. *Journal of Psychiatric Research, 44*(7), 477–485. doi:10.1016/j.jpsychires.2009.10.014

Nathanson, D. L. (1992). *Shame and pride: Affect sex and the birth of the self.* New York, NY: W.W. Norton.

Nathanson, D. L. (1998, July). *Locating EMDR: Affect, scene and script.* Paper presented at the EMDR International Association Conference, Baltimore, MD.

National Board for Certified Counselors (NBCC). (2012). *Code of ethics.* Retrieved August 15, 2015, from http://www.nbcc.org/Assets/Ethics/NBCCCodeofEthics.pdf

National Institute for Clinical Excellence. (2005). *Posttraumatic stress disorder: The management of PTSD in adults and children in primary and secondary care.* London, UK: National Institute for Clinical Excellence.

National Institute of Mental Health. (2008). *The numbers count: Mental disorders in America.* Retrieved June 14, 2008, from National Institute of Mental Health website http://www.nimh.nih.gov/health/publications/the-numbers-count-mental-disorders-in-america.shtml

National Registry of Evidence-based Programs and Practice. (2010). *Eye movement desensitization and reprocessing.* Retrieved February 18, 2015, from http://nrepp.samhsa.gov/ViewIntervention.aspx?id = 199.

Nazari, H., Momeni, N., Jariani, M., & Tarrahi, M. J. (2011). Comparison of eye movement desensitization and reprocessing with citalopram in treatment of obsessive-compulsive disorder. *International Journal of Psychiatry in Clinical Practice, 15*(4), 270–274. doi:10.3109/13651501.2011.590210

Nemiah, J. C. (1984). The psychodynamic view of anxiety. In R. O. Pasnace (Ed.), *Diagnosis and treatment of anxiety disorders* (pp. 117–137). Washington, DC: American Psychiatric Press.

Newman, M. G., Erickson, T., Przeworski, A., & Dzus, E. (2003). Self-help and minimal-contact therapies for anxiety disorders: Is human contact necessary for therapeutic efficacy? *Journal of Clinical Psychology, 59*(3), 251–274.

NICE. (2011). *Generalised anxiety disorder and panic disorder (with or without agoraphobia) in adults: Management in primary, secondary and community care*. NICE Clinical Guideline 113. Retrieved from at www.nice.org.uk/CG113 [NICE guideline].

Nickerson, M. I., & Goldstein, J. S. (2015). *The wounds within: A veteran a PTSD therapist, and a nation unprepared*. New York, NY: Skyhorse Publishing.

Nicosia, G. (1994, March). *A mechanism for dissociation suggested by the quantitative analysis of electroencephalograpy*. Paper presented at the International EMDR Annual Conference, Sunnyvale, CA.

Nicosia, G. (1995). Eye movement desensitization and reprocessing is not hypnosis. *Dissociation, 9*(1), 69.

Nieuwenhuis, S., Elzinga, B. M., Ras, P. H., Berends, F., Duijs, P., Samara, Z., & Slagter, H. A. (2013). Bilateral saccadic eye movements and tactile stimulation, but not auditory stimulation, enhance memory retrieval. *Brain and Cognition, 81*(1), 52–56. doi:10.1016/j.bandc.2012.10.003

Nijdam, M. J., Gersons, B. P., Reitsma, J. B., de Jongh, A., & Olff, M. (2012). Brief eclectic psychotherapy v. Eye movement desensitisation and reprocessing therapy for post-traumatic stress disorder: Randomised controlled trial. *The British Journal of Psychiatry: The Journal of Mental Science, 200*(3), 224–231. doi:10.1192/bjp.bp.111.099234

Nijenhuis, E. R., Spinhoven, P., Van Dyck, R., Van Der Hart, O., & Vanderlinden, J. (1996). The development and psychometric characteristics of the somatoform dissociation questionnaire (SDQ-20). *The Journal of Nervous and Mental Disease, 184*(11), 688–694.

Nijenhuis, E. R., Spinhoven, P., van Dyck, R., van der Hart, O., & Vanderlinden, J. (1997). The development of the somatoform dissociation questionnaire (SDQ-5) as a screening instrument for dissociative disorders. *Acta Psychiatrica Scandinavia, 96*(5), 311–318.

Novo, P., Landin-Romero, R., Radua, J., Vicens, V., Fernandez, I., Garcia, F.,...Amann, B. L. (2014). Eye movement desensitization and reprocessing therapy in subsyndromal bipolar patients with a history of traumatic events: A randomized, controlled pilot-study. *Psychiatry Research, 219*(1), 122–128. doi:10.1016/j.psychres.2014.05.012

Ochs, L. (2007). The low energy neurofeedback system (LENS): Theory, background and introduction. *Journal of Neurotherapy, 10*(2–3), 5–37.

Ogden, P., & Minton, K. (2000). Sensorimotor psychotherapy: One method for processing traumatic memory. *Traumatology, VI*(3). Retrieved October 24, 2008, from http://www.fsu.edu/~trauma/v6i3/v6i3a3.html.

Oh, D.-H., & Choi, J. (2004). Changes in the regional cerebral perfusion after eye movement desensitization and reprocessing: A SPECT study of two cases. *Korean Journal of Biological Psychiatry, 11*(2), 173–180.

Oh, D., & Kim, D. (2014). Eye movement desensitization and reprocessing for posttraumatic stress disorder in bipolar disorder. *Psychiatry Investigation, 11*(3), 340–341. doi:10.4306/pi.2014.11.3.340

Ohtani, T., Matsuo, K., Kasai, K., Kato, T., & Kato, N. (2009). Hemodynamic responses of eye movement desensitization and reprocessing in posttraumatic stress disorder. *Neuroscience Research, 65*(4), 375–383. doi:10.1016/j.neures.2009.08.014

Oliver, N. S., & Page, A. C. (2008). Effects of internal and external distraction and focus during exposure to blood-injury-injection stimuli. *Journal of Anxiety Disorders, 22*(2), 283–291.

Oquendo, M. A., Currier, D., & Mann, J. J. (2006). Prospective studies of suicidal behavior in major depressive and bipolar disorders: What is the evidence for predictive risk factors? *Acta Psychiatrica Scandinavia, 114*(3), 151–158.

Oquendo, M. A., Galfalvy, H., Russo, S., Ellis, S. P., Grunebaum, M. F., Burke, A., & Mann, J. J. (2004). Prospective study of clinical predictors of suicidal acts after a major depressive episode in patients with major depressive disorder or bipolar disorder. *American Journal of Psychiatry, 161*(8), 1433–1441.

Oras, R., Ezpeleta, S. C., & Ahmad, A. (2004). Treatment of traumatized refugee children with eye movement desensitization and reprocessing in a psychodynamic context. *Nordic Journal of Psychiatry, 58*(3), 199–203.

Ortigo, K. M., Westen, D., Defife, J. A., & Bradley, B. (2013). Attachment, social cognition, and posttraumatic stress symptoms in a traumatized, urban population: Evidence for the mediating role of object relations. *Journal of Traumatic Stress, 26*(3), 361–368. doi:10.1002/jts.21815

Osuch, E. A., Benson, B., Geraci, M., Podell, D., Herscovitch, P., McCann, U. D., & Post, R. M. (2001). Regional cerebral blood flow correlated with flashback intensity in patients with posttraumatic stress disorder. *Biological Psychiatry, 50*(4), 246–253.

Öst, L. G., & Sterner, U. (1987). Applied tension: A specific behavioural method for treatment of blood phobia. *Behaviour Research and Therapy, 25*, 25–30.

Öst, L. G., Thulin, U., & Ramnerö, J. (2004). Cognitive behaviour therapy vs. exposure in vivo in the treatment of panic disorder with agoraphobia. *Behaviour Research and Therapy, 42*, 1105–1127.

Pagani, M., Hogberg, G., Salmaso, D., Nardo, D., Sundin, O., Jonsson, C.,...Hällström, T. (2007). Effects of EMDR psychotherapy on 99mTc-HMPAO distribution in occupation-related post-traumatic stress disorder. *Nuclear Medicine Communications, 28*(10), 757–765.

Pagani, M., Di Lorenzo, G., Monaco, L., Niolu, C., Siracusano, A., Verardo, A. R.,... Ammaniti, M. (2011). Pretreatment, intratreatment, and posttreatment EEG imaging of EMDR: Methodology and preliminary results from a single case. *Journal of EMDR Practice and Research, 5*(2), 42–56. doi:10.1891/1933-3196.5.2.42

Pagani, M., Di Lorenzo, G., Verardo, A. R., Nicolais, G., Lauretti, G., Russo, R.,... Fernandez, I. (2012a). Pre- intra- and post-treatment EEG imaging of EMDR - neurobiological bases of treatment efficacy. *European Psychiatry, 27* (Suppl. 1), 1. doi:10.1016/S0924-9338(12)75329-4

Pagani, M., Di Lorenzo, G., Verardo, A. R., Nicolais, G., Monaco, L., Lauretti, G.,... Siracusano, A. (2012b). Neurobiological correlates of EMDR monitoring—an EEG study. *PLoS ONE, 7*(9), e45753. doi:10.1371/journal.pone.0045753

Pagani, M., Hogberg, G., Fernandez, I., & Siracusano, A. (2013). Correlates of EMDR therapy in functional and structural neuroimaging: A critical summary of recent findings. *Journal of EMDR Practice and Research, 7*(1), 29–38. doi:10.1891/1933-3196.7.1.29

Panksepp, J. (1998). *Affective neuroscience: The foundations of human and animal emotions.* New York, NY: Oxford University Press.

Panksepp, J., & Biven, L. (2012). *The archaeology of mind: Neural origins of human emotion.* New York, NY: W.W. Norton.

Parker, G. (1981). Reported parental characteristic of agoraphobics and social phobics. *British Journal of Psychiatry, 135*, 555–560.

Parker, A., Parkin, A., & Dagnall, N. (2013). Effects of saccadic bilateral eye movements on episodic and semantic autobiographical memory fluency. *Frontiers in Human Neuroscience, 7*(630). doi:10.3389/fnhum.2013.00630

Parrish, I. S. (1999). *Military veterans PTSD reference manual.* Bryn Mawr, PA: Infinity Publishing.

Paulsen, S. (1995). Eye movement desensitization and reprocessing: Its cautious use in the dissociative disorders. *Dissociation, 8*(1), 32–44.

Pavlov, I. P. (1927). *Conditioned reflexes: An investigation of the physiological activity of the cerebral cortex.* New York, NY: Dover Publications, Ind.

Pearce, S. S. (1996). *Flash of insight: Metaphor and narrative in therapy.* Boston, MA: Allyn and Bacon.

Perkins, B. R., & Rouanzoin, C. C. (2002). A critical evaluation of current views regarding eye movement desensitization and reprocessing (EMDR): Clarifying points of confusion. *Journal of Clinical Psychology, 58*(1), 77–97.

Pearlman, L. A., & Courtois, C. A. (2005). Clinical applications of the attachment framework: Relational treatment of complex trauma. *Journal of Traumatic Stress, 18*(5), 449–459. doi:10.1002/jts.20052

Pelcovitz, D., van der Kolk, B. A., Roth, S., Mandel, F., Kaplan, S., & Resick, P. (1997). Development of a Criteria Set and a Structured Interview for Disorders of Extreme Stress (SIDES). *Journal of Traumatic Stress, 10*, 3–16.

Penfold, K., & Page, A. C. (1999). The effect of distraction on within-session anxiety reduction during brief in vivo exposure for mild blood-injection fears. *Behavior Therapy, 33*, 607–621.

Perez-Dandieu, B., & Tapia, G. (2014). Treating trauma in addiction with EMDR: A pilot study. *Journal of Psychoactive Drugs, 46*(4), 303–309. doi:10.1080/02791072.2014.921744

Perkonigg, A., Pfister, H., Stein, M. B., Höfler, M., Lieb, R., Maercker, A., & Wittchen, H. U. (2005). Longitudinal course of posttraumatic stress disorder and posttraumatic stress disorder symptoms in a community sample of adolescents and young adults. *The American Journal of Psychiatry, 162*(7), 1320–1327. doi:10.1176/appi.ajp.162.7.1320

Philibert, R. A., Crowe, R., Ryu, G. Y., Yoon, J. G., Secrest, D., Sandhu, H., & Madan, A. (2007). Transcriptional profiling of lymphoblast lines from subjects with panic disorder. *American Journal of Medical Genetics Part B: Neuropsychiatric Genetics, 144B*(5), 674–682.

Piquero, A. R., Brame, R., Fagan, J., & Moffitt, T. E. (2006). Assessing the offending activity of criminal domestic violence suspects: Offense specialization, escalation, and de-escalation evidence from the Spouse Assault Replication Program. *Public Health Report, 121*(4), 409–418.

Pitman, R., Altman, B., Greenwald, E., Longre, R. E., Macklin, M. L., Poire, R. E., & Steketee, G. S. (1991). Psychiatric complications during flooding therapy for posttraumatic stress disorder. *Journal of Clinical Psychiatry, 52*, 17–20.

Pope, K. S., & Brown, L. S. (1996). *Recovered memories of abuse: Assessment, therapy, forensics* (1st ed.). Washington, DC: American Psychological Association.

Pope, K., & Vasquez, M. J. T. (2010). Informed consent and informed refusal. In *Ethics in psychotherapy and counseling: A practical guide, fourth edition* (pp. 171–188). Hoboken, NJ: John Wiley & Sons.

Popky, A. J. (2005). DeTUR, an urge reduction protocol for addictions and dysfunctional behaviors. In

R. Shapiro (Ed.), *EMDR solutions: Pathways to healing* (pp. 167–188). New York, NY: W.W. Norton.

Porges S. W. (2011). *The polyvagal theory: Neurophysiological foundations of emotions, attachment, communication, and self-regulation.* New York, NY: W.W. Norton.

Power, K., McGoldrick, T., & Brown, K. (2002). A controlled comparison of EMDR versus Exposure plus cognitive restructuring versus wait list in the treatment of post traumatic stress disorder. *Clinical Psychology and Psychotherapy, 9*, 299–318.

Propper, R. E., & Christman, S. D. (2008). Interhemispheric interaction and saccadic horizontal eye movementsimplications for episodic memory, EMDR, and PTSD. *Journal of EMDR Practice and Research, 2*(4), 269–281. doi:10.1891/1933-3196.2.4.269

Propper, R. E., Pierce, J., Geisler, M. W., Christman, S. D., & Bellorado, N. (2007). Effect of bilateral eye movements on frontal interhemispheric gamma EEG coherence: Implications for EMDR therapy. *Journal of Nervous and Mental Disease, 195*(9), 785–788.

Purves, D., Augustine, G. J., Fitzpatrick, D., et al. (2001). *Neuroscience. 2nd edition. Types of eye movements and their functions.* Sunderland, MA: Sinauer Associates. Retrieved March 20, 2015, from http://www.ncbi.nlm.nih.gov/books/NBK10991

Putnam, F. (1989). Pierre Janet and modern views of dissociation. *Journal of Traumatic Stress, 2*(4), 413–429.

Putnam, F. W., Zahn, T. P., & Post, R. M. (1990). Differential autonomic nervous system activity in multiple personality disorder. *Psychiatric Research, 31*(3), 251–260.

Raboni, M. R., Tufik, S., & Suchecki, D. (2006). Treatment of PTSD by eye movement desensitization reprocessing (EMDR) improves sleep quality, quality of life, and perception of stress. *Annals of the New York Academy of Sciences, 1071*, 508–513.

Rachman, S. (1980). Emotional processing. *Behaviour Research and Therapy, 14*, 125–132.

Raffone, A., Manna, A., Perrucci, G. M., Ferretti, A., Del Gratta, C., Belardinelli, M. O., & Luca Romani, G. (2007). Neural correlates of mindfulness and concentration in buddhist monks: A fMRI study. *IEEE Xplore*, 242–244. doi:10.1109/NFSI-ICFBI.2007.4387740

Rasolkhani-Kalhorn, T., & Harper, M. L. (2006). EMDR and low frequency stimulation of the brain. *Traumatology, 12*(1), 9. doi:10.1177/153476560601200102

Rauch, S. A. M., Eftekhari, A., & Ruzek, J. I. (2012). Review of exposure therapy: A gold standard for PTSD treatment. *Journal of Rehabilitation Research and Development, 49*(5), 679–688. doi:10.1682/JRRD.2011.08.0152

Rauch, S. L., van der Kolk, B. A., Fisler, R. E., Alpert, N. M., Orr, S. P., Savage, C. R., . . . Pitman, R. K. (1996). A Symptom provocation study of posttraumatic stress disorder using positron emission tomography and script-driven imagery. *Archives of General Psychiatry, 53*(5), 380–387.

Reiser, M. F. (1990). *Memory in mind and brain: What dream imagery reveals.* New York, NY: Basic Books.

Resick, P. A., & Schnicke, M. K. (1993). *Cognitive processing therapy for rape victims: A treatment manual.* Newbury Park, CA: Sage.

Riberto, S., Fernandez, I., Furlani, F., & Vigorelli, M. (2010). L'alleanza terapéutica nel trattamento cognitivo-costruttivista e nell' eye movement desensitization and reprocessing (EMDR). [Therapeutic alliance in cognitive-constructivist treatment and in eye movement desensitization and reprocessing (EMDR).]. *Psicoterapia Cognitiva E Comportamentale, 16*(1), 85–101.

Ricci, R. J., & Clayton, C. A. (2008). Trauma resolution treatment as an adjunct to standard treatment for child molesters: A qualitative study. *Journal of EMDR Practice and Research, 2*(1), 41–50.

Ricci, R. J., Clayton, C. A., & Shapiro, F. (2006). Some effects of EMDR on previously abused child molesters: Theoretical reviews and preliminary findings. *The Journal of Forensic Psychiatry & Psychology, 17*(4), 538–562.

Richardson, P., Williams, S. R., Hepenstall, S., Gregory, L., McKie, S., & Corrigan, F. (2009). A single-case fmri study EMDR treatment of a patient with posttraumatic stress disorder. *Journal of EMDR Practice and Research, 3*(1), 10–23. doi:10.1891/1933-3196.3.1.10

Rodenburg, R., Benjamin, A., de Roos, C., Meijer, A. M., & Stams, G. J. (2009). Efficacy of EMDR in children: A meta-analysis. *Clinical Psychology Review, 29*(7), 599–606. doi:10.1016/j.cpr.2009.06.008

Rogers, S., & Lanius, U. F. (November, 2001). *Phobia, PTSD, endogenous opioids and EMDR treatment response.* Paper presented at the Annual Meeting of the Association for the Advancement of Behavior Therapy, Philadelphia, PA.

Rogers, S., & Silver, S. M. (2002). Is EMDR an exposure therapy? A review of trauma protocols. *Journal of Clinical Psychology, 58*(1), 43–59.

Rosas Uribe, M. E., López Ramírez, E. O., & Jarero Mena, I. (2010). Effect of the EMDR psychotherapeutic approach on emotional cognitive processing in patients with depression. *The Spanish Journal of Psychology, 13*(1), 396–405.

文　献

Ross, C. A. (2015). When to suspect and how to diagnose dissociative identity disorder. *Journal of EMDR Practice and Research, 9*(2), 114–120. doi:10.1891/1933-3196.9.2.114

Ross, C. A., & Joshi, S. (1992). Schneiderian symptoms and childhood trauma in the general population. *Comprehensive Psychiatry, 33*(4), 269–273.

Rossi, E. L. (1980a). *The collected papers of Milton H. Erickson on hypnosis: Vol. 1. The nature of hypnosis and suggestion.* New York, NY: Halsted Press.

Rossi, E. L. (1980b). *The collected papers of Milton H. Erickson on hypnosis, Volume II—Hypnotic alteration of sensory, perceptual and psychophysiological processes.* New York, NY: Halsted Press.

Rossi, E. L. (1999, June). *Does EMDR facilitate new growth in the brain? Immediate-early genes in optimizing human potentials.* Paper presented at the EMDR International Association Conference, Las Vegas, NV.

Rossi, E. L. (2000). In search of a deep psychobiology of hypnosis: Visionary hypotheses for a new millennium. *American Journal of Clinical Hypnosis, 42*(3–4), 178–207.

Rossman, M. L. (2000). *Guided imagery for self-healing: An essential resource for anyone seeking wellness* (2nd ed.). Novato, CA: New World Library.

Roth, S., & Friedman, M. (1997). *Childhood trauma remembered: A report on the current scientific knowledge base and its applications.* Retrieved October 27, 2007, from http://istss.org/publications/ChildhoodTraumaRemembered.pdf

Rothbaum, B. O., Astin, M. C., & Marsteller, F. (2005). Prolonged exposure versus eye movement desensitization and reprocessing (EMDR) for PTSD rape victims. *Journal of Traumatic Stress, 18*(6), 607–616.

Rothbaum, B. O., Foa, E. B., & Hembree, E. A. (2007). *Reclaiming your life from a traumatic experience: Workbook.* Oxford, UK; New York, NY: Oxford University Press.

Rudd, M. D., Berman, A. L., Joiner, T. E., Jr., Nock, M. K., Silverman, M. M., Mandrusiak, M.,. . . Witte, T. (2006). Warning signs for suicide: Theory, research, and clinical applications. *Suicide & Life Threatening Behavior, 36*(3), 255–262.

Runtz, M., Godbout, N., Eadie, E., & Briere, J. (2008, August). *Validation of the revised Trauma Symptom Inventory (TSI-2).* Paper presented at the Annual Meeting of the American Psychological Association, Boston, MA.

Russell, M. C. (1992). *Towards a neuropsychological approach to PTSD: An integrative conceptualization of etiology and mechanisms of therapeutic change.* Unpublished doctoral dissertation, Pacific Graduate School of Psychology, Palo Alto, CA.

Russell, M. C. (2006). Treating combat-related stress disorders: A multiple case study utilizing eye movement desensitization and reprocessing (EMDR) with battlefield casualties from the Iraqi War. *Military Psychology, 18*(1), 1–18.

Russell, M. C. (2008a). *Meeting military mental health needs in the 21st century and beyond: A critical analysis of the effects of dualism, disparity and scientific bias.* Paper presented at the EMDRIA Conference, Phoenix, AZ.

Russell, M. C. (2008b). Treating traumatic amputation-related phantom limb pain: A case study utilizing eye movement desensitization and reprocessing (EMDR) within the armed services. *Clinical Case Studies, 7*(1), 136–153.

Russell, M. C. (2008c). Scientific resistance to research, training and utilization of eye movement desensitization and reprocessing (EMDR) therapy in treating post-war disorders. *Social Science & Medicine, 67*(11), 1737–1746.

Sack, M., Lempa, W., & Lamprecht, F. (2001). [Study quality and effect-sizes - a metaanalysis of EMDR-treatment for posttraumatic stress disorder.][Article in German] *Psychotherapy, Psychosomatic Medicine & Psychology, 51*(9–10), 350–355.

Sack, M., Hofmann, A., Wizelman, L., & Lempa, W. (2008). Psychophysiological changes during EMDR and treatment outcome. *Journal of EMDR Practice and Research, 2*(4), 239–246. doi:10.1891/1933-3196.2.4.239

Sack, M., Lempa, W., Steinmetz, A., Lamprecht, F., & Hofmann, A. (2008). Alterations in autonomic tone during trauma exposure using eye movement desensitization and reprocessing (EMDR)-results of a preliminary investigation. *Journal of Anxiety Disorders, 22*(7), 1264–1271. doi:10.1016/j.janxdis.2008.01.007

Salter, A. C. (1995). *Transforming trauma: A guide to understanding and treating adult survivors of child sexual abuse.* Thousand Oaks, CA: Sage.

Salter, A. C. (2003). *Predators: Pedophiles, rapists, and other sex offenders: Who they are, how they operate, and how we can protect ourselves and our children.* New York, NY: Basic Books.

Sanders, S. (1991). *Clinical self-hypnosis: The power of words and images.* New York, NY: Guilford.

Sandstrom, M., Wiberg, B., Wikman, M., Willman, A. K., & Hogberg, U. (2008). A pilot study of eye movement desensitisation and reprocessing treatment (EMDR) for post-traumatic stress after childbirth. *Midwifery, 24*(1), 62–73.

Santos, R. V., Tufik, S., & De Mello, M. T. (2007). Exercise, sleep and cytokines: Is there a relation? *Sleep Medicine Reviews, 11*(3), 231–239.

Sartory, G., Rachman, S., & Grey, S. J. (1982). Return of fear: The role of rehearsal. *Behavior Research and Therapy, 20*(2), 123–133.

Schacter, D. L. (1987). Implicit memory: History and current status. *Journal of Experimental Psychology, 13*(3), 501–518.

Schmidt, N. B., Woolaway-Bickel, K., Trakowski, J., Santiago, H., Storey, J., Koselka, M., & Cook, J. (2000). Dismantling cognitive-behavioral treatment for panic disorder: Questioning the utility of breathing retraining. *Journal of Consulting and Clinical Psychology, 68*(3), 417–424.

Schneck, C. D. (2006). Treatment of rapid-cycling bipolar disorder. *Journal of Clinical Psychiatry, 67*(Suppl. 11) 22–27.

Schneider, G., Nabavi, D., & Heuft, G. (2005). Eye movement desensitization and reprocessing in the treatment of posttraumatic stress disorder in a patient with comorbid epilepsy. *Epilepsy & Behavior, 7*(4), 715–718.

Schneider, J., Hofmann, A., Rost, C., & Shapiro, F. (2008). EMDR in the treatment of chronic phantom limb pain. *Pain Medicine, 9*(1), 76–82.

Schore, A. N. (1994). *Affect regulation and the origin of the self: The neurobiology of emotional development.* Hillsdale, NJ: Lawrence Erlbaum Associates.

Schore, A. N. (1996). The experience-dependent maturation of a regulatory system in the orbital prefrontal cortex and the origin of developmental psychopathology. *Development and Psychopathology, 8*, 59–87.

Schore, A. N. (1997). Early organization of the nonlinear right brain and the development of a predisposition to psychiatric disorders. *Development and Psychopathology, 9*, 595–631.

Schore, A. N. (2000). Attachment and the regulation of the right brain. *Attachment & Human Development, 2*, 23–47.

Schore, A. N. (2001a). Effects of a secure attachment relationship on right brain development, affect regulation, and infant mental health. *Infant Mental Health Journal, 22*(1), 7–66.

Schore, A. N. (2001b). The effects of early relational trauma on right brain development, affect regulation, and infant mental health. *Infant Mental Health Journal, 22*(1), 201–269.

Schore, A. N. (2003a). *Affect dysregulation & disorders of the self* (1st ed.). New York, NY: W.W. Norton.

Schore, A. N. (2003b). *Affect regulation & the repair of the self* (1st ed.). New York, NY: W.W. Norton.

Schottenbauer, M. A., Glass, C. R., Arnkoff, D. B., Tendick, V., & Gray, S. H. (2008). Nonresponse and dropout rates in outcome studies on PTSD: Review and methodological considerations. *Psychiatry, 71*(2), 134–168.

Schubert, S., & Lee, C. W. (2009). Adult PTSD and its treatment with EMDR: A review of controversies, evidence, and theoretical knowledge. *Journal of EMDR Practice and Research, 3*(3), 117–132. doi:10.1891/1933-3196.3.3.117

Schubert, S. J., Lee, C. W., & Drummond, P. D. (2011). The efficacy and psychophysiological correlates of dual-attention tasks in eye movement desensitization and reprocessing (EMDR). *Journal of Anxiety Disorders, 25*(1), 1–11. doi:10.1016/j.janxdis.2010.06.024

Schultz, J. H., & Luthe, W. (1959). *Autogenic training; a psychophysiologic approach in psychotherapy.* New York, NY: Grune & Stratton.

Schurmans, K. (2007). EMDR treatment of choking phobia. *Journal of EMDR Practice and Research, 1*(2), 118–121.

Schuster, C., Hilfiker, R., Amft, O., Scheidhauer, A., Andrews, B., Butler, J.,…Ettlin, T. (2011). Best practice for motor imagery: A systematic literature review on motor imagery training elements in five different disciplines. *BMC Medicine, 9*, 75. doi:10.1186/1741-7015-9-75

Scurfield, R. M. (1985). Post-traumatic stress assessment and treatment: Overview and formulations. In C. R. Figley (Ed.), *Trauma and its wake* (Vol. 1, pp. 219–256). New York, NY: Brunner/Mazel.

Segal, Z. V., Williams, J. M. G., & Teasdale, J. D. (2002). *Mindfulness-based cognitive therapy for depression.* New York, NY: Guilford Press.

Seligman, M. E. (1995). The effectiveness of psychotherapy. The Consumer Reports study. *American Psychologist, 50*(12), 965–974.

Servan-Schreiber, D. (2000). POINT: Eye movement desensitization and reprocessing: Is psychiatry missing the point? *Psychiatric Times, 17*(7), 36–40.

Servan-Schreiber, D. (2004). *The instinct to heal: Curing stress, anxiety, and depression without drugs and without talk therapy.* Emmaus, Pa.: Rodale; Distributed to the book trade by St. Martin's Press.

Servan-Schreiber, D., Schooler, J., Dew, M. A., Carter, C., & Bartone, P. (2006). Eye movement desensitization and reprocessing for posttraumatic stress disorder: A pilot blinded, randomized study of stimulation type. *Psychotherapy and Psychosomatics, 75*(5), 290–297.

Shalev, A. Y. (1996). Stress versus traumatic stress: From acute homeostatic reaction to chronic psychopathology. In B. A. van der Kolk & A. C. McFarlane & L. Weisaeth (Eds.), *Traumatic Stress: The effects of overwhelming experience on mind, body, and society*. New York, NY: The Guilford Press.

Shapiro, E., & Laub, B. (2015). Early EMDR intervention following a community critical incident: A randomized clinical trial. *Journal of EMDR Practice and Research, 9*(1), 17–27. doi:10.1891/1933-3196.9.1.17

Shapiro, F. (1989a). Efficacy of the eye movement desensitization procedure in the treatment of traumatic memories. *Journal of Traumatic Stress Studies, 2*, 199–223.

Shapiro, F. (1989b). Eye movement desensitization: A new treatment for post-traumatic stress disorder. *Journal of Behavior Therapy and Experimental Psychiatry, 20*, 211–217.

Shapiro, F. (1991a). Eye movement desensitization and reprocessing procedure: From EMD to EMD/ R-a new treatment model for anxiety and related traumata. *The Behavior Therapist, 14*, 133–135.

Shapiro, F. (1991b). Eye movement desensitization and reprocessing: A cautionary note. *The Behavior Therapist, 14*, 188.

Shapiro, F. (1995). *Eye movement desensitization and reprocessing, basic principles, protocols and procedures*. New York, NY: The Guilford Press.

Shapiro, F. (1996). Errors of context and review of eye movement desensitization and reprocessing research. *Journal of Behavior Therapy & Experimental Psychiatry, 27*(3), 313–317.

Shapiro, F. (1998). Eye movement desensitization and reprocessing (EMDR): Historical context, recent research, and future directions. In S. Knapp, T. L. Jackson, & L. Vandecreek (Eds.), *Innovations in clinical practice: A source book* (Vol. 16, pp. 143–161). Sarasota, FL: Professional Resource Press.

Shapiro, F. (1999). Eye movement desensitization and reprocessing (EMDR) and the anxiety disorders: Clinical and research implications of an integrated psychotherapy treatment. *Journal of Anxiety Disorders, 13*(1–2), 35–67.

Shapiro, F. (2001). *Eye movement desensitization and reprocessing, basic principles, protocols and procedures* (2nd ed.). New York, NY: The Guilford Press.

Shapiro, F. (2002a). EMDR 12 years after its introduction: Past and future research. *Journal of Clinical Psychology, 58*(1), 1–22.

Shapiro, F. (Ed.). (2002b). *EMDR and the paradigm prism*. Washington DC: American Psychological Association Press.

Shapiro, F. (2004). *Adaptive information processing: EMDR clinical application and case conceptualization*. Paper presented at the EMDRIA Conference 2004, Montreal, Quebec.

Shapiro, F. (Ed.). (2008). *EMDR Institute basic training course, weekend 1* (January 2008 ed.). Watsonville, CA: EMDR Institute.

Shapiro, F. (2009). On science, orthodoxy, EMDR, and the AIP, H. Lipke, invited response. *Journal of EMDR Practice and Research, 3*(2), 110–111. doi:10.1891/1933-3196.3.2.109

Shapiro, F. (2012). *Getting past your past: Take control of your life with self-help techniques from EMDR therapy*. Emmaus, PA.: Rodale Books.

Shapiro, F., & Forrest, M. S. (1997). *EMDR: The breakthrough therapy for overcoming anxiety, stress and trauma*. New York, NY: Basic Books.

Shapiro, F., Kaslow, F. W., & Maxfield, L. (2007). *Handbook of EMDR and family therapy processes*. Hoboken, NJ: John Wiley & Sons Inc.

Shaver, P. R., & Fraley, R. C. (n.d.). *Self-Report measures of adult attachment*. Retrieved June 13, 2015, from http://internal.psychology.illinois.edu/ ~ rcfraley/measures/measures.html

Shear, M., Cooper, A., Klerman, G., Busch, M., & Shapiro, T. (1993). A psychodynamic model of panic disorder. *The American Journal of Psychiatry, 150*(6), 859–866.

Shearin, E. N., & Linehan, M. M. (1994). Dialectical behavioral therapy for borderline personality disorder: Theoretical and empirical foundations. *Acta Psychiatrica Scandinavica, 89*(Suppl. 379), 61–68.

Shedler, J., Mayman, M., & Manis, M. (1993). The illusion of mental health. *American Psychologist, 48*(11), 1117–1131.

Siegel, D. J. (2012). *The developing mind: How relationships and the brain interact to shape who we are* (2nd ed.). New York, NY: Guilford Press.

Sifneos, P. E. (1975). Problems of psychotherapy of patients with alexithymic characteristics and physical disease. *Psychotherapy and Psychosomatics, 26*(2), 65–70.

Sifneos, P. E. (1988). Alexithymia and its relationship to hemispheric specialization, affect, and creativity. *Psychiatric Clinics of North America, 11*(3), 287–292.

Silver, S. M., & Rogers, S. (2002). *Light in the heart of darkness: EMDR and the treatment of war and terrorism survivors* (1st ed.). New York, NY: W.W. Norton.

Sine, L. F., & Vogelman-Sine, S. (2004). *EMDR questionnaires facilitating EMDR treatment*. New Hope, PA: EMDR-HAP.

Slade, A. (1999). Attachment theory and research: Implication for the theory and practice of individual psychotherapy with adults. In J. Cassidy & P. R. Shaver (Eds.), *Handbook of attachment: Theory, research, and clinical applications* (pp. 575–594). New York, NY: Guilford Press.

Samara, Z., Elzinga, B. M., Slagter, H. A., & Nieuwenhuis, S. (2011). Do horizontal saccadic eye movements increase interhemispheric coherence? Investigation of a hypothesized neural mechanism underlying EMDR. *Frontiers in Psychiatry / Frontiers Research Foundation, 2*, 4. doi:10.3389/fpsyt.2011.00004

Smeets, M. A., Dijs, M. W., Pervan, I., Engelhard, I. M., & van den Hout, M. A. (2012). Time-course of eye movement-related decrease in vividness and emotionality of unpleasant autobiographical memories. *Memory, 20*(4), 346–357. doi:10.1080/09658211.2012.665462

Smoller, J. W., Pollack, M. H., Wassertheil-Smoller, S., Jackson, R. D., Oberman, A., Wong, N. D., & Sheps, D. (2007). Panic attacks and risk of incident cardiovascular events among postmenopausal women in the Women's Health Initiative Observational Study. *Archives of General Psychiatry, 64*(10), 1153–1160.

Sokolov, E. N. (1990). The orienting response, and future directions of its development. *Pavolovian Journal of Biological Sciences, 25*(3), 142–150.

Solomon, J., & George, C. (Eds.). (1999a). *Attachment disorganization.* New York, NY: Guilford Press.

Solomon, J., & George, C. (1999b). The measurement of attachment security. In J. Cassidy & P. R. Shaver (Eds.), *Handbook of attachment: Theory, research and clinical applications* (pp. 287–316). New York, NY: Guilford.

Solomon, S. D., Gerrity, E. T., & Muff, A. M. (1992). Efficacy of treatments for posttraumatic stress disorder: An empirical review. *Journal of the American Medical Association, 268*(5), 633–638.

Sondergaard, H. P., & Elofsson, U. (2008). Psychophysiological studies of EMDR. *Journal of EMDR Practice and Research, 2*(4), 282–288. doi:10.1891/1933-3196.2.4.282

Song, L., & Wang, Z.-Y. (2007). Sertraline treatment of depression combined EMDR research: A control study of sertraline combined with the EMDR in the treatment of depression. *Journal of Clinical Psychosomatic Disease, 13*(4), 307–308.

Spector, J., & Kremer, S. (2009). Can I use EMDR with clients who report suicidal ideation? *Journal of EMDR Practice and Research, 3*(2), 107–108.

Spector, J., & Read, J. (1999). The current status of eye movement desensitization and reprocessing (EMDR). *Clinical Psychology and Psychotherapy, 6*, 165–174.

Spinhoven, P., Giesen-Bloo, J., van Dyck, R., Kooiman, K., & Arntz, A. (2007). The therapeutic alliance in schema-focused therapy and transference-focused psychotherapy for borderline personality disorder. *Journal of Consulting and Clinical Psychology, 75*(1), 104–115.

Sprang, G. (2001). The use of eye movement desensitization and reprocessing (EMDR) in the treatment of traumatic stress and complicated mourning: Psychological and behavioral outcomes. *Research on Social Work Practice, 11*(3), 300–320.

Sroufe, L. A., & Waters, E. (1977). Heart rate as a convergent measure in clinical and developmental research. *Merrill-Palmer Quarterly, 23*(1), 3–27.

Stampfl, T. G., & Levis, D. J. (1967). Essentials of implosive therapy: A learning-theory-based psychodynamic behavioral therapy. *Journal of Abnormal Psychology, 72*(6), 496–503.

Stramrood, C. A., van der Velde, J., Doornbos, B., Marieke Paarlberg, K., Weijmar Schultz, W. C., & van Pampus, M. G. (2012). The patient observer: Eye-Movement desensitization and reprocessing for the treatment of posttraumatic stress following childbirth. *Birth (Berkeley, California), 39*(1), 70–76. doi:10.1111/j.1523-536X.2011.00517.x

Standards and Training Committee, EMDR International Association. (2001). *Consultation packet* (pp. 10). Austin, TX: Author.

Stapleton, J. A., Taylor, S., & Asmundson, G. J. (2006). Effects of three PTSD treatments on anger and guilt: Exposure therapy, eye movement desensitization and reprocessing, and relaxation training. *Journal of Traumatic Stress, 19*(1), 19–28.

Stein, H., Jacobs, N. J., Ferguson, K. S., Allen, J. G., & Fonagy, P. (1998). What do adult attachment scales measure? *Bulletin of the Menninger Clinic, 62*(1 [Winter 1998]), 33–82.

Steinberg, M. (1994). *Structured clinical interview for DSM–IV dissociative disorders-revised (SCID-D-R).* Washington, DC: American Psychiatric Press.

Steinberg, M. (2000). Advances in the clinical assessment of dissociation: The SCID-D-R. *Bulletin of the Menninger Clinic, 64*(2), 146–163.

Stickgold, R. (2002). EMDR: A putative neurobiological mechanism of action. *Journal of Clinical Psychology, 58*(1), 61–75.

Stickgold, R. (2008). Sleep-dependent memory processing and EMDR action. *Journal of EMDR Practice and Research, 2*(4), 289–299.

Stinson, F. S., Dawson, D. A., Patricia Chou, S., Smith, S., Goldstein, R. B., June Ruan, W., & Grant B. F. (2007). The epidemiology of DSM–IV specific phobia in the USA: Results from the National Epidemio-

文　　献

logic Survey on Alcohol and Related Conditions. *Psychological Medicine, 37*(7), 1047–1059.

Stowasser, J. (2007). EMDR and family therapy in the treatment of domestic violence. In F. Shapiro, F. W. Kaslow, & L. Maxfield (Eds.), *Handbook of EMDR and family therapy processes* (pp. 243–264). Hoboken, NJ: Wiley.

Sturpe, D. A., & Weissman, A. M. (2002). Clinical inquiries. What are effective treatments for panic disorder? *The Journal of Family Practice, 51*(9), 743.

Summers, R. F., & Barber, J. P. (2003). Therapeutic alliance as a measurable psychotherapy skill. *Academic Psychiatry, 27*(3), 160–165.

Taboada, C., Agustín, G., Cabaleiro, P., Varela, I., Cortés, C., Ayuso, C.,...López, A. (2014). *Bilateral stimulation and resource installation (RDI)*. Poster presented at EMDR Europe Conference, Edinburgh, Scotland.

Tanner, B. A. (2011). Validity of global physical and emotional SUDS. *Applied Psychophysiology and Biofeedback, 37*(1), 31–34. doi:10.1007/s10484-011-9174-x

Taylor, G. J., Ryan, D., & Bagby, R. M. (1985). Toward the development of a new self-report alexithymia scale. *Psychotherapy Psychosomatic, 44*(4), 191–199.

Teasdale, J. D. (1999). Emotional processing, three modes of mind and the prevention of relapse in depression. *Behaviour Research and Therapy, 37*(Suppl. 1), S53–S77.

Teasdale, J. K., & Barnard, P. J. (1993). *Affect, cognition and change: Re-modeling depressive thought*. Hillsdale, JN: Lawrence Erlbaum Associates.

Teicher, M. H. (2000). Wounds that time won't heal: The neurobiology of child abuse. *Cerebrum, 2*(4), 50–67.

Teicher, M. H. (2002). Scars that won't heal: The neurobiology of child abuse. *Scientific American, 286*(3), 68–75.

Teicher, M. H., Glod, C. A., Surrey, J., & Swett, C., Jr. (1993). Early childhood abuse and limbic system ratings in adult psychiatric outpatients. *Journal of Neuropsychiatry and Clinical Neurosciences, 5*(3), 301–306.

Teicher, M. H., Ito, Y., Glod, C. A., Andersen, S. L., Dumont, N., & Ackerman, E. (1997). Preliminary evidence for abnormal cortical development in physically and sexually abused children using EEG coherence and MRI. In R. Yehuda & A. C. McFarlane (Eds.), *Psychobiology of posttraumatic stress disorder* (Vol. 821, pp. 161–175). New York, NY: The New York Academy of Sciences.

Telch, M. J., Lucas, J. A., Schmidt, N. B., Hanna, H. H., LaNae Jaimez, T., & Lucas, R. A. (1993). Group cognitive-behavioral treatment of panic disorder. *Behaviour Research and Therapy, 31*(3), 279–287.

Ten Broeke, E., & De Jongh, A. (1993). Eye movement desensitization and reprocessing (EMDR): Praktische toepassing en theoretische overwegingen [Eye movement desensitization and reprocessing (EMDR): Practical applications and theorethical considerations]. *Gedragstherapie, 26*, 233–254.

Thomas, J. T. (2007). Informed consent through contracting for supervision: Minimizing risks, enhancing benefits. *Professional Psychology: Research and Practice, 38*, 221–231.

Tinker, R. H., & Wilson, S. A. (2005). The phantom limb pain protocol. In R. Shapiro (Ed.), *EMDR solutions: Pathways to healing* (pp. 147–159). New York, NY: W.W. Norton.

Todder, D., & Kaplan, Z. (2007). Rapid eye movements for acute stress disorder using video conference communication. *Telemedicine Journal and e-Health, 13*(4), 461–463.

Tomkins, S. S. (1962a). *Affect imagery consciousness. The positive affects* (Vol. 1). New York, NY: Springer.

Tomkins, S. S. (1962b). *Affect imagery consciousness. The negative affects* (Vol. 2). New York, NY: Springer.

Tomkins, S. S. (1991). *Affect imagery consciousness. The negative affects: Anger and fear* (Vol. 3). New York, NY: Springer.

Torgersen, S. (1983). Genetic factors in anxiety disorders. *Archives of General Psychiatry, 40*(10), 1085–1089.

Triscari, M. T., Faraci, P., D'Angelo, V., Urso, V., & Catalisano, D. (2011). Two treatments for fear of flying compared: Cognitive behavioral therapy combined with systematic desensitization or eye movement desensitization and reprocessing (EMDR). *Aviation Psychology and Applied Human Factors, 1*(1), 9. doi:10.1027/2192-0923/a00003

Trull, T. J. (2001). Relationships of borderline features to parental mental illness, childhood abuse, Axis I disorder, and current functioning. *Journal of Personality Disorders, 15*(1), 19–32.

Tufnell, G. (2005). Eye movement desensitization and reprocessing in the treatment of pre-adolescent children with post-traumatic symptoms. *Clinical Child Psychology and Psychiatry, 10*(4), 587.

Tully, E. C., Iacono, W. G., & McGue, M. (2008). An adoption study of parental depression as an environmental liability for adolescent depression and childhood disruptive disorders. *American Journal of Psychiatry, 165*(9), 1148–1154.

Tully, P. J., Wittert, G. A., Turnbull, D. A., Beltrame, J. F., Horowitz, J. D., Cosh, S., & Baumeister, H. (2015). Panic disorder and incident coronary heart disease: A systematic review and meta-analysis protocol.

Systematic Reviews, 4, 33. doi:10.1186/s13643-015-0026-2

Tsoutsa, A., Fotopoulos, D., Zakynthinos, S., & Katsaounou, P. (2014). Treatment of tobacco addiction using the feeling-state addiction protocol (FSAP) of the eye movement desensitization and reprocessing (EMDR) treatment. In *Tobacco induced diseases*, 12(Supplement 1), A25. BioMed Central Ltd. doi:10.1186/1617-9625-12-S1-A25

Tzan-Fu, S., Ching-Kuan, W., & Nien-Mu, C. (2004). Mindfulness meditation training combined with eye movement desensitization and reprocessing in psychotherapy of an elderly patient. *Chang Gung Medical Journal, 27*(6), 464–469.

Utzon-Frank, N., Breinegaard, N., Bertelsen, M., Borritz, M., Eller, N. H., Nordentoft, M.,...Bonde, J. P. (2014). Occurrence of delayed-onset post-traumatic stress disorder: A systematic review and meta-analysis of prospective studies. *Scandinavian Journal of Work, Environment & Health, 40*(3), 215–229. doi:10.5271/sjweh.3420

van den Berg, D. P., & van der Gaag, M. (2012). Treating trauma in psychosis with EMDR: A pilot study. *Journal of Behavior Therapy and Experimental Psychiatry, 43*(1), 664–671. doi:10.1016/j.jbtep.2011.09.011

van den Berg, D. P. G., Van der Vleugel, B. M., Staring, A. B. P., De Bont, P. A. J., & De Jongh, A. (2013). EMDR in psychosis: Guidelines for conceptualization and treatment. *Journal of EMDR Practice and Research, 7*(4), 208–224. doi:10.1891/1933-3196.7.4.208

van den Hout, M. A., Engelhard, I. M., Rijkeboer, M. M., Koekebakker, J., Hornsveld, H., Leer, A.,...Akse, N. (2010a). EMDR: Eye movements superior to beeps in taxing working memory and reducing vividness of recollections. *Behaviour Research and Therapy, 49*(2), 92–98. doi:10.1016/j.brat.2010.11.003

van den Hout, M. A., Engelhard, I. M., Smeets, M. A. M., Hornsveld, H., Hoogeveen, E., de Heer, E.,...Rijkeboer, M. (2010b). Counting during recall: Taxing of working memory and reduced vividness and emotionality of negative memories. *Applied Cognitive Psychology, 24*(3), 303–311. doi:10.1002/acp.1677

van den Hout, M., & Engelhard, I. (2012). How does EMDR work? *Journal of Experimental Psychopathology, 3*(5), 724–738. doi:10.5127/jep.028212

van den Hout, M., Muris, P., Salemink, E., & Kindt, M. (2001). Autobiographical memories become less vivid and emotional after eye movements. *British Journal of Clinical Psychology, 40*(Pt. 2), 121–130.

van den Hout, M. A., Rijkeboer, M. M., Engelhard, I. M., Klugkist, I., Hornsveld, H., Toffolo, M. J., & Cath, D. C. (2012). Tones inferior to eye movements in the EMDR treatment of PTSD. *Behaviour Research and Therapy, 50*(5), 275–279. doi:10.1016/j.brat.2012.02.001

van der Hart, O., & Friedman, B. (1989). A reader's guide to Pierre Janet on dissociation: A neglected intellectual heritage. *Dissociation, 2*(1), 3–15.

van der Hart, O., Groenendijk, M., Gonzalez, A., Mosquera, D., & Solomon, R. (2013). Dissociation of the personality and EMDR therapy in complex trauma-related disorders: Applications in the stabilization phase. *Journal of EMDR Practice and Research, 7*(2), 81–94. doi:10.1891/1933-3196.7.2.81

van der Hart, O., Groenendijk, M., Gonzalez, A., Mosquera, D., & Solomon, R. (2014). Dissociation of the personality and EMDR therapy in complex trauma-related disorders: Applications in phases 2 and 3 treatment. *Journal of EMDR Practice and Research, 8*(1), 33–48. doi:10.1891/1933-3196.8.1.33

van der Hart, O., & Horst, R. (1989). The dissociation theory of Pierre Janet. *Journal of Traumatic Stress, 2*(4), 397–411.

van der Hart, O., Nijenhuis, E. R., & Steele, K. (2005). Dissociation: An insufficiently recognized major feature of complex posttraumatic stress disorder. *Journal of Traumatic Stress, 18*(5), 413–423. doi:10.1002/jts.20049

van der Hart, O., Nijenhuis, E. R. S., & Steele, K. (2006). *The haunted self: Structural dissociation and the treatment of chronic traumatization.* New York, NY: Norton.

van der Kolk, B. A. (1996). The body keeps the score: Approaches to the psychobiology of posttraumatic stress disorder. In B. A. van der Kolk, A. C. McFarlane, & L. Weisaeth (Eds.), *Traumatic stress: The effects of overwhelming experience on mind, body, and society* (pp. 214–241). New York, NY: The Guilford Press.

van der Kolk, B. A., Burbridge, J. A., & Suzuki, J. (1997). The psychobiology of traumatic memory: Clinical implications of neuroimaging studies. In R. Yehuda & A. C. McFarlane (Eds.), *Annals of the New York academy of sciences: Psychobiology of posttraumatic stress disorder* (Vol. 821, pp. 99–113). New York, NY: New York Academy of Sciences.

van der Kolk, B., & Fisler, R. (1995). Dissociation and the fragmentary nature of traumatic memories: Overview and exploratory study. *Journal of Traumatic Stress, 8*(4), 505–525.

van der Kolk, B. A., McFarlane, A. C., & Weisaeth, L. (Eds.). (1996). *Traumatic stress: The effects of overwhelming experience on mind, body, and society.* New York, NY: The Guilford Press.

van der Kolk, B. A., & Pelcoitz, D. (1999). Clinical applications of the structured interview for disorders of extreme stress (SIDES). *National Center for PTSD Clinical Quarterly, 8*(2), 21–26.

van der Kolk, B. A., Pelcovitz, D., Roth, S., Mandel, F. S., McFarlane, A., & Herman, J. L. (1996). Dissociation, somatization, and affect dysregulation: The complexity of adaptation of trauma. *American Journal of Psychiatry, 153*(7 Suppl.), 83–93.

van der Kolk, B. A., Roth, S., Pelcovitz, D., & Mandel, F.; Complex PTSD. (1993). *Results of the PTSD field trial for DSM-IV*. Washington, DC: American Psychiatric Association.

van der Kolk, B. A., Spinazzola, J., Blaustein, M. E., Hopper, J. W., Hopper, E. K., Korn, D. L., & Simpson, W. B. (2007). A randomized clinical trial of eye movement desensitization and reprocessing (EMDR), fluoxetine, and pill placebo in the treatment of posttraumatic stress disorder: Treatment effects and long-term maintenance. *Journal of Clinical Psychiatry, 68*(1), 37–46.

van der Kolk, B. A., & van der Hart, O. (1989). Pierre Janet and the breakdown of adaptation in psychological trauma. *American Journal of Psychiatry, 146*(12), 1530–1540.

Van der Zijpp, A. T., Ter Horst, G., De Jongh, A., & Makkes, P. C. (1996). Angst voor de tandheelkundige behandeling. Evaluatie van behandeling van patiënten met angst [Treatment of dentally anxious patients evaluated]. *Nederlands Tijdschrift voor Tandheelkunde, 103*, 213–215.

van Etten, M. L., & Taylor, S. (1998). Comparative efficacy of treatments for post-traumatic stress disorder: A meta-analysis. *Clinical Psychology and Psychotherapy, 5*, 126–144.

van Veen, S. C., van Schie, K., Wijngaards-de Meij, L. D., Littel, M., Engelhard, I. M., & van den Hout, M. A. (2015). Speed matters: Relationship between speed of eye movements and modification of aversive autobiographical memories. *Frontiers in Psychiatry/Frontiers Research Foundation, 6*, 45. doi:10.3389/fpsyt.2015.00045

Vogelmann-Sine, S., Sine, L., Smyth, N. J., & Popky, A. J. (1998). *EMDR chemical dependency treatment manual*. New Hope, PA: EMDR-HAP.

Vu, N., Baroffio, A., Huber, P., Layat, C., Gerbase, M., & Nendaz, M. (2006). Assessing clinical competence: A pilot project to evaluate the feasibility of a standardized patient-based practical examination as a component of the Swiss certification process. *Swiss Medical Weekly, 136*(25–26), 392–399.

Walker, E. A., Newman, E., Dobie, D. J., Ciechanowski, P., & Katon, W. J. (2002). Validation of the PTSD Checklist in an HMO sample of women. *General Hospital Psychiatry, 24*(6), 375–380.

Waller, N. G., & Ross, C. A. (1997). The prevalence and biometric structure of pathological dissociation in the general population: Taxometric and behavior genetic findings. *Journal of Abnormal Psychology, 106*(4), 499–510.

Walsh, B. W. (2006). *Treating self-injury: A practical guide*. New York, NY, NY: Guilford Press.

Wanders, F., Serra, M., & de Jongh, A. (2008). EMDR versus CBT for children with self-esteem and behavioral problems: A randomized controlled trial. *Journal of EMDR Practice and Research, 2*(3), 180–189. doi:10.1891/1933-3196.2.3.180

Watanabe, N., Churchill, R., & Furukawa, T. A. (2007). Combination of psychotherapy and benzodiazepines versus either therapy alone for panic disorder: A systematic review. *Biomedcentral Psychiatry, 7*, 18.

Watanabe, N., Hunot, V., Omori, I. M., Churchill, R., & Furukawa, T. A. (2007). Psychotherapy for depression among children and adolescents: A systematic review. *Acta Psychiatrica Scandinavia, 116*(2), 84–95.

Watkins, C. E. (1997). Defining psychological supervision and understanding supervisor functioning. In C. E. Watkins (Ed.), *Handbook of psychotherapy supervision* (pp. 3–10). New York, NY: Wiley.

Watkins, J. G. (1971). The affect bridge: A hypnoanalytic technique. *Journal of Clinical and Experimental Hypnosis, 19*(1), 21–27.

Watkins, J. G. (1990). Watkins' affect or somatic bridge. In D. C. Hammond (Ed.), *Handbook of hypnotic suggestions and metaphor* (pp. 523–524). New York, NY: Norton.

Watkins, J. G. (1992). *Hypnoanalytic techniques: The practice of clinical hypnosis* (Vol. 2). New York, NY: Irvington.

Watts, B. V., Shiner, B., Zubkoff, L., Carpenter-Song, E., Ronconi, J. M., & Coldwell, C. M. (2014). Implementation of evidence-based psychotherapies for posttraumatic stress disorder in VA specialty clinics. *Psychiatric Services (Washington, D.C.), 65*(5), 648–653. doi:10.1176/appi.ps.201300176

Weathers, F. W., Blake, D. D., Schnurr, P. P., Kaloupek, D. G., Marx, B. P., & Keane, T. M. (2013). *The clinician-administered PTSD scale for DSM-5 (CAPS-5)*. Interview available from the National Center for PTSD at www.ptsd.va.gov.

Webert, D. R. (2003). Are the courts in a trance? Approaches to the admissibility of hypnotically enhanced witness testimony in light of empirical evidence. *American Criminal Law Review, 40*(3), 1301–1327.

Wegner, D. (1994). Ironic processes of mental control. *Psychological Review, 101*, 34–52.

Weiss, D., & Marmar, C. (1997). The Impact of event scale—Revised. In J. Wilson & T. Keane (Eds.), *Assessing psychological trauma and PTSD*. New York, NY: Guilford.

Wells, A. (2009). *Metacognitive therapy for anxiety and depression*. New York, NY: Guilford Press.

Wesselmann, D., & Potter, A. E. (2009). Change in adult attachment status following treatment with EMDR: Three case studies. *Journal of EMDR Practice and Research, 3*(3), 178–191. doi:10.1891/1933-3196.3.3.178

Wesselmann, D., Schweitzer, C., & Armstrong, S. (2014). *Integrative team treatment for attachment trauma in children: Family therapy and EMDR*. New York, NY: W.W. Norton.

Wesson, M., & Gould, M. (2009). Intervening early with EMDR on military operations: A case study. *Journal of EMDR Practice and Research, 3*(2), 91–97. doi:10.1891/1933-3196.3.2.91

Westra, H. A., Stewart, S. H., & Conrad, B. E. (2002). Naturalistic manner of benzodiazepine use and cognitive behavioral therapy outcome in panic disorder with agoraphobia. *Journal Anxiety Disorders, 16*, 233–246.

Whalen, J. E., & Nash, M. R. (1996). Hypnosis and dissociation: Theoretical, empirical and clinical perspectives. In L. K. Michelson & W. J. Ray (Eds.), *Handbook of dissociation: Theoretical empirical and clinical perspectives*. New York, NY: Plenum Press.

Wildwind, L. (1994, March 4). *Chronic depression*. Paper presented at the EMDR Conference "Research and Clinical Applications," Sunnyvale, CA.

Wilson, S. A., Tinker, R., Becker, L. A., Hofmann, A., & Cole, J. W. (2000, September). *EMDR treatment of phantom limb pain with brain imaging (MEG)*. Paper presented at the Annual Meeting of the EMDR International Association, Toronto, Canada.

Wilson, D., Silver, S. M., Covi, W., & Foster, S. (1996). Eye movement desensitization and reprocessing: Effectiveness and autonomic correlates. *Journal of Behavior Therapy and Experimental Psychiatry, 27*, 219–229.

Wilson, S., Becker, L. A., & Tinker, R. H. (1995). Eye movement desensitization and reprocessing (EMDR) treatment for psychologically traumatized individuals. *Journal of Consulting and Clinical Psychology, 63*(6), 928–937.

Wilson, S. A., Becker, L. A., & Tinker, R. H. (1997). Fifteen-month follow-up of eye movement desensitization and reprocessing (EMDR) treatment for posttraumatic stress disorder and psychological trauma. *Journal of Consulting and Clinical Psychology, 65*(6), 1047–1056.

Wilson, S., Tinker, R., Becker, L., & Logan, C. (2001). Stress management with law enforcement personnel: A controlled outcome study of EMDR versus a traditional stress management program. *International Journal of Stress Management, 8*(3), 179–200.

Winson, J. (1990). The meaning of dreams. *Scientific American, 263*(5), 86–88, 90–82, 94–86.

Winson, J. (1993). The biology and function of rapid eye movement sleep. *Current Opinion in Neurobiology, 3*(2), 243–248.

Wittmann, L., Schredl, M., & Kramer, M. (2007). Dreaming in posttraumatic stress disorder: A critical review of phenomenology, psychophysiology and treatment. *Psychotherapy and Psychosomatics, 76*(1), 25–39.

Wolpe, J. (1954). Reciprocal inhibition as the main basis of psychotherapeutic effects. *American Medical Association Archives of Neurology and Psychiatry, 72*, 205–226.

Wolpe, J. (1958). *Psychotherapy by reciprocal inhibition*. Stanford, CA: Stanford University Press.

Wolpe, J., & Lang, P. J. (1964). Fear survey schedule for use in behavior therapy. *Behaviour Research and Therapy, 2*, 27–30.

Wolpe, J., & Lang, P. J. (1969). *The fear survey schedule*. San Diego, CA: Educational and Industrial Testing Service.

Woo, M. (2014). Eye movement desensitization and reprocessing treatment of nightmares: A case report. *Journal of EMDR Practice and Research, 8*(3), 129–134. doi:10.1891/1933-3196.8.3.129

Woodman, C. L., Noyes Jr., R., Black, D. W., Schlosser, S., & Yagla, S. J. (1999). A 5-year follow-up study of generalized anxiety disorder and panic disorder. *Journal of Nervous and Mental Disease, 187*(1), 3.

World Health Organization. (2004). *The ICD-10 classification of mental and behavioural disorders: Clinical descriptions and diagnostic guidelines* (2nd ed.). Geneva, Switzerland: World Health Organization, 2004.

World Health Organization. (2013). *Guidelines for the management of conditions specifically related to stress*. Geneva, Switzerland: World Health Organization, 2013.

Wright, S. A., & Russell, M. C. (2012). Treating violent impulses: A case study utilizing eye movement desensitization and reprocessing with a military client. *Clinical Case Studies, 12*(2), 128–144. doi:10.1177/1534650112469461

Yaggie, M., Stevens, L., Miller, S., Abbott, A., Woodruff, C., Getchis, M.,...Daiss, S. (2015). Electroencephalography coherence, memory vividness, and emotional valence effects of bilateral eye movements during unpleasant memory recall and subsequent free association: Implications for eye movement desensitization and reprocessing. *Journal of EMDR Practice and Research, 9*(2), 78–97. doi:10.1891/1933-3196.9.2.78

Yerkes, R. M., & Dodson, J. D. (1908). The relation of strength of stimulus to rapidity of habit-formation. *Journal of Comparative Neurology and Psychology, 18*, 459–482.

Yoo, S. S., Hu, P. T., Gujar, N., Jolesz, F. A., & Walker, M. P. (2007). A deficit in the ability to form new human memories without sleep. *Nature Neuroscience, 10*(3), 385–392.

Young, J. E. (1999). *Cognitive therapy for personality disorders: A schema-focused approach* (3rd ed.). Sarasota, FL: Professional Resource Press.

Young, J. E., Zangwill, W. M., & Behary, W. E. (2002). Combining EMDR and schema-focused therapy: The

文　　献

whole may be greater than the sum of the parts. In F. Shapiro (Ed.), *EMDR and the paradigm prism* (pp. 181–208). Washington DC: American Psychological Association Press.

Young, W. (1994). EMDR treatment of phobic symptoms in multiple personality. *Dissociation, 7*, 129–133.

Zaghrout-Hodali, M., Alissa, F., & Dodgson, P. W. (2008). Building resilience and dismantling fear: EMDR group protocol with children in an area of ongoing trauma. *Journal of EMDR Practice and Research, 2*(2), 106–113.

Zlotnick, C., Najavits, L. M., Rohsenow, D. J., & Johnson, D. M. (2003). A cognitive-behavioral treatment for incarcerated women with substance abuse disorder and posttraumatic stress disorder: Findings from a pilot study. *Journal of Substance Abuse Treatment, 25*(2), 99–105.

邦訳文献

Baddeley, A. A. 1986. *Working memory.* Oxford, UK：Oxford University Press.〔アラン・バドリー／井関龍太，齊藤智，川崎惠理子訳（2012）ワーキングメモリ —— 思考と行為の心理学的基盤．誠信書房〕

Ekman, P., & Friesen, W. V. 2003. *Unmasking the face：A guide to recognizing emotions from facial clues.* Cambridge MA：Malor Books.〔P・エクマン，W・V・フリーセン／工藤力編訳（1987）表情分析入門 —— 表情に隠された意味をさぐる．誠信書房〕

Ellis, A. 1994. *Reason and emotion in psychotherapy* (Rev. and updated ed.). Secaucus, NJ：Carol Publishing Group.〔アルバート・エリス／野口京子訳（1999）理性感情行動療法．金子書房〕

Fine, C. G., Paulsen, S., Rouanzoin, C., Luber, M., Puk, G., & Young, W. 1995. EMDR dissociative disorders task force recommended guidelines：A general guide to EMDR's use in the dissociative disorders. In F. Shapiro (Ed.), *Eye movement desensitization and reprocessing, basic Principles, protocols and procedures* (pp.365-369). New York, NY：The Guilford Press.〔フランシーン・シャピロ／市井雅哉監訳（2004）．EMDR —— 外傷記憶を処理する心理療法．二瓶社〕

Fine, C. G., Paulsen, S., Rouanzoin, C., Luber, M., Puk, G., & Young, W. 2001. EMDR dissociative disorders task force recommended guidelines：A general guide to EMDR's use in the dissociative disorders. In F. Shapiro (Ed.), *Eye movement desensitization and reprocessing, basic principles, protocols and procedures.* (2 nd ed., pp.441-445). New York, NY：The Guilford Press.〔フランシーン・シャピロ／市井雅哉監訳（2004）EMDR —— 外傷記憶を処理する心理療法．二瓶社〕

Foa, E. B., Hembree, E. A., & Rothbaum, B. O. 2007. *Prolonged exposure therapy for PTSD：emotional processing of traumatic experiences：Therapist guide.* New York, NY：Oxford University Press.〔エドナ・B・フォア，エリザベス・A・ヘンブリー，バーバラ・O・ロスバウム／金吉晴，小西聖子監訳（2009）PTSD の持続エクスポージャー療法 —— トラウマ体験の情動処理のために．星和書店〕

Foa, E. B., Keane, T. M., Friedman, M. J., Cohen, J. A., & International Society for Traumatic Stress Studies. 2009. *Effective treatments for PTSD：Practice guidelines from the International Society for Traumatic Stress Studies.* (2 nd ed.). New York, NY：Guilford Press.〔エドナ・B・フォア，テレンス・M・キーン，マシュー・J・フリードマン，ジュディス・A・コーエン／飛鳥井望監訳（2013）PTSD 治療ガイドライン第 2 版．金剛出版〕

Foa, E. B., Keane, T. M., & Friedman, M. J. 2000. *Effective treatments for PTSD：Practice guidelines from the International Society for Traumatic Stress Studies.* New York, NY：Guilford Press.〔エドナ・B・フォア，テレンス・M・キーン，マシュー・J・フリードマン，ジュディス・A・コーエン／飛鳥井望，西園文，石井朝子訳（2005）PTSD 治療ガイドライン —— エビデンスに基づいた治療戦略．金剛出版〕

Freud, S. 1955. Beyond the pleasure principle. In S. Freud & J. Strachey (Eds.), *The standard edition of the complete psychological works of Sigmund Freud.* London, UK：Hogarth Press.〔ジークムント・フロイト／芝伸太郎訳（2008）フロイト全集（2）1895 年 —— ヒステリー研究．岩波書店〕

Freyd, J. J., & Birrell, P. 2013. *Blind to betrayal：Why we fool ourselves, we aren't being fooled.* Hoboken, NJ：Wiley.〔ジェニファー・フレイド，パメラ・ビレル／定延由紀訳（2015）人はなぜ裏切りに目をつぶるのか —— 心の奥では知っているのに自分をだます理由．亜紀書房〕

Herman, J. L, & van der Kolk, B. A. 1987. Traumatic origins of borderline personality disorder. In B. A. van der Kolk (Ed.), *Psychological trauma.* Washington, DC：American Psychiatric Press.〔ベッセル・A・ヴァンダーコーク／飛鳥井望，前田正治，元村直靖監訳（2004）サイコロジカル・トラウマ．金剛出版〕

Herman, J. L. 1992b. *Trauma and recovery：The aftermath of violence —— from domestic abuse to political terror.* New York, NY：Basic Books.〔ジュディス・L・ハーマン／中井久夫訳（1999）心的外傷と回復．みすず書房〕

Iyengar, B. K. S. 1981. *Light on pranayama：The yogic art of breathing.* New York, NY：Crossroad.〔B・K・S・アイアンガー／沖正弘監訳（2012）ヨガ呼吸・瞑想百科 —— 200 の写真で見るプラーナーヤーマの極意．白揚社〕

Janet, P. 1889. *L' Automatisme psychologique* [*Psychological automatism*]. Paris, France：Felix Alcan.〔ピエール・ジャネ／松本雅彦訳（2013）心理学的自動症 —— 人間行動の低次の諸形式に関する実験心理学試論．みすず書房〕

Kabat-Zinn, J. 1994. *Wherever you go, there you are：Mindfulness meditation in everyday life* (p.278). New York：Hyperion.〔ジョン・カバットジン／田中麻里監訳（2012）マインドフルネスを始めたいあなたへ．星和書店〕

Lazarus, A. A. 1989. *The practice of multimodal therapy：Systematic, comprehensive, effective psychotherapy.* Baltimore, MD：John Hopkins University Press.〔アーノルド・A・ラザラス／高石昇監訳（1999）マルチモード・アプローチ —— 行動療法の展開．二瓶社〕

LeDoux, J. E. 1996. *The emotional brain：The mysterious underpinnings of emotional life.* New York, NY：Simon & Schuster.〔ジョセフ・ルドゥー／松本元訳（2003）エモーショナル・ブレイン —— 情動の脳科学．東京大学出版会〕

Linehan, M. M. 1993. *Cognitive-behavioral treatment of borderline personality disorder.* New York, NY：Guilford Press.〔マーシャ・M・リネハン／大野裕監訳（2007）境界性パーソナリティ障害の弁証法的行動療法 —— DBT による BPD の治療．誠信書房〕

Meichenbaum, D. 1985. *Stress inoculation training.* New York, NY：Pergamon Press.〔ドナルド・マイケンバウム／上里一郎監訳（1989）ストレス免疫訓練 —— 認知的行動療法の手引き．岩崎学術出版社〕

Najavits, L. 2002. *Seeking safety*：*A treatment manual for PTSD and substance abuse*. New York, NY：Guilford Press.〔リサ・M・ナジャヴィッツ／松本俊彦，森田展彰監訳（2017）PTSD・物質乱用治療マニュアル —— シーキングセーフティ．金剛出版〕

Nakazawa, D. J. 2015. *Childhood disrupted*：*how your biography becomes your biology, and how you can heal*. New York：Atria Paperback.〔ドナ・ジャクソン・ナカザワ／清水由貴子訳（2018）小児期トラウマがもたらす病 —— ACE の実態と対策．パンローリング〕

Pavlov, I. P. 1927. *Conditioned reflex*：*An investigation of the psyiological activity of the cerebral cortex*. New York, NY：Dover Publications, Ind.〔パヴロフ／林髞訳（1955）条件反射学．新潮社〕

Rothbaum, B. O., Foa, E. B., & Hembree, E. A. 2007. *Reclaiming your life from a traumatic experience*：*Workbook*. Oxford, UK；New York, NY：Oxford University Press.〔バーバラ・O・ロスバウム，エドナ・B・フォア，エリザベス・A・ヘンブリー／小西聖子，金吉晴監訳（2012）PTSD の持続エクスポージャー療法ワークブック —— トラウマ体験からあなたの人生を取り戻すために．星和書店〕

Shalev, A.Y. 1996. Stress versus traumatic stress：From acute homeostatic reaction to chronic psychopathology. In B. A. van der Kolk & A. C. McFarlane & L. Weisaeth（Eds.）, *Traumatic Stress*：*The effects of overwhelming experience on mind, body, and society*. New York, NY：The Guilford Press.〔ベセル・A・ヴァン・デア・コルク，アレキサンダー・C・マクファーレン，ラース・ウェイゼス／西澤哲監訳（2001）トラウマティック・ストレス —— PTSD およびトラウマ反応の臨床と研究のすべて．誠信書房〕

Shapiro, F. 1995. *Eye movement desensitization and reprocessing, basic principles, protocols, and procedures*. New York, NY：The Guilford Press.〔フランシーン・シャピロ／市井雅哉監訳（2004）EMDR —— 外傷記憶を処理する心理療法．二瓶社〕

Shapiro, F. 2001. *Eye movement desensitization and reprocessing, basic principles, protocols, and procedures*（2nd ed.）. New York, NY：The Guilford Press.〔フランシーン・シャピロ／市井雅哉監訳（2004）EMDR —— 外傷記憶を処理する心理療法．二瓶社〕

Shapiro, F. 2012. *Getting past your past*：*Take control of your life with self-help techniques from EMDR therapy*. Emmaus, PA.：Rodale Books.〔フランシーン・シャピロ／市井雅哉監訳（2017）過去をきちんと過去にする —— EMDR のテクニックでトラウマから自由になる方法．二瓶社〕

Shapiro, F., & Forrest, M. S. 1997. *EMDR*：*the breakthrough therapy for overcoming anxiety, stress and trauma*. New York, NY：Basic Books.〔フランシーン・シャピロ，マーゴット・シルク・フォレスト／市井雅哉監訳（2006）トラウマからの解放 —— EMDR．二瓶社〕

Tinker, R. H., & Wilson, S. A. 2005. The phantom limb pain protocol. In R. Shapiro（Ed.）, *EMDR solutions*：*Pathways to healing*（pp.147-159）. New York, NY：W. W. Norton.〔ロビン・シャピロ／市井雅哉，吉川久史，大塚美菜子監訳（2015）EMDR がもたらす治癒 —— 適用の広がりと工夫．二瓶社〕

van der Hart, O., Nijenhuis, E. R. S., & Steele, K. 2006. *The haunted self*：*structural dissociation and the treatment of chronic traumatization*. New York, NY：Norton.〔オノ・ヴァンデアハート，エラート・R・S・ナイエンフイス，キャシー・スティール／野間俊一，岡野憲一郎監訳（2011）構造的解離 —— 慢性外傷の理解と治療上巻（基本概念編）．星和書店〕

van der kolk, B. A., McFarlane, A. C., & Weisaeth, L.（Eds.）, 1996. *Traumatic stress*：*The effects of overwhelming experience on mind, body, and society*. New York, NY：The Guilford Press.〔ベセル・A・ヴァン・デア・コルク，アレキサンダー・C・マクファーレン，ラース・ウェイゼス／西澤哲監訳（2001）トラウマティック・ストレス —— PTSD およびトラウマ反応の臨床と研究のすべて．誠信書房〕

Walsh, B. W. 2006. *Treating self-injury*：*A practical guide*. New York, NY, NY：Guilford Press.〔B・W・ウォルシュ／松本俊彦，山口亜希子，小林桜児訳（2007）自傷行為治療ガイド．金剛出版〕

Wells, A. 2009. *Metacognitive therapy for anxiety and depression*. New York, NY：Guilford Press.〔エイドリアン・ウェルズ／熊野宏昭，今井正司，境泉洋監訳（2012）メタ認知療法 —— うつと不安の新しいケースフォーミュレーション．日本評論社〕

Wolpe, J. 1958. *Psychotherapy by reciprocal inhibition*. Stanford, CA：Stanford University Press.〔ジョゼフ・ウォルピ／金久卓也監訳（1977）誠信書房〕

Young, J. E. 1999. *Cognitive therapy for personality disorders*：*A schema-focused approach*（3 rd ed.）. Sarasota, FL：Professional Resource Press.〔ジェフリー・E・ヤング／福井至，貝谷久宣，不安・抑うつ臨床研究会監訳（2009）パーソナリティ障害の認知療法 —— スキーマ・フォーカスト・アプローチ．金剛出版〕

監訳者あとがき

　本書は Andrew M. Leeds 博士の 445 ページに及ぶ大著 *A Guide to the Standard EMDR Therapy Protocols for Clinicians, Supervisors, and Consultants: Second Edition* の全訳である。タイトルが示すように，EMDR を学ぶ，EMDR を教えるすべての人が必要とする内容が包括的に網羅されている。

　著者の日本語版への序文にあったように，博士は 10 年余に渡って，毎年来日し，日本での EMDR トレーニングを実施してくれた。それは単に EMDR という技法を伝えたことのみではない。日本における EMDR の健全な普及，学術的な発展に必要な礎を共に考え，励まし，促進してくれた数多くのディスカッションやサジェスチョンがあった。日本 EMDR 学会が今日あるのは，博士のおかげと言っても過言ではない，大恩人といえる。

　個人的にも EMDR Institute トレーナーとなるためのトレーニングを辛抱強く施してくれた。この度の監訳作業は，よりよいトレーナーとなるための千本ノックのようであった。受けても受けても球が飛んでくる。これでもか，これでもかというくらいの執拗さである。博士のストイックなデータ収集，執筆作業が手に取るように感じられ，感服することしきりであった。私の拙い学会発表まで調べて引用していただいた。感謝の言葉もない。博士の一途な姿勢に触発されて，こちらも負けじと，最後まで妥協なく，訳語の確認のメールを書き，すばやく回答を頂くことができた。いい仕事ができたと思っている。

　本書が EMDR ベーシックトレーニングを終えた方の座右の書となることは疑いない。もし，お持ちでない EMDR 臨床家がいたら，その方の技量を疑ってもいいのではないだろうか。まさに，スタンダードである。

　最後に，本書が日の目を見ることができるために努力いただいた，各章を担当された優秀な EMDR 臨床家の方にまずはお礼を言いたい。続いて，訳出を言い出した共同監訳者である太田茂行氏にも深く感謝したい。私一人ではそもそもこんな大部の書を訳すことなど思いつきもしなかっただろう。彼が頑張っている姿が頭にちらついたので，あきらめずに最後までたどり着くことができた。誠信書房の中澤美穂氏，楠本龍一氏にも辛抱強く励まし，先導していただいた。お二人の努力に深謝したい。

2019 年 5 月　新緑萌える六甲山の麓にて

市井　雅哉

索　引

━━━ア行━━━

アイスキャン 4000　*114*
愛着の分類　*49, 71-72*
　　ケースフォーミュレーション　*71-73, 75-80*
　　子どもの愛着　*72-73*
　　成人の愛着
　　　　成人愛着スタイル尺度改訂版（ECR-R）　*75*
　　　　成人愛着投影（AAP）　*74*
　　　　成人愛着面接（AAI）　*73-74*
　　　　治療段階　*76-77*
　　　　ナラティブ構造と情動調節　*73*
　　　　4 分類愛着スタイル尺度（RQ）　*73-74*
　　　　臨床的評価　*75-76*
　　適応的情報処理モデル（AIP）モデル　*71-72*
愛着理論とパニック障害　*253*
新しいアイデンティティの統合　*204-205*
新しい適応的行動　*197*
圧倒的な経験　*40*
　　――へのクライエントのコーピングスキル　*8, 27*
編み込み　*173*
　　安全の――　*176*
　　　　瀕死の出来事後の――　*176*
　　　　防衛行動の衝動の出現　*176*
　　意識的に適応的記憶ネットワークを刺激する　*181*
　　再処理状況　*173*
　　CBT 対 EMDR セラピー　*172-173*
　　責任の編み込み　*174*
　　　　共感の強化　*175*
　　　　恐怖と自責　*174*
　　　　タイプ　*174*
　　　　憤怒出現　*174-175*
　　選択の編み込み　*176*
　　　　新しいコーピング戦略のリハーサル　*178*
　　　　罪悪感と責任　*177*
　　　　身体的虐待，事例　*177-178*
　　多様性
　　　　欠けている情報　*179*
　　　　混乱　*179-180*
　　　　適応的視覚イメージの刺激　*180*
　　　　適応的なソマティック反応の刺激　*180*
　　　　比喩，物語，寓話　*180-181*
　　　　「もし同じことがあなたのお子さんに起きたならば？」　*179*
　　――として事前に植えつけられた資源　*181-182*
　　――の適切および不適切な使用　*173*
アメリカ結婚・家族療法学会　*315*
　　倫理綱領　*317*
アメリカ心理学会　*70-71, 315*
　　「心理学者の倫理規約と行動綱領」　*317*
アメリカ精神医学会
　　急性ストレス障害と PTSD のクライエントの治療ガイドライン　*13, 28*
　　精神疾患の診断・統計マニュアル
　　　　DSM-Ⅲ　*9, 249*

DSM-Ⅳ　*23, 101-102, 109, 142, 236*
DSM-Ⅳ-TR　*23, 233*
DSM-5　*23, 62-63, 67, 109, 195, 228, 249*
アリピプラゾール（エビリファイ）　*130*
あるがままの注意　*30*
アルコール乱用と子ども時代の性虐待の再演事例　*218-225*
アルプラゾラム（ザナックス）　*130*
安全な場所，参照：落ち着くまたは安全な場所エクササイズ
安定愛着状態　*72-73, 76*
安定化と合意モデル　*104-105*
安定化の介入　*189*
EMDR＋現実曝露　*232-233*
EMDR＋CBT　*233*
EMDRIA 地方コーディネーター　*312*
EMDRIA 認定　*315, 318, 329-339*
　　『能力モデル』　*333*
EMDRIA 認定 EMDR セラピー臨床家　*315, 329-339*
EMDRIA 認定 EMDR セラピーコンサルタント　*128, 164, 311, 315, 340*
　　――になるためのコンサルテーション，参照：EMDRIA 認定 EMDR セラピーコンサルタント
　　――の責任　*342*
　　――のためのコンサルテーションの基準　*340-345*
　　同意書サンプル　*343-344*
EMDRIA 認定のためのコンサルテーション，参照：スーパービジョンとコンサルテーション
　　基準　*329*
　　契約の要素　*336-338*
　　コンサルティ
　　　　知識と技能の弱点に対応する　*335-336*
　　　　認定への準備性，の評価　*329-334*
　　同意書のサンプル　*330-333*
　　望ましい基準　*334*
　　――の範囲　*334-335*
EMDR 学会　*312*
EMDR 研究財団　*17*
EMDR 国際学会（EMDRIA）　*12-14, 115, 305, 309, 312*
　　基準
　　　　EMDRIA 認定 EMDR セラピー臨床家になるためのコンサルテーションの――　*329-339*
　　　　EMDRIA 認定 EMDR セラピーコンサルタントになるためのコンサルテーションの――　*341*
　　　　ベーシックトレーニングの――　*317-318*
　　　　ベーシックトレーニングの一部であるコンサルテーションの――　*318-329*
　　クライエント教育　*106*
　　CIT，参照：コンサルタント研修生（CIT）
　　手続きステップスクリプト　*129*
　　トレーニングとリソース，参照：ベーシックトレーニング　*48, 57, 138, 311-312*
　　認定単位プログラム　*312*
EMDR 初心者の臨床家
　　――によく見られる間違い　*61*

索　引

——の臨床家は情報に圧倒されがちになる　60-61
EMDR 人道支援プログラム（EMDR HAP）　16, 106, 305
EMDR セラピー中の注意の影響　31
EMDR セラピーにおける継続研修　312
EMDR セラピーの進化　2
EMDR セラピーの精神生理学的効果　35-36
EMDR の歴史
　EMD
　　定義づけとテスト　9
　　パイロットスタディ　9-10
　　査読文献の増加　13-15
　　心理療法の一つの通常モデルへの拡張　15-16
　　トレーニング　11-12
　　発見と実験研究　8
　　標準プロトコル　10-11
EMDR 無料勉強会　312
意識
　神経学　40
　二重注意　26-29
　——の変化　17, 163
意識のシーソーモデル　27-28
以前は回避していた刺激に対処する　201-203
今・ここに感覚的焦点づけを増大する　123
イメージ　21
　鮮明度　39, 43
イメージ（感覚記憶）の同定，評価段階の　138-139
イメージによる曝露　4
　——の恐怖の情動処理　6-7
インフォームドコンセント　106-108
　準備段階における——　51
植えつけ段階　11, 47, 55
　概要　183
　手続きステップ　184
　——と VoC　183-187
　——における感情の架け橋技法　185-186
　パニック障害　271-274
　不完全セッション後の——　193
　より良い肯定的な認知を確認する　183-185
うつ　16-17
　——における生育歴・病歴聴取　48-49
　——を管理する方法　120-122
裏切られトラウマ　71, 93, 105, 106
運動，抑うつ管理と　121
SAMe　121
N-メチル-d-アスパラギン酸（NMDA）　32
エピソード記憶，の再検索　31, 33, 71, 113
エリクソン原理　3
エリクソン，ミルトン（Erickson, Milton）　2
横隔膜呼吸法　116, 118
落ち着くまたは安全な場所エクササイズ．参照：資源の開発と植えつけ　7, 36, 44, 51, 116, 118-120, 127, 189, 244
　愛着の分類　76
　特定の恐怖症　241-242
　パニック障害　270, 273
　リスクと難しさ　118, 120
オピオイド拮抗薬，対曝露-消去の抑制　41-42
オメガ 3 脂肪酸　121
親子間の役割逆転　253

オランザピン（ジプレキサ）　130
音韻ループ　37

●——カ行——●

解釈，EMDR における　3
改訂出来事インパクト尺度（IES-R）　99-100, 234
外的危機，再処理の準備　93
外部感覚焦点づけ技法　123-124
概念化／すること，記憶処理　28
回避型愛着　72-73, 76
回避行動　27, 191, 196, 200, 256
回避プロセス　30, 55
回復した記憶，と架け橋技法　70-71
解離症状の評価
　解離性体験尺度（DES-Ⅱ）　102
　解離性障害面接スケジュール（DDIS）　102
　身体表現性解離質問紙（SDQ-5 と SDQ-20）　102
　多次元解離尺度（MID）　102
　DSM-Ⅳ 版解離性障害のための構造化臨床面接-改訂版　102
解離性障害，の生育歴聴取段階　48
解離性障害面接スケジュール（DDIS）　102
解離性体験尺度（DES）　234
解離性体験尺度（DES-Ⅱ）　102
解離性同一性障害（DID）　48, 71, 77, 96, 120, 122, 130, 148
　EMDR セラピーのクライエントの準備性　98-99
架け橋技法　69
　感情の架け橋技法　68-71, 170
　　植えつけ段階　185-186
　記憶の可塑性　71
　使用する状況　69
　ソマティックな架け橋技法　68-71
　　植えつけ段階　185-186
　——と回復した記憶　70-71
　——と生育歴聴取　68-71
　防衛衝動の架け橋技法　22-23, 68-71
過呼吸　269
賢い心　28, 30
過剰なアクセス，不適応的記憶ネットワークへの　167-170
　映像や他の感覚の記憶から距離をとる　169
　注意の限定やアクセス制限の提案　169
　反応するための戦略　168-169
　両側性刺激の変更　168-170
家族療法カリフォルニア学会（CAMFT）　317
語られなかった言葉，を探る　165
活性化している記憶　81
過程恐怖症　235
含意的意味スキーマ（IMS）　252
簡易版症状質問紙（BSI）　234
感覚記憶　52
感覚的陳述，否定的認知の　140
感覚の鮮明さが低下する傾向　108
眼球運動による脱感作法（EMD）
　定義づけとテスト　9
　パイロットスタディ
　　結果，限界，と貢献　10
　　デザインと手続き　9-10
眼球固定曝露と再処理法（EFER）　257-258
眼球静止（ES）条件　39

435

関係資源，と資源の開発と植えつけ　*129*
関係性質問紙（RQ）　*74, 75*
感情強度耐性，生育歴聴取段階　*49*
感情恐怖症，生育歴聴取段階　*50*
感情の架け橋技法　*68-70, 170*
　　植えつけ段階　*185-186*
感情変化耐性，生育歴聴取段階　*49*
完了したセッション
　　クライエントに短い指示をする　*189*
　　後に SUD または VOC の変化をもとに次のターゲットを探る　*195*
　　後の再評価　*195*
　　終了するための手順　*189*
　　日誌記録　*189-190*
記憶，参照：記憶ネットワーク：不適応的記憶ネットワーク
　　イメージ（感覚——）の同定　*52, 138-139*
　　回復された——，架け橋技法　*70-71*
　　活性化している——，への焦点づけ　*81*
　　苦痛な——を評価し，ターゲットとする　*195-196*
　　肯定的な——　*33*
　　最近の——　*161*
　　再検索　*31-34*
　　知覚的側面　*21, 155*
　　トラウマ——，——群
　　　　——の神経生物学　*110*
　　　　再体験　*107, 241*
　　——の可塑性　*71*
　　不快な自伝的——　*33*
　　——へのシフト　*155-156*
　　メタ知覚的側面　*21*
　　養分を与える——　*170*
　　連想——，参照：連想記憶
　　ワーキングメモリー　*36-40, 43*
記憶ネットワーク，参照：不適応的記憶ネットワーク　*21-23*
　　症状の引き金　*68*
客観的自記式症状アセスメント，EMDR セラピーへのクライエントの準備性　*99*
ギャンブル，EMDR セラピーのためのクライエントの準備性　*97*
急性ストレス障害　*13, 15, 28, 67, 122*
脅威刺激　*68, 69, 110*
　　外的刺激　*68*
　　内的刺激　*68*
境界性パーソナリティ障害　*125-126, 128, 273, 307*
共感の強化　*175*
強固な防衛，生育歴・病歴聴取段階　*50*
強制的リラクセーション反応　*7, 10*
強度の活動　*121*
強迫的性行動，EMDR セラピーのためのクライエントの準備性　*97*
強迫的な浪費，EMDR セラピーのためのクライエントの準備性　*97*
恐怖症，参照：特定の恐怖症
恐怖心性質問紙（FQ）　*101-102, 236*
恐怖調査票（FSS）　*236*
恐怖調査票-Ⅱ（FSS-Ⅱ）　*236*
恐怖と合致しない情報　*6*
恐怖ネットワーク　*252*
恐怖の構造　*5*

「興味-興奮」の感情　*37*
極度のストレス障害のための構造化面接（SIDES, SIDES-SR）　*101*
クエチアピン（セロクエル）　*130*
苦痛記憶，評価とターゲット　*195-196*
クライエントが記録をつけることとフィードバック　*103*
クライエントが治療を始める理由　*78*
クライエント教育，準備段階　*111*
クライエント中心のアプローチでトレーニングされた EMDR セラピー臨床家　*61-62*
クロナゼパム（クロノピン）　*130*
クロルジアゼポキシド（リブリウム）　*130*
系統的脱感作法　*4, 6-7, 9*
激烈な情動　*19, 23*
ケース質問フォーム　*323-324, 383-384*
ケースフォーミュレーション／概念化　*195*
　　愛着の分類，参照：愛着の分類
　　重要性　*60*
　　不可欠の要素　*62-63, 67-68*
　　専門的スキル　*311*
　　特定の恐怖症　*236-237*
血管迷走神経性失神　*239*
言語的反応　*22, 55*
言語的フィードバックと反応　*115*
現在の刺激　*50, 56, 68, 81, 83, 137, 191, 200-201, 203*
　　クライエントへの配布資料　*66*
　　評価とターゲット　*196*
現実曝露
　　——と特定の恐怖症の治療　*229-230*
　　　　フィードバックへの評価と対応　*246*
　　　　パニック障害のための——　*250*
健忘症，EMDR セラピーのためのクライエントの準備性　*98-99*
合意モデル　*7-8, 104-105*
効果値と方法論の評価，間の関係　*315*
効果的でない再処理　*21*
構造化された筋緊張エクササイズ　*124-125*
構造的解離　*25, 41, 62, 122*
　　第 2 次および第 3 次
　　　　EMDR セラピーのためのクライエントの準備性　*98-99*
構造的包み込み，のために時間をとる　*189*
交代人格　*119*
肯定的鋳型，手続きステップスクリプト　*380*
肯定的感情耐性プロトコル　*76*
肯定的なチャンネルの終了　*263*
肯定的認知　*11, 52-53*
　　肯定的な基準　*143-144*
　　除外基準　*144*
　　同定　*139, 144*
　　目的　*143*
　　引き出す　*143-145*
行動システム　*23, 177*
行動，衝動，状態，参照：記憶ネットワーク　*22-23*
行動的反応　*5, 22-23, 54*
後頭部尺度　*97, 123-125*
行動療法，参照：認知行動療法（CBT）：弁証法的行動療法　*4, 251*
行動連鎖分析と資源の開発と植えつけ　*129*
呼吸法　*51, 116, 258*

索　引

横隔膜呼吸法　116, 118
紙袋呼吸法　269
心拍コヒーレンストレーニング　117-118, 269
スクウェアブリージング　116, 118, 269-270
国際トラウマティック・ストレス学会（ISTSS）　13, 70-71
子ども時代の虐待の記憶　42, 63, 109, 148, 175, 179, 199, 203, 237, 242
子ども時代の逆境的体験（ACE）　109, 120, 240, 263-264
子ども時代の無秩序−無方向型愛着　72
コンサルタント研修生（CIT）, 参照：EMDRIA 認定 EMDR セラピーコンサルタント　315, 329, 339-340
　同意書見本　332-333
　コンサルテーションのコンサルテーション　315, 340-341, 344-345
　選択　339
　――と認定コンサルタント, 違い　340
　――の責任　341-342
　――のためのコンサルテーション
　　契約内容　341-342
　　――の望ましい基準　341
　評価　345-346
　評価表　340, 345
コンサルタント, 参照：スーパービジョンとコンサルテーション　316
コンサルテーション, 参照：スーパービジョンとコンサルテーション
　――中の個別フィードバック　319-320
　ベーシックトレーニングの一部としての――　318-319
コンサルテーションのコンサルテーション　315, 340-341, 344-345
コンサルテーションパケット　329, 331, 345
コンサルテーションベーシックトレーニングの一部としてのコンサルテーション　318-319

――サ行――

再固定化　107
再処理, 参照：ボディスキャン段階, 脱感作段階, 植えつけ段階　54
　編み込み　174
　眼球固定曝露と再処理法（EFER）　257-258
　恐怖　83, 166-167
　口頭でのまとめ　321-322
　　再処理初期の「何もありません」の――　159-160
　効果的でない――　21
　再開する
　　能力の軽い退行の後に――　192-193
　　不完全なセッション後に――　193-194
　事例　78-80
　セッション
　　――の構造　308-309
　　――の長さ　307-308
　忠実度評定尺度　353-356
　手続きステップスクリプト　371-373
　に急いで突入する結果　47-48
　のための準備性, 参照：再処理のための準備性
　パニック障害
　　現在の刺激の再処理　275-276
　　ターゲット再処理段階　270-272

病因的体験, の――　68, 77
再処理初期の「何もありません」という反応　159-160
再処理への準備性
　外的危機　93
　概要　89
　解離性同一性障害　98-99
　解離性の症状アセスメント
　　解離性障害面接スケジュール（DDIS）　102
　　解離体験尺度（DES-II）　102
　　身体表現性解離質問紙（SDQ-5, SDQ-20）　102
　　多次元解離尺度（MID）　102
　　DSM-IV 版解離性障害のための構造化臨床面接−改訂版（SCID-DR）　102
　感情　97
　強迫的な性行動　97
　強迫的な浪費　97
　記録をつけることとフィードバック　103
　経済的安定性　93-94
　健康上のリスク　94
　　てんかん　94-95
　　妊娠　94
　健忘　98-99
　構造的解離, 第 2 次――, 第 3 次――　98-99
　事故傾性的なクライエント　96
　自殺念慮と自殺企図　99
　自傷　95
　失感情症　97
　診断の否認　96
　双極性うつ　95
　他害　95-96
　治療同盟　92-93, 95
　トラウマ症状アセスメント
　　恐怖心性質問紙（FQ）　101
　　極度のストレス障害のための構造化面接（SIDES, SIDES-SR）　101
　　修正 PTSD 症状尺度　101
　　戦闘への曝露尺度（CES）　100
　　出来事インパクト尺度（IES & IES-R）　99-100
　　トラウマアセスメントパケット　100-101
　　トラウマ症状調査票（TSI）　100
　　トラウマ先行体験に関する質問紙（TAQ）　101
　　トラウマフォーカスト成人向け初回臨床評価　101
　　パニックと広場恐怖尺度（PAS）　101
　　PTSD チェックリスト−民間人用（PCL-L）　99
　　PTSD 臨床診断面接尺度 DSM-5 版（CAPS-5）　100
　　変性セルフキャパシティ評価　100
　　ライフイベントチェックリスト DSM-5 版（LEC-5）　100
　遁走　98-99
　2 次的利得と 2 次的喪失　89-92
　ハイリスク行動　96
　評価　89-91, 103
　評価用紙と注釈　357-359
　標準化されたアセスメントツール　99
　他の特定される解離性障害　98-99
　薬物乱用　96-97
　離人感と非現実感の経験　97-98
最適な覚醒の範囲　19
最適な反応　21

437

再評価段階　47, 56
　新しいアイデンティティの統合　204-205
　新しいスキルのメンタルリハーサル　203-204
　新しい適応的行動　197-198
　以前は回避していた刺激に対処する　201-203
　概要　191
　苦痛記憶，評価とターゲット化　195-196
　現在の刺激，評価とターゲット化　196
　ターゲット再評価ワークシート　194
　治療完了のプロセス　205
　治療成果
　　積み上げる　196-197
　　認知できるよう助ける　196
　マクロレベル　191-192
　　能力の軽い退行，後の再処理の再開　192-193
　　幼少期のネグレクトか虐待，自己観察スキル　192
　未解決の症状，取り組む
　　悪夢　198-199
　　回避行動　200
　　侵入的再体験　199-200
　ミクロレベル　193
　　完了したセッション，後に SUD または VoC 変化に伴い次の
　　　ターゲットを探る　195
　　完了したセッション，後の再評価　195
　　不完全な植えつけ，後の再処理の再開　193
　　不完全な脱感作，後に再処理を再開する　193
　　不完全なボディスキャン，後に再処理を再開する　193-194
　未来の鋳型　200-201
　夢による統合　197
催眠　2-3, 108
　――20 世紀モデル　2
催眠感受性　3
サッケード眼球運動　8, 32-34
査読論文の増加　13-15
三環系抗うつ薬（TCAs），パニック障害のための　249
参考情報，EMDR セラピーのための　390-396
参照枠　2
三分岐モデル　50, 111, 195-196
残余の回避行動　200
残余の症状，チェックする　196
残余の予期不安　201-203
ジアゼパム（ヴァリウム）　130
ジェノグラム　67, 88
ジェノグラム作成ミレニアムソフト　67
自我強化　49, 86, 95, 126
　RDI，参照：資源の開発と植えつけ（RDI）
　反転プロトコル　69, 263
歯科恐怖調査（DFS）　233
歯科恐怖のための待機リスト統制群　240
視覚化技法　245-246
視覚空間スケッチパッド（VSSP）　37-39, 43
視覚的過敏性　165
自覚的苦痛単位（SUD）尺度　53, 136, 146-147, 157, 194-195
歯科不安質問紙（DAS）　233
シーキングセーフティ　125
刺激モード，理論とデータからの効果予測　43-44
資源の開発と植えつけ，参照：落ち着くまたは安全な場所のエク
　ササイズ　76, 82, 115-116, 121, 126-128, 197, 205

新しいアイデンティティの強化手続きステップスクリプトのた
　めの　381-382
基本的手続きステップとスクリプト　364-369
手続きステップ　129
特定の恐怖症の準備段階の　241-242
――における眼球運動（EM）　126-128
――のための行動連鎖分析　129
パニック障害　270
リソース（資源）　129-130
臨床的徴候　127
自己概念　204-205
自己観察スキル　192
事故傾性的自己，EMDR セラピーのためのクライエントの準備性
　96
自己催眠　7
自己治癒　20
自己報告方式　73
自殺念慮と企図，EMDR セラピーのためのクライエントの準備性
　95
支持的他者，と資源の開発と植えつけ　130
自傷
　EMDR セラピーのためのクライエントの準備性　95
　低減方法　125-130
視床結合仮説　40-41
視床皮質のリズム異常（TCD）　40
持続性ストレッサー　22
――と情報処理システム　18, 19, 22
持続的曝露（エクスポージャー）療法　3, 107
　イメージ曝露（エクスポージャー）　4, 6
　行動療法　27
失感情症，EMDR セラピーへのクライエントの準備性　97, 164
疾病及び関連保健問題の国際統計分類（ICD-10）　62
自動思考　139
ジプラシドン（ゲオドン）　130
ジャネ，ピエール（Janet, Pierre）　3, 7
シャピロ，フランシーン（Shapiro, Francine）　3, 8-9, 16-17
修正版 PTSD 症状尺度　101
終了段階　47, 56, 138, 272, 308
　手続きステップスクリプト　188
　特定の恐怖症　243
　パニック障害　273-274
　光の流れ技法　120
　不完全セッション，終了段階の手続き　188
　目的　187
自由連想　3, 30
準備段階　3, 30, 47, 51-52
　安定化介入　115
　安定化と合意モデル　104
　医師および医療ケア専門家との協働　131-132
　インフォームドコンセント　51, 106-108
　落ち着く場所のエクササイズ　118-120
　外部感覚焦点づけ技法　123-124
　概要　104, 133
　解離，減少させる方法　122
　感覚の鮮明さが減退する傾向　108
　クライエント教育　106
　言語的なフィードバック　115
　後頭部尺度（BHS）　123-125

438

索　引

自傷，低減方法　125-130
心理教育　51
ストップサイン　51-52
セルフコントロール　51
治療ステージの説明　111-112
治療同盟　51, 110
　強化する臨床的スキルおよび行動　105-106
　トラウマ経験に曝露された後のPTSDの発症のノーマライゼーション　109
　トラウマ的，逆境的な記憶の再体験　107
　トラウマに基づく心理療法，――のための枠組み　109
　日誌記録　131
　PTSDクライエントの治療前後の脳画像　110
　比喩とモデル　51
　不安緩和のための方法　116-118
　不適応的な緊張緩和衝動，低減方法　125-130
　薬物療法　130
　抑うつ的気分，管理方法　120-122
　両側性刺激
　　言語的なフィードバックと反応　115
　　種類　112-113
　　選択　113-114
　　導入とテスト　112
　　――の紹介　51
　　――を施すための補助器具　114-115
　忘れられ，抑圧され，解離された題材を思い出す　107-108
消去過程，持続曝露の　107
症状に基づく治療計画モデル　80-81, 83, 85
　フローチャート　84
状態特異的記憶モデル　5, 19, 20, 54, 143, 190
象徴，と資源の開発と植えつけ　129
象徴的な悪夢　198-199
情動，EMDRセラピーへのクライエントの準備性　97
情動–喚起的介入　250
情動処理　5-6, 30
　――とリラクセーション　6-7
　――への認知的アプローチ　7
情動的情報処理　5, 19, 27, 29, 55, 148, 161
　――の認知行動的モデル　5-7
情動的な心　28
情動的文言，否定的認知として　140
情報処理　5
　時間的結合による　40-41
　――と二重注意　27
　本来備わっている――　18
　　――と持続的なストレッサー　19
　　――と早期の発達上の障害　24-25
　　トラウマ　19, 23-24
除反応　162
書面のケースのまとめ，振り返り　322-326
自律訓練法　116
自律神経反応　35
深刻な情動調整不全　25
身体感覚　5, 21, 139, 152, 165-166, 168
　架け橋技法　69
　特定の恐怖症　237, 242, 245
　――と不適応的な記憶ネットワーク　147-148
　――の場所　53-54, 148, 169

　――の同定　147
　――の変化　155
　パニック障害　258, 260, 272-273
身体的暴力，ケース研究　177-178
身体表現性解離質問紙（SDQ-5とSDQ-20）　102
診断の否認，EMDRセラピーのためのクライエントの準備性　96
心的外傷後ストレス障害　48, 62, 121-122
　症状に基づく治療計画モデル　80-81
　事例
　　エヴァの――　218-225
　　グラディスの――　206-218
　治療前後の脳画像　110
　発症のノーマライゼーション，トラウマ体験への曝露後の　109
信念　21, 23, 27, 28, 148, 167, 173, 210, 271, 298
　好ましい――　11, 53, 143, 245
　――における変化　155
　否定的と肯定的――　9, 55, 139-143, 242
　不適応的な――　62
　ブロックする――　170-171, 185
心拍コヒーレントトレーニング　117-118, 269
心理教育　108-109
　準備段階　51-52
　治療志向の心配や恐れ　82
　特定の恐怖症　240
　パニック障害　268-269
心理療法アセスメントチェックリスト（PAC）用紙　63
　PAC要約用紙　63
随伴的応答　3, 42-43, 163
水平方向のEM，とエピソード記憶の再検索　33-34
睡眠に依存する記憶の処理　32
睡眠の質　121
スキーマ理論　49-50
スクウェアブリージング　116, 118, 269
ストップサイン，準備段階　51
ストレス免疫トレーニング　4, 7
ストレンジシチュエーションによる子どもの愛着分類，参照：愛着の分類　72-73
スーパービジョンとコンサルテーション，参照：コンサルテーション
　EMDRIA認定，参照：EMDRIA認定のためのコンサルテーション
　EMDRセラピーの臨床適用の個別フィードバック　320
　コンサルテーションとスーパービジョンの違い　316-317
　実習エクササイズ　320-321
　書面のケースのまとめ，の振り返り　322-326
　事例検討を通して臨床スキルを向上させる　314-315
　逐語記録のまとめ　322-326
　認定コンサルタント，参照：EMDRIA認定EMDRセラピーコンサルタント
　認定コンサルタントを選ぶ　338-339
　場面（vignetes）の利用　320
　ビデオ録画，のレビュー　326-327
　　録画と再生の同意　328
　ベーシックトレーニング，参照：ベーシックトレーニング
　臨床的訓練のなかでの中心的役割，参照：コンサルタント研修生（CIT）　315-316
　臨床のやりとり，再処理セッションの口頭でのまとめ　321-322
　倫理モデルと原則　317

439

録音，のレビュー　327
ワンウェイミラー越しに実際の面接を観察すること　327-329
スムーズな追尾的眼球運動　32-34
スモールt　68
生育歴・病歴聴取段階　8, 46-49, 63
　概要　133
　解離性障害　48
　架け橋技法　69-71
　感情強度耐性　49
　感情恐怖症　50
　感情変化耐性　49
　記憶リスト　65
　逆境的体験を尋ねる　68
　強固な防衛　50
　現在の刺激のリスト　66
　成人愛着状態　49
　適応的情報処理（AIP）モデル　62
　特定の恐怖症，参照：特定の恐怖症
　　――の忠実度チェックリスト　347
　　――のツール　63-67
　パニック障害，参照：パニック障害
　　不適応的スキーマ　50
　抑うつ　48-49
成人愛着スタイル尺度改訂版（ECR-R）　75
成人愛着投影法（AAP）　74
成人愛着面接法（AAI）　73-74
精神医学的投薬　121
精神健康質問紙（GHQ 28）　230
精神疾患の診断・統計マニュアル
　DSM Ⅲ　9, 249
　DSM Ⅳ　23, 101-102, 109, 142, 236
　DSM Ⅳ-TR　23, 233
　DSM 5　23, 62-63, 67, 109, 195, 228, 249
精神症状評価尺度（90-R）　236
精神生理学的覚醒　7
成人の愛着の分類
　関係性質問紙（RQ）　73-74
　生育歴・病歴聴取　49
　成人愛着スタイル尺度改訂版（ECR-R）　75
　成人愛着投影法（AAP）　74
　成人愛着面接法（AAI）　73-74
　治療段階
　　――における安定型愛着の影響　76
　　――における拒否型愛着の影響　76-77
　　――におけるとらわれ型愛着の影響　77
　　――における無秩序-無方向型愛着の影響　81
　ナラティブ構造と感情調整　73
　臨床的評価　75-76
成人の単回性トラウマ，事例　206-218
精神力動的なアプローチ　3-4
生理（学）的反応　22-23
責任の編み込み　174
　共感の強化　175
　恐怖と自責　174
　タイプ　174
　憤怒の出現　174
セッション・サマリー用紙　374-375
セッションの長さ　137-138

絶対的基準値スケール（GS スケール）　315
セルフキャパシティ　49
セルフコントロール，準備段階　51
セルフコントロールによる気逸らし法　120
潜在的あるいは明らかに正確な描写，否定的認知のための　141-142
漸進的筋弛緩法　116-117
漸進的弛緩法　4, 7
選択的セロトニン再取り込み阻害薬（SSRIs），パニック障害のための　249
　限界　250
選択の編み込み　176
戦闘への曝露尺度（CES）　100
全米認定カウンセラー委員会倫理綱領　317
専門性の向上
　EMDR セラピーにおける継続研修　312
　観察能力　311
　ケースフォーミュレーション　311
　最初の使用に適したケースの選択　309-310
　再処理セッション
　　――の構造　308-309
　　――の長さ　307-308
　システムの問題　304-305
　セッションノートと記録　311
　治療計画の作成スキル　311
　治療効果への自信　312-313
　適応的情報処理（AIP）モデル，――の理解　310
　手続きステップの知識　310-311
　ピアサポートとコンサルテーション　311
　他のヘルスケア専門家との協働　305
　補助療法としての紹介と EMDR セラピー　305-307
　臨床技能向上の諸段階　309
戦慄　142
早期の虐待とネグレクトのサバイバー
　自己観察スキル　192
　メンタルリハーサル　203
早期の発達上の障害，と情報処理　24-25
双極性うつ，EMDR セラピーのためのクライエントの準備性　95
ソマティックな架け橋技法　68-70
　植えつけ段階　185-186

●━━タ行━━●

他害，EMDR セラピーに対するクライエントの準備性　95-96
ターゲット　51
　再評価ワークシート　194
　初期の――　69-70
　選択と配列　83-85
　同定　237, 266
　　――の基本治療計画表　87, 362
多次元解離評価（MID）　102
漂い戻り技法　68, 70
脱感作段階　4, 47, 54-55
　明らかに不快な内容　156
　編み込み，参照：編み込み
　大きな課題　162
　概要　150, 158
　感覚，の変化　155
　記憶の変化　155-156

索　引

効果的ではない再処理
　　アクセス過剰，不適応的記憶ネットワークの　*167-170*
　　不十分なアクセス，不適応的記憶ネットワークへの　*164-167*
　　不適応的記憶ネットワークと適切な適応的記憶ネットワークとの間の自然な連合の不足　*172-182*
　　より早期の不適応的記憶ネットワーク　*170-172*
効果的な再処理
　　観察　*163*
　　──を示唆する反応　*153-155*
最近の記憶　*161*
再処理初期の「何もありません」という報告　*159-160*
再処理中の転移要素　*160*
再処理中の激しい情緒的反応　*161-162*
　　二重注意，ための戦略　*162-163*
再処理のオリエンテーション　*150-151*
自覚的苦痛単位（SUD）尺度　*157*
情動，の変化　*155*
信念，の変化　*155*
ターゲットに戻る　*156*
知覚的記憶，の変化　*155*
手続きステップ　*151*
　　──における標準的な手順と流れ　*159-161*
　　パニック障害　*270*
不完全セッション後の再処理の再開　*193*
防衛行動の衝動，の変化　*155*
より早期の記憶　*160*
両側性刺激
　　──後の臨床家の標準的な言葉かけ　*152-153*
　　──中の非特定的で臨機応変な言葉による励まし　*152*
　　──の最初のセット前にターゲットにアクセスする　*152*
　　連想のチャンネル　*153-154*
　　──を変える　*153*
　　リラクセーションと──　*35-36*
　　臨床家の感情耐性の限界　*163*
達成熟達の記憶，と資源の開発と植えつけ　*129*
単一恐怖　*235*
段階志向合意モデル　*7-8*
短期力動的心理療法（ISTDP）　*254*
探索的反応，参照：定位反応
知覚的記憶　*21, 155*
逐語記録，の振り返り　*322-326*
注意の狭窄化　*2*
注意の柔軟性仮説　*15, 31*
忠実度チェックリスト　*347-348*
　　落ち着く場所エクササイズの　*351*
　　再処理セッションの　*353-356*
　　サマリーチャート　*357*
　　資源の開発と植えつけの　*352*
　　準備段階の　*350*
　　生育歴・病歴聴取段階の　*349*
　　治療全体の　*356*
中程度の有酸素運動　*121*
中立的立場　*3*
長期増強（LTP）　*32*
治療記録書式　*363*
治療計画　*50*
　　概要　*133*
　　協働的アプローチ　*82*

ケースフォーミュレーション，参照：ケースフォーミュレーション／概念化
　　最悪の症状，から始める　*81*
　　症状に基づくモデル　*80-81, 83, 85*
　　情報収集　*67*
　　選択された活性化している記憶，に焦点を当てる　*81*
　　ターゲットの選択と順序　*83-85*
　　治療ゴールと懸念事項書式　*358*
　　典型的──　*85-86*
　　──の難しさ　*61-62*
　　──の要素　*86-88*
　　より古い記憶，から始める　*81*
治療ゴールと懸念事項チャート　*63, 64*
治療ゴールと再処理，事例　*78-80*
治療同盟
　　強化する臨床家のスキルと行動　*105-106*
　　再処理への準備性　*92-93, 95*
　　──尺度　*105*
　　準備段階　*51, 105*
治療に関した心配と恐れ
　　インフォームドコンセント　*82*
　　現在の恐怖と関連のある条件づけ体験を再処理する　*83*
　　資源の開発と植えつけ　*82*
　　心理教育　*82*
　　問題解決　*82*
治療の完了，のプロセス　*205*
治療の成果
　　積み上げる　*196-197*
　　認知できるよう助ける　*196*
治療の窓からはみ出す　*8*
治療メカニズム　*25-26, 31*
定位反応　*33-37*
　　──と情報処理　*35*
DSM-5 のための人生出来事チェックリスト　*100*
DSM-Ⅳ 版解離性障害のための構造化臨床面接-改訂版（SCID-DR）　*102*
DSM-Ⅳ に基づいた不安障害面接基準（ADIS-Ⅳ）　*236*
抵抗-葛藤愛着状態　*72*
適応的情報処理（AIP）モデル　*2, 14, 18, 110, 137, 173, 196, 252, 254*
　　愛着の分類　*71-72*
　　オピオイド拮抗薬対曝露消去法　*41-42*
　　過剰なコヒーレンスを複雑性を増すことで，低下させる　*41-42*
　　記憶の再検索　*31-34*
　　記憶のネットワーク　*21-23*
　　ケース（の）概念化　*62, 67, 164*
　　原則　*18-21*
　　作用メカニズム　*25*
　　視床結合仮説　*40-41*
　　情報処理　*18*
　　──と初期の発達上の障害　*24-25*
　　──とトラウマ　*19, 23-24*
　　随伴性　*42-43*
　　生育歴・病歴聴取　*63, 236*
　　大脳半球間のコミュニケーション　*31-34*
　　──とラングの恐怖構造　*5*
　　脱感作　*55*
　　治療計画　*80-81, 236-237*

441

の理解　310
定位反応　34-37
特定の恐怖症　228-229
二重焦点　25-28, 36-37
パニック障害　250
否定的認知と肯定的認知　139
マインドフルネス　29-31
臨床的変化と因果関係，神経生物学的相関　29
REM 類似　31-34
ワーキングメモリー　37-40
出来事インパクト尺度（IES）　232
テマゼパム（レストリル）　130
転移材料の投影　3
てんかん，EMDR セラピーのためのクライエントの準備性
　94-95
電車に乗る比喩　111
特定の感情　146
目的　146
特定の恐怖症
植えつけ段階　242
下位分類　228
概要　228
過去と現在の記憶　243-245
現実曝露法　229-230
フィードバックの評価と対応　246
再評価段階　243
終了段階　243
準備段階　246
インフォームドコンセント　240-241
応用緊張法　239-240
心理教育　240
不安軽減のためのセルフコントロール法　239
両側性刺激の導入　241-242
事例報告　230-232
生育歴・病歴聴取　236
構造化面接と客観的心理検査　236
ターゲットの同定　237
──のための質問　237-238
背景的ストレスの同定　239
脱感作段階　242
治療計画　235-239
2 次的利得　237-238
治療ゴール　237
治療の順序　244
併発障害の考慮　236-237
──と PTSD，違い　234-235
トラウマ的起源　228-229
EMDR セラピーを適用する理論的根拠　237
──の比較研究　232-234
──の特質　228
非トラウマ的起源　228-229
評価段階　242
プロトコルのまとめ　235
ボディスキャン段階　242
未来の鋳型　245
フィードバックの評価と反応　246
未来を動画的に視覚化する　245-246
トラウマ

──と解離，間の関係　2
──情報処理システム　19, 23-24
トラウマアセスメントパケット　100-101
トラウマ記憶，の神経生物学　110
トラウマ周辺の解離　30
トラウマ症状アセスメント
恐怖質問紙（FQ）　101-102
極度のストレス障害のための構造化面接（SIDES, SIDES-SR）
　101
修正版 PTSD 症状尺度　101
戦闘への曝露尺度（CES）　100
出来事インパクト尺度（IES と IES-R）　99-100
トラウマアセスメントパケット　100-101
トラウマ症状調査票　100
トラウマ先行体験に関する質問紙（TAQ）　101
トラウマフォーカスト成人向け初回臨床評価　101
パニックと広場恐怖尺度（PAS）　101
PTSD チェックリスト：民間人用（PCL-C）　99
PTSD 臨床診断面接尺度 DSM-5 版（CAPS-5）　100
変性セルフキャパシティ評価（IASC）　100
ライフイベントチェックリスト DSM-5 版　100
トラウマ症状調査票　100
トラウマ症状調査票-2　49
トラウマ焦点化認知行動療法（TF-CBT）　232-233
トラウマ先行体験に関する質問紙（TAQ）　101
トラウマ的で逆境的な記憶の再体験をする　102
──ことへの同意　241
トラウマ的な恐怖症　228-229
トラウマ的な出来事，定義された　3
トラウマフォーカスト成人向け初回臨床評価　101
トレーニング（EMDR セラピー），参照：スーパービジョンとコ
ンサルテーション　11-12
CIT，参照：コンサルタント研修生（CIT）
ベーシックトレーニング，参照：ベーシックトレーニング
臨床的対応の多様さに圧倒されないために　158-159
トレーニング（クライエント），参照：呼吸法
自律訓練法　116
心拍コヒーレンストレーニング　117-118, 269
ストレス免疫訓練　4, 7
バイオフィードバック補助つきのリラクセーショントレーニン
グ　4
マインドフルネス　122
遁走，EMDR セラピーのためのクライエントの準備性　98-99

──**ナ行**──

「何もない」という言語反応　159-160
ナルトレキソン　41
ナロキソン　41
2 次的利得と 2 次的損失　89-92
二重注意　26-29, 37, 97, 122, 162, 168-169, 176
言葉による励まし，の頻度を増やす　163
両側性 EM，セット毎の往復運動を増やす　162-163
2 段階皮質コヒーレンス・モデル　30
日誌　131, 189-190, 370
ニューロテック社　114
妊娠，EMDR セラピーへのクライエントの準備性　94
認知行動的アプローチで訓練された EMDR セラピー臨床家
　61-62

442

索　引

認知行動療法（CBT）　5-6, 122
　系統的脱感作法（SD）と認知行動療法　233
　── 対 EMDR セラピー　172-173
　パニック障害のための──　249-250
　　── と EMDR との比較　261-262
　　── の限界　251-254
認知処理療法（CPT）　4
認知の編み込み　3, 12, 158, 172
　再処理状況　173
　CBT 対 EMDR セラピー　172-173
　適切な使用と不適切な使用　173
認知の妥当性（VoC）尺度　53, 55, 136, 146, 183-185
認知療法　4-5
認定コンサルタント．参照：EMDRIA 認定 EMDR セラピーコンサルタント
Nadler のパニック障害へのアプローチ　254-255, 271-272
能力の軽い退行，後に再処理を続ける　192-193

──ハ行──

バイオフィードバック　7
　心拍コヒーレンストレーニング　117-118, 269
　補助つきのリラクセーショントレーニング　4
背景的ストレスの同定　239
ハイリスク行動，EMDR セラピーのためのクライエントの準備性　96
バウアーの状態特定的記憶モデル　54, 143, 191
曝露─消去　抑制，対オピオイド拮抗薬　41-42
曝露療法　4, 41, 259
　── と EMDR セラピー　28
恥，関心・感情脱抑制効果によって克服する　37
パーソナリティーの一見正常なパート　119-120
パーソナリティーの情動的パート（EP）　119-120
パーソナリティのパート　119-120
パニック障害
　EMDR 集中セラピー　256-257
　植えつけ段階　272-273
　Grey の研究　256-257
　現在の刺激の再処理　275-276
　現実曝露　276
　Goldstein と Feske の研究　250-251
　Goldstein の研究　250-254
　Goldstein らの研究　259-260
　再評価　274
　CBT との比較　261-262
　Shapiro と Forrest の研究　255
　終了段階　273-274
　準備段階　268
　　心理教育　268-269
　　不安の管理（マネジメント）　269
　　両側性刺激　270
　症状　249-250
　生育歴・病歴聴取と治療計画の段階　264
　　親子役割逆転体験　265-268
　　原体験のスクリーニング　264-265
　　養育者の養育機能障害スクリーニング　265-268
　精神力動的視点の提供　254-255
　高い忠実性と適切な治療計画　260-261
　ターゲットの再処理段階　270-272

　核心素材への関連づけの除外　271
　ターゲットの同定　266
　治療の選択肢　249-250
　　限界　250
　統制群を用いた研究　257-259
　　── に対するベンゾジアゼピン　249
　Nadler のアプローチ　254-255, 271-272
　── の事例
　　ジャスティンの──　292-301
　　ハンナの──　278-292
　評価段階　270
　ボディスキャン段階　273
　PTSD への 2 次的パニック　262-264
　広場恐怖を伴うパニック障害　248-249
　Faretta の研究　261-262
　Feske と Goldstein の研究　257-258
　Fernandez と Faretta の研究　255-256
　分離不安　255-256
　未解決のトラウマの喪失の事例　255
　未来の鋳型の組み込み　276
　モデルⅡ治療計画　267, 275
　モデルⅠ治療計画　267, 274-275
パニック制御治療，パニック障害のための　250
パニックと広場恐怖症（PAS）　101
パニック発作
　持続性の──　252-254
　── の発症　256
場面（vignettes），の利用　320
半球間コミュニケーション　31-34
半球内コヒーレンスモデル　34
反転プロトコルモデル　69, 263
反応情報　22
ピアサポートとコンサルテーション　311
光の流れ技法　120
非言語的反応　55
非現実感体験　123-124
　EMDR セラピーのためのクライエントの準備性　97-98
飛行不安場面質問紙（FAS）　233
飛行不安様式質問紙（FAM）　233
PTSD チェックリスト：民間人用　99
PTSD 臨床診断面接尺度 DSM-5 版（CAPS-5）　100
否定的認知　11, 21, 52
　── の同定　139-140
　── の目的　139
　── を引き出す　139-143
否定的もしくはストレスフルな経験，パニック障害での役割　256
ビデオ録画した場面（vignettes），コンサルテーションのための　320
ビデオ録画，のレビュー　326-327
人前で話すこと，メンタルリハーサル　203
非トラウマ的恐怖症　228-229
比喩とモデル，準備段階　51
病因的体験，の再処理　68, 77
病院不安と抑うつ尺度（HADS）　232, 234
評価段階　11, 30, 47, 52-54, 175
　映像（感覚記憶）の同定　138-139
　概要　136
　肯定的認知

443

──の肯定的基準　143-144
　　──の除外基準　144
　　──の同定　139-140, 145
　　──の引き出し　143-145
　　──の目的　143
再処理の準備性，参照：特定の感情の再処理の準備性
自覚的苦痛単位（SUD）尺度　136, 146-147
身体感覚の場所，身体感覚を感じる場所の同定　147
成人愛着分類　76
治療と「この1週間の出来事」　136-138
手続きステップのスクリプト　137
特定の感情　146
特定の恐怖症　234-235, 242-245
トラウマ症状の評価．トラウマ症状の評価を参照
認知の妥当性（VoC）尺度　136, 142-143, 146
パニック障害　270
否定的認知
　　──の同定　138, 140, 145
　　──の引き出し　139-143
　　──の目的　139
プロセスノート　138
防衛行動の衝動　148-149
目的　136
評価表のサンプル　331
表出されなかった衝動　22
標準化されたアセスメントツール，EMDRセラピーのためのクライエントの準備性　99
広場恐怖
　定義された　248
　　──とパニック障害　248-249
　　──を伴うパニック障害，参照：広場恐怖を伴うパニック障害（PDA）　248-249
瀕死の（致死的な）出来事によるストレス　15, 142, 176
不安　5
　　──喚起的イメージ　7
　　──管理　259, 263, 268-269
　　──のためのイメージ法　5
　予期──　200-203, 232, 235, 254, 276
不安定型愛着　73
不完全なセッション
　　──後の再処理の再開　193-194
　終了手続き　188
複雑性増加に伴う過剰なコヒーレンス　41-42
複雑性PTSD，参照：他に特定されない極度のストレス障害（DESNOS）　16, 23, 83, 100, 125, 148, 237, 253, 264, 306
　行動連鎖分析　129
　　──と肯定的認知　53
　マインドフルネストレーニング　122
不十分なアクセス，不適応的記憶ネットワークの　164-167
　身体感覚への声　165-166
　恐れ
　　探索と解消　166
　　　──と寄与する経験の再処理　166-167
　　　──と資源の開発と植えつけによるセルフキャパシティの強化　167
　解離および知性化による防衛　167
　語られなかった言葉，を探る　165
　脅威刺激の強調　165

苦痛な感情を刺激するために否定的認知を使う　165
苦痛の場所　165
行動に移されなかった衝動，を探る　165
両側性刺激
　性質を変える　164
　モードを変える　164-165
不適応的記憶ネットワーク　252-253
　アクセスを増やす手順　165
　アクセスを減らす手順　168
　　──と適切な適応的記憶ネットワーク間の自然な連合の不足　172-173
　認知の編み込み，参照：認知の編み込み
　より早期記憶へのアクセス　170-171
　　同じテーマを持った──　170-171
　　異なるテーマを持った──　171-172
　　事例　171-172
不適応的な緊張緩和行動，低減方法　125-130
不適応的なスキーマ
　生育歴・病歴聴取段階　50
部分的PTSD症候群　48
フラッシュバック　199-200
フラッディング（インプロージョン）療法　4
フルニトラゼパム（ロヒプノール）　130
フルラゼパム（ダルメート）　130
ブロイアー，ヨーゼフ（Breuer, Josef）　3
フロイト，ジクムント（Freud, Sigmund）　3
文書化された場面(vignettes)，コンサルテーションのための　320
分離不安，パニック障害での　255-256
ベーシックトレーニング，参照：トレーニング（EMDRセラピー）
　EMDRIAの基準　317-318
　　コンサルテーションの基準　318-319
　　受講資格の基準　318
ベーシックトレーニングカリキュラム（2007）　315, 331, 334
ベースラインの情動　53
弁証法的行動療法　125, 306
変性セルフキャパシティ評価（IASC）　49, 100
扁桃体‐前帯状皮質（AAC）と前頭前皮質（PFC）の結合モデル　30
防衛行動の衝動　70, 148-149, 164, 166, 169-170
　安全の編み込み　176
　　──の変化　155
防衛衝動の架け橋技法　22-23, 68-71, 194, 199
方法論の評価と効果値間の関連　315-316
他に特定されない極度のストレス障害（DESNOS），参照：複雑性PTSD　81, 83, 122, 125, 128, 167, 263-264
　アセスメント方法　101
他の特定される解離性障害　122
　EMDRセラピーへのクライエントの準備性　98-99
補助器具　114-115
補助的EMDRセラピー　237, 305-307
ボディスキャン段階，参照：再処理　11, 47, 55, 161, 170, 188
　概要　187
　手続きステップスクリプト　187
　特定の恐怖症　242-244
　パニック障害　273
　不完全セッション後の再処理の再開　193-194
　不完全段階，後の再処理の再開　193-194
　目的　187

●──マ行──●

マインドフルな気づき　30, 111
マインドフルな体験，あり方　30
マインドフルネス　27, 29-31
　──トレーニング　122
マインドレスな感情表出　28
Mathews の仮説　6
マルチモーダル生育史質問票　63
未解決の症状，対応する
　悪夢　198-199
　回避行動　200
　侵入的再体験　199-200
未解決のトラウマ的喪失の事例　255
未来の鋳型　50, 86, 112, 178, 200-201
　新しいアイデンティティ　201, 204-205
　新しいスキルのメンタルリハーサル　200, 203-204
　肯定的鋳型　201, 203
　残余の予期不安と回避の克服　201-203
　手続きステップスクリプト　376-379
　特定の恐怖症　233, 235, 237, 243
　パニック障害　274, 277
　標準的な未来の鋳型　200, 203
瞑想，参照：マインドフルネス　7
メンタライゼーションのための時間をとる　189
メンタルリハーサルをする，新しいスキルの　203-204
ヤーキース・ドッドソンの法則　19-20

●──ヤ行──●

薬物乱用，EMDR セラピーのためのクライエントの準備性　96-97
薬物療法，パニック障害への　249
　限界　250
夢
　悪夢　198-199
　──による統合　197
葉酸　121
養分を与える記憶　170
予期不安，参照：不安
より初期の体験　71, 81, 160

●──ラ行──●

ラックマン，スタンレイ（Rachman, Stanley）　5-7, 10

ラポール　2
ラングの恐怖構造　5
リアルな悪夢　198-199
離人感　44, 123-124, 126, 167, 169, 248, 268
　EMDR セラピーのためのクライエントの準備性　97-98
　パニック障害を伴う，事例　292-301
リスペリドン（リスパダール）　130
両側性眼球運動　3, 7, 9, 11, 30
　肯定的記憶についての──　33
　再処理，参照：再処理
　サッケード（不連続的）眼球運動　32-33
　　──と触覚刺激　39
　　──と EMDR セラピー　15, 19, 30, 44-45
　　──の効果　35-36, 43
　半球効果　33
　不快な自伝的記憶への──　34
　リズミカルな──　42
両側性刺激
　──の紹介，準備段階　54
　──の代替法　12-13, 42
リラクセーション
　──と脱感作　36-37
　──と不安，間の逆制止　9
臨床的なスーパーバイザー，参照：スーパービジョンとコンサルテーション　316
REM 類似仮説　31-34
　資源の開発と植えつけ手続き　3, 7, 36
連想記憶，参照：架け橋技法：再処理　156, 170-171
　SUD と VOC の変化　195
　特定の感情　146
　　──と現在の記憶ネットワーク　68
　　──に漂い戻る　69
連想ネットワークの Teasdale と Barnard モデル　251-252
連想・リラクセーションセラピー　259
録音，振り返り　108, 327
ロラゼパム（アチバン）　130
ロールモデル，と資源の開発と植えつけ　129-130
論理情動行動療法　5

●──ワ行──●

ワーキングメモリー（作業記憶）　36-40, 43
忘れられ，抑圧され，解離された素材を思い出すこと　107-108

監訳者紹介（所属は 2019 年 4 月現在）

太田　茂行（おおた　しげゆき）【監訳，監訳者まえがき，第 16 章，付録 C，参考情報】
1950 年生まれ
1974 年　早稲田大学第一文学部卒業
1992 年　米国 Institute of Transpersonal 大学院 Transpersonal Psychology 専攻修士課程修了（MA）
現　在　生活心理相談室ナヌーク 主宰（臨床心理士）
著訳書　『EMDR ── 外傷記憶を処理する心理療法』（共訳）二瓶社 2004，『こころのりんしょう a・la・carte 第 27 巻 2 号 ── EMDR…トラウマ治療の新常識』（共著）星和書店 2008，『トラウマと身体 ── センサリーモーターサイコセラピー（SP）の理論と実践』（監訳）星和書店 2012，『EMDR がもたらす治癒 ── 適用の広がりと工夫』（共訳）二瓶社 2016，『物語と，その語り手 ── 考えとこころとからだ（子どものための癒しと EMDR 療法の絵本）』（監訳）スペクトラム出版社 2019

市井　雅哉（いちい　まさや）【監訳，監訳者あとがき，第 17 章，索引】
1961 年生まれ
1985 年　早稲田大学第一文学部卒業
1994 年　早稲田大学大学院文学研究科心理学専攻博士後期課程単位取得退学
現　在　兵庫教育大学発達心理臨床研究センター教授
著訳書　『EMDR ── 外傷記憶を処理する心理療法』（監訳）二瓶社 2004，『トラウマからの解放 ── EMDR』（監訳）二瓶社 2006，『こわかったあの日にバイバイ！── トラウマと EMDR のことがわかる本』（監訳）東京書籍 2012，『EMDR 革命 ── 脳を刺激しトラウマを癒す奇跡の心理療法 生きづらさや心身の苦悩からの解放』（訳）星和書店 2015，『EMDR がもたらす治癒 ── 適用の広がりと工夫』（監訳）二瓶社 2016，『過去をきちんと過去にする ── EMDR のテクニックでトラウマから自由になる方法』（監訳）二瓶社 2017 他

訳者紹介（担当章順，所属は 2019 年 4 月現在）

緒川　和代（おがわ　かずよ）【第 1 章】
2019 年　名古屋大学大学院教育発達科学研究科博士後期課程修了
現　在　地方独立行政法人岐阜県総合医療センター

福井　義一（ふくい　よしかず）【第 2 章】
2002 年　同志社大学大学院文学研究科心理学専攻博士後期課程単位取得退学
現　在　甲南大学文学部人間科学科教授

林　百合（はやし　ゆり）【第 3 章】
1987 年　上智大学大学院文学研究科教育学専攻（心理学コース）博士前期課程修了
現　在　代官山こころの相談室

森　香奈子（もり　かなこ）【第 4 章】
2002 年　東京学芸大学大学院教育学研究科総合教育開発専攻修了
現　在　U-Center International Team/Mori International, The Netherlands

白川　美也子（しらかわ　みやこ）【第 5 章】
1989 年　浜松医科大学医学部卒業
現　在　こころとからだ・光の花クリニック；日本 EMDR 学会認定コンサルタント，EMDR Institute 認定ファシリテータ

岡田　太陽（おかだ　たいよう）【第 6 章】
2016 年　兵庫教育大学大学院連合学校教育学研究科満期修了
現　在　BASIC Ph JAPAN/カウンセリングルーム Circle of Life 代表；日本 EMDR 学会人道支援プログラム（JEMDRA-HAP）委員

大塚　美菜子（おおつか　みなこ）【第7章】
2011年　鳥取大学大学院医学系研究科臨床心理学専攻修士課程修了
現　在　兵庫県こころのケアセンター；日本EMDR学会認定コンサルタント，EMDR Institute 認定ファシリテータ

福田　シェシャドゥリ　育子（ふくた　しぇしゃどぅり　いくこ）【第8章】
2008年　Adler School of Professtional Psychology カウンセリング心理学修士課程修了
現　在　松戸こころの相談室代表；「安定型愛着パターンを育てるアドラー心理学・勇気づけ実践講座」主催。EMDR, SE,
　　　　BSP セラピスト

竹内　伸（たけうち　しん）【第9章】
1999年　群馬大学医学部卒業
現　在　さきお英子子ども心のクリニック；日本EMDR学会認定コンサルタント，EMDR Institute 認定ファシリテータ

新井　陽子（あらい　ようこ）【第10章】
2008年　兵庫教育大学大学院学校教育研究科人間発達教育専攻臨床心理学コース修了
現　在　公益社団法人被害者支援都民センター，BASIC Ph JAPAN；EMDR セラピスト，PE 療法スーパーバイザー，子ど
　　　　ものための TF-CBT トレーナー，BASIC Ph マスタートレーナー

中原　由望子（なかはら　ゆみこ）【第11章】
2015年　大阪府立大学大学院人間科学研究科博士後期課程修了
現　在　司法施設（心理教育），短期大学非常勤講師（心理学）

國吉　知子（くによし　ともこ）【第12章】
1998年　京都大学大学院教育学研究科博士後期課程修了
現　在　神戸女学院大学教授，同カウンセリングルームディレクター；PCIT（親子相互交流療法）L1 トレーナー

天野　玉記（あまの　たまき）【第13章】
2018年　京都大学大学院医学研究科博士課程修了
現　在　神経発達症研究推進機構，京都大学医学研究科

三浦　かおり（みうら　かおり）【第14章】
2002年　Universidad de Celaya 人間発達学修士課程修了
現　在　長岡市教育委員会（長岡市教育センター教育相談室）

吉川　久史（よしかわ　ひさふみ）【第15章】
2016年　兵庫教育大学大学院学校教育学研究科博士課程修了
現　在　広島国際大学

水口　啓吾（みなくち　けいご）【付録A】
2014年　広島大学大学院教育学研究科博士後期課程修了
現　在　聖カタリナ大学講師

上田　英一郎（うえだ　えいいちろう）【付録B】
1997年　京都府立医科大学大学院修了
現　在　大阪医科大学附属病院医療管理室室長，兵庫医科大学皮膚科特別招聘教授

アンドリュー・リーズ著

EMDR 標準プロトコル実践ガイドブック
―― 臨床家，スーパーバイザー，コンサルタントのために

2019 年 6 月 1 日　第 1 刷発行

監 訳 者	太 田 茂 行
	市 井 雅 哉
発 行 者	柴 田 敏 樹
印 刷 者	日 岐 浩 和

発行所　株式会社 誠 信 書 房

〒112-0012　東京都文京区大塚 3-20-6
電話　03（3946）5666
http://www.seishinshobo.co.jp/

中央印刷㈱／協栄製本㈱
検印省略
ⒸSeishin Shobo, 2019

落丁・乱丁本はお取り替えいたします
無断で本書の一部または全部の複写・複製を禁じます
Printed in Japan
ISBN978-4-414-41473-8 C3011